主　编　梁景和

副主编　王歌雅　张志永

20世纪中国婚姻史

第 4 卷

1966—1980

李秉奎　著

中华书局

目 录

绪　论

一、问题的提出

中国的 20 世纪，是风云激变、旧邦新造的世纪。百年间，中国的婚姻制度、婚姻文化、婚姻习俗等方面，发生或急或缓、或隐或显的流变。与 20 世纪渐行渐远的今天，有必要梳理百年间中国婚姻领域出现的重要变动，同时考察这些变动折射出来的时代特征。

作为研究课题"20 世纪中国婚姻史研究"的一部分，本卷大体以 1966 年 5 月 16 日"文化大革命"（以下简称"文革"）的开始为起点，以 1980 年 9 月 10 日五届全国人大第三次会议通过修改的《中华人民共和国婚姻法》为止点。这十四年明显分为两个阶段，即"文革"十年和"文革"后的四年（其中 1976 年 10 月—1978 年 12 月被称为"两年徘徊"时期）。简要而言，本书主要关注十四年间中国婚姻领域出现的新变化，同时希望揭示这些新变化体现的时代特征及其历史动因。

本卷的问题意识，且从《人民日报》刊载的一段文字说起。1978 年 7 月

25日，新华社为某报导添加的编者按提到：

> 变相买卖婚姻不仅给广大群众，特别是给青年在精神上、经济上造成沉重负担，甚至酿成家破人亡的悲剧；更严重的是，它像毒菌一样腐蚀着青年，腐蚀着社会。广大群众对此深恶痛绝，早就要求对这种坑人的陋习来一个革命。我们要结合揭批"四人帮"破坏社会主义法制、败坏社会主义道德风尚的罪行，破除在婚事上的旧风俗、旧习惯，坚决反对变相买卖婚姻。对广大群众进行破旧立新、移风易俗的教育，提倡节俭办婚事。对于极少数严重违法乱纪，不择手段地敲诈钱财的坏人，要予以打击。①

大致而言，上述编者按包含有如下两个逻辑：第一，"变相买卖婚姻"与社会主义法制精神、道德风尚不相容。它是"四人帮"破坏社会主义法制、败坏社会主义道德风尚的结果；第二，"变相买卖婚姻"是旧风俗、旧习惯的一种。"广大群众对此深恶痛绝，早就要求对这种坑人的陋习来一个革命。"值得追问的是：其一，"变相买卖婚姻"是否仅涉及"法制精神""道德风尚"的问题？1950年颁布的《中华人民共和国婚姻法》（以下简称1950年《婚姻法》）明确规定，"禁止任何人借婚姻关系问题索取财物"。但是，此后的城乡（特别是"乡"）却长期存在有法不依的现象，《婚姻法》有时甚至如具空文。这种现象的背后原因是什么？其二，"变相买卖婚姻"，是否只是"四人帮"破坏社会主义法制、败坏社会主义道德风尚的结果？如果只是如此，为什么"四人帮"出现前和"四人帮"被粉碎后，"变相买卖婚姻"仍然广泛存在？其三，既然"广大群众"对"变相买卖婚姻""深恶痛绝"，"早就要求对这种坑人的陋习来一个革命"，为什么"变相买卖婚姻"却仍然在"广大群众"中存在？换句话说，既然"广大群众"不喜欢这种"陋习"，为何他们还要沿袭、坚持这种陋习？

1978年12月27日，全国妇联主席康克清在向新华社记者发表谈话时指出：

---

① 新华社为汪伟民《坚决反对变相买卖婚姻，〈浙江日报〉就一封农村青年读者来信组织讨论》一文撰写的编者按，《人民日报》1978年7月25日第3版。

近十多年来，由于林彪、"四人帮"反革命修正主义路线的严重干扰，不仅使我国的国民经济濒于崩溃的边缘，社会道德风尚也遭到很大破坏，致使买卖婚姻、变相买卖婚姻和包办婚姻又重新抬头。办婚事大肆请客送礼的歪风邪气又有滋长，甚至在婚姻仪式上搞封建迷信活动，使不少男女青年失去了婚姻自主的权利，加重了许多家庭的经济和精神负担。①

1950 年《婚姻法》实施后的二三十年间，买卖婚姻、包办婚姻、婚姻不自主等问题仍未得到解决，不仅仅是法律的颁布或修改所能解决的。《婚姻法》固然重要，但是其条款能否得到真正实施，才是关键所在。康克清的上述谈话旨在说明，买卖婚姻、包办婚姻、婚姻不自主等问题仍未得到解决，主要是因为社会道德风尚受到破坏。更根本的原因，在于"林彪、'四人帮'反革命修正主义路线的严重干扰"。

1980 年 9 月，新修订的《婚姻法》颁布在即，康克清在五届全国人大第三次会议的发言中指出，要把制定法律和思想教育区别开来。修改《婚姻法》，并非是解决"结婚要彩礼、讲排场"的有效途径。康克清认为："思想领域里的问题，不能用法律来约束，只能通过思想教育来解决。"②

综合上述两次讲话的精神来看，康克清的核心思想旨在强调，婚姻领域的问题，根本原因不在于法律，而在于政治领域（林彪、"四人帮"的严重干扰）和思想领域（"社会道德风尚"受到破坏）。

"文革"十年及"文革"结束后的四年，都属于 1950 年《婚姻法》颁布后、1980 年《婚姻法》修订前的时间段。换句话说，此十四年间，中国施行的仍然是 1950 年《婚姻法》。从字面上来说，1950 年《婚姻法》并未明文出现禁止"买卖婚姻"的文字，只是提出"禁止任何人借婚姻关系问题索取财物"的内容。这两种表述，实质是否一致呢？

关于"禁止任何人借婚姻关系问题索取财物"，1953 年 3 月，中央人民政府法制委员会在有关婚姻问题的解答中指出：

①《要用社会主义思想处理好婚姻家庭问题》，《人民日报》1978 年 12 月 27 日第 3 版。
②《人大代表分组讨论审议四个法律草案》，《人民日报》1980 年 9 月 7 日第 1 版。

所谓借婚姻关系问题索取财物，系指：对妇女要一定身价，或以索取对方财物为结婚条件的买卖婚姻，亦即是把财物当成婚姻关系成立的条件，因而妨碍了婚姻以爱情为基础的原则，违背了婚姻自由的精神，所以，婚姻法颁布后，要予以禁止。而拐骗、贩卖妇女与人为妻，则是严重的犯法行为，应受法律制裁。至于父母或男女双方完全是出于自愿赠与的礼物，不得视为买卖婚姻，不在禁止之列。[①]

上述解释中提及的"拐骗、贩卖妇女与人为妻"是明确的刑事犯罪，此处自然无庸多论。此外，可以清楚看出，中央人民政府法制委员会的解答，许可婚姻缔结过程中的财物往来，并明确指出"出于自愿赠与的礼物"不在法律禁止范围之内。与此相反，"以索取对方财物为结婚条件的买卖婚姻"和"把财物当成婚姻关系成立的条件"的行为，被中央人民政府法制委员会列入明确禁止的范围。因为，它"妨碍了婚姻以爱情为基础的原则，违背了婚姻自由的精神"。可以看出，上述解释明确区分财物的自愿赠与与索取。1950年《婚姻法》及其解释，看重的不是财物往来的方向（无论男方送给女方或女方送给男方，都没有明确限制），而是财物往来过程中的主观意愿。其中，"出于自愿赠与的礼物"中的"自愿"，是从主观选择性角度着眼的。"以索取对方财物为结婚条件的买卖婚姻"中的"索取"，是从利用某种优势而要求获得利益的角度着眼的，在某些时候可以不精确地用词语"勒索"来替换。按常理来说，在婚姻市场上处于劣势者，为求得婚配对象，不得不采取更多代表诚意的行为，此时恐怕很难界定其"自愿"与否。

通常情况下，男方是婚前财产的赠与者，女方是婚前财产的索取者。一方面，金额较大的财物往来，会让经济困窘的男性在婚姻市场上处于不利，同时造成他们婚后生活进一步困窘。这是很难解套的"死循环"。另一方面，金额较大的财物往来，会将女性"嫁给谁"的婚配权商品化，这显然是与"妇女解放"的目标背道而驰。从此角度而言，1950年《婚姻法》及其解释，关于"买卖婚姻"、婚姻财物往来的规定，其精神实质与

---

① 《中央人民政府法制委员会有关婚姻问题的解答》，《人民日报》1953年3月22日第3版。

立法原则重点在于保护妇女、保障她们的婚姻自由。换言之，1950 年《婚姻法》不仅具备"婚姻法"和"家庭法"的功能，而且还具有"妇女保护法"的功能。可以说，禁止"买卖婚姻"不只是法律的问题，同时还具有道德与政治的双重意义。

既然"广大群众对此深恶痛绝"，为什么"买卖婚姻"或"变相买卖婚姻"还会存在？对于这个问题，首先应该明确的是，此处的"群众"只是泛指"众人"，并未从"女方/男方"的角度进行界定。换句话说，"群众"是指男方还是女方，这对于如何看待"买卖婚姻"或"变相买卖婚姻"至关重要。"买卖婚姻"或"变相买卖婚姻"，既然有"买卖"二字，意味着势必有买方（或称之为"需方"，通常是指男性或男性家庭）和卖方（或称之为"供方"，通常是指女性或女性家庭）的存在。汉语的口语中，经常使用"对象"一词，这意味着婚姻的缔结需要同时具备两个条件，即某男愿意将某女娶进家门、某女愿意嫁给某男。只有男方、女方同时达成协议，他们才能"对上象"。在华北许多地方口语中，寻找婚配的"对象"有时被称为"茬儿"或"茬口"。同样，普通货物的交易也会使用类似的词汇，只有供需双方达成妥协或协议，交易最终才算成功。当然，"茬儿"或"茬口"，还是农民在植物嫁接过程中经常使用的词汇。甲种果蔬与乙种果蔬，通过嫁接往往能结出更优良的品种。这恐怕是婚姻的特殊"隐喻"。①

通常来说，在以父系文化和"普婚传统"为特征的社会，结婚既是进入成年的标志性仪式，也是完成延续家族使命的前提，同时还是为未来养老准备的"储蓄"。特别是从"婚姻—生育—养老"三环节紧密相连的角度来看，在生存缺少充分或足够保障的社会，很少有人愿意主动选择不结婚。并且，在"从男而居"习俗支配的社会，男性更易受到来自"普婚文化"的压力。②

① 张传生的小说《苦涩人生》，有如下描写："公公婆婆看她年纪轻轻，这样小小年纪活守寡，心里过意不去，由婆婆多次出面，动员她改嫁，找个好茬享几年福，她说什么也不肯"（中国文联出版公司，1993 年，第 117 页）。文中的"好茬"，是指对方诸多条件能够满足自己的理想，并且都认为互相般配、可以缔结美满婚姻。

② 社会学界使用的术语"婚姻挤压"（marriage squeeze），是指一夫一妻制下，由于婚姻市场供需失衡，导致男性或女性不能按传统偏好择偶的婚姻现象。当然，在中国的语境下，通常受到"婚姻挤压"的往往是男性，在经济欠发达的农村地区尤其如此。相关研究参见刘利鸽、靳小怡、［美］费尔德曼：《婚姻挤压下的中国农村男性》，社会科学文献出版社，2014 年，第 52 页。

通常来说，经济状况无论好坏、社会地位无论高下，中国家庭一般都"自愿"或自认为"有义务"背负为子孙"娶妻"的责任。这是男性家庭面对"普婚"压力的通常表现。与此相反，"一家有女百家求"，女性通常没有寻求婚配对象的压力。即便有政治、经济、文化、生理等方面的缺陷，女性的压力通常也会远低于男性。因此，1950—1953 年贯彻《婚姻法》运动时，各地普遍的反映是，经济收入低、家底薄的男性对《婚姻法》存有担忧甚至抱怨的情绪。在以"从夫居"为主流的社会习俗中，经济收入低、抵御风险能力弱的男性，通常在婚姻市场上处于劣势。自由婚姻会给女性带来更多的选择，如果结婚、离婚完全让年轻女性以自愿而定，男性农民担忧的是"谁还愿意跟咱农民，一身牛粪味"，男性工人担忧的是"像咱们这样黑爪子可和谁搞对象？"① 通常情况下，女性在择偶时多会考虑男方的经济条件，毕竟这是与她们婚后生活紧密相关的基石，同时也是未来养育子女、赡养老人的家底。能否支付足够的彩礼，是判定男方家庭财富积累、经济收入、养育后代能力的重要指标。并且，从夫居的习俗、婚姻的传宗接代功能、女性婚后从事财富生产与积累的能力等，使得嫁与娶之间具有特定的"交换"意义。

从通常意义上而言，男方迎娶新娘进门，意味着新郎未来的生育行为有了合法、合理的保障，家族血脉由此可以延续下去。迎娶新娘进门还意味着，男方家庭增添从事物质生产、财富积累、维系家庭功能运转的人手。对于女方来说，出嫁的新娘通常是女家多年宠爱、辛苦培养长大的孩子，出嫁后被迫分居两地，情感上难免会有不舍。新娘与新郎婚后生育的子女，虽然同女家保有亲情关系，但是他们毕竟是男家的后人，是"他姓旁人"。对于女家来说，他们只是他姓的外甥或外孙。更重要的是，生育过程中的种种风险，基本全由新娘承担。② 嫁与娶还有相异的意义，女儿出嫁意味着女方家

---

① 《辽东、辽西、松江省各村农民群众干部对婚姻法的反映》，《内部参考》1950 年 7 月 20 日。

② 由于女性在孕育、分娩等环节面临较高风险，中国民间有不少文艺作品，涉及女性怀胎十月、担惊受怕、尝尽艰辛的内容。其中，云南省布依族的民间小调《十月怀胎歌》，唱词主旨在于教育世人重孝尊老，有大量内容涉及母亲怀胎十月的艰辛和痛苦。其中称，"怀胎一月在娘身，娘身不知半毫分。三天七天像露水，不知生根不生根"，"怀胎二月在娘身，头昏眼花闷深沉。山珍海味不想吃，只想酸的往肚吞"……"怀胎十月在娘身，很快出世在衣襟。孩子出生娘难受，弄得不好丢命根。孩子出世要娘养，辛辛苦苦十多春"。参见罗洪庆主编：《布依学研究——民间文学专辑》，云南大学出版社，2021 年，第 75—76 页。

庭从此失去一个重要的劳动力。从家庭财富生产和积累、家庭功能维系运转的角度来看，这无论如何都是一种损失。从此角度而言，男方赠送给女方的财物、弥补女方经济和情感上的损失，具有一定程度的合理性。这恐怕同"买卖婚姻"或"变相买卖婚姻"长期存在不无关系。

从报刊言论来看，与1950—1966年相比，1966—1980年间的买卖婚姻、包办婚姻等问题是更趋严重？还是问题被有意或无意夸大了？《婚姻法》受到破坏的情况下，为什么婚姻领域体现的是旧问题重新抬头？换句话说，买卖婚姻、包办婚姻、办婚事大肆请客送礼、婚姻仪式上搞封建迷信等，这些"不理想"现象为何如此顽固，以至于法律制度、国家机器等上层建筑都难以完全将其改变？这是本书将充分讨论的重要问题之一。

需要指出的是，私人层面的婚姻生活与国家层面的政治生活，分属不同层次、不同性质的研究领域。通常来说，男女两性之间缔结的婚姻关系，是与满足情欲及精神需求、孕育后代、抚养子女、赡养父母等直接相关的初级社会关系；与此相对应的是政治生活领域内人与人之间的关系，往往是以次级社会关系为主，是在初级社会关系基础上发展起来的社会关系，是以职业关系为纽带形成的社会关系网络。初级、次级的两类社会关系，既有明显区别，又有紧密联系。前者是指最初出现的、直接的、简单的、亲密的人与人之间的关系，如父母与子女、夫妻、兄弟姐妹等关系。后者主要是派生的、间接的、复杂的、松散的、人与人或人与组织的关系，如同事、上下级等关系。初级社会关系是社会关系中最初的关系，是次级社会关系的基础。但是，社会关系中大量的、更多的、主要的是次级社会关系，这是由社会生活的宽广性、复杂性及其规律所决定的。①

---

① 于真、许德琦主编：《调查研究知识手册》，工人出版社，1986年，第312—313页。值得关注的是，"文革"时期政治生活领域的次级社会关系，往往与初级社会关系纠缠在一起。大致表现或可归纳如下：其一，政治生活领域存在"夫人政治"，"国事"混同"家事"，公私不分、挟公济私。甚至某些领导人，如林彪任用自己的夫人叶群为办公室主任，康生任用自己的夫人曹轶欧为办公室主任等。毛泽东对这种现象进行批评，"让自己的老婆当自己的办公室主任，这不是共产党的作风，是国民党的作风"（熊向晖：《我的情报与外交生涯》，中共党史出版社，1999年，第395页）。其二，判断个人的政治忠诚度，过分注重家庭出身、家庭背景，如"老子英雄儿好汉，老子反动儿混蛋"。这在某种程度上形成政治身份的家庭继承制，曾经有优良表现的家庭成为"革命的包衣"。其三，广泛存在政治上的"连带"制，父母与子女、丈夫与妻子等家庭成员之间"一损俱损、一荣俱荣"。"走资派"子女、"黑五类"子女，在升学、参军、提干、择偶等方面，受到父母政治身份连带的惩罚式待遇。其四，政治生活不严肃，政治生活"私人化"，尤其是利用血缘、地缘、朋友、战友等私人关系"走后门"，使次级社会关系"初级社会关系化"。

当然，婚姻关系作为初级社会关系的一种，它同次级社会关系之间具有紧密的联系。首先，婚姻关系通常是被次级社会关系构成的关系网络认可、被某种特定社会制度确认的社会关系。并且，特定社会制度的形成与稳定，依赖的基础是次级社会关系，而非初级社会关系。婚姻关系通常是具有特定社会意义的两性组合，是一种与"社会承认"紧密相连的社会关系。其次，婚姻关系的缔结与发展，受到政治、法律、道德、文化等上层建筑的直接影响。上层建筑的诸因素，是以次级社会关系为基础的社会意识形态以及与之相适应的政治、法律、制度和设施的总和。可以说，没有完全脱离次级社会关系而孤立存在的初级社会关系，也没有完全脱离上层建筑而孤立存在的婚姻关系。国家通过法律、制度、道德、文化、宗教、教育等渠道，对婚姻制度、婚姻习俗等施加影响，使之适应上层建筑、经济基础的要求。

中华人民共和国成立初期，全国大张旗鼓贯彻《婚姻法》运动，迅速普及 1950 年《婚姻法》的精神和原则，以国家法律的条款来规范人们的婚姻观念、婚姻习俗、婚姻关系。这是政治、法律等上层建筑直接影响两性婚姻关系的鲜明写照。同时，在"文革"前期，有不少人的婚姻关系因政治因素而分崩离析，同样可视为上层建筑对婚姻关系的直接影响。当然，婚姻习俗、婚姻观念等社会意识，有时并非完全随着政治生活的起伏而亦步亦趋。本书关注的核心问题，一方面会涉及国家层面对婚姻领域的社会生活进行的管理和控制，另一方面也会涉及与社会群体、个人相应的服从和挣脱。

二、学术史回顾

据有限观察，中国大陆学界很少有专门以十四年间婚姻问题为研究对象的成果。粗略翻检海外成果，以十四年间中国婚恋问题为研究对象的著作也寥寥无几。但是，这一领域的研究并非荒芜的不治之地，本书更不敢妄称"填补空白"。此节旨在梳理前人研究成果，但无意将所有出版物或研究成果"一网打尽"，只是就部分具有代表性的著述进行梳理，借此说明本书研究的基础、受到他人学术成果的启示。

1980 年修改《婚姻法》（以下简称 1980 年《婚姻法》）颁布前后，共青团、中国妇联、中央人民广播电台等机构，先后出版多种宣传品、普法读物。① 这些出版物虽然带有"宣传"和"普法"性质，但是鉴于其针对性、时代特征，拥有较多读者群等因素，因此仍可视为值得分析的文本。当然，这与严肃意义的研究有明显区别。需要指出的是，1987 年国家计划生育委员会宣传教育司出版的《婚姻·家庭·人口》，有专门一章《我国人口的婚姻状况》，涉及初婚、离婚、再婚、择偶、通婚范围等内容，并且部分内容有大量调查数据作支撑，是值得研究者重视的参考资料。②

　　1980 年前后，恢复不久的社会学界，率先开始对婚姻家庭领域开展研究。1979—1987 年间出版的社会学书籍，婚姻家庭研究类占比高达 27.3%，位居各类之首。此外，相关的译著、论文也占据高位。③ 这是对此前有意或无意忽视婚姻家庭问题的反弹，还是与社会生活密切相关的问题更容易引起重视？值得业内注意。同后来者相比，早期的研究成果或许存在不足甚至偏差，但是社会学界的相关调查、理论分析，至今仍有重要启发意义，闪耀着独特的学术光芒。

　　1982—1983 年间，中国社会科学院及多地科研院所合力开展的"中国五城市婚姻家庭研究"，是较早涉足此领域的成功案例。该项目调查的地区主要有北京东河沿居委会、团结湖居委会，天津红星第二居委会，上海张家弄居委会、双阳路居委会，长春街道，南京四福巷居委会，成都如是庵居委会。该项目以家庭为中心，把婚姻视为家庭的基础和起点、把生育视为家庭的基本功能，并以此为主要内容进行调查与研究。在此基础上，项目组对中

---

　　① 大致说来，这些通俗易懂的读物，主要在于普及宣传 1980 年《婚姻法》或者为 1980 年《婚姻法》的实施制造舆论。大体说来，这些读物至少包括，中央人民广播电台理论组编：《恋爱·婚姻·家庭》（广东人民出版社，1979 年），杨大文等著：《婚姻法与婚姻家庭问题讲话》（人民出版社，1979 年），刘心武等：《恋爱·婚姻·家庭》（中国青年出版社，1979 年），章欣：《恋爱·婚姻·家庭》（河南人民出版社，1980 年），共青团中央宣传部编：《恋爱婚姻道德风尚曲艺选》（中国青年出版社，1980 年），任国钧、巫昌祯等编著：《婚姻家庭问题解答》（天津人民出版社，1980 年），《民主与法制》编辑部编：《婚姻案件 100 例（增订本）》（民主与法制杂志社，1981 年），金铧、严雯编：《婚姻家庭问题法律顾问》（群众出版社，1982 年），蒋元明等：《漫谈婚姻家庭道德》（河北人民出版社，1982 年），《工人日报》思想教育部编：《爱情·婚姻·道德》（工人出版社，1983 年），中国婚姻家庭研究会编：《婚姻家庭文集》（法律出版社，1984 年），《农民法律之友》编辑部编：《婚姻与家庭》（中国展望出版社，1985 年）等。
　　② 马侠编著：《婚姻·家庭·人口》，辽宁人民出版社，1987 年。
　　③ 周贵华：《重建后的中国社会学的研究选题倾向分析》，《社会学研究》1989 年第 2 期。

国城市的婚姻家庭问题进行专门研究，并结集出版论文集《中国婚姻家庭研究》。① 该项目的研究触角，涉及婚姻基础、"门当户对"、交换价值、婚礼、婚龄等方面。这是20世纪80年代初进行的项目，其调查数据涵盖1966—1980年的十四年。基于"中国五城市家庭调查"的数据，研究者出版《中国城市婚姻与家庭》一书。② 该书以扎实调查统计为基础，通过努力掌握第一手资料进行理论与实际相结合的探索，涉及婚龄、择偶、婚姻结合途径、婚礼等章节，目前仍是相关领域无法绕开的参考书。

1991—1992年间的"北京婚姻家庭合作研究"，是北京经济学院人口经济研究所与美国密歇根大学人口研究中心等共同完成的项目。该项目以北京城区（东城、西城、崇文、宣武）、郊区（朝阳、海淀、丰台、石景山）进行的随机抽样调查为基础，以20—54岁间的已婚者为研究对象，对他们的婚姻、家庭、生育等情况进行综合分析。就婚姻问题而言，该项目主要涉及婚姻满意度、择偶方式、婚礼、结婚费用等内容。同"中国五城市婚姻家庭研究"相比，该项目的研究时间偏后、研究范围集中，具有重要参考价值。具有启发意义的是，该项研究并非"就婚论婚"，而是将婚姻、性别、家庭、生育等问题综合起来，充分考虑各因素间的联系及影响。③

1993年进行的"中国七城市婚姻家庭研究"，是中国社会科学院社会学研究所支持下的科研项目，是对1983年"中国五城市婚姻家庭研究"进行的追踪研究。该项目的着眼点，在于经济体制改革对城市家庭的影响。鉴于该项研究的调查对象是抽样调查样本户中的已婚女性及其丈夫，并且其结婚时间从1949年前到1993年，因此对研究1966—1980年间的婚姻问题具有重要参考价值。值得关注的是，该项研究同"中国五城市婚姻家庭研究"一样，不是武断地打破不同年代婚姻问题所带有的连续性，而是将不同时间段缔结的婚姻组进行比对，从而展示各组的时代特征及差别。④ 简单地说，

---

① 刘英、薛素珍主编：《中国婚姻家庭研究》，社会科学文献出版社，1987年。
② 潘允康主编：《中国城市婚姻与家庭》，山东人民出版社，1987年。
③ 冯立天等主编：《北京婚姻・家庭与妇女地位研究》，北京经济学院出版社，1994年。
④ 沈崇麟、杨善华主编：《当代中国城市家庭研究——七城市调查报告和资料汇编》，中国社会科学出版社，1995年。

1993 年的"中国七城市婚姻家庭研究",同 1991—1992 年间的"北京婚姻家庭合作研究"相比,其调查样本涵盖面更宽泛,不同地区间的相互比较研究更具有说服力。

同上述以城市为研究区域的项目相比,雷洁琼教授主持的"经济体制改革以来农村婚姻家庭的变化",是针对中国农村地区家庭婚姻领域进行深入研究的项目。该项目研究区域是北京郊区(房山区、昌平县、延庆县)、河南潢川县、黑龙江农场(依兰县依兰农场、佳木斯市郊区佳南农村)、四川农村(成都郊区、宜宾县、黔江县)、上海郊区(上海县、青浦县、南汇县)、广东农村(番禺县、英德县)。研究者选取以上地区为研究区域,基本考虑到经济发达和落后、交通便利和不便等因素对婚姻家庭的影响。该项目组从上述农村随机定比抽样调查 2799 个农民家庭,通过对他们进行实地调查,从而获得相对可靠的第一手资料。同此前提到的项目相似,"经济体制改革以来农村婚姻家庭的变化"项目,虽然着眼于经济体制改革后农村的婚姻家庭,但是它却并非只涉及 1979 年以后的内容。例如,该项目在分析结识方式、择偶标准、通婚距离、确定婚姻关系方式、订亲状况、成婚年龄、婚礼仪式等内容时,采用的分组标准是"结婚年代",即按结婚的早晚将调查对象分为"1949 年之前"、"1950—1965"、"1966—1978"、"1979—1986"四组。可以明确地看出来,这样的分组方式可以更加明晰地显现各"结婚年代"的时代特征。[①]

大体看来,上述研究项目具有以下特点:第一,社会学恢复后,该领域学者对改革开放前后的婚姻问题抱有浓厚兴趣,他们从现实关怀和理论关怀的角度出发,希望通过对上述问题的研究来恢复和重建扎根于中国实际的社会学研究体系。第二,研究者的问题意识主要围绕改革开放以来中国婚姻家庭领域的变动或变革而展开。1979 年中国社会学的恢复重建,与中国改革开放的起步有时间上的重合度,1980 年《婚姻法》的颁布实施同样与改革开放的起步具有时间上的重合度。这种"起步"上的重合,意味着中国政治经济

---

① 雷洁琼主编:《改革以来中国农村婚姻家庭的新变化:转型期中国农村婚姻家庭的变迁》,北京大学出版社,1994 年。

体制的改革与社会学对婚姻家庭领域的研究具有较高的粘合度。第三，社会学界的研究者相对更关注婚姻领域的变动及社会学上的理论解释，这与中国社会学的恢复重建密不可分。他们的调查数据和所得结论，对其他学科、其他领域的研究具有重要借鉴意义。考察改革开放前后中国的婚姻家庭，都无法对此视而不见。当然，对于婚姻史的研究来说，一方面应兼收并蓄、博采众长，切忌画地为牢、心怀畛域之见；另一方面，不可毫无定见，人云亦云、拾人唾余。简单来说，本书一方面对其他学科、领域的研究成果持开放的态度，另一方面又觉得十分有必要立足于历史学的方法和立场，通过所谓"跨学科"的对话与互鉴，对十四年间的婚姻问题进行实证、理论上的双重研究。

除上述所举之例以外，海内外的法学、社会学、人类学、历史学等专业的学者，对十四年间婚姻的研究亦值得详细介绍。限于篇幅，本书只是"挂一漏万""浮光掠影"地就目之所及的研究介绍如下：

首先，法学界的研究，难免涉及 1950 年《婚姻法》和 1980 年《婚姻法》之间的婚姻问题。中国婚姻法学专家、全国妇联执委兼北京市妇联副主席巫昌祯，既有参与 1980 年《婚姻法》修改工作的亲身经历，同时还有保护妇女权益、开办律师事务所的经验。1986 年，她在总结两部《婚姻法》立法、实施等内容的基础上，撰写出较有影响的法学著作《婚姻法论》。巫昌祯认为，1980 年修订《婚姻法》，是因为"建国三十多年来，社会生活各个方面发生了巨大的变化。特别是十年动乱期间，婚姻家庭领域里出现了新的情况和问题。如：封建婚姻回潮，道德水平下降，法制观念淡薄等等。广大群众一致要求颁布新的婚姻法"。① 以法学为业的学者提出此类观点，值得给予关注。

同年，杨大文出版的《婚姻法学》，观点与上述认识基本相似。作者认为，1980 年《婚姻法》具有特定的历史背景，其中部分因素便与政治环境有关。作者指出："在十年动乱期间，社会主义法制遭到了严重的破坏，婚姻家庭领域里也出现了种种有法不依，违法不究的现象。包办、买卖婚姻和干

---

① 巫昌祯：《婚姻法论》，中央广播电视大学出版社，1986 年，第 35 页。

涉婚姻自由的行为得不到应有的制裁，妇女的人身权利和财产权利得不到应有的保障，一些婚姻家庭纠纷也得不到正确、及时的处理。粉碎'四人帮'以后，有关部门作了大量的工作，情况有了好转，但仍有不少问题需要解决。"① 就此而论，作者认为婚姻领域出现问题，原因在于"社会主义法制遭到了严重的破坏"。换句话说，原因不在于法律本身出现偏颇或漏洞，而是"有法不依"和"违法不究"。如果所言不虚，1980 年修订《婚姻法》的必要性恐怕值得讨论。

与法学界的研究相比，1986 年出版的《当代中国婚姻家庭》，是中国婚姻家庭研究会、中国社会科学院社会学研究所、中国法学会召开的学术讨论会论文集。该论文集收录的论文、调查报告，目前仍有重要参考价值的内容至少有"北京市区婚姻家庭情况调查""陕西人口婚姻状况分析""婚龄差与大年龄青年结婚难""初探北京城区婚配中男女数量不平衡的原因""中国农村婚娶的区位学研究"等。这些调查和研究，不少涉及十四年间的婚姻问题，而且从理论上仍有重要启发意义。②

1988 年辜胜阻主编《婚姻·家庭·生育》同样是一部论文集，是关于湖北省丹江口市婚姻、家庭、生育等内容的研究。③ 丹江口，1983 年从均县改制为县级市。1987 年，丹江口人口约 43 万（包括下辖乡村人口），是一个规模不是很大的城市。这部论文集是武汉大学人口研究所对当地进行调查研究的成果，其中涉及婚姻问题的论文有婚姻观念、婚姻梯度观、离婚观及城乡婚姻方式等内容。如果有人过于挑剔，或许认为有些研究可能有值得提升和补充之处。但是，研究者当年已经不再满足于"泛泛之谈"，而是从区域着手、从理论与实际相结合着眼，放在当时已经显得难能可贵。

20 世纪 90 年代，关于十四年间婚姻历史的研究进入新的时期。整体上，研究理论得到深化，研究水平得到提高，研究队伍也在不断扩大。

1990 年，恰值 1950 年《婚姻法》颁布 40 周年、1980 年《婚姻法》修订 10 周年。该年，巫昌祯等主编的《当代中国婚姻家庭问题》出版。其中

---

① 杨大文：《婚姻法学》，文化艺术出版社，1986 年，第 89—90 页。
② 中国婚姻家庭研究会编：《当代中国婚姻家庭》，中国妇女出版社，1986 年。
③ 辜胜阻主编：《婚姻·家庭·生育》，武汉大学出版社，1988 年。

收录的部分研究成果认为，中华人民共和国成立后，婚姻家庭制度改革遇到的最大曲折，出现于"文革"期间。同时，又提出"由于资料的缺乏，研究十年浩劫中的婚姻家庭状况是相当困难的。有关书籍往往在这个问题上留置空白，避而不谈"。作者认为，婚姻家庭领域出现曲折的原因在于，中国"封建婚姻家庭制度虽然已被废除，封建的传统和各种旧的习惯势力在婚姻家庭方面的影响是不能低估的"。另外，"还要看到资产阶级思想在婚姻家庭问题上的影响"。并且，"文革"十年间，"不论是全国还是各地，在相当长的一段时间里放松了婚姻家庭方面的宣传教育，政治思想工作薄弱，对于婚姻家庭方面出现的不良现象无人过问，放任自流，在某些问题上甚至有法不依，违法不究"。① 换句话说，作者认为"文革"十年间婚姻家庭领域出现的问题，受到"封建婚姻家庭制度"和"资产阶级思想"两大因素的影响。因此，作者认为婚姻家庭领域的问题需要加强"宣传教育"和"政治思想工作"。后来者如苛刻地来看，这番认识未免过于"简单化"。但是就当时来看，这些观点却是主流且有较大影响。

同年，樊静出版的《中国婚姻的历史与现状》，其时间跨度是从"历史"到"现状"，有限篇幅内涉及问题十分繁杂、宽泛。值得留意的是，作者对1950 年《婚姻法》和 1980 年《婚姻法》进行对比，同时还详细介绍两部婚姻法的背景及其影响。其中有不少篇幅涉及十四年间的择偶标准、畸形婚姻、"婚姻途径"、"婚仪形式和结婚消费"、离婚等问题。② 在带有婚姻通史性质的论著中，这部著作的观点可圈可点，值得关注和参考。

1993 年，四川省社会科学院缪清鑫、郭虹出版的《系统科学与婚姻研究》，是国家社会科学基金资助课题和四川省哲学社会科学"七五"规划重点课题"四川农村婚姻现状及对策"的研究成果之一。作者将"系统科学"理论与对四川农村婚姻状况的调查结果结合，试图将系统科学的理论和方法应用于婚姻研究，希望为该领域趟出一条新路。该书认为，婚姻大致可分为四个程序，即婚前交往、婚姻建立、婚姻延续、婚姻终止，而婚姻终止中的

---

① 巫昌祯、王德意、杨大文主编：《当代中国婚姻家庭问题》，人民出版社，1990 年，第 43—44 页。
② 樊静：《中国婚姻的历史与现状》，中国国际广播出版社，1990 年。

丧偶和离婚又可能涉及再婚。由此，婚姻终止与婚前交往相连，"婚姻问题的四个组成部分是互相联系，一环扣一环和首尾相连的循环过程"。同时，作者还认为，"婚姻问题是一个比较复杂的、庞大的社会问题，而且与种种社会的、自然的因素相关联"，"从这个意义上讲，婚姻问题又可作为社会大系统中的一个子系统"。[①] 简单来说，这部著作的方法论意义比其结论更重要。

1995 年李银河出版的《中国婚姻家庭及其变迁》，有不少篇幅涉及十四年间婚姻、家庭的问题。这是一部带有历史学关怀的社会学著作。作者兼具历史学和社会学双重专业背景，该书是该领域值得关注的一部著作。该书研究的问题不仅注重即时调查和观察，而且还关注社会现象的来龙去脉。这部著作并未有专门章节涉及十四年间的恋爱与婚姻问题，但是其问题意识及理论关怀仍有启发意义。[②]

1996 年，刘炳福出版的《上海当代婚姻家庭》，是作者在参与"中国五城市婚姻家庭研究"的基础上，专门对上海婚姻家庭进行的后续研究。该书的资料基础分为三部分：其一是上海市区 3 个街道、30 个里委的随机抽样调查，其二是浦东川沙 5 个村的调查，其三是市区 6 个区的 6 个街道的 60 个里委的随机抽样调查。值得注意的是，该研究的抽样调查有老年人的参与，其婚姻形态自然涉及 1950 年《婚姻法》颁布以来（包括十四年间）的情况。从内容上看，这部著作有三个章节涉及"婚龄和择偶途径""同类婚姻和婚礼""离婚和再婚"等内容。[③]

同年，旅日学者肖红燕完成东洋大学的博士学位论文，其核心内容是对四川省东部丰都县家庭与婚姻开展的研究。这篇博士论文值得关注的原因，在于它从长时段、"超大广角"考察丰都县的婚姻家庭变迁。为此，作者将该县的地理、气候、职业、人口构成、家庭规模、学校教育等因素皆纳入眼界。在研究婚姻及婚姻观时，又将财产、仪礼、通婚圈、婚龄、离婚与再婚

---

① 缪清鑫、郭虹：《系统科学与婚姻研究》，四川大学出版社，1993 年，第 21—22 页。
② 李银河：《中国婚姻家庭及其变迁》，黑龙江人民出版社，1995 年。
③ 刘炳福：《上海当代婚姻家庭》，上海三联书店，1996 年。作者使用"同类婚姻"的概念，是指"人们往往与具有同类特性的人结婚"。参见该书第 26 页。

等问题涵盖其中。从时间段上，作者关注村落形成初期及宋元明清的相关情况，同时也关注民国时期、1949 年后、改革开放后的相关变化。这使得该文的论证扎实、丰富，是值得重视的重要研究成果。[①]

1999 年，徐安琪、叶文振的《中国婚姻质量研究》，以抽样调查的数据为依据，充分考虑研究对象的基本特征（包括人口结构、经济特征、婚育状况、家庭结构等因素），着重研究中国婚姻质量的现状及地区差异。同时，作者还对中国未来婚姻质量的趋势提出展望。从定性与定量相结合，该书目前仍是该领域无法绕开的重要著作。[②]

2006 年，王跃生的《社会变革与婚姻家庭变动：20 世纪 30—90 年代的冀南农村》，是对冀南两个县农村婚姻家庭变动进行的研究，其核心资料包括典型问卷调查、"四清"运动阶级成分登记、人民公社时期生产队的统计及部分访谈资料。从时间跨度上来看，该书明显关注土地改革运动、集体化经济、土地联产承包责任制等经济体制变动带给农村婚姻家庭的影响。与其他合作研究有所不同，这是以个人之力对农村婚姻家庭研究的一部力作。[③]

2006 年出版的《私人生活的变革：一个中国村庄里的爱情、家庭与亲密关系（1949—1999）》，是具有美国人类学教育背景的阎云翔，对黑龙江省双城县下岬村进行的民族志式的研究。在 20 世纪 70 年代，阎云翔在当地生活了七年的时间。这七年，作者并非是以研究者的身份居住在当地，而是同当地人一样"日出而作，日落而息"地当"农民"。当年的生活体验与后来的学术理论相碰撞，最终诞生出一部赢得海内外赞誉的著作，并且还为作者赢得 2005 年度的"列文森中国研究书籍奖"。与王跃生的著作一样，阎云翔在该书中着重分析经济集体化、改革开放带给农村婚姻家庭的深刻影响。[④]

2011 年，金大陆的《非常与正常：上海"文革"时期的社会生活》，是

---

① 肖红燕：「中国四川省東部農村の家族と婚姻：長江上流域豊都県の事例研究」，日本東洋大学博士論文，平成八（1996）年。
② 徐安琪、叶文振：《中国婚姻质量研究》，中国社会科学出版社，1999 年。
③ 王跃生：《社会变革与婚姻家庭变动：20 世纪 30—90 年代的冀南农村》，生活·读书·新知三联书店，2006 年。
④ ［美］阎云翔著，龚晓夏译：《私人生活的变革：一个中国村庄里的爱情、家庭与亲密关系（1949—1999）》，上海书店，2006 年。

作者在相关领域积累多年的研究成果。该书分上下两卷，其中包括"文革"时期上海的人口状况、婚姻管理、计划生育、职业、服饰、蔬菜粮油供应等与社会生活紧密相关的内容。就婚姻管理方面而言，作者细致地分析了上海"文革"时期的结婚登记数据，并对其间结婚、离婚呈现的特征进行深入分析。作者认为，上海的结婚登记数据具有"前后高、中间低"的特征，这是同"文革"时期上海的政治形势紧密联系在一起的。而十年间上海的离婚数据"异常走低"，这又同社会舆论对离婚持异常负面评价有关。作者在书中提出这些观点，值得后来者给予特别关注。①

2015年，李秉奎的《狂澜与潜流——中国青年的性恋与婚姻（1966—1976）》，专门以"文革"时期青年群体的婚姻、恋爱为研究对象。该书存在诸多的缺憾与不足，在相关研究成果缺乏、档案史料难以搜求的情况下，只是粗略地对"文革"时期的四个问题进行初步探索，即"城市青年的欲与爱""城乡青年的择偶观念与行为""农村青年的彩礼与婚礼""知青的'婚'与'不婚'"。② 书中存在诸多值得讨论之处，有些结论尚需精雕细琢。总体而言，专门以"文革"时期的婚恋问题为研究对象，目前与之相近或相似的研究似不多见。

海外涉及此议题的研究成果较多，本书无意一一罗列出来。此处不得不提到的是尼尔・戴尔曼特（Neil J. Diamant）的著作《革命化的家庭：1949—1968年中国城乡的政治、情爱与离婚》（*Revolutionizing the Family：Politics，Love，and Divorce in Urban and Rural China*，1949–1968，Berkeley and Los Angeles：University of California Press，2000）。该书值得关注之处在于，作者利用新开放不久的档案，围绕城市（北京和上海）、郊区（京沪郊区）、偏远农村（云南省楚雄）三类地区，研究内容主要是1950年《婚姻

---

① 金大陆：《非常与正常：上海"文革"时期的社会生活》上，上海辞书出版社，2011年，第25—30、30—37页。

② 李秉奎：《狂澜与潜流——中国青年的性恋与婚姻（1966—1976）》，社会科学文献出版社，2015年。关于该书的书评，参见王宇英：《"无言谁会凭阑意"——读〈狂澜与潜流——中国青年的性恋与婚姻（1966—1976）〉》，《中国图书评论》2017年第1期；肖慧：《〈狂澜与潜流〉："文革"时期的婚恋》，《新京报》2016年2月26日；Li Bingkui, *Gender，Romance and Marriage of Chinese Youth During the Cultural Revolution*（1966–1976），Beijing：Social Sciences Academic Press，2015. Reviewed by Liu Zhao, https://harvard-yenching.org/features/gender-romance-and-marriage-chinese-youth-during-cultural-revolution-1966-1976.

法》对五六十年代中国家庭生活的影响。作者认为，提倡婚姻自主、禁止婚姻包办的1950年《婚姻法》，是新政权通过国家力量改变中国婚姻家庭生活的显著努力。对以往观点形成挑战的是，作者提出，申请离婚者不是国家政策的消极响应者，而是国家婚姻法、婚姻制度的积极利用者。与干部或职员相比，农民、工人通常不在意保护自己的隐私，他们的离婚申请更容易获得政府机关的批准。并且，作者还提出，西方女性主义者主要关注的是"性别平等"，往往以此作为判断第三世界女性"进步"与否的标准。但是，在某些情况下，"传统的"两性不平等实际上可以促进"现代"国家主导的社会变革。并且，女性之间建立的信仰可以为解决共同问题、实现共同目标铺平道路。令人遗憾的是，该书研究60年代的部分，主要依赖个人传记、回忆录、文学作品等资料，其论证的严密性、真实性、充实度都大打折扣。

三、研究路径及章节结构

如前文所示，私人层面的婚姻生活与国家层面的政治生活，是分属不同层级、不同性质的社会领域。男女两性之间缔结的婚姻关系，是与满足情欲与情感需求、孕育后代、抚养子女、赡养父母等家庭生活直接相关的初级社会关系，它更多是从血缘关系、地缘关系等角度来分析人与人之间关系的；与此相对应，与国家相关的政治生活领域，人与人之间往往是以次级社会关系为主，它是在初级社会关系基础上发展起来的，是人们通过广泛参与社会生活而形成的"不太亲密"的社会关系。次级社会关系是以职业关系为纽带、强调分工合作的工作关系。当然，这种社会关系的"二分法"只是为研究或叙述方便而已，所谓的两种关系并非完全截然分开。显然，二者之间往往是相互扭结在一起，初级社会关系往往受到次级社会关系的影响，次级社会关系又有初级社会关系的影子。

初级社会关系与次级社会关系，在整个人类社会发展史上扮演的角色是变动不居的。从人类社会历史出现过的制度而言，初级社会关系发挥主导作用的社会，往往是次级社会关系处于欠发展的状态，是与生产力水平相对低下密切相关的。随着生产力、生产关系的发展，以"国家"为主要治理方式的社会必将取代以初级社会关系为基础的社会。1884 年，恩格斯在《家庭、私有制和国家的起源》第一版序言中指出：

> 在以血族关系为基础的这种社会结构中，劳动生产率日益发展起来；与此同时，私有制和交换、财产差别、使用他人劳动力的可能性，从而阶级对立的基础等等新的社会成分，也日益发展起来；这些新的社会成分在几个世代中竭力使旧的社会制度适应新的条件，直到两者的不相容性最后导致一个彻底的变革为止。以血族团体为基础的旧社会，由于新形成的各社会阶级的冲突而被炸毁；代之而起的是组成国家的新社会，而国家的基层单位已经不是血族团体，而是地区团体了。在这种社会中，家庭制度完全受所有制的支配，阶级对立和阶级斗争从此自由开展起来，这种阶级对立和阶级斗争构成了直到今日的全部成文史上内容。①

恩格斯的上述言论强调，以"血族团体"为基础的旧社会，是和生产力发展水平低下状况相适应的。随着劳动生产率及生产、分配、交换、消费等生产活动诸环节的发展，血缘关系对于社会制度的制约作用势必会不断下降，直到两者的不相容性发展到极点并导致彻底的变革。届时，以"血族团体"为基础的旧社会，将会被以"国家"为主制的新社会所取代，而国家的基础将不再是"血族团体"而是地区团体。如果将以"血族团体"为基础的旧社会和以"国家"为主制的新社会对比，显然后者比前者的社会关系更加错综复杂，初级社会关系不再是纯粹的"初级"和"原始"，而是更多受到次级社会关系的影响和制约。

就 1966—1980 年间的中国而言，思考属于初级社会关系的"婚姻"与属于次级社会关系的"国家"之间的关系，既有理论意义，又有现实意义。本书试图将二者简单化约为"私"与"公"的关系，其有利之处在于如下两个方面：

其一，从个人层面和国家层面两个维度将隶属婚姻的初级社会关系和处

① 恩格斯：《1884 年第一版序言》，恩格斯著，中共中央马克思恩格斯列宁斯大林著作编译局译：《家庭、私有制和国家的起源》，人民出版社，1999 年，第 4 页。

于政治生活主导地位的"国家"分离开来，并且借以梳理"国家"是如何通过法律、制度、政策、组织、经济等途径对社会生活进行规范和干预；其二，这样的化约可以厘清初级社会群体的家庭、邻里等是如何处理原有规则与国家意志之间的关系。进而言之，"公"与"私"的关系或许可以表述为"国家"与"社会"的关系，本书尝试通过"婚姻"的议题来考察掌握"公"权力的国家是如何将自己的意志输送给家庭、单位、团体、个人的，反过来也可以考察所谓的"私"领域在面对国家意志时是如何服从、调适或违抗的。但是，类似的"公"与"私"、"国家"与"社会"的二分，并不意味着只强调它们之间带有对抗性而不关注它们之间的同质性，更不意味着中国同样存在类似于西方语境的"市民社会"（civil society）或"国家"与"社会"对立的历史。

"市民社会"的概念，最初来源于古希腊的城邦社会。它特指希腊城邦存在的、根据宪法建立起来的、独立自治的社会团体。自启蒙时期以降，"市民社会"是与宗教社会相区别而言的，是指社会中世俗的公共生活或社会团体。17、18世纪以后的"市民社会"，则指新兴的资本主义经济生活，意味着与政治的、公共的社会领域相对而形成的经济的、私人的社会活动领域。苏格兰思想家亚当·弗格森（Adam Ferguson）使用"市民社会"的概念，是因为他看到近代国家不断向以前属于私人社会领域不断扩张的趋势，是将"市民社会"与国家的对立放大到极致的结果。[①] 显然，"市民社会"的概念并非产生于中国语境之下，研究中国问题生搬硬套类似概念难免会忽略其中特定的历史色彩。还需要指出的是，苏联解体、冷战格局结束后，部分海外研究者过分强调苏联时代"国家"与"社会"的对立，强调苏共的"专政"与"独裁"，在某种程度上使得这一概念成为后冷战时代的"冷战遗产"，是研究者仍以冷战思维来思考原属于"敌对"阵营的结果。因此，有研究者认为，"市民社会"本来在很长一段时间已成为"死语"，而1989年

---

① 唐士其：《"市民社会"、现代国家以及中国的国家与社会的关系》，《北京大学学报》（哲学社会科学版）1996 年第 6 期。

以后却死而复生、借尸还魂。①

　　具体到中国研究而言，改革开放后的很长一段时间内，海外学术界曾广泛存在一种基于"冷战"逻辑和意识形态的思维，认为社会主义的经济制度不可能在共产党领导的政治体制下实现市场化，更不可能由此带来高速、持续的经济增长。苏联和东欧艰难且收效甚微的改革，似乎为这种观点提供了例证。然而，中国从 20 世纪 70 年代末开始的改革开放却形成反例，并且与苏联和东欧的传统社会主义制度形成鲜明对照。② 改革开放前的中国，是否暗藏着与苏联和东欧完全不同的因素，而正是这些因素导致中国的社会主义走向完全不同于苏联和东欧的发展道路？同样值得思考的是，改革开放的开场是如此顺利并取得巨大成就，是否与改革开放前夜中国社会某些未及言道的因素有着直接关系？当然，这些不是三言两语能简单阐释的，但是对于考察十四年间婚姻问题的研究者来说，恐怕不应视而不见、充耳不闻。

　　大致说来，本书除绪论和结论外，正文分为以下部分：城市居民的恋爱观念与行为、知青群体的恋爱与婚姻、城乡社会的婚姻自主性与择偶行为、农村社会的婚姻支付与婚礼仪式、离婚率及离婚类型。上述章节安排，总体上是按时间顺序排列的，同时也尽可能涉及恋爱、择偶、彩礼、婚礼、离婚等前后联系的诸环节，最大限度地将城市、农村及"城乡之间"的知青包括在内。尽管如此，需要强调的是，本书仍然只是浮光掠影地涉及十四年间婚姻领域的部分方面，受研究资料、前人基础、研究能力的局限，远不能达到"全息影像"的程度，更不奢望将十四年间复杂、丰富的诸多面相全部形于笔端。

---

　　① ［日］植村邦彦著，赵平等译：《何谓"市民社会"——基本概念的变迁史》，南京大学出版社，2014 年，第 4 页。
　　② 涂肇庆、林益民：《导言》，《改革开放与中国社会——西方社会学文献述评》，香港牛津大学出版社，1999 年，第 1—2 页。

第一章　城市居民的恋爱观念及行为

恋爱是什么？这是研究婚姻问题不可不提的议题。简单地说，它通常是指男女互生爱慕、爱恋之情的过程。稍微展开地说，它是身体和心理逐渐发育成熟的青年男女在传宗接代本能的基础上缔结亲密关系的过程。

"男大当婚，女大当嫁"，这是中国常见的俗语。其中的意思至少有两层：其一，男婚女嫁需要设置生理年龄的门槛。男女需要发育到一定的年龄方能婚嫁。从此角度而言，男女生理发育成熟是构成婚姻的必要条件之一；其二，婚姻的缔结需要当事人心理发育成熟，尽可能避免朝秦暮楚、反复无常的现象发生。婚姻是一件大事。世界绝大多数国家，通常都会为新婚夫妻安排隆重、严肃的社会仪式，以便杜绝或减少日后不必要的混乱和纠纷。夫妻关系的确立或父母的确认，同子女的抚养关系密切。通常来说，婚生子女的抚养往往以确认"父母是谁"为前提，以便避免抚养权利和义务方面发生不必要的纠纷。非婚生子女的抚养，经常会产生纠纷和矛盾。其原因，自然与父母的确认存在问题有关。从此角度而言，排除同性恋不计，恋爱（爱情）、婚姻都与生育、抚养、赡养等家庭行为密切相关。在普婚制占绝对主流的社会，人们确定恋爱关系的意义，不仅包含情侣关系的稳定，同时还包括未来关系的确认及得到社会承认。换言之，同恋爱关系确认直接相关的是，情侣之间的未来婚姻、双方融入社会的心理预期。从此角度而言，推动恋爱关系确立的因素，既有来自人类的生物属性，又有来自人类的社会属性。恋爱关系的确立，离不开上述因素的综合发酵和相互作用。

就本书而言，1966—1980年间，中国的政治环境、经济生活、社会文化等，都对人们的恋爱观念和行为产生影响。不过，强调外部因素的同时，也应注意人们在追求恋爱、渴望爱情方面存在一般规律，不可轻视主观能动性的重要意义。并且，十四年间的中国，城市与农村是差距巨大的两个空间。整体上，政府在城乡都加大公共卫生和医疗方面的投入，大幅降低婴儿的死亡率，努力缩小男女收入差别，并且经常以精神鼓励代替物质刺激，实现完全"就业"、提供广泛的社会保障。但是，相较而言，生活物资优先供应城镇，文化艺术资源优先供应城镇。并且，其间的城镇化速度受到严格限制，城镇户口规模受到严格控制，这些都导致城乡发展不同步、不同速。对拥有城镇户口的人们来说，城镇优先原则为其身体、心理发育提供基本保障。但是，对于农村户口的人们而言，城镇优先及工农业剪刀差的存在，严重阻碍人们生活质量的改善。就共性而言，频繁的运动造成人们对政治生存环境格外重视，公开舆论与文艺作品为爱情或恋爱赋予"低俗化"的污名，短缺经济、实际收入下降延缓或阻滞了人们的生理发育。这些对城乡的恋爱文化造成影响。另外，对于城镇人口而言，人均住房面积的严重不足，使得居住空间上的"隐私"成为奢侈品。出于以上考虑，本章将从城市的社会空间切入，粗略考察人们的恋爱观念和行为。

"文革"结束后，有一种说法认为，"文革"是压制性欲和恋爱的历史时期。1978年4月，《人民日报》刊登的一篇文章指出，"在'四人帮'横行的时候，这个问题竟成为一个'禁区'。'四人帮'挥舞'文艺黑线专政'论的大棒，把凡涉及爱情的小说、电影、戏剧、诗歌等，统统斥之为宣扬封资修的毒草，打入冷宫，'爱情'这两个字几乎成为'资产阶级思想'的同义词。在报纸、刊物上，也根本看不到教育青年正确处理恋爱、婚姻的文章，基层组织也很少进行这方面的教育"。① 在"文革"结束后、1980 年《婚姻法》公布前，与这篇文章观点接近的还有不少，基本上反映的都是"文革"时期压制性欲、管制恋爱的事例。抛开"揭批"背景不论，在此前特殊的十四年间，人们的恋爱观念与行为发生了什么变化？换言之，如果"压制"和"管制"存在，那么期间的恋爱又呈现什么特征？这是本章试图回答的问题。

男女缔结婚姻的前提是什么？答案或许会包括浪漫情感（romance），当然也可能或有"越俎代庖"或"拉郎配"。无论是否符合当事人的意愿，每桩婚姻都必须包括性别相异的两位当事人。换句话说，讨论婚姻与恋爱的前提，离不开性别意识、性欲等话题。通常来说，进入青春期后，随着性别意识增强，人们往往会自然而然地对异性、两性关系及性活动等产生好奇，进而出现关注、爱慕、追求异性的行为。虽然恋爱不同于性激素的分泌、性意识的觉醒，但是爱慕异性、渴望与异性交往等心理往往受到性意识、性欲的驱动。

恋爱与性既有区别，又有联系。进而，将恋爱区分为精神之恋与肉体之恋，亦无不可。众所周知，"柏拉图式的恋爱"是指心灵与心灵之间的爱慕，是剔除肉体接触的精神之恋。与此相似的是，日本小说家坪内逍遥将恋爱分为三类："上品之恋"、"中品之恋"和"下品之恋"。其中，"上品之恋"是指"意气相投的爱"，"其人气韵较高，禀性非凡，由仰慕而产生的恋爱"；"中品之恋"是指"并非以意气相投为主，首先是贪慕其色，徒爱其表，便相交往"；"下品之恋"是指"只以肉体的快乐为惟一目的，以男女相慕、谈情说爱来发泄鸟兽之欲"。② 坪内逍遥提到的"中品之恋"与"下品之恋"，二者之间的区分比较模糊。但是，他将恋爱切割为"灵魂之爱"与"肉体之爱"，其中的两极各居"上品"与"下品"，这对理解性欲与恋爱具有启发意义。

通常来说，人们在进入青春期以后，性别意识、性欲会明显增强，自然而然对性生理、性差异、性活动等内容产生好奇，进而出现关注、爱慕、追

---

① 张前恒：《帮助青年树立正确恋爱观》，《人民日报》1978 年 4 月 10 日第 2 版。
② ［日］佐伯顺子著，韩秋韵译：《爱欲日本》，新星出版社，2016 年，第 4 页。

求异性等行为。"哪个男子不钟情,哪个少女不怀春。"(Whoever is a girl does not want to be loved,and whoever is a boy does not want to be royal to his lover)恋爱行为的出现,离不开性意识萌苏、性欲驱动。1921—1925年,苏俄(1922年底开始称为"苏联")国内出现"杯水主义"的观念和现象。部分人认为,爱情是小资产阶级和唯心主义的情调,而男女关系不过是"渴则饮、饥则食"的生理现象,男女关系"只是像口渴了喝一杯水一样,只要能解一时的渴就行"。因此,个别青年学生中发生随意离婚和性乱等现象。① 列宁对此进行严厉批评。他指出,"我认为这个出名的杯水主义完全是非马克思主义的,并且是反社会的。在性生活上,不仅应该考虑到单纯的生理上的要求,而且也应考虑到文化的特征,它们究竟是高等的还是低等的"。② 列宁将恋爱区分为肉体和精神高低有别的层次,并且提出"文化的特征"是权衡恋爱高等或低等的重要维度。

苏俄社会主义革命和建设过程中的理论和经验,对中国产生重要影响。1921—1925年,苏俄(苏联)国内出现的"杯水主义",对中国部分革命者也不无影响。③ 1939年,邓颖超在回答"我们为什么要恋爱"时指出,恋爱的意义在于:其一,"得到婚姻的美满结果与求得精神上的好慰";其二,"要互相鼓励,互相劝勉和互相进步"。至于怎样恋爱,邓颖超认为,"我们既不是恋爱至上主义者,又不愿马马虎虎的结合,那末就必须从政治方面出发,并求不妨碍工作和学习。青年人在恋爱时期应该提出工作竞赛来互相鼓励,互相进步。这样,两性生活才不至于变成无意义和觉得厌烦,只要从学习和工作方面来努力,来互相鼓励,爱情生活一定会过得很好的"。④ 很明显,邓颖超强调恋爱中的青年男女"要互相鼓励,互相劝勉和互相进步"。

① 《什么叫"杯水主义"》,《人民日报》1949年3月25日第4版。
② [德]蔡特金(C. Zelkin)著,马清槐译:《列宁印象记》,生活·读书·新知三联书店,1954年,第69—70页。
③ 邓颖超曾对"杯水主义"有如下批评:"恋爱与结婚既是人生历程的一部分,所以,在不妨碍抗战建国的事业、不妨碍学习和工作、不妨碍身体的发育和健康的条件下,男女青年们可以享受社交的自由,可以过恋爱的生活,而且可以结婚。但是我们却反对小资产阶级的狂热,把恋爱与结婚,看得高过一切……更反对误解'自由',玩弄'自由恋爱'、'婚姻自由'而走到任意随便,任情纵欲,不负责任的做法;尤其反对违反共产主义道德的杯水主义。"参见中共中央文献研究室编:《邓颖超文集》,人民出版社,1994年,第35—36页。
④ 邓颖超:《恋爱与结婚》,陕西省妇联:《陕甘宁边区妇女运动文献资料续集》,陕西省妇联,1985年,第86页。

恋爱的首要意义，不在于解决双方的性欲问题，而主要在于政治方面的互帮互助、相互促进。"婚姻的美满结果"和"精神上的好慰"，是在互相鼓励、互相进步前提下的意义叠加。很明显，这意味着灵魂之爱高于肉体之爱，与坪内逍遥提到的"上品之恋"有相似之处。

恋爱中的肉体与精神孰重孰轻？这是值得厘清的问题。1942年，邓颖超在一次座谈会上提到该问题。她说："不错，唯物主义者是不否认性的生活乃恋爱与结婚的物质基础，但绝不是唯一的基础，更不是单纯只为解决性的问题。恰恰相反，我们对待恋爱与结婚的态度，不仅认为应有合理适当的性生活，同时主张要慎于选择，出于自愿，情投意合，而且还更需要具有高尚的情感，共同的志趣，共同的事业，在这些基础上，还得加上男女两方不断的努力培养和创造，去求得两性生活的进步、幸福与牢固。所以对待恋爱和结婚，应该采取郑重的态度。"[①] 与1939年的文章相比，邓颖超的讲话更清晰地分析了性生活与恋爱（婚姻）的关系。在她看来，幸福的恋爱与婚姻，前提是"合理适当的性生活"与"高尚的情感，共同的志趣，共同的事业"相结合。

上述梳理，对于理解十四年间的恋爱观念和行为是有益的，对于理解60年代初以降的政治环境、社会氛围是更直接的帮助。

第一节　外部环境的变动

一、　外部环境的变动

追索1966—1980年的社会历史，至少应该将目光投向60年代前半期中国面临的国际、国内形势。

1962年上半年，中国周边形势出现紧张趋向。西有印度在边境肇事，东有蒋介石集团反攻大陆的蠢动，北有中苏边境的不安。在中央政府看来，国际上出现"帝修反联合反华"的逆流，存在帝国主义、修正主义、反动派的

---

① 邓颖超：《谈男女问题》，中共中央文献研究室编：《邓颖超文集》，人民出版社，1994年，第32—33页。

联合。1964 年 8 月 5 日，美国海军、空军发动对越南民主共和国的战争，连续轰炸了越南的义安、鸿基和清化地区，直接威胁中国南部边境的安全。在此前后，北面中苏边境的冲突也在不断恶化，西面中印边境的形势同样紧张起来。基于此种形势，中国方面提出针对性的战备计划，以防边境冲突的加剧。8 月 12 日，毛泽东在总参谋部作战部呈报的《关于国家经济建设如何防备敌人突然袭击的调查研究报告》上指示："此件很好，要精心研究，逐步实施。"不久，毛泽东和中共中央决定，国务院成立专案小组，负责相关工作的实施。① 8 月，沈阳军区、济南军区、北京军区在北京怀柔举行大比武，装甲兵在北京举行军事技术大比武。10 月 16 日，中国第一颗原子弹爆炸成功。中共中央、国务院致电参与首次核试验的全体工作人员，电报指出：这次成功的试验，标志着中国国防现代化进入一个新的阶段。这对美国核垄断、核讹诈政策是一个有力的打击，对全世界一切爱好和平的人民是一个极大的鼓舞。②

国内形势方面，毛泽东对七千人大会后的政策调整及包产到户、"单干风"等有不同看法。他认为，这是中央一线领导人对过去社会主义建设路线的挑战，是对社会主义发展方向的挑战。这使得他对中央一线领导人的不满出现升级。③ 1962 年 9 月，中共八届十中全会在北京召开。毛泽东在会上提出，"要承认阶级同阶级斗争的存在"，并且发出"千万不要忘记阶级斗争"的号召。毛泽东认为，政策调整的前提是，"必须首先肯定 1958 年以来提出的路线、方针、政策的正确性，不容许有什么触动；对前几年所犯错误的分析，对困难的分析和克服困难的办法，必须与之合拍"。④ 这与一线领导人的

---

① 《对国家经济建设如何防备敌人突然袭击报告的批语》（1964 年 8 月 12 日），中共中央文献研究室、中国人民解放军军事科学院编：《建国以来毛泽东军事文稿》下卷（1959 年 1 月—1976 年 2 月），中央文献出版社，2010 年，第 258 页。

② 中共中央文献研究室编：《周恩来年谱（1949—1976）》（中），中央文献出版社，2007 年，第 676 页。

③ 萧冬连、谢春涛、朱地、乔继宁：《求索中国："文革"前十年史》（下），中共党史出版社，2011 年，第 668—671 页。1967 年 2 月 3 日，毛泽东在会见卡博和巴卢库时谈到："一九六二年一月，我们召开了七千人的县委书记以上干部大会，那个时候我讲了一篇话，我说，修正主义要推翻我们，如果我们现在不注意，不进行斗争，少则几年十几年，多则几十年，中国会要变成法西斯专政的。这篇讲演没有公开发表，在内部发表了。以后还要看一看，里面也许有些话还要修改。不过在那个时候已经看出问题来了。"简单地说，毛泽东发动"文革"的动机，至少要上溯到 1962 年的七千人大会，包括七千人大会涉及的大跃进运动。

④ 薄一波：《若干重大决策与事件的回顾》下，中共党史出版社，2008 年，第 755—756 页。

观点和做法有明显区别。在毛泽东的主持下，中共八届十中全会的公报指出："在无产阶级革命和无产阶级专政的整个历史时期，在由资本主义过渡到共产主义的整个历史时期（这个时期需要几十年，甚至更多的时间）存在着无产阶级和资产阶级之间的阶级斗争，存在着社会主义和资本主义这两条道路的斗争"，"在这些情况下，阶级斗争是不可避免的……这种阶级斗争，不可避免地要反映到党内来。国外帝国主义的压力和国内资产阶级影响的存在，是党内产生修正主义思想的社会根源。在对国内外阶级敌人进行斗争的同时，我们必须及时警惕和坚决反对党内各种机会主义的思想倾向。"[①] 这意味着，中国国内的政治形势发生改变。

1964 年，在"阶级斗争"一词频繁出现时，一部名为《千万不要忘记》的电影在全国上映。这部电影的主人公，某电机厂青年工人丁少纯，原是工作积极、追求进步的模范。其岳母以前是经营鲜货铺子的老板，贪图小便宜，善于投机钻营、损公肥私。在岳母的影响下，丁少纯在生活上追求享受，工作变得消极起来。为换取钱财、购买衣物，他多次乘火车到外地去打野鸭，甚至还为此旷工、影响生产。丁少纯的父亲丁海宽，是该厂的车间主任。他对儿子的行为感到痛惜，多次提醒他不要"受资产阶级思想腐蚀"，不要看重小夫妻间的爱情和物质生活，千万不要忘记"阶级斗争"和"社会主义建设"、不要忘记"世界革命"。影片的尾声部分，丁海宽严肃地对儿子和儿媳说："党要把你们培养成无产阶级的接班人，可他们（丁少纯岳母之类的人——引者注）有意无意地把你们培养成资产阶级的接班人。这是一种阶级斗争。这种阶级斗争，没有枪声，没有炮声，常常在说笑之间就进行着。这是一种不容易看得清楚的阶级斗争，这是一种容易被忘记的阶级斗争。千万千万不要忘记。"电影中，丁海宽检查儿子婚前的情书，挖苦儿子几天见不到女朋友就"无限空虚"，并批评儿子不从"阶级"和"阶级斗争"角度认识他与岳母的关系。与此形成对比的是，丁海宽的女儿丁少真与青年工人季友良虽互有好感，却没卿卿我我地频繁约会，反而利用休息时间钻研

---

① 《中国共产党第八届中央委员会第十次全体会议通过决定，进一步巩固人民公社集体经济发展农业生产》，《人民日报》1962 年 9 月 29 日第 1 版。

生产技术。①

　　仔细分析丁海宽的上述语言不难发现，这与毛泽东 1962 年 9 月在中共八届十中全会公报稿中添加的内容很相似。② 电影《千万不要忘记》的核心内容，旨在强调以阶级、阶级斗争等政治话语来观察日常生活和人际关系，把柴米油盐放在宏观政治坐标上来看。其间巨大的落差和错讹，反映出革命目标的宏大与实现起来的艰难。

　　看完电影《千万不要忘记》，23 岁的青年张道诚（笔名金雁）在日记写道，"青年人是系着红领巾、戴着团徽长大的，认为长在红旗下可以自然红。然而，人不是长在真空里，'苍蝇不叮无缝的鸡蛋'，青年人倘若没有高度的警惕性，资产阶级的影响就会潜移默化地使青年人变质。丁少纯随着一声声'可不是'，渐渐地走入了资产阶级的泥坑"。"丁海宽对儿媳妇姚玉娟的训话：'夫妻的生活不应当只是吃、穿、玩乐，而应当互相帮助、共同促进。'一句话道出了夫妻生活的真谛。我们是新时代的青年，党要把我们培养成无产阶级革命事业的接班人，可是资产阶级要把我们培养成资产阶级的接班人。这是一场争夺青年阵地的斗争，决不可忽视，必须警惕，千万不要忘记丁少纯的教训。"③ 日记，常有内心独白，但也未必全是心声。上述日记应该归为前者还是后者，只能供研究者参考。但是，从中或可窥见当时日常生活政治化趋向的加剧。

　　对于恋爱与"阶级斗争"的关系，笔名"马铁丁"的陈笑雨在文章中指出：

---

　　①　彩色影片《千万不要忘记》（导演：谢铁骊，主演：罗玉甫、彭玉等），1964 年，北京电影制片厂。

　　②　毛泽东添加的一段话，强调无产阶级和资产阶级之间的阶级斗争，社会主义和资本主义这两条道路的斗争，存在于"由资本主义过渡到共产主义的整个历史时期（这个时期需要几十年，甚至更多的时间）"，在这个时期，"被推翻的反动统治阶级不甘心于灭亡，他们总是企图复辟。同时，社会上还存在着资产阶级的影响和旧社会的习惯势力，存在着一部分小生产者的自发的资本主义倾向，因此，在人民中，还有一些没有受到社会主义改造的人，他们人数不多，只占人口的百分之几，但一有机会，就企图离开社会主义道路，走资本主义道路。在这些情况下，阶级斗争是不可避免的。这是马克思列宁主义早就阐明了的一条历史规律，我们千万不要忘记"。毛泽东还说，阶级斗争和资本主义复辟的危险性问题，我们从现在起，必须年年讲，月月讲，"使得我们有一条比较清醒的马克思主义的路线"。参见中共中央党史研究室：《中国共产党历史》第二卷（1949—1978）下册，中共党史出版社，2011 年，第 710—711 页。

　　③　《电影〈千万不要忘记〉观后》（1964 年 11 月 5 日），张道诚：《生活的浪花》，中国文史出版社，2007 年，第 201 页。

工人阶级的青年，自然也要恋爱，也要结婚。但是，从工人阶级的阶级利益看来，集体的事业，社会主义的事业，总是第一位的，而个人的生活问题，就只能放在一个从属的地位。他们的远大抱负是：改造社会，改造世界，同时也在这中间改造自己。个人的恋爱、结婚不论有多么重大，比起改造社会、改造世界来，毕竟是次要的。因此，他们也就永远不会有这样的想法：没有了爱人，或与爱人分离，就会感到心灵上的无限空虚。这个"心灵空虚"的论调，不多不少，是资产阶级恋爱至上主义的一种反映。①

陈笑雨的上述观点，表达的是"先公后私"和"舍私为公"的观念。这是意识形态领域强调"阶级斗争"和全国进入准战备状态下的应有之义。

以电影《千万不要忘记》为代表的文艺作品，主题是为革命拒绝恋爱、为革命舍弃恋爱，是 20 年代以降"革命加恋爱"文艺创作风格的延续。② 这对中国文艺界的影响不可轻视。受到宏观政治环境的影响，从阶级和阶级斗争角度思考日常生活成为惯例，阶级斗争成为学校教育、社会教育的主要内容。只谈革命、不谈恋爱，成为文艺创作的主流模式。受意识形态的影响，人们想象中的"阶级敌人"形象，或是老反革命、老地主（老地主婆），或是被敌人腐蚀拉拢、蜕化变质的"新生反革命分子"，或是形形色色的资本家和小业主。这些阶级敌人拥有许多共同特点，他们"时刻准备复辟资本主

---

① 马铁丁：《牢牢掌握住阶级的钥匙》，《人民日报》1964 年 1 月 7 日第 6 版。"马铁丁"，原为陈笑雨、郭小川、张铁夫三人在武汉《长江日报》发表"思想杂谈"时合用的笔名；由陈笑雨的早期笔名"司马龙"、张铁夫的本名和郭小川的笔名"丁云"中各取一字组合而成。1952 年后，该笔名由陈笑雨一人专用。参见鄂基瑞等：《中国现代文学词典》，上海辞书出版社，1990 年，第 328 页。

② "革命加恋爱"，是中国文坛在 20 世纪 20 年代以降广泛流行的文学主题与创作模式，它是对整体政治氛围的具体文学反映。这个主题在不同的历史时期有着不同的历史内涵，不仅在革命文学早期被左翼作家所喜爱，而且到 20 世纪 70 年代还一直影响着文学发展的潮流。相关研究参见 [美] 刘剑梅著，郭冰茹译：《革命与情爱：二十世纪中国小说史中的女性身体与主题重述》，上海三联书店，2009 年，第 1 页。根据著名作家茅盾的分析和总结，"革命加恋爱"的创作模式可以分为以下三类：其一，"恋爱"与"革命"产生冲突；其二，"革命决定了恋爱"；其三，"革命产生了恋爱"。在这三类模式中，其一，"恋爱"与"革命"产生冲突，基本上是以"恋爱"为叙事主体，"革命"叙事成为陪衬，即"恋爱"穿上"革命"的"外套"；其二，"革命决定了恋爱"，基本上把"恋爱"与"革命"并写，而且把"革命"扶上了主位，往往给人以"恋爱"与"革命"同等重要印象；其三，"革命产生了恋爱"，其中"革命"是主要题材，"恋爱"不过是穿插。"革命"是唯一的"人生意义"，而"恋爱"不过像吃饭睡觉似的是人生的"例行事务"。在以上的三种关系中，"革命"从"陪衬"逐渐上升到"主位"，最终成为唯一的"人生意义"。相形之下，"恋爱"从主体蜕化为"并蒂莲花"，最后沦落为"例行事务"。其核心意义在强调以集体生存为目标的"革命"，最终超越以个体及繁衍后代为目标的"恋爱"。参见何籁（茅盾）：《"革命"与"恋爱"的公式》，《文学（上海 1933）》1935 年第 4 卷第 1 期。

义、向工农革命干部进行阶级报复","时刻与革命力量争夺下一代"。60 年代推出的电影,如《夺印》《年青的一代》《箭杆河边》等,先后在全国城乡上映。为调动阶级斗争的意识,全国范围兴起"大讲革命故事、大唱革命歌曲、大演革命现代戏"热潮,旨在教育群众"站稳阶级立场""提高阶级觉悟""激发阶级仇恨",使"阶级出身论"意识接近沸点。①

孟子称:"富岁,子弟多赖;凶岁,子弟多暴。非天之降才尔殊也,其所以陷溺其心者然也。"此番言论强调,在农业收成较好的丰收年,年轻子弟往往懒于劳作;在农业收成不好的饥荒年,年轻人往往敢于铤而走险、动辄诉诸暴力。不是人生下来就有不同的品行,而是由于外界环境使他们心理产生变化的缘故。承认人的品行是由人的生活经历、经验、教育宣传而塑造的,在某种程度上等于承认"社会环境决定论"的说服力。人们生活的社会环境,包括经济制度、政治制度、教育制度、生活方式、社会心理、文化习俗等,难免会在人们的品行养成上留下烙印。1962 年以降的中国,周边的国际局势紧张、受到战争威胁,再加上国内重提阶级斗争,普通民众的观念和行为,难免受到影响。

1964 年《红旗》杂志发表文章,严厉批评《中国妇女》陆续刊登文章讨论"女人活着为什么"和"选择爱人的标准是什么"等问题。这篇文章认为,"妇女问题,从来都是作为社会问题而存在的。在社会主义社会里,情形也不例外"。"社会主义社会的阶级斗争,存在于社会生活的各个领域。在妇女问题上,同样存在着阶级斗争。"离开阶级、阶级斗争来讨论"女人活着为什么"的问题,"无异是承认妇女可以因性别、却不因阶级而具有自己特殊的人生观、世界观。这种对问题的提法,是不恰当的,不符合马克思列宁主义阶级观点的"。文章认为,各时代、各阶级的妇女的生活目的是不同的,选择配偶的标准也是不一样的。"抽象的、超阶级的女人,同抽象的、超阶级的男人一样,在世界上是不存在的。"该文章认为,应该从阶级观点的角度来分析择偶观的问题。②

① 高华:《阶级身份和差异——1949—1965 年中国社会和政治分层》,高华著,黄骏编辑整理:《历史笔记》第 1 册,香港牛津大学出版社,2014 年,第 557 页。
② 万木春:《怎样看待妇女问题》,《红旗》1964 年第 20 期,第 25 页。

在中国周边形势紧张、国内重提阶级斗争的情况下，公众媒介和学校教育开始批判"恋爱至上"，强调应该把"革命事业"放在第一位，把个人的恋爱和婚姻放在第二位。1962 年 1 月 4 日，中共中央转发的《共青团在学校中的思想政治工作纲要（试行草案）》指出：

> 要教育学生正确对待婚姻恋爱问题。学生正在学习时期，最好不要过早地恋爱、结婚，以免影响和荒废学业。但是，对于学生的婚姻恋爱，只要不违反婚姻法就不要干涉。对于在婚姻恋爱问题上犯有错误的学生应当个别教育，不要把他们的错误在群众中公布。①

共青团在上述文件中，虽然强调学业的重要性，但并未忽视婚姻恋爱对青年学生的重要意义。更难得的是，该文件还呼吁尊重青年学生的婚姻恋爱，对进入谈情说爱阶段的青年人不要轻易干涉。当然，该文件的重点仍在强调，青年学生不要因为儿女情长而英雄气短。同年 3 月 8 日，翻译家傅雷在给儿子傅敏的信中提到，对待恋爱的态度和心情要尽可能冷静，这样"不至于为了谈恋爱而荒废正业，或是影响功课或是浪费时间或是损害健康，或是遇到或大或小的波折时扰乱心情"。② 傅雷给儿子的信，应该不是"表面文章"或"原则至上"。通读全文不难发现，傅雷的行文充满坦诚、慈爱和包容。这是父亲对待子女应有的亲情。他劝导儿子的态度，与共青团上述文件精神有明显的相合之处。这恐怕不是简单的响应，应是举国不少人的共识。

1962 年，国内形势还未完全趋紧，大中城市尚为自由恋爱留有不小的空间。虽然目前缺少全国范围的数据统计，但仍有只言片语的记载。合肥某大学校园，"1962 年学校林荫路边的槐树花开的时间特别长，校园里弥漫着白槐花的香味；草丛中红色、蓝色、粉色的不知名的野花处处可见，让年轻的大学生感到骚动不安和心猿意马。许多同学恋爱了"。"舞会最是滋生爱情的场所"，年轻的大学生通过跳舞而结识、相恋，他们恣意享受着美好的青春年华。③ 西安市的资料显示，1962 年新婚的 8621 对夫妻中，通过自由恋爱

---

① 何东昌主编：《中华人民共和国重要教育文献（1949—1997）》，海南出版社，1998 年，第 1077 页。
② 傅敏编：《傅雷书信选》，生活·读书·新知三联书店，2014 年，第 166—167 页。
③ 张礼士：《市民底层笔记》，上海社会科学院出版社，2013 年，第 169—1972 页。

结婚的占 98%。[①] 该数字是否可靠，目前缺少验证的资料。或许可以肯定的是，此时的城市对青年恋爱尚有包容。

二、提倡"计划生育"

同样是在 20 世纪 60 年代初，另一股影响深远的潜流正在形成。1962 年 12 月 18 日，中共中央、国务院发出《关于认真提倡计划生育的指示》。该指示是在上海等地实行计划生育试点工作的基础上提出的。该指示明确提出，"在城市和人口稠密的农村提倡节制生育，适当控制人口自然增长率，使生育问题由毫无计划的状态逐渐走向有计划的状态，这是我国社会主义建设中既定的政策"。为加强城镇和人口稠密地区的计划生育工作，"对未婚的青年男女职工、艺徒、高等院校学生和公社社员，也应当进行关于严禁早婚，提倡适当推迟结婚年龄的宣传。在高等学校中要加强学生的思想政治教育，提倡集中精力学好本领，为祖国社会主义建设服务，不要过早恋爱和结婚，以致妨碍学习，加重自己的负担"。[②] 该指示旨在认真提倡计划生育，晚婚晚育自然是应有之义。该指示与 1962 年初的《共青团在学校中的思想政治工作纲要（试行草案）》有明显不同。后者虽然强调学生"不要过早地恋爱"，但是承认恋爱、结婚是青年学生的合法权利，并认为青年学生的恋爱、婚姻，"只要不违反婚姻法就不干涉"。《关于认真提倡计划生育的指示》，没有顾及《婚姻法》关于恋爱、婚姻的自主原则，提出青年"不要因恋爱、结婚影响生产和工作"，缺少法律条文的支持。并且，该指示与 1950 年《婚姻法》关于婚龄的规定有冲突，"不要过早恋爱和结婚"同样缺少法律条文的支持。

《关于认真提倡计划生育的指示》出台，标志着全国范围内干预恋爱、婚育行为的开始，标志着生育不再仅仅是个人私事或家庭行为，公权力借助该政策介入私人领域的社会生活。为贯彻这一指示，全国范围的计划生育工

---

① 西安市地方志编纂委员会：《西安市志》第七卷《社会·人物》，西安出版社，2006 年，第 252 页。

② 《中共中央、国务院关于认真提倡计划生育的指示》（1962 年 12 月 18 日），中共中央文献研究室编：《建国以来重要文献选编》第十五册，中央文献出版社，1997 年，第 764 页。

作进入起步阶段。各省市进一步将该指示详细化、具体化。大体情况如下：

北京市。1962 年 12 月 21 日，北京市妇联迅速贯彻上述指示，北京市第五届妇女代表大会发出号召，要求各级妇联"教育青年树立社会主义的事业心，集中精力学习和劳动，不要因恋爱、结婚影响生产和工作。要宣传晚婚对个人身体健康、对工作、学习的好处，早婚的害处"。① 为贯彻《关于认真提倡计划生育的指示》，北京市提出"技术工种的学徒工和练习生，均不得招收已婚男女青年"，"（男）徒工在 24 岁以下，（女）徒工在 22 岁以下者在学徒期间，不准结婚。如不听劝告而结婚者，或劝其退厂，应延长升级年限"。② 各机关院校、厂矿、企事业单位，为贯彻《关于认真提倡计划生育的指示》，对青年人的恋爱施加影响。加上阶级斗争氛围浓郁，这使得青年人恋爱的环境整体发生很大变化。当时在北京四中就读的牟志京回忆，"由于男校的特殊环境，女性自然是带有某种神秘色彩的课题。到了高中，受外国电影和文学的熏染，对爱情有了朦朦胧胧的意识。有一次骑车，一位小学女同学迎面而来，见到我毫无缘由地扑哧一笑。我也许对同学讲过这'艳遇'，就成了我的'资产阶级恋爱观'的有力证据"。牟志京因为家庭出身和所谓"艳遇"，受到同学们的文字讨伐和面对面的批判。③ 这种情况的出现，除受 1963—1966 年"四清运动"的影响外，更重要的是和对青年恋爱行为的管控有关。

河北省。1963 年 3 月 12 日，河北省卫生厅、妇联、共青团、工会等单位，在《关于贯彻执行中共中央、国务院〈关于认真提倡计划生育的指示〉的报告》中提到，河北省在青年职工、人民公社社员、艺徒、高等院校学生中，"提倡适当推迟结婚年龄的宣传教育"。所谓的"适当"年龄，河北省的规定是男性须达 25 岁、女性须达 23 岁方可结婚。与 1950 年《婚姻法》的规定相比，分别推迟 5 岁。河北省还规定，"提倡大学生在学习期间不谈恋

---

① 《北京市妇女联合会工作报告——王春平 1962 年 12 月 21 日在北京市第五届妇女代表大会上的工作报告》，北京市妇女联合会：《北京市妇女工作五十年》下册，北京师范大学出版社，1999 年，第 809 页。

② 李慧波：《新中国十七年（1949—1966）北京地区民众初婚年龄探究》，梁景和主编：《社会生活探索》第 6 辑，首都师范大学出版社，2015 年，第 37 页。

③ 牟志京：《似水流年》，北岛、曹一凡、维一编：《暴风雨的记忆：1965—1970 年的北京四中》，生活·读书·新知三联书店，2012 年，第 3—4 页。

爱和结婚，集中精力进行学习"，"在男女青年中造成一种推迟结婚年龄的光荣感与社会风气。号召男女青年努力学习，积极工作、生产，为社会主义建设多贡献自己的力量"。① 此处的"提倡……不……"等表述，执行起来很难不被视为"禁令"。1964 年，河北省关于婚龄的规定进一步收紧。该年 8 月 24 日，河北省计划生育委员会在给国务院计划生育委员会的报告中提到，河北省"普遍提倡男女满 25 岁以后结婚"，同时要求省内的各机关、团体、厂矿、企业、学校、农村人民公社、生产大队，经常性地向未婚青年进行"适龄结婚"教育，号召他们"树雄心、立大志，集中力量从事学习、生产和工作，为社会主义建设贡献更大力量"。为贯彻计划生育的规定，河北省的高等学校、中等专业学校、技工学校和普通高中，从 1964 年起，"一般不录取已婚的学生（在职干部和少数民族聚居地区的少数民族学生除外）"。与此同时，高等学校、中等学校的学生，工商企业、事业单位的学徒工，在学习期间不得结婚。如已劝告仍坚持结婚者，可劝其退学。并且，学校教师和工厂、企业的老师傅，要经常教育正在学习和培训期间的学生、学徒工，"不要过早恋爱或结婚"。已婚的在校学生，不许与其爱人在校内同居。其所生子女不得在校内居住和抚养，同时劝告已婚学生和正在培训的学徒工实行避孕。② 上述规定的核心内容，都是围绕生育的管理和限制而展开的。但是，恋爱与结婚、生育紧密相关，这是被纳入管控范围的原因所在。

上海市。1963 年 4 月，上海成立计划生育工作委员会及相关办事机构，并对青年晚婚提出特别规定。上海市人民委员会批转《关于提倡计划生育和处理学生学徒在学培训期间结婚问题的两个报告》，明确要求学生、艺徒在学习期间不准结婚。③ 为宣传和提倡晚婚晚育，男女爱情又同"资产阶级腐朽思想"相联系，因此，在部分校园，"有恋爱传闻的同学反而成了绝对的'稀有人群'。他们感到孤立、压抑，常常会抬不起头来"。④ 这或许并非普遍

① 张志逊、刘相如主编：《河北省人口和计划生育史编年：1949—2013》，河北教育出版社，2015 年，第 28 页。
② 张志逊、刘相如主编：《河北省人口和计划生育史编年：1949—2013》，河北教育出版社，2015 年，第 79—80 页。
③ 梁中堂：《中国计划生育政策史论》，中国发展出版社，2014 年，第 338—339 页。
④ 贾方舟主编，水中天等撰：《当代美术批评视野：批评与我》，人民美术出版社，2009 年，第 104 页。

现象，但在不少学校存在。1964 年，正在华东师范大学就读的王申酉，在日记中写道，"现在这种历史关头……成千上万，不，成几十万上百万的人，成千成万上几万万的人在为生死存亡而奋斗，难道还允许那大学极乐园的不识人事世故的二十几岁血气方刚的青年沉湎于爱情催眠曲，困卧在恋爱温柔乡中么?! 不! 确实是不允许的——虽然将会在内心产生强烈的本能的抵触情绪。当然也是可以抵制的情绪"。① 一方面，"生死存亡"绝不可等闲视之；另一方面，"爱情催眠曲"与"恋爱温柔乡"确可等而下之。王申酉"为革命舍弃恋爱"的观念，代表部分青年的心理。这既体现"提倡计划生育"政策的影响，也体现中国国内政治氛围的转变。

与此类似，广西机械工业学校出台的《关于 1963/1964 学年第一学期工作计划》，赫然将"在校期间不准恋爱结婚"列为该学期开始执行的三大纪律之一。② 在某种程度上，这不只是学校意志的体现，也代表理想主义者的愿望。伴随计划生育工作的起步，国内文艺方面同样出现明显的转向。

中国周边形势、国内形势的转变，只是外部因素。《关于认真提倡计划生育的指示》，是城市恋爱环境发生改变的直接因素。更为重要的是，进入1966 年后，受中国国内政治潮流的影响，城市居民的恋爱观念与行为发生剧变。

第二节　前半期的恋爱观念与行为

一、青少年的"恋爱"观念

从前文可知，20 世纪 60 年代初的国际国内形势变化及计划生育政策的出台，都可视为此后恋爱观念与行为发生变化的背景。从 1949 年以降的社会舆论来看，恋爱环境是从 50 年代末开始呈现逐渐收紧趋势的。1950 年《婚姻法》颁布后，为贯彻婚姻自主、恋爱自由等精神，报纸、电

---

① 金凤、丁东编：《王申酉文集》，香港高文出版社，2002 年，第 136—137 页。
② 参见广西机电职业技术学院志编纂委员会编：《广西机电职业技术学院志（1958—2010）》，广西人民出版社，2015 年，第 18 页。

台出现不少鼓励未婚男女自由交往、自主恋爱等言论。1957 年关于计划生育的倡议刚浮出水面，报纸就有限制过早恋爱的言论。该年 3 月 5 日，中国人民政治协商会议第二届全国委员会第三次会议在北京召开。北京协和医学院教授钟惠澜，在这次会议上发言时表示："中国人民为什么必须要有计划的节制生育呢？其主要理由是因为由于人口增加太多太快，结果造成国家不能不关心的极其重要的问题：1. 人民的经济文化生活水平的提高受了限制。2. 妨碍了家庭的美满幸福生活。3. 妨害青年人事业的发展。4. 影响青年本身的健康和工作。5. 影响着后代的衣食住、教育、文化与健康。6. 产生了或加重了失学和失业问题。"由此出发，钟惠澜指出，"青年人一般在三十岁以前学识经验、工作能力和经济力量都比较薄弱的，不应过早谈恋爱或结婚，应该集中力量，专心学习，努力工作，埋头苦干，锻炼自己，为终身事业前途打好基础"。① 钟惠澜提倡推迟恋爱和推迟结婚年龄的观点，当时得到的响应有限。不过，上述言论，主要是从个人的年龄、精力等角度来着眼的，这与此后从政治角度来谈论恋爱的早晚尚有区别。1962 年以后，特别是 1964 年以后，从阶级、阶级斗争的角度分析婚姻恋爱的言论越来越普遍。

1964 年 10 月 16 日，中国成功试爆第一颗原子弹，标志着中国国防现代化进入一个新的历史时期。10 月 28 日出版的《红旗》杂志，刊发了新华社播发的相关新闻公报、中华人民共和国政府关于"中国在任何时候、任何情况下，都不会首先使用核武器"的声明、中共中央和国务院热烈祝贺首次核试验巨大胜利的贺电。同期还刊登了署名"万木春"的《怎样看待妇女问题》的文章。该文开篇第一句称，"毛泽东同志教导我们：千万不要忘记阶级斗争"。随后提出，"妇女问题，从来都是作为社会问题而存在的。在社会主义社会里，情形也不例外……在妇女问题上，同样存在着阶级斗争"。文章接着指出："如果不从阶级观点上抓住问题的本质，而纠缠在一些人所谓的'女人'的'福气'，'女人'的'幸福'，'女人'的'天职'，'女人'的

---

① 《在政协第二届全国委员会第三次全体会议上的发言，必须有计划地节制生育，钟惠澜的发言》，《人民日报》1957 年 3 月 17 日第 2 版。

'三道关口——恋爱、结婚、生孩子'，女干部是干部'又是妇女'等等的问题上，那就会堕入资产阶级人性论的泥坑，使得问题更加混乱，不能达到用无产阶级的思想教育广大劳动妇女的目的。"① 1964 年 10 月 28 日，《人民日报》转载了这篇文章。11 月，全国妇联发出《关于要求各级妇联干部认真学习〈怎样看待妇女问题〉一文》的通知，要求以毛泽东思想挂帅，学习该文对待妇女问题的立场、观点、方法，结合工作和实际进行检查。② 从阶级和阶级斗争的角度看待妇女问题，继而以阶级和阶级斗争来衡量恋爱和婚姻，开启了日常生活泛政治化的特殊时期，这时期一直延续到 1966—1980 年。

"中国的革命实质是农民革命。"中国革命的 20 多年是在农村根据地积蓄力量的，并通过农村包括城市，最后打败国民党军队夺取全国政权的。中国共产党建立的根据地，往往是处于经济落后、交通欠发达的地区。中国革命的成功与克服经济上的"贫穷"和"困苦"难以分离。在某种程度上，中国共产党内的革命者惯常带有浓郁的朴素作风。在经济落后、资源贫乏的环境下，中国革命能够取得 1949 年的成功，这同革命者坚持低物质欲望不无关系。

不过，考察 1966—1980 年间的恋爱观念与行为是极困难的。众所周知，是否可以公开讨论恋爱、性等问题，是 1966—1980 年间同此后时代最大的区别。特别是"文革"十年间，中国人的日常生活受政治运动的严重影响，公开讨论恋爱、性及性别等问题很有可能被批判为"资产阶级思想"。③ 正是由于这方面的原因，研究 1966—1980 年间的恋爱等问题，可以凭借的档案资料很少。然而，可以弥补遗憾的是，后来公开出版或私下发行的回忆录，有不少涉及此方面的内容。

整体而言，1949 年以降，中国城市经济的发展和居民生活水平的提高，为青少年的身体发育、性成熟带来重要变化。北京市区（2911 人）、广州市

---

① 万木春：《怎样看待妇女问题》，《红旗》1964 年第 20 期，第 27 页。
② 全国妇联妇女研究所：《当代中国妇女运动简史（1949—2000）》，中国妇女出版社，2017 年，第 99—100 页。
③ 参见 Emily Honig, *Socialist sex：The Cultural Revolution revisited*，Modern China，Vol. 29，No. 2（Apr.，2003），p. 143.

区（160 人）、江西省吉水县农村（338 人）的调查数据显示，1960—1964 年组与 1950—1954 年组相比，女性初潮提前的趋势明显。并且，1956 年以降，城市与农村的整体情况相比，北京、广州的调查数据中女儿的初潮年龄都比母亲大幅提前。[①] 与此类似，上海的调查数据显示，95% 女性大学生的初潮发生在 11—16 岁，其中以 13—14 岁年龄组最多，平均年龄为 14.2 岁。[②] 青少年从生理发育逐渐成熟到可以结婚、生育，中间一般会有 7—10 年甚至更长时间。尽管还没有到谈婚论嫁的时候，家庭及亲邻一般也会开始考虑他们的恋爱甚至结婚事宜。杨瑞在回忆中提到：“我踏入了 12 岁的少女时代。我身高日增，胸部隆起，初潮降临。在过去，这意味着我已到了论婚嫁的年龄。也许好几个媒人已经登门拜访过我父母，在背后议论我的终身大事。”[③] 然而，身体的发育与成熟恋爱观的形成并不完全同步。年龄稍长几岁后，杨瑞对未来恋人的想像与对领袖的崇拜模糊地重合在一起，她的恋爱观念出现明显的“政治化”倾向。

1966 年 8 月，红卫兵运动的策源地北京，街头涌现身穿草绿色军装、腰扎军用皮带、肩戴红袖章的红卫兵。从最初自发成立的学生组织，到受领袖支持的群众组织，红卫兵带有浓郁的“准军事化”色彩，他们相互之间也互称“战友”或同志，一举成为组织游行、批斗、宣传活动的主角。[④] 杨瑞在回忆中提及：“这时我的头发已经剪得很短，头顶上约莫寸长，下边更短，而我还不算 101 中最激进的女将，我知道有几个女孩把头发剃光，她们很以此为骄傲。头发短了不算，我的脸也晒得黝黑，四肢结实而灵活。我骑车在北京大街小巷穿行了两个月，练得一身紧绷绷的肌肉。我的衣服成天散发着汗味，指甲藏垢，脱下球鞋来臭气熏天，不比男生逊色。”[⑤] 女红卫兵的男性化，意在摒弃带有性别象征意义的身体、衣着等符号，使自己无限贴近

---

① 崔梅影等：《我国初潮年龄的变化趋势》，中国人类学学会编：《医学人类学论文集》，重庆出版社，1986 年，第 63—77 页。

② 上海市卫生防疫站等：《上海市区学生青春发育期调查与研究》，中华医学会卫生学会儿少卫生学组等编：《中华医学会第一届全国儿少卫生学术会议论文汇编》，1982 年，第 24—25 页。

③ ［美］杨瑞著，叶安宁译：《吃蜘蛛的人》，南方日报出版社，1999 年，第 94 页。

④ 李秉奎：《狂澜与潜流——中国青年的性恋与婚姻（1966—1976）》，社会科学文献出版社，2015 年，第 79 页。

⑤ ［美］杨瑞著，叶安宁译：《吃蜘蛛的人》，南方日报出版社，1999 年，第 146 页。

"兵"的身份。

为完成"兵"的使命，尚未进入成年的红卫兵，努力克制来自饥饿、劳累、性冲动等生理需求，尽力把自己锻造成"无欲无求"和"无欲而钢"的新人。杨瑞在回忆录中特别提到，他们的红卫兵"战斗队"到广州"串连"时的情景：

> 晚上，一行人回到住所，睡在同一个教室里。这队人马有男有女，最大的 18 岁，最小的 14 岁，男生睡一边，女生睡一边。中间既没有屏风，也不拉帘子，没有这个必要。我们都是和衣而睡，没人动什么歪脑筋，我们根本不曾想到性的问题。

> 毫无疑义，性是资产阶级的玩艺儿。在我看来，性又肮脏，又下流，而且危险之至。在我看过的书和电影里，只有坏人才对性感兴趣，革命者与之秋毫无涉。革命者的爱情是崇高的、浪漫的，只能用心灵去感受，他们连手都不碰一下。①

杨瑞等人组成的红卫兵小分队，正值 14—18 岁的年龄，处于青春期结束及向青年期过渡的年龄。从生理学的角度而言，他们的身体正发育成熟或已经完成发育，对异性抱有好感和爱慕本属自然的生理现象。不过，受到抑制性欲教育的影响，在准战备状态下，男女间的好感和爱慕被"革命"所压制。大体说来，"革命"压制恋爱的情况至少有如下两种：其一，"强阻"与"强制"；其二，"漠视"与"不提"。显然，杨瑞等人到广东串连时期，没有其他人监管，男女共处一室，"没人动什么歪脑筋，我们根本不曾想到性的问题"，这应该不是"强阻"或"强制"的结果。这种举动更可能与其背后的激情、信念支撑有关。它不仅是"文革"前的教育使然，同时也是准战备状态时期的社会产物。

为响应领袖号召而"克己复礼"，这种观念与行为有其深刻的根源。"从农村包围城市"的革命道路及在落后农业国基础上进行社会主义建设，不仅需要不断克服外部封锁，而且还要战胜技术落后、物资短缺、生活水准较差

---

① ［美］杨瑞著，叶安宁译：《吃蜘蛛的人》，南方日报出版社，1999 年，第 151 页。

等困难。在此过程中，特别是伴随阶级斗争扩大化，"穷则革命富则修"、轻视及反对物质利益、曲解艰苦奋斗等观念，长期被奉为"革命"和"进步"的表现。[①] 在此背景下，沉湎于儿女私情、放纵自己的情欲，是与提倡艰苦朴素的作风背道而驰的。1949 年前的战争时期，八路军和新四军中曾有"二八五团"的说法，即，年满 28 岁、五年党龄或军龄、团级及以上干部，方可批准结婚。[②] 为结婚设立门槛，进一步突显恋爱婚姻带有的"奢侈品"色彩。正如前文所述，60 年代初以降中国国际国内形势突变，所谓的"帝修反"联合起来形势的压力，进一步强化了青少年响应领袖号召、"匈奴未灭，无以家为"的观念。

二、"破四旧"与性观念

1966 年 6 月 1 日，《人民日报》发表《横扫一切牛鬼蛇神》的社论。这篇社论有许多值得注意的内容，至少以下两点值得强调：其一，社论认为当前的形势是，"一个无产阶级文化大革命的高潮，正在占世界人口四分之一的社会主义中国兴起。在短短的几个月内，在党中央和毛主席的战斗号召下，亿万工农兵群众、广大革命干部和革命的知识分子，以毛泽东思想为武器，横扫盘踞在思想文化阵地上的大量牛鬼蛇神。其势如暴风骤雨，迅猛异常，打碎了多少年来剥削阶级强加在他们身上的精神枷锁，把所谓资产阶级的'专家'、'学者'、'权威'、'祖师爷'打得落花流水，使他们威风扫地"；其二，社论号召"彻底破除几千年来一切剥削阶级所造成的毒害人民的旧思想、旧文化、旧风俗、旧习惯，在广大人民群众中，创造和形成崭新的无产阶级的新思想、新文化、新风俗、新习惯"。[③] 这篇社论的发表意味着，"革命"矛头指向的目标已经确定，不仅含有传统意义的阶级敌人，同时还有阻碍"革命"前进的所谓"专家"、"学者"、"权威"、"祖师爷"，凡是思想文

---

① 郑谦：《空想与理想之间——对建国后一种禁欲主义的考察与思考》，萧延中编：《晚年毛泽东》，春秋出版社，1989 年，第 220—229 页。

② 刘导生：《从容忆往：95 岁抒怀》，北京出版社，2008 年，第 308 页；李琴：《杨立三传略》，金盾出版社，2013 年，第 79 页；上海市新四军暨华中抗日根据地历史研究会编：《从抗日烽火到新时代：新四军老战士的百年征程》，上海人民出版社，2022 年，第 52 页。

③ 《横扫一切牛鬼蛇神》（社论），《人民日报》1966 年 6 月 1 日第 1 版。

化阵地上的"牛鬼蛇神"，都被列为当"扫"、应"扫"之列；"革命"的内容至少包括破除"四旧"（旧思想、旧文化、旧风俗、旧习惯）、形成"四新"（新思想、新文化、新风俗、新习惯），这既是本阶段"革命"的新目标，又是以前阶段"革命"的继续。

北京二中的红卫兵，发出题为《向旧世界宣战》的呼吁书，严厉宣布"我们是旧世界的批判者。我们要批判、要砸烂一切旧思想、旧文化、旧风俗、旧习惯。所有为资产阶级服务的理发馆、裁缝铺、照像馆、旧书摊……等等，统统都不例外。我们就是造旧世界的反！"为实现"破四旧"，他们对服务行业提出以下"抗议"：

首先，我们对你们——为资产阶级服务的理发馆、裁缝铺、照像馆、旧书摊……要走资本主义道路的当权派和所谓的技术权威们提出最最强烈的抗议！

为了资本主义复辟，你们理出了大量的港式头。什么"飞机头""无缝青年式""螺旋宝塔式""青年波浪式"等等稀奇古怪的发型，还喷上香水，抹上油，使那些流氓们摇头晃脑，得意忘形。

为了资本主义复辟，你们做出了大量的港式衣裙。什么"牛仔裤""牛仔衫"以及各式各样花花绿绿令人作呕的港式衣裙，使那些流氓们飘飘然，神气十足。

为了资本主义复辟，你们照出了许多下流低级的照片，把那些资产阶级少爷小姐电影明星们捧上了天，使他们神魂颠倒，眉飞色舞。你们照出来的像，可恶，可憎，可气！

为了资本主义复辟，你们贩卖了大量古今中外低级黄色冒险的小说，使那些狗崽子们从你们那里得到了满足。大批资产阶级的阴魂从你们那里飘了出来，毒害了许多青少年，滋育了他们犯罪的苗头。

还有那些商店，你们摆了那么多香水、雪花膏、口红、项链……等奢侈品，及港式衣裙、火箭鞋等等，是给谁预备的？难道工农兵还抹香水，穿尖皮鞋吗？

你们从心灵深处不喜欢广大的工农兵那种淳朴憨厚自然的美。你们服务的对象是那些油头粉面、衣着华丽的老爷太太们，你们的灵魂深处是肮脏的，反动的。你们口头上也说为工农兵服务，你们是挂羊头卖狗肉。现在是你们彻底改造的时候了！

你们想过没有，如果再这样下去，那么不出几年，几十年，资本主义就会在中国复辟，整个中国就会改变颜色了。①

以上引用的这段文字，值得留意之处甚多。首先，发型是显示性别的重要符号和标志之一，头发经常被视为与第二性征紧密相关的重要特征。在许多社会文化传统中，女性的长发表现出来的温柔、妩媚，是吸引男性注意力、激发男性想象力的重要来源。中国古代的诗词歌赋，在描写女性之美时往往会提及头发或发型。"云髻峨峨，修眉联娟"（曹植《洛神赋》），"兰膏新沐云鬟滑，宝钗斜坠青丝发"（白居易《任氏行》），一头秀发平添女性阴柔无限的魅力。头发还与年龄紧密相关。中国古代根据头发状况和发型将人们的年龄区分为：垂髫（3岁到9岁，头发扎成朝天冲）、总角（8岁到14岁，头发梳成双花苞头）、及笄（女子15岁，头发要带首饰）、束发（男子15岁，要将头发竖起来）、弱冠（男子20岁，要戴帽子）、耄耋（老人八九十岁，花白头发）。在中国传统文化中，头发茂密、乌黑、有光泽，往往是青年男女身体健康、富有吸引力的象征。并且，几乎从史前时期开始，人们就通过修剪、编结和上色，变换出不同的发型以突显自己的性别特征、社会地位、个人性格。与此相联系，发型还与被管治者的政治态度、统治者的政治管束紧密相关。有研究者对清朝的剃发、蓄发和剪发等现象进行梳理后发现，发型往往被视为同忠诚、顺从与否直接相关。②

红卫兵批判理发馆为顾客理出"港式头""飞机头""无缝青年式""螺旋宝塔式""青年波浪式"等发型。这些发型或是彰显男性注重外在形象，或是彰显女性追求个性解放、娇柔妩媚。在红卫兵看来，这是对"革命大方向"的干扰，是让人们沉溺于异性吸引和男女私情的根源。至于香水、发油、雪花膏、口红、项链，则会通过气味、光线、色彩、形态等信息，来诱

---

① 北京二中红卫兵：《向旧世界宣战》，《人民日报》1966年8月26日第2版。
② 侯杰、胡伟：《剃发·蓄发·剪发——清代辫发的身体政治史研究》，《学术月刊》2005年第10期。

导人们的注意力、强化性别色彩。接收者通过味觉、视觉等感知对方的性别信息，进而产生性认知、性想象、性冲动。性冲动的构成除内存性欲望外，往往需要一定的外部刺激条件才会发生。换句话说，人的自我意识和自我控制使人不会完全按本能欲望行事，自我意识、意志力会将本能欲望压制在潜意识中。性冲动在日常生活中不会随意发生，只有在某些外部环境的刺激下才会出现。在与异性接触时，来自异性的气味便是直接引发性冲动的诱因。[①]与香水吸引异性的功能相类似，抹发油的整洁头发往往会从视觉、嗅觉上为性冲动提供直接诱因，这同样是一种强烈的性别符号。此外，1949 年以降的影视、戏剧等文艺作品，往往将香水和发油简化为"资产阶级的道具"，为资本家塑造外在脸谱化的形象。通常而言，在文艺作品中，香水和发油往往因为价格昂贵、产量较少、难以买到而成为奢侈品。红卫兵对香水和发油的批判，进一步掺杂阶级仇恨的情感因素和"非黑即白"的对立情绪。从此角度而言，资本家使用的香水和发油，升华为资产阶级腐化堕落的象征，成为"革命小将"进行阶级批判、阶级清肃的对象。

其次，衣服是人的"第二层肌肤"，它与性、性别之间紧密相关。史前时代，衣服的功能除保暖御寒外，更多的是降低对异性的吸引力。然而，恰如欲盖弥彰一词所显示的那样，衣服对性器官、性感部位的遮挡，在某种程度上反而进一步强化性别特征、增强吸引异性的注意力。红卫兵批判中提到的"牛仔裤"，通常以坚固布料缝制而成，除具有质感粗犷、耐穿耐磨的特性外，特别彰显穿着者的腰部、臀部轮廓。据玛尼·弗格（Marnie Fogg）等人的研究，蓝色铜铆钉牛仔裤，本来是李维·斯特劳斯（Levi Strauss）的纺织品商店为美国西部"淘金热"时期的矿工、农牧场工人生产的耐穿工装裤。这种服装采用粗斜纹（denim）棉布制成，具有成本低、耐磨、易清洗等特点。这种服装从专业工作服到普通休闲服的转变，是同大众娱乐、个人休闲、消费活动的推动相关。最初与工作联系的服装，被美国好莱坞电影、抽象表现主义、垮掉派诗歌塑造成年轻、性感与反叛的标志。[②] 紧身的牛仔

---

① 周湘斌编著：《性的生理、心理与文化》，冶金工业出版社，2012 年，第 82 页。

② ［英］玛尼·弗格主编，陈磊译：《时尚通史（第 2 版）》，中国画报出版社，2020 年，第 340—343 页。

裤，往往都是收腰、包臀，将身体（特别是臀部、腰部）夸张地凸显出来，让穿着者腰臀比更加清晰、身体线条更加流畅。牛仔衫，同牛仔裤相类似，往往采用质地粗犷、耐穿耐磨的布料，带有个性张扬的野性和豪放，将青年男女追求自我、追求原始野性的青春气息暴露无遗。此外，其他彰显女性身材婀娜特征"各式各样花花绿绿"的"港式衣裙"，也因为透露出性别信息而被称为"令人作呕"。这些都显示了红卫兵在性、性别问题上的禁欲追求。在红卫兵和"革命群众"看来，服饰与阶级之间存在着必然联系。其中，西服、皮鞋代表着"资产阶级"和"帝国主义"，长袍、马褂、斗篷和长衫代表着"封建主义""地主阶级""反动官僚"，旗袍代表着"封建主义""地主阶级""剥削阶级生活方式"，各种裙子、长统丝袜、首饰及各种化妆品代表"剥削阶级或小资产阶级的生活方式"，睡衣代表"剥削阶级生活方式"，各种夹克衫、男人的花衬衣和复杂发型、女人的辫子和漂亮发型等代表"小资产阶级的生活方式"。[①] 很明显，简单粗暴地将服饰与阶级等同起来，是红卫兵和"革命群众"对阶级的符号化想象，这也是"文革"时期所谓阶级斗争泛化及其脱离现实之处。

再次，北京二中的红卫兵对黄色小说的批判，是同样值得注意的现象。《向旧世界宣战》称，"为了资本主义复辟，你们贩卖了大量古今中外低级黄色冒险的小说，使那些狗崽子们从你们那里得到了满足。大批资产阶级的阴魂从你们那里飘了出来，毒害了许多青少年，滋育了他们犯罪的苗头"。[②] 其中提及的"古今中外低级黄色冒险的小说"，涵盖了传奇、探险、侦破、爱情及色情描写等内容。这些小说不仅满足人们对曲折故事情节的阅读需要，同时也因为存在男女爱情、性心理、性生理等方面的描写，迎合了青少年对异性生理、两性交合等知识的好奇心。为防止"资本主义复辟"，"破四旧"运动中不时出现红卫兵抄家、焚烧"黄色"书刊和"黄色"照片、查禁"黄色"唱片等现象。1966 年 10 月 9 日，中央工作会议上散发的参考材料《把旧世界打得落花流水》，其中统计的部分省市红卫兵缴获的"黄色"书刊共

---

① ［日］山内智慧美：《20 世纪汉族服饰文化研究》，西北大学出版社，2001 年，第 46 页。
② 北京二中红卫兵：《向旧世界宣战》，《人民日报》1966 年 8 月 26 日第 2 版。

计 5245 万册。① 据著名诗人臧克家回忆，"破四旧"运动期间，北京"抄家风气盛行，红卫兵横扫一切'四旧'，在报上刊登消息，勒令各家销毁'黄色书刊'。我住的这条胡同，一时间火光冲天，烟雾腾腾"。② 如何界定"黄色"书刊，是否凡涉及性爱描写的都是"黄色"书刊？"破四旧"运动中并无统一的标准。结果，凡是可能被列为"黄色"的图书、报刊都有被焚之虞。整个"文革"时期，"只许看若干种书，其他都在禁止之列"。③ 据著名学者冯其庸回忆，因为涉及性爱描写，《红楼梦》也被当作"黄色小说"抄走。④ 另外，涉及男女关系、才子佳人等题材的电影片，如《阿诗玛》《梁山伯与祝英台》《天仙配》等，多数被称为"毒草影片"，或被封存，或只作为反面教材在特定范围内放映。⑤

北京"破四旧"运动很快向全国蔓延。上海的红卫兵和"革命师生"组成的宣传小队，抬着毛泽东巨幅画像，高举写有"我们是旧世界的批判者""我们是新世界的创造者"等内容的大型横幅，走上街头，到处演出宣传。理发店的"革命职工"提出革命性的措施，彻底消灭一切"阿飞式"、港式的头发式样，立即取消专门为"资产阶级"服务的项目，如剪指甲、美容、摩面等。⑥ 上海红卫兵在抄家时发现一件粉红色、柔软的女性内衣，他们指着被批斗的老师骂"不要脸，淫妇，丑死了"。他们还把那件内衣剪成碎片挂在老师的脖颈上，一边推搡一边羞辱她。⑦ 福建厦门的红卫兵，将留长发的侨生剃了头，将尖头皮鞋一律充公，裤管太窄装不下两个酒瓶的人，统统当街当道当众剪破裤管。⑧ 在成都，"平时穿着入时、风姿绰约、受人尊敬的女教师，现在纷纷成了'资本家太太'、'地主老婆'，等等"。⑨ 在河南卫辉，

---

① 黄利群：《中国近现代教育史研究文集》，白山出版社，2000 年，第 445 页。

② 《世纪老人的话——臧克家访谈录》，《臧克家全集》第 12 卷，时代文艺出版社，2002 年，第620 页。

③ 王学泰：《书话文存：坎坷半生唯嗜书》，商务印书馆，2011 年，第 32 页。

④ 冯其庸：《秋风集》，青岛出版社，2014 年，第 78 页。

⑤ 刘阳：《中国电影业的演进路径与话语建构：1949—1992》，浙江工业大学出版社，2014 年，第71 页。

⑥ 《上海天津革命小将和商业职工向剥削阶级"四旧"发动总攻》，《人民日报》1966 年 8 月 25 日第 2 版。

⑦ 李秉奎：《狂澜与潜流——中国青年的性恋与婚姻（1966—1976）》，社会科学文献出版社，2015 年，第 84 页。

⑧ 江沛：《红卫兵狂飙》，河南人民出版社，1994 年，第 66—67 页。

⑨ 徐友渔：《蓦然回首》，河南人民出版社，1999 年，第 55 页。

揪斗"牛鬼蛇神"形成风气,被批斗者有的被抹成黑脸,有的被剪去头发。特别是对那些有"作风问题"的妇女,时值夏秋之交,天气尚热,让她们穿着内衣,脖子上挂一圈"破鞋",抹成黑花脸,剪去头发,沿街游斗。[①]"破四旧"运动对与性、性别相关的"符号"管制,显示出"文革"带有的浓郁"禁欲主义"色彩。

在社会主义革命尚未取得全面胜利前,恋爱不只是"奢侈",更是严重腐蚀革命者斗志的"毒药"。印度民族解放运动的领导者"圣雄"甘地(Mahatma Gandhi),同样抱有类似的观念。[②] 1931 年,著名记者邹韬奋在《生活》周刊上发文提出,"甘地实在是世界上一个极可敬而又极有趣的人物","深信中国诚欲从万丈深渊中自拔出来,以救国家为己任者,必须具有甘地的牺牲自我艰苦卓绝的人格和精神"。[③] 对比中印两国领导人的经历,对于理解 1949 年后中国部分青少年存在的禁欲主义倾向不无益处。

1936 年,毛泽东在延安向美国记者斯诺(Edgar Snow)讲述早年经历时提到:

> 我逐渐地团结了一批学生在我的周围,形成了一个核心,后来成为对中国的国事和命运产生广泛影响的一个学会。这是一小批态度严肃的人,他们不屑于议论身边琐事。他们的一言一行,都一定要有一个目的。他们没有时间谈情说爱,他们认为时局危急,求知的需要迫切,不允许他们去谈论女人或私人问题。我对女人不感兴趣。我十四的时候,父母给我娶了一个二十岁的女子,可是我从来没有和她一起生活过——后来也没有。我并不认为她是我的妻子,这时也没有想到她。在这个年龄的青年的生活中,议论女性的魅力通常占有重要的位置,可是我的同伴非但没有这样做,而且连日常生活的普通事情也拒绝谈论……我的朋

---

① 中共卫辉市委党史研究室:《中共卫辉历史》第 2 卷,中共卫辉市委党史研究室,2012 年,第137 页。

② 甘地在南非服役期间,立志以禁欲、简朴的方式来约束自己。促使甘地立志的因素,除他自己的家庭经历外,更重要的是他在南非服役期间即认为:"如果我要彻底地投入到为印度侨团服务的事业里,就必须抛弃养育孩子、追求财富的欲望,过着'瓦纳普罗斯达'(Vanaprastha,意思是不理家事——原书注释)般的生活"〔印〕甘地著,洪晓纯译,《甘地自传》,中国书籍出版社,2016 年,第 156—157 页。

③ 韬奋:《甘地又来了》,《生活》周刊第 6 卷第 34 期(1931 年 8 月 15 日),韬奋基金会、上海韬奋纪念馆编:《韬奋全集(增补本)》,上海人民出版社,2015 年,第 43 页。

友和我只愿意谈论大事——人的天性，人类社会，中国，世界，宇宙！①

青年毛泽东及其朋友们，早有救国救民的凌云之志。一方面，他们"不屑于议论身边琐事"，而是"要将宇宙看稊米"；另一方面，他们认识到"时局危急"和"求知的需要迫切"，没有条件考虑儿女情长的问题。此外，毛泽东还特别重视增强体质、锻炼意志。1917 年 4 月，毛泽东以笔名"二十八画生"在《新青年》上发表《体育之研究》。该文开篇第一句便指出，近代以来中国"国力茶弱，武风不振，民族之体质日趋轻细，此甚可忧之现象也"。为改变这种国贫民弱的落后窘况，毛泽东提出"欲文明其精神，先自野蛮其体魄；苟野蛮其体魄矣，则文明之精神随之"。②毛泽东认为，国民应该通过有意识的体育活动，达到增强体质、锻炼意志的目的。毛泽东不仅通过文字倡导"文明其精神"和"野蛮其体魄"，而且还身体力行、躬行实践。1917 年 9 月 17 日，毛泽东的好友张昆弟在日记中提到，"毛君（指毛泽东——引者注）云，西人物质文明极盛，遂为衣食住三者所拘，徒供肉欲之发达已耳。若人生仅此衣食住三者而已足，是人生太无价值……又云，人之心力与体力合行一事，事未有难成者"。9 月 23 日，张昆弟在日记中提到，他与毛泽东游泳、"大风浴"的情境。③毛泽东喜好的锻炼方法有冷水浴、游泳、爬山、野游和露宿等。就冷水浴而言，毛泽东在湖南长沙第一师范读书的四年间，坚持每天天亮前就来到井边，"脱去衣服，用吊桶打上水来，通身淋下，淋一阵，擦一阵，直到全身擦红发热为止"，"在下雨、下雪和寒风刺骨的时候，赤着上身，在学校的后山跑动、摩擦。因此同学们把这叫做雨浴、风浴、雪浴"。为进行锻炼，毛泽东特地组织了一个类似斯巴达性质的团体，有时还到近郊农村中长途旅行，作忍饥、受热、耐寒等锻炼。④

毛泽东早年的上述经历，通过舆论宣传、学校教育等途径，成为不断激励人们克服自我欲念、主动磨练意志的精神源泉。克服艰苦环境下的贫困、

---

① ［美］埃德加·斯诺著，董乐山译：《红星照耀中国》，人民文学出版社，2016 年，第 137 页。
② "二十八画生"：《体育之研究》，《新青年》第 3 卷第 2 期（1917 年）。
③ 张昆弟日记（1917 年 9 月 17 日、9 月 23 日），中共中央文献研究室、中共湖南省委《毛泽东早期文稿》编辑组：《毛泽东早期文稿》，湖南出版社，1990 年，第 638、639 页。
④ 李锐：《毛泽东的早期革命活动》，湖南人民出版社，1980 年，第 59—60 页。

粗陋、单调，清心寡欲，是中国革命取得成功的重要基础，反过来又成为中国革命者引以为豪的经验。与此相对比，富足、精细、舒适、追求享乐，成为中国革命的"敌人"或"对象"。1962 年以降，整个中国开始强调"反修防修"和"灵魂深处闹革命"，对人们日常的物质生活和精神生活进行限制和压抑成为时代的必然。

1961 年 2 月，毛泽东在《七绝·为女民兵题照》中写道，"飒爽英姿五尺枪，曙光初照演兵场。中华儿女多奇志，不爱红装爱武装"。中国革命的成功，离不开与人民群众的鱼水情深，离不开训练民兵、武装民兵等建设民兵的措施。"民兵"是不脱离生产的军队，毛泽东的这首七绝意有所指。[1] 这首诗中的"红装"，是指带有标明女性特征、"各式各样花花绿绿"的服饰，而"武装"则是去掉性别属性、男女都一样或接近的军用服装。1966 年 8 月 18 日，毛泽东在天安门广场接见红卫兵时，穿上"草绿色的布军装"，这是毛泽东在中华人民共和国成立后第一次穿上军装。这身"要武"的装扮，成为红卫兵纷纷向往、效仿的典范，使崇"武"的审美在内涵上、在形貌上构成那个时代的风尚。[2]

红卫兵在发型、服饰上追求的"革命化"，在某种程度上奉行了毛泽东"不爱红装爱武装"的指示。"文革"初期，在北京四中就读的牟志京发现，"新成立的红卫兵身着军装，武装带要么系腰间，要么在手中挥舞，威风凛凛。校园到处是娇艳的美人蕉，一夜之间，被抽得七零八落"。[3] 同在北京四中就读的赵振开（北岛）也发现，"有一天在教室，同学的装束让我大吃一惊。他们摇身一变，穿上簇新的绿军装，甚至将校呢制服，脚蹬大皮靴，腰系宽皮带，戴红卫兵袖箍，骑高档自行车，呼啸成群"。[4] 当年，作为北京

① 据日本学者竹内实研究，毛泽东这首诗是针对苏联领导人赫鲁晓夫 1960 年布加勒斯特会议所说"依拥有武器的我们看，民兵不是军队，它只不过是一堆肉"而作。毛泽东是"反其意而用之"，通过赞赏民兵来驳斥赫鲁晓夫轻视民兵、蔑视民兵的观点。参见 [日] 竹内实著，张会才译：《毛泽东的诗与人生》，《竹内实文集》第 3 卷，中国文联出版社，2002 年，第 281 页。
② 金大陆：《非常与正常：上海"文革"时期的社会生活》上，上海辞书出版社，2011 年，第 196—197 页。
③ 牟志京：《似水流年》，北岛、曹一凡、维一编：《暴风雨的记忆：1965—1970 年的北京四中》，生活·读书·新知三联书店，2012 年，第 7 页。
④ 赵振开：《走进暴风雨》，北岛、曹一凡、维一编：《暴风雨的记忆：1965—1970 年的北京四中》，生活·读书·新知三联书店，2012 年，第 241 页。

101 中学到广州串连一分子的红卫兵杨瑞，在后来的回忆中写道：

> 我们外出，总是穿戴着红卫兵的全副行头：长袖军装，长裤，军帽，帆布腰带，红袖章，军球鞋，帆布包，小红书。当地（广州——引者注）居民带着同情的惊讶打量我们的装束。汗珠从我们额头上大滴往外渗，衣裳全湿了，但我们还是不穿裙子、衬衣和凉鞋。任何使女孩显出女孩风韵的打扮都是资产阶级的。我们把自己严严实实包起来，我常常忘了自己的性别。我是一员红卫兵小将，其他人也是红卫兵小将，就这么简单。①

杨瑞及其同伴的"准军人"装扮，在当时很是流行。北京街头的红卫兵互相之间称"同志"和"战友"，许多人模仿毛泽东接见红卫兵时的装束，都身穿军装、腰扎皮带、胳臂上戴着红袖章。

这种"模糊性别"或者"跨越性别"的行为暗示，对"文革"时期的性别认知不无影响。值得注意的是，女民兵、红卫兵的着装，向人昭示女性角色定位不再屈从婚姻、生育的支配，彰显的是可以承担保家卫国、反帝反修重任的战士形象。前者自然属于私人色彩浓郁的"家"，而后者却属于公共领域、革命色彩显明的"国"。"女性能顶半边天"，从国家角度重新定义女性的社会角色，打破了通常"男主外、女主内"的刻板认识。然而，女性刻意模仿男性、刻意去"顶半边天"，却更多是以男性为准则、削弱女性特征的"男女平等"。

三、暗潮涌动的"恋爱"

1968 年 12 月 22 日的《人民日报》，发表"毛主席语录"，"知识青年到农村去，接受贫下中农的再教育，很有必要"。随后不久，全国范围的上山下乡运动高潮到来。"文革"初期红极一时的红卫兵，被动员到全国边疆、农村插队落户。红卫兵或参军或上山下乡，参军无望又不想上山下乡的成为"逍遥派"。有些人对"文革"的错误若有所悟，对中国的未来走向深深担

---

① ［美］杨瑞著，叶安宁译：《吃蜘蛛的人》，南方日报出版社，1999 年，第 150 页。

忧。他们开始大量阅读社会科学类书籍，希望从中找到"中国向何处去"的答案。爱读书的青年学生，互相传阅限制发行的"灰皮书""黄皮书""白皮书"。北京的北海公园、紫竹院、中山公园等，出现阅读书籍、探讨社会问题的松散群体。① 感觉失落的同时，有少数人开始抽烟、喝酒、唱"黄歌"（《外国名歌 200 首》）、"拍婆子"。②

《外国名歌 200 首》，是 1958 年由音乐出版社编辑出版的 64 开袖珍本。次年，又出版《外国名歌 200 首续编》。这是 1949 年以来国内出版的系统介绍外国音乐的普及性读物。《外国名歌 200 首》收录歌曲共计 224 首，分为现代歌曲、民歌、古典歌曲三部分。其中，第一首是《国际歌》，另外收录57 首苏联现代歌曲和 20 首苏联各民族的民歌。这两本集子共收入 450 多首世界各国的歌曲，参与译配工作的多达 100 多人，累计印数达到几十万册。③ 值得注意的是，《外国名歌 200 首》保存不少当时被认为是黄色的歌曲。其中有《红莓花儿开》《莫斯科郊外的晚上》《山楂树》《喀秋莎》《小路》等苏联歌曲，主题多交织战争与爱情的故事，在 20 世纪 50 年代的各大城市脍炙人口、传唱极广。

《外国名歌 200 首》，与"文革"时期普遍流行的"革命"歌曲④有所不同。上述歌曲含有"思恋""表白""心上人""爱人"等与爱情相关的字眼，打破了当时歌曲全由"歌颂""战斗""打杀"等字眼填充的局面。《外国名歌 200 首》及其《续编》上刊载的歌曲，不仅不再关注以"革命"为代表的公领域，而且不再关注世界性、全国性、全局性的大问题，反而转向关注革命时代的儿女私情，这显示出人们对"文革"政治运动的厌倦和抵制。与此相伴随，"拍婆子"等现象在部分城市青年群体中出现。

① 魏光奇：《"文革"时期读书生活漫忆》，《首都师范大学学报》（社会科学版）2003 年第 S1 期。
② 杨健：《1966—1976 的地下文学》，中共党史出版社，2013 年，第 10—11 页。
③ 薛范：《歌曲翻译探索与实践》，湖北教育出版社，2002 年，第 205 页。
④ "文革"时期的歌曲，大致可分为三类，一是歌颂领袖的颂歌和语录歌，二是"造反运动"的"战歌""宣言书"，三是红卫兵、造反派创作的"牛鬼蛇神之歌"。其中，属于第一类颂歌的，如《大海航行靠舵手》《爹亲娘亲不如毛主席亲》等，属于语录歌的，如《争取胜利》《希望寄托在你们身上》等；属于第二类的红卫兵、造反派的"战歌""宣言书"的，如《造反歌》《老子英雄儿好汉，老子反动儿混蛋》《红卫兵战歌》等；属于第三类的《牛鬼蛇神之歌》，歌词即："我是牛鬼蛇神，我是人民的敌人。我有罪，我该死，我该死，人民把我砸烂砸碎，砸烂砸碎。我是牛鬼蛇神，要向人民低头认罪。我有罪，我改造，我改造，不老实交待死路一条，死路一条。"

　　"拍婆子"是北京方言，是指男青年"搭讪"陌生异性的一种方式，是1967 年、1968 年北京出现的社会现象。① 在反映"文革"生活的文艺作品中，有不少涉及这一现象。据称，该词的"拍"是由"拍花子"一词移植而来。② "婆子"，则是对女青年不庄重的称呼。这固然是男青年结识异性的方式，该行为并不等于正式谈恋爱，其中掺杂了浓郁的玩世不恭色彩。③ 街头"拍婆子"最常用的一句话是"我在哪儿见过你"或"你是哪个学校的"。女方多数不会正面回答，而是"反呛"一口"你管得着吗"。当然也有女生也"真爱搭理"，据说还有人因此结为夫妻。④

　　据称，"（北京）拍婆子的发祥地是长安街的六部口，以首都电影院的门口为中心"。⑤ 首都电影院的建筑、设备，长期以来代表着北京市影院的最高水平，多次接待来自世界多个国家的电影代表团。周恩来、朱德、董必武、陈毅、胡志明等领导人，曾在该影院欣赏电影。1957 年，首都电影院被改造成北京第一个宽银幕电影院。尽管票价很贵，观众仍趋之若鹜。⑥ 首都电影院作为娱乐场所，是人们经常聚集的地方，也是"文革"初期红卫兵批判"资产阶级生活方式"、开展"破四旧"运动的重要场所。此外，什刹海冰场、王府井、西单路口、北京展览馆、天桥剧场等地，也是北京不时出现"拍婆子"的场所。据经历者回忆，"拍婆子"风尚兴起后，六部口经常"聚集着不少行径暧昧的男女，其中姑娘们一律戴着显眼的大长围脖作为'婆子'的标志"。⑦ 该回忆所提及的"大长围脖"，显示上述现象的发生是在深

---

　　① 刘惠友主编：《天上的学校：原北京外国语学院附属外国语学校（1958—1988）校友集》，中国电影出版社，2006 年，第 14—15 页。
　　② "拍花子"，是指用巫蛊或迷魂药之类超乎常人的手段，拐带小孩儿、骗人钱财的行为。"拍婆子"，就是"跟女孩儿那儿别管是套磁、犯跟还是哗众取宠，都得充是个人魅力！把女孩儿弄得五迷三道后，这会儿你再走上去，别管是拍肩膀还是拍什么地方，对方肯定就跟喝了蜜似的，心甘情愿地跟你走！所以，决不能把拍字仅理解成一个动作；它用在这儿范畴更广，体现的是一种心机、手段、技巧！是个技术活儿！不但要让人感觉到你深谙此道，是个情场老手儿；还要让人感觉到你有种魔力！"参见潘小京：《京哥讲故事："拍婆子"一词的来历》，http://bbs.tianya.cn/post-39-1248772-1.shtml。
　　③ 王彦坤：《现代汉语三字词典》，汕头大学出版社，1999 年，第 443 页。
　　④ 鲁汉：《拍婆子与黑格尔》，载陶洛诵：《生之舞》，香港星辉图书有限公司，2005 年，第 371 页；遇罗文：《我家：我的哥哥遇罗克》，世界华语出版社，2016 年，第 108 页。
　　⑤ 鲁汉：《拍婆子与黑格尔》，载陶洛诵：《生之舞》，香港星辉图书有限公司，2005 年，第 371 页。
　　⑥ 王学泰：《王学泰自选集·岁月留声》，中国华侨出版社，2012 年，第 139 页。
　　⑦ 鲁汉：《拍婆子与黑格尔》，载陶洛诵：《生之舞》，香港星辉图书有限公司，2005 年，第 371 页。

秋、隆冬、初春。其他季节是否亦如此？目前缺少直接资料的支撑。但是，可以看出来，被"拍"的女青年同样深谙此中"奥秘"。换言之，"拍"与"被拍"在某种程度上或许有"约定俗成"之意。

据称，被"拍"的"婆子"，通常具备以下条件，即"跟自己（男青年——引者注）岁数差不多，身条儿和模样长得顺溜儿"。[1] 同样，男青年"拍婆子"也需要"装备"，如生产技术先进的自行车、相对讲究的衣服和鞋子等。[2] 北京常见"拍婆子"的场所，"小男生们穿着军装，骑着擦得倍儿亮的自行车。小女生们坐在自行车的后架上，玉臂轻挽，直搂得男生得意洋洋、满面春风。或在'老莫'（莫斯科餐厅）暴撮一顿，或北海岸边喃喃细语，或电影院里相拥缠绵，或躲在家中边听着老唱片里的'200 首'，边吐着烟圈"。[3] 上述行为涉及的花费，显然都与家庭地位、经济收入紧密相关。通常来说，男青年"拍婆子"往往看重女方的年龄、容貌，女方看重男青年的则是家庭背景。

除特别的结识方式外，北京普通市民同样存在"革命加恋爱"的现象。中国社会科学院的文学评论家陈骏涛回忆："在那个疯狂年代，仍然有男大当婚、女大当嫁，仍然有恋人的约会，仍然有颐和园的欢喧和北海公园的私语。恋爱、婚姻和家庭，为革命年代涂上了一抹温柔颜色，很可能也平衡甚至保护了人性的基础。"[4] 目前因为缺乏北京市的结婚登记数据，无法准确判断北京市"恋爱潮"的规模大小。但是从崇文区的数据来看，1967—1969 年的结婚登记人数迅速攀升，是 1966 年及 1970—1976 年间都未超越的历史高位。[5] 另外，据宣武区广安门外街道的统计显示，1969 年、1970 年结婚登记人数同样达到"文革"时期的高位。此后的 1973 年，虽然结婚登记人数不少增幅，但是仍未超越 1969 年和 1970 年。[6] 不过，仅从一个区、一个街

① 刘一达：《胡同根儿》上，北京联合出版公司，2014 年，第 105 页。
② 鲁汉：《拍婆子与黑格尔》，载陶洛诵：《生之舞》，香港星辉图书有限公司，2005 年，第 370 页。
③ 刘惠友主编：《天上的学校：原北京外国语学院附属外国语学校（1958—1988）校友集》，中国电影出版社，2006 年，第 15 页。
④ 陈骏涛：《陈骏涛口述历史》，人民文学出版社，2015 年，第 142 页。
⑤ 北京市崇文区地方志编纂委员会编：《北京市崇文区志》（终审稿），无出版信息，2001 年，第 321 页。
⑥ 北京市宣武区广安门外街道志编纂委员会：《北京市宣武区广安门外街道志》，北京出版社，2006 年，第 218—219 页。

道的统计很难下结论，目前尚期待更准确、全面的数据以证实上述结论。

1966年 1967年 1968年 1969年 1970年 1971年 1972年 1973年 1974年 1975年 1976年

图表1：1966—1976年北京市崇文区婚姻登记情况统计

资料来源：北京市崇文区地方志编纂委员会编：《北京市崇文区志》

（终审稿），无出版信息，2001年，第321页。

1968年 1969年 1970年 1971年 1972年 1973年 1974年 1975年 1976年

图表2：1968—1976年北京市宣武区广安门外街道婚姻登记情况统计

资料来源：北京市宣武区广安门外街道志编纂委员会：《北京市宣武区广安门

外街道志》，北京出版社，2006年，第218—219页。

　　大致与此同时，厌倦政治运动的上海青年学生也进入"恋爱季节"。复旦大学毕业的许道明回忆，1967—1969年间，"复课闹革命"的呼声一天紧似一天，但是复旦学子始终没有付诸行动，校园出现"空前的恋爱季节"。

　　复旦毕竟还是青年人的世界，他们算来真是蓬蓬勃勃的一群，"早晨八九点钟的太阳"，荷尔蒙在体内大量分泌，力比多期待着猛烈释放，尤其在心力普遍倦怠的日子里，尤其在无法瞩望进击的日子里。于是，爱情召唤着那些战场上退下的士兵，召唤着那些苦闷迷惘的人们，空前的恋爱季节到来了。

在疯狂的岁月，恋爱比平常更为神圣，无论如何它是人的正经事儿，联系着自然法则，辉映着人性的光芒。当然，那时的恋爱已经彻底轰毁了传统的花前月下，也不取前苏联《红莓花儿开》的情调……在恋爱的季节里，因为实际上的没有毛病，人人都想恋爱，老大哥们为此忙得屁颠屁颠，小弟小妹们也是急吼吼的，都没有正经事可做，就及时充分地开发自身的资源吧。班上果真也作成了好几对恋人，以后差不多又是当然的夫妇，再以后便又是合理的生养子女。他们没有死去活来的故事，平平常常，不仔细些，甚至还没法确证他们之间已经有过磐石般的誓言。当今的"但求曾经拥有"，好像没有丝毫市场，普遍向往着"天长地久"。①

1967 年到 1969 年，这段时间政治形势的变化较为复杂。这几年，"人人都想恋爱"的现象，不仅仅发生在大学校园，上海有些工厂的工人也出现类似情况。工厂的工宣队和革委会反复宣传，这是"资产阶级向青年进攻一把'软刀子'"，要求工人从阶级斗争的高度去考虑问题。但是，多数工人对此充耳不闻或置之不理。部分无所事事的男青年在弄堂口，三五一堆地对经过的女人评头论足、打分。1967 年底，上海刮起"十二级红色台风"。12 月 23 日，以公安干警为主的"上海县政法双打（打击投机倒把、打击流氓阿飞）指挥部"成立。指挥部组织 2000 余名红卫兵和"造反"组织"杀向社会"。② 其必要性，可从当时的日记看出端倪。据称，上海确有专门针对追求女性的流氓阿飞和上述对女性品头论足的现象。③ 来自上海鱼品加工厂的资料显示，该厂的部分青年工人厌倦政治运动，既不爱学习、又不爱工作，只热衷于"荡马路"和谈情说爱。谈情说爱现象的增多，直接导致该厂结婚登记率和生育率的上升，以至于引发婴幼儿"入托（儿所）难"的问题。④

① 许道明：《挽歌的节拍：复旦纪事（1964—1970）》，南方日报出版社，2002 年，第 172—173 页。
② 上海市闵行区档案馆编：《留史存真——近现代上海闵行历史与档案典藏》，复旦大学出版社，2015 年，第 130 页。
③ 范国伟：《活在人间——一个草民的生存日记（1966—1984）》，1967 年 12 月 29 日。http://mjlsh.usc.cuhk.edu.hk/book.aspx? cid=11&tid=696&pid=3590。
④ 上海鱼品加工厂驻厂工宣队等：《关于计划生育和青年晚婚工作情况》（1969 年 10 月），李秉奎：《狂澜与潜流——中国青年的性恋与婚姻（1966—1976）》，社会科学文献出版社，2015 年，第 55 页。

可以印证的是，研究者金大陆利用方志资料的统计发现，1966 年上海各区结婚登记人数共计 23771 对，1967 年直接攀升为 33485 对。直到 1976 年，每年的结婚登记人数再也没有达到如此高的水平。当时的红卫兵报、造反报，批评青年人不搞"路线斗争"而是忙于"线路斗争"（即男的装配无线电，女的结绒线、织毛衣等），不搞"大批判"而忙于"谈婚论嫁"。金大陆指出，"正是这种动荡的时局，正是这种无政府主义的社会氛围，很奇特地构创出了一个背离性的社会效应，那就是反倒为广大的青年人提供了适宜于'营造爱巢'、'构筑生活'的时空条件"。[1] 1967—1969 年间，上海的结婚登记共计 91958 对，在"文革"十年中占 32.9%。金大陆认为，"这说明时局动荡并不真正对市民的生活构成胁迫，社会上的谈情说爱和匹配良缘仍在大街小巷生动而活跃地开展着"。[2]

不过，1966—1969 年间上海结婚者数量的增加，还应考虑的重要因素是人口年龄结构。1949 年底到 1959 年间，是上海人口高速增长的历史阶段。10 年间净增 525.5 万人，年均增长率为 74.2‰。这是 1949—1990 年间，上海人口增长最为迅速的历史时期。增长的人口中，既包括迁移人口的大幅度增长，又包括自然变动人口大幅度增长和行政区划扩大等多种因素。[3] 就人口自然增长而言，出生于 1949—1959 年间的人口，1967 年后进入法定结婚年龄（即 18 岁）。上海的人口，1949 年为 502.92 万，1950 年为 572.63 万，1957 年为 689.69 万。[4] 1949—1957 年间，上海人口的增长，特别是自然出生人口的增长，直接影响 1967—1975 年间结婚者的数量。这是值得特别考虑的重要因素。当然，此处无意推翻金大陆前述的研究结论，只是觉得有必要进行补充和说明。1967—1969 年间，"文革"的方向已经明显与许多人的最初看法产生很大区别，曾积极参与其中的许多人开始产生疏离感，不少人成为中间派或"逍遥派"，有的甚至暗中或公开反对"文革"。这与上海结婚

---

① 金大陆：《婚姻之门——上海 1966—1976 年社会生活史研究》，《社会科学》2005 年第 11 期。
② 金大陆：《非常与正常："文革"社会生活史研究的理论范式》，《史林》2011 年第 5 期。
③ 《跨世纪的中国人口》（上海卷）编委会：《跨世纪的中国人口》（上海卷），中国统计出版社，1994 年，第 5 页。
④ 上海社会科学院《上海经济》编辑部编：《上海经济（1949—1982）》，上海社会科学院出版社，1984 年，第 55 页。

者数量的增加存在紧密关系。

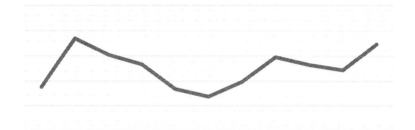

图表 3：1966—1976 年上海市结婚登记情况统计
资料来源：金大陆：《非常与正常：上海"文革"时期的社会生活》上，
上海辞书出版社，2011 年，第 27 页。

　　广东省委的一份文件显示，该省有些地区的厂矿、文化部门存在"不搞革命、专搞恋爱"的风气。广州市有些工厂的青年职工，存在所谓"非法同居"和"乱搞两性关系"的现象。有的工厂"谈情说爱"成为普遍现象，青年女性"向往资产阶级生活"。广东省委妇委等机构认为，有必要纠正社会上这股"搞不正当男女关系"的风气。[①] 虽然这份内部文件的确切时间尚不确定，但是根据内容推测应该是 1969 年前后。值得说明的是，上文所谓的"非法同居"，既包括具备法定条件却不被"批准"结婚的情况，又包括不具备法定条件却以夫妻之名同居的情况。至于"乱搞两性关系"现象，一方面存在未经组织批准和婚姻登记的两性关系，另一方面也存在男女恋爱正常的亲热举动。1966—1969 年间的广州，结婚登记人数变动趋势与上海不同。广州市的方志记载，该市结婚登记人数，从 1967 年开始剧增，并且这种增长趋势一直持续到 1970 年。[②] 1967 年结婚登记者剧增，或许与 1966 年、1967 年谈恋爱者增多有关。换句话说，广州的"恋爱潮"很有可能是从 1966 年开始的，并且这股"恋爱潮"一直持续到 1970 年前后。毗邻香港和澳门的广东，与北京、上海有明显的不同。1966 年夏，来这里串连的红卫兵发现，

---

　　① 中共广东省委妇委、青委、职工委、政法小组：《关于当前婚姻问题上两条道路斗争的情况和处理意见的报告》，广东省档案馆藏件，卷宗号：233－1－0162－032001。
　　② 广州市地方志编纂委员会编：《广州市志》第 10 卷《政权政务》，广州出版社，2000 年，第586 页。

"广东省的气氛很不对劲。所到之处，听不见'文革'的呐喊，嗅不着战场的火药味儿。盘旋在街头巷尾的是软绵绵的粤剧清唱和广东音乐，街市熙熙攘攘，吃的，喝的，聊天的，买东西的，什么人都有。不少私营店铺生意做得红红火火，资本主义在这儿大行其道"。① 不过，上述观察只是"文革"初期的浮光掠影。与此形成对照的是，1967—1970 年间广州市的结婚登记人数在不断增长。

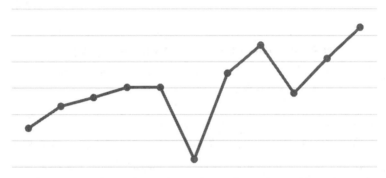

1966年 1967年 1968年 1969年 1970年 1971年 1972年 1973年 1974年 1975年 1976年

图表 4：1966—1976 年广州市婚姻登记统计
资料来源：广州市地方志编纂委员会编：《广州市志》
第 10 卷《政权政务》，广州出版社，2000 年，第 586 页。

上述是北京、上海、广州三地市民恋爱（婚姻）的相关情况。总体而言，基本支持 1967—1969 年间上述三个城市恋爱、结婚人数增多的史实。当然，这三个城市的数据很难以偏概全地说明全国的具体情况。1967—1969 年间是否存在全国性的"恋爱潮"，仍待进一步论证。早在 1991 年，研究者在提到该问题时指出，"（20 世纪）60 年代中下期至 70 年代的很短一段时间里，由于婚姻变动数据资料的不足，给研究和分析问题带来了一定困难"。②

北京大学的人口学研究者顾鉴塘，依据民政部的材料得出以下结论：由于人口年龄构成和人口数量增长的影响，20 世纪 60 年代中后期和 70 年代，中国婚龄人口较 50 年代成倍增长，其增长速度远超过同期全国总人口的增长速度。这就使得 60 年代中后期的结婚率明显高于 50 年代，而 70 年代的

---

① ［美］杨瑞著，叶安宁译：《吃蜘蛛的人》，南方日报出版社，1999 年，第 156—157 页。
② 袁永熙主编：《中国人口·总论》，中国财政经济出版社，1991 年，第 411 页。

结婚率又要高于 60 年代。[①] 遗憾的是，研究者并未提供所谓"民政部材料"的具体文件名及详细的内容。如果这份材料确实可靠的话，排除计划生育管理趋严及基层加强婚姻登记管理等因素造成的婚姻登记率提高外，婚姻登记人数的增加在有限范围内可以说明进入恋爱阶段的人数增加。在"恋爱文化"相对成熟的城市，特别是在北京、上海、广州这样的大城市，恋爱潮的形成有很大可能性。然而，在统计数据严重缺乏的情况下，轻率下结论在某种程度上只是"盲人骑瞎马"。

第三节　后半期的恋爱观念与行为

值得注意的现象是，部分青年中广为传阅"黄色"手抄本。[②] 有研究者称，其中流传范围最广的有《曼娜回忆录》和《少女之心》。前者约有万字左右，主要以女学生"曼娜"为第一人称，详细讲述她与三个不同男人的"婚姻关系"。此书虽然有许多地方涉及男女性关系，但是主要侧重男女密切接触过程中种种情感的反映与变化。后者约有 5000—6000 字，用第一人称讲述与表哥谈恋爱的经历。与《曼娜回忆录》注重情感交流相比，《少女之心》更多地侧重于男女性活动的描写。故事的情节极其简单，主要是讲述了两人的三次接触，跨度上却包括相识、定情、云雨三个部分。《少女之心》利用夸耀和张扬的笔触，尽其可能地渲染性的恐怖和性经历后的狂喜。这种对"性事"细节的详细描写"几乎是一首对'性'的赞歌"。[③] "黄色"手抄本的广泛流传，一方面说明，缺少正式性生理、性心理书籍的情况下，青年需要此方面知识的普及；另一方面说明，青年从关心"革命"蜕变为关心生

[①] 顾鉴塘：《中国人口婚姻变动研究》，中国社会科学院人口研究所、《中国人口年鉴》编辑部编：《中国人口年鉴（1987）》，经济管理出版社，1989 年，第 110 页。

[②] "黄色"，在中国传统文化中长期被视为象征高贵、尊严的色彩。20 世纪初，随着西方种族知识的传入和民族意识的强化，"黄色"又被赋予民族认同、民族自尊的象征。20 世纪二三十年代以降，随着外来"黄色新闻""黄色工会"等词语的流入，"黄色"逐渐产生暴露、麻醉、低级趣味等词义。与中国古代常用"桃色""粉色"等词语不同，"黄色"除强调"淫秽""色情"等词义外，往往更强调"麻醉""腐蚀"人们意志的意味。参见黄兴涛、陈鹏：《近代中国"黄色"词义变异考析》，《历史研究》2010 年第 6 期。

[③] 杨健：《文化大革命中的地下文学》，朝华出版社，1993 年，第 332—334 页。

理需求。这是他们对"革命"产生叛逆心理的一种特殊表现。

一、城市婚龄人口的增长

20 世纪进入 70 年代，中国国内的政治形势、世态人心发生重要变化。与此同时，中国人口的年龄结构也出现明显变化，进入谈婚论嫁年龄段的人口迅速增加，公众舆论难以回避恋爱与婚姻之类的问题。

1949 年中华人民共和国成立，长期战争状态结束，中国进入相对稳定的和平发展时期。生产得以快速恢复和发展，人民的生活水平提高，医疗卫生条件改善，急性传染病得到有效控制。1950—1957 年，中国大陆人口迎来第一个快速增长的历史时期。1958 年底，全国人口增加到 6.5994 亿，六年间共增加 8512 万人，平均每年增加 1419 万人，年增长率为 2.3%。[1] 这就是所谓的第一次"婴儿潮"出现。按 1950 年《婚姻法》规定，"男二十岁，女十八岁，始得结婚"。[2] 1950—1957 年间出生的人口，1970—1977 年间逐渐进入恋爱、结婚、生育的阶段。据统计，1949 年底，中国大陆的人口总量为 5.4167 亿。[3] 如果排除未成年人的夭折及统计数据的偏差，1970—1977 年间中国大陆的人口增长恐怕也有近 1 亿人。如果不考虑晚婚晚育的影响，中国有近 1 亿的人口从 1970 年前后开始进入谈婚论嫁的年龄。

1988 年，国家计划生育委员会、国家统计局、国家计委、财政部、公安部等部门共同进行的生育节育抽样调查显示，全国男性初婚人数如下所示：1970 年为 608.4 万，1971 年为 512.5 万，1972 年为 534.3 万，1973 年为 550.7 万，1974 年为 548.9 万，1975 年为 556.3 万，1976 年为 643.9 万，1977 年为 629.2 万，1978 年为 742.1 万。与此相对应的是，全国女性初婚人数大致为：1970 年为 595.0 万，1971 年为 503.7 万，1972 年为 516.0 万，1973 年为 538.2 万，1974 年为 536.2 万，1975 年为 538.2 万，1976 年为 624.1 万，1977 年为 614.2 万，1978 年为 720.5 万。按此调查结果，1970—1978 年间，全国男性初婚人数总计为 4777.4 万，全国女性初婚人数总计为

---

① 《当代中国》丛书编辑部：《当代中国的人口》，中国社会科学出版社，1988 年，第 7—8 页。
② 《中华人民共和国婚姻法》，《人民日报》1950 年 4 月 16 日第 1 版。
③ 《当代中国的人口》编辑委员会编：《当代中国的人口》，当代中国出版社，2009 年，第 3 页。

4650.9万，二者合计为9428.3万。① 按全国统计数据来看，1970年全国男性总人口为4.2686亿，1975年该数据为4.7564亿。1970年全国女性总人口为4.0306亿，1975年该数据为4.4856亿。② 按此计算，1970年初婚男性占男性总人口的14.25‰，1975年为11.70‰。1970年初婚女性占女性总人口的14.79‰，1975年为12‰。

目前还没有搜集到1970年前全国的初婚人口统计，无法将70年代同60年代的初婚人口进行对比分析。但是，仅从上述统计数据而言，1970—1978年间全国的适婚人口亦为可观。

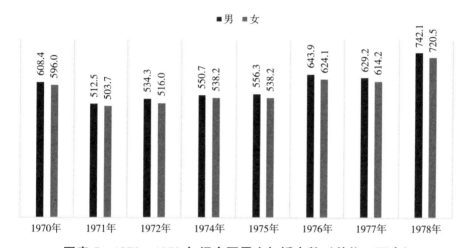

图表5：1970—1978年间全国男女初婚人数（单位：万人）
数据来源：梁济民、陈胜利主编：《全国生育节育抽样调查分析数据卷（二）婚姻》，
中国人口出版社，1993年，第1页。

一般来说，婚姻登记人口与实际结婚的人口之间普遍存在差距，通常前者会少于后者。并且，无论城乡都存在一定数量的"未婚的婚龄人口"（单身汉或单身女）。可以大致判断，1970—1978年间全国男女初婚人口9428.3万，应该比实际婚龄人口和结婚人口的总量要少。从此角度而言，判断1970—1978年间婚龄人口超过1亿，或许并未完全脱离实际。值得重视的

① 梁济民、陈胜利主编：《全国生育节育抽样调查分析数据卷（二）婚姻》，中国人口出版社，1993年，第1页。
② 《中国卫生年鉴》编辑委员会编：《中国卫生年鉴1999》，人民卫生出版社，1999年，第440页。

是，此后的 1978—1987 年间，除 1982 年、1983 年、1987 年外，全国男女初婚人口的总量基本呈现不断攀升的趋势。大致计算，1978 年至 1987 年间的全国初婚人口约为 1.9604 亿。[①] 换言之，1978—1987 年间，中国有超过近 2 亿的适婚人口。这样数量庞大的社会群体，都难以回避"恋爱"与"婚嫁"的问题。这是特别值得注意的现象。

相对来说，在上述数据中，城市的初婚人口所占比重并不是特别高。这与当时中国偏低的城市化率关系密切，同时也和城市大量适婚人口"上山下乡"或随家庭"下放"（并将户口迁到农村）有关。按照 1988 年国家计划生育委员会等部门的调查统计，1970—1978 年间中国城市男女初婚人口总量为 1978.3 万。其中，1970 年、1976 年、1977 年、1978 年的数据分别为 228.8 万、251.6 万、252.5 万、288.1 万（详见图表 6）。

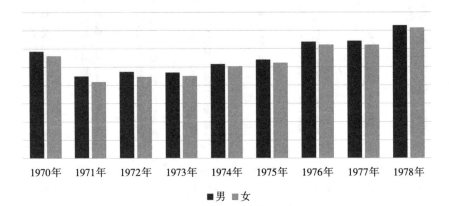

图表 6：1970—1978 年间全国城市男女初婚人数（单位：万人）

数据来源：梁济民、陈胜利主编：《全国生育节育抽样调查分析数据卷（二）婚姻》，中国人口出版社，1993 年，第 1 页。

仅从部分统计数据来看，中国的城市人口 1963 年为 7211 万，1970 年底

[①] 1978—1987 年间，全国男性初婚人数为：1978 年为 608.4 万，1979 年为 816.1 万，1980 年为 1001.7 万，1981 年为 1084.6 万，1982 年为 1026.3 万，1983 年为 944.1 万，1984 年为 998.2 万，1985 年为 1081.4 万，1986 年为 1248.2 万，1987 年为 1163.9 万；1978—1987 年间，全国女性初婚人数为：1978 年为 596.0 万，1979 年为 795.9 万，1980 年为 979.7 万，1981 年为 1068.1 万，1982 年为 1007.1 万，1983 年为 921.7 万，1984 年为 972.3 万，1985 年为 1073.2 万，1986 年为 1235.4 万，1987 年为 1152.6 万。梁济民、陈胜利主编：《全国生育节育抽样调查分析数据卷（二）婚姻》，中国人口出版社，1993 年，第 1 页。

降为 6663 万，1975 年又上升为 7402 万，1978 年继续攀升到 7898 万。[1] 结合上述数据可知，1970 年中国城市初婚率为 34.34‰。1975 年为 28.68‰，1978 年为 36.48‰。过去部分研究者提出，20 世纪 70 年代全国平均结婚率为 11.56‰。[2] 从上述已有年份的初婚率来看，恐怕实际的结婚率应该远远高于 11.56‰。

数量如此庞大、比例如此高的城市人口进入适婚年龄，意味着恋爱与婚姻成为无法回避的问题。

如果没有 1968 年底以后大规模的上山下乡运动，70 年代上海的结婚登记人数恐怕会呈现井喷式的增长。金大陆注意到，1966—1976 年上海市的婚姻登记呈现"盆地型"样式，即前期高（1966—1969 年，总计 91958 对），中期低（1970—1972 年，总计为 70056 对），后期高（1973—1976 年，总计 117351 对）的走势。[3] 这一研究结果，看似与上述关于初婚率、结婚率的结论不相吻合。不过，1970—1972 年间的统计估计受到大批知识青年离开上海的影响，1973—1976 年的婚姻登记明显受到"晚婚晚育"政策的影响，其间登记结婚的新婚夫妇很有可能在此前已确立恋爱关系。并且，可以从 1973—1976 年婚姻登记人数间接推导出来：进入 70 年代以后，上海的"法定"适婚青年在不断增加。

北京市相关的调查统计显示，男性一般初婚率，[4] 1970 年为 23.0‰，1971 年为 18.8‰，1972 年为 18.7‰，1973 年为 15.8‰，1974 年为 11.7‰，1975 年为 16.2‰，1976 年为 19.1‰，1977 年为 22.0‰，1978 年为 27.9‰，1979 年为 37.9‰。与此相比，女性一般初婚率，1970 年为

① 朱铁臻、张载伦主编：《中国城市手册》，经济科学出版社，1987 年，第 61 页。

② 根据《中国人口》北京、天津、陕西、山西、青海、吉林、甘肃、河南、湖南、上海、江苏等省市分册及《中国统计年鉴 2001》（中国国家统计局）的数据分析，研究者路遇等人经过研究得出结论，1949 年以来全国的结婚率出现明显的"先低后高"走势，即 50 年代的平均结婚率为 1.089‰，60 年代的平均结婚率为 9.44‰，70 年代上升为 11.56‰，80 年代 16.44‰，90 年代为 15.46‰。路遇主编：《新中国人口五十年》上，中国人口出版社，2004 年，第 636 页。

③ 金大陆：《非常与正常：上海"文革"时期的社会生活》上，上海辞书出版社，2011 年，第 26 页。

④ 一般初婚率，是指某一时期（通常为一年）每 1000 名 15 岁及以上未婚人口初婚事件发生数。其计划公式为 $GMR_1 = M_1 / P^u_{+15} \times 1000‰$。其中，$M_1$ 为一年内初婚事件发生数，P^u_{+15} 为同期 15 岁及以上未婚人口平均数，GMR_1 为一般初婚率。翟振武等编：《常用人口统计公式手册》，中国人口出版社，1993 年，第 180 页。

23.5‰，1971 年为 18.9‰，1972 年为 19.0‰，1973 年为 15.2‰，1974 年为 12.5‰，1975 年为 15.6‰，1976 年为 18.3‰，1977 年为 22.5‰，1978 年 29.3‰，1979 年为 39.4‰。[①] 根据中国国家计划生育委员会等部门的上述数据统计和北京市的人口数量统计（含农业人口与非农业人口），可以得出北京市的初婚人口如下：

图表 7：1970—1979 年北京市初婚人口统计（单位：万人）

年份	男性初婚人口	女性初婚人口	合计初婚人口
1970 年	17.73875	18.12438	35.86313
1971 年	14.711752	14.79001	29.50176
1972 年	14.822929	14.82293	29.64586
1973 年	12.73085	12.2474	24.97825
1974 年	9.523332	10.1745	19.69783
1975 年	13.321746	12.82835	26.15009
1976 年	15.825114	15.16228	30.9874
1977 年	18.4382	18.85725	37.29545
1978 年	23.705793	24.89533	48.60112
1979 年	32.994224	34.30006	67.29429

资料来源：梁济民、陈胜利主编：《全国生育节育抽样调查分析数据卷（二）婚姻》，中国人口出版社，1993 年，第 213、435 页；北京市地方志编纂委员会：《北京志·综合卷·人口志》，北京出版社，2003 年，第 37、40 页。

说明：以上统计数据在计算过程中，未考虑人口数量统计中的性别比。

由于计划生育政策的实施，北京市统计局的数据显示，70 年代的初婚年龄较 60 年代有明显提高。其中，60 年代初、70 年代初的合计初婚年龄分别为 24.8 岁和 26.7 岁，60 年代初男性的平均初婚年龄为 26.5 岁，70 年代初男性的平均初婚年龄为 28.0 岁；女性的平均初婚年龄，60 年代初为 23.1 岁，70 年代初为 25.3 岁（详见图表 9）。

---

① 梁济民、陈胜利主编：《全国生育节育抽样调查分析数据卷（二）婚姻》，中国人口出版社，1993 年，第 213、435 页。该页的表头显示为"全国 1930—1987 年女性年龄别初婚率"，但是又标为"表 2—19—11（续）"。根据内容判断，该数据实际应为"北京市 1930—1987 年女性年龄别初婚率"的续表。

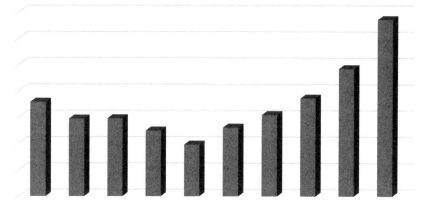

图表 8：1970—1979 年北京市初婚人口变化（单位：万人）

资料来源：梁济民、陈胜利主编：《全国生育节育抽样调查分析数据卷（二）婚姻》，中国人口出版社，1993 年，第 213、435 页；北京市地方志编纂委员会：《北京志·综合卷·人口志》，北京出版社，2003 年，第 37、40 页。

说明：以上数据在计算过程中，未考虑人口数量统计中的性别比。

图表 9：北京市五个年度或时期平均初婚年龄（单位：岁）

性别	60 年代初	70 年代初	1980 年	1981 年	1984 年
合计	24.8	26.7	26.5	25.3	25.1
男	26.5	28.0	27.3	25.9	25.8
女	23.1	25.3	25.7	24.6	24.4

资料来源：郭菲：《对北京市人口初婚年龄状况之探讨》，华北地区人口发展战略研讨会论文编审组：《华北地区人口发展战略研讨会论文选集》，中国统计出版社，1989 年，第 65 页。

从以上数据可看出，70 年代初合计平均初婚年龄、男性平均初婚年龄、女性平均初婚年龄，都比 60 年代初提升明显。这意味着北京市存在大量“该婚不婚”的青年，即适婚人口不断增加的同时，结婚人口并未相应增加。大量青年已达谈婚论嫁的年龄，却未能同他们父母辈一样在“该婚”的年龄结婚。

1972 年，北京市检法军管会向市革委会的报告显示，当地有“不够婚龄结婚、不履行结婚手续就同居等现象”，这种现象在“有的地区还比较严重”。[①]

---

① 北京市检法军管会：《关于正确处理婚姻家庭纠纷的请示报告》（1972 年 5 月 31 日），北京市档案馆藏件，卷宗号：196－3－24－2。

"不够婚龄结婚"的情况可能分为两种：一是年龄低于法定婚龄（男20岁、女18岁）构成的事实婚姻，二是年龄未达政策规定的晚婚标准（市区年满25周岁，郊区男25周岁、女23周岁）的事实婚姻。严格说来，前者属于违反《婚姻法》的行为，后者属于违反计划生育政策的行为。不过，在北京市检法军管会的报告中，二者都是"非法同居"，同属必纠、必察的行为。

天津市1970—1979年男性一般初婚率，大致如下所示：1970年21.4‰，1971年16.4‰，1972年18.5‰，1973年17.5‰，1974年19.0‰，1975年20.4‰，1976年23.1‰，1977年28.0‰，1978年28.3‰，1979年33.5‰。与此相比，天津市1970—1979年女性一般初婚率为：1970年21.0‰，1971年15.5‰，1972年18.3‰，1973年17.6‰，1974年18.8‰，1975年20.6‰，1976年23.0‰，1977年27.6‰，1978年28.1‰，1979年33.6‰。[①] 根据国家统计局人口统计司和公安部三局的统计，天津市1970—1979年间的人口统计大致如下所示：

图表10：1970—1979年间天津市人口统计表（单位：万人）

年份	男性	女性	总人口
1970年	215.0	208.0	423.0
1971年	218.9	210.7	429.5
1972年	222.6	224.3	436.9
1973年	345.3	334.6	679.9
1974年	351.0	338.2	689.2
1975年	356.8	343.0	699.8
1976年	359.5	344.6	704.2
1977年	362.4	347.8	710.2
1978年	367.1	354.0	721.1
1979年	376.7	364.7	741.4

资料来源：国家统计局人口统计司、公安部三局：《中华人民共和国人口统计资料汇编（1949—1985）》，中国财政经济出版社，1988年，第20—29页。

---

① 梁济民、陈胜利主编：《全国生育节育抽样调查分析数据卷（二）婚姻》，中国人口出版社，1993年，第219、441页。

据上述两项数据分析，天津 1970—1979 年间的初婚人口大致如下图
所示：

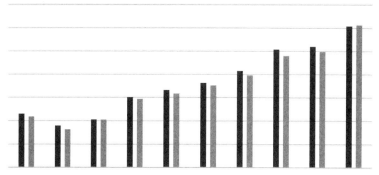

1970年 1971年 1972年 1973年 1974年 1975年 1976年 1977年 1978年 1979年
■ 男　■ 女

图表 11：1970—1979 年间天津市初婚人口统计表（单位：万人）

资料来源：国家统计局人口统计司、公安部三局：《中华人民共和国人口统
计资料汇编（1949—1985）》，中国财政经济出版社，1988 年，第 20—29 页；
梁济民、陈胜利主编：《全国生育节育抽样调查分析数据卷（二）婚姻》，中国
人口出版社，1993 年，第 219、441 页。

从天津市初婚人口统计可以看出，尽管 1970—1979 年间有"上山下乡"
运动和计划生育政策的影响，但是城市仍有大量适婚人口存在。这些人虽然
未必经过所谓的恋爱阶段，但是多数青年随着年龄增长，不得不面对恋爱的
问题。随着年份的叠加，被迫晚婚的青年经历恋爱阶段会更长。

上海、北京、天津，是当时中央政府直接管理的直辖市，也是全国人口
总量排名靠前的大城市。当然，城市初婚人口未必都是因爱而婚。但是，与
农村人口的婚姻相比，城市（特别是直辖市）人口经过恋爱而结婚的比例明
显要高。这样，城市出现许多当婚未婚的"大龄青年"及"非法同居"等问
题。另外，研究者还注意到，"文革期间，政府机构不健全，结婚无处登
记"，结果导致恋人"无处登记"、登记机构"无人办理登记"的情况。[1] 这
种情况应该是在 1970 年前更为常见。1969 年中共九大召开前，全国范围的

---

[1]　刘玉红：《对事实婚姻离婚案件的调查分析》，辽宁省婚姻法学研究会编：《婚姻法学论文选集（违法婚姻
专辑）》，1989 年，第 69 页。

政权重建、秩序重建基本完成，所谓的"无政府状态"基本结束，"无处登记"、"无人登记"的现象大幅下降乃至消失。此后"当婚未婚"者的产生，往往更多是计划生育政策所致。值得补充说明的是，其他中小城市、县级城镇的情况，因为统计资料的缺乏，目前难以查明"当婚未婚"者的比重，只能留待后人再行研究。

二、恋爱的观念与行为

1970 年以降，中国政治形势的转变与"当婚未婚"者数量的增多，对城市的恋爱环境产生巨大潜在影响。诚如史家刘咸炘所谓，"事势与风气相表里，事势显而风气隐，故察势易而观风难"。[①] 通常而言，后人较容易观察政治环境的起伏涨落，却难以揣摩隐藏在狂风巨浪下的世态人心。然而，"风生于地，起于青萍之末"，常人的世态人心却也折射出 70 年代中国的悄然变化。

关于 70 年代中国的上述变化，画家陈丹青在回忆中提到，"七十年代仿佛一张被轮番痛打的脸，宁静了，渐有活色。公园店铺熙熙攘攘，爱俏的男女偷偷裁减衣装，电影院停业多年后开始放映几部革命电影，阁楼或天井传出小提琴声，不事声张的体育比赛恢复了，乒乓球原本流行，忽然时髦"。[②] 在上述的文字中，公园、店铺、电影院、阁楼、天井等空间，相对来说，是远离政治生活的场所，主要是与柴米油盐、俗男俗女的日常生活直接相关。诸如人们衣装式样的改变，"革命电影"的重新上映，小提琴声音的再现，体育赛事的恢复，乒乓球再度时髦等，无不折射出日常生活的坚硬与韧性。

70 年代的报纸、电台及文艺作品，仍然保持不谈爱情的基调。但是，这种基调与百姓人家政治热情的冷却出现巨大差距。

1970 年《红旗》杂志第 7 期，以《大力普及革命样板戏》为目的，全文

---

① 刘咸炘：《推十书·增补全本·己辑》，上海科学技术文献出版社，2009 年，第 241 页。王汎森提示研究者注意，刘咸炘的史学研究重在"观'风'"。刘咸炘认为，"史学最重要的工作是看'风势'，看每一个时代各种'风势'的起伏"。参见王汎森：《执拗的低音：一些历史思考方式的反思》，生活·读书·新知三联书店，2014 年，第四讲"风"——一种被忽略的史学观念，尤其是第 178 页。

② 陈丹青：《幸亏年轻》，北岛、李陀主编：《七十年代》，生活·读书·新知三联书店，2009 年，第 69 页。

刊登中国舞剧团新编革命现代舞剧《红色娘子军》。这一期《红旗》杂志，刊登署名"中国舞剧团"的文章。文章称："翻遍世界芭蕾舞剧史，有哪一部舞剧像我们的《红色娘子军》这样，以饱满的政治热情，讴歌了历史的真正创造者——人民群众打碎千年铁锁链，翻身求解放的风起云涌的斗争生活？又有哪一部舞剧像我们的《红色娘子军》这样，撼人心魄地展现了波澜壮阔的人民战争的宏伟图景？没有！根本没有！资产阶级曾经无耻地标榜过所谓'爱和死'是舞剧的永恒主题，但是，'爱情'的薄纱永远无法掩盖住他们残酷地剥削、压榨劳动人民的血腥现实，也永远无法挽救他们注定要灭亡的命运。"①《红旗》杂志发表的文章，明确否定"革命＋恋爱"的叙事模式，以阶级革命"生死之大"压制男女"私情之小"。

《红色娘子军》的电影剧本在创作过程中，曾经出现女战士吴琼花与男政委洪长青恋爱的情节。但是，编剧吴之表示，当时部队团以下干部不准谈恋爱，团以上干部谈恋爱要经过党委批准，所以吴、洪二人"谈恋爱"的情节不符合历史。②1964年上映的电影中，虽然没有"吴洪之恋"，但是却透出两人关系明显超出"正常友谊"的意味。1970年修改后的芭蕾舞剧《红色娘子军》，努力避免引起观众产生"爱情"联想的情节。换句话说，芭蕾舞剧本应展示人体优美的线条和舞姿，但是剧团的主创人员却努力遮掩可能涉及情欲的因素。从此角度而言，《红色娘子军》的叙事重点不在于"娘子"，而在于"红色"和"军"。然而，带有两性特征的青年男女在舞台上展现身体、舞动肢体，又很难不让人联想到"爱情"。

"文革"中后期，舞台上赶走"帝王将相、才子佳人"，一时间很难观赏到其他类型的艺术演出。"星星画会"成员、画家李爽回忆："忽然，北京展览馆剧场又热闹起来了，要上演革命样板戏芭蕾舞剧《红色娘子军》"，"政治对我来说就是之乎者也，左耳朵进右耳朵出，我们只要能看大戏就好！我发誓要看《红色娘子军》，父母就同意了，省出钱来给我们买票。我敢保证父母也非常想看戏，但他们总是先紧着孩子。中国人民可有戏看啦。买票的

---

① 中国舞剧团：《毛泽东思想照耀着舞剧革命的胜利前程——排演革命现代舞剧〈红色娘子军〉的一些体会》，《红旗》1970年第7期。
② 孔庆东：《〈红色娘子军〉的版本》，《学术界》2014年第5期。

队伍排了一公里长，想得周到的人家带来了铺盖卷睡在售票处窗口。我和姐姐排了一整夜的队，第二天早上七点开始卖票，打架的，骂人的，揪加塞儿的，抓小偷儿的，哭的闹的，乱成一团。"花费难以想象的精力购得门票，李爽却在舞剧散场后感叹，"舞台、灯光、大幕使我入迷，可老觉得不够完美，缺少味道。是缺少爱情？"舞台上的吴琼花参军后，"换上灰蓝色的紧身短裤和洪常青在舞台上叉着腿旋转、大跳。剧终时什么爱情都没发生"。和李爽一样大失所望的人有多少，后人不得而知。但是，正如李爽提到的那样，许多青少年"希望了解男女之间的秘密，如同对阳光雨露的渴望。希望从样板戏的渠道得到爱情方面的启蒙，结果样板戏里的人全不食人间烟火"。①

欣赏芭蕾舞剧表演，观众不可避免地会看到，女演员展示的修长身材、摆动的柔美肢体，男演员线条分明的肌肉、有力的跳跃动作。这些都无法和性别、性特征完全切割开来。《红色娘子军》的主题，是"打碎千年铁锁链，翻身求解放"的阶级反抗和女性解放。宏大的主题，主要是通过青年男女的身体来表达。同西方芭蕾舞剧不同的是，《红色娘子军》中的女性不是柔顺和飘逸，而是带有"不爱红装爱武装"的阳刚之气。女兵身上的阳刚之气，既与她们的军人身份有关，同时也和编剧、导演等主创人员的有意为之有关。结果，"换上灰蓝色的紧身短裤和洪常青在舞台上叉着腿旋转、大跳。剧终时什么爱情都没发生"。当时，经常接触的文艺作品缺少爱情主题，观众中恐怕不只是李爽一个人希望能从舞剧中欣赏到爱情。结果，文艺作品的无情与观众渴望的有情，形成预期的失落。这也显示了主创人员与观众之间的疏远。

观众对舞剧、电影的欣赏，不只是被动的听觉、视觉参与，同时也涉及主动的想象参与。舞台、银屏上展示的内容，与观众实际的生活体验会共同形成故事的完整性和合理性。从此角度而言，观众同样也在参与剧本的创作与再创作。一身军装、打着紧绷的裹腿、裸露着长腿的海南女战士，难以掩饰地展现出女性的曲线美。但是，主创人员严守政治纪律，对英雄人物的性别、恋爱视而不见。同芭蕾舞剧一样，1960 年上映的电影《红色娘子军》，

---

① 李爽：《爽：七十年代私人札记》，新星出版社，2013 年，第 56—57 页。

没有设计男女主角的恋爱，但是观众却没有就此止步。张贤亮的小说《男人的一半是女人》提及，劳改犯在观看电影后议论纷纷：

> 他们便在土炕上打开铺盖，劈劈扑扑地抻褥子，抖被子。一股汗臭味顿时弥漫了全屋。躺在被窝里，他们还要聊一会儿。
>
> "咦，那个吴琼花八成儿跟洪常青搞上关系了哩！都在一个部队里，低头不见抬头见，没睡过觉，我才不信！"
>
> "南方人都喜欢搞那玩意儿，那地方热……"①

张贤亮的这部小说中，除像章永璘一样的右派分子外，所谓的劳改犯多数是生活在社会边缘的群体。他们的思维逻辑主要是从生活常识出发，其想象力基本不受主创人员有意删除恋爱情节的限制，并且将想象进一步延伸到男女主角的肉体和欲望。与此类似，城市受过学校教育的社会群体，其想象力亦不输这些劳改犯。并且，他们还更多地受到小说、诗词、影剧等文艺作品的影响。他们围绕着恋爱的想象，一方面弥补了舞台和银屏上缺少爱情叙述的不足，另一方面也会透露出对"剧终时什么爱情都没发生"的失望。

1970年4月，周恩来总理访问朝鲜归来，有关抗美援朝战争的电影恢复上映。其中包括《奇袭》《英雄儿女》《铁道卫士》《打击侵略者》和中朝合拍的《战友》。1974年，"文革"期间出品的第一批国产故事片陆续上映，其中有《青松岭》《火红的年代》《艳阳天》《战洪图》《侦察兵》《闪闪的红星》等。1975、1976两年，又陆续上映《决裂》《渡江侦察记》《平原游击队》《春苗》《创业》《金光大道》等。除国产电影外，还有来自其他社会主义国家的影片。当时广泛流传的说法是，"罗马尼亚电影，搂搂抱抱；越南电影，飞机大炮；朝鲜电影，哭哭笑笑；国产电影，新闻简报"。

"罗马尼亚电影，搂搂抱抱"，是指罗马尼亚的影片包含男女亲热的镜头。并且，这类型的影片，也因有"搂搂抱抱"的镜头而被观众津津乐道。1965年5月8—14日，北京、上海、重庆、旅大以及各省、自治区人民委员会所在地，举办"庆祝战胜德国法西斯二十周年电影周"。电影周放映的，

---

① 中国作家协会创作研究部选编：《男人的一半是女人》，时代文艺出版社，1986年，第22页。

有来自苏联、阿尔巴尼亚、德意志民主共和国、波兰、罗马尼亚、捷克斯洛伐克等社会主义国家的 24 部影片。其中，有罗马尼亚影片《多瑙河之波》。① 该影片在 70 年代初，再次在全国各地上映。《多瑙河之波》，是布加勒斯特电影制片厂摄制的影片，反映的是二战期间罗马尼亚人民反抗德国法西斯的故事。据回忆，"这部影片里最吸引人的一场戏是米哈依（影片中新婚不久的船长——引者注）抱着女主角在船头转圈、亲吻搂抱的情景。在禁欲主义盛行的年代，它引发的国人的私语和骚动绝不亚于李安的名作《色·戒》。② 著名作家余华对此同样记忆深刻。他在回忆中称：

> 一部《多瑙河之波》让我的少年开始想入非非了，那是我第一次在电影里看见一个男人把一个女人抱起来，虽然他们是夫妻。那个男人在甲板上抱起他的妻子时说的一句台词"我要把你扔进河里去"，是那个时代男孩子的流行语，少年时期的我每次说出这句台词时，心里就会悄悄涌上甜蜜的憧憬。③

故事影片很容易让观众产生强烈的代入感。观众通过观赏影片、与主人公共同经历，产生亲身体验他人生活、进而实现娱乐自我的目的。故事影片之所以令人产生美的感受，是因为它可以调动欣赏者的感观去体察自然和社会。这与艺术具有"摹仿自然"的特质不无关系。罗马尼亚这部带有夫妻亲热镜头的影片，一方面因为宣扬反法西斯的宏大主题，容易被有同样记忆的中国观众理解和接受；另一方面，也因为其中包含贴近生活、贴近实际的镜头语言，让观众更加相信这才是真的生活。特别是，这部影片突破当时简单说教、枯燥宣传的限制，夫妻亲热的镜头让观众产生类似偷窥的快感。这是令少年余华私语、骚动、想入非非的重要原因。

当然，"罗马尼亚电影，搂搂抱抱"，一方面固然与该国的日常生活、习俗礼仪有关，另一方面或许与该国长期坚持鼓励生育的政策有关。东欧许多社会主义国家，都长期坚持鼓励生育的政策，其中又以罗马尼亚为典型。为

---

① 《庆祝战胜德国法西斯二十周年，各地今日起放映二十四部影片》，《人民日报》1965 年 5 月 8 日第 1 版。
② 蔡天新：《小回忆（增订版）》，生活·读书·新知三联书店，2020 年，第 121 页。
③ 余华：《没有一种生活是可惜的》，陕西师范大学出版总社，2019 年，第 53 页。

鼓励生育、增加人口，罗马尼亚制定的政策有禁止人工流产，降低婚龄，发放儿童津贴、多子女家庭津贴、出生津贴、其他家庭津贴等补助金，提倡妇女生四个孩子是她们的爱国义务（孩子少的妇女可能面临就业和晋升的歧视）等。为在税收、住房及其他社会福利方面照顾多子女家庭，罗马尼亚还修改税法，减轻三或三个以上子女家庭的税额。并且，给予多子女家庭享受分配住房的优先权。[①]

与此类似，朝鲜电影《鲜花盛开的村庄》上映后，在文艺作品单调、娱乐生活匮乏的观众中同样引起不小反响。《鲜花盛开的村庄》以朝鲜青年的择偶问题为主线，这在当时具有特别的意义。影片中的父亲，希望儿子能够迎娶一位身材较胖、粗壮有力的姑娘为妻。但是，儿子却对这位女青年的容貌很不满意。为此，父亲板着脸教训儿子："胖，说明她健康，听说一年能挣600工分哪，漂亮的脸蛋能长大米吗?"该影片广泛上映后，这句经典的台词及"600工分"的玩笑，在当时的日常闲谈中颇为流行。[②] 这是当时为数不多涉及女性长相、择偶、婚姻的电影，也是大家茶余饭后乐于提及的话题。

作家叶兆言回忆，当时上映的阿尔巴尼亚儿童片《勇敢的米哈依》，其中有个镜头是一群小孩去河里游泳，"一个少女只穿着胸罩和三角裤，这个一闪而过的镜头在当时很激动人心"，"黑暗中不知谁喊了一声，于是一片叽叽喳喳"。[③] 与此相似，苏联电影《列宁在一九一八》本来是一部革命战争题材的影片，但是其中有女人穿裙子、好友相见亲吻等镜头。为避免这些镜头出现，有的放映员只能用手暂时遮掩放映机的光束。

> 影片中有两组镜头是无法删剪的，一组是特务在剧场密谋刺杀列宁的镜头，长镜头中总有天鹅湖作背景，特务窃窃私语的特写与四小天鹅欢快的芭蕾舞步交替闪现，声画是不一致的，营造出紧张气氛；另一组是以防不测，列宁在瓦西里家的客厅里席地而睡，脑袋底下枕着几本无

---

① 《罗马尼亚出生率下降，政府采取生育措施》，《今日苏联东欧》1985年第1期；彭立荣主编：《婚姻家庭大辞典》，上海社会科学院出版社，1988年，第246页。
② 谭慧：《中国译制电影史》，中国电影出版社，2014年，第62—63页。
③ 叶兆言：《唱情歌的季节》，山东人民出版社，2018年，第57页。

聊的书本，瓦西里的爱妻指着熟睡的列宁，将头靠在丈夫的肩上，进而相拥相吻。按领导的指示精神，每当放到这两组镜头时，放映员必须准确无误地用手挡住镜头，银幕上不能出现小天鹅穿超短裙赤裸大腿跳芭蕾舞和瓦西里夫妇相拥相吻的画面。[①]

放映员用手遮住电影放映机投出来的光线，观众却在漆黑的银屏上同样能想象到应该出现的情节。

电影院（剧场）不只是放映电影、演出文艺的场所，同样也是众人集聚、举行集体活动的场所。银屏上、舞台上强烈光影的变幻，与相对黑暗的观众席形成鲜明的光线落差。台上的强光与音响交错，使得观众席形成不被关注的"灯下黑"。或许正是如此，电影院（剧场）成为城市恋人约会、谈情说爱的绝佳去处之一。

广州市的永汉电影院，因为名称里带有"永"字，至今仍然是情侣经常光顾、求婚的场所。70 年代结婚的刘女士称：

> 我们那个年代，俩人谈恋爱就像搞地下工作一样。出来约会，我走北京路这边，他走北京路那边，也就是在电影院里，我们才敢坐到一起。我跟我爱人第一次牵手，就是在永汉。[②]

广州离香港、澳门很近，这里旅居国外或海外的侨胞数量较多，社会风气难免受外面的影响。但是，一般的恋人仍然不敢在公共场合有亲昵举动，甚至不敢并肩而行，两人往往只能形同陌路、隔路而行。不过，一旦进入电影院的特殊空间，观众席上的光线暗淡下来，他们不仅可以肩并肩地坐到一起，而且还可以互相牵手。

广州刘女士的回忆不是孤例，上海同样存在类似情况：

> 70 年代的上海，没什么娱乐场所，每家每户的居住环境非常拥挤，恋人们去得最多的也就是电影院了。通常的约会模式是：公园门口见了

① 吴鹤沪：《〈列宁在一九一八〉：指缝间的电影》，祝勇主编：《六十年代记忆》，中国文联出版社，2002 年，第 127—128 页。
② 南方日报编：《广东商道》，南方日报出版社，2014 年，第 211 页。

面，就一前一后地到电影院看电影，一般是等到电影开映后，才各自前后分别入场，买电影票时故意要后排靠边的座位，既避人耳目，又便于出入。当影片将要结束时，两人便趁黑暗赶紧起身离开。他们的行为，有点像新中国成立前地下工作者接头。①

电影院或剧场，既是集体场合、公共场所，又有相对私密的空间。这为青年异性接触提供了便利，使刚认识不久的恋人避免尴尬。英国社会人类学家马林诺夫斯基（Malinowski，Bronislaw Kaspar）在研究新几内亚特罗布里思群岛土著人时发现，当地结成恋爱关系却没有正式成为夫妻的青年男女，往往需要"青年寄宿店"，即或借用亲戚的家，或把贮藏小屋作为两人的舒适角落。这些场所具有的共同特征，即私密性。青年男女可以利用隐私场所悄悄进行约会。② 马林诺夫斯基注意到的这种现象，是青年男女进行婚前亲密接触的通例。

与此相似，"文革"时期中国青年男女的亲密接触，同样需要类似的地点。电影院既可避人视线，又属于公共空间，因此成为青年男女约会地点的上选。青年男女在建立恋人关系之前，本来彼此陌生、缺乏信任。"文革"后期，经历斗来斗去的政治运动，人们在处理人际关系时难免提高警觉和戒备。从此角度而言，从第一次见面到最终建立恋人关系，需要经过破除戒备心理、建立信任关系、发展亲密关系的过程。这种恋爱关系的建立，是从陌生发展为信任的过程。因此，恋人关系的建立是个复杂又漫长的过程，在某种程度上是件冒风险的事。

英国研究者德斯蒙德·莫里斯（Desmond Morris）将人类的恋爱过程划分为 12 个阶段，包括：1. "眼对身阶段"，2. "眼对眼阶段"，3. "话对话阶段"，4. "手对手阶段"，5. "臂对肩阶段"，6. "臂对腰阶段"，7. "嘴对嘴阶段"，8. "手对头阶段"，9. "手对身阶段"，10. "嘴对乳房阶段"，11. "手对生殖器阶段"，12. "生殖器对生殖器阶段"。此处所谓的 12 个阶段，更多是从西方文化角度梳理的所谓"规律"。即使如此，西方文化下的所有

① 陈煜编著：《中国生活记忆——追梦进程中的百姓民生》，中国轻工业出版社，2016 年，第 92 页。
② ［英］马林诺夫斯基著，孙云利译：《未开化人的恋爱与婚姻》，上海文艺出版社，1990 年，第 42 页。

恋人也未必都按此 12 阶段发展彼此之间的关系，同时也未必都按上述次序发生。首先，在"眼对身阶段"，双方通过观察来了解对方的性征、身材、年龄、肤色、发色、身份和情绪等，并将这些信息归类、分级、储存。如果眼中的异性有吸引力，则会进入一下个阶段。其次，在"眼对眼阶段"，两个陌生人从轮流注视到目光友好交流，需要一个相互试探、相互回报的过程。第三，在"话对话阶段"，两个陌生男女通过语言交流，了解对方的习惯、语调、口音、思路和措词，进而判断对方是否具有吸引力。第四，所谓"手对手阶段"，通常不包括礼节性的握手或拉手，而是指男女达成默契、依恋式的握手、拉手、搀扶等动作，这是男女关系迈出实质性的一步。随后的 8 个阶段，都是男女关系从陌生向亲密不断迈进的过程，也是男女双方不断在试探中放弃警惕并建立信任关系的过程。①

与传统"搭台看戏"相比，城镇影院多在交通便利之处，影片又带有文化和艺术的色彩。因此，观看电影比看戏听起来或许更显风雅。有人称"男女青年谈恋爱一起去看电影既是一个阶段的标志，也是情爱交往的标配"。② 多数农村没有影院之类的建筑，男女恋人一起看电影主要还是以城镇青年居多。值得注意的是，银幕上往往是强烈的光影交错，观众席的光线相对黯淡得多，这种明暗对比足可为部分阶段的身体接触提供隐秘的空间和环境。前述广州刘女士的回忆，印证的只是恋人建立亲密关系过程中的"手对手阶段"。

无论电影票的价格高低，恋人经常去电影院，都需要不少的金钱支出。另外，电影院上映的影片、场次有限，无法满足恋人经常见面之需。据记载，民间收藏家林鸥保存一本特殊的《恋爱日记》，其中详细记录上海一对青年情侣 1975—1977 年间谈恋爱的过程。该《日记》的男主人统计，从 1975 年 10 月 19 日第一次见面，到 1975 年 12 月 13 日，他与女朋友总共约会 52 次，平均 1.4 天相会一次。1976 年全年，他们一共约会 514 次，平均每天相会 1.4 次。③ 恋人频繁在电影院相会，购买电影票的开销一定不菲。

① ［英］德斯蒙德·莫里斯著，刘文荣译：《亲密行为》，文汇出版社，2002 年，第 68—73 页。
② 苏丹：《闹城》，花城出版社，2020 年，第 288 页。
③ 上海影像工作室著：《百姓生活记忆——上海故事》，学林出版社，2012 年，第 44 页。

相较而言，逛公园和溜马路是恋人更为常见的行为。

粗略来说，当时恋人交往靠逛公园和溜马路，这与城市住房面积严重不足不无关系。1949—1978 年间，城市住房不是商品而是福利品。[①] 在集体化时期，国家机关单位是城市各类住房的投资主体和建设主体，资金主要分为政府拨款和单位自筹。住房建成后，由房管部门或单位按工龄、职位、职称等分配。1949 年以降，在国家优先发展重工业的导向下，住房建设投资严重不足。人口增长速度大大超过投资速度，无房可分、无房可住的"房荒"现象十分严重。据国家统计局的数据，1978 年城市人均居住面积只有 3.6 平方米，比 1949 年的人均居住面积 4.5 平方米还要低。整体而言，中国城市人口存在住房短缺的严重现象。[②]

据研究，1949—1966 年上海的人均居住面积基本维持在 4 平方米左右，但是 1967—1977 年间上海的住宅建设与发展陷入停滞状态，有的年份甚至出现"倒退"。特别是 1970 年，全市竣工的住宅面积只有 21.64 万平方米，比 1952 年的竣工面积还要少。1966—1976 年间，上海共建成住宅面积 588.88 万平方米，建设速度远落后于人口的增长速度，这使得当地居民的住房紧张矛盾十分突出。[③] 许多缺少住房、住房条件简陋的家庭，通过信访、送礼、托情等手段向房管部门施压。但是，住房供给与需求之间仍存在较大差距，许多家庭只能"三世同堂"或"四世同堂"。上海杨浦区在"批林批孔"座谈会上，讨论焦点集中于"揭发当前住房供需矛盾"。房管小组的代表提出，"困难户越来越多，结婚户不断上升，要求尽一切可能解决这些困难"。[④] "批林批孔"与住房问题差若天渊，却被联系在一起，背后的原因，只不过是普通的居民更渴望解决住房问题而已。

---

① 值得注意的是，与住房的"福利化"紧密相关的制度是"单位制"。国家通过计划和集中的经济管理体制，使职工对工作单位产生人身依附关系，进而推动"单位"成为国家控制社会财富和社会资源乃至职工生活的中介。改革前的中国城市住房制度，是一种靠国家统筹统建、低租分配的福利制度。居民对住房的拥有和使用，完全靠社会再分配系统的运作，这样使国家投入巨额资金建成的大批房屋成为财政包袱。随着城市建设的发展和人民生活水平的提高，这种财政包袱越来越重，难以为继。边燕杰等：《"单位制"与住房商品化》，《社会学研究》1996 年第 1 期。

② 朱建江：《城市学概论》，上海社会科学院出版社，2018 年，第 226—227 页。

③ 桂世勋、黄黎若莲主编：《上海与香港社会政策比较研究》，华东师范大学出版社，2003 年，第 196 页。

④ 中共杨浦区委常委、工交组负责人 XXX：《以批林批孔为纲，进一步搞好群众管房工作》，上海市杨浦区档案馆藏件，卷宗号：28-8-8，第 6 页。

北京同样存在类似情况。1949—1983 年间，北京城市常住人口平均每年增长 3.4%，同期住宅居住面积年均增长 3.6%。"文革"初期，北京市接管 8 万多户房主的私人房产（共计 51 万多间），其中自住房 27 万多间、出租房 23 万多间，建筑面积合计约 765 万平方米，约为 1949 年北京解放初期城市全部房屋的三分之一以上。[①] 如果没有大量自然增长人口（出生人口减去死亡人口数量）、净移民人口（迁入人数减去迁出人数）等净增人口，这些接管房屋或许可以缓解北京居民的住房困难。实际的情况却并非如此。据统计，"文革"时期北京人均住房面积为 3.9 平方米，比 1949 年的 4.75 平方米还低。[②] 1983 年底，全北京市缺房户共计 64.7 万户，其中无房户和严重拥挤户共计 27.6 万户，分别占城镇居民总户数的 43.4% 和 18.5%。[③] 除上海与北京外，全国其他城市虽存在差异，但是基本上都处于很低的水平。[④]造成这种情况的重要原因在于，1978 年前全国住宅建设投资长期偏低，"先生产，后生活"的思想影响严重。城市的房屋管理上，房租长期偏低，住宅建设既无法进行"简单再生产"，也谈不上"扩大再生产"。经济发展受到干扰，同样影响住宅建设投资的增长。[⑤]

诚如上文所述，1978 年全国城市人口人均住房面积仅 3.6 平方米，这意味着多数恋人在家中没有足够的隐私空间。隐私，对陷于恋爱中的情侣来说十分重要。只有隐私有保障、恋人具备安全感，亲密关系才能免受其他人的打扰。[⑥] 恋人隐私权的有无及大小，是十分值得关注的问题。

家庭居住面积狭小、情侣需要独处空间，逛公园和溜马路成为城市恋人

---

① 《北京市人民政府关于落实"文革"中接管的私房政策的若干规定》（1983 年 3 月 11 日），关智慧、郑仲彦编著：《历史遗留私房纠纷的政策与法律问题研究》，知识产权出版社，2016 年，第 348 页。

② 臧美华：《回眸：北京城市住宅和房地产发展 60 年（1949—2009）》，当代中国出版社，2010 年，第 63 页。

③ 曹建民：《试论北京市人口容量》，北京大学社会系编：《社会学论文选》，北京大学社会学系，1988 年，第 62 页。

④ 据称，"文革"十年间，天津的住宅建设速度同样缓慢，十年仅建成住房 288 万平方米（参见王辉、万新平主编：《环渤海经济圈·天津卷》，社会科学文献出版社，1996 年，第 64 页）。在此十年间，天津市的总人口由 1966 年的 640.8486 万增至 1976 年的 706.4958 万（参见天津市人口普查办公室编：《世纪之交的中国人口·天津卷》，中国统计出版社，2006 年，第 8 页）。仅从数字计算，新建住房与新增人口之比约为 4.4。

⑤ 朱云成主编：《中国城市人口》，中山大学出版社，1998 年，第 298 页。

⑥ ［美］阎云翔，龚晓夏译：《私人生活的变革：一个中国村庄里的爱情、家庭与亲密关系（1949—1999）》，上海书店，2006 年，第 151 页。

常见的行为。上海城市公园较多，公园角落成为青年男女谈情说爱的最佳去处。其中，情侣们经常光顾的，有人民公园、复兴公园等。前文提及收藏家林鸥保存的《恋爱日记》，主人在《日记》中夹带一张纸条，上面清楚记录着当时上海游玩公园一览表，20 多个公园尽收其中。当时上海青年男女常把第一次见面的地点，安排在原上海图书馆钟楼前和人民公园门口。从这个地点出发，可以到大光明电影院看电影，可以顺着南京西路边走边谈，还可以到人民公园的长椅上"座谈"。[①]

人民公园位于上海的市中心。它曾是上海最大的公园之一。人民公园原址是上海开埠后租界跑马厅的一部分。1952 年，人民公园建成、对外开放。此后，公园经常涌来四面八方的上海市民，这里成为充满欢声笑语的休闲场所。每逢"五一"国际劳动节和"十一"国庆节，人民公园都人山人海、热闹非凡。在很多上海人的记忆里，人民公园是年轻人谈情说爱的好地方。据经历者回忆，"（当时）谈恋爱第一个公园就选择在人民公园"。为什么如此呢？就是因为这里交通便利、购物方便。"谈好恋爱走出来吃点心，荡马路，比较方便，比较热闹，商店也比较多，所以，人民公园是谈恋爱、荡马路的首选。"[②]

复兴公园也是上海情侣的热选之地。该公园 1909 年开始对外开放，是上海开辟最早的公园之一，也是上海唯一的法式公园，其基调为规则式园林布局。上海大学研究沪语的钱乃荣教授回忆：

> 复兴公园辣（上海话，意为"在"——引者注。下同）我心中永远是年轻个（的）。就辣（在）公园门口大树底下，青年男女约会进园。黄昏过了六点半，谈恋爱个（的），介绍朋友个（的），常常人头簇拥，侪（都）要穿着整齐新装，徘徊辣（在）辂（这）块温情个（的）小天地里"接头"。辂搭（这里）有最真垫个嫣然一笑，辂搭（这里）有久等见面辰光（时候）个（的）倾心满足，还有介绍人个（的）热情奔

---

① 《70 年代的恋爱是怎么谈的？》，http://www.m4.cn/opinion/2015-10/1289780.shtml（2020 年 1 月 19 日）。

② 上海音像资料馆编：《上海故事：一座城市的温暖记忆》，上海大学出版社，2018 年，第 133、142 页。

忙，当年是吭没手机个（的），互勿相识个（的）双方可能必须先望到个（的），就是眸（这）棵粗壮个（的）梧桐树。①

钱乃荣教授的上述回忆，谈到青年男女在复兴公园约会的场景，并未交代具体时间。但是，根据其年龄及上下文推断，大约是在 70 年代。很难想象，上海情侣即便在"文革"时期仍"游园"兴致不减。不过，在公园谈恋爱的青年男女，常会受到所谓"纠察队"的监视，不敢有过于亲密的举止。郭履纲、高雅琴夫妇回忆，公园里有些角度看似隐蔽，其实正好就在纠察队员的眼皮底下。

> 我们听人家讲，长风公园有一个角落，你从下面看呢，永远没有人看得见的。就是说，这儿也看不见，那儿也看不见，很多谈恋爱的人都会到这个角落里来。但在不远处就有一个纠察队的办公室，这个角落只有办公室里的人看得来，谈恋爱的人稍微有一点越轨的行为呢，他们办公室人就会有人冲下来。②

恋人到公园谈情说爱，本来是为寻求家庭不能提供的隐私。但是，公园里的隐私却仍然受到监管。这种情况自然不止局限于上海。当年尚在军营生活的孙志远提到，北京情侣在公园里约会同样受到类似监管：

> 七十年代，人们住房条件差，公共设施少，情侣们无处可去，只能去"压马路"和"逛公园"。那时的紫竹院公园还属郊区，人少，幽静，离我和小萍（孙志远女友——引者注）的工作单位都比较近，骑车二十分钟就到了，门票也便宜，好像三分钱一张，逢到星期天，我俩便常到那里约会。
>
> 公园的湖边上，隔不远就有一条绿色长椅，我们经常坐在长椅上聊天，从夕阳西下一直聊到余晖散尽。人多椅子少，长椅常被人占满，一些情侣就转至离湖边稍远一些的小树林里。说是小树林，其实是一些丛生的丁香、海棠，还有一些不知名的灌木丛。那里有柔软的草地，可席

---

① 钱乃荣：《钱乃荣细说上海话·上海话的岁月寻踪》，上海书店出版社，2017 年，第 6 页。
② 上海影像工作室著：《百姓生活记忆——上海故事》，学林出版社，2012 年，第 27—28 页。

地而坐，或席地而卧，而且灌木丛枝叶繁茂，既能遮蔽灼热的阳光，又可阻挡路人的目光，对于热恋中的情侣们来说，倒也是个不错的幽会所在。

但是，在此幽会，时常会被一些不速之客粗暴打断。

我不清楚，那些不速之客，是公园里的治安人员，还是派出所的便衣，反正，每当黄昏十〔时〕分，随着情侣们成双成对的出现，这些人也出现了，出现在灌木丛后面。他们穿着褪了色的绿军装或是中山装，表情严肃，目光四顾，偷窥谈情说爱的情侣们是否有"越轨"之举。如此行径，人们称其为便衣。

我和小萍第一次在小树林里幽会，就遭遇了一位便衣。

那天天气特别好，蓝天白云，秋高气爽，我们坐在树丛间的草地上，天南海北，说东说西。小萍把头靠在我肩上，脸上写满了幸福。偶尔，我们会默不作声，静静凝望天边缤纷的晚霞，遐想着我们的未来。那情景是幅很好的油画：草地，晚霞，情侣……画面宁静、浪漫，青春洋溢，记录着我们那个年纪应有的美好时刻。

然而，就在这样的时刻，灌木丛里哗啦一声，那个便衣闯进了画面，突然出现在我们面前，如同破门而进的入侵者。在此之前，我们没有听到任何脚步声，或许，他站在树丛后面已经偷窥很久了。那是个身材高大的中年人，穿了一身褪了色的绿军装，很像转业军人。我和小萍都一愣，不知道他要干什么。

便衣看了看我们，说，请你们离开这里。口气冷冷的，像是命令。显然，他是这里的管理人员，代表着权力，不然不会用这样的口气对游人说话。这让我有点愤怒，我们是买票进来的，我们坐在这里没有影响任何人，更没做任何犯法的事，凭什么让我们离开呢？于是我问，为什么？便衣瞥了我一眼，说，天快黑了。我说，天是快黑了，可是天快黑了跟我们坐在这里有什么关系？便衣愣了一下，立刻把脸沉下来，说，这是上级的指示，天黑了，人不能待到这里。我说，我知道这是上级的指示，但是我不明白上级为什么做出这样的指示。便衣不耐烦了，说，别问那么多为什么，我是在执行公务，希望你能配合。我还要说什么，小萍站起来一把拉住我的胳膊说，别说了，咱们走吧。

我们那天的好心情，就这样被毁了。直到骑车回部队的路上，我耳边还反复响着那个便衣驱赶我们时说的那个理由：天快黑了。

现在想来，天快黑了——这四个字，实在很有意味。那个年代，人们没有隐私，也不允许有什么隐私，哪怕是最私人化的谈情说爱，也应该在光天化日之下，在众目睽睽之下，在权力的监视之下。从那次以后，我们再也没有去过小树林。我知道，即使是大白天，繁茂的枝叶后面都有窥视的眼睛。那是代表权力的眼睛。①

公园里发生的上述现象，具有典型的时代特征。"抓流氓"可以公然偷窥他人的亲昵举止（包括性行为），且能打着"纠正不正当行为"的旗号达到宣泄性欲的目的。这在当时并不罕见。上海部分红卫兵为专门抓"流氓阿飞"，甚至成立专门组织，既有对"流氓阿飞"进行管治和教育的目的，又有命令当事人交代细节，诸如"和几个人发生过关系"、"发生关系的细节"等，以满足自己"偷窥"和"泄欲"的目的。② 刻意窥探他人性事的行为，或许与窥淫癖（voyeurism）有相似之处，都是通过探听他人的性活动、观看他人的性器官来满足自己的性想象。两者不同的是，前者是表面上的合法行为，后者是实际的非法行动。"抓流氓"现象的出现，一方面可以看出恋爱受到的管治，另一方面也可以看出确实仍有人"不管不顾"地投入恋爱。

1972 年 7 月，人类学家许烺光在上海注意到，即使在"四人帮"当权期间，"恋爱这回事在中国社会也是受到允许的"。特别值得一提的是，他曾在上海外滩的"情人墙"看到谈情说爱的情侣有 175 对，他们的年龄平均在 20 岁到 30 岁之间。"在浓荫掩映下的路灯异常昏暗"，这些情侣相互牵着手、搂着腰，只是"没有进一步的亲密行为"。③ 所谓的"情人墙"，其实是上海外滩的防汛墙。作为公共空间的外滩，具有公众性、开放性。此外，"浓荫

---

① 孙志远：《凡人往事》，上海三联书店，2017 年，第 141—142 页。
② 据称，上海"新工大红卫兵师"和"上体司"都有类似组织。参见张礼士：《市民底层笔记》，上海社会科学院出版社，2013 年，第 283—284 页。
③ ［美］许烺光著，沈彩艺译：《美国人与中国人》，浙江人民出版社，2017 年，第 50—51 页。

掩映"和"路灯异常昏暗",又为公共空间提供隐私保护。热恋中的上海青年人热衷的谈情说爱场所,除前文提及的公园外,外滩"情人墙"往往亦列名其中。据回忆称,当时"每当夜幕降临,围墙从南到北有百对情人之多,对对情人,他们或相互对视、互诉衷情;或远望浦东窃窃私语;或低头俯视江水表白心事"。外滩"情人墙"成为恋人的热选之地,甚至来晚的情侣根本没有位置,"无凳可坐无墙可依"。① 如前文所述,外滩"情人墙"之所以聚集如此众多的情侣,一方面与当时适婚青年大量增长有关,特别是 70 年代中后期,大量青年人进入谈情说爱、谈婚论嫁的阶段;另一方面,也与上海市人均居住空间狭小或几代人共居有关。多数家庭无法为情侣提供单独相处、卿卿我我的空间。不过,情侣即便可以在公共空间独处,但仍然受到监管,多数情侣不敢有过分亲昵的举动。

与此类似,许烺光在北京的天坛、颐和园路,武汉的东湖,沈阳的植物园,看到成双结对的情侣约有几百对。但是,在游人较多的其他公共场所,有同性手拉手甚至搂着脖子,却"没有一对情侣是手牵着手的"。许烺光认为,在当时的中国,性是有严格界定范围的,公开场合下的同性接触一般不会引发同性恋的猜想。②

根据孙志远上文的回忆,北京 70 年代的情况与上海很相似。"人们住房条件差,公共设施少,情侣们无处可去,只能去'压马路'和'逛公园'。"③在很长时间内,北京人将男女青年在街头边散步、边谈恋爱的方式称为"轧(压)马路"。此处的"轧(压)",是指情侣肩并肩散步的速度缓慢,类似铺修柏油马路时使用"轧路机"将黄土、沙石、沥青等填方压实的速度。借此,情侣可以拖延单独相处、亲密谈心的时间。在公园谈恋爱还需要花钱购买门票,而在街头(特别是僻静的街头)谈恋爱却能省下不菲的开销。据称,"轧马路"一词的流行,开始于 1972 年。④ 此说准确与否暂且不论,但

---

① 张兆斌:《恋上海外滩》,2016 年上海市民文化节市民写作大赛组委会:《2016 年上海市文化节市民写作大赛优秀作品选》,上海交通大学出版社,2017 年,第 51—52 页。

② [美]许烺光著,沈彩艺译:《美国人与中国人》,浙江人民出版社,2017 年,第 50—51 页。

③ 孙志远:《凡人往事》,上海三联书店,2017 年,第 141 页。

④ 熊忠武主编:《当代中国流行语辞典》,吉林文史出版社,1982 年,第 248 页。

是始于 70 年代大约与事实相距不远。

本章小结

　　1980 年公映的影片《枫》，是峨眉电影制片厂的一部彩色故事片。该影片以红卫兵运动、派系武斗等内容为题材，核心仍是延续多年的"革命"与"恋爱"如何相容的问题。剧中的女青年卢丹枫和男青年李红钢，本是处于热恋中的校园情侣。卢丹枫在李红钢的陪伴下郊游，对着壮丽山河大声高呼："天下者，我们的天下。国家者，我们的国家。社会者，我们的社会。"这是"文革"前夕让人记忆深刻的镜头。胸怀天下、国家和社会的两位青年，恣意享受着爱情带来的欢愉。谁料想，"文革"烧毁他们"革命 + 恋爱"的憧憬。这对情侣因参加相互敌对的"红旗"派和"井冈山"派，结果立场对立、反目成仇。"革命"与"恋爱"产生冲突，二人深陷痛苦之中。最终，卢丹枫跳楼自杀，李红钢作为"反革命"被枪决。[1] 这部电影，是较早涉及"文革"恋爱的电影作品，后来却很少有人提及。与 1949 年前"革命 + 恋爱"的文学创作相似，它再次挑起"革命"与"恋爱"关系的话题。"逝者如斯夫"，"文革"已远去，这一时期的爱恨情仇却仍萦绕在人们的脑海中，久久不能离散。

　　"革命"与"恋爱"间的依违离合，是一个牵涉政治环境与个体肉身的话题，至今仍是未充分挖掘的学术矿井。"文革"时期人们的思想观念发生较大转变，恋爱的观念和行为同样有明显转变。值得留意的是，"文革"时期人们的恋爱观念，早在 60 年代初已露端倪。推动急剧转折的重要关节点之一，便是林彪事件。研究者金大陆回忆，林彪案公开之后，他在一个冷风嗖嗖的夜晚，在复旦大学的门口听到消息，"像天崩塌了一片，我浑身哆嗦着走回家"。从此后，他对"文革"产生了质疑。[2] 类似内容，也能在其他知

---

① 程青松主编：《青春电影手册：影史 100 佳青春电影》，中国友谊出版公司，2017 年，第 76—77 页。
② 《学者新作描述文革时期的上海：还有青年拉手恋爱》，https://www.chinanews.com.cn/cul/2011/08-16/3261667.shtml（2024 年 6 月 3 日）。

识分子的回忆中找到。

　　随着计划生育政策出台，适婚青年人数迅速增长。到"法定"结婚年龄的情侣却不能结婚，这与 70 年代中后期"恋爱潮"蔓延开来不无关系。有些年轻人被认为"存在着严重的资产阶级思想，追求生活享受，不安心工作"，根本不关心"抓革命、促生产"。有些青年人则热衷于"听靡靡之音"，"讲黄色故事"，"乱搞男女关系"，甚至有个别青年"流氓成性，屡教不改"。比如经常与女朋友逛公园、下饭馆，一起"鬼混"，"玩弄资产阶级手腕，进行拉拢腐蚀，乱搞两性关系"，个别人还使用假月票逛公园，在天安门广场"拍婆子"。有材料称，有的青年"政治思想上极端落后"，恶毒"攻击无产阶级文化大革命"。尽管组织上对他们采取"办隔离学习班"、给予纪律处分、"扭送公安机关"等措施，但是这股风潮却难以刹住。① 以上评语充满批判和指责，但阻挡不了人们"男大当婚，女大当嫁"的暗流。1966—1976年，"文革"在不断自我矛盾、自我否定中走向终点。与之相伴随的是，城市人口的恋爱潮难以阻遏。

---

　　① 《关于对×××流氓问题处理意见的报告》（1975 年 9 月 5 日）；《北京×××医院关于给×××开办隔离学习班的请求报告》（1975 年 9 月 18 日）；中共×××学校委员会：《关于随遣学生××的安置意见》（1975 年 12 月 20 日）等。个人搜集资料。

第二章　知青群体的婚姻类型

"知识青年"（educated youth），是为研究便利而从城市居民中分离出来的。从户籍管理的角度来说，他们不能称得上是居民；从社会认同的角度来说，他们往往也不被认为是农民。从词义上看，"知识青年"是指受过正规学校教育的年轻人。1949 年以降的"知识青年"，特别是 1968 年底以降的"知识青年"，往往是具有特定时代意义的社会群体。以往的"知识青年"，强调的是拥有知识的青年。1949 年以降，特别是 1968 年底以降，则特指到边疆屯垦戍边或到农村安家落户的城市青年。换句话说，此时的"上山下乡知识青年"或"知识青年"（简称"知青"），强调的是"上山下乡"（"send-down movement" or "up to the mountains, down to the villages"），强调的是从城市到边疆或农村落户的青年。①

---

① "知识青年"通常可分为三个类别。其一，"回乡知青"，是指没有考上高中或高中毕业回乡务农的农村青年；其二，"下放知青"，是指父母因存在政治问题（如"文革"时期遭返下乡的"五类分子"）而被遣返下乡的知识青年；其三，"上山下乡运动的知青"，是指原来具有城镇户口的初高中毕业生，自愿或被迫到农村、边疆落户的青年。从此层意义上讲，"知识青年"既包括接受过学校教育的农村青年，也包括接受过学校教育的城镇青年。值得交代的是，本章讨论的重点是后者，是"上山下乡运动"中的"知识青年"。另外，除特别之处外，以下行文统一简称"知识青年"为"知青"。

简单地说，知青群体最大的特别之处在于，他们通常出生在城市且拥有城市户口，然而在上山下乡运动中却将户口迁到边疆、农村（含生产建设兵团、农场、林场、渔场等）。在农民与居民界限分明的时代，他们是拥有城市生活经历的农村人；上山下乡运动结束后，他们又重新回到城市。他们是拥有农村生活经历的城里人。知青城乡身份的特殊性，或许是研究该群体恋爱婚姻问题的意义所在。

"文革"初期，许多人在上山下乡运动中成为积极或被动的参与者。1968 年底以降，他们从城市迁移到农村或边疆。1969 年 4 月，中共九大召开。这两个事件，象征着全国"文革"进入新阶段。[①] 中共九大召开以后到1981 年，知青通过考学、参军、招工、结婚等途径离开农村，大批将户口迁移回城。此后的上山下乡运动，逐渐进入尾声。

同其他群体相比，知青在上山下乡运动期间多是处于发育成熟、逐渐步入恋爱和结婚的年龄段。较早的"老三届"（1966、1967、1968 届）初中生、高中生，多数出生于 1947—1952 年前后。1968 年 12 月 22 日，《人民日报》发表"毛主席语录"，"知识青年到农村去，接受贫下中农的再教育，很有必要"。随后，1969 年的 1—4 月，全国的上山下乡运动迅速迎来高潮。在此阶段，全国共有 405 万城镇初中、高中毕业生到农村落户，多数省（直辖市、自治区）城镇"老三届"毕业生基本分配完毕。[②] 此时的"老三届"，年龄分布主要在 17—22 岁上下。70 年代的中后期，知青群体的年龄大体分布在20—30 岁，这些人不可避免地进入谈恋爱、结婚的年龄段。特别是"文革"结束到 80 年代初，"回城"与"结婚"成为知青特别关心的两个问题。与此同时，也成为整个社会关心的两个问题。从此角度而言，知青是考察 1966—1980 年间恋爱婚姻问题必不可少的社会群体。

粗略地说，1966—1980 年间，共有上千万的城市知青被送往农村和边

---

① 法国学者潘鸣啸（Michel Bonnin）认为，1968 年底开始的上山下乡运动，是以大批知青迁送到农村的方式结束红卫兵运动，消除全面恢复政治秩序的最后障碍。从此角度而言，"文革"的结束应该是 1969 年 4 月中共九大的召开，上山下乡运动应该是"文革"结束的"起点"。参见［法］潘鸣啸：《上山下乡运动再评价》，《社会学研究》2005 年第 5 期。

② 顾洪章主编：《中国知识青年上山下乡大事记》，人民日报出版社，2009 年，第 85—86 页。

疆。知青，"是农，又非农，今天是农，明天就可能不是农"。① 从居民到农民，再从农民回到居民，如此大规模的社会流动值得引起充分关注。同样值得注意的是，知青群体在上山下乡运动中经历了从青春期到青年期的成长，他们的恋爱与婚姻问题足可反映一个时代的特征。知青的结婚与否、何时结婚、与谁结婚、在哪里结婚等问题，受到上山下乡运动的干预。国家的扎根政策，对知青生活造成巨大影响。另外，定居在农村或边疆的知青，同留在城市或"五七干校"的家庭之间，仍有经济、信件、人员等方面的来往。这些对知青生活都有影响。从此角度而言，考察知青群体的恋爱与婚姻，是思考 1966—1980 年间公私关系的契机。

上山下乡作为一场运动早已结束，但是围绕这场运动的讨论却未散尽。1978 年 10 月 9 日，中共中央副主席李先念在国务院讨论知青问题的会议上明确说，社会上对知青问题的议论很多，"'四不满意'是我讲的。青年不满意，家长不满意，社队不满意，国家也不满意嘛！"② 1981 年 10 月，国务院知识青年领导小组办公室在《二十五年来知青工作的回顾与总结》中指出，知青上山下乡"是我们党解决就业问题的一次大试验"，"本来是一个就业问题"，但是被当成政治运动来搞，"指导思想偏了，工作上有严重失误，造成劳民伤财，人民不满，也损坏了上山下乡的声誉"。③ 这基本上是中央为 20 多年的上山下乡运动所下的定论。在敲锣打鼓的欢送与欢迎声中登台，在"四个不满意"的定论中退场，知青的两次社会流动浓缩了一个时代的缩影。

至今，回城与未回城的知青，对上山下乡仍念念不忘，头发花白的知青，还有不少定期或不定期的联谊活动。上海、辽宁、广西、天津等地的知青研究会，上海、黑龙江、吉林、安徽、云南、内蒙古、江西、贵州等地的知青联谊会，都有不少会员并举办规模较大的联谊活动。2009 年 5 月 17 日，作为全国性的知青组织，"中国知青联谊会"在沈阳成立。可以说，上山下乡运动已结束 30 余年，知青对在兵团或插队的记忆却并未消散。

---

① 定宜庄：《中国知青史·初澜（1953—1968）·前言》，中国社会科学出版社，1998 年，第 3 页。
② 《李先念传》编写组编：《李先念传（1949—1992）》，中央文献出版社，2009 年，第 1029 页。
③ 顾洪章主编：《中国知识青年上山下乡大事记》，人民日报出版社，2009 年，第 189 页。

"村里有个姑娘叫小芳，长得好看又善良，一双美丽的大眼睛，辫子粗又长。在回城之前的那个晚上，你和我来到小河旁，从没流过的泪水，随着小河淌。"1993年，李春波因歌曲《小芳》获得该年度全国十大最受欢迎的男歌手奖。歌词以知青的恋爱与婚姻为主题，为全国知青带来不尽的回忆和感慨。1994年，上海电视台拍摄的电视连续剧《孽债》，以上山下乡运动、知青婚恋问题为主题，一举成为上海收视率极高的热播剧。据上海市广播电视局总编室、上海市人口情报中心的抽样调查统计，当年1月9—23日播出期间，《孽债》最高创下42.7%的超高收视率。① 其他涉及知青婚恋主题的文艺作品，如《今夜有暴风雪》《年轮》《雪城》《血色浪漫》《血色黄昏》等，屡受读者、观众的关注和热议。可以说，中国社会对上山下乡和知青的关注，并未随着时间的流逝而减弱。

相比之下，从严肃学术意义上对知青恋爱和婚姻的研究并不充分。1994年，学者刘小萌发表的专题研究，重点围绕"知青婚姻的政策""已婚知青的人数""知青婚姻的类型""已婚知青的难题"等内容开展。迄今为止，这仍是国内研究知青婚姻问题的代表性成果。② 同时，美国学者伯恩斯坦（Thomas P. Bernstein）注意到，在兵团或插队时期结婚者，在数量庞大的知青群体中占比过低。这种情况除与晚婚政策相关外，更多地还是与扎根政策及知青能否扎根有关。③ 2017年，有人利用调查数据进行研究后发现，同没有上山下乡的经历者相比，知青的婚姻、社会关系网络、幸福感等都更为糟糕。该研究认为，从长时段来看，上山下乡运动导致知青在青春期或青年时期经历更多的苦难，这些对知青后来的婚姻质量、家庭生活、社交网络、与亲友密切程度、幸福感等都产生负面影响。④ 很明显，这与知青回忆经常出

---

① 王人殷主编：《东边光影独好：黄蜀芹研究文集》，中国电影出版社，2002年，第292页。
② 刘小萌：《上山下乡知识青年的婚姻问题》，《青年研究》1994年第8期。刘小萌另有《下乡知识青年婚姻剖析》（收入金大陆、金光耀主编：《中国知识青年上山下乡研究文集》上，上海社会科学院出版社，2009年，第107—120页），另收入刘小萌：《中国知青史·大潮（1966—1980）》（当代中国出版社，2009年，第314—331页）。另外，汤水清等在前人研究的基础上，进一步对知青结婚难题及其"解决"进行了研究。参见汤水清、陈宁：《20世纪六七十年代城下下乡青年的婚姻问题及其解决》，《江西社会科学》2019年第9期。
③ ［美］托马斯·伯恩斯坦著，李枫等译，夏潮校：《上山下乡：一个美国人眼中的中国知青运动》，警官教育出版社，1993年，第187—192页。
④ Shun Wang & Weina Zhou, *The Unintended Long-term Consequences of Mao's Mass Send-Down Movement: Marriage, Social Network, and Happiness*, World Development, V. 90, 2017, pp. 344-359.

现的"青春无悔"或"浪漫化"表述有很大不同。在已有研究的基础上，本章将对上面提到的问题开展进一步的讨论。

第一节 知青群体的婚恋管理

1968 年底以降，上山下乡运动大潮到来后，知青按去向大致可分为"兵团知青"和"插队知青"。前者包括生产建设兵团的兵团战士和各国营农场的农场工人（简称"农工"），后者包括回农村原籍的返乡知青（亦称"回乡青年"）和混编到农村生产队的"插队落户"知青。[①]

1973 年，国务院在全国知识青年上山下乡工作会议上强调："今后城镇知识青年上山下乡，主要采取以下四种形式：1. 插队，要适当集中，建立青年点，有条件的也可回老家落户；2. 以下乡知青为主，由带队干部和贫下中农参加，在人民公社内办集体所有制的青年队；3. 在土地比较多的地方，单独建立以下乡知青为主，带队干部和贫下中农参加的集体所有制的农场；4. 到生产建设兵团和国营农、林、牧、渔场。"[②] 前两种形式包含"返乡"和"插队落户"，后两种形式包含去生产建设兵团和农场、林场、牧场、渔场等。这既是对以往上山下乡形式的追认，也是对此后知青落户和去向的制度化规范。生产建设兵团和国营农（林、牧、渔）场接收安置的知青，通常是

---

① 此类分法，是当年在辽宁省盘锦地区盘山区胡家农场"红旗青年营"当知青的由铁军提出的。但是，"红旗青年营"与上述类别有所不同。它是由沈阳军区司令部、政治部、后勤部和总参的驻沈单位及东北八三工程指挥部联合组建的。其半军事化的管理方式，更接近生产建设兵团（参见由铁军：《红旗青年营的半军事化管理方式》，盘锦市政协学习和文史委员会编：《知青在盘锦》上册，辽宁人民出版社，2018 年，第 216—217 页）。其中，生产建设兵团隶属于各大军区或省军区，兵团的师、团、营、连等各级主管干部是由人民解放军的现役军人担任，基本上实行军事化或半军事化的管理方式。国营农场按隶属关系来分，大致可以分为 6 类：其一是国家农垦部所属中央国营农牧场，其二是省、市、自治区所属的地方国营农场，其三是人民解放军总后勤部所属农牧场，其四是公安部所属劳改农场，其五是中侨委所属的华侨农场，其六是分属不同政府机关、军事单位、社会团体、大型国有企业的农牧场。由于国营农场的隶属关系比较复杂，其管理方式也有很大区别，有的同生产建设兵团相似，实行军事化或半军事化的管理，有的则类似集体农业生产队式的管理。参见韩朝华：《新中国国营农场的缘起及其制度特点》，《中国经济史研究》2016 年第 1 期。

② 李相久等主编：《当代中国青年运动史》，吉林文史出版社，1990 年，第 243 页。

按军事化或参照军事化进行严格管理。① 相比较而言，返乡知青和插队落户的知青，通常是和农村生产队的社员统一管理。这两类知青因为生活在不同的环境下，他们的恋爱、婚姻亦呈现不同形态。下文将分别对兵团知青、插队知青的恋爱与婚姻进行分析。

一、兵团知青的婚恋管理

生产建设兵团，是具有屯垦、戍边性质的特殊组织。最早成立的新疆生产建设兵团，组建于 1954 年，隶属于新疆军区，实行半军事化管理。1960 年开始，新疆生产建设兵团的部分师，从四川、江苏、山东、河南、北京等地接收青年学生。这些青年学生成为较早的兵团知青。1963 年 7 月至 1966 年 10 月，新疆生产建设兵团接收并安置的知青，共计 12.67 万人。其中，上海市 9.7 万人，天津市 0.7 万人，武汉市 0.79 万人，浙江省 0.48 万人，江苏省 0.29 万人，北京市 0.44 万人。②

1968 年 6 月 18 日，中共中央批准成立"沈阳军区生产建设兵团"。随后，全国农垦系统共组建 11 个生产建设兵团（包括新疆生产建设兵团）和 3 个生产师（西藏、广西、江西）。1972 年，建立一年左右的湖北生产建设兵团撤销。随后，10 个生产建设兵团和 3 个生产师先后撤销。1976 年，黑龙江生产建设兵团撤销。③ 各兵团的大概情况如下所示：

图表 12："文革"时期各生产建设兵团一览表

单位	隶属关系	团场（个）	成立年份	撤销年份
黑龙江生产建设兵团	沈阳军区	88	1968	1976
内蒙古生产建设兵团	北京军区	45	1969	1975
兰州生产建设兵团	兰州军区	57	1969	1973

① 国营农（林、牧、渔）场的管理方式与生产建设兵团相似，为文字表达方便，除特别之处，本书将其归类到生产建设兵团。

② 金光耀、金大陆主编：《中国新方志·知识青年上山下乡史料辑录》第 3 册，上海人民出版社、上海书店出版社，2014 年，第 1905 页。

③ 刘良玉：《关于"文革"时期组建生产建设兵团的始末》，农业部农村经济研究中心当代农业史研究室编：《共和国农业史料征集与研究报告》第 4 集，2000 年，第 98 页。

（续表）

单位	隶属关系	团场（个）	成立年份	撤销年份
江苏生产建设兵团	南京军区	40	1969	1975
安徽生产建设兵团	南京军区	43	1969	1975
浙江生产建设兵团	南京军区	15	1970	1975
福建生产建设兵团	福州军区	28	1969	1974
广东生产建设兵团	广州军区	166	1969	1974
云南生产建设兵团	昆明军区	32	1970	1974
山东生产建设兵团	济南军区	20	1970	1975
湖北生产建设兵团	武汉军区		1971	1972
江西农业建设师	江西省军区	8	1969	1975
西藏生产建设师	西藏军区	9	1969	1975
广西生产师	广西军区	12	1970	1974

资料来源：《当代中国的农垦事业》编辑委员会编：《当代中国的农垦事业》，北京当代中国出版社、香港祖国出版社，2009年，第48—49页。

如前文所示，生产建设兵团（师）的主要职责分为两部分，即屯垦和戍边。换言之，它们既有从事垦荒、生产的企业性质，又有加强国防、加强战备的军队性质。整体而言，全国组建的生产建设兵团，主要是贯彻"备战、备荒、为人民"的战略方针，实行的是政治、军事、经济三位一体，平时以生产为主、劳武结合，战时以打仗为主，也要坚持生产，是"不脱产的人民军队"。除内地的兵团外，新疆、内蒙古、黑龙江等地组建生产建设兵团，具有明显的战略意图。因此，城市知青参加兵团，被称为"参加边疆建设，走与工农兵相结合的道路"。

生产建设兵团招收安置的知青，通常被称为"兵团战士"。与到农村插队落户的知青相比，兵团知青有固定工资收入，生活待遇有基本保证，医疗卫生条件较好，组织上有人管理。这是家长愿意送子女到生产建设兵团的重要原因。另外，生产建设兵团属于中国人民解放军的序列，在"反修的前哨"参加兵团，可以当"不戴领章帽徽的解放军"，这对不能参军的青年具有很大吸引力。①

生产建设兵团招收安置的城市知青，通常在政治、思想、健康等方面有严格的要求。如，内蒙古兵团招收的知青，"总的原则以工人、贫下中农和其他劳动人民的子女为主体，年满 16 周岁，身体健康、作风正派，家庭和本人历史清楚，无限忠于毛主席，无限忠于毛泽东思想，无限忠于毛主席无产阶级革命路线的知识青年均可参加"。这些，同征兵入伍的条件相差无几。另外，凡有以下情况之一的均不接收，即：1."出身剥削阶级家庭的子女，本人表现不好者"；2."叛徒、特务、死不改悔的走资派，现行反革命分子的子女；没有改造好的地、富、反、坏、右的子女；直系亲属被镇压；有海外关系或社会关系复杂而不清楚者"；3."本人身体健康条件不适合参加农业生产或有严重慢性疾病和传染病者"；4."本人道德品质败坏或思想反动者"。② 与此相比，云南生产建设兵团明确规定，"有海外关系的知识青年不要吸收"，"本人系流氓、阿飞、惯偷者不收"。并且，"往届应下农村而未去的中、小学毕业生不要动员"。③ 内蒙古、云南等地处边疆的生产建设兵团，招收知青的条件相对严苛。

粗略而言，全国的生产建设兵团接收安置知青的大致情况如下：

图表 13：全国部分生产建设兵团接收安置知青人数

单位	接收知青人数	资料来源
黑龙江生产建设兵团	55 万④	(1)
内蒙古生产建设兵团	10 万	(1)
云南生产建设兵团	10 万⑤	(1)

① 刘小萌：《中国知青史·大潮（1966—1980）》，当代中国出版社，2009 年，第 207 页。
② 何岚、史卫民：《漠南情——内蒙古生产建设兵团写真》，法律出版社，1994 年，第 6 页。
③ 中共云南省委党史研究室编：《云南知识青年上山下乡运动》，云南大学出版社，2011 年，第 312—313 页。
④ 另一种说法，"文革"时期黑龙江生产建设兵团共安置知青近 40 万人。参见刘小萌：《中国知青史·大潮（1966—1980）》，当代中国出版社，2009 年，第 210 页。
⑤ 据云南省档案馆《知识青年上山下乡档案》的统计，1968—1971 年间，云南国营农场安置的上海、北京、四川知青共计 97028 人。参见邹启宇、苗文俊主编：《中国人口（云南分册）》，中国财政经济出版社，1989 年，第 210 页。

（续表）

单位	接收知青人数	资料来源
广州生产建设兵团	36 万	(1)
江苏生产建设兵团	8 万	(2)
新疆生产建设兵团	8 万	(1)

　　资料来源：(1) 刘良玉：《关于"文革"时期组建生产建设兵团的始末》，农业部农村经济研究中心当代农业史研究室编：《共和国农业史料征集与研究报告》第 4 集，2000 年，第 100 页；(2) 刘小萌：《中国知青史·大潮（1966—1980）》，当代中国出版社，2009 年，第 201—217 页。

　　综合刘良玉、刘小萌的统计，上述六个生产建设兵团，共接收安置的知青人数达 127 万人。另外，根据中国人民解放军总参谋部和农林部的统计，1973 年，全国新疆、黑龙江、兰州、山东、江苏、安徽、浙江、福建、广州、云南、内蒙古等 11 个生产建设兵团和广西、江西、西藏三个生产建设师，职工共计 292 万人，其中知青达 100 余万人。[①]

　　全国情况虽然有不少差异，但是多数兵团的知青都是在军事化管理体制下过着军营式的集体生活，既要从事农业生产，又要肩负巩固边防的军事任务。60 年代以后，中苏两国关系恶化，中苏边界不断发生事端。1969 年 3 月，珍宝岛事件爆发，中国边防部队对多次武装入侵珍宝岛的苏联军队进行自卫反击。在此形势下，为巩固"反修前线"，中苏边界的新疆生产建设兵团、黑龙江生产建设兵团、内蒙古生产建设兵团集中大批知青，在保卫边疆、建设边疆、巩固国防等方面起到重要作用。[②] 其他生产建设兵团，基本以现役军人为主管干部，实行政治、军事、经济三位一体的管理，成为不脱产的军事化组织。

　　生产建设兵团是按人民解放军建制组建的，各级领导机关以现役军事干部为主，组织、制度、工作方法上多沿用人民解放军的管理办法。大体而

---

　　① 《总参谋部、农林部关于生产建设兵团领导管理体制问题的调查报告》，农垦部政策研究室、农垦部国营农业经济研究所、中国社会科学院农经所农场研究室编：《农垦工作文件资料选编》，农业出版社，1983 年，第 802 页。

　　② 《财政部行政事业财务司调查组关于新疆、黑龙江、内蒙古生产建设兵团财务的调查》，农垦部政策研究室、农垦部国营农业经济研究所、中国社会科学院农经所农场研究室编：《农垦工作文件资料选编》，农业出版社，1985 年，第 795 页。

言，生产建设兵团对知青都是实行军事化的管理。[①]

从领导关系的角度来说，生产建设兵团属大军区建制，党政、军事、干部等工作委托省军区管理（广州、福建、山东兵团，归大军区管理），计划、生产、投资、物资等工作归省或自治区革委会管理。并且，生产建设兵团的人员组成上，不仅有现役军人、地方干部，还有不少复员军人（俗称"老兵"）、原农场职工、知识青年等。生产建设兵团的知青，身份上属国营企业农工。内蒙古兵团前三年实行供给制，平均每人每月33元，其中基本生活部分（含伙食费、被服费、津贴）29元，医药费、烤火费等4元。改行工资制后，实际收入比此前提高10元以上。黑龙江兵团接收的知青，每月工资32元，与农场职工享受同等的劳保、福利等各项待遇。广东兵团知青定级后的工资稍低，但也在24—26元左右。同插队知青相比，兵团知青实行军事化或半军事化的管理，劳动强度高、纪律严格，没有不工作的自由。兵团知青的管理主要由现役军人、复员军人、农场职工等担任，这和插队知青归生产队管理有很大不同。兵团的日常生活，既需要从事农业生产，又需要进行军事训练，既受现役军人的管理，又受地方干部的指导。每两年才享受一次探亲假（有的资料记载，兵团知青探亲假间隔的时间更长），行动上要受严格约束。并且，兵团知青的政治学习任务较多，日常经常安排评比"四好连队""五好战士"等活动，而且还经常组织"天天读""讲用会""忆苦思甜""一帮一，一对红"等活动。[②]

1968年组建的黑龙江生产建设兵团，是接收安置知青最多的兵团。1969年，珍宝岛事件发生，中苏两国关系恶化，黑龙江生产建设兵团的战备任务空前紧张。平时各生产团、连，担负着农业生产任务，同时还肩负监视苏联军队、战略警备等任务。一旦苏联军队入侵黑河、合江、佳木斯、牡丹江等边境重地，兵团知青便首当其冲成为阻击苏军进攻的第一梯队。理论上，他

---

① 1970年，国务院和中央军委联合下发通知，决定将农垦部直属橡胶垦区下放给地方。云南、福建、广西和广东汕头橡胶垦区，广州军区生产建设兵团的海南、湛江橡胶垦区及其所属企业单位和华南热带作物学院，分别下放给所在省、自治区革命委员会或军区领导。参见陈东林、杜蒲主编：《1949—2009：中华人民共和国六十年实录》第3卷（上），吉林人民出版社，2009年，第388页。

② 刘小萌：《中国知青史·大潮（1966—1980）》，当代中国出版社，2009年，第215—217页。"讲用会"，指提倡"活学活用"毛泽东著作运动时举办的经验交流活动。

们属于沈阳军区在一线部署的"次要国防力量"。这些兵团战士可以凭借战役要点，实施人民战争方式，杀伤、迟滞苏军有生力量，为主力野战军提供战略机动和反击服务。按照兵团的部署，靠近中苏边境的知青进行军队化编制，以军事训练为主，并发放了部分武器。同时，兵团知青还进行基础战术训练、武器使用等军事训练。部分知青还暗中携带仿苏制 53 式 7.62mm 步骑枪、仿苏制德普型 53 式 7.62mm 轻机枪、手榴弹及其他自卫武器。兵团知青受到珍宝岛自卫还击战和反苏修等宣传，渴望保卫边疆、建功立业。[1]在紧张形势下，兵团知青每天夜间值班巡逻，重点巡逻连队的营房、场院、马号、油库、农具厂等地区。

前文多次提及，黑龙江生产建设兵团及其他兵团的管理，基本上采用的是现役军人管理部队战士的方式。在紧张的政治、军事形势下，兵团管理比平时更为严格。据曾任黑龙江生产建设兵团军务处副处长的纪道庄回忆，兵团的各级干部配备，兵团、师、团（独立营）三级领导及其机关由现役军人、原农垦（场）系统干部和知青组成。其中，兵团、师、团现役军人的比例分别为三分之二、二分之一、三分之一，而且这三级组织的主管和"司政后"（即司令部、政治部、后勤部）主要领导都由现役军人担任。原农垦（场）系统干部和知青，多担任副职或机关生产经营等部门的主要领导。营、连基层干部，由原农垦（场）系统干部和知青担任。[2]其他兵团的情况与黑龙江生产建设兵团未必相同，基本同样是由现役军人担任兵团主要管理职责。

1969 年 4 月份，中共九大召开。"无产阶级专政下继续革命的理论"成为此后党和国家的基本指导思想。1970 年，全国生产建设兵团会议领导小组给中共中央的报告中提到，此后兵团要着重进行三个方面的教育，即"阶级斗争""路线斗争""提高继续革命的自觉性"的教育，并将发展目标确定为

---

① 《八岔岛上的青春之歌——珍宝岛冲突之后的知青边疆保卫战》，https://mp.weixin.qq.com/s?src=11&timestamp=1717577622&ver=5303&signature=jwmJ5UlWiZs9mT*ZA348*3is*2qkdGmyuKosz9C3lq-EaMwE2vv7SKJzE38e7xybc-nlvbHGNbUePO*jHbrX*lw27uTx1zLe2VG8VsEWEh15t2BUAJD7yQ0N1My1xQi1W-&new=1（2024 年 6 月 5 日）。

② 纪道庄：《黑龙江兵团编制及其变化》，吕书奎主编：《亲历兵团》，中国青年出版社，2008 年，第 20 页。

"把兵团建设成为红彤彤的毛泽东思想大学校"。[①] 这意味着阶级斗争、路线斗争、继续革命教育，成为兵团思想政治教育工作的重要内容。

由上述内容可以看出，生产建设兵团的屯垦戍边职能、管理人员构成、军事化管理制度等，对兵团知青的恋爱和婚姻都有直接影响。

对知青恋爱的管理，全国范围大致以 1973 年 8 月为界划分为前后两个时期。此前，全国基本都禁止或不许知青谈恋爱。1973 年 8 月 4 日，《中共中央转发国务院关于全国知识青年上山下乡工作的报告》中，提出"要保护青年之间的正当恋爱和婚姻"，"要严格区分和正确处理两类不同性质的矛盾"。[②] 由此而后，全国不再对知青的恋爱与婚姻问题简单"以禁了之"。在该报告传达前后，兵团对知青恋爱的管理基本呈现先严后松的迹象。目前，没有见到兵团出台关于知青恋爱管理的具体文字资料。但是，从经历者的回忆来看，兵团确实在前期有关于禁止知青谈恋爱的口头传达。

兵团加强知青思想政治教育的同时，也在加强上山下乡运动的开展，特别是重点强调知青要克服两个关口、实行晚婚。

1969 年 6 月 26 日，《人民日报》发表"本报评论员"文章，号召知青"要甘当小学生，主动接受贫下中农的再教育"，要克服"从城市到农村"、"从学校到田头"两个关口。文章要求，"每一个有知识青年安家落户的社队，对知识青年都要做到：政治上有人抓，生产上有人教，生活上有人管。对于那些表现好的，要予以鼓励。对于'可以教育好的子女'，要认真落实毛主席的无产阶级政策，正确对待他们。对于下乡的男女知识青年，都要提倡晚婚，热情帮助他们安排好自己的生活"。[③] 提倡知青晚婚，一方面可以树立知青实施计划生育政策的模范形象，进一步推动该政策的深入，另一方面可以避免结婚需要解决住房、入托（儿所）等问题。山西插队知青燕陵生，敏感意识到，评论员文章强调知青到农村"改造相当长时间的"，

---

① 《关于生产建设兵团会议的报告（摘要）》，农垦部政策研究室、农垦部国营农业经济研究所、中国社会科学院农经所农场研究室编：《农垦工作文件资料选编》，农业出版社，1985 年，第 777 页。

② 何东昌主编：《中华人民共和国重要教育文献（1949—1997）》，海南出版社，1998 年，第 1504 页。该报告的出台，是以"李庆霖事件"为背景的。

③ 本报评论员：《广阔天地，大有作为》，《人民日报》1969 年 6 月 26 日第 1 版。

"要有长期打算，提倡晚婚"。她推断，"估计晚婚对调动有利，所以强调了这一点"。①

7月9日，《人民日报》发表关于知青工作的社论。社论一方面要求知青"在农村阶级斗争、生产斗争、科学实验三大革命运动的大风大浪中，迈步前进，茁壮成长"，另一方面要求接收知青落户的社队、农场、生产部队，"支持他们向旧思想、旧文化、旧风俗、旧习惯作斗争的革命精神"，"要关心、爱护青年，大力提倡晚婚"。②《人民日报》的评论员文章和社论，都强调知青晚婚。这意味着，接收知青落户的社队、农场、生产部队要加强相关管理，同时要求知青响应国家号召，主动晚婚。为响应国家晚婚号召及方便知青群体的管理，不少兵团都规定，不许知青谈恋爱。当时，知青群体年龄普遍未到晚婚年龄，同时社队、农场、生产部队也无法为结婚的知青提供足够的住房和生活费。兵团规定不许知青谈恋爱，或许可以由此角度考虑其合理性。

黑龙江生产建设兵团在1968年至1970年底，先后接收来自北京、上海、天津、浙江省杭州市、黑龙江省哈尔滨市等地的知青36万人。据陈吉才（曾任黑龙江生产建设兵团副司令员颜文斌的秘书）回忆，兵团建立之初，一方面需面对知青住宿、穿衣、口粮等现实问题，另一方面还要面对"如何加强知青的学习、教育问题"等长远大事。现实问题与长远大事，需要同时面对。中共九大召开前，1969年1月份，黑龙江生产建设兵团党委在《关于加强兵团政治思想工作的决议》中指出，"用毛泽东思想武装他们的头脑，改造他们的世界观，要根据他们的特点、特长和思想变化规律，有针对性地选择学习内容，有目的地进行思想教育，有预见地注意一些问题"。3月份，兵团政治部下发《关于认真做好参加兵团建设的城市知识青年思想教育工作的指示》。该《指示》强调，基层单位要定期分析知青的思想动向，掌握他们的思想脉搏，及时有针对性地做好知青的思想工作。③ 陈吉才在回忆

---

① 史卫民主编，知青日记书信选编编委会编：《知青日记选编》，中国社会科学出版社，1996年，第48页。
② 社论：《抓好下乡知识青年的工作》，《人民日报》1970年7月9日第1版。
③ 陈吉才：《八年兵团春秋史，一部屯垦戍边书》，吕书奎主编：《亲历兵团》，中国青年出版社，2008年，第4—5页。

录中提及的这两份文件，并没有涉及兵团对知青恋爱问题的管理。在提倡晚婚的时代背景下，在青年男女集聚的生产建设兵团中，知青的恋爱是思想政治工作无法回避的问题。

黑龙江生产建设兵团的上海知青周祥生回忆，"刚到兵团时，连队对恋爱这个话题讳莫如深，知青的生活中不允许有爱情的位置，只能讲阶级感情和革命友情。知青间的恋爱不但得不到任何指导和帮助，而且被归类于作风不正。约会谈恋爱一旦被发觉，当事人要接受大会教育、小会帮助，在班、排、连一层一层地做检查。晚上男女知青不容许单独在一起，有事要说时，必须有第三人在场"。① 兵团的青年男女数量巨大，因其带有戍边、战备的任务，只能"对恋爱这个话题讳莫如深"。有资料显示，被称为"北大荒"的边疆地区，不准青年男女跳舞，"因为我们都是有重大的任务！我们要向荒地进军，打仗！"虽然与正式的野战部队有区别，但是生产建设兵团"不许恋爱，不许结婚"，"农场绝不能先盖托儿所"。②

黑龙江兵团对于因恋爱而"暴露"的知青，除教育、帮助和勒令做检查外，还有其他多种处理办法。这些处理办法的要旨，是令当事人受到教育和惩罚，避免过早恋爱、避免在兵团恋爱。兵团的管理层未必不清楚"男大当婚、女大当嫁"的道理。因恋情而引发的精神错乱、自杀、他杀事件，让管理者不愿看到教育和惩罚带来的悲剧。不过，1972 年参加黑龙江兵团的知青回忆，自己与汽车连的一名护士谈恋爱，一个多月后被发现，他只能坚决矢口否认，连指导员竟然没有深究，只是对他进行勉励和激励。③ 因资料缺乏，不知类似事件有多少重复发生的可能性。

内蒙古生产建设兵团，隶属于北京军区的管辖序列。最初组建时，兵团的管理人员由北京军区调集现役干部任职，另有大批复员军人、转业军人被派往兵团任职。同其他兵团相比，内蒙古兵团在接收安置知青方面更迅猛，同时更强调兵团的育人和战备职能。1969 年 5 月 7 日，在纪念毛泽东"五七"指示发表三周年暨庆祝内蒙古兵团成立大会上，兵团司令员何凤山在讲

---

① 朱维毅：《生命的兵团》上，世界图书出版社公司北京公司，2015 年，第 422 页。
② 郭小川：《艺术家们走向成熟》，载崔嵬：《崔嵬的艺术世界》，中国电影出版社，1982 年，第 192 页。
③ 王凤麟：《相约有你的日子—醉方休》，东方出版社，2016 年，第 55—57 页。

话中强调，内蒙古兵团是不脱离生产的人民武装部队，既是战斗队，又是生产队，也是工作队。兵团的根本任务，是造就一支屯垦、戍边的钢铁队伍，培养革命事业接班人，把兵团办成毛泽东思想大学校。[①] 该年 8 月，内蒙古兵团的总人数达 62278 人，其中城市知青 45681 人，另外还接收了中专毕业生 772 人。[②]

此时正值珍宝岛事件发生不久，中苏边境局势异常紧张。9 月间，全军召开战备工作会议，传达毛泽东"军队不要松懈"和林彪"用打仗的观点观察一切，检查一切，落实一切"的指示。9 月 30 日晚，周恩来在国庆招待会上发表讲话，"对于美帝国主义、社会帝国主义的战争威胁，包括核战争威胁，我们要作好充好准备。如果他们硬是要把侵略战争强加在我们头上，我们就坚决抵抗到底，直到最后胜利"。[③] 1970 年的"两报一刊"（即《人民日报》《解放军报》《红旗》杂志）元旦社论提出，"毛主席最近指出：'全世界人民团结起来，反对任何帝国主义、社会帝国主义发动的侵略战争，特别要反对以原子弹为武器的侵略战争！如果这种战争发生，全世界人民就应以革命战争消灭侵略战争，从现在起就要有所准备！'"[④] 8 月 1 日，"两报一刊"纪念建军节（建军 43 周年）的社论提出，"帝国主义绝不会因为失败而丝毫改变它的侵略本性。社会帝国主义也绝不会因为侵略政策的破产而放弃它的扩张欲望"。社论进一步称，"高举反帝反修革命旗帜的社会主义中国，是美帝国主义和社会帝国主义妄图瓜分世界、奴役全世界人民的巨大障碍"。[⑤]

受全国形势变化的影响，新组建不久的内蒙兵团战备任务重，兵团上下管理严格，实行组织军事化、生活集体化、行动战斗化，内部管理基本沿用部队的管理办法。1969 年参加内蒙兵团的知青回忆，"（内蒙）兵团的连队和部队一样，每天都要有早操、天天读、上下工、点名、晚学习。上下工、吃

---

① 张树军：《图文共和国年轮》第 2 册，河北人民出版社，2009 年，第 1193 页。

② 何岚、史卫民：《漠南情——内蒙古生产建设兵团写真》，法律出版社，1994 年，第 15 页。

③ 中共中央文献研究室编：《毛泽东传（1949—1976）》，中央文献出版社，2003 年，第 1562—1563 页；《在庆祝中华人民共和国成立二十周年招待会上周恩来总理的讲话》，《人民日报》1969 年 10 月 1 日第 3 版。

④ 《迎接伟大的七十年代》，《人民日报》1970 年 1 月 1 日第 2 版。

⑤ 《提高警惕保卫祖国——纪念中国人民解放军诞生四十三周年》，《人民日报》1970 年 8 月 1 日第 2 版。

饭都是整队，步伐整齐，歌声嘹亮"。① 1970 年 2 月 15 日至 3 月 21 日，国务院召开全国计划会议，提出抓紧"两个拳头"（农业和国防）的指导思想，要求各协作区各自建立独立作战的工业体系，做到自己武装自己。在紧张的形势下，上级不断下发"边生产边战备"的通知，利用农闲或生产淡季抓战备教育成为造成兵团紧张节奏的主要因素。② 1971 年元旦，内蒙兵团知青史卫民在日记中特别提到："师里指示：做好一切战斗准备，人员不许外流。团里指示：各连不许外出，值班分队应提高警惕。各连做好物质上的准备，要做好防空准备工作。"③ 日记中的短短几行文字，可以看出兵团当时形势极为紧张，战争大有一触即发之势。在此紧张气氛下，男女知青虽然有接触，但是他们都知道兵团的纪律，尤其是男女之间的事情更是敏感的话题。一旦出问题，"什么要求进步，争当五好战士，什么入团，入党等等都受影响，几年都别想翻身"。④ 个别知青突破禁令被发现，几乎无一例外会受到组织的干预和"封杀"。⑤

山东生产建设兵团组建于 1970 年 3 月，归济南军区领导，1970 年 10 月中旬正式成立。⑥ 山东生产建设兵团招收的 2.7 万人来自省内 12 个地市。早期按照男性 70%、女性 30%的比例选招，后期招收比例改为男性 60%、女

① 蒋南征：《难以忘怀的记忆》，赵秋波主编：《我的内蒙兵团》，河北大学出版社，2009 年，第 160 页。
② 参见刘小萌、定宜庄、史卫民：《中国知青事典》，四川人民出版社，1995 年，第 401 页。
③ 史卫民主编，知青日记书信选编编委会编：《知青日记选编》，中国社会科学出版社，1996 年，第 89 页。
④ 《我的内蒙兵团恋情》（上），http://blog.sina.com.cn/s/blog_70b989db01017u3y.html（2020 年 2 月 3 日）。
⑤ 呼和浩特某女知青回忆，兵团连队的宣传队"在排练节目时，我发现了一个秘密，那就是每当保定知青王春仙表演京剧阿庆嫂的一段清唱时，保定男生王化清就走开了。我琢磨他们一定在谈恋爱，只有谈恋爱的人，才会细心到在对方排练时，为了不分散其注意力而借故走开。一年以后，我们在九连听说王化清和王春仙的恋情公开了。其实，是不得已被曝光的：他们俩大冬天谈恋爱也没个去处，就在连部的菜窖里约会，被下来取土豆芋头的炊事班战士发现而嚷嚷出去的。王春仙比王化清大四岁。人们听说后都认为不可能的，一定是传错了，我却认为一定是真的，因为我在一年前就有感觉。我是一个心理细腻敏感的人，虽然人们很少能从外表上看出这一点，但我了解自己心理特点，对自己的思辨力和判断力丝毫不怀疑。王化清和王春仙的恋爱遭到了封杀，王春仙被调到 30 多里外的团部学校当老师，组织上想用这 30 多里路的草原阻隔他们，但他们最终还是结婚了，直到现在依然是恩爱一家人"。参见《内蒙古生产建设兵团生活纪实之一》，https://mp.weixin.qq.com/s?src=3&timestamp=1580664142&ver=1&signature=aTNZA0Ys5bKmcJZfvGmxBbvrDjMem9sYuXs843wpOkv4lBipQZkBEVzZpm-biXfI2FHURecVvpLferkA-aKQJv-Tyjal1-LLt2b2KU7RxbzsQQJLGknIcZSbIG9jfaDS*YV9FkSVRvJZAUKIoPp-RGw==（2020 年 2 月 3 日）。
⑥ 常连霆主编，中共山东省委党史研究室编：《中共山东编年史》第 12 卷，山东人民出版社，2015 年，第 63 页。

性 40%。知青进连队之初，指导员就宣布纪律："严禁兵团战士谈恋爱。"①
为防止出问题，连队除安排繁重的生产劳动外，还用文艺会演、开会、学
习、上课、军训等活动将业余时间占满，目的就是让兵团知青"没有时间想
三想四"。② 黄河农场一位知青的回忆也印证了这一规定："我们到黄河农场
时，老三届的知青基本上都到了法定的结婚年龄。我们济铁一中的，最小的
已经 19 岁，大的有 24 的。等到建设兵团解散时，最大的都 28 岁了。按说，
到了这个年龄，找对象谈恋爱是合理合法的，但在 71 年的 3 月份之前，在
黄河农场仍把知青当作在校生管理，不准知青找对象谈恋爱。知青谈恋爱属
于'小资产阶级情调'、'思想不健康'等……指导员上任后，要求'我们兵
团战士应该树立远大理想，一心献身于伟大的共产主义事业，不能想斜的歪
的'。"③ 上山下乡运动的主要动机之一，在于培养社会主义新人，培养知青
树立远大的革命理想，这与卿卿我我的男女恋爱差若云泥。在此背景下，树
立远大理想自然是正道。引诱知青背离这条道路的男女私情，自然成为"斜
的歪的"和"想三想四"。

1972 年参加山东生产建设兵团的詹向阳称，兵团知青"已经不再是孩子
般童真的年龄段"，"而兵团是有纪律的，不允许谈恋爱，更不允许结婚成立
家庭"。两者之间的冲突，是无法通过教育和惩罚来解决的。因此，"每当兵
团有招兵、招工农兵学员、招工的名额时，战士们的思想波动就更加剧烈"。
为离开兵团，知青和他们的家人往往"八仙过海，各显神勇"，有个别女知
青甚至不惜"以身相许"。④ 知青如此迫切离开兵团，从某种角度与批判的
"变相劳改论"形成鲜明对照。

广州兵团的知青在回忆中提到，某团在全团战士代表大会上明确要求，
"必须严格执行晚婚晚育政策，男 25（岁）女 22（岁）方可谈恋爱，男 28
（岁）女 25（岁）方可批准结婚；如未婚先孕，没有团级（地方是'县革委

---

① 马以林：《我走过的建设兵团路》，东营市广北农场编：《广北农场志》，山东省地图出版社，2006 年，第
389—394 页。

② 山东省档案局编：《打开尘封的记忆：细说档案里的故事》，山东人民出版社，2006 年，第 161—162 页。

③ 山东省档案局编：《怀望遥远的青春：山东知青档案实述》中册，山东人民出版社，2009 年，第 74 页。

④ 詹向阳：《我们那一代人的追求：我的兵团生活片段》，中国金融出版社，2017 年，第 158 页。

会'）公章所盖证明，任何医院不得做堕胎手术，组织上要严肃处理此类违法乱纪的事件"，"个别知青在谈恋爱，各连队必须大胆抓苗头（例如一连的B某），这是阶级斗争新动向，这是资产阶级与无产阶级在争夺年轻一代！"[①] 此份回忆提及"可谈恋爱""可批准结婚"，应是《中共中央转发国务院关于全国知识青年上山下乡工作的报告》出台后。换言之，1973 年 8 月 4 日后，上山下乡较早的知青年龄越来越大，甚至已经超过晚婚晚育年龄，再人为设置障碍，于情、于理、于法，都难以自圆其说。但是，广州兵团仍规定知青的恋爱与结婚都必须经过上级批准。

与此类似，青海生产建设兵团农建师，在招收知青时虽然有"两年后可以结婚"的规定，在日常管理中却"视知识青年谈恋爱为洪水猛兽，严加防范，禁止知青自由恋爱和结婚"。[②]

尽管各生产建设兵团对恋爱都实施严格禁令，却仍有知青抑制不住地冲破"封锁"。这在后来的回忆中屡见不鲜。刘小萌注意到，一般来说，生产建设兵团地处边疆，区域开阔。兵团中的连队与连队之间相隔有一定距离，有的甚至四周都是无边的原野，这就使得各连队分别形成相对封闭的空间。生活在这样环境下的知青，来自天南海北，虽然口音有较大差别，但是命运相近、旨趣相投。青年男女朝夕相处，难免产生感情。[③] 据黑龙江生产建设兵团的知青回忆：

> （兵团）互有好感的男女知青，只能用最朴素的方式表达感情。割地铲地，一人一条垄，男知青干得快就回过头来接女知青；男知青衣服破了，被褥脏了，女知青就主动帮助缝补、拆洗。爱情是在日常交往中

---

① 陈向东：《山野上那些木棉花》，花城出版社，2013 年，第 86 页。

② 祝宪民：《青海生产建设兵团的兴衰——对青海农建师的调查》，《柴达木开发研究》1988 年第 2 期。

③ 刘小萌：《中国知青史·大潮（1966—1980）》，当代中国出版社，2009 年，第 512—513 页。即便在严格管制下，黑龙江生产建设兵团的知青，还是创造了谈恋爱的"游击战""持久战""地道战""草垛战""冷冻战""遥望战""拉锯战"（参见冰戈：《青春流浪》，中国言实出版社，2018 年，第 179—180 页）。在"禁止恋爱"的规定下，兵团知青男女在众目睽睽之下几乎没有隐私，更难以找到"谈恋爱"的空间。恋人到室外"说悄悄话"，冬天寒冷无比，夏天蚊虫猖狂。为克服蚊虫叮咬，"一对对恋人想出办法，捡些枯枝干草，生起一小堆火，靠烟火驱赶蚊虫，他们好偷得几分情，坐在烟堆旁悄悄聊天。宿舍旁通往无人处的小路边经常可以看到一小堆一小堆的灰炭堆，横七竖八架着几根未烧尽的黑树枝，成为知青恋爱路上的特征产物"（参见凡草主编：《天涯忆旧时——海外知青文集》，九州出版社，2013 年，第238 页）。

自然而然发生的，一点也不像电影那样浪漫。①

值得注意的是，多数知青没有农业生产、战备训练的经验，难免缺乏安全规范的相关培训，加上兵团管理方面存在的疏漏，结果导致部分知青出现生产事故及伤亡。1970年4月，黑龙江生产建设兵团39团20多名知青扑打荒火牺牲。5月，3团7名女知青沉船溺亡。11月，35团13名知青扑打荒火牺牲。其他生产建设兵团还有不少知青因忽视安全而牺牲的案例。此外，还有不少知青因其他原因而客死他乡。上海市知识青年历史文化研究会编写的出版物《生命记忆》，有名为《黑土留痕》的专门章节，记录了知青因疾病、事故、自杀、车祸、救助他人等而命丧黑龙江生产建设兵团的案例。②意外的出现，使兵团知青进一步产生患难与共的感情，强化了兵团知青之间的凝聚力，间接地催生了知青恋情的增长。

生产建设兵团对谈恋爱知青的处分都有哪些？目前没有找到直接史料作支撑。从经历者回忆中可以看出，谈恋爱的知青往往会受到以下处分：其一，"下放"，调到生活环境更恶劣的连队进行改造；③ 其二，"批斗"，从政治上和荣誉上给予羞辱，制造道德和精神的双重压力；④ 其三，"禁闭"，限制当事人的行动自由和人身自由。⑤ 上述三种处分方式，除带给违规者精神和肉体上的惩罚外，还让其他知青参加批斗，以便制造杀鸡骇猴的效果。

天津知青李建建，1971年初在黑龙江生产建设兵团自杀。其直接原因与因恋爱而受到批判相关。据她的父亲回忆：

> 李建建出生于1953年4月5日，下乡前是天津陈塘庄中学的69届

①　王丽丽主编：《星光满天的青春》上，上海人民出版社，2012年，第240页。
②　参见方国平：《生命记忆》，作家出版社，2014年，第521—539页。
③　后来成为相声演员的姜昆，在黑龙江生产建设兵团时，因为有文艺天赋和表演才能，本可成为16团的宣传队成员。但是，因为谈恋爱，破坏了兵团的规定，结果被下放到7连当炊事员。7连是条件比较艰苦的新建连，姜昆在炊事班，"每天起五更爬半夜，蒸馒头炖大锅菜，一身灰两脚水满大襟油，一时造得没个小青年模样儿"。参见赵国春：《荒野灵音》，北方文艺出版社，2000年，第28—29页。
④　在知青回忆录中有许多类似案例，通常情况多是"恋爱"＋"揭发"＋"批斗"的路数。而受到批斗的知青，此后的婚姻乃至人生命运都会受到影响。参见后文李建建案例分析。
⑤　内蒙古生产建设兵团的女知青"晓兰"，与马车班长、来自农村的复员战士"大黄"相爱，并准备向连队申请结婚。结果连队对女知青和复员战士分别给予关禁闭的处分，随后批判女知青为"大流氓大破鞋"，最后"交群众监督改造"，而复员战士大黄被遣送回河南老家。参见何岚、史卫民：《漠南情——内蒙古生产建设兵团写真》，法律出版社，1994年，第48—49页。

初中毕业生……

建建连队里有个从宁波来的男知青喜欢她，给她写了封求爱信，听说信里有 20 多个"爱"字。建建收到后把信藏在了炕席下。那时连队不许知青谈恋爱，和建建住同屋的一个天津女知青发现了这封信，就把它交到了连部。建建被定为"资产阶级思想恶性膨胀"，刘连长骂她不要脸，女副连长找她谈话，班里还开她的"斗私批修"会。建建做了检查，没有通过。她要求回家，连里没批准。如果批了，孩子就能熬过了那一关了。

当时建建特别孤独，没有人走近她、安慰她。在那个年代，一个涉世不深的女孩子怎么能承受得住这么大的压力？当时但凡有人和她说说宽心的话，她也不会走上绝路啊。想想我们做父母的也有责任，总把她看成是个小孩儿，要走上社会了，也没给她讲讲怎么处理感情上的事。相反，我对她一直很放心。1970 年 11 月 17 日她还参加过一次打火，被评为五好战士，好消息传到家里，我们都为她高兴，谁能想到她两个月后就自尽了呀。[①]

李建建的自杀，直接原因是黑龙江生产建设兵团对知青恋爱的管制。年龄尚不足 18 岁的李建建，本来因为爷爷和奶奶有"逃亡地主"帽子，已经在个人发展前途上受到挫折。参加兵团后，又因为男知青的求爱被定性为"资产阶级思想恶性膨胀"，受到公开的人格侮辱和批斗，这是她内心遭受重创并自杀的直接原因。

上海市知识青年历史文化研究会，在记录上百位黑龙江生产建设兵团知青生命轨迹的资料中，不止一次提到兵团知青的恋爱受挫、受批判的案例。其中引人注意的是，"史田慈，女，浙江舟山知青，生于 1953 年，1969 年到黑龙江兵团，具体单位不详。因谈恋爱被批判，忧郁成疾，第二年转为肝腹水，在北京医院死亡"。[②] 如该资料所示，史田慈 1969 年成为兵团战士时才 16 岁，不料却因恋爱问题受到批判，最终忧郁成疾、饮憾

---

① 朱维毅：《生命的兵团》下，世界图书出版公司北京公司，2015 年，第 762—764 页。
② 方国平：《生命记忆》，作家出版社，2014 年，第 535 页。

身亡。

如上文所述，导致兵团对知青恋爱实施严格管理的原因有很多，既与生产建设兵团具有"打仗、育人"和"屯垦戍边"的性质有关，又与上山下乡运动及计划生育政策提出的晚婚号召有关，还与兵团无法提供更多的住房和口粮有关。特别是后者，兵团的知青在上山下乡运动期间恋爱、结婚，意味着兵团须为"小家庭"提供住房，但是兵团用于安置知青的经费不足，难于解决知青婚后的住房问题。

1973 年，总参谋部、农林部的调查显示，全国 11 个生产建设兵团、3 个生产师，共有职工 292 万人。1969 年至 1971 年，国家对兵团投资 13.4 亿元，弥补亏损 7.8 亿元。1971 年，全国兵团的粮食平均亩产只有 200 斤。内蒙古、山东、江苏等以农业为主的兵团，粮食还不能自给。内蒙古生产建设兵团，原来只有 2 万人，两年内接收知青近 10 万人。1969 年至 1971 年，国家对该兵团的基本建设投资 2.33 亿元，弥补亏损 0.786 亿元。此三年间，该兵团平均粮食单产 80 斤，吃供应粮 2 亿斤。① 特别是 1971 年，兵团接收、安置知青数量庞大，并且时间紧、任务重，导致知识青年的住房、粮食供应等出现短缺。这些都给兵团管理造成压力。

住房紧张、集体生活，兵团知青没有避人耳目的隐私空间，花前月下的活动场所有限。据某知青回忆："一个连队的地号倒是不少、面积也不小，然而可以待得住人的场所就那些个，谁都数得过来：集体大宿舍吧，少则十来个人，多则几十个人，极少数也得挤他四五个人。大食堂就更甭提了，有二三百号人，一天三顿味道十足、非常热闹。再就是砖厂、油库、机修库、猪号、马号、材料库、粮库、学校、小卖部，当然还有连部、卫生所。要是在这些个人来人往、车来车往、牛出马进的场所谈恋爱，确实很难进入角色！"另外，兵团知青的生产劳动比较繁重，再加上恶劣的天气，更让长期劳累的知青极度疲倦、体力透支。即便有心恋爱，也"没地方谈、没气氛

---

① 《总参谋部、农林部关于生产建设兵团领导管理体制问题的调查报告》，农垦部政策研究室、农垦部国营农业经济研究所、中国社会科学院农经所农场研究室编：《农垦工作文件资料选编》，农业出版社，1985 年，第 802—803 页。

谈、没力气谈"。① 各兵团之间的情况存在差异，但是上述"三没"的情况却较普遍。更何况，兵团还对知青实施严格的恋爱管理。

1971 年林彪事件发生，这对兵团知青及兵团管理都产生不小震动。当年国庆节的《人民日报》头版上只有毛泽东的照片，缺少"亲密战友"的身影。政治嗅觉灵敏的知青，把此事同兵团战备形势结合起来考虑，猜测中央领导层"出事了"。10 月 24 日，中共中央决定将林彪事件向全国传达。随后不久，被公布的《"571 工程"纪要》提到，"青年知识分子上山下乡，等于变相劳改"，"红卫兵初期受骗被利用，已经发（衍字——引者注）充当炮灰，后期被压制变成了替罪羔羊"。② 林彪事件发生后，许多知青开始怀疑当年的"紧跟"与"高举"，"一系列耐人寻味的问题，启动了人们的自我思索，兵团战士开始从新的角度看待政治运动，看待上山下乡，直到看待生产建设兵团本身"。③ 从思想观念上，林彪事件给知青群体带来很大的冲击。1971 年 11 月 27 日，黑龙江生产建设兵团的知青崔积宝，在写给女友李桂茹（同为黑龙江兵团、分属不同团的知青）的信中清楚地提到，"连队也许是（因为）林彪倒了，这个四好连队不那么劲足了，平静得很。我现在自己可以利用的时间特别多"。④

林彪事件后，生产建设兵团开展"批林批孔"和"基本路线教育"，主要批判的是《"571 工程"纪要》中"知识青年上山下乡是变相劳改"的提法，同时还对知青反复进行扎根边疆的教育。不过，批判并未立竿见影，所谓"走工农相结合的道路"的教育效果也不显著。与此相反，越来越多的知青加快通过参军、上学、招工、结婚、病退等"回城"的步伐。

1972 年 1 月 13 日，内蒙古兵团的知青史卫民在日记中写道："过去总评，说是评四好，实际上是只评政治好，宣传政治好就有了一切，大搞形式主义，形成了每个连队、每个班排的矛盾，造成了许多人说假话、争名誉，

---

① 冰戈：《青春流浪》，中国言实出版社，2018 年，第 179 页。
② 中国人民解放军国防大学党史党建政工教研室编：《中共党史教学参考资料》第 26 辑，《"文化大革命"研究资料》（中），北京党史出版社，1988 年，第 652 页。
③ 何岚、史卫民：《漠南情——内蒙古生产建设兵团写真》，法律出版社，1994 年，第 217—218 页。
④ 崔积宝、李桂茹：《十年》，百花文艺出版社，2008 年，第 128 页。

各个连都大摆自己的优点，互相争风吃醋，造成了各连之间的不团结，使总评后许多人赌气、呕（怄）气，有的人评上了趾高气扬，没评上垂头丧气。说假话是最坏的！"① 为小团体争名夺利，在每个时期、每个地方都难避免。但是，为此形成每个连队、每个班排都有矛盾的程度，说明兵团的士气和人心已现崩塌的迹象。1 月 14 日，远在黑龙江的兵团知青李桂茹，在写给男朋友崔积宝的信中提到："现在我们连队思想特别混乱，青年大部分不安心，宿舍里空气很坏，看黄色小说，唱黄色歌曲，消极怠工，顶撞领导，开会学习没人去，开全连大会只到四五十个人。很不像样子！这似乎是当前的一股社会思潮。"② 李桂茹的信，再一次透露出林彪事件后兵团知青的心态走向。两位知青的日记和通信，在某种程度上预示着生产建设兵团命运的急转直下。

上山下乡运动初期，不少知青是站在反对恋爱行列的。在 60 年代末 70 年代初，有不少知青因满怀革命激情和"反修"理想，不少人视恋爱为肮脏和丑陋，真心认为这是资产阶级享乐主义的表现。"文革"前，全国范围开始提倡移风易俗、晚婚晚育。这对追求政治进步、积极响应国家号召的知青具有重要影响。长期受到传统革命教育并经历"文革"政治运动的知青，兵团的日常生活充满早请示、晚汇报、背语录、天天读活动，这些都在他们的内心世界留下烙印。

1969 年 3 月 6 日，李秀朋所在的第 4 师第 36 团第 16 连正式成立。当天，他在日记中兴奋地写道，"从今天起我们就正式跨入中国人民解放军的系列了！这是盼望已久的，也是了却当年没当上兵的遗憾"。"我们不能只从形式上跨入解放军序列，要从各方面以解放军的光辉榜样要求自己，锻炼自己，改造自己，使自己真正成为中国人民解放军行列中的一员。"③ "文革"的日记，未必是作者内心的真实反映。但是，对于未经挫折又没有太深城府的知青来说，日记有时又难以完全掩饰他们内心世界的流露。

---

① 史卫民主编，知青日记书信选编编委会编：《知青日记选编》，中国社会科学出版社，1996 年，第 177 页。
② 崔积宝、李桂茹：《十年》，百花文艺出版社，2008 年，第 131—132 页。
③ 史卫民主编，知青日记书信选编编委会编：《知青日记选编》，中国社会科学出版社，1996 年，第 30—31 页。

　　生产建设兵团在成立之初，被明确列入人民解放军的序列，"是用毛泽东思想统帅的一支开发边疆、建设边疆、保卫边疆的不脱离生产的人民武装部队"。1969 年，知青赵援朝在写给同学的信中提到，"内蒙古生产建设兵团是今年 1 月 24 日毛主席亲自批准成立的，毛主席的指示是，屯垦戍边。她的成立是毛主席的战略部署，有着伟大的现实意义和深远的战略意义。我们到兵团来，准备吃苦，准备打仗，因为兵团是个不脱离生产的武装集团，既是战斗队，又是生产队，还是工作队"。[①] 生产建设兵团聚集数量庞大的青年男女，很难避免他们之间互生恋爱。于是，兵团通常都是实行男女分开管理，按性别建立男班、女班，男排、女排。并且，生产建设兵团领导在知青刚进连队时，往往会宣布"生产建设兵团属于中国人民解放军序列"，"不许谈恋爱"。

　　然而，不同的知青，对于兵团类似禁令的态度如何？这是耐人寻味的问题。

　　研究者陈佩华（Anita Chan）提到，"文革"时期青年"积极分子"有"顺从的积极分子"（conforming activist）和"纯正癖的积极分子"（purist activist）两类。[②] 尽管这种分类不免有些模型化，但实际上确实存在为追求"政治正确"而积极顺从的青年，同时也存在为弥补出身或其他不足而紧跟指示的青年。具体而言，知青在上山下乡前长期受阶级斗争教育，所处环境往往是谈性色变、将男女恋情丑恶化（stigmatization），学校教育几乎没有正面提供恋爱婚姻方面的引导，确有知青给恋爱贴上不道德或不光彩的标签。上山下乡运动初期，不少知青不仅闭口不提恋爱二字，而且还将男女之间的爱情视为丑事和搞流氓。"知青刚下乡时是不准谈恋爱的。其实也不可能谈恋爱。我们连队，男女上海知青之间很封建，彼此连话也不讲的。男的

---

　　① 《赵援朝写给××、××同学的信》（1969 年 4 月 9 日），本书编委会编：《草原启示录》，中国工人出版社，1991 年，第 621 页。
　　② 其中，前者是一向追求政治正确、顺从领袖，几乎从不质疑上级的积极分子；后者则是由于家庭出身或其他政治缺陷，希望通过努力和积极表现而弥补的积极分子。参见 Anita Chan, *Children of Mao: Personality Development and Political Activism in the Red Guard Generation*, "introduction", Seattle: University of Washington Press, 1985, pp. 8-12.

只和男生讲话，女的只和女生讲话，就像读中学时一样。"①

为得到组织的肯定、一味追求政治正确，长时间可能会丧失怀疑的精神，从而成为陈佩华所说的"顺从的积极分子"。不许谈恋爱在变成兵团知青的充分条件时，将恋爱丑恶化、污黑化便成为兵团与知青的默契。黑龙江生产建设兵团的知青贺延光回忆，"在当时的环境下别说结婚，就是谈恋爱，也不是一件光彩的事，总会让人言论纷纷"。贺延光收到女知青写来的情书，"不仅不领情，反而很反感，好像受了什么侮辱一样。过了一段时间，我们老连队一个排长——哈尔滨知青，比我年龄大，到佳木斯办事来看我。我就把那封信拿出来给他看，还让他拿回去交给老连队的领导，说得好好帮助帮助她"。②贺延光将情书交给排长的真实动机，在于情书来往意味着两人已有"私情"。将情书上交给组织的举动，旨在向组织证明自己未受污染，用行动来自证健康和清白。

知青对兵团的规定只是一味服从，长时间将恋爱丑恶化的原则内化于心，是自断情丝的根源之一。内蒙古生产建设兵团的知青梁丽荣回忆："1969 年，我们响应伟大领袖毛主席上山下乡的号召，满怀崇高理想来到了内蒙古生产建设兵团。兵团领导三令五申：兵团战士不许谈恋爱，男女不许单独说话。心理定势形成了，我们认为，男女之爱是肮脏的，只有同志的情谊才是可贵的。"③政治身份带有优势的知青，通过服从组织、领导的三令五申来获得进一步的肯定。而政治身份不占优势的知青，则需要以更积极、更主动的行动赢得组织和领导的认可。因此，兵团知青的恋爱观念一方面受到"崇高理想"的影响，另一方面受到兵团三令五申的左右。在此背景下，他们对恋爱的态度形成顺应和紧跟两种趋向。

梁丽荣的回忆不仅提及兵团对知青的管理，而且还提及部分知青看待恋爱的观念。其中，后者不只是"文革"前期批判恋爱、将之视为"资产阶级腐朽思想"表现的延续，同时也是因为部分知青刚下乡不久，年龄较小、对

---

① 朱大建：《从故乡到远方》，文汇出版社，2018 年，第 28 页。

② 邢小群：《我们曾历经沧桑》，浙江人民出版社，2012 年，第 157—158 页。

③ 何岚、史卫民：《漠南情——内蒙古生产建设兵团写真》，法律出版社，1994 年，第 48—49 页。

恋爱婚姻认识较为肤浅的表现。

当然，知青在兵团期间不谈恋爱的真实动机要复杂得多，特别是对于部分务实型知青而言，他们拒绝恋爱的实际原因，还包含担心因在下乡期间恋爱、结婚而无法回城的事实。前文提及的黑龙江生产建设兵团知青贺延光，他在回忆中提到："我母亲就担心我在外面（兵团——引者注）搞对象、结婚。如果我结婚，和家里团聚的希望就一点都没有了。父母嘴上不这么说，冠冕堂皇的理由是：要响应号召晚恋晚婚啊！实际上，他们最担心的是我回不了北京。"①此处提及的担心，正是许多知青及其家庭同样都担心的问题。

苏州某农场的女知青，在回忆中也曾提及：

> 当时我们正年轻。记得有一次一个下乡到农场的南通大学生，走过我身边，冷不丁递了一张纸条给我，我被他吓着了。我下意识地接过来，回到宿舍一看，那纸条上居然画了许多一看就让人明白的谈情说爱的符号。我的心怦怦直跳，好像要从嘴巴里跳出来了。我脸上像有一团火烧到了，到处火辣辣的。我第一次拿到这样的纸条，真是忐忑不安，也浮想联翩。但是我父母再三叮嘱我在农场千万千万不能谈恋爱，我怎么能够违背呢？再说那时毛主席号召我们"接受贫下中农再教育"，我们也要听毛主席的话啊！再教育，那是肯定不能在农场谈恋爱啊！否则结了婚，拖儿带女，一辈子在农场，母亲肯定是舍不得的。考虑再三，我把这件事埋在心底。偶尔狭路相逢遇见他，我坦然置之，旁若无人。久而久之也就过去了。②

记忆与历史，是相互联系又相互区别的两个概念。记忆固然是建立在真实历史基础之上的心理活动，但是不能苛求当事人的记忆不出现偏差。不过，经历者对于某些刻骨铭心事件的记忆，往往有较高的可信度。上述回忆，是经历者第一次收到情书，而且还是一位大学生写给她的情书，这样的事情理应不会距离真实太远。至于经历者拒绝的理由，从上述回忆基本可以分为两方面，其一，是来自父母的叮嘱；其二，是来自领袖的号召。前者基

① 邢小群：《我们曾历经沧桑》，浙江人民出版社，2012年，第157页。
② 顾鉴明主编：《知青往事》，苏州古吴轩出版社，2018年，第245—246页。

本是以个人得失为中心的，后者却是以国家对青年的塑造为中心。"家"与"国"的双重压力，迫使经历者只能"把这件事埋在心底"。

无论是兵团知青，还是插队知青，通常下乡的地方都是偏僻、落后的农村或边疆。最初，知青怀抱"广阔天地，大有作为"的激情，对农村或边疆还抱有新鲜感，但是很快就因当地环境的恶劣、城乡间的差别产生挫败感。陈继宗是内蒙古生产建设兵团接收的天津知青，他后来在回忆中特别强调了下乡初期产生的"挫败感"：

> 1969年4月24日，我和我的许多同学，胸前佩戴着上山下乡光荣的大红花，在许多热情欢送人群的簇拥下，由天津登上一列开往内蒙古的专车，来到了内蒙古生产建设兵团。火车穿过长城，离开河北、山西，在内蒙古西北大地奔驰。第二天傍晚，来到了乌拉特前旗车站，我们陆续下车，分别编队，我被分配到二师十三团二连。胡连长走到我们面前，做了自我介绍，然后带领我们分乘几辆卡车，连夜行进。汽车沿着崎岖不平的沙路缓慢行进，耳边冷风嗖嗖，我们互相拥挤，由于寒冷、饥饿，我们谁也不说话，只有汽车的马达不时地发出轰鸣。26日凌晨，我们到达了连队所在地——刘贵。
>
> 刘贵的早晨寒气袭人，远处四周一片沙漠。一大早，李指导员就等候在连部门前迎接我们。他命令通讯员、文书给我们打饭、打水。一会儿功夫，饭拿回来了，辣咸菜条、玉米面饼子。锅炉房送来了热水，我们每人倒了杯开水，刚一入口，几乎不约而同地吐了出来。啊！苦涩的水。泪水伴着苦水难咽啊，许多人哭了，而且放声大哭。我把牙咬得很紧，独自一个人跑到百米以外的沙漠空地，仰天长叹。眼望着远处刚刚升起的红日，思绪万千。啊！兵团，我将在这里工作、生活、战斗。①

兵团所处的边疆与天津这样的大城市之间，在交通、气候、饮食等方面都有很大落差。从生活环境相对优越的城市，到环境恶劣、生活条件差的边疆或农村，欢送的锣鼓声还在耳边，下乡不久的知青却在放声大哭。他们由

---

① 何岚、史卫民：《漠南情——内蒙古生产建设兵团写真》，法律出版社，1994年，第27页。

此产生回城的意愿，是人之常情。正如前文所示，担心回城受阻而拒绝在下乡期间谈恋爱，是许多知青及其家庭深藏不露的真实动机之一。报纸、电台等舆论宣传中经常提及的是，上山下乡运动的动机在于改造青年的思想、解决城市就业困难、缩小城乡差别等。①但是，上山下乡的动机主要是从"革命"和国家的角度着眼，与知青的眼前利益、实际生活距离较远。在"公"与"私"二者充满张力的情况下，部分知青为求得生存和发展的长远目标而放弃谈恋爱的近期目标。

一方面，生产建设兵团严格禁止知青的恋爱；另一方面，不少知青拒绝在兵团期间谈恋爱。但是，通过回忆资料来看，仍然有不少知青在兵团期间产生恋情甚至结婚。其背后的原因是什么呢？

首先，随着时间的推移，兵团知青的年龄已经接近或达到晚婚年龄的要求。特别是 1973 年以后，"老三届"的初高中毕业生的年龄已到 21—26 岁之间，明显超过 1950 年《婚姻法》所规定的男 20 周岁、女 18 周岁的年龄。按 1970 年代推行的计划生育政策，城市青年的晚婚年龄为男 28 周岁、女 25 周岁，农村青年的晚婚年龄为男 25 周岁、女 23 周岁。"老三届"的知青，有些人不仅满足《婚姻法》规定的结婚年龄，而且已经满足计划生育政策规定的晚婚年龄。按农村青年的晚婚政策，1966 年高中毕业的女知青应在 1970 年达到晚婚年龄。随后，每年都会有一批知青达到晚婚年龄。② 随着达

---

① 其一，"毛主席语录"中提及的，即"知识青年到农村去，接受贫下中农的再教育，很有必要"，并未详细地说理和论证。知识青年为什么需要接受贫下中农的"再教育"？"再教育"的内容是什么？这则语录并未具体交待。但是，从中可以看出上山下乡运动强调知识青年改造思想的必要性，同时也预示着"文革"前期的红卫兵运动正式偃旗息鼓。仍带有激情的青年主动响应号召，主要是缘于他们力争作社会主义"新人"，在农村的"广阔天地，大有作为"；其二，"我们也有两只手，不在城里吃闲饭"，揭示的则是大跃进运动失败后城市就业难的现实，这与城市大批知青的上山下乡不无关系。1969 年 1 月 13 日，《人民日报》发表的社论指出，"蹲在城里光吃闲饭，勤劳的双手就变懒了，饱满的政治热情就减退了，旺盛的革命斗志就消磨了，对劳动人民的感情就淡薄了"。社论的目的在于鼓励城里人"不吃闲饭"，却没有解释为什么城里有人在"吃闲饭"，背后间接道出城市就业不足、就业困难的现实。如果知青的上山下乡是因为他们在城里"吃闲饭"，这与"广阔天地，大有作为"不无矛盾；其三，"备战、备荒、为人民"及"缩小城乡差别、工农差别、脑力劳动和体力劳动差别"，是动员知青上山下乡、动员知青参加生产建设兵团经常使用的宣传。这些同当时中苏关系紧张、社会存在"三大差距"有关，其着眼点主要在国家战略、社会长远发展的角度。"备战、备荒、为人民"及"缩小三大差别"，对不少怀抱"革命激情"的青年充满吸引力，甚至有些青年学生写"血书"强烈表达下乡的意愿。但是，上山下乡运动的真实动机与宣传动员，存在理想与现实、国家与个人之间的差距。这是城市上山下乡运动难以顺利开展的原因之一，也是知青在兵团难以安心的原因所在。

② 刘小萌：《中国知青史·大潮（1966—1980）》，当代中国出版社，2009 年，第 503 页。

到晚婚年龄者越来越多，兵团仍然坚持一刀切，规定所有知青都不可谈恋爱，其说服力已经明显不足。

具有重要标志性的事件是，上山下乡运动的基调在 1973 年前后发生转折。为贯彻毛泽东给李庆霖复信的精神，[①] 1973 年 6 月 10 日，中共中央发出通知，要求各级党委加强对知青上山下乡工作的检查和领导。国务院派出多个调查组，分赴多地调查知青上山下乡的情况。6 月 22 日至 8 月 8 日，国务院在北京主持召开全国知识青年上山下乡工作会议。主要讨论解决知青在口粮、住房、医疗等方面的困难，加强对下乡知青的培养教育，坚决刹住走后门的不正之风，严惩迫害知青、强奸女知青的犯罪分子。

7 月 24 日，《国务院关于全国知识青年上山下乡工作会议的报告》中指出："要保护青年之间的正当恋爱和婚姻"，"要严格区分和正确处理两类不同性质的矛盾。"此报告的附件《关于知识青年上山下乡若干问题的试行规定草案》，特别提出"以前下乡插队的青年，凡是生活不能自给或者住房没有解决的，要认真抓紧解决。生活不能自给的，每人补助 100 元；没有建房的，每人补助 200 元"。"生产建设兵团和国营农场，也必须认真解决青年的住房问题。所需经费，应当用国家过去拨付的安置费解决。挪用了的，要追回。"8 月 4 日，中共中央将该报告转发到全国各公社、街道以上各级党委，传达到城乡广大群众和知识青年。并将附件转发到各省、市、自治区党委。[②]

1973 年夏天，全国知识青年上山下乡工作会议召开。这对此后全国的运动产生重要影响。这次会议将打击迫害知青的犯罪行为、改善知青生活条件列入议事日程，同时还暴露了上山下乡运动的阴暗面，明确提出"要保护青年之间的正当恋爱和婚姻"。这促使全国各地知青的思想、待遇、生活等方面发生很大变化。

内蒙古生产建设兵团，首先对高中毕业、中专毕业的知青放宽了谈恋爱的限制，各连队先后出现第一对结婚的知青夫妻。"一时间，交朋友、谈恋

---

① 1972 年底，福建省某小学教师李庆霖，关于知青上山下乡运动给毛泽东写了一封长信以示求助。次年 4 月，毛泽东在给李庆霖的回信中称："寄上三百元，聊补无米之炊。全国此类事甚多，容当统筹解决。"参见中共中央文献研究室编：《毛泽东传（1949—1976）》，中央文献出版社，2003 年，第 1658 页。

② 何东昌主编：《中华人民共和国重要教育文献（1949—1997）》，海南出版社，1998 年，第 1504、1505 页。

爱成了时髦的风气，所有的秘密在几天内就全部公布于众，人们突然发现原来暗地里隐藏了如此多的恋情，似乎大多数女战士都早已有了恋人，有的男士乃哀叹'地球已经被瓜分完毕'。"① 从地下到公开，再到"地球已经被瓜分完毕"，其速度之快超出想象。背后的原因，主要在于前期禁止恋爱及知青年龄的增长。前者成为知青进入恋爱的"截止阀"，后者则成为迫使知青涌向"截止阀"的强大推动力。中央政策的调整，犹如瞬间开启了"截止阀"，知青恋情在很短时间喷涌而出。

黑龙江生产建设兵团的情况与此相似。大部分知青已经 20 多岁，自身已经发育成熟。在男大当婚、女大当嫁的压力下，"一夜之间，红灯变成了绿灯。领导对知青谈恋爱睁一只眼闭一只眼，一些知青便乘势结起对来"。②1974 年春节，黑龙江兵团知青崔积宝在给女友的信中提到，"这些天来朋友、同学和领导都向我提疑义：'她怎么不来呢？''你怎么不去呢？'"。兵团不仅不再提及恋爱的禁令，反而回归恋人春节团聚的常识。崔积宝注意到，黑龙江兵团"春节这些天玩得挺凶，打扑克，下象棋，下军棋"。他在给女朋友的信中又重复并强调了一句："今年春节玩得厉害。"③ 由此可以看出，黑龙江兵团知青心态同样出现很大变化。

广州生产建设兵团的宣传队，知青恋人互以"表哥表妹"相称，他们之间的往来遵守秘而不宣的共识。"谁的表妹来了，表哥那间房的室友便自动回避，想出种种理由把空间留给他俩；若是来了表哥，表妹那间房的全体成员一准加菜庆祝。"④ "表亲"关系掩盖下恋爱，是宣传队公认的规则。宣传队有其特殊性，相比之下，其他兵团知青的恋爱则平淡得多，"不外乎是我帮你洗衫，你帮我打饭，假日里煲点糖水"。⑤

如前文所示，生产建设兵团的环境，多处于边疆地区，相对来说更加荒

---

① 何岚、史卫民：《漠南情——内蒙古生产建设兵团写真》，法律出版社，1994 年，第 329 页。

② ［美］杨瑞著，叶安宁译：《吃蜘蛛的人》，南方日报出版社，1999 年，第 286—287 页。杨瑞提及"到1972 年，北大荒的领导总算开了窍，意识到留住知青最有效的方法是让他们恋爱、结婚、生孩子"。其中的"1972年"，似为记忆偏差。

③ 崔积宝、李桂茹：《十年》，百花文艺出版社，2008 年，第 245—246 页。

④ 薛炎文、张雪杉主编：《知青老照片》（珍藏本），百花文艺出版社，2002 年，第 127 页。

⑤ 崔千行：《离当年梦想有多远》，南方日报出版社，2015 年，第 141 页。

凉和辽阔。恶劣的自然环境，再加上兵团繁重的体力劳动、闭合的生活空间，知青容易产生凝聚力和向心力。发育成熟的男女知青，即便来自不同城市，社会背景差别很大，但是相似经历和相近价值观，再加上长期共同劳动、互相关心，容易催生恋情。通常情况下，城市知青基本没有从事农业生产和战备训练的经验，更没有安全规范的相关培训，加上兵团管理方面存在某些疏漏，知青出现生产事故及伤亡事件在所难免。[1] 这些意外和伤亡案例，使兵团知青进一步产生患难与共的感情，强化了兵团知青之间的凝聚力和向心力，同时也间接催生了知青恋情的增长。

值得注意的是，不少知青的恋爱，是从探亲的往返火车上开始的。远离家乡的知青，探亲往返通常需要时间较长，而且随身携带的日常用品、土特产品、礼品等物品较多。互相结伙、搭伴而行，一方面可以解决长途旅行的无聊，另一方面增加男女青年相识的机会。作家叶辛提到："漫长的旅途，沉闷的空气，拥挤不堪的车厢，使一些不适宜长途旅行的人很容易犯病。有男知青胃痛了，细心的女知青会说我带着药，你要不要吃一粒？到了饭点，要买饭了，女知青会问：你想吃面还是饭，我到站下去给你带上来。更多的时候是娇弱的女知青犯困，昏昏欲睡，脸色煞白，不吃不喝只叫难受，男知青也会嘘寒问暖，表现出无微不至的关心。探亲旅途结束，他们也就相好的。"如上所述，云南兵团的男知青与贵州插队的女知青结婚，起初双方就是在探亲旅途中结识的。另外还有不少这样的例子，都是知青在探亲旅途中互生好感，谈起恋爱。[2] 乘坐火车的旅客，是个临时性的集体，没有兵团组织的管理和其他知青的监督，长途旅行又为男女知青提供了深入聊天的机会。从此角度而言，适龄知青的恋爱只要条件具备便会发生。

二、插队知青的婚恋管理

如上文所述，知青按安置方式主要分为插队知青（即到农村社队插队落户）和兵团知青（含到国营农、林、牧、渔场当农业工人）。插队知青和兵

---

① 方国平：《生命记忆》，作家出版社，2014 年，第 521—539 页。
② 叶辛：《上海传：叶辛眼中的上海》，新星出版社，2018 年，第 157 页。

团知青，在社会身份、经济收入、劳动条件、医疗福利等方面都存在明显差异。[①] 据插队知青称，"与那些远赴黑龙江、内蒙古或云南的统一穿着草绿色军服的建设兵团战士不同"，插队知青"都穿着各自的家常衣服"。前者是到边疆屯垦戍边，"像军人一样地参加建设和革命，过集体化的生活"；而后者"却是去接受贫下中农的再教育——散落到乡村去，像农民那样地生活"。[②] 两者之间，不仅存在"看起来"与"听起来"的差别，其他方面，插队知青的社会身份与兵团知青不同，他们是没有工资收入的农民，他们在农村从事农业生产是按工分分配口粮；插队知青的医疗保障与兵团知青不同，他们所处的农村多是缺医少药，农村卫生站多数只能提供低水平的医疗保健。这些，对插队知青的恋爱自然不会没有影响。

总体而言，1962—1979 年，插队知青占知青总数约 72.18%。其中，1973 年插队知青在知青中所占比例最高，达到 90% 左右。此外，1967—1968 年、1969 年，插队知青占比同样超过 80%。总体而言，除 1979 年外，1962—1978 年统计数据显示，插队知青占知青总数最低也达 54.19%（参见下列图表）。

图表 14：1962—1979 年插队知青的数量及占比变化（单位：万人）

年份	知青总数	插队知青	插队知青占比
1962—1966	129.28	87.06	67.34%
1967—1968	199.68	165.96	83.11%
1969	267.38	220.44	82.44%
1970	106.4	74.99	70.48%
1971	74.83	50.21	76.10%
1972	67.39	50.26	74.58%

---

① 插队知青与兵团知青的差别对待，对返城后的插队知青仍有影响。1982 年，第五届全国人民代表大会第五次会议召开时，人大代表庞淑兰、于桂兰、田秀英在《关于上山下乡插队知青待遇问题案（第 1751 号提案）》中提到："同是老三届知青，同是响应党的号召，参加兵团生产知青回城后一律按工龄算，而插队生产知青不算工龄，这样引起在其他待遇上不同，如分房、调资、劳保方面，都要考虑工龄，因此要求给予平等待遇，解决插队知青算工龄问题。"参见第五届全国人民代表大会第五次会议秘书处：《中华人民共和国第五届全国人民代表大会第五次会议提案及审查意见》（一），1982 年，第 1963 号。

② 周佩红：《我的乡村记忆》，上海远东出版社，2008 年，第 233 页。

（续表）

年份	知青总数	插队知青	插队知青占比
1973	89.61	80.64	90.00%
1974	172.48	119.19	69.10%
1975	236.86	163.45	69.00%
1976	188.03	122.86	65.34%
1977	171.68	113.79	66.28%
1978	48.09	26.04	54.19%
1979	24.77	7.32	29.55%

资料来源：于立波主编：《共和国知青》，辽宁人民出版社，2008年，第511页。

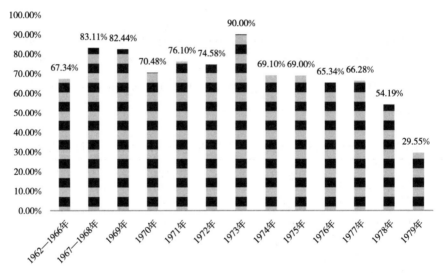

图表15：1962—1979年插队知青的占比变化示意图
资料来源：于立波主编：《共和国知青》，辽宁人民出版社，
2008年，第511页。

知青到农村、牧区插队，主要分为集体落户、单身插队两种形式。集体落户，原本主要以公社、大队为主建立"青年点"。在"青年点"，知青结成小组（每组5—8人），共同生活、学习、娱乐。"文革"前，《人民日报》认为知青集体插队更有优势，"便于知识青年在生产上发挥突击作用；便于对下乡青年加强领导，加强思想政治工作；人多了，也便于一同起伙吃饭，便

于管理生活；集体插队还适应青年人爱过集体生活的习惯，便于组织他们学习政治理论、农业技术和文化知识，使大家互相帮助，共同进步"。① "文革"开始后，由公社、大队建"青年点"的安置方式受到批判，理由是"青年点"会导致知青"从'旧学校'的深宅大院刚冲出来，就又被关进大队'青年点'的深宅大院"。为此，提出的解决办法是，"把点建在生产队"或者"大队建点，集体插队"（十几人集体插入到生产队中去）。②

"青年点"设在生产队，便于知青与农民之间的交往。知青吃、住、劳动、学习都在生产队，增强知青对农村、农民的了解。不过，生产队干部文化水平、政治素质、管理能力参差不齐，对国家知青政策的了解和执行有很大区别。有的地区，知青被视为"毛主席派来的人"，不仅在政治上被给予特别的照顾，而且在生活上还给予资金、物资上的帮助和支持。但是，有的地区，生产队干部往往更关心邻里乡亲的利益，难免令下乡知青的窘境雪上加霜。另外，"青年点"设在生产队，国家安置知青的经费会大部下拨到生产队，这无疑会增加被挪用、侵占的可能性。并且，知青的生活完全限制在生产队，他们人少力孤、无力抵抗外部压力，自身权益更容易受到损害。因此，"青年点"设在生产队，增加了同工不同酬、居住条件差、生活不能自给等现象的出现。特别重要的是，知青集体户分散居住的形式，使女知青更容易沦为逼婚、蹂躏的对象。③

知青单身插队，包括"投亲靠友"和"返回原籍"等形式。前者主要是指知青父母原籍在农村，农村尚有亲友可投靠，经亲友所在社队同意而被接纳安置。"投亲靠友"的形式，可以节省经费、容易操作。知青投靠的对象，如果是近亲且下乡时间较短，尚有一定的可行性。否则，容易因经济利益、生活习惯等原因招致投靠农民的反感或抵制。除"投亲靠友"外，单身插队的还有"返回原籍"知青。他们是"文革"前下乡的城市知青，他们在"文革"初期回到城市参加串连或其他政治运动。在上山下乡运动中，受到强大舆论和政治

---

① 《向集体插队的知识青年致贺》，《人民日报》1964 年 8 月 31 日第 2 版。
② 辽宁省新金县革命委员会：《下乡知识青年必须由贫下中农给以再教育》，《人民日报》1968 年 12 月 6 日第 6 版。
③ 刘小萌：《中国知青史·大潮（1966—1980）》，当代中国出版社，2009 年，第 197 页。

压力，又不得不返回农村参加劳动。① 分散插队的知青，存在"农民化"或"牧民化"的可能。但是，1968 年底至 70 年代初，下乡知青人数过多、势头过猛，许多"青年点"的房屋无法落实，因此推动这种"分散插户"现象的增加。②

插队知青到农村生活存在各种困难，特别是在住房、口粮、生活用品等方面更是如此。按照国家规定，知青下乡时专门有安置费用，以便能尽快在农村安定下来。无论集体插队还是单身插队，这笔"安置经费"都很重要。"文革"初期，仍按照 1965 年的标准施行：即单身插队的，南方每人 230元、北方每人 250 元；上山新建集体所有制的生产队（场）每人 400 元；成户插队的，南方每人 160 元、北方每人 180 元，跨省插队的每人另加旅远费20 元。③ 如果这些补助没有被挪用或侵占，尚能支撑知青下乡时购买简单家具、厨具等开支。1968 年底，上山下乡大潮到来，知青安置经费有不小降幅。1969 年，中央安置城市下乡青年领导小组办公室，召开跨省区安置下乡青年协作会议。会上，重新调整了安置经费，单身插队的标准不变；成户下乡的，南方降为每人 130 元、北方降为每人 150 元；到新建、扩建国营农林牧场，由每人 500 元降到 400 元。④ 1970 年 8 月 20 日，财政部《关于安置经费的开支标准和供应渠道的试行意见》，基本按照上述会议确定的标准执行。⑤

"李庆霖事件"发生后，1973 年 6 月 10 日，中共中央下发（73）21 号文，要求各级党委认真学习毛泽东给李庆霖的复信，对知青上山下乡工作严格检查，加强领导，总结经验，上报中央。8 月 4 日，中共中央下发《关于知识青年上山下乡若干问题的试行规定（草案）》，大幅度提高安置费的补助标准。

① 孙成民：《四川知青史》，四川人民出版社，2015 年，第 43 页。

② 刘小萌：《中国知青史·大潮（1966—1980）》，当代中国出版社，2009 年，第 194—196 页。

③ 按照财政部、中国农业银行总行《关于 1965 年安置经费管理的几项规定》（【65】财政字第 109 号）规定的标准：单身插队的，南方每人 230 元、北方每人 250 元；上山新建集体所有制的生产队（场）每人 400 元；成户插队的，南方每人 160 元、北方每人 180 元，跨省插队的每人另加旅远费 20 元。参见《国家及山西省不同时期对城镇知识青年上山下乡安置经费的补助标准及办法》，刘晋英：《历史如是说：山西省知识青年上山下乡史录》，当代中国出版社，2016 年，第 571 页。

④ 顾洪章主编：《中国知识青年上山下乡大事记》，中国检察出版社，1997 年，第 85 页。

⑤ 此外，家居城镇回乡落户的（不包括社来社去的毕业生）每人补助 50 元；按照计划，组织跨省、跨大区下乡的，每人分别另加路费 20 元、40 元。从关内跨省向高寒地区插队的，每人补助冬装费 30 元（到国营农场的，由本人自理）。参见《关于安置经费的开支标准和供应渠道的试行意见（草稿）》，湖北省供销合作社编：《供销合作社财务文件选编》，1976 年，第 436 页。

首先规定，以前下乡插队的知青，凡是生活不能自给或者住房没有解决的，要认真抓紧解决。其中，生活不能自给的，每人补助 100 元；没有建房的，每人补助 200 元。所需经费，应当先用国家过去拨付的经费结余调剂解决，不足的部分，再由国家财政增拨。1973 年起，经费开支标准调整为：城镇知识青年回农村老家落户的、到农村插队和建立集体所有制场（队）的，南方各省每人补助 480 元；北方各省（包括苏北、皖北）每人补助 500 元。到内蒙古、新疆等地牧区的，每人补助 200 元。到生产建设兵团和国营农场的，每人补助 400 元。此外，按新标准计划，全国平均每人补助将近 500 元。其中包含，建房补助 200 元左右，生活补助费 200 元左右，农业、家具补助费，学习材料费，医疗补助费，运费和其他费用共计 100 元左右。[1]

1973 年 7 月，国务院知青办《知识青年下乡经费使用管理方面存在的问题》显示，1962—1972 年国家为城镇知青上山下乡拨付的经费共 25 亿元，实际开支共计 21 亿元。[2] 这些经费，目的在于帮助插队知青解决下乡期间的生活困难。但是，知青仍遇到生存、生活上的许多难题。

首先，安置经费不足以抵付知青建造住房、购买农具和家具的支出，还需要地方拨付专门款项来帮助他们解决困难。建造住房的支出，在国家支付的安置经费中占很大比重。此举目的在于减少插队知青带给农村的经济困难。事实上，确有不少插队知青在当地农民的帮助下建起独立居住的新房。[3] 从山东省的统计数据来看，1973 年前后，全省下乡知青 70% 解决了住房问

---

[1] 《关于知识青年上山下乡若干问题的试行规定草案》，政协汉源县委员会编：《雅安知青史料》，政协汉源县委员会，2008 年，第 412—413 页。

[2] 刘小萌注意到，1981 年 3 月国务院知青办《全国城镇知识青年上山下乡统计资料》显示，中央财政拨款的 25 亿元，实际开支为 19.9 亿元。"文革"前城镇下乡知青 129 万人，按每人安置经费 230 元估算，约开支 3 亿元。参见刘小萌：《中国知青史·大潮（1966—1980）》，当代中国出版社，2009 年，第 192 页。

[3] 不同地区建造的知青住房的质量有很大区别，这不仅取决于当时的既成事实，还受到记忆者的主观影响。四川乐山的知青称，"知青的住房虽说是上级拨款，加生产队资助盖成的，比那位老大娘的稻草屋也好不了多少。知青们的床极其简陋，几根床方上知青们砍了一些竹子稀稀落落搭在上面，再铺上一层草垫和草席"（冯克力主编：《老照片》第 100 辑，山东画报出版社，2015 年，第 142 页）；山西省万荣县万泉乡的"记忆"则是，"20 名知青被分别安置到了尉进财、曹英民、李小建等 4 户社员家的窑洞里。4 户社员家的窑洞都有土式火炕，冬天可以用柴火烧土炕取暖"。后来，"经过半年多时间，最终一共打凿成窑洞 20 多孔，除安排知青宿舍外，还配备了库房、活动室、会议室等。为了防止土窑洞因下雨而淋湿门窗，村里还决定，知青们居住的窑洞一律用青砖卷门口，再把崖面用青砖砌到高过窑门口以上，这种土窑洞的修整方式被当地群众称作'砖锁门口'和'缠腰崖面'"（参见畅大成、薛勇勤主编：《万荣记忆》，山西人民出版社，2015 年，第 388—389 页）。

题，90%老知青（1972 年下乡）有固定住房。但是，知青已建住房有不少质量较差，甚至有的缺少院墙、有房无门，部分缺少伙房、猪圈、厕所等。此外，还有盗窃、挪用、贪污建筑材料和资金的现象发生。1973 年的调查显实，山东省发生盗窃、挪用知青建房用木材 362 起、1085.5 立方米，贪污、挪用建房资金 287 起，共 392524 元（其中贪污 15731 元）。有的被县级挪作建造招待所、服务楼、礼堂，有的被公社、生产队挪用建造办公室、仓库、学校，还有的被部分干部贪污或挪用，给自己做了家具、嫁妆、棺材。[①] 尽管存在上述问题，但是从统计数据来看，山东省在解决知青住房问题上仍有不小成绩。1980 年，上山下乡运动接近尾声，山东省变卖处理的知青住房数量相当可观，共计 133231 间（参见图表 16）。从 1964—1979 年全省插队人数和变卖房屋的比例来看，山东省插队知青的情况应算较为优越。[②]

图表 16：山东省城镇知青上山下乡建房情况统计（1964—1980）

年度	当年新建房		年底尚未建房人数	变价处理房间数
	间数	平方米数		
合计	474987	1589903	183984	140602
1964—1973	35000			
1974	12287	142105	43562	
1975	55861	606105	60669	
1976	34970	575879	38707	
1977	12985	157148	26565	
1978	8071	97646	12010	
1979	813	11020	2471	7371
1980	679	16400		133231

资料来源：山东省劳动局地方志办公室：《山东省劳动志稿》（二），1988 年，第 58 页。

[①] 山东省劳动局地方志办公室：《山东省劳动志稿》（二），1988 年，第 57—58 页。

[②] 目前没有 1980 年山东省插队知青的准确统计数据，但是 1964—1979 年全省历年插队人数的总和为 398021（参见金光耀、金大陆主编：《中国新方志知识青年上山下乡史料辑录》第 4 册，上海人民出版社、上海书店出版社，2014 年，第 2340 页）。考虑 1979 年插队人员大幅减少及历年插队人数有不少后期已经回城，所以 1980 年全省知青的总人数应大大少于 398021。

但是，有些省份，知青的住房谈不上乐观。有些农民认为，知青不会长期在农村扎根，不值得为他们花费时间和财力修建新房。因此，接收知青的社队不热心为知青建造住房。解决办法大多是，腾空或维修社队原有公房、租借农民不用的闲房等。据 1976 年的统计，全国插队知青没有建房的有 95万人。其中，江苏、安徽、四川、吉林四省的调查显示，已婚的 22 万知青中，没有建房的达 10 万之多。① 1973 年四川省的数据统计显示，全省下乡知青 470902 人，修建房屋的 218757 人，只占全部下乡人数的 48%。尤其是重庆、绵阳、阿坝州、达县，多数知青都没有建造住房。四川省革委会毕业生分配组的文件显示，有的知青一直住在四面透风的茅草棚，有的甚至住在猪圈、牛棚，有的因为没有床板而睡在地上。由于住房简陋、不安全，知青的粮食、衣物、被褥等财物被盗现象屡有发生。② 为全国数量庞大的知青提供住房，需要开支的金额巨大，还需要调用木材、水泥、砖石、人工等，单靠国家拨付的资助经费往往不够，公社、大队、生产队为此支付财力、物力、人力，往往遭到农民的抱怨。这是部分生产队无心为知青建造新房的重要原因。③

解决插队知青的住房问题，是促使插队知青尽快安居乐业的关键步骤之一。但是，安居未必能乐业。"文革"前开始，公众舆论号召下乡知识青年必须过好"三关"，即"思想关""劳动关""生活关"。④ 这是插队知青必须面对的三大考验。

"思想关"是插队知青需要克服的最关键一步。1968 年 12 月 22 日，《人民日报》发表的"毛主席语录"，全文是"知识青年到农村去，接受贫下中

---

① 刘小萌：《中国知青史·大潮（1966—1980）》，当代中国出版社，2009 年，第 525 页。

② 孙成民：《四川知青史》，四川人民出版社，2015 年，第 265—269 页。陕西插队的知青马松涛在日记中也提到，他们的房屋在雨夜里竟然被"偷"，而失窃的只是菜油、煤油、醋精、辣子、咸菜、碱面、食盐等日用品。参见史卫民主编，知青日记书信选编委会编：《知青日记选编》，中国社会科学出版社，1996 年，第 62 页。

③ ［美］托马斯·伯恩斯坦著，李枫等译，夏潮校：《上山下乡：一个美国人眼中的中国知青运动》，警官教育出版社，1993 年，第 164 页。

④ 1964 年 3 月 10 日，《人民日报》刊登天津市初中毕业生赵贵金（后更名为赵耘）到农村下乡就业的报导。报导称，赵金贵 1957 年下乡当农民以来，在"熟悉了农民的思想感情，学会了农民的劳动本领"后，才取得农民的"资格"。报导称，赵金贵下乡 6 年、"取得农民的资格"的经验，是"过好劳动关，过好思想关，过好生活关"。报导最后号召，"知识青年到农村去，一方面要改造客观世界——建设社会主义的新农村；一方面要改造自己的主观世界——工农化"。参见曹宪文：《取得农民的资格》，《人民日报》1964 年 3 月 10 日第 6 版。

农的再教育,很有必要。要说服城里干部和其他人,把自己初中、高中、大学毕业的子女,送到乡下去,来一个动员。各地农村的同志应当欢迎他们去"。这段文字不长,却至少涉及三类人的"思想关"问题。

其一,这段"毛主席语录"的文字表述,号召城镇的知识青年克服自己的"思想关",积极地到农村去,积极地接受贫下中农的再教育。1966 年 5 月 7 日,毛泽东在给林彪的信中(即"五七指示")指出,学生"以学为主,兼学别样,即不但学文,也要学工、学农、学军,也要批判资产阶级。学制要缩短,教育要革命,资产阶级知识分子统治我们学校的现象,再也不能继续下去了"。① 毛泽东对青年学生寄予厚望,希望他们不只是学习科学文化知识,同时还要兼具工业生产技术、农业生产技能、军事作战能力。按照毛泽东的指示,中国社会的发展目标被确定为:消灭社会分工和行业差距,"亦工亦农,亦文亦武"。同时,限制和消灭商品生产,在大体平均的基础上实现军事共产主义。这样的社会理想,自然与当时紧张的国际局势特别是中苏关系有关,同时也与中国共产党"以农村包围城市"的革命经验密切相关。

其二,上述这段"毛主席语录"提到,"要说服城里干部和其他人,把自己初中、高中、大学毕业的子女,送到乡下去,来一个动员"。这里提及的"城里干部和其他人",自然是指毕业生的父母(或其他家人)。青年学生的父母,对子女下乡插队的看法有很大区别。与参加生产建设兵团和到国营农(林、牧、渔)场工作相比,到农村插队的多数知青待遇更差、生活环境更恶劣。相比之下,投亲靠友或回原籍的知青,如能得到农村亲友的关照可能还会好些。如果子女到偏远、落后、举目无亲的农村插队,多数父母不会没有顾虑。不过,在上山下乡运动中,很少有人敢公开反对。"你如果不去(下乡),首先家庭就不得安然,居民委员会和学校领导会三番五次去动员,有的还敲锣打鼓,在门口贴红喜报,闹哄哄的让你吃不好饭;家长在单位也

---

① 《中共中央转发毛泽东同志给林彪同志的信》,附件《毛泽东同志给林彪同志的信(对军委总后勤部〈关于进一步搞好部队农副业生产的报告〉的批示)》,何东昌主编:《中华人民共和国重要教育文献(1949—1997)》,海南出版社,1998 年,第 1396 页。

会被领导叫去谈话、动员。有的地方还发生抢户口本强行迁户口的事。"① 并且，报刊、电台等媒体还广泛宣传，"支持不支持子女到农村去接受贫下中农的再教育，这是执行什么路线、走什么道路的大问题，是忠不忠于毛主席的具体表现"。② 无论真实想法如何，父母都不敢公开表示反对。在下乡落户只是早晚、批次的问题时，他们宁愿子女能挑选合适的地方尽早落户。另外，城市机关、事业单位的干部和职工，被下放到农村或到干校参加劳动的比例很高。他们在乡下尚且自顾不暇，对子女的关心是心有余而力不足。还有一部分在运动中受到冲击的父母，他们宁愿子女逃离城市、避免受牵连。③ 当然，不可否认的是，也有不少领导干部积极支持子女到农村插队落户，类似"上山下乡的促进派"也不罕见。

其三，1968 年底发表的"毛主席语录"，特别提到"各地农村的同志应当欢迎他们去"，显然针对的是农村对待前来落户知青的态度。尽管有不少知青在农村受到冷遇甚至虐待，但是整体而言，被认为是"毛主席派来的"知青，在农村多数受到较好的待遇。有的知青回忆，下乡初期生产队安排他们到各家各户轮流吃饭，"吃饭时，每家的农民群众都派人来叫我们去，他们都很热情地招待我们"。④ 作家阎连科回忆，知青在插队的农村受到特别对待。他们被安顿在特意收拾干净的大队部里，吃饭是农民"顿顿细粮白面"的"派饭"，"一家一个、两个知青，一般是一派一周，每周换户"。⑤ 受到较好教育的知青，拥有的知识储备和接受新鲜事物的能力，同时还可以帮助农村解决种子、机器、化肥、农药、就医等问题。并且，知青与城市的联系渠道，可以帮助农民解决其他生产或生活上的难题，这些更为农村的干部和农民所看重。整体而言，知青在农村受到欢迎的现象更为普遍。不过，在部分

① 陈寿昌：《插队去》，中国人民政治协商会议山西省稷山县委员会文史资料研究委员会编：《稷山文史资料》第八辑、第九辑，山西省稷山县政协文史资料研究委员会，1994 年，第 49 页。
② 《坚决支持儿女走毛主席指引的光明道路》，《人民日报》1968 年 12 月 23 日第 2 版。
③ 据到白洋淀插队的北京知青回忆，"我所熟悉的同去落户的学生中，80%以上是'文革'中落难家庭的子女，且许多是有文化背景的家庭，甚至是名门之后"。参见杨桦：《白洋淀插队回忆》，刘福春、贺嘉钰：《白洋淀诗歌群落研究资料》，中华文学史料学学会、北京师范大学国际写作中心，2014 年，第 42—44 页。
④ 缪修和：《知青岁月忆》，中共云南省委党史研究室编：《云南知识青年上山下乡运动》，云南大学出版社，2011 年，第 248 页。
⑤ 阎连科：《我的那时代》，北岛、李陀主编：《七十年代》，生活·读书·新知三联书店，2009 年，第 396 页。

人多地少的地区，知青到农村落户形成与农民争耕地、争工分、争口粮的情况，生存受到影响的农民对知青的到来也有不满，甚至部分地区出现轰赶知青的现象。①

从知青、知青父母、农民三个角度来看，上山下乡运动的深入有不小阻力，运动触及者对此认识亦有较大差异。政策制定者希望通过运动实现缩小"三大差距"、推动知青"接受贫下中农再教育"的双重目标。但是，这两个目标的实现却非易事。特别是，知青"接受贫下中农再教育"的目标含糊不清。基本上，农民很难对知青施以文化知识方面的教育，忆苦思甜等形式的阶级教育固然有效，但是对城市长大的青年有多大适用性，值得进一步思考。

不可否认，长期受到"工农相结合的教育"影响的青年学生，他们的上山下乡带有浓厚理想主义色彩。1967 年 10 月，北京中学生曲折、郭兆英等10 人，赴内蒙古下乡前在天安门金水桥畔的宣誓，就有"走和工农相结合的道路，决不回头"之类的誓词。曲折回忆，"宣誓以后上了车，没有一个人哭，心里充溢着一种很崇高的使命感，我们要去做一件很伟大的事业"。② 延安插队的北京知青吕青子，在日记中写道："一九六九年一月十七日，这是我一生中最难忘的一天。就是在这一天，我离开了首都——北京，离开了毛主席身边，在与工农相结合的道路上迈出了第一步。这一步将是我生活的新的起点，因为我将接受贫下中农的再教育。自己是否真学习了毛主席著作？还要在今后的大风大浪中得到严峻的考验！"③ 下乡初期，长期受革命传统教育、不了解农村现实的知青，许多人都拥有相似的理想和憧憬。

然而，长期贫困导致农民过度关注生存的实际，这给初入农村的知青当头棒喝。全国第一个红卫兵组织发起者之一的卜大华，1968 年到陕北当了插队知青。他后来回忆称："我当初参加红卫兵，真诚地相信，戴上红袖标，

---

① 政协成都市青白江区委员会编：《青白江文史》第 14 辑《上山下乡的印记》，2008 年，第 65 页。

② 曲折：《面对必然》，金大陆主编：《苦难与风流：老三届人的道路》（修订版），上海社会科学院出版社，2008 年，第 75 页；"'奋斗、求索'，始终是这代人的主题曲——曲折口述"，刘小萌：《中国知青口述史》，中国社会科学出版社，2004 年，第 84 页。

③ 史卫民主编，知青日记书信选编编委会编：《知青日记选编》，中国社会科学出版社，1996 年，第 17—18 页。

喊几句'反修防修'口号，在社会上冲几冲，就能破坏一个旧世界，建立一个新世界。"到陕北农村以后，他感觉从天上落到地上，这才认识到搞"文化大革命"同"人民的愿望相差十万八千里"。① 山西插队女知青燕陵生，在日记写道，"广大农民过的生活还是很差，不论物质上、精神上的快乐都是很少的，眼光还很低（狭）隘"。受贫困束缚的农民，眼光只盯着如何活下去的问题，"不少农民认为一年能吃几斤白面就满足了，各种错误的见识很多"。从此角度而言，她认为，"中国农民还没有彻底解放，没彻底站起来"。② 燕陵生后因"现行反革命"被关押，或许与她大胆触及农村严重问题不无关系。巨大的城乡差距使知青产生改变农村落后状况的雄心壮志，但也让部分人涌起畏难情绪，甚至产生尽早回城的打算。

与满怀理想的知青相比，部分被迫下乡的知青则现实得多。"文革"前，就存在"读书做官论"和"下乡镀金论"。1968 年底，上山下乡运动大规模到来。次年初，《人民日报》刊登的通讯员文章，一方面批评这两种观点，另一方面也提到社会上有种观点认为上山下乡没出息。"读书做官论"和"下乡镀金论"，涉及的只是下乡"目的不纯"的问题。与此相比，认为知青下乡没出息的观点，则直接否定下乡知青的前途和未来，与上山下乡运动产生截然对立。该文对此提出严厉批判，并指出"在无产阶级看来，知识青年无限忠于毛主席的革命路线，坚决走毛主席指引的革命化、劳动化的道路，同工农群众结合在一起，做一名有社会主义觉悟、有文化的普通劳动者，全心全意为人民服务，成为无产阶级革命事业可靠的接班人，这才是读书人最大的'出息'"。③ 事实证明，中国存在的巨大城乡差别、工农差别，让所谓下乡"没出息"的观点拥有很大市场。回城参加运动或探亲的知青，以农村的所见所闻及经历，讲述插队期间的种种困难和不顺，为后期上山下乡运动的动员带来巨大阻力。为完成动员任务，各地不再区别具体情况，也不再考虑自愿与否。动员毕业生上山下乡成为政治任务，其范围不再局限于人口众

---

① 中共中央党校党史教研部编：《中国共产党重大历史问题评价》第三册，内蒙古人民出版社，2001 年，第 2024 页。

② 史卫民主编，知青日记书信选编编委会编：《知青日记选编》，中国社会科学出版社，1996 年，第 20 页。

③ 本报通讯员：《谈"出息"》，《人民日报》1969 年 1 月 22 日第 3 版。

多的几个大城市，还扩大到所有的县城及县属小镇。① 与满怀理想的知青相比，被动员下乡的知青在回忆中经常提到离开城市前家人在火车站痛别的场景。② 动员之难、离别之痛，从侧面反映了知青及其家庭对待上山下乡运动的态度。

如上所述，上山下乡运动带有明显的政治色彩。运动的设计者希望知青到农村、边疆的艰苦环境中进行劳动，进而改造他们的世界观、提高"防修反修"的意识，"培养无产阶级革命事业接班人"。这是运动最初所体现的显著特征。

毛泽东关于"知识青年到农村去"号召发表的当天，《人民日报》在配发的长篇报导中强调指出："毛主席号召知识青年到农村去安家落户，接受贫下中农的再教育，这是反修防修的百年大计，是培养无产阶级革命事业接班人的根本措施，是缩小城乡差别的重要途径。"③ 从此角度而言，上山下乡运动是"文革"政治运动的一部分。它以送知识青年到农村劳动为手段，以加强知识青年"反修防修"意识、缩小城乡差距为目标，最终实现"培养无产阶级革命事业接班人"的宗旨。

送知青到艰苦条件下进行劳动，类似孟子所言，通过"劳其筋骨，饿其体肤，空乏其身，行拂乱其所为"，来达到提高青年人自我修养的目的。毛泽东年轻时提出的"文明其精神，野蛮其体魄"，主张年轻人应该主动让自己的身体遭受恶劣环境的刺激，达到锻炼身体、磨练意志的目的。④ "自信人生二百年，会当击水三千里"，青年毛泽东"战天斗地"的形象，激励着1949年后成长起来的一代人。内蒙古插队知青康星沙，在日记中写道："我这一辈子，就是要同广大贫下中农相结合，为广大贫下中农服务，就是要用

---

① 刘小萌：《中国知青史·大潮（1966—1980）》，当代中国出版社，2009年，第169—170页。

② 知青的回忆中，经常出现火车站送行的场面，"火车开动前站台一片凄厉的哭声，千万人之哭，一下子汇为一体"，"哭喊声、嚎啕声响成一片"，"那种声音真叫撕心裂肺"。朱伟：《下乡第一年》，北岛、李陀主编：《七十年代》，生活·读书·新知三联书店，2009年，第82页；李忠福：《下乡第一天》，政协延边朝鲜族自治州委员会文史资料与学习宣传委员会编：《延边文史资料》第13辑《难忘的岁月：上海儿女在延边》，辽宁民族出版社，2007年，第365页。

③ 《热烈响应毛主席的伟大号召，接受贫下中农的再教育——兰州、武汉大批中学毕业生去农村》，《人民日报》1968年12月22日第2版。

④ 李锐：《毛泽东的早期革命活动》，湖南人民出版社，1980年，第59—60页。

战无不胜的毛泽东思想，与天奋斗，与地奋斗，与人奋斗，就是要用战无不胜的毛泽东思想战胜在我前进路上遇见的一个又一个困难"，"农村肯定是有很多困难的，苦、累，看不到书、报，思想会有反复，甚至会后悔……等等。但是，我相信毛泽东思想能战胜一切困难。"康星沙鼓励自己，"得下决心，经过长期的甚至是痛苦的磨练"。① 通过日记的前后对比不难发现，知青康星沙希望在艰苦条件下磨练意志。这是直接受到毛泽东"战天斗地"精神的影响。

"文革"时期的中国农村，除部分特殊农村或国营农场外，整体的机械化程度特别低，一年四季的农业生产主要依靠人力和畜力完成。北京郊区插队的知青称，当地的"农活像盘大磨，套上，把人熬得眼睛发绿。这就是谁都赞美农民谁都不想当农民的原因。除了小推车上的胶皮轱辘和个把坏了没完的手扶拖拉机，我们的劳动方式和汉、唐祖先也差不太多"。② 远离城市的农村自然比北京郊区的条件更差，农业生产的体力劳动更辛苦。一般而言，农民的体力劳动主要为两类，一是特别繁忙的春耕、"双抢"（即"抢种""抢收"），一是农闲时的农田水利建设及修路、植树、积肥等劳动。城市长大的知青，多数没有劳动技术和技能，更缺少劳动锻炼和经验。一般体力较弱的知青，经不起沉重体力劳动的辛苦。知青无论上山下乡的决心大小，接触农活后往往会出现身体吃不消的现象。当时称这种现象为劳动"关口"。

麦收是北方农民最繁忙、最关键的季节，也是插队知青感觉最劳累的时候。有的地方俗语称，"宁扛一年包不割一晌麦"。意思是说，割麦比装卸货物、扛麻袋还要辛苦。麦收时节天气炎热，"太阳很毒地在半空炙烤，麦地里热气蒸腾，人还没动汗水已经将衣服湿透。麦芒刺扎人，再厚的衣服也能扎进去，经汗水浸泡，皮肤火辣辣地痒疼难耐。割麦时须身体半蹲，强度很大，再好的身板也会腰酸腿麻，一般人割几捆就要立身歇一会儿，期待着有一投凉风吹过来"。③ 通常来说，麦收需要抢时机，既要抢着天晴无雨的天气，又要防止麦穗熟过头、麦粒散落，收成打折扣。内蒙古乌拉特前旗插队

---

① 史卫民主编，知青日记书信选编编委会编：《知青日记选编》，中国社会科学出版社，1996年，第3页。
② 林鸣：《刺》，中国青年出版社，2008年，第136页。
③ 刘致福：《白果树下》，青岛出版社，2022年，第132—133页。

的知青回忆：

> 插队第一年的第一天麦收，我累得浑身酸疼，像散了架一样。我拖着疲惫的脚步回到知青屋，以为一上炕便会倒头睡去，谁承想，我在炕上辗转反侧就是睡不着，原来我是累过了头，精神极度亢奋……整整三个白天两个晚上没有睡着觉了，那可是 60 个小时呀！这个晚上我很耐心地让自己放松，到了半夜我终于睡着了。到第四天凌晨，我虽然只睡了三个来小时，但已精神大振，白天坐在地头吃饭时，望着眼前无边的麦田，心想这种或骄阳似火或披星戴月，每天只睡四五个小时的日子还得再熬六天多。我突然感佩起古人能用那么简约平实的诗句却那么形象真实地写出了劳动的艰辛："锄禾日当午，汗滴禾下土。谁知盘中餐，粒粒皆辛苦。"①

没有农业劳动的经验，紧张繁重的劳作，让初到农村的知青疲惫不堪。在北京郊区插队的知青同样认为，"麦收最累，怕雨，叫龙口夺粮。连轴转，累得连累都不知道了，结果有站着睡觉的，有走着睡觉的"。② 这样的经历，让知青深刻体验了农业生产的艰辛。

到农村插队的知青需要"过三关"，最考验体力、技能和耐力的，恐怕还是"劳动关"。主要依靠体力、手工劳动的农业生产，多数是简单且重复性高的劳动，但是仍然需要一定的技术、技能和经验。据插队知青分析，农业生产的劳动，"无论是间苗、除草、割麦、起圈、砍玉米，都是长时间的保持某一部分的肌体机械运动，很容易产生局部疲劳"。知青"初学农活动作僵硬，不会灵活的（地）倒手换手把握调节身体，做的时间稍微久一点就腰酸背痛"。③ 虽然农业生产都是简单体力劳动，但是知青与当地农民的差距十分明显。到延安插队的北京女知青李诗华，在日记中提到："冬去春来，春耕大忙时节到了。队里开始往山里送粪，这对我们

---

① 李小东：《小东淖：放不下的亲情》，中国国际广播出版社，2017 年，第 177—178 页。
② 林鸣：《刺》，中国青年出版社，2008 年，第 136 页。
③ 马范桥人：《下乡插队的知青岁月（7）过三关之二：劳动关》，https://www.jianshu.com/p/2d2cbc2bc349（2020 年 2 月 10 日）。

来说，是一个最早的也是最大的劳动考验。40°—70°的山坡，沉重的担子，累得我们一个个气喘吁吁的。看看社员们，满满的粪担，箭步如飞。"① 同样的劳动强度，知青却与农民相去甚远，多数知青挣的工分也比农民差很多。据山西盂县的插队知青回忆，参加积肥劳动女知青，"（担肥导致）肩膀压得又红又肿，扁担往肩上一放，那个痛劲真是让人难以忍受"。结果，女知青每天只记 2 分工分（核计 5.4 分钱）。"一年下来，连车费钱也挣不够，哪谈的上挣够自己的口粮钱，自己也养活不了自己。"② 固然，给知青计如此低的工分难免有失公平，但是缺少农业劳动技能、经验和体力也是知青明显的短板。

人民公社时期，特别是 1964 年毛泽东发出"农业学大寨"号召后，全国各地普遍开展农田基本建设、兴修水利，大力开展防洪抗旱建设，扩大农田耕种面积，提高农业作物的产量。但是，从整体来看，中国农业却存在生产投资不足、机械化程度不够，农业生产的劳动强度整体上并未比以前有明显减轻。大跃进运动时期，毛泽东在会见外宾时曾提出，"农业机械化可以加速，再到四至七年就可以用机械化装备我们的农业。不用过去想的那样久"，并称"不公社化，不机械化，中国没有希望"。③ 农业机械化可以改善农业生产的条件，大幅提高农业生产的劳动效率，降低农业生产者的劳动强度，促进农业增产、农民增收，使劳动者从繁重劳动中解放出来。但是，农业机械化解放出来的农民向何处去？如果他们大量涌入城市，这无疑与上山下乡运动的初衷相矛盾。

从国家经济发展的导向来看，1964 年秋季开始，中国经济建设的方针转向立足于战备，全国区域上被划分为一、二、三线，国家集中大量人力、物力和财力在二线地区进行大规模的、以军工为主的战略后方建设。整个"文革"时期，经济建设是围绕二线建设、国防建设展开的。二线建设和国防建

---

① 史卫民主编，知青日记书信选编编委会编：《知青日记选编》，中国社会科学出版社，1996 年，第 87 页。
② 金爱武：《我从潮流中走来》，山西省政协文史资料委员会编：《风雨阳光知青路》，中国文史出版社，1999 年，第 154—155 页。
③ 《毛泽东会见印度共产党总书记高士的谈话记录》（1959 年 2 月 12 日），参见祝志伟：《毛泽东农业机械化思想评析》，《中共中央文献研究室个人课题成果集（2012 年）》，中共中央文献研究室科研管理部，2012 年，第 31 页。

设，成为国民经济发展和产业结构变化的主导因素。三线建设的实施，延续到 1966—1975 年期间（1966—1970 年的"三五计划"与 1970—1975 年的"四五计划"）。"三五计划"主要以西南为重点，"四五计划"主要以"三西"（豫西、鄂西、湘西）地区为重点。三线地区的 11 个省、自治区的基建投资，占全国基建投资的比重达一半以上。三线建设主要集中于重工业，改善了中国工业的空间布局，对西南、西北等内陆地区的工业发展起到促进作用。①整个"文革"时期，在"加强战备"的口号下，过分强调重工业，造成国家经济结构失衡，农业严重落后于工业、轻工业严重落后于重工业。国家经济结构失衡，特别是忽略农业生产效率的提高，拖延了农业生产机械化的升级。这些使得农业发展滞后，农村缺少吸引力。这是插队知青纷纷产生离开农村念头的根源所在。

知青到农村插队后，遇到另一重要关口就是"生活关"。知青插队前基本都是生活在城市里的青年学生，衣食住行条件相对优越，并且受到父母、家人的照顾。插队知青下乡初期，往往都会遇到吃不了苦、不习惯、不会自理等难题。②

首先，知青插队后遇到最急迫的问题之一，是解决吃饭难题。1970 年 3 月，《人民日报》有一篇报导提到，上海七名知青到内蒙古科尔沁草原插队，"从繁华的城市来到偏僻的农村，由吃大米、白面到小米、高粱，是他们在生活上要过的一关。刚到农村时，他们虽说也有吃苦的精神准备，但慢慢地又流露出'过不惯'的情绪"。③报导提到的吃饭问题，是知青插队期间普遍关注的问题。城市与农村（包括南方与北方、沿海与内地、民族地区与非民族地区等），在粮油供应充足与否、供应品类的丰富程度、饭菜花样、饮食习惯等方面都有很大差异，知青刚到农村插队几乎都会出现吃不了苦、不习惯和不会自理的难题。

---

① 赵冲编：《维护产业安全，优化产业结构》，辽宁大学出版社，2010 年，第 71 页。
② 山西省阳高县罗文皂公社许家园大队革委会：《积极挑起向知识青年进行再教育的重担》，《人民日报》1969 年 8 月 6 日第 5 版。
③ 《扎根在边疆——记在吉林省通辽县中包大队插队落户的上海知识青年》，《人民日报》1970 年 3 月 14 日第 4 版。

原则上，插队知青第一年的口粮由国家供应。具体执行时，可从知青插队的第二个月到当季或下季分配粮食时，由当地粮食部门从统销粮中拨出部分专门供应。供应标准，按照知青所在生产队一般社员的实际吃粮水平，即生产队分配的口粮、超产奖励粮、自留地收获粮食的总平均数。[①] 知青所获口粮的多寡，视当地的土地贫瘠程度、粮食生产及管理情况而定。通常来说，知青在插队前没有多少农村生活的经验，初高中毕业生缺少操持家务的磨练。同时，部分农村对知青关心不够，甚至挪用他们的生活补助，下乡不久的知青便有挨饿的现象。陕北插队的北京女知青姜丹，在日记中写道：

> 我们刚来到队里（指生产队——引者注），一起度春荒的情景更是一幕幕地浮现在眼前。刚来时国家给我们供应几个月的毛粮，每月四十五斤。可能因为年轻长身体，或是干活吃得多，或许是计划性不够，总之，口粮极紧张。

> 到了晚上，每人只能喝两碗玉米糊糊或是蔓豆粥，蒸好的发糕或窝窝头挂在墙上，眼巴巴看着不能吃，因为这是第二天白天的口粮。老乡东拼西凑，甚至把仅存喂牲口的玉米也省下来凑给我们，仍是不够吃。我们和婆姨们学着挖野菜，回来包菜团子；学着掺上榆树皮擀杂面条；学着腌萝卜、蔓菁；学着用土豆做主食。

> 有一次，焦志延得了肠胃炎，吐得吃不了东西，我们从村头到村尾攒够了一碗白面给她做点细粮。记得我妈妈从北京寄来一斤做调料的虾米皮，打开包裹不一会儿，我们把它吃了精光。一次，队里放羊时摔死了一只小羊羔，送给知青煮煮吃，国维说，这是她有生以来吃到的最香的羊肉。[②]

在人多地少、土地贫瘠、粮食产量低的农村，本就经常出现口粮不足的现象。知青的到来，无疑增添了吃饭人口。在国家停止下拨知青专门供应粮食、生产队粮食产量没有明显提高的情况下，农村缺粮的情况只能是雪上加

---

①　刘小萌：《中国知青史·大潮（1966—1980）》，当代中国出版社，2009 年，第 191—192 页。
②　《姜丹日记》（1970 年 10 月 8 日），渭水编：《陕西知青纪实录》下册，太白文艺出版社，2017 年，第 490 页。

霜。同有生产经验的青壮农民相比，知青一年所得的工分普遍较低，最终分得的口粮自然要少。一般来说，生产队所评工分，是根据一个劳动力每年为集体所做贡献大小为标准。据知青的观察，农村男劳力的工分一般最高是 10分，他们是从事集体生产的中坚力量，凡是繁重和技术含量较高的农活都由他们来承担。成家后的男劳力，一般有生产经验和较好的体力，通常能评上 9.7 分到 10 分。未婚的男劳力，身强力壮或有技术的也能评上 10 分。参加劳动不久的十四五岁的男孩子，只能评 6 分、7 分。而插队知青，往往只能同已婚女性或刚参加劳动不久的孩子一样，多数只有 7.5 分，普通的才 7分。① 内蒙古乌拉特前旗插队的知青回忆，当年每日同农民一起到地里劳动，"村里的男劳力每天能挣 9 或 10 分，妇女们也能挣 7 或 8 分，而我用尽了洪荒之力也只是挣 4 分的水平"。② 知青的工分值，尚达不农村男劳力的一半，自然会严重影响能分到的口粮。

通常来说，知青参加犁、耕、耙、播、浇、锄、收等劳动的收益，主要取决于他们的工分值和出工多少。生产队的工分制与农村劳动人口的收益紧密相连。某生产队全部劳动力的经济总收入，扣除规定的提留和开支成本，就是参加分红劳动力的收益总金额。总金额除以总工分数，就是每个工分的分值。总金额不变的情况下，工分总数越高，分值就越低。反之，分值越高，年分红收入就越多。在生产队劳动的知青，要想有较高的收入，就必须多赚工分。多赚工分主要取决于两个途径，一是劳动技能的提高，二是多出工、少误工。据江西省南城县插队知青回忆，当地社员都希望天天出工，早工也不肯落下，都不想比他人少出工。"有一位社员有一天去了外村亲戚家喝酒，耽搁了一天，第二天在劳动中还在念叨因此少了一天的工分。大家劳动还真不会偷懒耍滑，谁这样，都会被指责，年底会降你的分值。"③ 没有劳动经验的知青，工分值本来就低，再加上探亲、伤病等因素耽误，年底分红常常不如生产队的其他青壮年社员。

并且，多数插队知青不会经营自留地，不能自产蔬菜瓜果作为副食补

---

① 容非：《那一年的冬至》，广东教育出版社，2017 年，第 121—122 页。

② 李小东：《小东漳：放不下的亲情》，中国国际广播出版社，2017 年，第 177—178 页。

③ 罗慈伟：《风尘云路》，九州出版社，2017 年，第 4—5 页。

充，口粮不足的严重性进一步增加。农民称自留地为"救命地""保命地"，有的甚至称"天大地大不如自留地大，爹亲娘亲不如自留地亲，千好万好不如自留地好"。同农民相比，知青对自留地的重要性认识不足，不懂得自留地关键时候能救命。当然，知青慢慢学会经营后，从自留地收获的粮食菜果确实也缓解了口粮严重短缺的状况。[①] 知青经常在日记和回忆中提及，插队时肚子吃不饱、缺少油水，需要家庭不时寄钱给予资助。陕西插队的知青称，当地每逢赶集的日子，"小饭馆生意兴隆，大都是知青光临"。集市上的货品通常便宜，但是知青来到延安后，"绝大部分是来买东西的"，因此引起当地物价上涨。[②] 该回忆提及的场景应该是 70 年代末至 80 年代初，但是也能约略反映此前的大致情况。

其次，知青插队后遇到的另一个重要问题是做饭。对于城市长大的知青而言，多数往往不清楚"柴"是农村取暖、烧水、做饭等必不可少的物资。插队知青多数生活在集体户中，集中食宿仍要解决烧柴问题。没有煤炭可用的农村，几乎家家户户都堆放着大小不一的柴火垛，"看柴火垛就可以知道这户人家的境况如何"，"凡是青壮劳动力多的家庭，那柴垛又高又大黑压压的多是隔年积存的老柴"。没有经验的知青，将茅草当作"柴"背回集体户，结果受到当地农民的嘲笑，称茅草"只怕连泡猫尿都烧不开"。[③] 当然，年轻力壮、生性要强的知青，在当地农民帮助下，可以做到"知青的柴垛是村里最高的、最大的"。[④] 但是，从懂得打柴到把柴背回集体户，知青仍然需要面对艰难的磨练。陕西插队的知青回忆称，当年插队的村子不但没有树，连草都少见。因此，他们打柴需要翻沟步行到七八华里外的陡坡。一路充满危险，"一滑就会掉到几十米的石崖下丧命"。对于没有经验的人来说，"打柴费体力，又是技术活。知青最难掌握的，就是一只手抡小镢刨柴根时，手里没有准头，爆发力不足"。打柴回来的路上，背着沉重的柴禾再步行七八里，"最后从驮水陡坡往村上爬的时候，腿直哆嗦，一步一停。到家一看

① 崔济哲：《又到界桥，又到界桥》，陕西师范大学出版社，2011 年，第 30、31 页。
② 渭水编：《陕西知青纪实录》下册，太白文艺出版社，2017 年，第 474—475 页。
③ 陈光中：《惠家河纪事》，当代中国出版社，2018 年，第 55 页。
④ 渭水编：《陕西知青纪实录》上册，太白文艺出版社，2017 年，第 267 页。

肩膀，皮肤渗血，镢头压得那块已变成紫色。虽是冬天，里面的棉毛衫和绒衣全让汗湿透了"。①陕西省长武县插队的知青马松涛，在日记中写道：

> 由于人口猛增，使长武地区柴奇缺。从刚解放至今，原先还在离我们三里的地方挖，又往后用扁担从十几里外担，再往后到几十里的地方担，先路边，后下沟，再到底，直到对面的渠中。目前几条沟已没有什么柴了！所以打一次柴要花费极大的劳动。此地农民讲柴是人油，一毫不差耳！②

从上面的内容不难看出来，仅打柴一项就需要花费如此大的辛劳。为艰苦地维持生存，知青还需要面临积肥、驮水、推磨、挖窑、修建房屋等方面的难题。知青在艰苦条件下，身体适应性差、缺少家人的照顾，插队期间的身体健康更容易受到影响。据称，知青除因生产过程中产生的伤残外，相对来说更容易罹患肠胃炎、风湿病、关节炎等病症。③

另外，农民如何看待知青及他们与知青的关系，对知青的插队生活同样至关重要。其一，上山下乡运动大规模开展后，很多农民将知青视为"毛主席派来的知识青年"，称他们是毛泽东送来的"革命小将"，想办法帮助他们、给他们特殊的待遇。④ 知青能够读书看报，可以熟练使用各种政治术语，再加上能言善辩，这些在农民看来具有天然的"政治正确"。特别是70年代前，这种情况在许多地方普遍存在。其二，知青同城市有着特殊的联系，他们可以利用原生家庭或父母在城市的社会关系，给生产队和当地农民提供帮助。生产队需要而无法买到的化肥、农药、种子等生产资料，知青可以利用城市的私人关系帮助解决。⑤ 作为酬劳或回报，生产队也会对知青报李投桃，给予生活上的帮助或参军、上学等机会。另外，农村物资供应贫乏，代"老乡"采购成为知青探亲回城最常见的一种"义务"。所购物品，小到有机玻

---

① 渭水编：《陕西知青纪实录》下册，太白文艺出版社，2017年，第710页。

② 史卫民主编，知青日记书信选编委会编：《知青日记选编》，中国社会科学出版社，1996年，第116页。

③ 盘锦市政协学习和文史委员会编：《知青在盘锦》上册，辽宁人民出版社，2018年，第15页；广东省作家协会：《粤海听涛》，花城出版社，2016年，第152页；

④ 卢品通主编：《孟津文史资料》（合订本）第16—20辑，中国人民政治协商会议孟津县第八届委员会，2012年，第18页；盘锦市政协学习和文史委员会编：《知青在盘锦》上册，辽宁人民出版社，2018年，第476页；谢爱临主编：《难忘的知青岁月》，贵州省遵义市政协文史与学习委员会，2013年，第309页。

⑤ 于志文：《岁月如歌：我走过的60年》，河北人民出版社，2015年，第6页；曾兆群：《为往事干杯——献给生活在那个年代的兄弟姐妹》，吉林大学出版社，2014年，第122页。

璃纽扣、牙刷、香皂、罐头、面霜之类的化妆品，大到呢子大衣、呢制中山装或人民装、布料、花布、被面、皮鞋、收音机等。[①] 在轻工业品和副食品稀缺的农村，北京生产的固体酱油（可加水冲兑作酱油使用）也成为知青成捆代购的物品。[②] 这些不仅是重要的生活物资，有的可能还是农民托人办事的礼品，有的则是结婚典礼必不可少的彩礼，在日常生活中发挥着重要功能。生产队的干部和农民，委托知青代购物品的前提，自然需要同知青建立密切的关系。其三，知青和生产队的农民长期共同生产、共同生活，渐渐出现"农民化"的趋势。在此情况下，农民对体力差、经验少的知青给予特别帮助，安排他们从事轻体力劳动，从工分上给予照顾。总之，知青从五谷不分到成为生产能手，从肩不能挑、手不能提的青年学生成长为自食其力的"整劳力"，离不开生产队干部和社员的关心和帮助。

然而，知青群体人数庞大、情况复杂，部分知青与农民难免存在观念上的差异。有的农民反感知青歧视农村、缺少生产常识、好吃懒做等，有的知青反感农民的自私、狭隘、落后及其他不齿的习惯等。知青下乡前受到动员人员的欺骗，下乡后感受到城乡之间巨大的差别，在举目无亲、生活困难、回城无望的情况下，难免产生悲观沮丧的情绪。知青下乡前存在的派系和矛盾，下乡后很容易发展为拉帮结派、寻衅滋事、打架斗殴。作家史铁生提到，当年插队的时候，"知识青年中打群架的事不少。满怀豪情壮志去插队的人毕竟是少数"。[③] 在山西陵川当地人的记忆中，某地的知青"动不动就惹事（是）生非，好打群架"，不仅知青点之间打群架，而且还联手同当地的青年农民打架。当地人都说："××知青又来了，可不要招惹人家呀。"[④] 云

---

① 叶辛：《上海传：叶辛眼中的上海》，新星出版社，2018 年，第 147、179 页。

② 刘仰东：《红底金字——六七十年代的北京孩子》，中国青年出版社，2005 年，第 237 页。

③ 史铁生称，上山下乡运动时，"工宣队为了让大家都去，就把该去的地方都宣传得像二等天堂，谁也不愿意敬酒不吃吃罚酒，也就都报名"。但是，"到了插队的地方一看，就都傻眼。譬如清平湾，简直没有什么东西可以证明那不是在上一个世纪，或上几个世纪。种地全靠牛、犁、镰头，收割用镰刀，脱粒用连枷'呱哒呱哒'地打，磨面靠毛驴拉动石磨'嗡嗡'地转，每一情景都在出土文物中有一幅相同的图画史"，"将来如果有人研究插队的兴亡史，不要因为感情而忘记事实"。史铁生的上述回忆并没有告诉读者，知青"打群架"等表现是否与下乡前受到的欺骗有关。但是，可以看出来，部分知青的言行的确违多数农民所遵从的日常规范。参见铁生：《原罪·宿命》，上海文艺出版社，2015 年，第 213—214 页。

④ 政协陵川县委员会文史资料研究委员会：《陵川文史资料》第 4 辑，时间未详（从前言来看，约 2000 年前后），第 242 页。

南保山、腾冲等地农民编的歌谣称，"知识青年胆子大，敢把领导当众骂"，"知识青年打群架，哪个见了哪个怕"。① 知青打群架的具体原因复杂多样，但是这种行为留给农民的印象不佳。少数知青还有偷鸡摸狗、懒惰、娇气等劣迹，同样令农民不齿。

更为重要的是，知青与农民共同使用有限的耕地、饮水、柴草等资源，二者之间存在矛盾和冲突，并非罕见。从此角度而言，农民对知青产生怨言的根源在于，后者的到来加重了当地资源（主要是口粮）的短缺。1978 年，邓小平曾指出，四川 1 亿人，平均 1 人不到 1 亩地。城市人下去实际上形成同农民抢饭吃，上山下乡不是长期办法，"农民不欢迎"。② 因此，部分农民对插队知青遇到困难袖手旁观。知青去取饮用水，农民不舍得将工具借给知青使用。③ 知青克服困难参加劳动，带队的贫下中农"蹲在背风处抽烟，还嘿嘿直乐"。④ 这些也促使知青回城的愿望更加强烈。

全国知青在下乡插队期间谈恋爱的人数有多少？目前没有见到相关统计数据。但是，有据可依的是，1973 年全国知识青年上山下乡工作会议召开后，部分年份全国已婚知青的统计人数。⑤ 自然，这些数据对后面研究知青的婚姻有重要参考意义。只是，从中很难判断知青下乡期间的恋爱人次。很明显，恋爱与结婚虽有联系，却有区别。

1968 年底，上山下乡运动的高潮到来前后，全国对知青婚姻的基调是提倡晚婚。1969 年 6 月 26 日，《人民日报》发表的评论员文章强调："每一个有知识青年安家落户的社队，对知识青年都要做到：政治上有人抓，生产上有人教，生活上有人管。对于那些表现好的，要予以鼓励。对于'可以教育好的子女'，要认真落实毛主席的无产阶级政策，正确对待他们。对于下乡

---

① 韦国忠、瞿鸿生：《乡野韶乐》，云南民族出版社，2006 年，第 203 页。

② 武力主编：《中华人民共和国经济史》，中国时代经济出版社，2010 年，第 578 页。

③ 史卫民主编，知青日记书信选编委会编：《知青日记选编》，中国社会科学出版社，1996 年，第 106—107 页。

④ 林鸣：《刺》，中国青年出版社，2008 年，第 135 页。

⑤ 1975 年全国插队知青 5990261 人，已婚者 476185 人，占比 7.9%。1976 年全国插队知青 6415295 人，已婚者 531373 人，占比 8.3%。1977 年全国插队知青 6958821 人，已婚者 569295 人，占比 8.2%。1978 年全国插队知青 5120010 人，已婚者 612908 人，占比 12.0%。1979 年全国插队知青 1959190 人，已婚者 316009 人，占比 16.1%。参见国务院知青办：《全国城镇知识青年上山下乡统计资料》，转引自于立波主编：《共和国知青》，辽宁人民出版社，2008 年，第 515 页。

的男女知识青年，都要提倡晚婚，热情帮助他们安排好自己的生活。"[①]《人民日报》的评论员文章强调，人民公社和生产队要承担起对知青"晚婚"工作的管理责任。

1970 年 3 月，国务院在北京召开延安地区插队青年工作座谈会。会议要求，坚决打击破坏上山下乡工作的犯罪活动，大力提倡晚婚晚育。[②] 这次工作座谈会对知青晚婚政策的提倡，意味着不足年龄的知青谈恋爱会违背会议精神、破坏上山下乡运动。4 月，"国家计委军代表"在《关于进一步做好知识青年下乡工作的报告》中，再次重申大力提倡晚婚的精神。[③] 基本上，1973 年全国知识青年上山下乡工作会议召开前，提倡晚婚是国家对知青恋爱婚姻的一贯政策。

严格执行提倡晚婚的政策，自然应查验提出结婚申请的男女双方是否达到晚婚年龄。此外，推迟青年人的恋爱年龄，或者说禁止未满年龄者恋爱，是最常见到的管理办法。在此政策的影响下，知青恋爱观念和行为大致呈现如下特征：

其一，插队期间不谈恋爱。多数知青在插队期间没有恋爱体验。当然，对插队知青的恋爱年龄、次数进行统计几无可能。从国务院知青办的资料来看，1974 年底至 1977 年底之间，已婚知青的人数及已婚知青在全体在乡知青中的比例，都在逐年攀升。[④] 如前文如示，1968 年底上山下乡大规模开展时，较早下乡的"老三届"（1966、1967、1968 届）初中、高中学生，多数

---

① 本报评论员：《广阔天地，大有作为》，《人民日报》1969 年 6 月 26 日第 1 版。

② 这次工作座谈会提出，要认真帮助插队青年学会生产，积极帮助插队青年安排好生活，做出严厉打击各种破坏知青上山下乡的行为和犯罪活动的决定，同时提出对极少数有流氓、盗窃行为，表现不好的插队青年，要依靠群众，加强教育。会后，周恩来总理指示北京市有关单位对口支持延安，发展"五小"工业（即小钢铁、小煤矿、小机械、小水泥、小化肥），支援延安的工农业建设。参见陈光中：《惠家河纪事》，当代中国出版社，2018 年，第 229 页；刘小萌：《中国知青史·大潮（1966—1980）》，当代中国出版社，2009 年，第 501—502 页；于立波主编：《共和国知青》，辽宁人民出版社，2008 年，第 92 页；朱学夫：《陕北往事》，陕西师范大学出版总社，2018 年，第 183 页。

③ 中共中央转发国家计委军代表《关于进一步做好知识青年下乡工作的报告》，转引自刘晋英：《历史如是说：山西省知识青年上山下乡史录》，当代中国出版社，2016 年，第 603 页。

④ 据国务院知青办的统计，1974 年底至 1977 年底的已婚知青人数：1974 年底，全国已婚知青为 48 万人，占全部在乡知青的 7.1%；1975 年为 61.4 万人，占全部在乡知青的 8.1%；1976 年为 72.6 万人，占全部在乡知青的 9%；1977 年末，全国已婚知青共计 86.1 万人，占全部在乡知青的 10%。参见国务院知青办：《全国城镇知识青年上山下乡统计资料》，转引自于立波主编：《共和国知青》，辽宁人民出版社，2008 年，第 515 页。

出生于 1947—1952 年前后。1970 年召开全国知识青年上山下乡工作会议时，他们的年龄多在 18—23 岁之间。仅从数字上来看，"老三届"中年龄大的高中毕业生，1970 年接近晚婚年龄者的人数不多。初中毕业生年龄较小，基本尚未达到晚婚年龄。1973 年，下乡较早的"老三届"，已经达到晚婚年龄（即农村女 23 岁、男 25 岁）的情况。此后以降，随着知青年龄越来越大，满足晚婚条件的人越来越多。当然，满足晚婚条件并不意味肯定就会在插队期间谈恋爱。知青插队期间谈恋爱与否，还要受制于主观、客观两方面因素的制约。

其二，因观念而拒绝谈恋爱。主观上，知青在插队前长期接受学校教育、政治宣传等因素的影响，许多人都带有浓重的理想主义、浪漫主义色彩。1939 年 5 月 4 日，为纪念五四运动 20 周年，毛泽东发表《青年运动的方向》。在这篇讲话中，毛泽东指出，"中国的知识青年们和学生青年们，一定要到工农群众中去，把占全国 90% 的工农大众，动员起来，组织起来"。[1] 这段讲话对 1949 年以后成长起来的青年人有重要影响。1969 年 5 月 4 日，《人民日报》特意在头版刊登毛泽东的上述讲话，一方面是纪念该讲话发表 30 周年，另一方面也旨在利用毛泽东的领袖权威，号召大批城市青年"到农村去""到工农群众中去"。插队知青张韧，在后来的口述中提到："我对知识青年上山下乡，除了当时国家的急需以外，本质的认识就是走与工农相结合的道路，在很多的课本里边，在学习毛主席著作时，都有这一条。可以很坦率地说，我认为这一条没错，直到现在也这么认为。凡是有知识有作为的青年，一定要接触民众，一定要懂得中国国情，要不然你不一定能实现良好的愿望，更无法成为栋梁。"[2] 为动员青年学生下乡，不少地方将毛泽东著作单行本《青年运动的方向》作为宣传材料。[3] 这种动员方式适应了青年人对毛泽东的崇仰，迎合了部分青年为改变农村面貌不惜吃苦在前、冲锋在前的心理。

北京知青燕陵生，1968 年 12 月 22 日来到山西省阳高县一个叫下富家寨

---

① 毛泽东：《青年运动的方向》，胡雅各主编：《中国革命史参考资料》，西北工业大学出版社，1990 年，第 166—167 页。

② 刘小萌：《中国知青口述史》，中国社会科学出版社，2004 年，第 26 页。

③ 郝树才：《坚持延安青年运动的方向》，《广阔天地，大有作为——同知识青年谈前途和理想》，广西人民出版社，1972 年，第 18 页；吕伟雄：《我生命中的夏天——中山改革腾飞亲历口述回忆》，广东人民出版社，2015 年，第 5—6 页。

的村子插队。次年 1 月 26 日，她在日记中写道："树要几十年，起码也要几年成材。我们还是非常无知的小伢子、小学生，要想接班，需要长时间的锤炼、摔打，也就是说还要多碰鼻子，要在基层、在大风大浪里奋斗十几年、几十年，做各行各业各种人的工作，有了经验，保有朝气、大众气、要革命的，比较成熟了才可接班。"① 燕陵生在日记中自称"小伢子"，这是湖南、湖北、安徽等地方言对小孩子的昵称。如果不是受父母或其他亲近关系的影响，北京长大的青年学生在日记中使用外地方言，恐怕更多是受教育、宣传的长期影响。毕竟，党和国家的领导人有不少来自湖南、湖北、安徽等地，或者曾在这里从事革命活动。燕陵生的"要在基层、在大风大浪里奋斗十几年、几十年"誓言，很容易让人联想到青年毛泽东及其革命战友"野蛮其体魄，文明其行为"的言行。并且，插队知青有类似志向者，并不罕见。北京知青"芙平"在写给家人的信中提到："有些人一听说孩子要走，下放到农村去，就愁得不得了，千方百计想在城市呆着，真觉得可笑"，"青年人应该到外面去经风雨，见世面，老呆在一个地方才没远见呢。"② 家书中提及"经风雨，见世面"，同日记中提及"小伢子""要在基层、在大风大浪里奋斗十几年、几十年"，都能看到长期受革命传统教育和宣传的影响。

在经风雨、见世面志向的推动下，男婚女嫁是不足挂齿的俗世生活。1969 年初，下乡不久的燕陵生在日记中提到，在她插队的农村，"'结婚、娶老婆、嫁男人'，没完的钻进耳里。这讨厌得很"。③ 与志在锤炼和摔打的知青相比，生存条件恶劣的农民，所思所想都离不开吃饱与穿暖的内容。二者之间，差如云泥。由此可见，知青下乡前接受的政治教育仍发挥着强大效能。下乡初期，知青中仍存在类似清教徒式的倾向。报刊、广播的宣传基调，提倡知青不要过早谈恋爱，不要早婚，而是要把"青春投入农村三

---

① 史卫民主编，知青日记书信选编编委会编：《知青日记选编》，中国社会科学出版社，1996 年，第 19 页。

② 徐晓主编：《民间书信》，安徽文艺出版社，2000 年，第 87—88 页。

③ 燕陵生认为，当地农民张口闭口地谈婚论嫁，主要是因为"觉悟低"，"文化、精神生活不丰富"。参见史卫民主编，知青日记书信选编编委会编：《知青日记选编》，中国社会科学出版社，1996 年，第 19 页。燕陵生撰写这篇日记，距离插队到农村只有一个多月的时间。与燕陵生同为 1967 届的初中毕业生，年龄只有 18 岁左右，离规定的晚婚年龄还有 5 年的时间。从《知青日记选编》的附录部分"日记作者情况简介"得知，"燕陵生，女，北京女 8 中 67 届初中毕业生，1968 年 12 月赴山西阳高下富家寨插队"。参见史卫民主编，知青日记书信选编编委会编：《知青日记选编》，中国社会科学出版社，1996 年，第 353 页。

大革命运动中去"。① 在这样的舆论环境和社会心态的影响下，上山下乡运动初期，知青谈恋爱或写情书，会被认为是"意识不好，生活作风有问题"。②

不过，知青的生活并非真空。在农民谈婚论嫁的包围中，如何仍能保持豪情壮志？这是部分知青感觉很困难的事情。1971 年初，《人民日报》刊登河南省延津县小店公社樊庄大队 13 名知青的公开信。信中提到，在他们插队的农村，"前些时候，突然刮起一股早婚风，在我们知识青年的头脑里引起了反应"。有的插队知青开始考虑自己的终身大事，有的家长也为自己儿女的婚事担心。如何应对这股所谓的早婚风？除接受"毛泽东思想学习班"的教育外，13 名知青在公开信中没有说出所以然来，只是空洞地倡议，"广大知识青年要带头移风易俗，为革命坚持实行晚婚。我们也希望农村干部积极支持知识青年的这一革命行动"。③ 农村干部是否能够积极支持晚婚，恐怕情况千差万别、不一而足。晚婚与否，最根本的一点还是知青本人的态度。

其三，因担心影响进工厂等而拒绝谈恋爱。经历下乡后的锤炼和摔打，有些知青的热情迅速冷却，甚至有些人产生身在农村心向都市的现象。插队期间不谈恋爱的知青，除年龄因素外，很多人担心因此会影响回城。④ 知青潘茂家回忆称："大多数知青之间都不会谈恋爱。"插队时，多数人感觉前途未知，哪有什么心思谈恋爱？特别是"不会跟当地人谈恋爱，因为一结婚，回城就麻烦了，尤其是女知青"。插队时年纪小，每天又苦又累，饭都吃不饱，根本没有什么人谈恋爱。⑤ 不可否认，部分知青经过艰苦农业劳动和农村生活的磨练，"坚定地走与工农相结合的道路"，帮

---

① 金大陆、林升宝：《上海知识青年上山下乡运动纪事录》，上海书店出版社，2014 年，第 69 页。
② 叶维丽、马笑冬口述，叶维丽撰写：《动荡的青春：红色大院的女儿们》，新华出版社，2008 年，第 171 页。
③ 《为革命大力提倡晚婚》，《人民日报》1971 年 1 月 30 日第 4 版。
④ 作家叶辛称，知青中普遍存在"身在农村，心向都市"的现象，"到了农村插队几年后，无论是当初写了血书积极要去的知青，还是很无奈地被动员而去的知青，他们共同的心愿是上调，是回到都市"。叶辛称，知青不愿在农村扎根的根本原因，不是不听从"毛主席的话"，而是"天天劳动，不能养活自己"。参见刘荣刚主编：《中国共产党口述史料丛书》第 1 卷，中共党史出版社，2013 年，第 419 页。
⑤ http://www.sohu.com/a/156489595_526311（2020 年 2 月 17 日）

助农民解决灌溉、饮水、选种等难题，赢得社员的信任和爱戴。与此同时，也有很多知青因为插队生活过于艰辛，产生通过参军、招工、招生等途径离开农村的想法。

1970 年 12 月 16 日至 1971 年 2 月 19 日，国务院召开全国计划会议，拟定 1971 年底的国民经济计划。① 1971 年是国家"四五"计划的第一年。这次会议拟定的年度计划，是高速度、高指标的计划。并且，会议决定，该年计划招收固定工 144—155 万人，招工对象包括经过劳动锻炼两年以上的上山下乡知识青年，由贫下中农推荐招收一部分。② 为什么这次会议特别提及从下乡知青中招工？据研究者孙成民分析，首先，这是因为很多招工单位有不少职工子女是下乡知青，这是有下乡子女的职工向招工单位施加压力的结果。其次，知青文化素质相对较好，他们生活根基在城市，又经过一段时间的磨炼。因此，大多数的下乡知青能够吃苦耐劳。③ 从招工和下乡两个角度入手，该分析有较强说服力。对急于回城的知青而言，这次会议意味着"中央允许知青返城"。消息传到郑州的插队知青当中，"一时间人心惶惶，人人思归，当初刚下乡立下的'扎根农村'誓言，早已烟消云散。知青们谁也无心干活了，纷纷往来于公社和县城之间，到处探听有关招工的消息"。④ 这种现象自然并不局限于郑州。根据全国计划会议精神，四川省该年底便有 177905 位知青通过招工离开农村，占 1964 年以来下乡知青总人数的 28.7%。换言之，超过四分之一的知青离开农村回城。其中，绵阳地区 22709 人，涪陵地区 16086 人，温江地区 15801 人。⑤ 这无疑增强了插队知青的回城意愿。

据有限观察，全国有方志记载的地区，1971 年前后从知青中招收工人往往会提及四个条件：第一，思想品质、身体健康；第二，劳动锻炼年限（2

---

① 这次会议，开展了"批陈（伯达）整风"，讨论了 1971 年国民经济计划，研究了军工、农业、矿山、财政和基建包干等问题。会议指出，1971 年工作的中心是要抓好两个基础，一是农业，二是钢铁工业。徐棣华等：《中华人民共和国国民经济和社会发展计划大事辑要（1949—1985）》，红旗出版社，1987 年，第 307—308 页。

② 顾洪章主编：《中国知识青年上山下乡大事记》，人民日报出版社，2009 年，第 96 页。

③ 孙成民：《四川知青史》，四川人民出版社，2015 年，第 459 页。

④ 郑州市政协文史资料委员会编：《郑州市文史资料》第 28 辑《知青岁月》下册，2007 年，第 276 页。

⑤ 孙成民：《四川知青史》，四川人民出版社，2015 年，第 459—460 页。

年或 1 年）；第三，年龄（多在 16—25 周岁）；第四，未婚（参见下表）。

图表 17：全国部分地区从知青中招工的条件

地区	招工条件	出处
安徽省青阳县	1968 至 1978 年，全县实行群众推荐、民主评议、报劳动部门审批的招工制度，除安置城镇退伍军人外，招工对象主要是思想品质好、身体健康、劳动锻炼 2 年以上、年龄在 16 至 25 周岁、未婚的上山下乡知识青年和农村青年。	安徽省青阳县地方志编纂委员会：《青阳县志》，黄山书社，1992 年，第 390 页。
安徽省固镇县	1970 年，我县开始采取推荐的办法，从下放 1 年以上的未婚知识青年中招工，对先下放的、是独生子女的、兄弟姐妹下放多且父母身边无子女者优先照顾。当年招工 1100 人，去向主要是蚌埠。	安徽省固镇县地方志编纂委员会：《固镇县志》，中国城市出版社，1992 年，第 291 页。
安徽省淮南市	1971 年始，面向下放知识青年招工，当年招收城镇下放农村插队落户劳动锻炼 1 年以上未婚知识青年 1700 人，其中六安地区 1000 人（淮南下放知识青年 700 人，以上海知识青年为主的外市县下放知识青年 300 人），市郊 700 人。	淮南市地方志编纂委员会：《淮南市志》，黄山书社，1998 年，第 312 页。
安徽省淮北市	1970 年，根据国家分配的招工指标，在上山下乡知识青年中招收新工人参加淮北煤炭建设……是年，共招收下放插队落户的未婚（16 至 25 周岁）知识青年 1294 人。	淮北市地方志编纂委员会：《淮北市志》，方志出版社，1999 年，第 835 页。
安徽省南陵县	1970 年 7 月，县成立招工办公室，负责全县招工事宜。实行群众推荐和民主评议，报县劳动部门审批的招工制度。招工对象主要是下放农村知识青年中思想品质好、身体健康、劳动锻炼 2 年以上、年龄在 16—25 周岁的未婚知识青年。	南陵县地方志编纂委员会：《南陵县志》，黄山书社，1994 年，第 518 页。

（续表）

地区	招工条件	出处
安徽省怀宁县	1969年恢复招工，是年首次招收下放学生85名女性青年到安庆五纺厂当纺织工。由于当时"三届"初、高中毕业生必须上山下乡，所以招工不能在城镇"开口"，只在农村进行。招工对象必须是"下放农村锻炼两年以上，思想品质好，身体健康，年龄在16—25周岁的未婚青年"……1969—1978年的10年中，有不少下放学生的家长，为给子女谋得一张"招工表"，送礼品、托人情、走"后门"、代办事（如买钢材、化肥和其他紧俏商品），不得已而为之的不正之风相当盛行。其中1970年招工3139人，是招工最多的一年。是年招工工作，有徇私舞弊行为发生。	怀宁县地方志编纂委员会：《怀宁县志》，黄山书社，1996年，第260页。
山东省济宁市	1971年，全区招用家居城镇的往届高中、初中毕业生和社会闲散劳动力3700人；经过两年劳动锻炼的上山下乡知识青年700人……招工条件：政治历史清楚，身体健康，无慢性病和传染病的未婚青年。	济宁市劳动志编纂委员会：《济宁市劳动志》，山东人民出版社，1992年，第55—56页。
山东省临沂地区	1967—1971年，受"文化大革命"的影响，劳动计划管理失控。一方面动员城市知识青年上山下乡，另一方面又从农村青年中招收新工人，实行城乡劳力对流。从1971年起，改为从上山下乡知识青年和留城青年中招收新工人。是年共招收16—25岁的未婚青年2865人。	临沂市地方史志编纂委员会：《临沂地区志》下册，中华书局，2001年，第1194页。
山东省曲阜县	1970年以后，（招工）以城镇青年和下乡知识青年为主，兼招农业人口。招收新职工坚持"德智体全面考核，择优录用"的原则，招收对象一般为16周岁至25周岁的男女未婚青年，具有初中毕业以上文化程度，身体健康。	《曲阜县志资料·劳动人事志·劳动》13，出版信息不详，第14页。

（续表）

地区	招工条件	出处
江苏省洪泽县	1972年，招工对象限于在农村劳动锻炼2年以上，思想品德好，身体健康，年龄在16—25周岁的未婚知识青年（含社会青年）及批准留城的初、高中毕业生。	王德成主编，洪泽县地方志编纂委员会编：《洪泽县志》，中国大百科全书出版社，1999年，第636页。
辽宁省盘锦市	1971年开始从下乡知识青年中招工。招工的条件是：政治思想好，身体健康，25周岁以上，未婚，劳动锻炼二年以上（男青年每年劳动200天，女青年每年劳动180天）。经青年点评选，贫下中农、带队干部评议，生产大队党支部审查，公社党委审定，报县批准后，由劳动部门办理就业手续。	王赞君主编：《鞍山市劳动志》，辽宁人民出版社，1990年，第127页。
吉林省长春市	1970年4月，长春市革命委员会做出从下乡、在乡知识青年中招收工人的决定，并实行"统包统配"的就业办法。招工对象和条件是：身体健康，年满17至23周岁的未婚男女青年；在农村参加集体生产劳动满1年以上的下乡知识青年。招工办法是，首先由集体户评议，然后由生产队贫下中农或队委会审查，经大队、公社呈报市、县革命委员会批准。	金光耀、金大陆主编：《中国新方志知识青年上山下乡史料辑录》，第2册，上海人民出版社、上海书店出版社，2014年，第857页。
甘肃省天水市北道区	至1971年先后……招固定工2722人，其中城镇659人、下乡知识青年159人，农民1904人。同期内，县属粮食、公路建筑、砖瓦制造等行业……招固定工637人，其中城镇202人、下乡知识青年107人……时固定工招收条件是在农村锻炼两年以上、思想品质好、身体健康、年龄16—25周岁、未婚的下乡知识青年及具备同等条件的农村青年。	王世华主编：《北道区志》，甘肃文化出版社，1997年，第666—667页。

（续表）

地区	招工条件	出处
内蒙古奈曼旗	1971 年招收工人，提出政治思想好、生产劳动好、政治历史清白、社会关系清楚、年满 16 周岁至 22 周岁身体健康的未婚青年……招工对象是劳动满 2 年以上的知识青年，并且下乡知青、回乡知青的招收比例为 9：1。招工指标分配到公社，由生产队评议、推荐，公社"革会委"审批，报劳动局统一分配。	内蒙古自治区奈曼旗地方志编纂委员会：《奈曼旗志》，方志出版社，2002 年，第 989 页。
内蒙古莫力达瓦达斡尔族自治旗	1969—1978 年，招工对象必须是上山下乡锻炼 2 年以上、思想品质好、身体健康的未婚青年。招工的具体办法是群众推荐，民主评议，社队领导审查，报劳动部门批准。	铁林嘎主编：《莫力达瓦达斡尔族自治旗志》，内蒙古人民出版社，1998 年，第 863 页。
新疆察布查尔锡伯自治县	70 年代，主要招收年龄一般不超过 25 周岁的初、高中上山下乡知识青年和城镇待业未婚青年。	察布查尔锡伯自治县地方志编纂委员会：《察布查尔锡伯自治县志》，新疆人民出版社，2007 年，第 389 页。

上表所列，只是目前力所能及搜罗的方志。从中可以看出，全国各地涉及知青的招工条件存在差异。这种差异存在的原因，可能与方志编纂者使用的原始资料有关，也可能与方志编纂者的主观因素有关。当然，还有更大的可能性，是与各地政策的差异有关。从参差不齐的文字表述来看，全国有不少地区在招工时都会要求知青未婚。按照已有资料的支撑，招工要求的年龄与晚婚年龄有直接联系，即，25 岁是农村男青年结婚的最低年龄要求，23 岁是农村女青年结婚的最低年龄要求。许多地方招工时提出，25 岁或 23 岁是最高年龄要求，超过这个年龄便超出招工要求的条件。这两者之间看似巧合，其实是政策的连续性所致。因此，招工政策自然影响插队知青的恋爱。值得特别注意的是，有的地方将此政策扩大，称"凡是在农村谈恋爱的都不分配工作"。① 这更进一步抑制了知青在插队期间谈恋爱的可能性。

---

① 渭水编：《陕西知青纪实录》，太白文艺出版社，2017 年，第 623 页。

其四，因担心就学、参军、转干等受影响而拒绝恋爱。上山下乡运动大潮到来前，全国高等学校的招生考试制度已停止。[①] 1967 年开始，全国高等学校的招生录取工作，"取消考试，采取推荐与选拔相结合的办法"。[②] 此后，推荐与选拔相结合，成为高等学校招生录取工作的主要办法。1968 年 7 月，《人民日报》发表"毛主席语录"："大学还是要办的"，"要从有实践经验的工人农民中间选拔学生，到学校学几年以后，又回到生产实践中去。"[③] 该年底，毛泽东"知识青年到农村去"的号召发表。上山下乡运动与高等学校招生办法的改革，共同开启了中国教育发展的新模式，即教育与再教育的紧密结合。前者主要包括小学、中学、高等院校等系列的学校教育，后者主要是指知识青年到农村插队落户进行所谓的再教育。

与轰轰烈烈的上山下乡运动相比，高等教育随着大批教师被下放到"五七"干校而呈现萎缩的状况。1970 年 6 月 27 日，中共中央批转的《北京大学、清华大学招生（试点）具体意见（修改稿）》称，两所大学招收各专业学生时有三项要求：政治思想好，有实践经验，身体健康。关于有实践经验方面的要求，《意见》特别提到，"从农村中招生，应注意招收那些有三年以上劳动锻炼、表现较好、受贫下中农欢迎并为群众所推荐的上山下乡和回乡的知识青年"。[④] 该《意见》提出"学生学习期满后，原则上回原单位、原地

---

① 1966 年 6 月 13 日，中共中央、国务院在决定改革高等学校招生考试办法的通知中称："高等学校招生考试办法，解放以来虽然不断地有所改进，但是基本上没有跳出资产阶级考试制度的框框，不利于贯彻执行党中央和毛主席提出的教育方针，不利于更多地吸收工农兵革命青年进入高等学校。这种考试制度，必须彻底改革。这样也需要一定的时间来研究和制定新的招生办法。中共中央和国务院考虑到上述情况，决定一九六六年高等学校招收新生的工作推迟半年进行，一方面，使高等学校和高中有足够的时间彻底搞好文化革命，另方面使实行新的招生办法有充分的时间作好一切准备。为了不影响高级中学接收新生和新学年开学，高中的应届毕业生，凡本校的文化革命运动尚未结束的，可以由学校妥善安排时间和住地，继续把文化革命运动搞深搞透；在本校文化革命运动已结束，而高等学校尚未招生时，可以由学校组织他们下乡下厂参加生产劳动。"《中共中央和国务院决定改革高等学校招考办法》，《人民日报》1966 年 6 月 18 日第 1 版。

② 招生对象，除从在校中学生按照推荐与选拔相结合的办法予以录取外，还特别提出"在阶级斗争、生产斗争和科学实验三大革命运动中经受过一定锻炼的、政治思想好、年龄在 25 周岁以上（个别特殊情况的可以超过 25 周岁；理工科一般年龄小一些）、具有高中毕业或相当于高中毕业文化程度、劳动两年以上的工人、贫下中农、劳动青年，以及退伍军人、在职干部（包括中小学教师）、四清工作队员，也采取推荐与选拔相结合的办法，由所在单位的基层推荐到县或市的招生机构审查，然后推荐到省、市、自治区的招生委员会负责加以选拔，保送入党"。参见杨学为总主编：《中国考试史文献集成》第 8 卷，高等教育出版社，2003 年，第 18 页。

③ 《毛主席语录》，《人民日报》1968 年 7 月 22 日第 1 版。

④ 《中共中央关于北京大学、清华大学招生（试点）的请示报告的批示》（1970 年 6 月 27 日），陈大白主编：《北京高等教育文献资料选编（1949—1976）》，首都师范大学出版社，2002 年，第 935 页。

区工作，也要有一部分根据国家需要统一分配"，北京大学、清华大学开始从符合条件的青年中招生，这无疑为各地知青提供了接受高等教育、回城的机会。

次年 4 月 15 日至 7 月 31 日，全国教育工作会议在北京召开。会议决定，全国大专院校招生的主要对象为，"具有二至三年以上实践经验的优秀的工农兵。年龄在 20 岁左右，身体健康，一般是未婚的。一般应有相当于初中以上文化程度"。① 这基本意味着已婚知青被排除在招生范围之外。该年，国务院有关部委和地方，着手恢复举办技工学校、中等专业学校。1972 年起，中专学校恢复招生，招生对象是有两年以上实践经验的优秀知识青年（包括插队青年和回乡知识青年），文化程度不分高中、初中，年龄为 20 岁左右，同样要求未婚。② 此后，全国范围的高等院校、技校、中等专科学校，陆续恢复招生工作。未婚知青获得重圆升学梦、回城读书就业的良机。

1971 年恢复招生的北京中医学院，第一批共招收工农兵大学生 156 人。招生对象为"政治历史清楚、身体健康、有一定实践经验的赤脚医生，厂矿工人医生、车间卫生员，基层药工（包含药厂青年工人），经过两年以上劳动锻炼的上山下乡知识青年"。该校明确提出，招收的学员"年龄在 20 岁左右，一般只招收未婚者"。③

湖北武汉市的武汉大学、华中工学院、华中师范学院、武汉水利电力学院等 10 所高校，1971 年春季招生 4944 人。招生对象是，政治思想好、有三年以上实践经验、年龄 20 岁左右。这些高校特别提到，招生对象包括"经过三年以上劳动锻炼，受贫下中农欢迎并为群众推荐的下乡或回乡的知识青年"，但是限于未婚者。④ 湖北恩施地区咸丰县师范学校，1972 年 2 月首届招生，招生对象要求是初中以上文化程度、年龄 25 岁以下、劳动锻炼 1 年

① 何东昌主编：《中华人民共和国重要教育文献（1949—1997）》，海南出版社，1998 年，第 1478、1481 页。

② 曹晔等：《当代中国中等职业教育》，南开大学出版社，2016 年，第 177 页。

③ 华钟甫、梁峻编著：《中国中医研究院院史（1955—1995）》，中医古籍出版社，1995 年，第 138—139 页。

④ 武汉市教育委员成人教育处、武汉市成人教育协会编：《武汉成人教育大事记（1949—1999）》，出版信息不详，第 122 页。

以上、"未婚"的回乡、下乡知识青年等。①

河南省高校，1971 年冬、1972 年春季分期分批招生，招生对象是具有两年以上实践经验的工农兵。师范院校、医科院校招收一定数量的民办教师和医护人员，年龄在 20 岁左右，一般限于未婚。② 该年 11 月，河南省中等师范学校开始招生，招生名额 5400 名，招生对象包括具有二年以上实践经验、年龄在 20 岁左右，具有相当于初中以上文化程度的工农兵、下乡知识青年和民办教师。一般限于未婚。③

河北省石家庄市教育局革委会，1971 年 8 月提出中专招生的意见指出，师范学校、纺织技工学校、轻化工学校、矿务局技工学校、财贸学校开始招生。招生的对象，"重点从上山下乡和回乡知识青年年龄 17—23 周岁未婚者选拔"。④

甘肃省的兰州大学、甘肃师范大学、甘肃工业大学、甘肃农业大学、兰州医学院、兰州铁道学院等，从 1971 年 9 月开始招生。该省其他中等专业学校，也开始从上山下乡知识青年、回乡知识青年中招生。一般来说，基本要求是应具有相当于初中文化程度，入学年龄一般在 20 岁左右，身体健康，未婚。⑤

贵州省六盘水地区的师范班和师范学校，1971 年开始招生。招生对象和条件是，"具有 2 年以上实践经验的青年职工、退伍军人、民办小学教师和上山下乡、回乡知识青年，年龄在 20 岁以内（上山下乡知识青年、民办教师、少数民族学生可放宽到 25 岁左右）"。上山下乡知识青年的年龄放宽到 25 岁左右，即农村男青年的晚婚年龄，但是仍要求未婚。⑥

辽宁省革委会政工组发出的《沈阳农学院开办农学专业试验班通知》提到，招生对象包括上山下乡或还乡的知识青年，政治思想表现好，具有二年

---

① 咸丰县志编纂委员会：《咸丰县志》，武汉大学出版社，1990 年，第 448 页。
② 河南省地方史志编纂委员会：《河南省大事记（1949.3—2009.9）》，文心出版社，2009 年，第 216 页。
③ 王全书：《河南省经济大事记（1948.10—1985.12）》，河南人民出版社，1988 年，第 401—402 页。
④ 石家庄市教育志编纂委员会办公室编：《石家庄市教育大事记（1902—1988）》，出版信息不详，第 147 页。
⑤ 定西市安定区教育体育局：《定西市安定区教育志》，河北教育出版社，2016 年，第 338—339 页。
⑥ 六盘水市志编纂委员会：《六盘水市志·教育志》，贵州人民出版社，2000 年，第 202 页。

以上农业生产经验，有相当于中学文化水平，年龄在 25 岁以下，并且要求未婚。①

广西医学院，1971 年春招收第一届工农兵学员时，要求招生对象"有两年实践经验、年龄在 17 岁至 25 岁，具有小学以上文化程度的赤脚医生、工人卫生员和部队卫生员、护士（复员卫生员）以及其他基层工人、农民卫生人员（一般只招收未婚者）。另外，也招收回乡（插队）劳动满三年以上的初中以上文化程度、表现较好、为贫下中农所欢迎和推荐的知识青年"。② 表面上看起来，上述文字只提到，农民卫生人员须"一般只招收未婚者"。但是"年龄在 17 岁到 25 岁"的要求，基本将已达晚婚年龄（男 25 岁、女 23 岁）的知青排除在外。换言之，广西医学院的招生同样只招未婚的知识青年。

可借为参考的是，海南行政区卫生学校 1972 年招收专科生时，要求招生对象须"具有相当于初中毕业以上的实际文化程度，有二年以上实践经验，年龄二十岁左右，未婚、身体健康的优秀工农兵"。③

就目力之所及，以上是部分方志所载高等院校、中专学校、师范学校等恢复招生时对婚否的要求。此外，各地从知青中征兵入伍、选拔干部等，同样对知青的年龄、在农村锻炼时间、是否未婚提出要求。总体来看，非制度因素除外，政治思想好、下乡时间长的未婚知青，在各种招工、招生、征兵、选干中相对具有优势。这进一步增加了各地知青在恋爱面前的重重顾虑。

没有数据可以分析，恋爱方面的压抑感、孤独感在插队知青中是否具有普遍性。但是，生活在贫穷、劳累、饥饿的困境中，知青对爱情的需求并未因此而消失。通常来说，爱情可以让爱者与被爱产生"感觉范围狭窄从而忽略身边许多事物的倾向"。④ 这种倾向可以帮助情侣将注意力专注于对方，从

---

① 王纯山主编：《辽宁省高等教育四十年·大事记》下册，辽宁大学出版社，1989 年，第 120 页。

② 广西医科大学校志办公室：《广西医科大学志》，广西人民出版社，2004 年，第 220 页。该校的沿革，参见广西医科大学官方网站，http://www.gxmu.edu.cn/x_xxgk/x_lsyg/（2020 年 2 月 15 日）。

③ 《海南医学院校志》，出版信息不详，第 25 页。该校的沿革，参见海南医学院官方网站，http://www.hainmc.edu.cn/hygk/lsyg.htm（2020 年 2 月 15 日）。

④ ［美］A·H·马斯洛著，许金声、程朝翔译：《动机与人格》，华夏出版社，1987 年，第 213 页。

而忽略周边恶劣环境的存在。这对爱者与被爱走出困境，无疑有心理安慰剂的作用。但是，爱情成为摆脱困境的羁绊时，理性的知青宁愿抑制自己对爱情的渴望，这再次显示了知青摆脱困境的决心。有插队知青在回忆中称："当时，时值青春年华的我对爱情的渴望也在萌芽，但是，这样的劳累、这样的痛楚、这样的贫穷、这样的迷茫……连自己前景都难以把握的我哪有资格去恋爱？面对别人的感情表露，只好痛苦地关上了情感之门"。① 爱情不只是情欲的满足，同时还有心理慰藉的功能。"郎有情，妾有意"的情况下，知青却被迫抑制自己追求恋爱的心理，反而更加说明灵与肉相互撕扯的苦痛。

从前文可知，部分知青因长期受教育、宣传的影响，思想上较难接受恋爱是正常需求的观念。并且，因担心影响招工、招生、征兵等回城机会，知青主动拒绝恋爱的情况较为普遍。不过，知青在插队期间谈恋爱甚至结婚的案例并不罕见。促使他们选择下策的原因是什么？这是值得思考的话题。

目前没有统计数据或相关调查证实，谈恋爱者在插队知青中所占的比例有多少。从"男大当婚，女大当嫁"的常识而言，随着插队知青年龄的增长，他们自然会遇到恋爱的问题。1973 年 7 月，国务院关于全国知识青年上山下乡工作会议的报告中，特别提到"要保护青年之间的正当恋爱和婚姻"。② 知青的恋爱问题，出现在国务院的正式报告中，引起中央政府层面的重视。可见，此事已非个案或小事。大体而言，插队知青在农村的恋爱，可分为"精神慰藉型"和"寻求佑护型"两大类。前者主要侧重于情感需求的满足上，后者主要侧重于生活出路的应对上。

"精神慰藉型"。如前文所述，插队知青的住房、饮食、收入、福利等通常比兵团知青更差。特别是初到农村时，他们不熟悉、不适应农村生活，缺少劳动技能和体力，容易对插队生活产生畏惧情绪。这使得他们的挫折感、失落感更加严重。云南民谣《知青调》，是当地人对知青下乡形象的描述。

---

① 乐山市市中区政协学习宣传文史资料委员会：《文史资料（精编版）》第 30 辑，出版信息不详，2016 年，第 171—172 页。

② 何东昌主编：《中华人民共和国重要教育文献（1949—1997）》，海南出版社，1998 年，第 1504 页。

其中提到，"知识青年刚下乡，枕窝装满眼泪汤"。① 受到挫折和失落，知青心里的痛楚难以言说，只能躺在枕头上淌眼泪。如前文所述，遭受肉体和心理的双重痛楚，恋爱无疑是一剂缓解的灵药。心理学家马斯洛（A. H. Maslow）称，"爱情体验主要是由一种温柔、挚爱的情感构成的"，"一个人在体验这种感情时还可以感到愉悦、幸福、满足、洋洋自得甚至欣喜若狂"。爱者与被爱沉浸于爱情中，他们往往"忽略身边许多事物"。② 遭受肉体和心理的双重创伤，恋爱成为知青重要的安慰剂，这是许多人在插队期间恋爱的重要原因之一。

在众多知青恋爱的案例中，陕北甘泉县插队的北京知青贾维岳与麻炎华，是值得研究的典型案例。1969 年初，到甘泉县上古堆生产队插队不久的贾维岳，发现同到该村插队的知青麻炎华情绪异常。据贾维岳回忆：

> 雪后残阳中看到一个年轻姑娘的背影，她穿着蓝色的棉袄，脖子上一条红黑相间的围巾在风中飘动，一头乌发，扎着两个小刷子，似乎她在哭泣，单薄的身体在寒风中瑟瑟颤抖，在她前面不到两米远的地方就是悬崖峭壁，稍不注意就会滑下去，那后果是不堪设想的。我紧走了几步来到她的身后，怕我的到来猛地吓住她，我故意咳嗽了两声引起她的注意。她扭过头来，一双美丽的眸子还挂着泪珠……"这地方风大，不要再坐着了，快吃晚饭了。是不是想家了？""谢谢你，不要紧，我再待会儿。"她头都没动，依然在注视着远方。
>
> "我可是为你好，在这里会出危险的。"谁怪咱是天生的怜香惜玉啊。"你不走，我就陪着你。"听见这话，她站起身来，拍了拍屁股上的土："谢谢你，我会注意的。""当心。"我看着她站起来，不由得把手伸了过去，她回避着："不用，我能走。"
>
> 我像一个保护神一样跟在她的身后，心中有一种自豪感油然而生。
>
> 真的，我们刚到农村里男生和女生基本是不说话的……我们之间也自然不自然地彼此惦念、牵挂起来。无论是干什么，心里老在寻找着那

① 韦国忠、瞿鸿生：《乡野韶乐》，云南民族出版社，2006 年，第 202、204 页。
② ［美］A·H·马斯洛著，许金声、程朝翔译：《动机与人格》，华夏出版社，1987 年，第 213 页。

个人，只要能看到她的身影，心中就踏实多了。碍于面子，华尽量不在公共场合和我单独在一起，遇到人多在一起干活时，她也是有意地躲开我。可是，无论何时只要我的眼睛搜寻到她时，总会和她的目光相遇。对视片刻，她的脸上泛起红晕，羞涩地低下头去。①

如文中所示，女知青麻炎华得到男知青贾维岳的关心，这种主观感受是推动二人关系转化的催化剂。贾维岳同为北京知青、同在一个生产队落户，更能理解女知青麻炎华的无奈与失落。理性的恋爱，通常带有真挚的感情、清晰的自我意识、庄严的相互承诺和长远的人生规划。缺乏这些必要因素的恋爱，通常很难保证未来婚姻的稳定性和安全性。不过，有学者的研究证实，恋爱关系既是理性因素（如忠诚、责任、奉献等）的集合，同时又充满主观感受（诸如关心、幸福、陪伴、友情、交谈自由、温馨、接受对方、信任等）。②恋爱不只是充满算计的理性，同时还有许多与精神满足相关的感性。

有研究证示，年轻人建立恋爱关系的过程，也是"自我发现"（self-discovery）的过程。对于正向成年阶段过渡的青年人来说，在浪漫关系背景下进行的恋爱，是找到合适伴侣和自我成长的一部分。③ 从此角度而言，知青之间的恋爱具有确定自我定位的含义。女知青燕陵生在日记中提到，"农民只认识土地、山药等简单东西"，"不少农民认为一年能吃几斤白面就满足了，各种错误的见识很多"。④ 贫困地区物资匮乏，生存几乎成为人们关注的唯一主题。如何保持插队前的理想，成为知青面临的难题。在某种程度上，知青间的恋爱具有"确认自我身份"的功能。经历相同、同命相怜、观念相近，使广阔天地的知青联系更为紧密。这种彼此之间的自我发现，是推动他们产生恋爱关系的重要动力。

① 贾维岳：《回忆陕北插队的生活》，渭水编：《陕西知青纪实录》下册，太白文艺出版社，2017 年，第 671 页。关于贾维岳、麻炎华恋爱的内容，皆来源于该书下册第 617—625 页，后不赘述。

② Beverley Fehr, *Prototype Analysis of the Concepts of Love and Commitment*, Journal of Personality and Social Psychology, 1988, Vol. 55, No. 4, p. 565.

③ Jigisha Gala, Shagufa Kapadia, *Romantic Love, Commitment and Marriage in Emerging Adulthood in an Indian Context: Views of Emerging Adults and Middle Adults*, Psychology and Developing Societies, vol. 26, no. 1 (2014), pp. 115 - 141.

④ 《燕陵生日记》（1969 年 1 月 29 日），史卫民主编，知青日记书信选编编委会编：《知青日记选编》，中国社会科学出版社，1996 年，第 20—21 页。

退一步讲，在特别偏远、人烟稀少的地区，知青之间的恋爱既有精神慰藉的意义，又有相依为命的意义。从此角度而言，有相同经历（特别是来自同一城市或同一中学）的知青，其恋爱更具有相互依存和自我发现的功能。云南腾冲插队的昆明知青中，有一对知青的恋爱颇值得注意：

> 在朗烟和农庄东面的大山里，与志华、郝雨同在一个中学读书的两个青年男女知青相爱了。农村的艰苦与枯燥乏味，不得不使这两个年轻人从思想上、生活上去寻找慰藉与依靠。也难怪，一方面是思想的寂寞与空虚，一方面年轻人也到了谈婚论嫁的年龄，两个人在一个知青户，吃住在一起，劳动与生活形影不离，难免日久产生感情。特别是年轻人，一旦克制不住，势必像干柴遇到烈火一样，双双堕入爱河。在那个时代，在那个法制被践踏，文明被摧残，爱情被遗忘的角落里，男女青年没有宣布正式结婚，因此而同居在一起，则被视为大逆不道，两个正常恋爱的知青因此被扣上了乱搞男女关系的帽子。在当时，乱搞男女关系轻则批评教育，重则戴上"坏分子"的帽子，而一旦成为"坏分子"，则属于"地、富、反、坏、右"五类分子之一，必然是专政的对象。
>
> 两个彼此深深相爱着的知青，他们的行动则由此受到了监视，而终于在一天夜里，当他们两人正在同床共枕的时候，被寨子里的村干部带着民兵，闯进知青户家里来抓了个现行。虽然后来只是教育一顿了事，但是乱搞男女关系的恶名从此传了出去。最后，两个知青只好决定领取结婚证正式结婚，这场风波才算平息下去，而这两个知青的代价却是，以后每年招工都没有他们的份……①

此文中的云南知青，明显符合以往研究提到的伴侣型爱情。这种类型的爱情，被研究者 Hatfield 和 Walster 定义为，"那是这样一种爱，他（她）已经完全成为生活的一个部分"。② 在偏僻的山区，两位来自同一城市、同一中学的男女知青，"吃住在一起，劳动与生活形影不离"，彼此"已经完全成为生活的一个部分"。

---

① 杨惠雨：《在那遥远的小山庄》，内部交流资料，2010 年，第 158—159 页。
② 李煜、徐安琪：《婚姻市场中的青年择偶》，上海社会科学院出版社，2004 年，第 108 页。

但是，研究者李煜、徐安琪提示学者注意，将爱情简单划分为"伴侣型"（Companionate Love）和"狂热型"（Passionate Love）的做法，可能过于理论化。现实世界的爱情，并非非此即彼地直接与理想类型相吻合的，或者说往往不是那么纯粹的，或者是两种、多种类型的混合，或者是介于两种或多种类型之间。李煜、徐安琪的研究提示，恋爱具有的社会性使得情侣间社会关系的规范占据相当的位置。他们将诸如"心灵相通/相知"、"尊重互让/包容"等强调恋爱双方应如何相处的规范和期待，称之为爱情的"关系规范取向"定义。①

如上文所述，知青插队的云南腾冲农村，当地的道德规范不认可外来知青的恋爱，更不认可他们基于恋爱的同居关系。当地人通过名誉上的侮辱和舆论上的欺凌，给他们扣上"乱搞男女关系的帽子"和"捉奸捉双"，迫使他们屈从当地的道德规范。最终，知青情侣通过补办结婚证来平息此事，一方面证实农村社会规范的强硬，另一方面也强化了插队知青与当地社会认知的冲突。

当然，十里不同风，百里不同俗，即便同是在云南，有的农村亦有不同的乡规乡俗。作家王小波在小说《黄金时代》中提到："后来陈清扬告诉我……事实上，（云南某农村）十五队的人根本就不管她。那里的人习惯于把一切不是破鞋的人说成破鞋，而对真的破鞋放任自流。"② 小说中的"陈清扬"并非知青，与其有暧昧关系的"王小二"是北京知青。云南农村放任他们二人"搞破鞋"，意味着当地人见怪不怪，对婚外性关系抱有开放、容忍的态度。更何况，他们都不是本地生本地长，本地风俗对他们的包容自然不足为奇。有资料称，当年在云南版纳地区的知青达 6 万余人，"男女知青结婚或同居者超过六成"。③ 滇南某农场知青居住的草房，"每间草房里都同时生活着两对甚至更多的男女知青"，"他们大多属于未婚同居者，有的女知青还牵着孩子"。"农村场领导反映，该农场知青中未婚同居和非婚怀孕生子者

---

① 李煜、徐安琪：《普通人的爱情观研究——兼开放式问题的量化尝试》，《社会科学》2007 年第 7 期。
② 王小波：《黄金时代》，王庆生、王又平主编：《中国当代文学作品选（二）（1976—1999，上）》，华中师范大学出版社，2011 年，第 189 页。
③ 林展：《延伸的大地》，花城出版社，2004 年，第 40 页。

已达知青总人数一半以上。"① 如果上述内容不失真的话，除结婚者自不必讨论，未结婚而同居的现象在当地并非罕见。

如前文所述，1971 年林彪事件发生后，知青的内心世界受到极大的震荡。虽然"变相劳改论"表面上受到批判，但是知青对上山下乡运动的看法普遍发生转变。招工、招生、征兵为插队知青打开回城的口子，通过走后门、拉关系等手段离开农村的知青越来越多，支撑知青上山下乡的激情和理想迅速消退。此外，农村干部迫害知青的现象屡有发生，出身不好或父母有政治问题的知青承受极大的精神压力。1973 年毛泽东给李庆霖的复信下发各地，中共中央转发国务院《关于全国知识青年上山下乡工作会议的报告》。国务院要求各地继续推动上山下乡运动，切实解决知青的口粮、住房、医疗等困难，同时还提出"要保护青年之间的正当恋爱和婚姻"。

1973 年以后，插队知青的生活、待遇有所改善，但是他们的内心世界已今非昔比。上山下乡运动显露难以为继的苗头。延安插队的部分知青，受到林彪事件及上山下乡运动丑恶现象的影响，对插队当知青感到受骗和愤怒，部分人心中空落，百无聊赖，甚至出现"拍婆子"的现象。知名作家史铁生回忆，有的知青"路上碰见个漂亮的女知青，走过去跟人家没话找话说，挨人家一顿骂也觉得心里热烘烘乱跳，生活像是有了滋味"。② 另外，有的回忆提到，部分知青"但凡见到稍有姿色的盘靓（漂亮）女生经过，不管认识不认识就上前套瓷搭话、追逐"，"拍婆子"更是屡见不鲜。③ 1974 年初，《人民日报》刊登辽宁知青柴春泽坚决扎根农村的报导，全国迅速开展向柴春泽学习的运动，但是不少知青却对此另有看法。北京郊区插队的知青回忆："一个叫柴春泽的东北知青率领十几名忘了叫什么名字的知青宣誓铁心务农，并向全国倡议。传达的那天晚上停电，麦场上黑灯瞎火，谁也瞧不见谁，见安全可靠，男知青中有人哭了。高亢嘹亮的宣言和男人的啜泣搅和在一块，听上去真不是滋味。欺骗年轻人是要付出代价的，一时间，穿破衣裳，说下

① 邓贤：《中国知青梦》，四川文艺出版社，2009 年，第 219 页。
② 史铁生：《回首黄土地》，武汉大学出版社，2012 年，第 113 页。
③ 朱学夫：《陕北往事》，陕西师范大学出版总社，2018 年，第 109 页。

流话，打群架，拍婆子（追女知青）蔚然成风"。[①]"拍婆子"是不需要承诺、追逐异性的行为，恋爱则是以建立情侣关系、以结婚为目的。"拍婆子"行为的再次出现，折射出插队知青年龄增长，既有接触异性的需求，又无插队期间结婚的计划。这种特殊现象，体现出插队知青的矛盾和无奈，再次证实上山下乡运动不得不退出历史舞台的原因所在。

"寻求佑护型"。从城市的天之骄子到散落农村的特殊农民，插队知青生活的经济来源主要依靠工分收入和家庭援助。与兵团知青相比，插队知青在口粮、住房、医疗等方面遇到的困难更大，更容易感到精神上的失落。生产队的社员，除在自留地、自留山之类农用地上进行副业生产外，主要依靠参加集体劳动、挣得工分换取报酬，日常仍按家庭为单位进行消费。家庭，为集体化时代的农民保留最后私有的外壳。从社队分配回来的粮食严重不足时，农民家庭作为共同"消费体"，可以调动所有成员的协作与互助来共度时艰。相比之下，集体户或散户的插队知青，他们的生活同光棍汉相似，在口粮严重不足时缺乏韧劲。如果再受到农民冷遇，知青的生活无疑会更加困难。这自然加重他们的失落情绪。知青马松涛在日记中提到："今早上磨玉米，找了几家，一个个都找借口不让用磨子，最后没办法，只好到队上给牲口磨料的磨子上磨，结果要找根磨棍还费尽了事，东边求，西边讨，真让人不好受。"[②] 没有电力、水力的帮助，依靠人力将粮食磨成面粉，是农村日常生活最基本的生存技术。农民连磨子都不愿意借给知青，迫使知青最后只能在"队上给牲口磨料的磨子上磨"，这不仅让人感觉屈辱，还让人感觉无助和绝望。除磨面这件小事外，在熟人社会的农村生活，需要许多本领和技巧。远离父母的插队知青，维持生存需要的条件复杂多样。对于体力、耐力、生存技能都相对较差的女知青来说，以寻求佑护而恋爱是很自然的事。

首先，部分知青因为生活困难而选择在插队时结婚。总体而言，人民公社时期的农民从生产队分配的收益明显增加。据国家统计局的数据，1958—

---

① 林鸣：《刺》，中国青年出版社，2008 年，第 135—136 页。
② 《马松涛日记》（1969 年 11 月 1 日），史卫民主编，知青日记书信选编编委会编：《知青日记选编》，中国社会科学出版社，1996 年，第 74 页。

1981 年间社员从农村生产队分配的收益，从 214.5 亿元增加到 805.16 亿元。前后相比，有数据统计的 20 年间增加近 4 倍。同一时期，国家从农村生产队征收的税收基本保持在 39 亿元左右，即 1958 年为 39 亿元，1981 年为 39.81 亿元。其间，该数据基本没有突破 1979 年的 39.84 亿元。相比而言，20 年间的集体提留有较大变化，从 47.4 亿元增加到 89.12 亿元。其中，最多的年份达到 118.41 亿元，接近当年国家税收的 3 倍。[①] 与国家税收、集体提留相比，农民从生产队分配的收益增加明显。不过，这种增加是从总体而言的。如从人均收益的角度来看，1957—1978 年间农民人均收入仅增 64.22元，年均增加仅 3 元。并且，全国仍有 1 亿多的农民尚未解决温饱问题。1978 年，全国农民人均从集体经济分配的年收入为 88.53 元，有 30% 的生产队人均分配的年收入在 50 元以下。全国平均每个生产队的集体积累不足 1万元，有的地方甚至不能维持简单再生产。[②] 知青插队的农村，多是"老少边穷"地区。贫困，是这些地区最突出的特征之一。如何解决温饱，是农民共同关心的首要问题。

　　1970 年 10 月，在陕西延长县插队的北京知青姜丹在日记中写道："我们刚来到队里（指生产队——引者注），一起度春荒的情景更是一幕幕地浮现在眼前。刚来时国家给我们供应几个月的毛粮，每月四十五斤。可能因为年轻长身体，或是干活吃得多，或许是计划性不够，总之，口粮极紧张。到了晚上，每人只能喝两碗玉米糊糊或是蔓豆粥，蒸好的发糕或窝窝头挂在墙上，眼巴巴看着不能吃，因为这是第二天白天的口粮。老乡东拼西凑，甚至把仅存喂牲口的玉米也省下来凑给我们，仍是不够吃。"[③] 北京知青张玲，在内蒙古插队期间生病，无法同其他知青一样正常参加劳动。这意味着她无法获得养活自己的口粮。她后来在口述中提到："插队第一年，国家发给生活安家费，我们知青小组买供应粮吃，一起劳动，还没有显出什么差别。可到第二年生活费没了，吃什么呀？吃你头一年挣的工分。我呢？干到第一年的

---

　　① 余红：《中国农村社会负担与农村发展研究》，上海财经大学出版社，2000 年，第 74—76 页。
　　② 郭翔宇等主编：《中国农业与农村经济发展前沿问题研究》，中国农业出版社，2007 年，第 434—435 页。
　　③ 《姜丹日记》（1970 年 10 月 8 日），渭水编：《陕西知青纪实录》下册，太白文艺出版社，2017 年，第 490 页。

5 月份就病倒了……你不出去劳动，工分没有啊，让别人分给你点工分，那不可能啊。"在这样特殊的情境下，她选择与当地农民恋爱、结婚实属无奈。①

在四川宣汉县插队的演员刘晓庆回忆：

> 我和小伙子干一样的活。在这个以体力鉴定好坏的地方，我要取得合格证。我把劳动当成是学业那样来攻，决不屈服。我从不请假，不愿意看见队长不高兴的面孔。当时我正在发育时期，即使身体不舒服，我也不吭声。我和小伙子一样扛麻袋，装船，那一次整整病了一个多月。我不哭泣。因为哭泣没有用。我每天在幻想与破灭之间挣扎，我第一次渴望着"爱情"：如果有这么一个小伙子，他能够每天来帮助我挖地，只要坚持八个月，我就一定嫁给他。可是这个小伙子一直没有出现过。②

繁重的农业生产需要体力和耐力，城市长大的知青常常力不从心。相比而言，女知青的体力更显不足，难以长期坚持艰苦的农业劳动。多数女知青既需要参加集体劳动、挣工分来养活自己，又需要做饭、洗衣、清扫、磨面、打柴、挑水、积肥、修房等。由于"男主外、女主内"习俗的残留，农村女青年在婚后往往不必参加繁重的体力劳动，挣工分的主要责任可交由丈夫来承担。对于未婚的女知青来说，她们既没有男知青的体力和耐力，又不能从"男主外、女主内"习俗中获益。这使得她们面临的处境更加可忧。

其次，为摆脱政治身份的影响，而选择在插队期间谈婚论嫁。同样受到生活所迫，部分知青因为阶级出身及父母政治问题的牵连，在插队期间受到物质、精神方面的双重压力。她们与贫下中农的青年恋爱、结婚，可以部分从男青年及其家庭获得庇护，这是女知青在特殊时期不得不如此的无奈之举。前文提及的北京知青张玲，在内蒙古插队时主动表示愿意嫁给当地农民，一个特别重要的原因是她的阶级出身。张玲回忆：

> 1959 年，上小学三年级，迎接少先队 10 年大庆，要选代表上人民

---

① 刘小萌：《中国知青口述史》，中国社会科学出版社，2004 年，第 134 页。
② 刘晓庆：《我的路》，二十一院校编写组：《中国当代文学参阅作品选》第 11 册，海峡文艺出版社，1990 年，第 102 页。

大会堂，还有毛主席接见，听说这消息，别提多振奋了。同学们都以为会选我去，因为我拔尖啊。结果批下来之后，是两个出身好的同学去了。人家说，我出身不好不能去。我记得，我们那会儿学的课文，有一篇写的是地主，有一篇写的是资本家，都是很丑恶的形象。小时候不懂什么叫出身，这次不让去人民大会堂，才意识到自己出身不好……我一向好强，出身这事儿出来后，情绪挺低落……（家庭出身容易招人攻击和排挤，张玲开始将恋爱的对象选择为能够提供庇护的贫农李刚小——引者注）从我们下乡之后，刚小就一直帮助我们，他是汉民，那个村里蒙民比较多。我们遇到什么事比如烟筒堵了、炕冒烟了，他都来帮忙。有时，别人老远地看着，他不在乎，走过来关心地问问，跟我们没有什么界限……1969 年 10 月份，我俩的婚事儿就定了。从决定这件终身大事到操办婚事，前后也就是一个多月的时间。①

严格地说，北京知青张玲与内蒙古农民结婚的案例，有其特殊性。他们从订婚到结婚，"前后也就是一个多月的时间"。值得注意的是，多年受到阶级出身的束缚，摆脱"资本家"家庭背景是张玲出此下策的驱动力。此外，张玲本人患有精神疾病，插队时又遇到生活上的困难，这些都是促使她与当地农民结婚的直接动因。

其三，部分女知青为逃避骚扰而谈恋爱。客观地说，农民对待知青的态度各异，有的是由衷欢迎，有的是应付式的欢迎，还有的是无奈的欢迎。② 有的农村干部无意保障女知青的人身安全，致使有些地方的女知青受到骚扰和强奸。1973 年，全国知识青年上山下乡工作会议提出，"中央有关部门和地方的有些领导干部，把这项重大战略部署当作临时措施，抓得很不认真，很不得力"。报告指出，"对于以法西斯手段残酷迫害知识青

---

① 刘小萌：《中国知青口述史》，中国社会科学出版社，2004 年，第 129—139 页。

② 不可否认，许多民风淳朴的农村干部对待知青，都是真诚相待、热情欢迎。不管其中是否夹杂私心，总体上他们为知青的插队、安置提供了许多帮助。特别是在毛泽东"广阔天地，大有作为"的号召下，知青被视为"毛主席派下来的"，受到政治上、生活上格外的优待。不过，有的干部只是按上级分配的接收任务来安置知青，他们担心知青劳动能力欠缺，会使他们本不富裕的口粮供应雪上加霜。被迫服从安置任务的干部，只能对知青表示"应付的欢迎"和"无奈的欢迎"。参见刘建：《大野躬耕》，海峡文艺出版社，1998 年，第 70—73 页。

年和强奸女青年的犯罪分子，要按其罪行依法惩办"。① 随后，黑龙江、山东、云南、四川、河北、广东等地，女知青受到猥亵或强奸的案件先后被披露并审判。地方干部利用职权迫害、强奸女知青的现象，引起全国范围的广泛关注。

缺乏安全保障的插队女知青，晚上甚至不敢独自睡觉。四川知青邓一光回忆，有的女知青，"睡觉从来不脱长裤子，裤腰用一条结实的麻绳系得死死的"。有的女知青担心受性侵害，下乡八年期间"枕头下一直放着一把菜刀"。据她回忆：

> 我下乡的时候，1968 年下乡的知青中，有不少在谈恋爱，生活困难，没有依靠，精神苦闷，看不到希望，这些都是恋爱的外在因素。特别是女知青，身单力薄，做不动活，大多还要受到性骚扰，处境都不佳，如果谈个对象，有个主子，有个依靠，生存就有了多半保障，也会少许多麻烦……那个时候选择对象，男知青的条件一是漂亮，二是能干；女知青的条件却几乎只有一个，那就是对象要能够保护自己，至于别的什么，都可以忽略不计。②

从上文提及的"1968 年下乡的知青中，有不少在谈恋爱"内容判断，邓一光下乡插队时间应为 1973 年夏全国知识青年上山下乡工作会议召开之后。上述文字，一方面可以为本节将插队知青恋爱分为"精神慰藉型"和"寻求佑护型"提供支撑，另一方面也可以看出插队知青选择对象基本围绕着生存展开。男知青要求对象的条件很高，主要是漂亮和能干。漂亮往往是与身心健康相联系，通常与父母健康基因及优渥的成长环境有关，可以满足配偶的性想象、获取有利的基因从而繁衍健康的后代。③ 能干既与身心健康相关，也与是否受历练、拥有生存技能相关，可以满足恶劣条

---

① 《中共中央转发国务院关于全国知识青年上山下乡工作会议的报告》（1973 年 8 月 4 日），何东昌主编：《中华人民共和国重要教育文献（1949—1997）》，海南出版社，1998 年，第 1503、1504 页。

② 邓一光：《三个女知青的故事》，董宏猷主编：《我们曾经年轻：武汉知青回忆录》，武汉出版社，1996 年，第 384 页。

③ 研究者发现，人类同许多动物一样，更容易被外表看似匀称的人所吸引。Steven W. Gangestad and Randy Thornhill, *The Evolutionary Psychology of Extrapair Sex：The Role of Fluctuating Asymmetry*, Evolution and Human Behavior, Novl. 18 (1997)：pp. 69-88.

件下的生存所需。与此相对照的是，女知青要求的条件只有"能够保护自己"，这与女知青的人身安全受到威胁、受到性骚扰有关。安全受到威胁的女知青，谈恋爱不仅仅是满足情感的需要，还是为求得安全保护的被迫之举。建立在女性最低要求上的恋爱关系，是以女性压抑自身需求、忽略未来长久规划为前提的，具有明显的不稳定性，这为日后情侣关系的恶化埋下隐患。

第二节　知青婚姻的类型

如前文所及，1973 年全国知识青年上山下乡工作会议的召开，是知青婚姻政策发生改变的标志。运动初期率先落户农村的"老三届"，达到晚婚年龄的人数越来越多。如何既保证上山下乡运动的继续，又能将晚婚晚育政策执行下去？这是急需国家从宏观层面解决的问题。1973 年 7 月 24 日，国务院在《关于全国知识青年上山下乡工作会议的报告》中指出，"要保护青年之间的正当恋爱和婚姻"。[①] 这意味着国家已许可达到晚婚年龄的知青结婚。据统计，1974—1979 年间的已婚知青，在全国在乡知青中的比例逐年上升。大致情况是，1974 年已婚知青人数为 480148，占在乡总数的比例为 7.1%；1975 年已婚知青人数为 613925，占在乡总数的比例为 8.1%；1976 年已婚知青人数为726143，占在乡总数的比例为 9.0%；1977 年已婚知青人数为 860540，占在乡总数的比例为 10.0%；1978 年已婚知青人数为 848381，占在乡总数的比例为13.2%；1979 年已婚知青人数为 377820，占在乡总数的比例为 15.3%。[②]

1973 年 12 月 22 日，《人民日报》在一篇通讯中加的"编后"指出："知识青年到农村安家落户后，在婚姻问题上有两点值得赞扬：一个是干部女儿愿意同农民结婚……（这样）打破了官贵民贱的旧传统观念；二是晚婚，同早婚的旧习惯决裂。这都是破旧立新，起了移风易俗的作用，在农村中的影

---

① 何东昌主编：《中华人民共和国重要教育文献（1949—1997）》，海南出版社，1998 年，第 1504 页。
② 《全国城镇知识青年上山下乡统计资料》，于立波主编：《共和国知青》，辽宁人民出版社，2008 年，第515 页。

响是很大的。到农村去的知识青年应当向她学习，革命家长也应当支持子女的这种革命行动。"① 这一则"编后"牵涉两个问题，一是知青"与谁结婚"的问题，二是知青"何时结婚"的问题。前者重点在于提倡知青在农村扎根，后者则是提倡知青推动农村晚婚习俗的形成。

研究者刘小萌将知青上山下乡运动期间的婚姻分为三种类型，即"双知青类型"（即夫妇双方均为知青）、"知青与农民类型"、"知青与国家职工（军人）类型"。② 这一分类，对于分析知青婚姻特征有重要意义。不过，在"知青与农民类型"中，包含"女知青与农民男青年的婚姻"和"男知青与农民女青年的婚姻"两种婚姻形式。严格地说，这两种形式有不尽相同的特征。理论上，"知青与国家职工（军人）类型"结婚，同样包含"女知青与国家职工（军人）"的形式和"男知青与国家职工（军人）"的形式。不过，男知青与国家职工（军人）结婚的案例较少、资料较少，不具备单独分析的条件。因此，下面将对研究者刘小萌的分类办法进行少许调整，将知青的婚姻分为四类，即"知青与知青之间的婚姻""女知青与农民的婚姻""男知青与农民的婚姻"和"知青与国家职工（军人）的婚姻"。这样的分类，目的在于尽可能将性别问题引入到知青婚姻的研究中，或许有助于开阔视野，还原历史的复杂性。

一、知青与知青之间的婚姻

知青与知青之间的婚姻，又称"双知青婚姻"或"知青互婚"。研究者刘小萌根据吉林省、河北省保定地区、吉林省怀德县的统计推断，知青与知青之间的婚姻在已婚知青中所占比例不高。其中，吉林省知青与知青之间结婚的占已婚知青的 21%（1980 年的统计），河北省保定地区知青之间结婚的占 15.2%（1978 年的统计），吉林省怀德县知青之间结婚的占 17.9%（1976年的统计），吉林省长春市郊五社两镇知青间通婚的占 24%（1976 年的统计）。不过，正如刘小萌指出的那样，这些统计分别是从省级、地区级、县级得出的，不具有可比性，所能说明的问题很有限。③ 从研究的角度来说，

---

① 《教女儿在农村安家落户——记共产党员李艺林夫妇》，《人民日报》1973 年 12 月 22 日第 2 版。
② 刘小萌：《中国知青史·大潮（1966—1980 年）》，当代中国出版社，2009 年，第 511 页。
③ 参见刘小萌：《中国知青史·大潮（1966—1980 年）》，当代中国出版社，2009 年，第 512 页。

有必要补充其他省市的统计数据，以便进一步了解全国范围内双知青婚姻的比例。遗憾的是，目前能搜集到的只有几个省（地区、县）的零碎资料，远不能满足研究的需要。[①]

综合刘小萌研究中的数据和下列图表的数据，大致可以计算出"双知青"婚姻的比例较低。不过，从1978—1980年间的数据来看，该比例在不同地区和不同年份存在较大的波动。如，吉林省怀德县，1976年为17.9%；1976年，吉林省长春市郊五社两镇的调查，知青间通婚的为24%；河北省保定地区，1978年为15.2%；安徽省，1979年约为5.1%（淮北约2.5%），1980年约为1.1%，1981年约为0.5%；吉林省，1980年约为21%；四川省涪陵县，1978年约为27.9%；江西省会昌县，1979年约为20.7%；福建省龙溪地区，1979年为15.4%。上述数据显示的差异，或许与当地的知青管理、生活水平、地方风俗等因素有关，也可能与当地知青的年龄结构、相互交往机会、地域分布等因素有关。

图表18：部分省（地区、县）双知青婚姻及其比重（单位：人）

	1974	1975	1976	1977	1978	1979	1980	1981	1982	出处
安徽省	2994	3667	4367	4826	4664	867/16981	131/11494	9/1900	0/561	②
安徽省淮北地区						6/236				③
辽宁省					20083/108259					④
四川省涪陵县					111/398					⑤

---

① 值得说明的是，部分资料在统计中出现"双知青"婚姻漏登的问题。如山东省枣庄市的市中区方志记载，1979年统计的在乡"老知青"（即1964年至1969年下乡的知青）共有8人，已婚者7人。其中，"与其他女知青结婚的1人"。（参见山东省枣庄市市中区地方史志编纂委员会：《市中区志》，中华书局，1998年，第720页）此处的"1人"，显然是从枣庄市的市中区而言。枣庄"与其他女知青结婚的1人"，应该指的是与非枣庄的知青结婚，这样就有涉婚知青"2人"。目前难以查证其他方志中是否亦存在类似问题，如果此种情况普遍的话，或许会影响双知青之间婚姻的比例。

② 安徽省地方志编纂委员会：《安徽省志·15劳动志》，方志出版社，1998年，第42页。

③ 淮北市地方志编纂委员会：《淮北市志》，方志出版社，1999年，第836页。

④ 辽宁省地方志编纂委员会办公室：《辽宁省志·劳动志》，辽宁民族出版社，2004年，第103页。

⑤ 孙成民：《四川知青史》，四川人民出版社，2015年，第120页。

（续表）

	1974	1975	1976	1977	1978	1979	1980	1981	1982	出处
江西省会昌县						6/29				①
福建省龙溪地区						904/5855				②

　　双知青婚姻中的夫妻，在情感上往往更具有吸引力。四川成都知青中，流传着关于双知青婚姻生活的歌谣。其中提到："知哥拉琴，知妹唱歌，知哥知妹穷欢乐。一个窝来两只雀雀，知哥也要搿盒盒（儿）。"③ 歌谣中的"知哥"即男知青，"知妹"即女知青。据四川作家蒋蓝称，"搿盒盒"准确的意思是指，男人在闹市"耍女朋友"。这种没有媒人介绍、毛遂自荐的交友方式，往往需要采取极端手段才能让女朋友"就范"。而女方也不是一味被动，妇女能顶半边天。与"搿盒盒"相对应的是"缠盖盖儿"，即指女方主动的交友方式。④ 这首歌谣生动描绘出男知青拉琴、女知青唱歌，"一个窝来两只雀雀"的恩爱场面。知青夫妻，虽然在当地没有多少财产，但是感情相投为该类型婚姻增添了浪漫情调。从此角度而言，知青与知青之间缔结的婚姻，是知青诸多婚姻类型中最为理想的结合形式。同为城市长大的知青，双方拥有共同的文化背景、共同遭遇、共同语言，一般更容易培养出坚实的感情基础。并且，"知青间的恋爱萌生于艰苦的岁月，动荡的年代，或基于寻求心理上的慰藉，减轻生活中的沉重压力；或缘于同病相怜的命运。同甘共苦的经历是一个最起码也最重要的前提"。⑤ 很显然，这是从适应度、满意度、幸福感等情感角度来讨论知青婚姻的。双知青婚姻当事人的主观感受，是研究者判断婚姻质量的重要标准之一。在婚姻质量的研究中，婚姻当事人

---

① 中国共产党会昌县委员会：《会昌党史：社会主义时期专题选编（一）》，内部资料，第189页。
② 《中共龙溪地委知青办关于龙溪地区统筹解决老知青问题和整顿、办好知青点的意见》（1979年3月6日），高家凌主编：《并不遥远的年代》，中央文献出版社，2008年，第502页。
③ 中国人民政治协商会议四川省眉山市东坡区委员会：《东坡区政协文史资料》第1辑（总第11辑）《知青，永久的话题》，第154页。
④ 蒋蓝：《锦官城笔记》，四川人民出版社，2020年，第335页。
⑤ 刘小萌：《中国知青史·大潮（1966—1980年）》，当代中国出版社，2009年，第513页。

的自我感受、彼此对夫妻关系的评价、婚姻幸福感等因素，是其他标准不能替代的主观依据。研究知青婚姻的质量，显然不能抛开当事人的主观感受于不顾。

知青与知青缔结的婚姻还有其特殊性。知青与农民的观念差异较大，部分限制了农民与知青之间的通婚。诚如上文所示，知青与农民之间的通婚是知青婚姻常见的类型。不过，这并不能排除男知青不愿娶农村女青年、女知青不愿嫁农村男青年现象的存在。1976年，广东省平远县委知青工作领导小组在文件中指出："外地区来的知青，有些人受旧思想的影响，不愿和本地人结婚"，"女知青回城找对象的则因户口问题而未能实现，男知青则因本身生活仍有很大困难，故不敢想也办不成婚事。"① 平远县的这份资料显示，男女知青都存在结婚困难问题。只是，困难的表现形式有所不同。办理城市户口的困难，阻挡了女知青与城镇男青年结婚；农村生活困难，阻挡男知青与农村女青年结婚。这两方面的因素，造成知青群体成为夹在城乡中间的通婚高地，变相促进知青与知青之间婚姻的缔结。

研究者叶维丽，在与复旦大学学者马笑冬的对谈中提到：

> 有个例子可以说明"墙"的存在。有一次两个知青要结婚，他们年龄都比较大了，在北京就是朋友关系。听说他们两人要在村里结婚，老乡们都很兴奋，觉得可以热闹红火一下了。结果没一个老乡被邀请，连村干部都没请，完全把门关上了，知青们自己开了一个party（聚会）。我想老乡们一定很失望，他们还准备"听房"呢。那两个知青结婚的时候我们已经到村里一年多了，认识很多人了，也不知道是谁决定不请老乡的……那几年在我们村知青中，发生了很多"爱情故事"，有人开玩笑说，我们插队的几年贯穿着一条"爱情红线"。一帮青年男女朝夕相处，身在两性文化相对开放的乡间，又没有家长的管束，有各种各样的"罗曼史"是再自然不过的了。我们村最后成全了5对知青夫妻，到现

---

① 《中共平远县委知青工作领导小组关于知青工作检查情况的汇报》（1976年7月8日），中共平远县委党史研究室等：《平远知识青年上山下乡运动》，内部资料，2014年，第166页。

在他们的婚姻仍很牢固，大家开玩笑说，上河西"宜婚"。[①]

上述引文的价值，不仅在于反驳知青与农民关系只有一味融洽的常见说法，而且还在于提醒研究者注意，知青与农民存在"墙"的隔阂，特别是明晰的"通婚圈"界限。知青举办婚礼不邀请当地农民和干部参加，这意味着无意将后者纳入未来进一步发展的社会关系中。无论对于知青或是对于农民来说，婚姻都是人生的一件大事。有意不邀请某人参加自己的婚礼，或许将来还有与之缓和的机会。但是，不被邀请参加婚礼，始终是横亘在该社会关系继续向长远、深厚发展的"隐墙"。另外，如上述引言提及，知青内部发生很多爱情故事，双知青婚姻的比例很高、婚后感情稳定，都透露出知青有意保持边界相对清晰的"内婚制"倾向。[②] 四川流传着"嫁个军哥守空房，嫁个干部要下放，嫁个工人守厨房，嫁个知青最稳当"，"一根苦藤两朵花，知哥知妹是一家"。[③] 在民谣中，农民并未进入女知青的择偶范围内。在女知青看来，"嫁个知青最稳当"，意味着双知青婚姻中的夫妻感情更契合、婚后满意度更高。

被称为"最为理想的结合形式"的双知青婚姻，从情感的角度而言，固然具有更高的婚姻质量。但是，双知青婚姻面对艰苦农村生活时又存在明显短板。美满婚姻，往往应该充分考虑繁衍后代、养育子女、赡养老人等家庭义务。通常，人们很难为缺乏承上启下能力的婚姻贴上美满或幸福的标签。刘小萌的研究透露，许多知青婚后收入菲薄，经济上无以自立，这种窘迫生活无疑给双知青婚姻蒙上浓重阴影。[④] 成都知青流传的歌谣，对双知青婚后

---

① 叶维丽、马笑冬口述，叶维丽撰稿：《动荡的青春：红色大院的女儿们》，新华出版社，2008年，第191、193页。

② 研究者认为，人类的择偶行为存在"内婚制"与"外婚制"两种规则，前者禁止本群体中的人与其他群体中的人联姻，而后者则禁止同一群体中的人结亲，这两类规则各用于不同的群体，相互并无抵触。其中，"内婚制"的倾向，往往有意识地将通婚范围限制在特定的群体中。因此，芬兰学者韦斯特马克（Edward Alexander Westermarck）指出，"我们可以这样讲，大约每个种族都觉得，同迥然不同的异族人结婚，至少是同低等种族的人结婚，是一件很不名誉的事，甚至还是犯罪。这种感觉在事关本族女子的问题上，表现尤为强烈"。此处，如将"种族"换为"特定集团"，亦无不可。参见［芬兰］E. A. 韦斯特马克著，李彬译：《人类婚姻史》第2卷，商务印书馆，2017年，第543、548页。

③ 中国人民政治协商会议四川省眉山市东坡区委员会：《东坡区政协文史资料》第1辑（总第11辑）《知青，永久的话题》，第155页。

④ 刘小萌：《中国知青史·大潮（1966—1980年）》，当代中国出版社，2009年，第513页。

生活有如下描写：

> 人家的丈夫，
>
> 杀鸡又炖膀。
>
> 知妹的丈夫，
>
> 杀鸭子（扒窃）被擒住。
>
> 来——嗦嗦咪哆，
>
> 被呀嘛被擒住。
>
> 人家的丈夫，
>
> 当官拿数数（指工资）。
>
> 知妹的丈夫，
>
> 年终要倒补。
>
> 来——嗦嗦咪哆，
>
> 要呀嘛要倒补。
>
> 人家的丈夫，
>
> 都有楼房住，
>
> 知妹的丈夫，
>
> 光呀嘛光屁股！
>
> 来——嗦咪！嗦咪！哆！
>
> 光呀嘛光屁股。①

　　这首歌谣中，女知青抱怨知青丈夫经济困窘，无法为婚后生活提供必要经济保障。其中提及的副食、收入、住房等，都与维持温饱紧密联系在一起。徐安琪、叶文振的调查研究证实，影响婚姻质量的主观指标，除双方对婚姻关系的满意度（包括夫妻平等、双方关系和谐、配偶尊重本人、配偶信任本人等因素及指标）外，还包含双方对物质生活满意度的多项因素和指标。后者主要包括：对本人收入满意、对配偶收入满意、对物质生活满意、

---

① 中国人民政治协商会议四川省眉山市东坡区委员会：《东坡区政协文史资料》第 1 辑（总第 11 辑）《知青，永久的话题》，第 156 页。

对住房满意、对余暇生活满意、对配偶生活能力满意。① 如前文所示，双知青婚姻往往存在口粮不足、收入微薄、缺少住房等问题，大大降低了婚后物质生活的满意度，从而影响婚姻质量的水平。

二、女知青与农民的婚姻

女知青与农民的婚姻，往往最惹人注意。该类型在知青婚姻中占比较高。刘小萌的研究称，女知青嫁给农民的人数，明显超过男知青娶农民的人数。河北保定地区的数据显示，当地农民与知青结婚者 2042 名，属女知青嫁给农民者 1384 人，点总数的 67.8%。黑龙江省呼兰县，与农民结婚的知青 290 人，其中女知青嫁给农民的 192 人，占总数的 66.2%。② 现在能找到的资料，往往粗略地将男女知青与农民的婚姻，简单归为知青与农民的婚姻。这样，很难区分女知青与农民婚姻在其中所占比重。

女知青与农民结婚，"文革"前就被推崇为"消灭三大差别"的模范。较早树立的典型，是天津知青、"新型农民"王培珍。《中国青年报》1960 年的报导，将天津市女七中毕业的王培珍称为"新型农民"，称她同青年农民赵福平结婚是"真正在农村开花结果"。据报导，二人结识时，王培珍是静海县团泊洼公社赵连庄妇女队的领队，赵福平是常流庄团支部书记、青年突击队的领队。他们二人，是在两支突击队劳动竞赛时结识的。除城乡差别、文化差别外，他们二人的结合有不少合理性。在王培珍看来，赵福平思想进步，党指向哪里就奔向那里，为人纯朴，勤劳，爱好学习，有一股干劲。王培珍认为："他的长处正是自己的短处，自己应该虚心向他学习。"③ 从此角度看，他们二人的婚姻符合"资源互补"原则。同一年，《人民日报》刊登唱词，称赞王培珍是在农村真正安身，称赞知青与农民的婚姻是"男英雄女模范好一对新人"。④ 王培珍根据自己的事迹，撰写《农村成亲记》。天津的王培珍，与河北的邢燕子、孔令印，郑州的荆焕云，上海的朱玉琪，江西的

---

① 徐安琪、叶文振：《婚姻质量：度量指标及其影响因素》，《中国社会科学》1998 年第 1 期。
② 刘小萌：《中国知青史·大潮（1966—1980 年）》，当代中国出版社，2009 年，第 515 页。
③ 《新型农民王培珍》，中国青年出版社编：《青年的榜样》，中国青年出版社，1961 年，第 69—75 页。
④ 易和元：《王培珍农村安家（唱词）》，《人民日报》1960 年 8 月 27 日第 8 版。

宋喜明，成为上山下乡运动大潮到来前的知青典型。

1974 年，"敢于同旧传统观念彻底决裂"的北京知青白启娴，被树立为与农民结婚、扎根农村的知青典型。该年 2 月 7 日，《人民日报》转载了白启娴写给《河北日报》的信，内容大致如下：

> 这几天，我的心情再也不能平静，有些事总是逼着我想：为什么一个大学毕业生嫁了农民就被人嘲笑！
>
> 我叫白启娴，一九六八年在河北师范大学毕业，当年十二月，到沧县阎村公社相国庄大队接受贫下中农再教育。在党组织和贫下中农的关怀、教育下，经过火热的三大革命运动锻炼，使我体会到，"知识青年到农村去"是一条金光大道，贫下中农是最好的老师。在农村，有学不完的知识，干不完的事业。我爱上了农村，决心扎根农村干一辈子革命。一年以后，我在这里落了户，和一个普通农民结了婚。
>
> 没想到，我就像做了一件大逆不道的事，不断遭到一些人的白眼和讥讽。有的说："一个北京生、北京长的大学毕业生，嫁个庄稼汉，真可惜。"有的说我没远见，没志气，没出息。甚至还有人给我起外号，骂我"少心眼，缺一窍，大傻瓜"。就连我父亲思想也不通，说是"一个大学生不简单，不讲女攀高门，门当户对，也应找个差不多的对象，嫁个农民，一辈子落在农村，有什么前途。"一句话，我这个原来在一些人眼里"了不起"的大学生，竟因为嫁了农民，反被一些人看不起了。
>
> "关心"、"惋惜"也好，讥讽、白眼也罢，我从没有屈服。我懂得，我和那些人的立脚点不同，想的不是一个理，怎能互相理解！有人认为农村生活苦，我觉得"淡饭粗茶分外香"；有人说嫁个农民没出息，依我看，那种贪图个人享受、看不起嫁庄稼汉的人最可悲；有人嫌我太土气，连我的小孩也挨白眼，被叫作"小土包子"，我却从心眼里看不起那种小看农民的"人物"；有人嫌农民脏，这是世界观的问题。毛主席教导我们："尽管他们手是黑的，脚上有牛屎，还是比资产阶级和小资产阶级知识分子都干净。"请问，没有大粪臭，哪有五谷香？没有农民

种庄稼，怎能落实"广积粮"？我看农民的光荣和自豪也就在这里！有人说，落在农村没前途，我坚信在广阔的农村奋斗终生大有作为，前途无量。

一九七一年二月，组织分配我当了中学教师，几年来，尽管我对党的教育事业尽心尽力地干，但遭受的讥讽和白眼却有增无减。就在前几天，对我震动较大的一件事发生了。

那天，我们学校给教师分配铺炕的干草，有一位教师硬说分配不公，当场骂街。我认为一个教师这样做，实在不应该，就直率地对这件事发表了意见。那位教师不但不接受批评，反而劈头盖脸地对我说："你不觉丑，你落个这下场，全县都知道，你不觉丑?!"很显然，这又是指我嫁给农民的事。这样的话，竟出自一个教师之口，使我一连几天吃不下饭，睡不好觉。这不是因为我"觉丑"，怕人家看不起，而是想不通这个问题：我父亲十二岁到工厂学徒，母亲从小卖给一个姓孙的当丫头，不用说学文化，连自己的真姓都不知道。今天，我成了我家祖祖辈辈第一个大学生，难道党培养我们，劳动人民用血汗把我们养大，就是为了让我们看不起劳动人民，忘记自己的祖宗？难道一个大学生，只有嫁个工人、干部才光彩，嫁个农民就丢丑？这使我不由地想到孔老二大骂向他请教种田种菜的学生樊迟是"小人"，想到历代剥削阶级都"望子成龙"、"教女成凤"，如果用这样的旧思想去教育学生，会把劳动人民的子女引向何方，会把教育革命引向何方？

类似这样的事，使我万分气闷。我认为几千年来遗留下来的这种看不起农民，轻视农业劳动的腐朽思想应该批判，这对于缩小三大差别、建设社会主义新农村，反修、防修，都具有很重要的意义。这是一场意识形态领域里的阶级斗争，你不斗它，它就斗你，应当主动地向资产阶级和一切剥削阶级意识形态展开进攻。①

如引文所述，白启娴遭到嘲笑和非议，主要缘于她与丈夫在社会身份上

---

① 《白启娴同志的来信》，《人民日报》1974年2月7日第1版。

存在的落差。白启娴是从北京来的大学生，是当地的中学教师，虽然户口仍在河北沧州农村，但是未来有回城的可能性。她的丈夫却是土生土长的农民，基本没有将户口迁移到城市的可能。"不见君子，不知野人之拙"（《晏子春秋·内篇杂下》），中国古代文化历来有视"乡野"分途的传统。近代以来，城乡之间的分化更加明晰。城市与农村之间的差距，常被视为优与劣、先进与落后、发达与贫困、文雅与粗俗的差距。破除城市的优越感，是缩小或消灭城乡差距的目标之一。在普通人看来，白启娴的婚姻跨越城乡之别，夫妻二人存在两种身份的差距。这也违背了人们通常沿袭的"同类联姻""择偶梯度"的原则。

"同类联姻"原则常常表现为，人们的"通婚圈"往往限制于社会地位、经济地位大体相同的社会群体。根据这一通婚原则，人们在"婚姻市场"上期望找寻的理想伴侣，往往是和自己实际"市场价值"相当的另一半。这一通婚原则，同时又受到社会压力和个人评价的影响。在其他条件相同的情况下，人们倾向从自己群体内选择最理想的配偶。[①] 在中国婚姻文化的语境下，所谓的"同类联姻"原则与传统"门当户对"习俗接近。在城乡分立的户籍管理体制下，这种通婚原则表现为城镇户口的居民、农村户口的农民各自实行"内婚制"。就知青而言，尽管他们因为上山下乡运动才落户到农村，但是人们通常认为知青来自城市，仍拥有留在城市的社会关系，他们还有重新回到城市的可能性。这些现实或潜在的因素，都是普通农民没有的"资源"。况且，白启娴是接受过高等教育的大学生，未来有可能成为教师、职工、干部。白启娴的父亲就是从此角度考虑的。他认为："一个大学生不简单，不讲女攀高门，门当户对，也应找个差不多的对象，嫁个农民，一辈子落在农村，有什么前途。"在当地农村，白启娴被称为"没远见，没志气，没出息"，传达出的意思应是：白启娴与农民结婚，从此舍弃回城的机会，只能同农民一样生活在农村。换言之，人们说白启娴"少心眼，缺一窍，大傻瓜"，同她没有遵守"同类联姻"、舍弃回城机会不无关系。

另外，白启娴的婚姻还同所谓的"择偶梯度"原则产生冲突。研究者通

---

① ［美］威廉·J·古德著，魏章玲译：《家庭》，社会科学文献出版社，1986 年，第 86—87 页。

常认为，婚姻中的男性往往在社会地位、经济收入、年龄、身材等方面高于女性，即通常所说的"男高女低"现象。① 根据国家卫生计生委家庭司的统计，1975—1979 年间结婚的调查对象，除部分同质婚姻外，丈夫的平均初婚年龄比妻子大 3.6 岁，丈夫的受教育程度比妻子高一个梯度、二个梯度、三个梯度的占到半数以上。② 当然，双方都是文盲的夫妻，无法在这一数据中体现出来。通常来说，年龄较大的男性往往可以积累更多财富和社会经验。受教育程度、社会地位、经济收入较高的男性，往往能为婚后生活、抚养子女、赡养老人等提供更可靠的保障和安全感。反过来说，年龄较小的女性生育期相对更长。受教育程度、社会地位、经济收入较低的女性，更能突出丈夫在家庭中的核心地位，部分加固家庭的稳定性。当然，这种稳定性是相对于"女高男低"而言，并且这种情况需要与之相适应的社会舆论、道德规范作支撑。

白启娴是大学毕业生，又是当地的中学教师。她与农民结婚，与男高女低的"择偶梯度"原则构成冲突。1950 年《婚姻法》颁布多年，男女平等、夫妻平等的原则与农村习俗仍存在不小距离。人民公社时期，男性在生产队的工分值普遍明显高于女性，男性收入自然也高于女性。即便女性与男性并肩劳动、承担同样的劳动任务，最后的工分收入仍然有差距。与报刊、广播中的宣传有不小落差，男尊女卑在农村具有普遍性，男女同工不同酬的现象被广泛接受。女性对男性的依附，与经济、社会状况密不可分。邢小群回忆，"我插队的那个公社，能够初中毕业的女孩子简直是凤毛麟角。她们哪儿有如今城市姑娘的那份浪漫情怀？说到婚姻，只有最实际的考虑：嫁汉嫁汉，穿衣吃饭。对方家境好，便是她们理想的归宿"。③ 白启娴是北京来的大学毕业生，又是中学教师。她与农民结婚，自然与普通"嫁汉嫁汉，穿衣吃

---

① 邱鸿钟：《性心理学》，广东高等教育出版社，2014 年，第 88 页。
② 国家卫生计生委家庭司的数据显示，丈夫平均初婚年龄为 23.9 岁、妻子平均初婚年龄为 20.3 岁。即丈夫的平均初婚年龄比妻子平均初婚年龄大 3.6 岁。同一调查还显示，丈夫的受教育程度比妻子高一个梯度的占 34.0%、高二个梯度占 13.9%、高三个梯度占 3.3%。也就是说，有超过半数的丈夫在受教育程度方面明显高于妻子。参见国家卫生计生委家庭司：《中国家庭发展报告·2016》，中国人口出版社，2016 年，第 107、116 页。
③ 钱茸、宋庆光主编：《歌声中的岁月》，中央广播电视大学出版社，2000 年，第 383 页。

饭”的习俗格格不入。①

　　林彪事件发生后，特别是全国传达《“571”工程纪要》后，有关上山下乡运动“等于变相劳改”的言论被披露出来。1974 年，“批林批孔”运动，将“变相劳改论”与“学而优则仕”联系在一起。白启娴事件被“批林批孔”运动赋予新的意义，白启娴被树立为“批林批孔”运动的先锋。②《河北日报》的编者按称，对白启娴与农民结婚的非议或嘲讽，是“孔孟之道所宣扬的轻视劳动、鄙视劳动人民以及林彪一类骗子反对知识青年上山下乡，反对知识分子走与工农相结合道路的反动思想流毒”。③ 经过《人民日报》的转载，与农民组成“扎根婚”的白启娴，成为全国具有广泛影响的典型。1974 年 10 月，白启娴成为阎村人民公社的党委副书记。④ 1975 年 1 月，白启娴作为全国人大代表参加了全国人大四届一次会议。⑤ 白启娴受到母校河北师范大学的邀请，回校报告她“彻底与旧的传统观念决裂”、与普通农民结婚的事迹。⑥ 并且，还作为“批林批孔报告团”的成员，到其他地市“传经送宝”。⑦

　　与农民结婚的女知青，多数在家庭成分、身体健康、维持生活等方面存在困难。据称，白启娴的丈夫毕振远，是生产队的记工员，幼年丧父，下中农出身，高小文化。毕振远比白启娴小四岁，“平素少言寡语，在庄稼人眼里，属于老实却不精明能干的那一种。因为家里的经济条件差，本人长得又瘦又小其貌不扬，二十大几还没说上媳妇，乡下姑娘也看不上他”。⑧ 乡下姑娘也看不上的毕振远，因何会与城市来的大学生白启娴结婚？固然，白启娴

---

　　① 复旦大学硕士生宋瑞璇在毕业论文中提及，白启娴在与毕振远结婚前，与当地的民兵副连长有"绯闻"。虽然白启娴事先不知道民兵副连长已婚，但是此事仍让当地农民议论纷纷。村里为消解"绯闻"，便帮白启娴"安排"与毕振远的婚事。参见宋瑞璇：《反潮流英雄？ 国家话语与个人记忆中的女知青典型——以白启娴为例》，复旦大学硕士学位论文，2012 年，第 39 页。

　　② 上海人民出版社编：《发扬反潮流的革命精神》，上海人民出版社，1974 年，第 83 页。

　　③ 《敢于同旧传统观念彻底决裂》，《人民日报》1974 年 2 月 7 日第 1 版。

　　④ 中共沧县县委组织部编：《中国共产党河北省沧县组织史资料（1926—1987）》，河北人民出版社，1991 年，第 141 页。

　　⑤ 全国人大常委会办公厅研究室编：《中华人民共和国人民代表大会文献资料汇编（1949—1990）》，中国民主法制出版社，1991 年，第 881 页；沧县地方志编纂委员会：《沧县志》，中国和平出版社，1995 年，第 38 页。

　　⑥ 曹桂方、张玉钟主编：《河北师范大学志（1906—1995）》，河北人民出版社，1996 年，第 27 页。

　　⑦ 冯景长主编：《邯郸市大事记（1945—1985）》，河北人民出版社，1994 年，第 332 页。

　　⑧ 龚晓村：《红牌坊》，长江文艺出版社，2005 年，第 53 页。

有一条腿"做过手术"，行走略有不便。但是，她与毕振远之间仍有不小的差距。据原相国庄公社党委书记毕庆吉称，与毕振远结婚前，白启娴与当地一位民兵副连长毕炳才有绯闻。另据阎村乡长吴桂荣称：

> 白启娴一开始啊，是看上毕炳才了，毕炳才呢是民兵副连长，帮着他们去种园子去，帮着他们干活，那个时候啊，村里也没歌（"歌"疑为衍字——转引者注）电视，晚上的时候啊，有演电影的，毕炳才驮着（骑车载着）这个白启娴看电影去，白启娴给这个毕炳才的口袋里啊放上了一个求爱信，就说怎么爱毕炳才，这么着，毕炳才到家的时候呢，他媳妇给毕炳才洗衣裳的时候把这封信看见了，看见了以后，毕炳才的媳妇拿着这封信找到村里去了，这是什么玩意儿呢，村支部呢，就把白启娴叫去了……白启娴就说我自小没有母亲，我家里有一个老父亲，我妹妹结婚了，我家里就剩了一个老父亲，我确实跟着农民有感情了，我想着将来把我的父亲接到农村来，找个农村的，我不知道他（指毕炳才——转引者注）结婚了，村里的支部一听这个，是这么个话，就琢磨着毕振远行，毕振远就一个他妈妈，她这个儿挺老实的，是娘俩过日子，这样说毕振远行……这样毕振远追白启娴，死乞白赖巴结白启娴，后来的时候，白启娴值班的时候做饭啊，就留毕振远在那吃饭。①

虽然白启娴事先不知道民兵副连长毕炳才已婚，但是她写求爱信的事仍在当地招致非议。中国素有"宁拆十座庙，不破一门婚"的传统，人们都相信破坏他人家庭的"恶"胜过破坏众人信奉的神灵。白启娴给已婚者写求爱信，即"破一门婚"的行为，是难以被乡村道德接受的举止。另外，白启娴向毕炳才求爱，还使毕炳才的孩子受到牵连。村支部为消解此事，便"安排"白启娴与毕振远的婚事。这样一来，既消除了对毕炳才婚姻的影响，又让白启娴在当地扎下根来，同时还解决了"乡下姑娘也看不上"的毕振远的婚事。

值得注意的是，刘小萌采录的口述史中，北京知青张玲与农民李刚小结婚前，综合考虑的因素大致如下：

---

① 转引自宋瑞璇：《反潮流英雄？国家话语与个人记忆中的女知青典型——以白启娴为例》，复旦大学硕士学位论文，2012 年，第 36—39 页。

分类	张玲	李刚小
家庭出身	"资本家"	"中农"
劳动能力	"连锄头把儿都拿不住"	"村里最好的劳动力"
身体状况	"精神状态不是太正常"	"村里最好的劳动力"
经济状况	"没有经济来源"	"生活上有依靠"
其他	"很特殊的原因"	母亲有"作风问题" "没有参军要求"

张玲嫁给农民，除很特殊的原因外，还与她父亲是"资本家"、自己在下乡前"精神受过刺激，留下了后遗症"有关。她找的对象李刚小，是当地最好的劳动力，生活上值得依靠。并且，李刚小是中农出身，没有参军要求，这样可以更好地照顾她。她未来的婆婆有"作风问题"，男方因此不会对女方过度挑剔。即便这样，张玲回忆，"婚礼的头一天晚上，我一个人跑到村外大野地，痛哭了一场。那时，我的心情很复杂，因为这是在没有出路条件下做出的选择，这一辈子就得留在农村了，今后面临的生活到底是什么样子，没法想象。我觉得，就是一个火坑也得往里跳，确实也没别的路"。张玲与农民结婚出于无奈，"丧失了劳动能力，又没有经济来源，只有走这条路"。对于其他有与农民结婚打算的知青，张玲在劝导时称："你别看我了，你回去吧，你身体又不好。能回北京还不回北京，在这结什么婚？"同样，张玲所在的知青小组也反对她与农民结婚。张玲称：

> 小组的同学对我挺关心的，她们不愿意看着我在农村结婚。当时已经有了病退和困退的政策，她们就给我争取了病退指标，直到该办户口了，才告诉我。她们说："回城的指标已经给你要了，就剩办户口了。"我一听，不仅不感谢，还大骂她们"卑鄙无耻"！因为这是背着我干的事啊。我气冲冲找到生产队，"啪"的一脚就把门给踢开了，说："谁也不许给我往回办！"为什么铁了心不回北京？我有一个很特殊的原因，这里不便明说，但肯定跟其他知青的情况完全不一样。①

---

① 刘小萌：《中国知青口述史》，中国社会科学出版社，2004年，第138—139页。

张玲的案例确有其特殊性。宁愿放弃办好的回京指标，坚持要与当地的农民结婚，这在当时极为罕见。她差不多集中所有不幸于一身：家庭出身有问题、身染疾病、丧失劳动能力、北京有家不能回。这些都促使她在插队农村急寻安身立命之所。与家庭同样存有"缺陷"的农民结婚，是她不得不如此的决定。类似张玲的例子恐怕并不多，但是出于无奈而与农民结婚的女知青却很多。据称，上海女知青嫁给皖北农民，有不少是因为"肩不能挑，手不能提"，"在农村靠工分根本不能养活自己"，再缺少父母资助，基本上难以在农村生存下去。[①]

女知青与农民的婚姻，还有一种特殊形式，就是女知青与郊区农民结婚。女知青选择此类婚姻，看重的往往不是农民而是郊区，往往是因为郊区人均收入、福利待遇相对较高。并且，郊区距离城市近、交通方便，能够同家人之间相互照顾。同时，郊区人多地少，农民进厂的机会相对较多。

1972 年 11 月，中共中央批转商业部关于当前粮食销量的报告中提出，要"坚决控制职工人数和吃商品粮的人口"。为此，要求全国新增职工超过国家计划的地区和部门，必须立即停止招工；自行招收的部分，必须及早减下来。[②] 女知青与城市职工结婚、转为"非农业户口"的机会被严重挤压，女知青与城郊农民结婚的现象进一步增加。北京市朝阳区的资料显示，去外地插队的知青回京与郊区社员结婚者增多，他们希望通过此种方式将户口迁回郊区。[③] 同样，江西瑞金插队的女知青中也有此类现象：

> 有一个女知青的离开令我非常难过，她姓谭，初一（年级）的，分配到梅岗大队。那里也只剩下她一个人了，她强烈地想离开瑞金！她通过关系在南昌郊区的一个公社物色了一个对象，打算以他为跳板调进南昌市。我听她像谈生意似的跟我说这回事，吃惊极了：这不是拿自己的终身大事当儿戏吗？如果她是个心思缜密，办事稳妥的人我也许不会反对她这样做，可她是个大大咧咧，懵懵懂懂的姑娘！我劝她，但是她不

---

① 束因立、王仲翔主编：《皖北记忆：上海知青的乡土岁月（续）》，2015 年，第 407—408 页。
② 唐云岐主编：《中国劳动管理概览》，中国城市出版社，1990 年，第 323 页。
③ 《将台公社革委会的请示》，北京市档案馆藏件，卷宗号：196－3－25。

听，还是奔着南昌郊区去了！[①]

人民公社时期郊区城镇化速度缓慢，从郊县农村户口转移到城镇的非农业户口人数有限。1949 年后的 30 年，全国城镇人口从农村吸收的人口只占三分之一。就上海郊县城镇的非农业人口来说，1980 年比上一年仅增 3.21 万人，其中从农村迁入城镇转为非农业户口的职工家属和子女仅 0.16 万人。[②] 但是，与其他农村地区相比，郊区农民的进城机会还是要多。更何况，有的郊区还有轻工业、农牧副渔业、商业等方面的收入，当地农民的生活水平更高。特别是大城市的郊区，还有为大工业、外贸出口提供服务的社队工业。近郊的交通方便、信息流通快，当地农民的收入较高。这是女知青愿意冒险嫁往南昌郊区的原因所在。

更令人担忧的是，女知青的年龄增长，逐渐侵蚀了她们的择偶优势。年龄过大的女知青，在农村结婚只会增加更多困难，这无疑加重了她们的焦虑。内蒙古插队的北京女知青淑勒，在日记中写道："日子过得很平淡，也很慢。我有时像期待着什么似的，希望日子过得快些，但一想到前面毫无可以期待的东西，心情就又暗淡了。就这么日复一日年复一年，我的青春，那么可贵而又美丽的青春，就这么流逝过去了，就这么平淡地流逝过去了。生活里还会有新的、蓬勃的生气吗？还会有春天吗？还是就永远这么枯黄、单调，而生活的本色就真是永远这样吗？"[③] "花有重开日，人无再少年"，女性从生理、心理发育成熟到适宜生育，通常只有十余年的时间。一旦错过适宜结婚、生育的年龄段，便意味着失去择偶的优势。1972 年底，插队时间长的女知青越来越多达到晚婚年龄。但是，一方面她们担心在上山下乡运动期间结婚会被排斥在招工、招生范围之外，另一方面也有女知青是因为"高不成、低不就"，在插队农村没有合适的结婚对象。男女双方在择偶时，通常在年龄方面存在"男高女低"的差异。即，男青年往往希望女方的年龄比自

① 郑克强、李谦、回莎莉：《岁月的河》，江西人民出版社，2018 年，第 273 页。
② 朱宝树：《上海郊区的过剩农村劳动力转移与城镇化问题》，胡焕庸主编：《人口研究论文集》第 3 辑，华东师范大学出版社，1985 年，第 299 页。
③ 史卫民主编，知青日记书信选编委会编：《知青日记选》，中国社会科学出版社，1996 年，第 211 页。

己小，女青年则往往希望男方的年龄比自己大。这样进一步增加了大龄女知青的心理压力。无法通过招工、招生、招干回城，或者因为家庭出身有"问题"，这批女知青没有在上山下乡运动中结婚。70 年代末 80 年代初，这批知青回城后，成为城市引人注目的大龄青年。[①]

有研究者认为，男女的择偶都是理性的社会行为，彼此双方都是在竞争的环境下，通过交换来获取自身利益的最大化。双方进行交换的前提，是对彼此的"有形资产"和"无形资产"进行主观评估，然后再根据所需进行筛选和试探。[②] 来自城市的女知青，尽管户口已经落在农村，但是她们同城市保有的关系和回城的可能性仍是一种"无形资产"。另外，女知青受到的学校教育，普遍要比农民好得多。这种"无形资产"看似派不上用场，但在部分农民眼中仍是因缺少、匮乏而更显重要的优势。相比之下，农民拥有知青缺少的家底，农民的工分收入往往高于知青，这些可为知青提供生活上的依靠。部分女知青嫁给农民的原因与此有关。

简单来说，女知青嫁给农民，本质是对不利形势的妥协，同时也是利用自身优势与农民进行的交换。这种婚姻是特定时空环境下形成的。随着形势的变化，其中蕴含的不稳定因素亦会凸显，同时也证示此类婚姻存有缺陷。

三、男知青与农民的婚姻

与农民结婚的男知青，远没有与农民结婚的女知青人多。研究者刘小萌搜集到的资料显示，黑龙江省呼兰县与农民结婚的 290 名知青中，男知青与农民结婚的有 93 人，占其中的 33.8%；河北省保定地区与农民结婚的 2042 名知青中，男知青与农民结婚的 658 人，占其中的 32.2%。[③] 从此资料来看，男知青与农民结婚的比例大概为三分之一左右。在现有出版的资料中，

---

① 1984 年 2 月 27 日，中央顾问委员会委员陈云，在一份反映天津市人民政府要求各级领导干部关心 30 岁以上未婚青年婚姻问题材料的批语中指出，30 岁以上未婚青年的婚姻问题不仅天津有，北京和其他地方也有，尤其是女青年方面占的比例很大，是个不小的社会问题。为此，中共中央总书记胡耀邦当天要求书记处按陈云的批语，印成书记处例会文件。中央书记处专门请全国总工会、全国妇联参加会议，讨论"关于 30 岁以上未婚青年的婚姻问题"。参见黑龙江省地方志编纂委员会编：《黑龙江省志》第 74 卷《妇联志》，黑龙江人民出版社，1995 年，第 376 页。

② 李煜、徐安琪：《婚姻市场中的青年择偶》，上海社会科学院出版社，2004 年，第 22—25 页。

③ 刘小萌：《中国知青史·大潮 1966—1980》，当代中国出版社，2009 年，第 515 页。

男知青与农民女青年结婚的案例很难找到，这应该与此类婚姻或多或少带有"入赘"的色彩有关。

插队男知青，在农村往往缺少住房和家产，除家人的资助外，通常没有多少经济收入。并且，知青在生产队劳动时的工分，往往比农村成年男劳力低。如前文所述，1976 年的统计显示，全国插队知青没有建房的仍有 95 万人。部分没有住房的知青甚至住在猪圈、牛棚里，有的没有床板、直接睡在地上。由于住房简陋、不安全，知青的粮食、衣物、被褥等财物被盗现象屡有发生。这些成为横亘在男知青面前的障碍。在务实的农村女青年看来，嫁给没有家底、没有收入的男知青谈不上是上选。北京知青邢小群在山西洪洞县插队时，当地女孩子初中毕业的很少，她们结婚的目标都很实际："嫁汉嫁汉，穿衣吃饭。对方家境好，便是她们理想的归宿。""她们除了对知青感到新鲜外，从骨子里是瞧不上知青的，知青要家产没有家产，要手艺没有手艺，何以托付终身？"单以做饭、取暖用的"柴火"论，这是北方当地人判断家境优裕与否的标准之一。如前文所述，通常"家境越殷实，柴火垛越高、越厚实"。许多农民是当年烧头两年砍的柴，而将当年砍的柴码放在院中，这样柴火垛干得越透越好烧。相比之下，知青没有多少家底，往往没有隔年的柴垛，只能烧当年砍来的湿柴。本来柴就少，又湿，在烧柴方面总是捉襟见肘。[①] 在许多农村地区来说，如果缺少柴火，喝水、吃饭、取暖自然难以得到保证。1973 年初，全国插队知青约 400 多万人，生活能够自给或自给有余的约为 34%，生活大部分能够自给的（伙食能够自给，穿、用还要家里补贴）约为 35%，生活不能自给的约 31%。后两种类型的知青，约为总体的三分之二。他们不得不依靠父母经济上的资助。[②] 从此角度来看，没有家底的男知青生活困难，没能力支付巨额彩礼，很难在农村婚姻市场上占优势。

另外，男知青中的"可以教育好的子女"（简称"可教子女"），因为政治身份受到歧视和压制，许多人在农村受到虐待，在招工、招生时遭受排斥。受到此束缚，"可教子女"回城的希望渺茫，这是导致他们部分人同农

---

① 钱茸、宋庆光主编：《歌声中的岁月》，中国广播电视大学出版社，2000 年，第 383 页；邢小群：《难忘那个小山村》，https://www.sohu.com/a/249298012_182423（2020 年 2 月 27 日）。

② 刘小萌：《中国知青史·大潮 1966—1980》，当代中国出版社，2009 年，第 287—288 页。

村女青年结婚的重要原因。与出身不好的女性不同，"可教子女"男知青的政治身份，对婚后生活及子女的家庭出身仍有影响。女方家庭对此不无担心。据福建省建阳县的知青回忆，"我认识一位男知青，人品、才华都相当不错，赢得一位相貌出众女民师的欢心，两人感情如胶似漆，但女方终因顶不住来自家庭的压力而变心。那男知青倒想得挺开，他归还姑娘的照片，并在照片后面留下一句意味深长的话：'假如爱情要牺牲他人的幸福，那就先牺牲自己吧'"。[①] 因为"可教子女"的身份，部分男知青不得不入赘到农村，成为所谓的"倒插门女婿"。在以从夫居为主流的农村，男方到女方家"倒插门"，意味着更名改姓、切断为自家传承香火的关系。有些农村，入赘女婿要像故事影片《老井》中的孙旺泉，"每天清早（替岳母）倒尿罐"，"倒插门"是含有"屈辱性"的婚姻。[②] 作为"可教子女"的男知青，通常很难走向入赘婚。

可以确定的是，知青群体内部存在很大差异。有些知青插队期间连生活都难以维持，希望通过结婚将户口迁入郊区。男知青为办理同郊区女青年的"假结婚"，甚至有"借姑娘"的闹剧。黑龙江知青康成杰在日记中提到："提到往农村办关系之事，云及目前的一些新花样。最甚者是结婚，到农村去借一姑娘的名字，说是成亲，倘非要履行手续，就将结婚、离婚手续一齐办好，据说京郊为此项而丧失的大姑娘为数很大哩！这简直是对人道的一种讽刺！"[③] 这则日记介绍的是，部分知青为将户口办理到北京郊区，不惜同郊区从未谋面的姑娘办理"假结婚"。待户口迁移成功，再办理"真离婚"。其目的只有一个，离开条件艰苦的偏远农村。

同"假结婚"逃离农村的知青相比，有些知青却立志扎根在农村"改地换天"，以自己的志向和言行赢得农村女青年的青睐，最终结下"扎根"婚。清华附中"老三届"学生丁爱笛，1969年1月到陕北延川县张家河插队，后来成为大名鼎鼎的"扎根"派知青代表。5年后，他与当地女青年张海娥恋

---

① 刘建：《大野躬耕》，海峡文艺出版社，1998年，第164页。

② 钱茸、宋庆光主编：《歌声中的岁月》，中国广播电视大学出版社，2000年，第383页。

③ 史卫民主编，知青日记书信选编编委会编：《知青日记选编》，中国社会科学出版社，1996年，第257—258页。

爱、结婚。丁爱笛自称，其结婚的经过大致如下：

1974 年 5 月，来回折腾了无数次，我才入了党，成了张家河大队书记兼关庄公社副书记。工作紧张，生活完全没有规律，我闹出了胃病，动不动就胃痛得头冒虚汗。我常背一小军用背包，里面放着针管和阿托品，一闹胃痛就自己在足三里那里打一针阿托品。当时北京知青招工的招工，推荐上学的上学，老知青基本都走光了，我早就是远近闻名的铁杆扎根派，生活问题却成了大问题。

村里的老人，尤其是老大娘们就操心给我说媳妇，明的暗的闹了好几回我都没有动心。人说爱情这回事，要碰得时间长了才有可能擦出火花来，这话一点儿不假。大队党支部经常开会，除了我就是年轻的妇女主任张海娥不抽烟，其他人都是一人卷一根老炮筒在抽，开上个把小时会，就把我们不抽烟的薰出窑洞门透透气去。到外面看看月亮聊聊天，慢慢的时间长了就聊到玉米地里去了。我比她年龄大了十岁，我向她求婚，她答应了，不过说还要征得她父母同意。

我就大着胆子去找未来的老丈人。我和她父亲还是有点缘分的。1970 年秋，当时刮起割资本主义尾巴风，公社派来工作队说要严查私自扩大自留地的行为。本来工作队咋呼一下，运动就过去了。张海娥的父亲张玉前是个耿直爱说实话的人，居然站起来说：大队高书记自留地比以前扩大了很多。这下惹了麻烦，工作队在高书记带领下把老张的自留地一量，说扩大了一倍，罚了六斗粮。还是我不服气，带着知青们又把老张的地丈量了一下，发现他的地是三角形，面积应该是底乘高除二，工作队故意整人没除二，当然多算了一倍。我就带人去把老张的六斗粮拉回来送他家。

这件事当时闹得惊天动地，大队高书记恨得我牙根痒痒。你能说我和老张缘分不大吗？我找到老张，小心地说明来意，特别强调了我大十岁这个概念。没想到老张倒是很痛快，他说年龄不是大问题，他就比海娥妈大十岁还多。不过，他说家里是海娥妈拿事，还要征得她妈的同意。

老头这么一说，倒给我壮了许多胆，就去找到海娥妈。这是一个非常精明的女人，她就直截了当："现在婚姻自由了，那就是法；我要是拦住说不行，那是违法；但你要问我同不同意，我是坚决不同意。""为什么？"我问。"你数数看就咱这张家河孤儿寡母有多少？十三个，都是老红军留下的。外面去当了大官了，进城就甩了，可怜吧。老百姓不图别的，就图一辈子安安稳稳过。"

也是，那些老红军撂下的孤儿寡母在当时陕北农村是常见的事。我们村里出去最小的一个是甘肃省一个厅的厅长，他留下的孤老太太后来找了个老头，留下的儿子我们在时也有三十多岁了。我和海娥妈论了很长时间理，老太太一看我态度挺坚决，最后就说："你先不要一定让我说个什么，我说个地方你先去转转，回来再找我。"我一看有门马上答应了。

我是趁着"省农村政策领导小组"到基层调查的机会去的，那个村就在我们邻县。原来这个村是当时陕西省一个有名的领导的老家，他的前妻和儿子至今还在庄里"受苦"着呢。

我在这老太太家住了有十天，天天劈柴挑水不含糊。刚开始时，老太太沉默寡语不太爱和我说话，架不住我话多，用陕北话说得那些事常把老太太逗笑，一来二去老太太话匣子也打开了，看得出来老太太年轻时绝对是一个性格活泼爱说爱笑的人。临走的头一天晚上，老太太以一种极其平稳的口气和我聊起了往事，我想像她那么聪明的人一定洞悉了我，完全知道我真正的来意。她和那个领导从小是青梅竹马，后来闹革命了男当红军女宣传，大生产支前线她从来没有落在人后，还独自抚养着两人的儿子。每当听到自己男人在队伍里负伤了或生病了，哪怕把家里的牛卖了攒两个光洋也要辗转托人送过去。没想到新中国成立了男人没有回来，在城里又找了一个有文化的大学生。她男人一定是觉得愧疚，刚开始的那些年每个月还会给她寄些生活费来，但这个刚强的女人每次都原封不动地又寄了回去。"这个革命对他说是成功了，可是对我说还没有，我活着走好自己的路。"老太太的这句话让我听得眼泪都掉了下来。

她还跟我说起他的儿子，"文化革命"后儿子的爹调到陕西工作时，和儿子从小长大的伙伴们凑了一些钱让他去省里找他爹，虽然没见上，但有关部门还是为他在延安城里安排了一个工作，儿子回来告诉她，说在延安城里有了工作从此可以养她。她就跟儿子说："要么你就跟你爹去，我没这个儿子，我不用你养；要么就跟妈在这里当个老百姓，做个受苦人。"儿子一听就跪下了："妈，我跟你，我是妈养大的，我有良心。爹连我面见都不见，他不会认我这个儿子，那不是爹。"

我回到张家河，见到海娥妈妈，我跟她说："你让我办的事我办了。"她问："那你还想娶海娥作婆姨吗？""当然。"我一点没含糊地回答。老太太什么话都没有说，只是转过身去用袖子抹了抹眼睛。

我结婚的那天非常热闹，北京知青来了三十多个，海娥的女友来了十几个，还有公社书记白光明等干部不少人都到了。可我老丈人丈母娘没来，老丈母娘倒是按陕北规矩送了七只老母鸡，小姨子过来陪了我们几天。[①]

丁爱笛在与陕北姑娘张海娥结婚前，已经是远近闻名的"扎根"知青典型。结婚前，他先后担任张家河大队第二生产队的队长，通过提高按劳分配的比例使该生产队每个工分从 2.7 分钱提高到 3.4 角钱，大大提高了农民的收入，受到当地社员由衷拥护。丁爱笛因工作突出，成为张家河生产大队的书记、关庄公社的副书记，后来还成为陕西省农村政策领导小组的成员，并作为特邀代表参加陕西省第二届贫下中农代表会。丁爱笛在当地拥有的威望、身份和业绩赢得当地人的爱戴，同样为他增添不小的优势。在不少知青通过"三招"（招工、招生、招干）回城的形势下，张海娥母亲对他与自己女儿的婚姻却存有不少顾虑，特别是担心丁爱笛回城、婚姻会有变故。换言之，丁爱笛作为北京来的知青，回城的可能性成为张海娥母亲最大的担忧。

---

① 丁爱笛：《抹不去的记忆》，渭水编：《陕西知青纪实录》下册，太白文艺出版社，2017 年，第 550—551 页；另见丁爱笛：《陕北十年，那抹不去的回忆》，http://www.bjzqw.com/lanmu/zqsy/hywx/2013/0527/6456.html（2020 年 2 月 27 日）。

直到获得丁爱笛的保证，张海娥母亲才同意这门婚事。

有研究者认为，女性的择偶行为更容易受到家庭或亲属的影响，男性则更容易超越自己群体的界限来选择配偶。另外，多数人在青春期晚期都会与同属一个社会阶级的人约会。如果男青年跨越阶级界线，他往往会与较低阶级地位的女孩约会，而女孩则往往会与较高阶级地位的男孩约会。那些高攀的人，无论男女，往往具有特殊的气质。① 这样的结论是否适合男知青与农民女青年的婚姻呢？首先，男知青的结婚意愿，往往可以摆脱原生家庭的左右。与此相比，与男知青结婚的农村女青年，更容易受父母、家庭的影响。毕竟，农村女青年主要是在主干家庭或核心家庭的框架下生活。远离父母和城市社会关系的男知青，多数仍与家人保持书信来往，并且可以在探亲时间深入交流，但是他们的婚姻意愿较少直接受父母或其他家人的影响。其次，不考虑家庭背景、教育程度等因素，农村女青年与男知青之间即便存在身份差异，也远没有到阶级差异的程度。甚至，回城无望的男知青，连维持基本生活水准都困难，很难说农村女青年与男知青结婚是具有高攀性质的婚嫁模式。

值得注意的是，男知青与农村女青年之间缔结的婚姻，与同村婚和异村婚都有区别。男知青与农村女青年缔结婚姻，往往限于同一生产队或同一生产大队。但是，因为男知青绝大多数是单身外来户口，他们与当地的同村婚仍有区别。杨懋春认为，同村婚容易引起未婚夫妻间的风流韵事，同时也会增加村内关系与姻亲关系的纠葛。② 不过，王跃生注意到，集体经济以后农村同村婚有增加的趋势，这源于宗族力量的削弱、村内家庭间财富差距的缩小，家长希望村内联姻替代不断削弱的家族关系。③ 杨懋春基本是以山东胶州的台头村为观察区域得出的结论，王跃生则是以冀南两县为研究地区得出的结论。如何在这两种观点之间求得平衡，这是考验研究能力的试金石。男知青与本村女青年的婚姻，从空间来看固然类似于同村婚。男女双方可以经

---

① ［美］威廉·J·古德著，魏章玲译：《家庭》，社会科学文献出版社，1986 年，第 88 页。
② ［美］杨懋春著，张雄等译：《一个中国村庄：山东台头》，江苏人民出版社，2001 年，第 114 页。
③ 王跃生：《社会变革与婚姻家庭变动：20 世纪 30—90 年代的冀南农村》，生活·读书·新知三联书店，2006 年，第 129—131 页。

常见面，难免有婚前发生"风流韵事"的可能性。但是，这种同村婚如果出现矛盾，一般很少会引起女方家庭与村内关系的恶化。农民与知青联姻，不能像同村联姻那样从姻亲家族那里获得帮扶，但是却会使得自己的社会关系向城市延伸。这种社会关系的延伸，很难说会有立竿见影的益处，但是有时会给女方带来意想不到的收益。或许这与农村女青年的家庭同意这类婚姻有关。当然，类似丁爱笛岳母的担心也不无道理。男知青回城后，该类型婚姻确会产生变数。叶辛的小说《孽债》及根据该小说改编的电视剧，之所以在全国范围内引起空前的反响，是因为读者、观众都对知青婚姻及其变故的关注有关。

四、知青与国家职工（军人）的婚姻

知青与国家职工（军人）的婚姻，是颇较具时代特征的类型。刘小萌的研究证实，该类婚姻存在以下几个特点：其一，通常都是女知青与城市职工（军人）结婚的；其二，该类型的婚姻往往是由父母包办或亲友撮合，夫妻双方缺乏感情基础；其三，知青与国家职工（军人）婚后，多数仍然分居城乡，双方是以"牛郎织女"开始婚姻生活的。[①] 不过，刘小萌在研究中，并没有充分分析该类婚姻的特点。下文将对此进行简单的分析和总结，权当"狗尾续貂"。[②]

其一，女知青与国家职工（军人）结婚的较多，这主要与女知青的处境较差、急于离开农村有关。一般来说，女知青的体质和体力通常不如男性，难以长期承担开山采石、修坝建渠、修房盖屋等艰苦的农业劳动。同时，生产队在计算工分时，女知青的工分值一般低于男知青，甚至只有男知青的一半左右，当然更低于农村男性"整劳力"。陕西宝鸡县插队的女知青称，当地"一般男壮劳力自报十分，基本上都会顺利地通过"，"我们队的男知青一开始都被评为七分半，女知青四分，也就是说，即使我们女知青全月出满勤，挣的工分也不足男壮劳力的一半"。"大约过了半年，除了犁地、撒种等

---

① 刘小萌：《中国知青史·大潮（1966—1980）》，当代中国出版社，2009 年，第 513 页。
② 需要说明的是，鉴于资料的缺乏，本节讨论"知青与国家职工（军人）的婚姻"时，包含部分兵团、农场知青的情况。

技术要求较高的活路外，基本的农活我们都掌握了。这时男生的工分值上升到十分，而女生最高升到六分。""我们和男生一起上山砍柴、背粪、到深山里背扫帚，咬着牙坚持。但是和男社员比，不能不承认在体力和耐力上还是有很大的差距。"[①] 女知青付出艰苦劳动，有时却连基本口粮所需的工分也挣不到，这是她们产生离开农村念头的重要原因之一。

还有女知青在插队期间受到"迫害"，人身安全难以自保。在此情况下，知青及其父母难免产生通过结婚回城的想法。1971年2月，中共山东省革委核心组批转的上山下乡办公室的《关于当前阶级敌人破坏上山下乡工作的情况报告》指出，该省临沂、昌潍（潍坊的旧称）、烟台、德州4个地区的部分县，发生严重打击迫害下乡知青、破坏上山下乡工作的案件100多起。其中，包含下乡女知青受到逼婚、强奸等案例，严重摧残了女知青的身心健康。[②] 1972年底，"李庆霖事件"发生后，周恩来召开专门会议，讨论和解决知青工作问题。1973年8月开始，全国开展严厉打击迫害、摧残知青的案件。8月11日，国务院和中央军委联合下发104号文件，对黑龙江生产建设兵团奸污女知青的两名团级干部处以死刑的案件通报全国。同年，安徽、吉林、天津、江苏、四川、云南等地，大批迫害知识青年的犯罪案件得到处理，其中有不少是涉及强奸、诱奸女知青的案例。[③] 此类案件得到处理，扭转了上山下乡运动中的不良现象。不过，许多受到迫害和未受到迫害的女知青仍然决心离开农村。据说，在知青中盛传这样一副对联，"老子有能儿返城，老子无能儿务农"，横批"比爹"。[④] 这间接反映了当时知青要求离开农村的迫切心情。鉴于"三招"机会难得，部分女知青试图通过与国家职工（军人）结婚的途径离开农村。据1978年底辽宁省的统计，全省已婚知青中，与城市职工结婚的9927人，占其中的9.17%。与其他非农业人口结婚

① 渭水编：《陕西知青纪实录》上册，太白文艺出版社，2017年，第347—348页。
② 顾洪章主编：《中国知识青年上山下乡大事记》，人民日报出版社，2009年，第96页。
③ 吴洵主编：《中国知青总纪实》，中国物资出版社，1998年，第933—934页。
④ 全体原赴内蒙古天津知青编：《天津知青赴内蒙古三十周年纪实》，1999年，第64页；金大陆：《世运与命运：关于老三届人的生存与发展》，上海人民出版社，1998年，第37页；黄尧、蒋巍等著，石舟编：《辉煌的青春梦——知青生活纪实》，湖南文艺出版社，1990年，第229页。

的有 4910 人，占 4. 53%。① 此处所谓的"非农业人口"，应该是指不在城市居住却拥有城市户口的工厂、军队等单位人员。四川省开江县的统计显示，1978 年全县已婚女知青 312 人，其中与工人、军人、干部、居民结婚的 131人，占 42%。② 1979 年，安徽省淮北地区共有已婚知青 236 人，其中与城镇职工结婚的 69 人、与农场职工结婚的 4 人。③ 新疆、云南的农场，女青年倾向与城市职工结婚，结果造成当地出现"男多女少"的情况。④ 女知青成为职工（军人）的"家属"，家庭成员有固定的工资收入，生活可以得到明显改善，同时也有将户口迁到城市、调离农村的可能性。

1973 年的北京市崇文区档案资料显示，在外地插队的女知青想通过结婚将户口迁回北京，结果办理户口准迁证时遭到北京公安派出所的拒绝。⑤ 从此材料可以看出，户口管理部门严格限制女知青通过结婚返回城市，她们不得不继续寻找其他途径。盘锦新开农场的沈阳知青高燕回忆，"没有比当年知青的生活更艰苦的了"，有的女知青及家长就想到通过结婚离开农场的办法。

　　于莹华，也和我住一个炕，紧挨着我，性格内向沉稳，一副大家闺秀的模样。那个年代，漫长艰苦的农村生活让人们看不到希望，都盼着早日离开。一次回城，她约我到她家，见了她的妈妈，她是一个大型军工厂的人事干部，当时他们工厂马上要搬迁到甘肃陇西，她跟我说："工厂去三线的职工是可以带家属的，如果你们想要离开农村，也是个机会，我可以在工厂选个优秀的青工介绍给你，如果你结婚了，就可以作为家属一起去三线，转为正式职工了，这样总比在农村受苦强。"回家后，我和妈妈商量，妈妈同意。

　　从那以后我再也没有见到于莹华，也许她独自去了甘肃。在那个纷乱的年代里，我们做了不同的人生选择，那时我们并不知道哪一种选择

　　① 金光耀、金大陆主编：《中国新方志·知识青年上山下乡史料辑录》第 2 册，上海人民出版社、上海书店出版社，2014 年，第 621 页。
　　② 孙成民：《四川知青史》，四川人民出版社，2015 年，第 107 页。
　　③ 金光耀、金大陆主编：《中国新方志知识青年上山下乡史料辑录》第 4 册，上海人民出版社、上海书店出版社，2014 年，第 2829 页。
　　④ 中共云南省委党史研究室编：《云南知识青年上山下乡运动》，云南大学出版社，2011 年，第431 页。
　　⑤ 《崇文区曙光路街道革委会办理离婚登记情况》(1973 年)，北京市档案馆藏件，卷宗号：196－3－25－4。

是好，也不知道这选择会把我们带到什么样的生活中去。当年，我内疚自责了很长时间，毕竟她和她的妈妈是为了我好才给我那次的机会。①

在上述回忆中，女知青高燕最终并未通过结婚的方式离开农场，于莹华是否通过此途径离开农场自然不得而知。但是，注意到三线工厂内迁职工"可以带家属"这一政策的，应该不限于引文中提及的于莹华妈妈。与迁到甘肃陇西的军工厂职工结婚，固然可以离开农村，但是由此而获得的环境改善仍然有限。

其二，该类婚姻带有较强的功利色彩，往往是由父母包办或亲友撮合的。女知青高燕的上述回忆，便是如此。女知青为离开农村，三线工人为解决婚姻问题，二者之间的结合带有明显的功利性。以此方式结合的夫妻，婚前认识时间不长，部分人在婚前甚至从未谋面，缺乏感情基础。另外，与女知青结婚的职工或军人，部分因为当地女性太少或缺少结识女性的机会，部分因为经济收入、家庭背景、个人条件等方面存在缺陷，不得不选择女知青为妻。此类婚姻中，男方或单纯以貌取人（包括一见钟情），或听命于包办、迎合父母，感情基础不牢靠，呈现"短期速决"的特点。

女知青与城镇职工结婚，没有得到许可的回城被称为"倒流城镇"。女知青离开农村回到城市，需要户籍登记、就业岗位等机会。她们回到城镇却未必能在城镇安置，丈夫反而有可能被动员下乡。浙江省绍兴地区，1972年提出针对性政策，"对在本县城镇找了对象结婚倒流回来，长期闲居城镇支农支边青年，要加强思想教育，动员他们回农村、回边疆。为了照顾他们的夫妻关系，应大力支持在本县城镇的一方去农村、边疆，凡需要调动工作的，应尽可能给予支持"。类似政策实施后，效果并不显著。1974—1976年间，绍兴地区仍有3000余名知青"倒流城镇"。② 不过，因妻子"倒流城镇"而被动员到农村、边疆插队，一方面不能解决女知青的回城，别一方面却可能导致女知青的配偶下乡，这无疑彻底斩断了女知青通过结婚而回城的可能性。这让知青与城镇职工的婚姻面临考验。据1976年上海市赴江西省上山下乡学

---

① 盘锦市政协学习和文史委员会编：《知青在盘锦》下册，辽宁人民出版社，2018年，第726页。
② 绍兴市劳动局、劳动学会编：《绍兴市劳动志》，广州出版社，1993年，第45页。

习慰问团九江分团瑞昌县小组、永修县小组的联合调查，48 名已婚知青（其中 39 名女知青）的配偶情况，大体可分为四种类型：其一，是男女双方都是下乡知青的，共 18 名，占已婚知青人数的 37.5%；其二，是下乡女青年与当地青年社员结婚的，有 12 名，占已婚人数的 25%；其三，是下乡女青年与当地职工结婚的，有 16 名，占已婚人数的 33.4%；其四，是下乡女青年的配偶在上海的，有 2 名，占已婚人数的 4.1%（婚后长期住在上海）。[1] 该资料显示，江西插队的知青与上海职工结婚，婚后长期居住在上海。显然，这与上山下乡运动的初衷是背道而驰的，同样属于知青"倒流城镇"的现象。

　　知青陆续离开农村、回到城市的越来越多，这对仍留在农村的知青无疑是沉重的心理压力。他们一方面寻求"三招"的机会，另一方面不断向家长伸出求援之手。据厦门的资料反映，不少家长为帮助子女回城，纷纷到市里上访，要求相关机构给予照顾。[2] 帮助子女早日离开农村，是驱使父母"包办"知青与职工（军人）婚姻的重要动力。河北承德插队的齐桂荣回忆，当年她作为 27 岁的女知青，早到谈婚论嫁的年龄。她的父母、亲友在城里积极帮她物色对象，希望她能结婚回城。但是，一方面因为她是知青典型，不能辜负组织培养、不能通过结婚回城，另一方面城市男青年也不愿与未回城的女知青结婚。毕竟，分居两地是新婚夫妻都不愿面对的。[3] 大体可以说，知青既关注自己的未来发展前途，又关注夫妻之间情感的契合程度。与此相比，父母更关注子女婚后的生活环境。插队知青远离城市，当然也远离城市的社会关系，父母在此类婚姻中的包办具有一定的"合理性"。

　　其三，知青与国家职工（军人）婚后，多数仍然分居城乡两地，双方婚后仍以"牛郎织女"方式生活的。与知青结婚的国家职工，往往来自以下两个地区：一是知青插队落户的城镇（包括郊区、矿区等），二是知青出生、成长的城市。前者属于知青与插队落户所在地城镇职工之间的婚姻，双方的

---

　　① 汤水清、陈宁：《20 世纪六七十年代城市下乡青年的婚姻问题及其解决》，《江西社会科学》2019 年第9 期。

　　② 中共厦门市委党史研究室：《中共厦门地方史专题研究：社会主义时期》Ⅳ，中共党史出版社，2007 年，第 201 页。

　　③ 张爱萍、阎秀峰主编：《回忆青春：承德知青写真集》，中国戏剧出版社，2000 年，第 60 页。

结识离不开以当地社会关系作为桥梁。后者是知青与下乡前所在城市的职工之间的婚姻，双方的结合主要依靠知青的父母（亲友）帮助和撮合。这种跨越城乡的婚姻，往往是从夫妻分居两地开始的，最终能否解决两地分居问题、解决的时间长短都充满未知，这对夫妻的婚姻质量有程度不同的影响。

在陕北洛川县插队的北京知青杨连仲，1971 年被招工到洛川公路段，成为该段的养护工。1974 年，杨连仲与同在陕北插队的北京女知青结婚。他们二人属于女知青与插队落户的职工构成的婚姻。1983 年，他的妻子与子女都按政策回到北京，但是他仍然还在洛川公路段工作，夫妻之间两地分居达 20 年之久。

> 老婆孩子走后，老杨（杨连仲——引者注）可以说过着一种清教徒式的生活。为了摆脱寂寞，他很快找到了一种自我调解、自得其乐、助人为乐和知足常乐的生活方式。
>
> 他 1973 年就开始抽旱烟。旱烟现在就连陕北人也很少抽了，在公路段就更没人抽了。这种旱烟现在市场上也很少见，杨连仲就干脆自种自抽了。在公路段抽旱烟的是他，穿戴最不讲究的是他，一双粗糙的手磨出茧子最多的也是他。
>
> 当年迎接杨连仲的满脸刀刻般皱纹陕北老农的脸，如今在他黝黑的面庞上再现了。用杨连仲的话说：他已彻头彻尾彻里彻外陕北人化了。用当地老乡的话说，他比陕北人还陕北人。①

杨连仲的案例具有特殊性。夫妻二人，本来都是知青。但是，他们结婚时，男方是已经脱离农村劳动的国家职工，女方是在陕北插队的知青。他们夫妻间的两地分居，不仅始于初结婚时（一方为知青，一方为职工），而且还存续于双方都离开插队农村时（一方回京，一方仍留在陕北）。两地分居的夫妻，男方承担养家糊口的主要责任，婚后仍然还过着单身汉的生活。女方婚后不仅承担生产劳动，同时还承担养育子女的任务。并且，夫妻间的探亲成本较高、缺乏交流，难免会影响夫妻感情。当然，知青与职工婚后的两

---

① 渭水编：《陕西知青纪实录》下册，太白文艺出版社，2017 年，第 467、469 页。

地分居延续时间长短不一，其婚姻质量也存在差距。

相对而言，知青与国家职工（军人）结婚，直接的收益是婚后的生活水平提高、回城机会增加。这种带有高攀性质的婚姻，婚后夫妻感情存在不稳定因素。一开始就面临的夫妻两地分居，对婚姻质量同样存在影响。有研究者认为，身体资源、心理资源、社会资源是构成婚姻资源的三个层次。其中，健康、性功能、相貌、身材等生理条件，构成男女双方各自的身体资源；心理健康、智能、责任感、性格等，构成男女双方的心理资源；学历、职业、收入和家庭背景等，构成男女双方的社会资源。择偶行为，是以自身婚姻资源的总量与异性婚姻资源的总量进行的交换。婚姻资源是否匹配，是男女双方及其家庭在缔结婚姻前必须考虑的重要因素。[1] 婚姻资源交换理论，更看重当事人精于算计的理性逻辑，却相对忽略当事人为追求浪漫爱情而抛却柴米油盐的情感逻辑。不可否认，两性之间的相互吸引、情感满足、亲密关系、平等相待、彼此爱恋、稳定关系等情感因素，在婚姻当中同样扮演着重要角色。只是，与生存相比，情感方面的满足往往带有奢侈品的意味。换言之，婚姻当事人为求得生存而工于心计，更多是以脱离困境、求得生存为目的的。婚姻当事人单纯追求浪漫爱情，往往是以柴米油盐的物质生活得到满足为前提的。从此角度来说，知青为换取职工（军人）的社会身份，诸如城市户口、职工或干部身份等，要么利用自身更具有优势的资源作交换，要么降低对异性其他资源的要求。双方资源处于大致平衡的水平，婚姻方能维持较为稳定的状态，否则极易引来婚后双方或单方满意度的降低。因此，可以说带有高攀性质的婚姻，难以避免婚后满意度降低的风险。

本章小结

"文革"结束后，知青问题成为亟待解决的五个"老大难"问题之一[2]。

---

① 王宇中：《当代中国人幸福婚姻结构探微》，河南人民出版社，2013年，第21—25页。
② 五个"老大难"问题，分别是指知青、劳动、工资、物资、物价。参见李文主编：《中华人民共和国社会史（1949—2012）》，当代中国出版社，2016年，第164页。

1979 年 3 月，邓小平在讲话中强调："当前不安定团结的因素还很多。下乡知识青年的问题就是一个。要积极做好工作。"[1] 知青返城问题的解决，进一步为中国进入改革开放新时期铺平道路。

知青群体的"上山下乡"，不只是地理位置的"上山"或"下乡"，而是他们从相对具有优势的城市"下放"到相对处于劣势的农村。从此角度而言，上山下乡是知青在社会结构中从优势的社会位置"向下"流动到相对劣势的社会位置。知青在下乡期间的恋爱与婚姻，是该群体处于相对"低位"、带有特殊时代烙印的社会行为。

1985 年 5 月 17 日，《北京市人事局关于解决少数原上山下乡北京知青干部调进京审批问题的通知》[京人（85）第 18 号] 提到，在外地工作的北京知青，可以调回北京工作的有两种情况：一是婚后两地分居且一方户口在北京，二是未婚或婚后配偶死亡。此外，即便夫妻两地分居，但双方都不在北京的，仍不能调回北京。[2] 很明显，该政策仍在限制已婚知青进京，从而缓解北京人口的增长。1991 年 1 月 14 日，《劳动部关于中央在京单位为解决夫妻两地分居调工人进京由劳动部审批的通知》提到，"为解决知青遗留问题而调工人进京的工作，仍由北京市劳动局审批办理"。[3] 上山下乡运动虽然已经渐行渐远，但是，在农村是否结婚对回城知青的户口、工作、粮油供应、子女养育等问题仍有影响。

知青群体在上山下乡运动期间之所以结婚率低，一方面是因为国家提倡晚婚和部分知青视恋爱为"资产阶级腐朽思想"所致，另一方面是因为知青担心结婚会影响回城从而拒绝在乡下恋爱、结婚所致。政策因素与知青主观选择相结合，共同造成知青群体在乡下结婚率较低的事实。问题复杂的是，一部分知青为返城或等待返城的机会拒绝结婚，另一部分知青却为响应扎根号召选择在农村结婚，另外还有一部分知青因为情感、解决困难等原因选择

---

① 卓人政：《云南知识青年回城事件与全国知青问题的解决》，《中共党史资料》2009 年第 1 期。

② 《劳动、人事政策 3000 题问答》编写组：《劳动、人事政策 3000 题问答（信访、仲裁、咨询实用手册）》，中国劳动出版社，1993 年，第 264—265 页。

③ 育委主编、宋向东副主编：《中华人民共和国最新劳动政策法规和疑难解答》上，民族出版社，2003 年，第 333 页。

结婚。总体上看，知青的恋爱与婚姻，既体现国家提倡晚婚和扎根婚的导向，又折射出知青渴望庇护、渴望向上流动的动机。这两股潮流的错综交织，使得知青群体的恋爱与婚姻复杂异常。70 年代末以降，知青大批返城狂潮到来后，知青与农民缔结的婚姻面临着向何处去的拷问。许多知青家庭甚至破裂，知青子女的生活、就学、情感备受折磨。60 年代末大批知青从城市到农村安家落户，70 年代末大批知青又从农村回到城市，他们的城乡轨迹浓缩了一个时代的巨变。

第三章 城乡社会的婚姻自主性与择偶行为

择偶行为（spouse-choosing，mate selection），是人类组建家庭、繁衍子嗣的关键环节，同时也是观察人类社会运行秩序的重要窗口。中国近代以来，"追新趋新"的社会舆论批判旧式家庭对青年的束缚、呼吁择偶自主，成为婚姻革命和家庭革命的重要一环。在此背景下，家长、家庭对婚姻自主权的剥夺成为众矢之的。著名作家巴金的小说《家》，主人公高觉慧发出呐喊，"家庭好像是一个沙漠，又像是一个'狭的笼'"。[1] 如何走出"沙漠"、挣脱这"狭的笼"？近代以来，青年人努力争取个性解放和婚姻自主，这对中国婚姻家庭领域的变革持续发挥着深远影响。

1950年《婚姻法》明确将婚姻"自由"确立为立法的主要原则，"结婚须男女双方本人完全自愿，不许任何一方对他方加以强迫或任何第三者加以干涉"。[2] 婚姻自由，意味着婚姻不再受"狭的笼"的制约。女青年刘巧儿轻快欢呼，"这一回我可要自己找婆家"。[3] 研究者丛小平认为，婚姻"自由"

---

① 巴金：《家》，人民文学出版社，2001年，第81页。
② 《中华人民共和国婚姻法》，《人民日报》1950年4月16日第1版。
③ 新凤霞：《美在天真：新凤霞自述》，山东画报出版社，2018年，第166页。

的激进倾向是都市知识分子对家庭革命的论述，这有违北方乡村社会的伦理道德。在指导社会改造的具体实践中，婚姻自由不断遭受挫折。20 世纪 40年代以降，在具体的法律实践中，基层法律工作者发展出新的原则，提出以"婚姻自主"代替"婚姻自由"来处理婚姻纠纷。这样，一方面避免乡村社会对"婚姻自由"认识上的混乱，另一方面赋予女性当事人婚姻的决定权，同时也排除父母对婚姻问题的干涉。[①]

不过，1980 年《婚姻法》正式实施前，《人民日报》社论中强调："结婚不能自主的现象仍然存在，因为不是'门当户对'，不能结婚；因为缺少'几大件'，不能结婚；因为出身不好，不能结婚，等等。这样一道道人为的篱笆使很多有情人难成眷属。有些男女婚前互不了解，谈不上有什么恩爱、感情，但却被包办、买卖、换亲、拐骗、索财、暴力等手段拉在一起。这种捆绑的夫妻，不知给多少人家带来不幸。另外，有的单位自立标准，搞结婚审查，强调出身、社会关系、政治面貌、思想作风等，干涉过多，也给不少青年男女带来痛苦。不自由的婚姻所造成的一幕幕的悲剧，不能再继续下去了。"[②]《人民日报》罗列导致不能结婚的诸多因素，从反面证实 1950 年《婚姻法》中的婚姻"自由"原则可能过于理想化。

通常情况下，婚姻的缔结、夫妻婚后的权利和义务，都需要得到家庭、社会、国家（法律）的认可和接纳。父母的婚姻，往往决定新生儿在社会结构中的地位。这些因素，决定婚姻行为与社会关系联系在一起。研究者韦斯特马克指出："婚姻，通常被作为一种表示社会制度的术语。"[③] 婚姻作为"表示社会制度"的术语，意味着婚姻具有浓重的社会属性，它决定人类的择偶行为不可能在完全"自由"的环境中实现，男女双方缔结婚姻往往不只是个人意愿的体现，而是需要"经过一番社会规定的手续"。著名社会学家费孝通认为，"在任何地方一个男子或女子要得到一个配偶，没有不经过一

① 1978 年，"婚姻自主"终于写入《宪法》。1986 年，"婚姻自主"写入《民法通则》。丛小平认为，从"婚姻自由"的政治口号到"婚姻自主"的法律权利，这一发展过程反映了 20 世纪中国通过法律实践探索适合中国社会的变革方式。参见丛小平：《从"婚姻自由"到"婚姻自主"：20 世纪 40 年代陕甘宁边区婚姻的重塑》，《开放时代》2015 年第 5 期。
② 《婚姻、家庭生活的准则》（社论），《人民日报》1980 年 9 月 16 日第 1 版
③ ［芬兰］E. A. 韦斯特马克著，李彬译：《人类婚姻史》第 1 卷，商务印书馆，2017 年，第 33 页。

番社会规定的手续"，"有很多地方，配偶的选择并非出于当事人的自由意志"。他指出："配偶的选择从没有一个地方是完全自由的。所谓的自由者，也不过是在某个范围中的自由罢了。"① 费孝通的观点，在于强调择偶是一个"公众的事件"，是众多意愿参与其中的社会行为。换句话说，择偶无法脱离诸多社会关系而孤立存在，社会力量对择偶行为的干涉几乎无处不在、必不可少。

"文革"初期，曾出现公共权力极度扩张的特殊现象，组织机构上的国家机器陷于混乱，婚姻登记部门同样难以幸免。但是，事实上国家权力内化于数量庞大、难以计数的肉身，批判、告密、揭发、监视等行为频发。公共权力的代言人，充斥于学校、机关、厂矿、村社和邻里之间。如前文所述，电影《枫》的女主角大声自白："天下者，我们的天下。国家者，我们的国家。社会者，我们的社会。"国家，被无数人或主动或被动地内化于身。在公权力极度扩张的特殊时期，特别还应考虑提倡计划生育政策的叠加效应，国家对婚姻登记的管制达到空前绝后的程度。② 父母、家庭对婚姻的干涉，受到国家相关管理部门的干涉，这使得所谓的婚姻自由呈现出别样色彩。这是本章讨论的重要问题之一。

通常情况下，人们的择偶行为总是带有特定的偏向性，具有某些特质的社会群体往往占据优势，某些特质的社会群体往往处于劣势。前一个"某些"与后一个"某些"，是值得深入分析的关键所在。人们在婚姻"市场"上的优势或劣势，折射出他们在特定社会运行秩序中的高下之分。不同社会秩序，有时会遵循相通的规律（如禁止近亲通婚）。但是，不同的社会常常会通过政治、法律、经济、文化、道德、习俗等，对人们的择偶行为投下"影子"。每个人的择偶观念和择偶行为，看起来充满主观色彩，实际却被迫遵从特定的规则。

1966—1980 年间，人们择偶行为自然受到当时政治秩序、经济环境的左右。阶级成分、家庭出身等政治标签，农业户口和非农业户口的区分，城市

---

① 费孝通：《乡土中国 生育制度 乡土重建》，商务印书馆，2015 年，第 175 页。
② 参见李秉奎：《狂澜与潜流——中国青年的性态与婚姻（1966—1976）》，社会科学文献出版社，2015 年，第 155 页。

不同福利待遇的职业身份，都为人们的择偶观念与行为奠定基调。本章讨论的主题是，中国城乡的择偶观念与行为存在什么规律？换句话说，中国城市与农村的不同生活空间，婚姻市场上人们公认的理想婚配对象是什么？哪类人在婚姻市场上处于优势或劣势？人们的择偶行为往往遵循什么规律？这些是本章需要回答的问题。

第一节　城市婚姻自主性

中国近代以来倡导婚姻自由的言论，其基调在于批判家庭包办、家长包办，倡导青年人择偶自主、婚配自由。然而，多数言论忽略了父母帮助子女择偶、资助子女结婚成家的引擎作用，只是一味将父母当作阻碍自由择偶、自由离婚的绊脚石。更有甚者，激进的"家庭革命"论者挞伐家庭为万恶之首，提出"废婚毁家"并以会场、旅馆、慈善业取代家庭的观点。[①] 1950 年《婚姻法》将废除"包办婚姻"置于重中之重，"废除包办强迫、男尊女卑、漠视子女利益的封建主义婚姻制度"，被列为原则的第一条。[②] 婚姻自由成为这部法律最重要的立法原则之一。不过，1980 年《中华人民共和国婚姻法》修订不久，《人民日报》在社论中指出："我们要通过新婚姻法的贯彻，保障婚姻自由，同包办婚姻、买卖婚姻和其他干涉婚姻自由的现象做斗争。"[③] 从该社论的基调来看，1950 年《婚姻法》颁布后的 30 年间，包办婚姻依然存在。

1982 年中国社会科学院社会学所主持的社会调查显示，北京、天津、上海、南京、成都五城市在 1966—1976 年间结婚的调查对象中，父母包办式婚姻只占 0.82%。该时期结婚的调查对象，绝大多数都是通过父母介绍、亲戚介绍、朋友介绍、自己认识或其他形式结合的。[④] 从上述调查数据可以看

---

① 参见梁景和：《论清末的"家庭革命"》，《史学月刊》1994 年第 1 期。
② 《中华人民共和国婚姻法》，《人民日报》1950 年 4 月 16 日第 1 版。
③ 《婚姻、家庭生活的准则》（社论），《人民日报》1980 年 9 月 16 日第 1 版。
④ 潘允康主编：《中国城市婚姻与家庭》，山东人民出版社，1987 年，第 65 页。

出，70年代京、津、沪、宁、蓉五城市的包办婚姻近乎绝迹。并且，正如后文所及，同一时期农村包办婚姻的比例也在大幅下降。[1] 这与1980年《人民日报》社论的基调似有出入。1966—1980年间，城市择偶行为的主导权究竟是否发生变化？有必要进行重新研究。

一、家庭亲子关系的变化

亲子关系，是父母与子女构成的代际关系。在核心家庭和主干家庭中，亲子关系构成家庭最重要的社会关系之一。研究者对京、津、沪、宁、蓉五城市的调查数据进行分析后发现，1937—1982年间核心家庭和主干家庭在城市家庭类型中占据大多数。核心家庭，主要是指两代同堂组成的家庭，即已婚男女和其未婚子女所组成的家庭。该类型在城市保持着高比例的占有率，调查对象的娘家由1937年以前的55.61%增长到1977—1982年的69.28%，婆家由1937年以前的51.35%增长到1977—1982年的67.55%，两者都有较大幅度的增长。与此相比，主干家庭主要是指三代同堂组成的家庭，即父母和已婚儿子中的一个及其子女在一起组成的家庭。该类型的家庭形式，在城市中大致占20—30%的比例。[2]

从整个集体经济时期来看，国家主导的社会变革将青年人从家庭中抽离出来，并将他们纳入城市的单位中，这对弱化家庭承担的诸多功能起到重要的影响。这种变动削弱了以家庭为单位、以家长为组织者的传统经济生产模式，全民所有制、集体所有制的生产方式改变了家庭成员内部的相互关系。进入集体经济时期之前，城市的就业形式已呈多样化，但是家长拥有家庭生产资料及家庭财富的地位很牢固，家长对家庭经济生产、家庭消费都发挥着决定性的支配作用。但是，进入集体经济时期后，父母与子女从理论上成为国家企事业单位的职工，按技术、职务、年资等级别，他们都可以通过自己的劳动换取一定的工资收入。并且，经济收入的支配也在家庭内部发生改变，成年子女上交工资的比例不等，他们通过劳动挣得工资使得他们在家庭

---

[1] 雷洁琼主编：《改革以来中国农村婚姻家庭的新变化：转型期中国农村婚姻家庭的变迁》，北京大学出版社，1994年，第175页。

[2] 参见潘允康主编：《中国城市婚姻与家庭》，山东人民出版社，1987年，第142—147、161—168页。

中具有清晰可见的独立地位。未婚成年子女为结婚积攒工资，可以减轻父母未来为此付出的金钱，特别是在子女较少或独生子女的家庭，这种行为受到肯定和鼓励，几乎等于变相提倡未婚子女为未来小家庭积累财富。

有研究者注意到，"文革"十年间，处于青春期的子女对父母怀有普遍的反叛情绪，青年人被鼓励从家长的束缚下挣脱出来，并将自己对家庭的忠诚转移到领袖身上。[①] 青春期渴望独立、不受限制、拥有成年人的权利，并普遍对父母怀有叛逆情绪，这是人类发育成长过程中的普遍现象。很难把处于青春期的子女对父母怀有的反叛情绪，说成是"文革"时期的独有现象。值得注意的是，1949 年以降的政治话语中，常常将领袖与群众的关系比作亲子关系。特别是，50 年代以降的革命传统教育、学校教育，要求青少年要"听毛主席的话"，教育青少年争做"共产主义事业的接班人"、争做"毛主席的好孩子"。这种将领袖与青少年暗喻为父子的做法，是中国伦理本位社会中长期存在的家庭关系泛化。

按中国传统的社会习俗，人们经常以血缘关系来称呼非血缘的社会关系，如"四海之内皆兄弟"，其目的在于显示结交意愿或拉近彼此关系。"拜把子"和"结干亲"等交往方式，其社会意义在于通过家庭关系泛化，特别将对方父母和子女视同自己的父母或子女，以此来加深相互之间的联盟关系、扩大互助范围。[②] 同样，中国文化中的修齐治平，以修身、齐家为基本追求，进而扩展到以治国、平天下为终极追求，将家和国由内向外地衔接起来。受此传统文化的影响，没有血缘关系的国家领袖，不止被比喻为革命的"掌舵人"，同时还被当作是"大家庭"的家长。以其为导师、为榜样的青少年，除追随者的身份外，还有"大家庭"的成员、"家长"的子女等身份。

---

① Aline Kan Wong，*Changes in the marriage and family in China*，1949—1969，in Steve S. K. Chin & Frank H. H. King ed.，*Selected Seminar Papers on Contemporary China*，I，Center of Asian Studies，University of Hong Kong，1971，p. 149.

② 阎云翔在对黑龙江下岬村的研究中，将人们的社会关系分为三类：(1)"实在亲戚"；(2)"靠得住的"；(3)"一般亲友"。这三类关系对应的是关系网中的"核心区域""可靠区域"和"有效区域"。其中，"实在亲戚"是指亲近的族亲或姻亲，这是通过血缘及相互责任、权利而联系在一起的。"靠得住的"是指好友组成的社会关系。与这两个范畴不同，"一般亲友"包括了更多的人，而且在吸收成员方面更为开放（参见 [美] 阎云翔著，李放春、刘瑜译：《礼物的流动：一个中国村庄中的互惠原则与社会网络》，上海人民出版社，2017 年，第 96 页）。"拜把子"和"结干亲"，是指非血缘或姻亲的社会关系向更"核心"或更"可靠"的社会关系迈进的交结方式。

这种关系不仅限于青少年，还通过舆论宣传扩大到整个社会。

"文革"前夕，集体学习毛泽东著作的运动，在解放军系统开展起来。与此同时，第一部"红宝书"编辑完成。随后，全国开展的"学习解放军"运动，将对毛泽东的崇拜推广到全国。解放军战士雷锋的语言，被刊登在《人民日报》上："毛主席啊像父亲，毛主席思想像太阳。父亲时刻关怀我，太阳培育我成长。"① 这样的表述方式，一方面直接拉近了普通人与领袖的关系，另一方面间接承认了领袖的绝对权威。在削弱血缘家长权威的同时，树立起非血缘关系"新家长"的权威。这种领袖"家长化"的做法，是特殊形式的家庭关系"政治化"、政治关系"家庭化"。

"爹亲娘亲不如毛主席亲"，原出自兰州某部战士李振国创作的诗歌《伟大的党》。② 1966 年 3 月，河北省邢台地区连续发生 6—7 级地震。地震发生后，周恩来总理亲自视察灾区，人民解放军派出两万多名指战员、7000 多名医务人员，投入紧张的抗震救灾工作。著名作曲家劫夫（原名李云龙），在参与抗震救灾过程中，创作歌曲《天大地大不如党的恩情大》。这首"文革"时期广为传唱的歌曲，以血缘关系来比喻领袖与普通群众的关系，从语言上强化了毛泽东作为"大家长"的地位。更具有政治象征意义的是，毛泽东像及相关宣传画等被张贴在家庭中，几乎家家都有毛泽东的标准像或者军装照（时称"宝像"）。这样，"不论一家人干什么，都在毛主席眼皮底下进行，小孩子要是犯错，大人就会一手执'刑具'，一手指着'宝像'呵斥道：'你这样做对得起毛主席他老人家吗？快向毛主席他老人家请罪！'或者'你向毛主席他老人家保证，再也不这样了'。入夜，我们都睡了，他老人家还目光炯炯的在墙上俯视着我们"。③ 家庭张贴毛泽东像的行为受到鼓励和提倡，全国各地普遍存在早请示、晚汇报仪式，象征着领袖形象锲入家庭，象征着取代或部分取代家长的权威和号召力。这是"文革"时期家长权威被置换、家庭关系受到政治冲击的重要表现。

---

① 吴超：《红色的歌——读〈部队学习毛主席著作歌谣选〉》，《人民日报》1964 年 4 月 1 日第 7 版。
② 李振国：《伟大的党》，兰州部队政治部宣传部编：《战士诗选》，敦煌文艺出版社，1958 年，第 8 页。
③ 巴尔樵夫：《十年散记——我的"文革"回忆》，http://mjlsh.usc.cuhk.edu.hk/book.aspx? cid=2&tid=3440&pid=7858。

年轻人在领袖的号召下，奋力冲出家庭"狭的笼"，"在阶级斗争的大风大浪中学游泳"。特别是剥削阶级家庭出身的子女，"有成分论又不唯成分论"，为他们参加"文革"打开缺口。这部分青年人，"造反动罪恶的老子的反，在政治上、思想上与家庭划清界限，在运动中脱胎换骨，彻底改造自己"。[①] 与此同理，"反革命"和"走资派"的子女，被称是"可以教育好的子女"，以示这些所谓的"黑类"子女同他们的父母或家庭区别对待，进一步加深他们对家庭、家长的反叛。[②]

李南央的父亲李锐，曾任水利电力部副部长和毛泽东的兼职秘书。1959年，李锐被开除党籍并撤销一切职务。"文革"时期，李锐被投入北京秦城监狱。父亲的政治问题，成为李南央"倒霉的源泉"，即便划清界线都无法消除影响。"黑透了的出身"，迫使李南央"一心一意地改造自己"。她每天在日记的末尾，都要写上"跟着毛主席，革命到底！"李南央称，之所以如此，目的在于"天天铭记住我应该跟的人、我应该走的路"，"我不敢往歪里想，我不敢往偏里走"。[③] 李南央在日记中天天表忠心，不只是向他人证示自我改造的决心，同时还在于时刻提醒自己避免父亲的影响。据李南央陈述，"大跃进"发生后，她的同学在作文中写道："三年自然灾害，那么大的灾害，我们没有死一个人。"李锐看到后反问李南央："你怎么知道没有死一个人？"李南央听到后，"觉得他特反动，居然敢对这种人人都知道的事实问，'你怎么知道没有死一个人？'"[④] 父母的意见与学校教育相左时，是应该相信父母还是学校？对于涉世不深的学生来说，是个两难的选择。鉴于父亲政治上出了问题，年少的李南央宁愿相信学校，也不愿意相信自己的父亲。

---

① 北京机械学院毛泽东（主义）红卫兵四大队二战斗组：《南下宣言》（1966 年 9 月 6 日），《中国文化大革命文库》，香港中文大学中国研究服务中心，2002 年。

② 1968 年 12 月，毛泽东在《中共中央、中央文革关于对于对敌斗争中应注意掌握政策的通知》稿中加写的两段话，其中的一条指出："即使是反革命分子的子女和死不改悔的走资派的子女，也不要称他们为'黑帮子女'，而要说他们是属于多数或大多数可以教育好的那些人中间的一部分（简称'可以教育好的子女'），以示他们与其家庭有所区别。实践结果，会有少数人坚持顽固态度，但多数是肯定可以争取的。"《毛主席论无产阶级专政下继续革命》，无出版信息，1970 年，第 122 页。

③ 李南央：《1978——找回父亲、找回自我》，王彬彬主编：《二十一世纪中国文学大系：2001—2010·随笔卷》，南京师范大学出版社，2014 年，第 275 页。

④ "*Morning Sun*", produced and directed by Carma Hinton, Geremie R. Barme Richard Gordon, Written by Geremie R. Barme, Carma Hinton, Edited by David Carnochan, Long Bow Group, Inc. 2003.

更令人触目惊心的是，刘少奇的子女受人挑唆写下揭发父亲的大字报，导致刘少奇精神上承受巨大痛苦。[①] 其他类似同父母划清界线的事例不胜枚举。“文革”营造的政治氛围，特别是领袖崇拜、残酷的斗争等，家庭血缘纽带被强迫撕裂，子女对政治正确的追求使得他们产生脱离家庭藩篱的倾向。这是“文革”时期青年追随者得到扩充的重要原因。

不过，文艺作品与实际生活常常存在落差。高唱“爹亲娘亲不如毛主席亲”的人，并非都是由衷将领袖视为爹娘。不少情况，只是为寻求安全的避险表演。这种表演既是对权威的畏惧和依附，又是脱离政治立场和冷静思考的自保。高呼“万岁”、跳“忠字舞”、唱“语录歌”、“早请示、晚汇报”等，有时是用极端行为展示自己内心的恐惧和顺从。林彪事件发生后，越来越多的人对政治运动表现出厌倦情绪，“文革”前期带有明显表演性的行为很快消失，全国出现关注家庭利益、自我利益的回潮。在此背景下，世俗生活不只是卷土重来，甚至比“文革”前还要来势凶猛。经历运动前后的沉浮，“黑五类”、“走资派”、红卫兵、造反派等，渐渐冷静下来并产生反思。斗来斗去的残酷环境中，家庭或家长仍是能提供支持和帮助的重要来源。

如前文所示，70 年代走后门现象愈演愈烈，折射出人们对家庭利益、个人利益更加关注，同时也是“文革”前期受压抑的私人利益诉求的反扑。当时流行着的俗语，有所谓“一等爸爸送上门，二等爸爸走后门，三等爸爸乱找门，四等爸爸摸不着门”。[②] 与前期子女揭发家长、挣脱家庭的现象不同，“文革”后期子女与父母的联系进一步紧密。招工、招生、征兵等向上流动的机会出现，能否利用父母的影响、能否得到父母的帮助都显得至关重要。

吊诡的是，国家一方面通过“斗私批修”削弱、限制家庭的领地和功能，另一方面却在赡养老人、抚育子女、分配福利、解决青年就业、送子女上山下乡等方面强化家庭的功能。特别是 60 年代以降，“子女顶替接班”成为正式的招工制度。按照该制度的规定，企事业单位的职工或工人，在退休、退职以及职工死亡后，可以招其一名符合条件的子女顶替入职。该政策

---

① 黄峥：《刘少奇冤案始末》，九州出版社，2012 年，第 73 页；本书编委会：《中华人民共和国国史全鉴》第 4 卷，团结出版社，1996 年，第 4149 页。

② 吴洵主编：《中国知青总纪实》，中国物资出版社，1998 年，第 891 页。

在"文革"前停止。不过，从 1973 年开始，各地重新采取招收职工子女或
以子女顶替退休父母的方式，并将适用范围从特殊职种扩大到一般行业，从
国营企业到集体所有制企业。① 1978 年，国务院颁发《关于工人退休、退职
的暂行办法》。其中提到："工人退休、退职后，家庭生活确实困难的，或多
子女上山下乡、子女就业少的，原则上可以招收其一名符合招工条件的子女
参加工作。招收的子女，可以是按政策规定留城的知识青年，可以是上山下
乡知识青年，也可以是城镇应届中学毕业生。"② 这种被国家正式升格为走后
门的制度，成为全民所有制和集体所有制单位招工的重要方式，进一步强化
了子女对父母的依存关系。研究者陈映芳指出，集体经济时期的单位体制保
留甚至强化了家庭的消费功能、养老功能、保障功能，个人的家庭义务及家
庭成员间的关系一直受到强调。特别是知识青年上山下乡运动中，青年始终
依存家长、家庭的支持，他们在乡下的生活及最后的回城，大多依赖父母、
家庭及父母所在单位。从此角度来说，1949 年以降，国家对家庭生活的干
预，不仅有削弱家庭纽带的一面，也有强化家庭关系的另一面。尤其是在城
市生活中，家庭被强制性地规定为人人无法脱离的消费共同体，家庭构成个
人与国家关系间的一个结构性因素，国家经由单位和家庭，对个人实施资源
配置和生活支配。从此意义而言，家庭与单位成为国家与个人发生关系的重
要制度依托。③ 集体经济时期，国家与家庭、个人间的关系框架，对家庭内
部亲子关系的变化造成直接影响，并对子女婚姻的主导权产生影响。

二、包办婚姻与自主婚姻的消长

将婚姻主导权从父母手中转移到当事人手中，是 1950 年《婚姻法》颁
布时极力塑造新习俗的重中之重。这部《婚姻法》的立法原则，如"废除包
办强迫、男尊女卑、漠视子女利益的封建主义婚姻制度"，"实行男女婚姻自

---

① 陈映芳：《国家与家庭、个人——城市中国的家庭制度（1940—1979）》，《交大法学》第 1 卷，2010 年，
第 162 页；邹小钢主编：《中国社会保障创新与发展》下卷，经济日报出版社，2014 年，第 1153 页；吉林市船营
区地方志编纂委员会：《船营区志（1673—1999）》，吉林大学出版社，2010 年，第 819 页。
② 孙陆平主编：《中国涉老政策文件汇编》，中国社会出版社，2009 年，第 8 页。
③ 陈映芳：《国家与家庭、个人——城市中国的家庭制度（1940—1979）》，《交大法学》第 1 卷，2010 年，
第 145—156 页。

由"，"保护妇女和子女合法权益"，"禁止重婚、纳妾。禁止童养媳。禁止干涉寡妇婚姻自由"等，几乎都涉及婚姻的主导权问题。从 50 年代初到 60 年代初，大规模贯彻《婚姻法》运动，对所谓的包办婚姻形成强大冲击，原来长期普遍存在的"父母之命、媒妁之言"习俗得到扭转。正如前文所示，在集体经济生产方式之下，父母与成年子女都成为依赖工资或工分收入的单位同事、社员，粮食供应、居住场所、劳动就业等理论上不再单纯是家庭或家长的责任。集体经济文化倡导所有成员平等，家庭内部不同代际、长幼成员之间无尊卑之别，这在某种程度上减轻或削弱了家长对子女的束缚，以传统家法处置家庭成员的做法被否定。① 当然，如果过分强调子女对父母束缚的摆脱，可能未必符合实际。毕竟，传统伦理、社会道德的改变皆非易事。更何况，强调子女反叛或叛逆父母的同时，仍然要看到他们信任、依赖父母的另一面。

据有限的观察，目前没有见到 1966—1980 年间涵盖全国所有城市的婚姻调查数据。中国社会科学院等单位组成的"中国五城市家庭研究项目组"，对北京、天津、上海、南京、成都进行的调查，有部分数据涉及 1966—1980 年的婚姻自主问题。以下将重点利用这些资料对城市婚姻的自主性进行简单分析。

"中国五城市家庭研究项目组"的调查显示，完全依照"父母之命，媒妁之言"的包办婚姻，在 1949 年以后的城市居民中逐渐绝迹。

北京的情况。项目组对北京宣武区东河沿居委会女性进行的调查证实，子女没有自主权、完全由父母包办的婚姻形式，主要存在于 1949 年以前。该街道 1966—1976 年及 1977—1982 年结婚的女性，主要是由亲朋介绍、双方经过相互了解和自愿结合的自主婚姻。该居委会下辖的居民区，既有北京四合院、大杂院等传统住宅，同时还有商业部、教育部、全国总工会、北京电信局等单位的职工住宅。居民来自不同的文化层次，这使得文化程度调查呈现复杂多样性。即文盲、小学、初中、高中的文化程度占主流，大学毕业的居民也占可观的比例。该居民区的调查对象，普遍存在婚龄较高的现象。

---

① 王跃生：《社会变革与当代农村婚姻家庭变动研究的回顾和思考》，《当代中国史研究》2002 年第 5 期。

其中，1966—1976 年结婚的女性，年龄最小的一组为 18—20 岁，占总调查人数的 0.94%。此外，21—24 岁组为 15.09%，25—29 岁组为 54.72%，30—35 岁组为 22.64%，36—40 岁组为 3.77%，41 岁以上组为 2.83%。与此相比，1977—1982 年结婚的女性，婚龄主要集中于 25—29 岁，比例为 74.47%。"文革"前结婚的对照组，年龄分散于 18—29 岁之间。与此不同，1966—1982 年间结婚的女性，年龄主要分布在 25—29 岁和 30—35 岁。[1] 女性婚龄的提高，不止具有晚婚晚育的意义，同时还因为她们的心智更加成熟，择偶行为更富于理性，对自身条件和对方的认识更为深入，婚姻自主性也会相应提高。东河沿居委会的调查显示，婚姻双方认识途径的占比排序为，朋友介绍（44.52%）、亲戚介绍（22.74%）、父母包办（15.81%）、自己认识（15.00%）、其他（1.94%）。可以看出来，父母包办与非父母包办相比悬殊。因此，项目组称"解放后这种婚姻（指父母包办——引者注）受到政治和法律的打击，逐渐绝迹"。[2] 遗憾的是，上述数据没有标明当事人的结婚时间，研究者无法从中看出婚姻自主程度的时间变化。

与东河沿居委会的调查相比，项目组对北京朝阳区团结湖居委会进行的调查显示，1966—1982 年间结婚者的婚姻自主权明显提高，即调查对象中没有一例是父母包办。这同 1966 年前的数据形成鲜明对照。团结湖居委会的特殊之处在于，这里原是朝阳门外郊区的荒地、窑坑，归属于朝阳区的八里庄大队。50 年代初，北京市开始在此兴建职工住宅区。其中，最早是 1952 年兴建的北京针织总厂单身宿舍。1958 年，这里的部分荒地、窑坑被人工挖成环湖，因为是广大群众团结奋战的结果，遂命名为"团结湖"。从 50 年代到 80 年代，北京针织总厂、北京印染厂、北京市煤气公司等单位，又在此兴建平房、简易楼房、楼房住宅区等职工宿舍。项目组发现，团结湖居委会人口年龄分布的特点，是以 20—29 岁占比最大，45—54 岁次之，老年人在该地区所占比例最小。换言之，这是一个以青年、中年居多的年轻社区。与

---

① 五城市家庭研究项目组编：《中国城市家庭：五城市家庭调查报告及资料汇编》，山东人民出版社，1985 年，第 16、23、25 页。
② 五城市家庭研究项目组编：《中国城市家庭：五城市家庭调查报告及资料汇编》，山东人民出版社，1985 年，第 22—23 页。

东河沿居委会不同，团结湖居委会辖区居民以从附近农村进城的青年工人（特别是纺织工人）为主，受教育程度主要集中于初中、高中。但是，因为受到"文革"的影响，"许多人的文化名曰初中、高中，实际上是名不副实"，文化程度相对较低。[①] 通过数据来看，该地区 1966—1982 年间结婚的调查对象，通过自己认识而结婚的夫妻比例较高。并且，这种高占比的现象，是从 1958 年就开始的，当时距北京针织总厂单身宿舍建成时间不久。

图表 19：北京市朝阳区团结湖居委会"父母包办"与

"自己认识"类婚姻调查统计

结合途径	结婚年代							
	—1937	1938—1945	1945—1949	1950—1953	1954—1957	1958—1965	1966—1976	1977—1982
父母包办	15	38	32	34	25	8	0	0
	10.56%	19.72%	22.54%	23.94%	17.61%	5.63%	0%	0%
自己认识	1	0	3	17	17	32	30	31
	0.83%	0%	2.48%	14.01%	14.01%	26.45%	24.79%	17.36%

资料来源：五城市家庭研究项目组编：《中国城市家庭：五城市家庭调查报告及资料汇编》，山东人民出版社，1985 年，第 38 页。

　　研究者发现，另一个直辖市天津，同样存在 60 年代、70 年代青年婚姻自主性显著提高的现象。美国纽约城市大学亨特学院的学者伯顿·帕斯特纳克（Burton Pasternak）与中国部分合作者，对天津红天里居委会的婚姻与生育行为进行调查。红天里居委会，隶属于天津市河西区西山街道。1949 年前，西山街是充斥着废水、垃圾、饿殍遍地的无人区。1954 年以后，这里先后有 172 座国营工厂建立起来，900 栋居民楼住进工人，商业和服务网点连接成片。同北京的团结湖居委会相似，西山街的居民多是从天津其他地方或河北邻近农村迁移过来的。从调查数据来看，红天里 1966—1975 年间结婚的调查对象，只有两人是通过父母介绍而结合的。这种情况同 1949 年前相

---

　　① 五城市家庭研究项目组编：《中国城市家庭：五城市家庭调查报告及资料汇编》，山东人民出版社，1985年，第 31—33 页。

比，存在较大的差异。此外，1966—1975 年间和 1976 年后，通过自己认识
而结合的比例有明显提高。1949 年以前，居住在天津的男性有不少人是在农
村结婚成家后迁移到天津的。1958 年以后，这样的情况有很大改变，夫妇俩
均来自天津的比例增加，在自己家乡附近选择配偶的比例增加。[1] 这或许也
是自己认识途径结婚比例上升的重要原因。

图表 20：天津市红星里居委会"父母介绍"与
"自己认识"类婚姻调查统计

结合	结婚年代					总计
途径	—1948	1949—1957	1958—1965	1966—1975	1976—	
自己	5	9	4	15	11	44
认识	2.4%	8.7%	7.5%	18.5%	13.4%	8.3%
父母	52	5	—	2	—	59
介绍	24.5%	4.9%	—	2.5%	—	11.1%

资料来源：［美］伯顿·帕斯特纳克：《红天里的居民：中国城市的婚姻与生育》，
《中国社会科学》1988 年第 2 期。

伯顿·帕斯特纳克注意到，1958 年以后城市女性走出家庭、参加工作的
现象受到鼓励。与此相伴随的是，红天里居民由工友充当介绍人的现象不断
增多。这种趋势，在 1965 年以后仍得到延续。从调查来看，自主择偶或没
有正式介绍人参与的婚姻，虽然其比例在不同年份有较大波动，但是 1969
年前后、1972 年前后、1975 年前后、1978 年前后，分别是此类婚姻较多的
时间点。[2] 换言之，自主婚增多，是"大跃进"以后的大趋势，并且这种趋
势一直延续到 80 年代。

同样是新天津人居住的尖山街，1949 年前是没有正式居民住房的荒地和
水坑。这里散居着从山东、辽宁等地逃荒流入天津的贫苦农民。1949 年以
后，这里陆续兴建起不少工厂和居民住宅楼，天津老城区的居民不断迁居到
此，使得这里成为"新老居民、本市和外省籍居民相混杂的居民区"。1958

---

① ［美］伯顿·帕斯特纳克：《红天里的居民：中国城市的婚姻与生育》，《中国社会科学》1988 年第 2 期。

② Burton Pasternak, *Marriage and fertility in Tianjin, China: Fifty years of transiton*, Papers of the
East-west Population Institute, July 1986, p. 25.

年"大跃进"期间，尖山街道的许多城市女性走出家庭，"从上炕一把剪子，下地一把铲子，成天围着锅台转的小天地里走出来，办起了街道工厂，为社会主义建设添砖添瓦"。此后的十几年时间，当地还办起 300 多人的木器工厂。① "中国五城市家庭研究项目组"对尖山街的红星二委进行调查，结果基本支持伯顿·帕斯特纳克对红天里的研究。他们所获得的数据证实，父母包办式婚姻主要存在于 1926 年前出生的女性中。很明显，这些女性多在 1949 年前结婚成家。1927—1938 年出生的女性，虽然仍有父母包办婚姻的存在。但是，此后基本上迅速消失。换句话说，60 年代以后，红星二委中很少有父母强迫女儿成婚的事例出现。与此相对应的是，1927—1938 年出生的女性，通过自己认识而确定婚事的占 9.1%。1939 年以后出生的女性中，该比例达 12—13%。② 这意味着，60 年代以后，城市女性（即便是新兴城区的女性）自主婚姻的比例有所提升。当然，该比例的提升尚不如红天里明显。

成都的情况。研究者 Xu Xiaohe 和怀默霆（Martin King Whyte）对成都进行调查时发现，1933—1948 年包办婚姻的比例为 69%，但是这个数据随着中华人民共和国的成立、1950 年《婚姻法》的颁布而大幅下降。1949—1957 年，包办婚姻的比例下降为 22%。1958—1965 年间，包办婚姻几乎绝迹，只有 1%。1966—1980 年间，包办婚姻的案例完全消失。与此形成鲜明对比的是，通过个人意愿结识的比例大幅度增加，1933—1948 年间为 17%，1949—1957 年间为 40%，1958—1965 年间为 55%，1966—1976 年间为 59%，1977—1987 年间为 57%。简单地说，成都受调查对象的婚姻自由度，是从 1950 年开始呈现明显上升趋势的。在 60 年代初以后，这种"高自由度"始终维持在较高的水平，甚至并未因为"文革"的到来和结束而发生较大变化。Xu Xiaohe 和怀默霆认为，这种变化既与 1950 年《婚姻法》的颁布有关，同时还与城市家庭的生产功能被削弱、工业化发展、教育广泛普及

---

① 中共天津市河西区尖山街委员会：《要善于从本质上发现群众的积极性》，中共天津市河西区委员会编：《必须坚持党的群众路线》，天津人民出版社，1972 年，第 58—59 页。

② 五城市家庭研究项目组编：《中国城市家庭：五城市家庭调查报告及资料汇编》，山东人民出版社，1985 年，第 57、74 页。

等有关。[①] 可供参照的是，据"五城市家庭研究项目组"对成都东城区如是庵居民段[②]的调查，父母包办婚姻主要集中在 1949 年以前，1950—1982 年的 30 多年时间，父母包办婚姻总共只有四例。特别值得注意的是，如是庵居民段在 1953 年以后"父母包办"式婚姻完全消失。换言之，50 年代初的贯彻《婚姻法》运动，让如是庵居民段的"包办婚姻"彻底消亡。与此相伴随的是，通过"自己认识"而结合的比例逐年增多，特别是在 1966—1976 年间达到最高值 35.29%。[③] 自主婚姻大幅增加、包办婚姻急剧消亡，如是庵居民段成为中国城市婚姻变迁的"高光"缩影。

图表 21：成都市东城区如是庵居民段"父母包办"
与"自己认识"类婚姻调查统计

结合途径	结婚年代							
	—1937	1938—1945	1945—1949	1950—1953	1954—1957	1958—1965	1966—1976	1977—1982
父母包办	12	8	1	3	0	0	0	0
	32.43%	17.39%	3.57%	8.11%	0%	0%	0%	0%
自己认识	0	1	3	8	21	14	18	25
	0%	2.17%	10.71%	21.62%	38.18%	25.93%	35.29%	30.86%

资料来源：五城市家庭研究项目组编：《中国城市家庭：五城市家庭调查报告及资料汇编》，山东人民出版社，1985 年，第 315 页。

上海的情况。上海市虹口区长春街道的数据与上述数据略有不同，该地区 1949 年后的父母包办婚姻仍有存在。即 1950—1953 年间有 7 例，

---

① Xu Xiaohe, Martin King Whyte, *Love Matches and Arranged Marriages：A Chinese Replication*, Journal of Marriage and Family, Vol. 52, No. 3 (Aug., 1990), pp. 714-715.

② 如是庵居民段，归成都市东城区梓橦辖区。该居民段接近成都市中心，是由四条街道（如是庵街、藩库街、穿巷子、不穿巷子）组成。如是庵居民段多数都是 1949 年前就定居于此的老住户，只有东城区委宿舍、四川省财政厅宿舍、省汽车配件公司宿舍是 1949 年后新建起来的居民区（参见五城市家庭研究项目组编：《中国城市家庭：五城市家庭调查报告及资料汇编》，山东人民出版社，1985 年，第 216 页）。特别值得留意的是，"如是庵街"原来名为"书院西街"。"如是庵街"，因清康熙年间街北建有名为"如是庵"的尼姑庵而得名。抗战时期，来自江浙地区的妓院老板将江浙妓女带到成都，使得附近成为知名的"红灯区"（参见袁庭栋：《成都街巷》下，四川文艺出版社，2016 年，第 693—694 页）。

③ 五城市家庭研究项目组编：《中国城市家庭：五城市家庭调查报告及资料汇编》，山东人民出版社，1985 年，第 220 页。

1954—1957 年间有 5 例，1958—1965 年间有 2 例，1966—1976 年间有 2 例，1977—1982 年有 3 例。与此同时，自己认识型的婚姻也有不同表现。即 1950—1953 年间有 17 例，1954—1957 年间有 27 例，1958—1965 年间有 25 例，1966—1976 年间有 52 例，1977—1982 年有 53 例。很明显，长春街道在"文革"时期仍然有父母包办婚姻的存在，并且通过自己认识途径结合的夫妻，反而没有 1954—1957 年间的比例高。研究项目组认为，其原因是 50 年代企事业单位举行的文化娱乐活动广泛，厂际交流频繁，交谊舞、集体舞比较流行，青年人的社会交往范围较广，是导致自己认识、自由恋爱比例高的重要原因。与此相比，"文革"时期的文化娱乐活动受到限制，很大程度上阻塞了人们社交活动的途径，造成自由恋爱的比例反而低于 50 年代。①

图表 22：上海市虹口区长春街道"父母包办"与"自己认识"类婚姻调查统计

结合途径	结婚年代							
	—1937	1938—1945	1945—1949	1950—1953	1954—1957	1958—1965	1966—1976	1977—1982
父母包办	51	34	15	7	5	2	2	3
	52.58%	29.82%	18.99%	11.29%	7.49%	2.53%	1.46%	1.88%
自己认识	11	20	27	17	27	25	52	53
	11.34%	17.54%	34.18%	27.42%	42.86%	31.65%	37.96%	33.13%

资料来源：五城市家庭研究项目组编：《中国城市家庭：五城市家庭调查报告及资料汇编》，山东人民出版社，1985 年，第 143 页。

但是，上海市杨浦区双阳路居委会的数据，却与虹口区长春街道的数据不同。该地区父母包办式婚姻基本呈现逐年段下降的趋势，即从 1937 年前的 54%一路下降，1966—1976 年间下降到 0.62%，1977—1982 年间完全消失。与之相对应的是，通过"自己认识"途径结合的夫妻，从 1937 年前的

---

① 五城市家庭研究项目组编：《中国城市家庭：五城市家庭调查报告及资料汇编》，山东人民出版社，1985 年，第 142 页。

8%一路上升，1966—1976 年间上升为 40.74%。1977—1982 年间，通过"自己认识"而结合的夫妻比例达到最高点，即 46.74%。

双阳路居委会与长春街道，同属上海的两个辖区，其调查对象在 1966—1976 年间和 1977—1982 年间的婚姻自主程度却有明显差别。"中国五城市家庭研究项目组"开展调查时，双阳路居委会辖区的居民，有半数以上是原籍在农村和外地城市的新上海人。居民的来源，主要是中国纺织机械厂、五一电机厂、华东建筑机械厂、国棉卅厂等工厂的工人，另外也有部分机关干部、知识分子和商业服务人员。相比之下，长春街道居民中知识分子的比例较高，文盲率为 6.75%，低于市区的 9.98%。高中程度的占 25.63%，大学以上文化程度的占 14.2%，高于市区的 5.47%。[①]

图表 23：上海市杨浦区双阳路街道"父母包办"与

"自己认识"类婚姻调查统计

结合途径	结婚年代							
	—1937	1938—1945	1945—1949	1950—1953	1954—1957	1958—1965	1966—1976	1977—1982
父母包办	54.00%	379.50%	36.96%	29.59%	20.48%	3.92%	0.62%	0%
自己认识	8.00%	11.46%	11.96%	19.39%	21.69%	27.45%	40.74%	46.74%

资料来源：五城市家庭研究项目组编：《中国城市家庭：五城市家庭调查报告及资料汇编》，山东人民出版社，1985 年，第 177 页。

　　一般而言，新迁到大城市的农村人或外地人家底较薄，这类家庭的青年男性在城市婚姻市场上很难占据优势。这是引发父母出面"干预"的重要原因之一。相较而言，城市的外来户社会交际难以在短时间内打开局面，进而造成该类家庭的青年男性结识异性机会少。众所周知，在当地接受教育时间较长、文化程度较高的青年，在参加工作前往往有较长时间与异性接触。另外，尽管是在"文革"时期，受教育程度的高低，仍然与就

---

① 五城市家庭研究项目组编：《中国城市家庭：五城市家庭调查报告及资料汇编》，山东人民出版社，1985 年，第 137—138、166 页。

业机会的多少、收入的高低存在关联。通常来说，就业机会多、收入高的社会群体，往往在婚姻问题上对父母的依赖性低。与此相反，父母往往担忧就业困难、收入较低的儿子能否结婚成家，因而增加了父母直接干预的可能性。这些或许是长春街道调查对象的婚姻自主程度较高的重要原因。

上海市徐汇区张家弄，位于市中心偏西南，北起南昌路，南至复兴中路，西起襄阳南路，东接复南居民区。张家弄既不是典型的外来户集聚区，也不是工人集聚的职工宿舍区。在项目组进行调查时，这里既有从事各种轻重工业、商业和服务业的工作人员，也有来自文教、卫生、金融的人员和各种技术人员，同时也有国家机关、党群组织和企事业负责人。并且，该区域具有中等以上文化水平者占大多数。套用项目组的语言来说，"张家弄地区在上海市区是一个处于中等水平的地区，有较大的代表性"。该地区的父母包办婚姻的事例，在贯彻《婚姻法》运动以后基本很少发生。例外的是，1954—1957年间、1958—1965年各有2例，1966—1976年间有1例。调查者发现，1954年后由父母包办而结婚的5例，文化水平相对较低。其中有3人是文盲，1人为小学文化水平，1人为高中文化水平。属于文盲和小学文化水平的4人，在结婚时属于重体力劳动的从业者或无业。并且，这4人的父母都是在乡下务农。而拥有高中文化水平的1人，父母为其定亲时只有20岁，并且当时处于无业状态。与此相对应的是，通过"自己认识"而结合的，除1958—1965年间的特殊情况外，基本上呈现逐年段上升的趋势。1966—1976年间和1977—1982年间，大致接近40%。调查者分析，该比例难以上升的原因在于，青年男女不愿与异性同事谈恋爱，担心"谈不成影响不好"或"夫妻同一单位不易处理人事关系"，当然还有希望在"高一层次"的单位或职业中选择伴侣。[①]

据《上海妇女志》登载的《1950—1982年上海女性成婚途径典型调查情况表》显示，上海市"包办婚姻"的占比分别是：1950—1953年20.55%，

---

① 五城市家庭研究项目组编：《中国城市家庭：五城市家庭调查报告及资料汇编》，山东人民出版社，1985年，第97—98、109—111页。

1954—1957 年 12.12%，1958—1965 年 3.17%，1966—1976 年 0.91%，1977—1982 年 0.79%。与"包办婚姻"逐年段下降的趋势形成对照，"自己认识"的比例基本呈现逐年段增加的趋势，1950—1953 年 23.74%，1954—1957 年 32.32%，1958—1965 年 28.57%，1966—1976 年 39.46%，1977—1982 年 37.89%。如果再加上介绍认识（包含亲戚、邻居介绍和朋友、同事介绍两种途径）的数据来看，则上海市的自主婚姻、半自主婚姻上升趋势更加明显。[①]

图表 24：上海市徐汇区张家弄地区"父母包办"与"自己认识"类婚姻调查统计

结合途径	结婚年代							
	—1937	1938—1945	1945—1949	1950—1953	1954—1957	1958—1965	1966—1976	1977—1982
父母包办	70	37	16	9	2	2	1	0
	56.45%	34.58%	29.63%	15.25%	3.85%	2.82%	0.70%	0%
自己认识	6	18	13	16	19	19	56	48
	4.84%	16.82%	24.07%	27.12%	36.54%	26.70%	39.44%	37.50%

资料来源：五城市家庭研究项目组编：《中国城市家庭：五城市家庭调查报告及资料汇编》，山东人民出版社，1985 年，第 110 页。

注：1966—1976 年间包办婚姻的数字均出现在 1971 年前，以后没有发现——"五城市家庭研究项目组"注。

南京市秦淮区四福巷的调查数据证实，从 1937 年前到 1982 年间结婚的调查对象，父母包办的比例大致呈现逐渐下降的趋势。其中，1950 年以后下降很明显，直到 1966 年以后完全绝迹。1966—1976 年间和 1977—1982 年间结婚的调查对象，没有一例父母包办婚姻的出现。与此相比，通过自己认识途径而结婚的比例，从 1937 年前到 1982 年间，总体呈现不断上升的趋势。并且，从 1950 年到 1982 年逐年上升，直到 1966—1976 年间达到 35.78%，

[①] 荒砂、孟燕坤主编，《上海妇女志》编纂委员会编：《上海妇女志》，上海社会科学院出版社，2000 年，第 526 页。

1977—1982 年间达到 42.97%。南京四福巷调查对象中"父母包办"与"自己认识"两组数据的消长，在"五城市家庭研究项目组"的统计数据特别引人注目。

图表 25：南京市秦淮区四福巷居民段"父母包办"与"自己认识"类婚姻调查统计

结合途径	结婚年代							
	—1937	1938—1945	1945—1949	1950—1953	1954—1957	1958—1965	1966—1976	1977—1982
父母包办	76	39	27	5	4	3	0	0
	68.47%	54.17%	61.36%	17.24%	8.16%	3.53%	0%	0%
自己认识	3	7	6	4	12	28	39	55
	2.70%	9.72%	13.64%	13.72%	21.49%	32.94%	35.78%	42.97%

资料来源：五城市家庭研究项目组编：《中国城市家庭：五城市家庭调查报告及资料汇编》，山东人民出版社，1985 年，第 199 页。

注：结婚年代不详 2 人，未列入——"五城市家庭研究项目组"注。

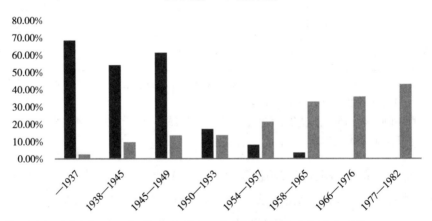

图表 26：南京市秦淮区四福巷居民段"父母包办"与"自己认识"类婚姻变化图

资料来源：五城市家庭研究项目组编：《中国城市家庭：五城市家庭调查报告及资料汇编》，山东人民出版社，1985 年，第 199 页。

南京四福巷居民段，地处夫子庙地区的西部，辖区内主要有航天工业部科技干部进修学院、羊毛衫二厂的一个车间和散热器厂的一个车间。接受调查的人，有从事轻重工业、运输业的工人（占40.76%），有商业、服务业工作人员（占19.90%），两者合计60.66%。此外，还有居住在航天工业部科技干部进修学院宿舍的知识分子和居住在大全福巷军队干部家属宿舍的居民。[①]遗憾的是，调查数据中包含的信息，远不足以分析为什么四福巷的统计数据能呈现如此典型的此消彼长？换句话说，目前没有更多信息可以解释，为什么南京四福巷调查对象的"父母包办"和"自己认识"呈现如此明显的消长？

综合京、津、沪、宁、蓉五城市的调查数据来看，城市居民的"父母包办"式婚姻在1950年以后呈现明显下降。特别是1966—1976年间和1977—1982年间，分别下降到0.82%和0.94%。这种情况，与1949年前的数据形成鲜明对比。在"父母包办"式婚姻减少的同时，"自己认识"式婚姻呈现明显上升，但是这种上升势头却有顿挫。简单而言，1954—1957年间较1950—1953年间有不小的提升，但是1958—1965年较1954—1957年间提升的势头却不明显。1966—1976年间较1958—1965年间有明显提升，但是随后的1977—1982年间却出现下降。换句话说，"父母包办"式婚姻在1966—1980年间近乎绝迹，但是"自己认识"类婚姻却在34.59%和32.98%的水平止步。其原因是什么呢？下文将进行重点分析。

图表27：京、津、沪、宁、蓉五城市"父母包办"
与"自己认识"类婚姻变化图

结合途径	结婚年代							
	—1937	1938—1945	1945—1949	1950—1953	1954—1957	1958—1965	1966—1976	1977—1982
父母包办	307	226	142	94	56	20	7	8
	54.72%	37.23%	31.77%	20.66%	11.72%	3.31%	0.82%	0.94%
自己认识	28	61	68	88	128	169	294	282
	0.53%	10.05%	15.21%	19.34%	26.78%	27.93%	34.59%	32.98%

资料来源：五城市家庭研究项目组编：《中国城市家庭：五城市家庭调查报告及资料汇编》，山东人民出版社，1985年，第307页。

---

① 五城市家庭研究项目组编：《中国城市家庭：五城市家庭调查报告及资料汇编》，山东人民出版社，1985年，第187页。

　　研究者发现，上述五城市的调查数据中，1977—1982 年间仍然还存在 8 例父母包办式婚姻。这 8 例包办式婚姻，主要是因为女方户口在农村、男方存在择偶困难。这样，女方通过婚姻获得城市户口，男方通过迎娶农村女青年解决结婚难的问题。从此角度而言，这种父母包办式婚姻，是男女双方家庭及当事人各取所需。① 如果没有包办，城市男青年难以解决结婚困难的问题；同样，如果没有包办，农村女青年也难以解决户口进城问题。这是父母包办婚姻没有完全绝迹的原因所在。费孝通指出："父母为儿女择配，他们并不会存心要为儿女结一个恶婚姻，这一点我们是应当承认的。"通常情况下，与当事人（青年男女）相比，父母作为"第三者"，"他们的考虑比较周到和客观，他们可以顾到夫妇生活的各方面"。② 费孝通的看法，看似简单，背后却蕴含着值得深入思考之处。就以上述 8 例包办婚姻而言，男女双方的父母，都希望通过婚姻解决各自子女的所需和所缺，这是包办婚姻的合理性所在。

　　婚姻的自主性、自愿性，是近代以来欧洲国家制定民事法律通行的惯例。恩格斯在《家庭、私有制和国家的起源》中指出："在婚姻问题上，即使是最进步的法律，只要当事人让人把他们出于自愿一事正式记录在案，也就十分满足了。至于法律幕后的现实生活发生了什么事，这种自愿是怎样造成的，关于这些，法律和法学家都可以置之不问。"恩格斯意识到，德国及采用法国法制的国家规定"子女的婚事必须得到父母的同意"，从而保证子女继承父母财产的权利。不过，在采用英国法制的各国，法律并不要求子女结婚必须经过父母的同意，只是父母也可以任意剥夺子女的继承权。③ 子女婚姻是否经过父母的同意，与父母对财产继承权的掌控存在直接联系。这提醒研究者注意，父母对待子女婚姻的态度与家庭经济、家庭生活联系密切。

　　上述 8 例父母包办式婚姻，固然难以清晰地判断恩格斯提及的婚姻与财产继承权的关系。但是，该类婚姻却与家庭捆绑式生存直接相关。整个计划

　　① 潘允康主编：《中国城市婚姻与家庭》，山东人民出版社，1987 年，第 68 页。
　　② 费孝通：《乡土中国　生育制度》，北京大学出版社，1998 年，第 154—155 页。
　　③ 恩格斯著，中共中央马克思恩格斯列宁斯大林著作编译局译：《家庭、私有制和国家的起源》，人民出版社，1999 年，第 74—75 页。

经济时期，中国城乡形成国家/单位（社队）/个人的三级管理体制。国家通过严格的户籍管理、身份制度、粮油购销等途径，全面掌握或分配生产、生活、发展机会等社会资源。单位（社队），一方面代替国家掌握生存、生活的各种资源，另一方面代为本单位（社队）的成员规划未来发展的可能性。在这种被称为"再分配经济"的管理体制下，哪类社会成员享有优先权，哪类社会成员处于劣势，不仅取决于个人的政治表现、努力程度、学习能力等，而且还取决于父母、家庭等社会关系的影响。为取得优势资源，家庭成员捆绑成为利益与共的整体。整个家庭的生存和发展，需要家庭全体成员共同维持和努力。个人的成长和发展，离不开家庭的兴旺和昌盛。同样，舍弃个人、成全整个家庭的事例很难绝迹。显然，在家庭"捆绑式"模式下生存的个体，依靠天然的家庭内聚力具有较好的抗风险能力，这与家庭内聚力不足或缺乏的个体有很明显不同。

将话题重新拉回上述五城市的包办式婚姻。可供解释的方向是，1966—1980 年间，中国城乡之间在经济收入、福利待遇等方面存在巨大差距，农村女青年的进城，是以接受包办及与城市择偶困难的男青年结婚为前提。同样，城市男青年，通过接受包办与农村女青年结婚，从而解决择偶困难的问题。表面上看，男女双方都牺牲了婚姻自主权。但是，这种牺牲却是以其他发展机会作为补偿。如前文所述，农村女青年牺牲婚姻自主权，换取的是城市户口；城市男青年牺牲婚姻自主权，换来的是"有婚可结"。农村女青年以婚姻为"等价物"换取城市户口及其带来的发展机会，城市男青年以城市身份为"等价物"换取农村女性的性、生育。如果说这种看似合法的交换近似于买卖，可能难以被人接受。是因为这种交换确实导致婚姻被工具化。

当然，经过包办的青年男女，同样可以在结识或婚后产生感情。包办婚姻的满意度，未必一定低于自由婚。通常情况下，人们对包办婚不会寄予更高的期望，此类婚姻经常存在一方或双方满意度不高的现象。但是，此类婚姻也不排除"先结婚后恋爱"的可能性。同包办婚相比，自由婚往往存在"先热后冷"的特征。也就是说，经过恋爱、婚礼等浪漫环节后，自由婚的当事人难免要面对家庭杂务、育儿负担、经济压力、平淡生活等。这些难免会使自由婚出现一方或双方满意度下降的现象。因此，现代社会中的自由婚往往与高离婚率相伴随。这也是人们常说的，自由婚与包办婚，一个是先热后冷，一个是先冷后热。[①] 研究者陈讯称，传统婚姻的稳定，主要是来自家庭要素、国家与社会要素。与此相比，情感要素次之，物质要素再次之。其中，家庭要素是维系婚姻稳定的关键，这是因为传统婚姻建立在"双系抚育"的基础之上，是生育制度的附属。它不仅要受到宗法礼教的束缚，而且还要受到来自家族、家庭以及国家制度等因素的制约。受"嫁鸡随鸡、嫁狗随狗"思想的影响，夫妻往往会以同甘共苦、荣辱与共的方式来维系婚姻家庭的稳定。[②] 当然，该观点具有的说服力不言而喻，他人也可以从文献中轻易找到大量支撑史料。但是，反驳上述观点的证据也有不少。简单地说，如果维系传统婚姻稳定的家庭要素、国家与社会要素完全可靠，历史上就不会有典妻卖妻、纵妻通奸、兄弟共妻等异端现象的出现。[③] 贾平凹的小说《天狗》，主题就是"招夫养夫"。[④] 据地方文献记载，1971 年甘肃省庆阳县仍有"招夫养夫"现象的存在。而且，在山区这种现象"虽非普遍，但也决不是个别现象"。[⑤]"招夫养夫"，与"入赘婚"不同。后者主要是强调"男嫁"与"女娶"。前者只是"入赘婚"的一种，基本强调"再婚"。不仅包括"夫死而再招夫"，而且还有"夫在并又招夫者"。据研究者陈顾远称，此俗可以上溯唐宋，民间有"接脚夫"或"接脚婿"之称。[⑥] 这种婚姻的形式特殊，"前夫"与"后夫"之间经常出现矛盾。还有的"招夫养夫"是以牺牲当事人情

---

① Xu Xiaohe, Martin King Whyte, *Love Matches and Arranged Marriages：A Chinese Replication*，Journal of Marriage and Family, Vol. 52, No. 3 （Aug. ，1990），p. 710.

② 陈讯：《婚姻价值的变革——一个乡镇里的离婚现象研究（1978—2012）》，中国社会出版社，2014 年，第 127 页。

③ 研究者苏成捷（Matthew H. Sommer）不满足于以往认为中国"传统"婚姻就是"嫁鸡随鸡、嫁狗随狗"的观点，同时也不满足于那种认为中国"传统"婚姻就是"一夫多妻"或"妻妾成群"的刻板印象，他利用州县档案和刑部档案，对清代民间的典妻卖妻、婚内卖淫、一妻多夫（含招夫养夫、兄弟共妻等）等现象进行深入分析，为读者揭开中国底层社会面对男多女少、性别失衡状态的生存策略。参见 Matthew H. Sommer, *Polyandry and Wife-Selling in Qing Dynasty China：Survival Strategies and Judicial Interventions*，Berkeley：University of California Press, 2015. 此书相关信息，承蒙庆应义塾大学郑浩澜副教授提示，特致谢忱。

④ 参见贾平凹：《天狗》，作家出版社，1986 年。

⑤ 刘文戈：《凤城遗俗》，陕西旅游出版社，2003 年，第 189—192 页。

⑥ 陈顾远：《中国婚姻史》，商务印书馆，2017 年，第 89 页。

感、违背当事人意愿为前提，是"包办婚"的极端形态，恐怕通常难以讨论其婚姻质量的高下。

三、城市婚姻中介人的变化

"父母之命，媒妁之言"，是中国民间常用的俗语。前者牵涉婚姻与家长（特别是父母）的关系，后者牵涉婚姻与中间人的关系。"天上无云不下雨，地下无媒不成婚"，这是许多地方都流传的俗语。1949 年之前的社会中，媒人是沟通联姻家庭之间的纽带。婚姻缔结过程中的行聘、订婚、婚宴等环节，媒人都是必不可少的角色。夫妻婚后出现纠纷，媒人有时还要发挥调解人、减压器的功能。据研究者观察，日本传统社会亦有类似现象的存在。媒人不仅在婚姻缔结过程扮演牵线搭桥的角色，婚后还要承担使婚姻存续的实质性责任。[1] 简单地说，媒人在沟通男女双方信息和调解双方条件交换的过程中常常不可缺少。值得注意的是，1950 年《婚姻法》颁布后，媒人参与的婚姻几乎等同包办，媒人也成为人所不齿的恶名。[2]在此情况下，中介人参与度较低的"介绍"式婚姻，在 1949 年以后的城市婚姻中逐渐占据主流。

北京的情况。根据"中国五城市家庭研究项目组"的调查，北京市宣武区东河沿居委会的数据显示，"亲戚介绍"和"朋友介绍"式婚姻，分别占22.74% 和 44.52%。很明显，这两种介绍方式，主要是亲戚或朋友起牵线搭桥的作用，为男女双方认识交往提供机会。至于最终双方能否成婚，主要取决于当事人的相互了解和意愿，这是与"父母包办"有本质区别的自主婚姻。调查者发现，上述两类婚姻模式中，"亲戚介绍"在 1952 年前占多数，"朋友介绍"在 1952 年后占多数。[3] 1966—976 年间及 1977—1982 年间，东

---

① 有贺喜左卫门的观点是，日本上层阶级婚姻中的媒人与新婚夫妇的婚后生活没有多大关系，但是庶民阶层的媒人则参与商讨新婚夫妇婚后具体问题，承担处理生活问题的责任。参见［日］上子武次、增田光吉编，庞鸣、严立贤译：《理想家庭探索：日本和世界诸国家的比较研究》，国际文化出版公司，1987 年，第 32—33 页。

② 参见李秉奎：《狂澜与潜流——中国青年的性恋与婚姻（1966—1976）》，社会科学文献出版社，2015 年，第 152—153 页。

③ 五城市家庭研究项目组编：《中国城市家庭：五城市家庭调查报告及资料汇编》，山东人民出版社，1985 年，第 22—23 页。

河沿居委会受调查者的结合途径中以朋友介绍为主，二者分别为 63.64%、57.38%。这是特别引人注目的。

图表 28：北京市宣武区东河沿居委会婚姻关系确定途径数据（1966—1982）

结合途径	1966—1976		1977—1982	
	人数	%	人数	%
父母包办	3	3.03	5	4.10
亲戚介绍	13	13.13	18	14.75
朋友介绍	63	63.64	70	57.38
自己认识	20	20.20	29	23.77
其他	0	0	0	0
总计	99	100	122	100

资料来源：五城市家庭研究项目组编：《中国城市家庭：五城市家庭调查报告及资料汇编》，山东人民出版社，1985年，第308页。

从纵的时间轴来看，亲戚介绍的婚姻，最高占比出现在 1938—1945 年和 1946—1949 年，分别为 37.78% 和 34.48%。不过，在 1950—1953 年、1954—1957 年、1958—1965 年，"亲戚介绍"式婚姻呈现逐渐下降的趋势，分别为 29.41%、23.40%、13.24%。与此相对应的是，"朋友介绍"式婚姻，最高占比则出现在 1958—1965 年间、1966—1976 年间和 1977—1982 年间，分别为 57.35%、63.64%、57.38%。两种不同途径结合方式的消长，在下面的调查统计中很容易观察到。如前文所述，东河沿居委会下辖的居民区，既有四合院、大杂院等旧式住宅，同时还有国家机关、北京市属事业单位的职工住宅。这样复杂的社会构成，让其与社会关系相对稳定的社区明显不同。并且，青年人的上山下乡和入伍参军，机关干部下放到"五七"干校，导致城市居民出现空间上的人员流动和纵向的社会流动。这或许对婚姻中介人由亲戚向朋友的过渡产生影响。接受调查的女性，社会交往圈不再单纯受血缘、姻亲关系的局限，而是在接受教育、就职或就业、参加集体活动等过程中逐渐扩大交际范围。男女异性接触机会的增加，对婚姻中介人的变化同样重要。

图表 29：北京市宣武区东河沿居委会"亲戚介绍"
与"朋友介绍"式婚姻调查

结合途径		结婚年代							
		—1937	1938—1945	1945—1949	1950—1953	1954—1957	1958—1965	1966—1976	1977—1982
亲戚介绍	人数	21	34	20	15	11	9	13	18
	%	25.00	37.78	34.48	29.41	23.40	13.24	13.13	14.75
朋友介绍	人数	17	17	21	26	22	39	63	70
	%	20.24	18.89	36.21	50.98	46.81	57.35	63.64	57.38

资料来源：五城市家庭研究项目组编：《中国城市家庭：五城市家庭调查报告及资料汇编》，山东人民出版社，1985 年，第 308 页。

北京市朝阳区团结湖居委会的调查显示，从 1937 年之前到 1982 年间，受调查对象确定婚姻关系的途径更加多元化。按各类型婚姻的占比高低来看，大致包括父母包办、朋友介绍、自己认识、亲戚介绍、邻里介绍、组织介绍等六种。

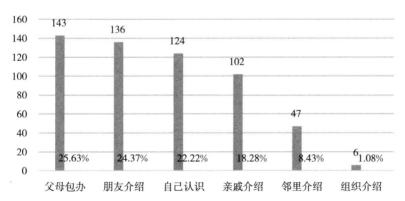

图表 30：北京市朝阳区团结湖居委会婚姻关系确定途径数据示意图
资料来源：五城市家庭研究项目组编：《中国城市家庭：五城市家庭调查报告及资料汇编》，山东人民出版社，1985 年，第 36 页。

与东河沿的数据相比，团结湖居委会受调查者"亲戚介绍"式婚姻总体都不多。最多的时段是 1954—1957 年间，"亲戚介绍"式婚姻为 21 例，占总数的 23.86%。其次，1946—1949 年间，也是占比相对较高的时段。如前文所述，团结湖居委会是 50 年代初才开始兴建的职工住宅区，随后 30 年间兴建的平房、简易楼房、楼房住宅区等，成为附近农村进城的青年职工的职工宿舍。团结湖居委会当时属于近郊的朝阳区管辖，这里兴办不少与轻纺工业相关的工厂，需要招收大量青年工人。附近农村有大批青年人，因此被招工进厂。① 虽然没有直接的资料证实，1946—1949 年间、1954—1957 年间结婚的受调查者来自何处，但是可以清晰判断的是，这些人结婚的时间是在团结湖职工居住区兴建初期，甚至有些是在职工住宅区兴建前迁入此地的。居住环境的改善与择偶难度的降低存在直接关联，这恐怕对婚姻自主性的提高亦有直接助益。与亲戚介绍相比，朋友介绍的婚姻从 50 年代初以降呈现逐年段攀升的趋势。在 1966—1976 年间，"朋友介绍"式婚姻在该地区的受调查者中占比接近一半。1977—1982 年间，该类型婚姻已达半数以上，几乎是"亲戚介绍"式婚姻的三倍。

图表 31：北京市朝阳区团结湖居委会"亲戚介绍"
式婚姻与"朋友介绍"式婚姻

结合途径		结婚年代							
		—1937	1938—1945	1945—1949	1950—1953	1954—1957	1958—1965	1966—1976	1977—1982
亲戚介绍	人数	2	8	13	15	21	19	8	16
	%	10.53	18.60	22.03	16.67	23.86	19.59	10.96	19.75
朋友介绍	人数	1	7	11	23	24	36	34	44
	%	5.26	16.28	18.64	25.56	27.28	37.11	46.58	54.32

资料来源：五城市家庭研究项目组编：《中国城市家庭：五城市家庭调查报告及资料汇编》，山东人民出版社，1985 年，第 309 页。

---

① 五城市家庭研究项目组编：《中国城市家庭：五城市家庭调查报告及资料汇编》，山东人民出版社，1985年，第 32 页。

天津的情况。同北京市团结湖居委会辖区相似,天津尖山街居民区也是1949 年后兴建起来的住宅区。当地居民,有大量是从山东、辽宁等地逃荒流入天津的外籍人口,同时也有从天津老城区陆续迁来的居民。这种新旧混杂的居住方式,会对婚姻中介人产生什么影响呢?通过调查数据可以清晰看出,1949 年前结婚的受调查者通过亲戚介绍的比例大概在三分之一上下。但是,该类婚姻在 1958—1965 年间开始大幅下降。1966—1976 年间、1977—1982 年间都没有超过 20%。与此相比,朋友介绍从 1954—1957 年间开始大幅增加,1958—1965 年间达到 73.47%,随后的 1966—1976 年间和 1977—1982 年间也仍然超过 60%,占据主流。

图表 32:天津市尖山街红星二委"亲戚介绍"
式婚姻与"朋友介绍"式婚姻

结合途径		结婚年代							
		—1937	1938—1945	1945—1949	1950—1953	1954—1957	1958—1965	1966—1976	1977—1982
亲戚介绍	人数	13	13	13	10	14	8	15	12
	%	33.33	31.71	40.63	34.48	34.15	16.33	19.48	19.05
朋友介绍	人数	10	12	14	13	24	36	49	43
	%	25.64	29.27	43.75	44.83	58.54	73.47	63.64	68.25

资料来源:五城市家庭研究项目组编:《中国城市家庭:五城市家庭调查报告及资料汇编》,山东人民出版社,1985 年,第 310 页。

与尖山街红星二委相似,天津西山街是 1954 年以后兴起的新社区,这里的居民主要来自城市其他地方或邻近的河北农村。从该地区人员的年龄构成上看,20—24 岁、25—29 岁的青年人明显比其他年龄段的占比要高。调查显示,1958—1965 年间的"亲戚介绍"式婚姻,尚不足 1949—1957 年间的一半。随后的 1966—1975 年间、1976 年后,该类型婚姻大致略高于18%。与此相比,"同事介绍"式婚姻,挤占了"亲戚介绍"式婚姻减少留下的空隙。该类婚姻在 1949—1957 年间为 20.4%,1958—1965 年间却跃升为 62.3%。随后的 1966—1976 年间及 1976 年后，该类婚姻有所减少，但是也分别占 44.4% 和 46.3%。此外，邻居介绍和其他途径结合的婚姻，也有一定的比例。研究者注意到，1958 年以后，夫妇二人均来自天津的比例增加，红星里的居民通常不再考虑从农村寻找配偶。对于"新天津人"来说，他们的亲戚通常仍以居住在农村者为多，这迫使他们在择偶过程寻求同事、邻居及其他城市社会关系的帮助（参考下列图表）。

图表 33：天津市河西区红星里"介绍"式婚姻调查统计

结合途径		结婚年代					总计
		—1948	1949—1957	1958—1965	1966—1975	1976—	
亲戚介绍	人数	78	39	9	15	15	156
	%	36.8	37.9	17.0	18.5	18.3	29.4
同事介绍	人数	22	21	33	36	38	150
	%	10.4	20.4	62.3	44.4	46.3	28.2
邻居介绍	人数	20	10	2	5	7	44
	%	9.4	9.7	3.8	6.2	8.5	8.3
其他途径	人数	35	19	5	8	11	78
	%	16.5	18.4	9.4	9.9	13.4	14.7

资料来源：［美］伯顿·帕斯特纳克：《红天里的居民：中国城市的婚姻与生育》，《中国社会科学》1988 年第 2 期。

成都的情况。与上述的新兴社区略有不同，成都东城区如是庵居民段，多是 1949 年前就定居于此的老住户。当然也有 1949 年后迁入此地的，居住于东城区委宿舍、四川省财政厅宿舍、四川省汽车配件公司宿舍的居民就是如此。总体而言，该地区受调查对象经人介绍式婚姻的比重达到 70%。具体而言，1949 年以后"亲戚介绍"式婚姻的比例，除 1966—

1976 年间只有 13.73％外，其他时间段大致稳定在 20％—30％之间。"朋友介绍"式婚姻，虽然随着时间段的不同有些波动，但是 1958 年以后基本占据半数以上的比例。固然，"亲戚介绍"式婚姻的比例，远低于"朋友介绍"式的比例。但是二者随时间段波动的幅度，远没有新兴社区明显。

图表 34：成都市东城区如是庵居民段"亲戚介绍"式婚姻与"朋友介绍"式婚姻

结合途径		结婚年代							
		—1937	1938—1945	1945—1949	1950—1953	1954—1957	1958—1965	1966—1976	1977—1982
亲戚介绍	人数	16	13	9	9	15	10	7	17
	％	43.24	28.26	32.14	24.32	27.27	18.52	13.73	20.99
朋友介绍	人数	9	24	15	17	19	30	26	39
	％	24.32	52.17	53.57	45.95	34.55	55.56	50.98	48.15

资料来源：五城市家庭研究项目组编：《中国城市家庭：五城市家庭调查报告及资料汇编》，山东人民出版社，1985 年，第 315 页。

上海市虹口区长春街道，有 16 家市属工厂企业，最大的上海无线电八厂有工人 1000 多人。另外，长春街道的工商业、文化教育事业都比较发达，人们接受的文化教育水平整体较高。该地区自由恋爱结婚的比例较高，而父母包办的案例较少。[1] 与成都如是庵的情况相似，该地区"亲戚介绍"式婚姻虽然随着时间段的变化有所下降，但是波动的幅度较小，且某些时间段还出现反复。"朋友介绍"式婚姻的变动有所不同，从 1937 年前的 11.34％，到 1966—1976 年间的 37.96％、1977—1982 年间的 46.25％，该类婚姻基本上呈现一路走高的趋势。

---

① 五城市家庭研究项目组编：《中国城市家庭：五城市家庭调查报告及资料汇编》，山东人民出版社，1985 年，第 137—138、141—142 页。

图表35：上海市虹口区长春街道"亲戚介绍"式
婚姻与"朋友介绍"式婚姻

结合途径		结婚年代							
		—1937	1938—1945	1945—1949	1950—1953	1954—1957	1958—1965	1966—1976	1977—1982
亲戚介绍	人数	24	34	19	20	13	21	30	29
	%	24.74	30.09	24.05	32.26	20.63	26.58	21.90	18.13
朋友介绍	人数	11	20	27	17	27	25	52	53
	%	11.34	22.12	21.52	27.42	28.57	35.44	37.96	46.25

资料来源：五城市家庭研究项目组编：《中国城市家庭：五城市家庭调查报告及资料汇编》，山东人民出版社，1985年，第312页。

与长春街道相比，杨浦区的双阳路居委会辖区更像是产业工人的聚集区。这里有中国纺织机械厂、五一电机厂、华东建筑机械厂、国棉卅厂等工厂。同时，该地区的住户有一半以上是原籍农村或外地城市的居民。[①] 该地区受调查对象中的"亲戚介绍"式婚姻，从1937年前到1958—1965年间，基本上长期保持在30%上下。该类婚姻所占比例发生转折性变化，是发生在1966—1976年间，猛然下降到16.67%。随后的1977—1982年间，该类婚姻的比例进一步萎缩到4.35%。与此相比，"朋友介绍"式婚姻呈现稳步上升的趋势，特别是1958—1965年间和1977—1982年间的增幅引人注目。两者相比来看，1966—1976年间双阳路受调查对象的结合途径，"朋友介绍"式比"亲戚介绍"式的两倍还要高。1977—1982年间，该数据进一步扩大到11倍多。

① 五城市家庭研究项目组编：《中国城市家庭：五城市家庭调查报告及资料汇编》，山东人民出版社，1985年，第165—166页。

**图表 36：上海市杨浦区双阳路居委会"亲戚介绍"式
婚姻与"朋友介绍"式婚姻**

结合途径		结婚年代							
		—1937	1938—1945	1945—1949	1950—1953	1954—1957	1958—1965	1966—1976	1977—1982
亲戚介绍	人数	13	30	27	31	24	30	27	4
	%	28.00	31.25	29.35	31.63	28.92	29.41	16.67	4.35
朋友介绍	人数	6	19	20	19	24	39	66	45
	%	12.00	19.29	21.24	19.39	28.92	38.24	40.74	48.91

资料来源：五城市家庭研究项目组编：《中国城市家庭：五城市家庭调查报告及资料汇编》，山东人民出版社，1985 年，第 313 页。

上海徐汇区的张家弄，与长春街和双阳路的情况都不同。该地区的居民757 户，除少数本地人外，大都是外来迁入此地的工人、职员、城市贫民、自由职业者、工商业者。在接受调查的 2387 人中，从事各种轻重工业的人员最多，占在业人员（含退休者）的 44.2%，从事商业和服务行业的工作人员占 12.7%，从事文教、卫生、金融的人员和各种技术人员占 12.7%，各种办事人员占 5.9%，国家机关、党群组织、企事业负责人占 5.1%。从文化程度来看，中等文化水平者最多，其中初中文化程度者 29.2%，高中文化程度者 24.3%，小学文化程度者 14%，大专以上文化程度者 13.1%。[1] 在接受调查者中，张家弄的"亲戚介绍"式婚姻，整体水平与长春街的调查数据接近，但是比双阳路的调查数据要低。1937 年前结婚的受访者，亲戚介绍的比例是朋友介绍比例的两倍多。但是 1950—1953 年间，朋友介绍的比例开始反超亲戚介绍，并且二者之间差距不断扩大。1966—1976 年间，朋友介绍的比例是亲戚介绍比例的两倍；1977—1982 年间，二者之间的差距继续扩大，"朋友介绍"式的比例是"亲戚介绍"式比例的 3.4 倍。

---

[1] 五城市家庭研究项目组编：《中国城市家庭：五城市家庭调查报告及资料汇编》，山东人民出版社，1985 年，第 97 页。

**图表 37：上海市徐汇区张家弄地区"亲戚介绍"式
婚姻与"朋友介绍"式婚姻**

<table>
<tr><th rowspan="2">结合
途径</th><th colspan="9">结婚年代</th></tr>
<tr><th></th><th>—1937</th><th>1938—
1945</th><th>1945—
1949</th><th>1950—
1953</th><th>1954—
1957</th><th>1958—
1965</th><th>1966—
1976</th><th>1977—
1982</th></tr>
<tr><td rowspan="2">亲
戚
介
绍</td><td>人
数</td><td>33</td><td>27</td><td>14</td><td>15</td><td>12</td><td>18</td><td>28</td><td>18</td></tr>
<tr><td>%</td><td>26.61</td><td>25.47</td><td>25.45</td><td>25.42</td><td>23.08</td><td>25.35</td><td>19.72</td><td>14.06</td></tr>
<tr><td rowspan="2">朋
友
介
绍</td><td>人
数</td><td>15</td><td>25</td><td>11</td><td>18</td><td>17</td><td>30</td><td>56</td><td>62</td></tr>
<tr><td>%</td><td>12.10</td><td>23.58</td><td>20.00</td><td>30.51</td><td>32.69</td><td>42.25</td><td>39.44</td><td>48.44</td></tr>
</table>

资料来源：五城市家庭研究项目组编：《中国城市家庭：五城市家庭调查报告及资料汇编》，山东人民出版社，1985 年，第 311 页。

　　南京市秦淮区的四福巷，是该城市的繁华地带。1949 年前，这里妓院、赌场和烟馆林立。1949 年后，这里仍是商业、娱乐、文化集中的地区。上文提到，该地区的自主婚姻在 1966—1976 年间达到 35.78%，1977—1982 年间达到 42.97%。相比之下，该地区 1966—1976 年间、1977—1982 年间的父母包办婚姻完全绝迹。同样值得注意的是，四福巷接受调查者中的"朋友介绍"式婚姻，在 1945 年前已经比"亲戚介绍"式婚姻的比例高。除 1946—1949 年间特殊情况外，四福巷接受调查者的"朋友介绍"式婚姻，在 1950—1982 年间始终比"亲戚介绍"式婚姻的比例高。其中，1966—1976 年间，"朋友介绍"式婚姻的比例是"亲戚介绍"式的约 1.5 倍。1977—1982 年间，这两类婚姻比例的差距进一步扩大到约 2.5 倍。单纯从数值上看，南京市繁华地带的四福巷与上海市繁华地带的张家弄，在 1966—1976 年间和 1977—1982 年间，"朋友介绍"式婚姻的比例与"亲戚介绍"式婚姻的比例都明显高出不少。

图表 38：南京市秦淮区四福巷地区"亲戚介绍"式
婚姻与"朋友介绍"式婚姻

结合途径		结婚年代							
		—1937	1938—1945	1945—1949	1950—1953	1954—1957	1958—1965	1966—1976	1977—1982
亲戚介绍	人数	15	10	6	7	10	21	28	21
	%	13.51	13.89	13.64	21.11	20.41	24.71	25.69	16.41
朋友介绍	人数	17	16	5	9	23	33	42	52
	%	15.32	22.22	11.36	31.02	46.94	38.82	38.53	40.62

资料来源：五城市家庭研究项目组编：《中国城市家庭：五城市家庭调查报告及资料汇编》，山东人民出版社，1985 年，第 314 页。

　　综合上述五城市的情况来看，"亲戚介绍"式婚姻的比例呈现逐渐减少的趋势，"朋友介绍"式婚姻的比例呈现逐渐增多的趋势。这两类婚姻消长的转换，大约发生在 1950—1953 年间。即 1950 年《婚姻法》颁布和贯彻后，"朋友介绍"开始成为城市居民择偶的主要途径。1966—1976 年间，"朋友介绍"式婚姻是"亲戚介绍"式婚姻的约 2.5 倍。1977—1982 年间，二者之间的差距进一步扩大为 3.2 倍（参见下列图表）。不在五城市之列的广州，调查者通过数据发现，"朋友介绍"式婚姻反超"亲戚介绍"式婚姻的转折点，几乎同样发生在 50 年代初。从 1953 年到 1980 年间，二者之间的差距逐渐扩大。1966—1976 年以后，二者之间呈现相斥性分途发展。1977—1979 年，"朋友介绍"式婚姻占比是"亲戚介绍"式婚姻的 4 倍。[①]

---

① 《广州市志·家庭志》编写组：《广州市居民婚姻家庭状况调查报告》（修订稿），1991 年，第 12 页。

图表 39：五城市"亲戚介绍"式婚姻与 "朋友介绍"式婚姻调查数据

结合途径		结婚年代							
		—1937	1938—1945	1945—1949	1950—1953	1954—1957	1958—1965	1966—1976	1977—1982
亲戚介绍	人数	137	169	121	122	120	136	156	135
	%	24.42	27.84	27.07	26.81	25.10	22.48	18.35	15.79
朋友介绍	人数	86	145	114	142	171	271	388	429
	%	15.33	23.89	25.50	31.20	35.77	44.79	45.65	50.18

资料来源：五城市家庭研究项目组编：《中国城市家庭：五城市家庭调查报告及资料汇编》，山东人民出版社，1985 年，第 307 页。

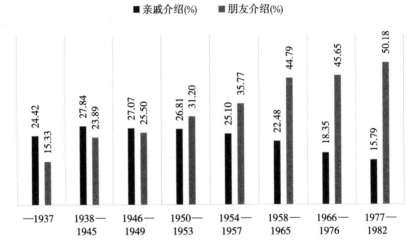

图表 40：五城市"亲戚介绍"式婚姻与"朋友介绍"式婚姻变化示意图

资料来源：五城市家庭研究项目组编：《中国城市家庭：五城市家庭调查报告及资料汇编》，山东人民出版社，1985 年，第 307 页。

中国长期存在的"父母之命，媒妁之言"，随着 1949 年新政权的建立和 1950 年《婚姻法》的贯彻而消失。这种习俗的消失，固然说明父母对子女婚姻的主导性下降，但并不代表父母对子女婚姻干预权的消失。特别是对年龄较小、涉世不深的子女而言，父母及长者提供的经验和建议必不可少。无论是父亲方面的还是母亲方面的亲戚，"亲戚介绍"式婚姻通常意味着与父母有密切关系的长者充当介绍人的角色。该类型的介绍人，与男女双方的家长较为熟络，了解双方父母的择偶标准和双方家庭的情况。该类介绍人，可以发挥初步的把关作用。另外，与双方父母关系较为密切，更容易使得双方家庭对介绍人产生信赖感。

　　相比而言，在"朋友介绍"式婚姻中发挥中介作用的，往往是与男女双方年龄接近、兴趣相似的同类人。这些人，有可能是同学、同事、工友或其他处于平等关系的同龄人。研究者发现，1966—1976 年间和 1978—1983 年间，北京市居民的通婚出现向同一城市集中的变化。即 1966—1976 年，同一城市结婚者达到 48.88%。1978—1983 年间，同一城市结婚者达到 69.88%。这比此前的数值要高出很多。[①] 换句话说，"文革"时期接近一半的北京居民，是在同一城市内选择配偶的。"文革"结束后，更多的北京居民，将择偶的范围限定在北京市。这固然是严格限制外地人进京落户的结果，同时也是同学、同事等朋友在婚姻中发挥中介人的影响。特别是对于从农村或其他城市进入北京的"新居民"来说，其亲戚关系更多的是在原籍。鉴于"农转非"的概率极低，原籍在农村或其他城市的亲戚，在介绍时往往获得成功的可能性更低。这样进一步提升了城市中"朋友介绍"式婚姻的比例。

第二节　农村婚姻自主性

　　1958 年 12 月 10 日，中共八届六中全会通过的《关于人民公社若干问题的决议》指出："一九五八年，一种新的社会组织像初升的太阳一样，在亚洲东部的广阔的地平线上出现了，这就是我国农村中的大规模的、工农商学兵相结合的、政社合一的人民公社。它一出现，就以它的强大的生命力，引

---

　　① 沈崇麟、杨善华主编：《当代中国城市家庭研究——七城市调查报告和资料汇编》，中国社会科学出版社，1995 年，第 90 页。

起了人们广泛的注意。"① 全国范围实行土地集体所有、农民参加集体劳动，并实行"各尽所能，按劳分配"的办法，这是中国历史上真正的千年未有之变局。

在国家强有力的控制之下，农村土地所有权不再掌握在经营者、耕作者手中，人民公社、生产大队代表国家行使土地的经营权。农林牧副渔业的生产，统一按国家下达的指令性计划组织进行，农民生产出来的农副产品实行统购统销，国家成为控制农村经济生产和经济生活的决定性力量。在此管理体制下，家庭作为农村从事组织生产和经营生产的功能被严重削弱。1958—1961 年，全国普遍实行"吃饭不花钱"的集体食堂，农村家庭的消费功能又被进一步削弱。家庭功能严重缺损，农民担心如此下去"家将不家"。② 不过，1961 年全国农村的集体食堂纷纷解散后，家庭的消费功能被部分恢复。农村的托儿所、养老所停办或解散，家庭受到削弱的赡养老人、抚育子女的功能被恢复。但是，农村土地（除部分自留地外）的所有权、经营权及劳动产品的分配权，仍然牢牢掌握在社队手中。与此前的时期相比，人民公社时期的农村家庭仍然是功能残缺不全。农村土地的集体经营形式、社员集体生产、按劳分配等方式，是研究 1966—1980 年中国农村婚姻问题的基本前提。集体经济时代，国家意识形态提倡婚姻自主，并要求农村社员把对家庭事务的关注、对家庭的忠诚转向国家和集体。二者共同削弱了家长对子女日常行为的管制与束缚，以家长权威或传统家法处置家庭成员的做法被否定。从理论上，集体经济时代的公共舆论强调所有家庭成员都是平等的，家庭内部不同代际、长幼成员亦无尊卑之别。③ 这与传统家庭提倡的尊卑有别、长幼有

---

① 《关于人民公社若干问题的决议（中国共产党第八届中央委员会第六次全体会议通过）》，《人民日报》1958 年 12 月 19 日第 1 版。

② 在人民公社体制下，农村的所有制、生产、经营、分配、消费甚至包括养育子女等方面，都发生巨大的改变，农民也提出"家庭"向何处去的问题。山西省介休县城关公社北两水生产队农民，经受社会主义和共产主义思想教育运动后提出如下观点：其一，"自家不种地，自家不支锅"，"现在没有小家庭了"；其二，"毛主席领导全国人民是一个大家庭"。换言之，农民已经意识到人民公社体制导致家庭原有功能出现变化，已有"大家庭"取代"小家庭"的趋势。参见文珊、燕如、士元：《生活集体化还要家庭吗？山西省介休城关人民公社对家庭问题展开大辩论　结论是民主团结的新家庭代替封建家长制的旧家庭》，《人民日报》1958 年 12 月 16 日第 6 版。

③ 参见王跃生：《社会变革与婚姻家庭变动：20 世纪 30—90 年代的冀南农村》，生活·读书·新知三联书店，2006 年，第 23 页。

序显然不同。

中国农村长期维持的家庭结构，强调家长（通常是父亲）的权威和父子相继、香火相传的传统。俗语称"不孝有三，无后为大"。保持家族血脉延续是对祖先最大的义务，绝后不仅意味着家庭的终结，也意味着祖先血脉的断绝。中国人相信生命可以通过子孙延续，只要代代相传，先辈就能永生。[①]在此基础上，农村长期保持着长幼有序、尊卑有别的家庭秩序。首先，家长在为儿子选择配偶、解决婚姻大事时，通常必须考虑的问题是未来儿媳的身体是否健康、是否具备生育能力、是否作风正派，孙辈能否健康成长、接续香火、拥有良好的养育条件。其次，家长还需要考虑的问题，是儿媳孝顺与否、操持家务能力的大小、将来与儿子组建起来的家庭能否承担赡养老人的责任。理论上，农村的集体经济时代，父母辈与子女辈同样是社队的成员，两代人在从事经济生产和按工分进行产品分配时是具有平等地位的。家庭伦理上的新变化，并未根本改变儿子承担的传统义务，未来儿子组建的家庭仍然肩负赡养老人、养育下一代的责任。换句话说，同以前的历史时期相比，夫妻婚后承担赡养老人、抚育子嗣的责任并没有减轻。父辈为儿子选择配偶时仍然要考虑接续香火、养老育小的问题。但是，接受多年的贯彻《婚姻法》宣传，崇尚恋爱自由、婚姻自主的年轻一辈，择偶观念与行为已经开始发生变化。这些对农村的婚姻主导权不无影响。值得说明的是，目前缺少1966—1980年间农村婚姻问题的调查数据，这使得城乡婚姻的研究难以对等。

一、农村亲子关系的变化

"公社是棵长青藤，社员都是藤上的瓜"，"公社是颗红太阳，社员都是向阳花。"[②] 从理论上讲，父母与子女之间的关系被迫改变为平等的社员关系，都成为公社"长青藤"的"瓜"，成为共同接受"红太阳"普照的"向阳花"。从整个集体经济时期来看，国家主导的意识形态都在鼓励青年

---

① ［美］杨懋春著，张雄等译：《一个中国村庄：山东台头》，江苏人民出版社，2001年，第102页。
② 杨瑞庆：《中华流行歌曲精选》，西南师范大学出版社，2016年，第26页。

人脱离家庭的羁绊，鼓励他们将更多精力投往人民公社、生产队的集体生产中。农村家庭的生产功能、消费功能受到程度不等的蚕食。传统以家庭为单位、以家长为管理者的生产模式被废止，社队接受国家指令性计划并按国家计划进行农业生产，这使得原来"小家庭"成员都成为集体"大家庭"的"社员"。

集体经济时期，人民公社、生产大队、生产队等组织机构，垄断了物质财富、信息资源和人们生存和发展的机会，农村社会生活受到严格管理、管制。与此同时，以前相对独立、带有自治性质的乡村社会已经不复存在。人们的粮食供应、生活方式、社会关系，都受到基层社队的管理和监督，个人对国家产生极强的依赖性。党的组织系统、行政权力系统、工青妇等群体团体形成政治整合模式，从总体组织系统上保障了国家对资源形成的全面垄断。① 中国传统社会原本长幼有序、带有自治性质的社会秩序受到挑战，家族长在农村事务中的权威产生松动和消解。这进一步推动农村家族内部出现长幼失序代际关系的变革。

人民公社时期之前，农村土地、牲畜、大型农具等主要生产资料都是实行家庭私有，同时男性家长（户主）通常在家庭经济生产中占有绝对性的支配地位。换句话说，男性家长既是家庭伦理秩序的维持者，又是生产资料和家庭财富的拥有者、掌管者。"家有千口，主事一人"，家长在农村经济生产过程中，扮演着支配者、指挥者、管理者的角色。人民公社时期到来后，土地、牲畜及大型农具由家庭私有变为集体公有，以家庭为单位的生产组织方式也发生根本改变。农村集体生产的组织者、领导者和分配者，不再是家长（户主）或家庭内部的其他成员，人民公社、生产大队、生产队的基层干部等接管家长（户主）的权力，成为连通上下的代理人。部分研究者注意到，集体化取消了生产资料的私人所有权，农民成为国家组织下的生产队里的"挣工资者"，除非没有房子或盖不起新房，兄弟成家后一般会很快分家。但是，主干家庭在集体经济时期依旧存在，父母养老的责任依然主要依赖于子

---

① 孙立平、王汉生、王思斌、林彬、杨善华：《改革以来中国社会结构的变迁》，《中国社会科学》1994年第2期。

女来承担，这样造成父母通常仍要同一个已婚的儿子生活在一起。① 集体经济对农村家庭结构带来的直接后果是，子代的生产活动与劳动所得在家庭中变得相对清晰与独立，子代增加了独立从事生产财富与积累财富的潜力，从而导致农村家庭规模从大家庭向小家庭的转型。

集体经济时期的农村基层政权，一方面承担起国家"以农养工"、"以乡养城"、优先发展城市和优先发展重工业所需的资源汲取任务，另一方面"政社合一"的体制又承担起国家建设农村新秩序、移风易俗的组织动员任务。因此，肩负两种任务的中国农村基层政权，需要最大限度地体现公平原则，杜绝产生剥削与压迫的政治与经济基础，同时还要在整体上体现出对农村社会的强大控制能力及执行中央大政方针的高效组织动员能力。② 这在很大程度上改变了农村旧有的社会观念与行为。

郭于华注意到，集体经济时期的女性较此前时代的最大转变，在于她们从户内走向户外、从家庭私领域进入村社集体。换句话说，同集体经济前相比，女性既要参与集体劳动，又要承担家务劳动。③ 固然，集体经济时期的农业生产，仍然是青壮年男劳力所得工分最高，未婚女性及已婚女性所得工分等而下之。但是，女性参与集体劳动不仅改变了"男主外、女主内"的两性分工，女青年由此获得或高或低的工分收入和经济自主权，不仅削弱了父母的控制权，而且还提高了女性在村社和家庭中的影响力，使得青年女性对恋爱、婚姻拥有更多的发言权。集体经济时期经常宣传"妇女能顶半边天"，女性不仅参与集体生产和集体娱乐活动（如文艺会演、毛泽东思想宣传队等）的机会增加，同时还通过妇联组织、妇女劳动队、女青年突击队等形式拥有参与农村公共事务管理的权利。这对农村青年女性婚姻主导权不无影响。

集体经济时期，家长权威的下降经历从外到内逐渐退缩的过程，生产队长和队委会取代原来家族长的权力，村庄内部家长间的交往有减少趋势，家

---

① 臧小伟：《中国家族研究的发展与近况》，涂肇庆、林益民主编：《改革开放与中国社会——西方社会学文献述评》，香港牛津大学出版社，第195页。
② 王立胜：《中国农村现代化社会基础研究（修订版）》，济南出版社，2018年，第124页。
③ 郭于华：《心灵的集体化：陕北骥村农业合作化的女性记忆》，孟宪范等主编：《中国社会科学文丛·社会学卷》，中国政法大学出版社，2003年，第2116—2117页。

长权力绝大部分保持在家庭内部。即便在家庭内部，家长的控制力也随着家庭经济功能的丧失和社会条件的改变而越来越弱，家长制随之解体。[1] 青年人参加农村民兵、团员等集体活动增加，家长对子女的影响力和控制力明显减弱。集体经济时期对父子关系造成的致命影响是，子辈从父辈手中继承土地、牲畜、大型农具及其他重要生产资料的可能性消失，父子二代人从理论上都是"平等"的社员。儿子部分丧失继承权的同时，父亲也失去了通过继承权约束儿子孝行与否的制度性依赖。1950 年《婚姻法》，仍然规定"父母对于子女有抚养教育的义务，子女对于父母有赡养扶助的义务，双方均不得虐待或遗弃"。但是，赡养父母的义务主要依赖基层社队管理和舆论监督，农村家庭内部缺少必要的制度性约束。

集体经济时期家庭的生产功能受到削弱，在集体食堂停办以后，家庭的消费功能却得到基本保留，农民的工分收入及农产品的分配仍然以家庭为单位。家长为维持家庭生存及生活，仍然是家庭利益当然的代理人。特别是在华南宗族凝聚力较强的地区，政治运动或多或少地转变成宗族内支派之间的斗争，这样反而加深了支派内部的团结和传统家庭伦理的影响。[2] 当然，包括华南在内的农村社会，"不孝有三，无后为大"的传统压力仍然根深蒂固，父母不得不为儿子解决娶亲成家问题付出财力和精力。从此角度而言，儿子能否找到配偶及选择什么样的配偶不是个人行为，而是家长与家庭共同面对的重任，这是下文将要谈到的父母对儿子婚姻普遍发挥主导作用的重要原因。

二、婚姻主导权的变化

中国传统文化注重的香火传递，通常被视为家庭、家族里的一件大事。传统家庭对子女婚姻的重视，往往是通过对子女婚嫁行为的干预、主导、包办等形式实现的。不言而喻，几乎所有的父母都会重视子女的婚姻。子女年幼或缺少理智，家境困难等情境的存在，都为父母的"包办"提供了事实的依据。相比涉世不深或感情用事的子女来说，饱尝生活挫折、经历磨练的父

---

[1] 沉石、米有录主编：《中国农村家庭的变迁》，农村读物出版社，1989 年，第 227 页。
[2] 阮新邦、罗沛霖、贺玉英：《婚姻、性别与性：一个当代中国农村的考察》，台湾八方文化企业公司，1998 年，第 43 页。

母，往往更加重视子女婚后家庭生活是否幸福、社会关系是否和谐。费孝通先生指出，"在任何地方一个男子或女子要得到一个配偶，没有不经过一番社会规定的手续。有很多地方，配偶的选择并非出于当事人的自由意志，而是由他们的家长所代理。我们自己社会中的旧法就是这样。这虽则已经受尽了攻击，被认为是吃人的礼教。这固然是不错的，可是我们也得承认，配偶的选择从没有一个地方是完全自由的。所谓自由也者，也不过是在某个范围中的自由罢了"。[①] 费孝通先生此番言论旨在强调，婚姻本是具有浓重"社会性"意义的行为，它不仅是"妾弄青梅凭短墙，君骑白马傍垂杨"的两情相悦，同时还是联系男女双方家庭及婚后小家庭的大事。父母作为子女的养育者和监护人，无论是从亲情还是从责任的角度，都无法完全舍弃对子女婚姻负有的责任和义务。

1950—1953 年，在从上到下、大张旗鼓地贯彻《婚姻法》运动中，父母包办受到全国范围的批判，被视为影响婚姻自主的最大障碍。国家号召青年人恋爱自由、婚姻自主，"爱情、婚姻，在社会主义社会里与在封建主义或资本主义社会里，有着根本的区别。它不再是从经济利益来考虑，也不要服从父母的命令，更不易受宗教偏见的影响。它不仅基于性的吸引，而是在男女完全平等，共同参加社会主义、共产主义劳动的基础上，由于政治、思想观点的一致，而发生发展的真挚的爱情"。[②] 完全由家长包办的婚姻，在全国农村各地出现明显下降趋势。无论是经济发达的城市郊区，还是经济落后的偏僻农村，农村青年通过自己结识配偶的比例都呈现上升趋势。既经父母同意、又经子女同意的"半自主"婚，成为 50 年代以后农村青年择偶行为中的主流类型。1957 年，《人民日报》刊文指出，"从贯彻《婚姻法》运动以来，婚姻、家庭关系在社会主义革命与社会主义建设的基础上发生了巨大的变化。由完全的家长包办婚姻关系转变为绝大部分的自主或半自主的婚姻关系，由父权、夫权统治的家庭关系转变为大多数平等、和睦、积极生产的新家庭关系：这是目前婚姻家庭关系的主要方面"。[③] 《人民日报》的宣传是否

---

① 费孝通：《乡土中国　生育制度》，北京大学出版社，1998 年，第 129 页。
② 中国妇女杂志社：《论社会主义社会的爱情、婚姻和家庭》，中国妇女杂志社，1957 年，第 2 页。
③ 幽桐：《对于当前离婚问题的分析和意见》，《人民日报》1957 年 4 月 13 日第 7 版。

与实际相符，下文将重点进行讨论，以判断集体经济时期中国农村的自主婚或半自主婚是否占据主流。

值得重复指出的是，集体经济时期，随着农村人民公社实行工分制和供给制相结合的分配制度，"家庭不仅基本上不再是一个生产单位，而且作为一个消费单位也发生了一定变化，过去家长所具有指挥和监督生产的特权，自然失去了存在的余地"。[1] 随着农业生产领域采用新式育种、化肥、农药、拖拉机等新型生产资料，缺少现代生产知识、生产技能的家长，在处理社队事务及家庭内部事务时的权威进一步受到削弱。追求政治进步的青年人，在党团、民兵、青妇等组织中表现出更多积极性、主动性，从理论上进一步减少了"父母包办"式婚姻的可能性。

集体经济时期，特别是"文革"时期，农村青年集体参与的政治活动、娱乐活动明显增多。在民兵训练、观看或排演样板戏、宣传毛泽东思想的活动中，青年男女增加了互相认识的机会。高默波在著作中提及，"文革"时期的集体生活和文化活动为农村青年的自主婚姻创造了良好条件。1968—1973 年间，江西省鄱阳县青林地区（含青林大队、西分大队和官田大队），出现许多剧团，经常演出八大"样板戏"，甚至学校、生产大队、生产队都有剧团和演出队。村里不少年轻人都热衷于此，参与其中并扮演各种各样的角色。业余演员需要许多时间来参与编排、演出，这增加了他们之间的交往、了解的机会。在演出样板戏的过程中，青年男女产生好感进而结婚，这在当地确有发生。其中的一对情侣，甚至是富农的女儿与后来成为生产队长的青年。[2] 研究者阎云翔同样也注意到，看电影或观看篮球比赛，是黑龙江省下岬村青年最受欢迎的活动。电影一开场，在场的人很容易感受到周围出现的浪漫气氛。许多村民回忆说，总是有些青年男女故意站在外围，"相互对视的时候比看银幕还多"。[3] 对于娱乐活动缺乏的农村而言，"放电影在村

① 魏克明：《人民公社和妇女的彻底解放》，《人民日报》1960 年 3 月 9 日第 7 版。
② Mobo C. F. Gao, *Gao village：rural life in modern China*, Honolulu: University of Hawaii Press, 1999, pp. 163—166.
③ ［美］阎云翔，龚晓夏译：《私人生活的变革：一个中国村庄里的爱情、家庭与亲密关系（1949—1999）》，上海书店，2006 年，第 61 页。

里确是件隆重的事……放电影这天傍晚，生产队让社员早早收工回家……小孩子们则心急慌忙地做完作业，又异常积极地圈好家里的鹅呀、鸭呀、鸡呀，为的是早早吃完饭去赶场……"本村或附近村放电影的当天，是生产队的集体"节日"，当然也是恋人趁着家人集体外出而私下约会的时机。①

与此相比，篮球比赛等体育活动也是农村青年谈恋爱的好机会。围观比赛虽然比不上观看电影时的暗传秋波，但同样为姑娘和小伙子的眉目传情提供了机会。此外，集体经济时期，生产队的社员共同参加春播、夏锄、秋收等集体劳动，同样增加了青年男女的交往和了解的机会：

> 1972 年，有个队干部家的姑娘喜欢上了同队的一个小伙子。他们一起在地里干活时，姑娘总是找机会去跟小伙子说话，有时还会请小伙子帮忙干活。这小伙子有个毛病，一到高兴或者困窘时便会有点口吃。农忙期间的一天，小伙子期期艾艾地对姑娘说了半分钟，最后才说清楚是想帮她磨镰刀。在场的其他社员听明白后哄堂大笑。几天内，村里所有人都听说了这件事，不少人还在这对年轻人面前学小伙子的窘态。大伙的调笑反倒使这对年轻人原来模模糊糊的感情变得明朗起来。农忙过后，姑娘对家里表示要嫁给这小伙子。她父母觉得姑娘太傻，因为小伙子出身上中农家庭，所以不想答应这门婚事。不过姑娘终于说服了家里。这对心上人不仅顺利结了婚，女方家还给了嫁妆。②

集体经济时期之前，农村以家庭为单位进行农业生产，男女之间自然也有参加庙会、欣赏花灯、观看社戏等结识机会。萧红在《呼兰河传》中提到，东北农村的"看戏"实际上给父母相亲提供了方便。③ 不过，这显然不

---

① 弘虫：《老家》，北京燕山出版社，2014 年，第 127—129 页。
② ［美］阎云翔，龚晓夏译：《私人生活的变革：一个中国村庄里的爱情、家庭与亲密关系（1949—1999）》，上海书店，2006 年，第 61—62 页。
③ 萧红写道："东家的女儿长大了，西家的男孩子也该成亲了，说媒的这个时候，就走上门来。约定两家的父母在戏台底下，第一天或是第二天，彼此相看。也有只通知男家而不通知女家的，这叫做'偷看'，这样的看法，成与不成，没有关系，比较的自由，反正那家的姑娘也不知道。"参见萧红：《呼兰河传》，四川人民出版社，2017 年，第 46 页。

能同集体经济时期相比。在生产队的集体劳动中，青年男女相处机会多、时间长，[1] 这为他们相互之间建立恋爱关系乃至发展为婚姻提供了方便，如阎云翔著作中提到的上述事例，生产队里的姑娘"喜欢上了同队的一个小伙子"，"他们一起在地里干活时，姑娘总是找机会去跟小伙子说话，有时还会请小伙子帮忙干活"。对于非同姓、非同宗的村庄来说，集体生产过程中的经常接触和了解，对青年男女之间建立恋爱关系和婚姻关系至关重要。[2] 瑞典经济学家杨·米尔达（Jan Myrdal）提到，据中国北方农村的一位女性所述："（以前）哪怕父母要把我嫁给一个无赖，我就必须跟他过一辈子。可现在，我们结婚前可以见到男方，如果你不喜欢他，可以拒绝嫁给他。"[3] 当然，该女性的语言可能有夸大之处。但是同一生产队中男女相处时间的增加，无疑有助于他们建立起感情更为深厚的恋爱关系。

研究者发现，1966—1980 年间，经济较为发达的上海郊区（上海县、青浦县、南汇县）的男性，带有父母包办色彩的媒人牵线频数达到最低，通过自己认识途径结婚的比例出现部分上升趋势。其中，1950—1965 年间，通过自己认识渠道结婚的占比为 14.1%；1966—1980 年间，该数据提升为 17.4%。[4] 当然，1966—1980 年上海郊区通过自己认识而结婚者，在全部受调查对象中所占比重仍然较低，远低于别人介绍的 72.7%。不过，这种婚姻类型仍是集体经济时期值得注意的社会现象。可以作为佐证的是，《上海县志》中特别提到，当地农村青年在集体经济时期有不少是就近择偶，"范围不出公社或邻社"。就近择偶的重要原因在于，"不少（人是）在同村劳动中

---

[1]　集体经济时期前，中国女性参与农业生产的情况，存在地区性差距。许烺光注意到，中国南方的妇女更常见地与家里的男性一起干活，甚至她们还经常与丈夫一起背扛肩挑地到集市上做生意。但是，中国北方的妇女往往只是负责给在田地里劳作的父亲、丈夫、兄弟送饭，很少到田地里直接从事农业生产（参见 [美] 许烺光著，沈彩艺译：《美国人与中国人》，浙江人民出版社，2017 年，第 49 页）。当然，这也因地因时而异。特别是抢种、抢收时期，许多地区的农业生产更需要女性参与。

[2]　在同姓或同宗村庄内，青年男女的交往仍受许多限制，通婚因此更加困难。不过，中国地域广袤、风俗差异性很大。特别是在宗族色彩较淡的地区，如多民族聚居区、国营农场、生产建设兵团等，青年男女交往拥有的自由度有时是超乎想象的。我在访谈过程中，遇到过同姓村庄 70 年代通婚的案例。关于此类现象，承蒙复旦大学张乐天教授提示，特致谢忱。

[3]　转引自 [美] 许烺光著，沈彩艺译：《美国人与中国人》，浙江人民出版社，2017 年，第 51 页。

[4]　雷洁琼主编：《改革以来中国农村婚姻家庭的新变化：转型期中国农村婚姻家庭的变迁》，北京大学出版社，1994 年，第 175 页。

建立恋爱关系而成婚"。择偶"不出公社或邻社"或同村，基本同青年男女不愿舍弃经济较为富裕上海郊区相关。《上海县志》的记载显示，"棉粮区女子乐意嫁与经济较高、交通方便的新泾、虹桥、梅陇、龙华等蔬菜区男子，因菜区在县之东部，称'朝东嫁'；棉粮区男子出于无奈娶青浦、松江等邻县女子为妻，称'讨西头人'"。[①] 上海郊区的"东嫁西娶"看似与"就近择偶"相左，但无非是经济因素对择偶偏好的左右，与婚姻自主性关系稍远，此处不再讨论。

图表 41：上海郊区男户主结婚年代与结识方式的交互分类

类别		—1949	1950—1965	1966—1978	1979—1986	合计
自己认识	频数	4	10	21	8	43
	％	10.3	14.1	17.4	14.0	14.9
别人介绍	频数	25	55	88	42	210
	％	64.1	77.5	72.7	73.7	72.9
家里人介绍	频数	2	1	9	1	73
	％	5.1	1.4	7.4	1.8	4.5
媒人牵线	频数	8	5	3	6	22
	％	20.5	7.0	2.8	10.5	7.6
合计	频数	39	71	121	57	228
	％	13.5	24.7	42.0	19.8	100.0

资料来源：雷洁琼主编：《改革以来中国农村婚姻家庭的新变化：转型期中国农村婚姻家庭的变迁》，北京大学出版社，1994 年，第 175 页。

河南信阳地区的潢川县，是经济相对落后的半山区。当地接受调查的 1950—1965 年间结婚的男性，通过自己认识渠道结合者只有 7.2％。1966—1980 年间，该数据上升为 8.5％。从数据上来看，在当地占主流的结识方式仍然是媒人牵线和别人介绍。[②] 并且，相对于上海郊区的受调查者来说，河

① 上海县县志编纂委员会：《上海县志》，上海人民出版社，1993 年，第 1080 页。
② 雷洁琼主编：《改革以来中国农村婚姻家庭的新变化：转型期中国农村婚姻家庭的变迁》，北京大学出版社，1994 年，第 175 页。

南省潢川县男性受调查者通过自己认识的比例明显较低。

图表 42：河南潢川男户主结婚年代与结识方式的交互分类

类别		—1949	1950—1965	1966—1978	1979—1986	合计
自己认识	频数	7	17	16	16	56
	%	13.0	7.2	8.5	15.8	9.7
别人介绍	频数	16	83	62	38	199
	%	29.6	35.3	33.0	37.6	34.4
家里人介绍	频数	7	16	18	7	48
	%	13.0	6.8	9.6	6.9	8.3
媒人牵线	频数	24	119	92	40	275
	%	44.4	50.6	48.9	39.6	47.6
合计	频数	54	235	188	101	578
	%	9.3	40.7	32.5	17.5	100.0

资料来源：雷洁琼主编：《改革以来中国农村婚姻家庭的新变化：转型期中国农村婚姻家庭的变迁》，北京大学出版社，1994 年，第 175 页。

　　对于上述情形，研究者认为，农村择偶方式中的自己认识渠道与城市仍有不小的差距，其根本原因在于农村的青年男女的劳动收入较低（基本上仍由家庭支配）。筹划青年男女婚事的责任，仍落在家庭（主要是家长）的肩上。并且，传统的"父母之命，媒妁之言"的风俗，在交通不便、交往机会受限的农村仍然有较大影响，农村男女青年的交往范围比城市更为狭窄，从而减少了自己认识的可能性。[1] 当然，还有农村的舆论环境，使部分人难以接受自由恋爱、自由婚姻的观念。

　　通过自己认识而结婚的类型，固然可以体现农村青年男女的婚姻自主权。但是，自己认识与父母同意有时会重叠发生。上述阎云翔著作中所提及的事例即如此。"队干部家的姑娘"，最终与"有点口吃"的小伙子结婚，自然应该属于自己认识类型的婚姻。最初女方父母表示反对意见，但是"姑娘

---

[1]　陆学艺、李培林主编：《中国社会发展报告》，辽宁人民出版社，1991 年，第 307 页。

终于说服了家里",父母为女儿提供了嫁妆。这意味着他们的婚姻既是自己认识类型,同时又是获得家长认可的类型。

徐安琪主持的研究,将广东、甘肃两省农村的婚姻自主权进行更详细的区分。其中,"长辈作主,本人满意"、"本人作主,家长满意"和"本人作主,父母不管或早亡"三种类型,很难被列入上述父母包办或自己认识的类别中。特别是"长辈作主,本人满意"类型,明显带有父母包办的意味,但是这种包办又是与子女商议并取得子女同意的,基本同自己认识的婚姻类型无本质的区别。至于"本人作主,家长满意"和"本人作主,父母不管或早亡"类型,基本上可以无争议地列为自主婚姻。综合上述三种类型,1966—1976 年间和 1977—1986 年间,广东、甘肃农村带有自主色彩的婚姻比例相对要高得多。另外,还有"本人作主,父母不满意或反对"一类,1966—1976 年间为 1.0%,1977—1986 年间为 1.4%。该类型婚姻类似"自己认识"而父母不同意。该类型的占比较低,但是这种自主类型的婚姻却因婚姻引起父母与子女关系恶化,可能会成为影响日后婚姻质量的隐患。同此相比,"长辈作主,婚前不了解"、"长辈作主,本人不满意"两类,同属典型意义的父母包办,特别是后者更容易引起父母与子女间的矛盾和冲突。

图表 43:不同年代农村夫妻的婚姻自主权(单位:%)

婚姻自主权	结婚年代				
	—1966	1967—1976	1977—1986	1987—1996	总计
长辈作主,婚前不了解	25.2	13.9	8.2	3.8	11.1
长辈作主,本人不满意	3.8	1.5	1.4	0.9	1.7
长辈作主,本人满意	38.2	46.7	42.4	38.5	41.6
本人作主,父母满意	24.1	32.6	43.1	50.2	39.6
本人作主,父母不满意或反对	0.8	1.0	1.4	1.8	1.3

资料来源:徐安琪主编:《世纪之交中国人的爱情和婚姻》,中国社会科学出版社,1997 年,第 44 页。

据阎云翔观察，黑龙江省的下岬村在六七十年代，没有发生过一件父母与子女因婚姻而反目的事件。并且，父母与子女在择偶问题上意见相左时，往往是子女的意见占上风，最终得到父母的允许而与心上人结婚。60 年代后期，农村年轻人拥有择偶自主权已经是明显的事实，父母几乎难以不经子女同意而逼迫他们嫁娶。不过，特别值得注意的是，这些人在接受访谈时往往并不认为自己属于"自由对象"，而是认为自己是有媒人介绍且没有受到长辈的反对。[1] 阎云翔关注的下岬村，距离哈尔滨有 50 公里左右的距离。这里成为正式的行政村，是从 20 世纪 30 年代开始的。当地的风俗习惯，是否与其带有的"移民村"性质有关，值得研究者进一步分析。

施坚雅（G. William Skinner）注意到，中国农村的社会关系同基层市场体系有直接关系，中国农民的"通婚圈"同样与基层市场有直接的关联。[2] 集市通常是定点、定时进行商品交易的场所。中国农村几乎到处都有集市，中原地区称为"集"，长江流域称为"市"，华南地区称为"墟"，西南地区称为"场"或"街"。[3] 集市是以市场为中心进行商品、货物、信息交换的场所，同时也是其辐射范围内社会交往的重要枢纽。王笛注意到，集市在农民的生活中发挥着重要作用，农产品的售卖、日用品的购买都离不开集市这个场所。并且，基层市场还与农民的娱乐、休闲、信息交换密切相关。"不同村的朋友和亲戚，平日难得见面，集市上的聚会代替了花费较多的拜访。农民回家后，向家里汇报他们的所见所闻。通过这种方式，村民相互间增进了了解。"[4] 从此角度而言，农村集市存在的意义，不只是农产品的交易场所，同时还是农民社会交往和建立联姻关系的纽带。农村集贸市场多设在交通便利的城镇，这些城镇可能还是县委（县政府）或公社的所在地。这些重要城镇，通常都有邮电局（所）、书店、供销社、国营饭馆、照相馆等公共场所，为周边社会提供交换信息、获取商品、展示形象的机会。从此角度而言，农

---

① ［美］阎云翔，龚晓夏译：《私人生活的变革：一个中国村庄里的爱情、家庭与亲密关系（1949—1999）》，上海书店，2006 年，第 63 页。

② ［美］施坚雅著，史建云、徐秀丽译：《中国农村的市场和社会结构》，中国社会科学出版社，1998 年，第 45—46 页。

③ 石忆邵：《中国农村集市的理论与实践》，陕西人民出版社，1995 年，第 3 页。

④ 王笛：《碌碌有为：微观历史视野下的中国社会与民众》上卷，中信出版社，2022 年，第 188—192 页。

村部分被保留下来的集市，是农民交换婚姻信息的重要场所。在陕北插队的北京知青，对当地农民的"赶集"有详细记述。其中提到：

> 每月逢五逢十，县里、新市河等地都有集。县城太远，八十里地，一天赶不回来，因此，高柏、阁楼、新市河、壶口，包括延长县的部分村大都到新市河来赶集……一般上午八九点钟，集上人渐多，有扛着粮袋卖杂粮的；有挎着篮子卖鸡蛋的、卖果子的、卖公鸡的。陕北人虽穷，但爱美之心人皆有之，赶集时，都愿意穿得漂亮整齐些，穿不起洋布衣，就是土布衣也是新的。
>
> 婆姨、女子们穿上花袄布鞋，尽管是土布的，但剪裁得十分合身，加上陕北女人身材窈窕，长相俊美，穿上紧身的衣服，显得更加苗条动人；走起路，一摆一颤的，像一阵清风一样，夺人眼球。汉子们身穿新黑布袄，头上系着新的白羊肚手巾，更显得扎眼；脖子上挂着平日不用的新旱烟锅子，铜烟嘴在阳光下闪闪发光。[1]

农村"集"的意义，固然在于生活必需品和农副业产品的交换，日常生活中不能缺少的食盐、火柴、肥皂、其他生活用品和部分农具等，都需要到供销社或集市上购买。除此之外，农民去供销社或"赶集"的行为，另有别样的社会交往意义。施坚雅在著作中提到，他认识的一位 45 岁农民林先生，和当地市场体系各地的几乎所有成年人都有点头之交。他能够认识社区中主要上层人物的家庭成员。受社会交往圈的影响，农民常常在市场社区内娶儿媳，媒人们和适龄小伙子的母亲有相当大的保证，可以在整个基层市场社区中寻找未来儿媳。[2]

诚如上文知青的观察，陕北女性（已婚的婆姨和未婚的女子）特意"穿上花袄布鞋"并且"剪裁得十分合身"，男性（汉子们）穿上新衣服、系上新白羊肚手巾，"挂着平日不用的新旱烟锅子"。这些行为的根本用意，自然不在于集市贸易上的商品交换，而在于通过"赶集"的特殊形式来展示自己

---

① 陈冲：《插队拾零》，渭水编：《陕西知青纪实录》下册，太白文艺出版社，2017 年，第 474 页。
② ［美］施坚雅著，史建云、徐秀丽译：《中国农村的市场和社会结构》，中国社会科学出版社，1998 年，第 44—45 页。

的性别形象，同时也留意观察同性别有关的服饰信息。人们穿着衣物与佩带饰物，其目的除遮住身体之外，同时还具有"装饰"或"诱惑"。[①] 特别是对于未婚青年来说，容貌和衣着是最容易引起异性关注的特征，这也是他们建立初步印象的关键。并且，集市上展示的外貌特征、穿着打扮、行为举止、待人接物等，可以反映出人们的健康程度、审美旨趣、家教优劣、个人修养等。如前节所示，萧红在《呼兰河传》提及的"看戏相亲"，与此有相近之理。另外，前面提到的择偶方式，自己认识或本人作主往往意味着恋爱关系确定前或媒人（介绍人）提亲之前，男女双方之间已有接触或有所了解。青年男女除共同生产、参加劳动竞赛之外，"赶集"是双方结识重要的社交方式。

研究者徐京波对施坚雅的观点提出挑战。他提出，以集市为依托的婚姻模式往往都依赖职业媒人的中介，而这种通婚模式多因一方或双方存在择偶方面的缺陷、困难。通常人们多依赖村外的社会关系直接介绍实现通婚，人们对媒人只顾谋利都是口耳相传、人所共知的。那些名声不好、家庭贫穷、错过年龄等处于劣势者，才通过给媒人好处来实现寻找"茬口"。特别有意思的是，他引用的访谈资料（20120727——WXK）提到，"咱村里就一个媒婆，常年保媒拉线，到了集市就会待在咱村里人开的一个裁缝铺旁，搜集赶集人及其子女的婚姻信息，时间长了好多人就会直接到裁缝铺主动找她向她提供婚姻信息"。[②] 可以找到支持上述观点的材料，所谓包办婚姻并非等于媒人参与的婚姻，熟人介绍的婚姻有时也常常不能反映当事人的意愿。徐京波的观点，对施坚雅上述看法确实是必要的补充。

不过，集体经济时期，特别是 1966—1976 年间，集市贸易被视为"社会主义和资本主义两条道路斗争"的焦点，小买卖也经常受到政策的限制和取缔，被允许从事商业活动的单位与人员锐减。据研究，1974 年全国农村集市数量约为 3.2 万个。许多地方将农民自留地、家庭事业、工业自销、城乡之间的贩运活动当作"资本主义尾巴"割掉，导致部分地区的集贸市场被强

---

① ［芬兰］E. A. 韦斯特马克著，李彬译：《人类婚姻史》第 2 卷，商务印书馆，2017 年，第 458 页。
② 徐京波：《从集市透视农村消费空间变迁：以胶东 P 市为例》，上海三联书店，2017 年，第 107—108 页。

制关闭。[①] 山东的农民回忆："'文革'期间，集都没有了，镇上的那个集成了批斗场，贴标语、开批斗会、唱样板戏。天天就像开会似的。那时候，谁要去集上赶集，那是资本主义。而且那时候也没什么可以去集上卖的，除了政治运动就是运动，家里什么东西也没有，一切都归生产队了。"[②] 农村实行集体经济，离开集市的商品和信息交换场所，农民的经济生活和社会生活都被改变。集市严重萎缩，减少了农民跨越生产队、生产大队的交往，直接后果一方面为婚姻中介人留下活动的空间（后文说详），另一方面限定了青年男女通过"自己认识"而结合的范围。

青年男女交往范围的受限，同一生产队内的集体劳动却增加了青年男女的交往机会，这些为村内通婚圈的形成创造了条件。张思等人通过对冀东侯家营的资料进行分析后发现，1965 年侯家营男性村民的通婚圈主要分为五类，其中"村内"为 11 人、"村外社内"为 25 人、"社外县内"为 57 人、"县外省内"为 2 人、"未知"为 55 人。除"未知"一类外，大致来讲，侯家营 1965 年的通婚圈主要是社外县内占比最高。[③] 侯家营的资料缺少 1965 年以前的类似内容，同时也没有 1966—1980 年间的类似内容。集体经济时期的通婚半径，很难通过一年的数据做出准确的判断。另外，这种情况是否与侯家营地处沿海地区有关，此处不得而知。王跃生对冀南农村的研究发现，集体经济时期的 82 个调查样本，平均通婚距离为 4.22 公里，并且村内结婚的比例呈现明显的上升趋势，达到 16.7%。土改后，西大庄村第一对村内结婚的案例出现在 1968 年。1971—1980 年间结婚的调查样本中，平均通婚距离缩短为 3.14 公里。1972 年双寺公社的 222 对登记结婚者，村内婚有 39 对，达 17.6%。当然，1981 年后的土地联产承包责任制，使通婚距离进一步缩短，村内婚的比例进一步上升。[④] 不过，王跃生在著作中并未解释，是什么原因导致"文革"中后期农村通婚距离的缩短、村内婚的增加。

---

① 吴意云：《中国商品交易市场发展：理论与实证》，浙江大学出版社，2014 年，第 15—16 页。
② 徐京波：《从集市透视农村消费空间变迁：以胶东 P 市为例》，上海三联书店，2017 年，第 56 页。
③ 张思等：《侯家营：一个华北村庄的现代历程》，天津古籍出版社，2010 年，第 209—212 页。
④ 王跃生：《社会变革与婚姻家庭变动：20 世纪 30—90 年代的冀南农村》，生活·读书·新知三联书店，2006 年，第 109—112 页。

在陈佩华、赵文词（Richard Madsen）、安戈（Jonnthan Unger）研究的广东省陈村，1966 年以后同样出现村内婚增加的现象。陈村那些家有适婚儿子的父母，为解决儿子婚姻问题而提出"爱乡主义"之说，即提倡年轻女子嫁给本村人，这是"热爱陈村"的表现。这些人家还共同说服妇联的几个干部，让她们在村里到处动员，对所有母亲畅谈各家姑娘"不可逃避建设陈村的责任"。事实证明，女儿就近嫁给同村人，既可替未来的岳父母增加一项防老的安全保障，同时男方家庭对这种聘金较低的婚姻形式也表示欢迎。受到男女双方欢迎的村内婚，据称在陈村的成功率高达 70% 到 80%。[①] 不过，陈佩华等人将村内婚的增加归因于人为的"精明"运作，这种解释很难说带有普遍意义。

研究者沈关宝对江苏吴江县江村的研究发现，70 年代以前同样存在通婚地域收窄、村内婚增加的现象。当地人普遍认为，男女双方均为本村人的婚姻是比较理想的，因而村里有所谓"好男好女不出村"的说法。沈关宝发现，当地村内婚增加的原因大致如下：其一，双方家庭知根知底，"不但了解现状，而且知道对方的历史"；其二，经济上可以守望相助，亲家在同一生产队有利于在评工分时相互帮助"说好话"；其三，父母年老体弱时可以得到嫁到本村女儿的照料；其四，青年男女在集体农业生产中的接触往往限于同一生产队，平时活动也大多不超出本村的范围。因此，除青年干部外，他们和其他村青年之间极少交往。[②] 与陈佩华等人的解释相比，沈关宝的分析或许更具有普遍意义。

集体经济时期的"村内婚"，与"自主婚姻"之间有重叠关系。1950 年《婚姻法》颁布后，国家鼓励自由恋爱和婚姻自主。但是，集体经济时期，农村青年日常活动主要局限于生产队中。这就意味着，所谓的恋爱自由往往难以跨越生产队的范围。广东白秀村的农民称，生产队时期"每天工作三班，早上八时开始到农田工作，晚上六时才下班。几乎每晚都要到生产大队

---

① 陈佩华、赵文词、安戈著，孙万国、杨敏如、韩建中译：《当代中国农村历沧桑：毛邓体制下的陈村》，香港牛津大学出版社，1996 年，第 176 页。

② 沈关宝：《一场静悄悄的革命》，上海大学出版社，2007 年，第 177 页。

开会，没有时间、没有机会到其他农村认识女孩子"。① 这自然促成村内婚的增多。对子女在同一村（生产队、生产大队）结亲，父母的态度在不同家庭间存在很大区别。王跃生关注的冀南农村，往往强调人多势众，同村结亲有助于构建社会关系的网络、加强家庭周边的联盟关系。家里人口多少、亲戚阵容大小，对人们在村里的地位有明显的影响。② 特别如上文沈关宝所提到的那样，亲家可以在生产队中提供援助、壮大声威，女儿、女婿也可以在关键时候招之即来。

　　不过，在整个集体经济时期，父母反对子女村内婚的声音始终存在。反对的理由大致有二：其一，按中国传统来说，"村内婚"往往是不被提倡的。若是单姓村，同姓之间结婚有违"血亲不婚"的习俗。同族之间结婚，更会影响后代的身体素质，是不能触碰的禁忌。即《左传》所说，"男女同姓，其生不蕃"；③ 其二，村内婚如果出现中途反悔或最终离婚，双方家庭在同一生产队经常见面，缺少回旋余地。因此，"村内婚"招致部分父母的反对，这也说明"村内婚"的比例只是有限增加的重要原因。

　　值得注意的是，1966—1980 年间的家庭仍保有消费功能，父母既要负责子女成长过程中的花费，又要负责他们未来婚嫁过程中的花费。从此角度而言，子女的婚嫁几乎不能不考虑父母的意见。上海郊区的调查显示，1966—1980 年间结婚的受调查者，除自己认识的途径外，72.7% 是别人介绍，7.4% 是家里人介绍，2.8% 是媒人牵线。河南潢川的调查数据与此略有不同。当地 1966—1980 年间结婚的受调查者，自己认识途径的比例固然较少，别人介绍的比例为 33.0%，家里人介绍的是 9.6%，媒人牵线的占 48.9%。④ 单纯从文字上看，研究者无法找到父母包办的痕迹。不过，正如常言所说

① 阮新邦、罗沛霖、贺玉英：《婚姻、性别与性：一个当代中国农村的考察》，台湾八方文化企业公司，1998 年，第 67 页。
② 王跃生：《社会变革与婚姻家庭变动：20 世纪 30—90 年代的冀南农村》，生活·读书·新知三联书店，2006 年，第 131 页。
③ 不过，村内婚在台湾南部复姓村不受欢迎的原因，在于媳妇回娘家会轻易将婆家的物品带回娘家，或者娘家会干涉家庭纠纷而使姻亲关系恶化。参见李雯文：《天赐姻缘——陕西一天主教村庄的婚姻和社会性别》，陶飞亚编：《性别与历史：近代中国妇女与基督教》，上海人民出版社，2006 年，第 160 页。
④ 雷洁琼主编：《改革以来中国农村婚姻家庭的新变化：转型期中国农村婚姻家庭的变迁》，北京大学出版社，1994 年，第 175 页。

"父母之命，媒妁之言"，媒人牵线的婚姻往往与父母包办的婚姻存在重叠。"别人介绍""家里人介绍"式婚姻，固然不是以媒人为中介传达父母的意见，有不少确与父母包办不同，但是通常仍需经过父母的同意。

从婚姻决定权的角度，现行婚姻可以有多种类型。按斯蒂芬斯的分类方式，人类现行婚姻大致包含"包办婚姻""自由择偶，需经父母同意""自由择偶，无需父母同意""包办婚姻与自由择偶并存"等四种形式。[①] 学者马戎提醒研究者注意，在不同的社会中，同一种分类形式（如双方结识的途径）也许有很不同的实质内容。比如媒人在包办婚姻和自由择偶过程中，可能扮演不同的角色。前者，媒人只是具有相对固定的事务范围和功能。后者，媒人则往往只是起到一个介绍人的作用。在西藏拉萨下属各乡的调查发现，1961—1970 年结婚者，家长作主的比例为 41.5%，自己认识为 30.3%；1971—1980 年结婚者，家长作主为 23.4%，自己认识为 19.5%。[②] 可以看出来，家长作主类型的婚姻和上海郊区与河南潢川一样，拉萨下属各乡受调查者同样有下降的趋势。与此相比，自己认识类型的比例则与上海郊区与河南潢川明显不同，反而从 1961—1970 年间的 30.3% 下降到 1971—1980 年间的 19.5%。很难对自己认识类型进行简单判断，认为拉萨下属各乡的婚姻自主趋势是与全国背道而驰的。

图表 44：拉萨各乡被调查藏族户主结婚前相识方式

结婚年代	相识方式					
	自己认识	家长作主	亲朋介绍	媒人介绍	其他	总计
—1930	3	1	—	1	—	5
1931—1940	10	5	1	1	—	17

[①] 斯蒂芬斯发现，那些存在扩大家庭（extended family）制度或单直系（unilinear）亲属群体的社会，一般都把安排子女婚姻的责任放在家长的肩上，或者在保留家长否决权的前提下允许子女选择配偶。在那些存在核心家庭（nuclear family）制度和双直系（bilinear）亲属群体的社会，一般都允许个人自由择偶，而不必征得父母同意。参见［美］马克·赫特尔著，宋践、李茹等编译：《变动中的家庭——跨文化的透视》，浙江人民出版社，1988 年，第 147 页。这种观点是否存在普遍性，将来仍值得进一步验证。不过，以中国农村而言，集体经济前普遍存在的"扩大家庭"（诸如数代同堂的家庭），往往确有"家有多口，主事一人"的现象存在。在扩大家庭制下，家长是否普遍存在对子孙代婚姻的"包办"，目前未见有充分说服力的调查可作支撑。同理，其他类型的家庭或亲属关系，仍待充分的调查数据进行论证。

[②] 马戎：《西藏的人口与社会》，同心出版社，1996 年，第 311 页。

（续表）

结婚年代	相识方式					
	自己认识	家长作主	亲朋介绍	媒人介绍	其他	总计
1941—1950	29	2	8	—	1	40
1951—1960	84	18	10	7	1	120
1961—1970	98	39	11	5	—	153
1971—1980	63	22	12	10	—	107
1980—	36	8	8	5	1	57
总计（户数）	323	94	50	29	3	499
总计（%）	64.7	18.8	10.0	5.8	0.6	100.0

资料来源：马戎：《西藏的人口与社会》，同心出版社，1996 年，第 309 页。

适婚者看重自己认识的途径，核心问题在于强调婚姻应以爱情为基础，强调婚前男女双方产生异性之间的吸引力。不过，在工业化的国家和前工业化的国家，社会通常规则往往并不把爱情视为男女缔结婚姻的充分理由。特别是在"爱情尚未制度化"的社会，无论男女双方在求偶期间存在多么强烈的吸引力，人们往往并不将恋爱视为婚姻的基础。因此，美国著名社会学家古德（William J. Goode）称，在这类制度下，长辈积极参与子女的择偶决策问题，并完全有权撮合儿女婚姻及做出财政上的安排。年轻人在结婚前往往想与意中人结婚，但是由于他们在经济上没有发言权，他们的爱情因此有可能遭受挫折也有可能得到父母或亲属的同意。简单地说："在世界多数地区，爱情都得不到制度上的大力支持，反而受到严格的控制。"[1] 换言之，同爱情相比，婚姻不仅涉及青年男女之间的浪漫情感，同时还涉及双方家庭及其他附属亲属关系。

韦斯特马克认为，婚姻将两个家庭乃至更多的亲属群体联系在一起，双方父母或亲属在此事上发挥影响本不足为奇。在每个民族中，择偶行为都要接受习俗和法律的控制。"在有些情况下，诸如在实行夫兄弟婚、妻姐妹婚

---

[1] ［美］威廉·J·古德著，魏章玲译：《家庭》，社会科学文献出版社，1986 年，第 79—80 页。

和交表婚义务的民族之中，配偶的选择可能完全不取决于个人的任何意愿。"① 以家庭利益为优先的婚姻制度，往往是以压制当事人的情感与意愿为前提，这是工业化时代以来包办婚姻受到批判的重要原因。中国在 1966—1980 年间，从国家法律制度上明确废除家长对子女婚姻的包办，提倡青年人自由恋爱、自主择偶。但是，经济收入和个体生存能力又迫使农村青年不得不依赖家庭，这普遍限制了他们木应享受的择偶自主或婚姻自由。同时，还应该考虑到的因素是，"父母之命，媒妁之言"的传统习俗在农村仍然普遍存在，父母仍保有对子女婚姻问题形式上的主导权。不过，看似矛盾的是，家庭独立运行的功能受到农村集体经济的限制，家长在家庭中的权威受到削弱，子女又部分地获得恋爱和婚姻方面的自主性。这是农村青年择偶行为中"自己认识"途径所占比例较小的原因，同时也是父母与子女双方都同意类型婚姻增加的原因。

三、婚姻中介人的变化

同城市的情况略有不同，鉴于农村自己认识结识方式的比例较低，研究者不得不将眼光更多地投向婚姻中介人及其扮演的角色。此处以"中介人"（go-between）来代替"媒人"（matchmaker）的原因，是因为考虑到上文不断提到别人介绍、家里人介绍、媒人牵线等结识方式的复杂性。雷洁琼等人的研究中，将通过别人介绍和家里人介绍途径缔结的婚姻称为"中介婚"，认为这是从传统向现代过渡的中间环节，是介于媒人牵线和自己认识中间的结识方式。② 这种分类，将所谓"中介婚"（别人介绍与家里人介绍两类）与媒人牵线达成的婚姻进行了区别。这无疑有助于辨析角色相对稳定的"媒人"与角色相对随机的"介绍人"（"别人"与"家里人"）的不同，这对深化相关领域的研究有重要意义。但是，值得注意的是，"媒人"同样存在随机性。相比之下，"中介人"是个包容性更强的词汇。正如它的英语词汇

---

① ［芬兰］E. A. 韦斯特马克著，李彬译：《人类婚姻史》第 2 卷，商务印书馆，2017 年，第 712 页。
② 雷洁琼主编：《改革以来中国农村婚姻家庭的新变化：转型期中国农村婚姻家庭的变迁》，北京大学出版社，1994 年，第 174 页。

"go-between"一样，"中介人"是奔走于男女双方之间的角色。"中介人"一方面包括经常为他人保媒拉纤的传统"媒人"，另一方面也包括受人委托、偶尔客串的"介绍人"。前者介绍的对象未必与自己熟识，而后者介绍的通常多是熟识或间接认识的社会关系。

同其他前现代社会相似，中国传统婚姻往往带有家庭"联盟"的性质。媒人在"合二姓之好"的过程中，多扮演寻求婚配信息、比对婚配对象、弥合男女双方家庭争执的角色。在特定范围的通婚圈内，职业媒人往往掌握较多的婚配信息。她/他们（通常是女性）对婚嫁"候选人"的经济状况、家庭人口、身体容貌、性格谈吐、个人偏好等信息有较多掌握。这样既可全方位地向双方家庭介绍情况，同时也有助于纠纷或矛盾出现时居中调解。

值得思考的问题是，农村中的媒人是如何掌握婚嫁"候选人"相关信息的？

如上文所述，施坚雅认为四川农村的通婚圈常常与集市交易圈产生重叠，媒人往往对基于集市贸易交易范围内的婚配信息有较多了解。他特别注意到，吉恩·P·瓦特对香港新界客家村社进行研究时发现，村里最活跃也是最成功的媒人，经常频繁地到镇上去赶集，她在集市上记下较大社区中适龄女孩的名单。通过媒人的帮助，一个宗族按传统方式把本宗族内的年轻女孩嫁到另一宗族当中充当新娘，二者的通婚往往都是在"市场社区"内展开的。① 施坚雅认为，"基层市场社区"（standard marketing community）同样是一个特定的通婚圈，"职业媒人"可以稳定地操持该通婚圈内的媒业。

以此观察，河北良乡县吴店村和栾城县寺北柴确有类似现象，新娘所在村庄多散布于以市场为中心的方圆 10 里以内。新郎与新娘所在村庄均属于同一市场，二者确有可能是通过集市相互认识而最后通婚的。不过，杜赞奇（Prasenjit Duara）认为，男女双方居于对方村中的亲戚朋友往往是促成婚姻的关键人物，村民大多承认媒人常常与亲家同住一个村庄。这无疑证实了，施坚雅的理论只能部分解释通婚圈与集市间的关系。集市辐射半径在限定通

① ［美］施坚雅著，史建云、徐秀丽译：《中国农村的市场和社会结构》，中国社会科学出版社，1998 年，第45—46 页。

婚范围和其他社会圈方面有重要作用，但是通婚圈有着自己独立的中心，并不一定与集市中心重合。① 前文提及徐京波的观点，与此有相近或相似的角度。

黄宗智（Philip C. C. Huang）认为，华北平原村落是闭塞性的，人们日常持有的是"以村庄为界限的社交观"。村内的已婚女性通常来自村外，她们与娘家和原来的村庄保持联系。② 与施坚雅的看法不同，黄宗智认为华北村庄的闭塞性为稳定掌握婚配信息的"职业媒人"增加了难度。相较而言，已婚女性比未婚女性有更多的行动自由，同时又对"娘家村"或附近待嫁女性有更多了解。"娘家村"熟识的女性嫁到本村，无疑增加了自己在本村的援手和日常沟通感情的对象。因此，她们扮演"兼职"媒人也是常有的事。

在杜赞奇和黄宗智的研究中，媒人掌握未婚男女的相关信息，同他们各自的家庭有直接或间接关系，这是华北农村具有的特征。这同上文施坚雅和吉恩·P·瓦特提及的"职业媒人"略有不同，具有相对的随机性和不稳定性。王跃生注意到，冀南地区在集体经济时期的通婚距离呈现不断缩小的趋势。与此同时，村内通婚的现象不断增多。同县之内的通婚距离，往往局限于 5 公里之内的范围。③ 平原地带的交通，5 公里依靠自行车基本可以控制在 30 分钟左右。在丘陵地带，如果交通环境不是特别恶劣的话，控制在 1 个小时之内也是可能的。1981 年，研究者对陕西省礼泉县烽火公社烽火大队进行的调查显示，60 岁以上老年夫妇和他们子女的配偶之中，夫妻出生地同属一个公社、不同大队的有 110 对，属于同县不同公社的有 84 对，属于同省不同县的 13 对，属于不同省份的仅有 6 对。简单地说，该生产大队的通婚范围呈现出"距离越远，通婚人数越少"。④ 该项调查的时间是 1981 年，但是内容反映的基本上是 80 年代以前的状况。

传统"职业媒人"所扮演的角色，往往是将掌握的婚配信息进行分析和

① ［美］杜赞奇著，孙立译：《文化、权力和国家》，江苏人民出版社，1996 年，第 18、19 页。
② ［美］黄宗智：《华北的小农经济与社会变迁》，中华书局，1985 年，第 230—232 页。
③ 王跃生：《社会变革与婚姻家庭变动：20 世纪 30—90 年代的冀南农村》，生活·读书·新知三联书店，2006 年，第 127—128 页。
④ 马侠编著：《婚姻·家庭·人口》，辽宁人民出版社，1987 年，第 41—42 页。

比对，判断两个家庭在经济收入、社会地位上是否门当户对，同时也会对男女双方的个人条件进行尝试搭配，发挥穿针引线、传递信息、从中斡旋的作用。[①] 1949年以后，"职业媒人"往往被视为包办婚姻的象征，因此不少地区出现禁止说媒的现象。在中国农村普遍缺少"约会文化"的情况下，农民普遍反映离开媒人无法择偶。1950年颁布的《婚姻法》，旨在推动婚姻领域内实现破旧立新。实事上"破旧"不易，"立新"亦有困难。四川的农民反映，农村"没有社交机会，要凭自己能力自由找一个对象是十分困难的"。四川泸县特凌乡第三村村长担忧，"取消了媒娘，我们村的姑娘都嫁不出村了。因为谁也不会厚起脸皮到外乡外县去找老公。几年后，全村的人怕都成亲家了"。[②] 进入集体经济时期以后，农村青年的社交圈子常常被限定在生产队、生产大队以内，除部分因上学而结识的可能外，跨越村际的交往机会十分有限。如果没有媒人的穿针引线，"姑娘都嫁不出村"的担忧不无道理。农村青年婚姻主导权的提升，又使通婚距离进一步缩小，甚至导致村内婚的增多。通婚范围过小、"全村的人怕都成亲家"，后来在部分地区得到应验。

通婚距离的缩小，增加了男女双方及其父母直接结识的可能性，当事人及其家庭相互了解对方的婚配信息，从而降低"职业媒人"深度介入的必要性。[③] 与"职业媒人"不同，农村集体经济时期担任婚姻中介功能的"介绍人"更为常见。如前文所述，"介绍人"不同于"职业媒人"，往往只是因为受人之托或偶尔"客串"。介绍人往往具备以下条件：其一，与男女双方及其家庭关系较为融洽的亲友，能顺利沟通双方的需求及条件；其二，在农村作风正派、比较有影响、有威信的长辈或基层干部，能够得到男女双方家庭的信任；其三，部分地方还要求夫妇双全（已婚且未离过婚、夫妇健全）、

① Gail Hershatter，*Making a Friend：Changing Patterns of Courtship in Urban China*，Pacific Affairs，Vol. 57，No. 2（Summer，1984），p. 238.

② 《川南部分地区执行婚姻法中存在的问题》，《内部参考》1952年12月31日。

③ 日本存在类似情形，男女双方通婚距离越远，双方父母直接认识越发困难，沟通两家婚配信息的"中介人"越有存在的必要。在较小范围内通婚，男女双方当事人及他们父母认识的可能性越高，"中介人"的必要性越低。参见［日］上子武次、增田光吉编，庞鸣、严立贤译：《理想家庭探索：日本和世界诸国家的比较研究》，国际文化出版公司，1987年，第32页。

已有子女（生过子女且子女健在），并且善于沟通、善解人意。① 上述三个方面，是否可靠、是否值得信任是最重要的因素。当然，受传统习俗的影响，不同地区对媒人的要求存在较大差异。

值得注意的是，通婚圈在 1966—1980 年间出现以下两种异常情况。一是部分年龄大的男性无法找到配偶，他们被迫选择远娶。远娶的青年或是家庭有"政治问题"的"四类分子"，或是生活困难、患有残疾、容貌存在缺陷的情况。他们解决婚姻问题的办法之一，是通过关系娶经济状况更差地区的姑娘为妻。② 二是部分地区存在"换亲"和"转亲"现象，"换亲"是两家交换女儿为儿媳，"转亲"则是多家交换女儿为儿媳。同其他结识途径相比，这两种婚姻形式，一方面需要征得双方父母的意愿而非当事人的意愿，另一方面需要参与换亲或转亲的家庭都有同样的需求，因此往往会突破通婚圈的限制。

据王跃生的研究，冀南农村"文革"时期的地富家庭为解决儿子婚姻，往往被迫采用"换亲"的手段。在接受调查的冀南村庄中，每村都有地富家庭被迫"换亲"。这些家庭的子弟到了或超过已婚年龄，却难以找到婚配对象，家里又有长大成人的女儿，"若有人撮合，换亲便会发生"。③ 撮合换亲的中介人，往往是"职业媒人"或关系密切的亲友。通常情况下，撮合此类婚姻，失败的可能性较大，而且婚后存在风险。"换亲"和"转亲"带有更为明显的包办色彩，往往需要依赖媒人从中斡旋。有材料称："有的公社用女儿调媳妇的就有二十多对，现在已有十多对因年龄悬殊、性格不合而要求离婚。正因为换亲日渐增多，所以由换亲结婚而来的婚姻纠纷时有发生。"④ "换亲"或"转亲"的案例中，通婚距离不再是优先考虑的因素。媒人有效

---

① 全国人民代表大会民族委员会办公室编：《贵州省清水江流域部分地区苗族的婚姻：贵州、湖南少数民族社会历史调查组调查资料之三》，1958年，第40页；高立士：《高立士学术文选》，云南人民出版社、云南大学出版社，2016年，第164页；威信县政协文史办公室：《威信文史资料选辑》第12辑，1992年，第152页。

② 王处辉：《中国农村嫁娶的区位学研究》，中国婚姻家庭研究会编：《当代中国婚姻家庭》，中国妇女出版社，1986年，第140—141页。这是以天津市静海县吕官屯村为研究区域的，但是这种"远娶"现象可能在其他地区都有表现。

③ 王跃生：《华北农村婚姻范围变动分析（1930—1990）——立足于冀南地区的考察》，刘东主编：《中国学术》第21辑，商务印书馆，2005年，第122页。

④ 王贞韶、吴慧：《婚姻案例分析》，山西人民出版社，1983年，第49页。

发挥作用、家长有结亲意愿，是此类婚姻能否最终达成的关键。此类婚姻被人诟病，往往有一方或多方被牺牲，具有明显的不稳定性。如果有一对夫妻悔婚、离婚，则很容易引起其他婚姻关系的当事人也提出同样的要求。为此，换亲、转亲容易引起"一离皆离，一不离都不离"。①

导致婚姻不幸的原因，可能有多种。出嫁的新娘如果对未来的婚姻充满担心，但是碍于亲情、伦理、道德等，通常不会当面辱骂生身父母，从中撮合的媒人便成为"出气筒"。福建、浙江、湖南、贵州、四川、广西、湖北、甘肃、山东、山西、河南等地，都有新娘、邻里、亲戚或单独或集体"骂媒"的习俗。贵州铜仁的"骂媒歌"唱道：

> 媒人是哄嘴狗，这头吃了哪头哄。
>
> 树上鸟儿骗得下，岩上猴儿哄得走。
>
> 花言巧语几箩箥，不愁银钱不到手。
>
> 好比我家馋嘴狗，东家吃了西家走。
>
> 天上起了五色云，地上藏起骂媒人。
>
> 天上起了五色花，骂媒不靠我一家。
>
> 一个铜圆交与你，不是我家先请你。
>
> 两个铜圆交与你，你在婆家先说起。
>
> 三个铜圆交与你，爹妈都是听信你。②

这首"骂媒歌"较为典型。唱词的核心，是在责骂媒人贪吃、贪财、善于欺瞒。与此相类似，福建福安、霞浦的"骂媒歌"唱道：

> 你做媒人两个嘴，你做火筒两头吹，
>
> 女家又讲男家富，男家又讲女有陪。
>
> 你做媒人两个嘴，都不外边讲个来，
>
> 单从我寮讲出去，害我爹奶灾过霉。
>
> ……

---

① 张少侠：《公民实用法律手册》，陕西人民出版社，1986 年，第 102 页。
② 政协铜仁市委员会编：《铜仁百俗》，贵州人民出版社，2015 年，第 26 页。

是你媒人没心肝噢！头骗就讲郎貌好噢！

二骗仔郎家财多噢！三骗仔郎好子弟噢！

爸娘听了你这话噢！煞心将我配起身噢！①

贵州、福建两地相距甚远，"骂媒"习俗却有惊人的相似。从上述两则"骂媒歌"可以看出，"骂媒"主要是围绕媒人传达不实信息、误导当事人等内容展开的。所谓的"骂媒"，有的是真骂，有的是假骂，有的则是真假难辨。青海土族世代流传的"骂媒"（土族语叫"老媒斯果"）习俗，是男方请媒人到女方家送"收客礼"（即一只羊或若干斤猪肉、蒸馍等）时，女方同村姑娘们围在房门或窗口，用近似唱腔的特定音调、以辛辣的讽刺和戏谑口气对媒人进行嘲弄。"这种骂并非真骂，媒人不但不能生气，而且还要拿出事先准备好的针钱等物分给骂媒的姑娘们，央告她们不要再骂。"据说，这种"骂媒"的行为，是"早期抢婚制度留下的习俗"，姑娘们"骂媒"旨在对媒人配姻缘、娶走她们同伴的媒人不满。②此外，"骂媒"习俗还有哪些实际意义或象征意义呢？

首先，"骂媒"行为反映人们对媒人不实言行的怨恨，希望以"骂"求"实"、以"骂"迫"实"。各省流传的"骂媒歌"，几乎都会提及媒人的骗和贪。骗和贪，也是理解媒人中介身份的两个重要关键词。其一，骂媒人骗，往往是基于人们对该职业的口碑和印象，"骂媒"主要是担心或避免当事人受骗。按照习俗，择偶通常需要考虑男女双方在家庭（财富、威望、口碑等）和个人（品行、性格、能力、健康、容貌等）方面的匹配。但是，这种匹配往往难以量化，更无法通过天平之类的器具去衡量。双方除通过亲友、熟人等渠道了解对方的情况外，往往依赖媒人提供的信息来权衡和比对。媒人向男女双方提供信息时，往往会有意缩小或隐瞒对方的缺点及不足、放大或彰显对方的优点及长处。这种带有明显倾向性的行为，主要目的是为迎合人们追求理想婚配对象、追求美满姻缘的心理，从而减少阻力、增加促成某桩婚姻的可能性。无论男方或女方，都不希望媒人在对方面前提及或放大自

---

① 肖孝正编纂：《闽东畲族歌谣集成》，海峡文艺出版社，1995年，第115页。
② 青海百科全书编纂委员会编：《青海百科全书》，中国大百科全书出版社，1998年，第444页。

己的缺点及不足，但是又希望媒人在己方面前全面介绍对方（当然包括缺点及不足）。无论男方或女方，如确有不尽如人意的短处或缺点，恐怕没有人不希望媒人代为遮掩的。从此角度来说，双方往往自愿给媒人钱物、尽可能地款待媒人，是一种变相的贿赂方式，目的是为了让媒人遮掩自己的缺点及不足，同时还希望媒人能尽可能全面介绍对方（当然包括缺点及不足）。从此角度而言，媒人的"骗"有一定的合理之处。男女双方的这种心态，必然导致媒人尽可能说对方的优点及长处，从而出现"媒婆嘴巴尖，说话两头编"现象。其二，"骂媒歌"除涉及媒人的骗之外，还都提及媒人的贪。四川资阳的"骂媒歌"提及，"砍根竹儿牵过河，河边来了惯媒婆，去年起心要嫁我，今年公然把媒说。吃了他家豆麻酒，夸奖他家样样有；吃了他家豆腐皮，又夸他家样样齐。上沟夸了十八里，没得哪个张视你；下沟夸了十八里，媒人说话没底底。人说媒人不喝酒，媒人酒杯不离手；人说媒人不吃菜，媒人筷子打连盖。天上老鹰遭枪打，地下媒人刀儿剐"。① 这首"骂媒歌"，既责骂媒人骗，同时又责骂媒人贪吃喝。值得注意的是，歌中提及的"吃了他家豆麻酒""吃了他家豆腐皮"等内容显示，媒人贪吃贪喝都是男方提供的。正如前文所述，男方款待媒人主要是希望媒人能在女方面前美言一番，这既是男方应有的好客、待客之道，又是男方表达缔结婚姻的诚意之举。并且，媒人"夸奖他家样样有""又夸他家样样齐"等行为，既是对男方热情款待（有变相贿赂之意）的回报，又是出于想促成此桩婚姻的动机。

其次，"骂媒"行为反映即将出嫁的女儿与娘家的相互不舍。女大当婚、离开娘家，这是女性从青春期到成年人身份的转换。婚前尚是围绕在父母身边、乐享父母宠爱的娇娇女，婚后就要同原本陌生的一家人生活在一起，而且面临养育子女、赡养老人等责任。这是"从夫居"规则下女性必须经历的关口。媒人上门、婚约达成，意味着父母的掌上明珠将要离井背乡。此后的时间，既是双方家庭为新婚夫妻筹集物质条件的准备期，又是娇娇女向青春期告别的过渡期。《红楼梦》中贾探春的判词，"游丝一断浑无力，莫向东风怨别离"。字面上，判词说的是断线的风筝，实指贾探春日后远嫁他乡，"把

---

① 四川省资阳县志编纂委员会编：《资阳县志》，巴蜀书社，1993年，第865页。

骨肉家园齐来抛闪"。中国民间，常将父母与子女比喻为骨肉情深。女儿出嫁、离开父母，形同将原本紧紧相连的骨肉生生分开。对于父母、祖父母来说，女儿或孙女的出嫁意味着"分骨肉"般的苦痛。与此相似，儿时亲密成长的兄弟姐妹、邻里伙伴，也会因为出嫁的原因而生生分开，他日重聚的机会渺茫。值得留意的是，四川岳池县除流传有"骂媒歌"外，还有唱给媒人的"消气歌"的内容，"我骂媒人不本心，骂了媒人有好运。媒人遭骂免灾星，伸伸展展好做人"。[①] 歌中提及"我骂媒人不本心"，此处的"不本心"，一方面有为自身开脱、请求原谅之意，另一方面也可说明"骂媒"只是一种情绪表达，既可包含对未来不确定婚姻的担心，又可包含对未来"分骨肉"的忧虑。此时的"骂媒"，更多只是象征意义，是借媒人这个出气筒来表达情绪。从此角度而言，"哭嫁"与"骂媒"有相近或相似的象征意义，"骂媒"有时并非真正的"恨媒"。

与"骂媒"风俗形成鲜明对照的是，中国民间许多地区都有"谢媒"习俗。据目之及，湖北、湖南、四川、江苏、浙江、贵州、广西、广东、福建、宁夏、陕西、安徽、河北等省的地方志，都有新婚夫妻举行"谢媒"仪式、向媒人敬"谢媒"酒、向媒人赠"谢媒"鞋等内容的记载。湖北的谚语称"媒人不扯谎，路上没锣响；媒人不靠哄，两头拉不拢"之类。同时，湖北的谚语也有"有子不忘媒"、"十代不忘做媒人"之类的内容。"有子不忘媒"，是在强调结婚成家、生儿育女都源自媒人的说合，美满婚姻、幸福家庭都始于媒人的成全。"十代不忘做媒人"，则在提醒后人，没有媒人就没有祖辈的婚姻，没有媒人就没有后代生命的延续，时间再久远也不能忘记媒人的穿针引线。湖北有"请媒一块（疑为'筷'字之误——引者注）菜，谢媒一双鞋"的习俗，同时还有婚前"发媒席"（即"婚前第一桌"，专门为谢媒而设的酒席）的习俗。[②] 按照贵州铜仁习俗，婚礼的第二天，新郎和新娘须准备丰盛的酒菜"谢媒"，并且高唱：

---

① 岳池县党史县志办公室编：《岳池农家文化志》，方志出版社，2015年，第84页。
② 中国民间文学集成全国编辑委员会、中国民间文学集成湖北卷编辑委员会编：《中国谚语集成·湖北卷》，中央民族大学出版社，1994年，第383—384页。

这杯酒来清又清，酌酒端杯谢媒人；

天寒地冻你要走，日晒雨淋你要行。

牵线搭桥得些苦，两头奔跑得累人；

弹琴也要费指甲，说话也得费精神。

鞋子穿烂几多双，袜子磨破几多层；

东家出来西家进，张家折到李家门。①

　　如前文所述，同样是贵州铜仁的民俗，"骂媒"时说媒人是"哄嘴狗""馋嘴狗"，后面提到"谢媒"时却说"天寒地冻你要走，日晒雨淋你要行。牵线搭桥得些苦，两头奔跑得累人"。与此类似，湘西苗族"骂媒"的谚语提及，"媒婆的嘴，溪里的水"，"呆人做保，馋人做媒"。② 同样是湘西苗族，"谢媒歌"却唱道："姻缘天成谢媒人，媒约勤履定姻亲。梦酷暑严寒履草屐，常误秋收与阳春。鸿雁传情媒为证，花开艳丽默含情。出水芙蓉花娇好，百年好合恩永存。"③ 习俗中既有"骂媒"又有"谢媒"现象，不只局限西南地区。福建松溪县有句俗语称"打媒骂媒，酒肉给媒"。意思是说，婚前男女双方都通过"打媒""骂媒"（当然未必是真的"打骂"）以换取媒人的真实消息，喜事结成后双方又都买酒买肉来款待媒人。④ 此外，福建寿宁的民俗，还有在婚礼次日"办媒人酒，媒人坐大位"的习俗。⑤ 成婚前"骂"、成婚后"谢"，同样是媒人，婚前婚后却有截然不同的境遇。按理，女大不得不嫁。按情，嫁女亦不愿"分骨肉"。理解情与理的关系，恐怕无法抛开当事人的心理而妄谈包办或买卖。

　　包括媒人在内，徐安琪主持的研究，将推动择偶行为的社会关系区分为：亲缘关系、地缘关系、业缘关系。其中，亲缘关系，主要包括当事人双方是亲属或由父母包办、介绍以及由长辈亲戚、兄弟姐妹等平辈亲属介绍；

① 政协铜仁市委员会编：《铜仁百俗》，贵州人民出版社，2015 年，第 26 页。
② 湖南省文学艺术界联合会《湖南歌谣集成》修订委员会编：《湖南谚语集成》第 1 册，湖南文艺出版社，2009 年，第 384—385 页。
③ 麻美垠：《湘西苗族地区堂根文化研究》，湖南人民出版社，2015 年，第 36 页。
④ 施刚毅：《谈谈松溪民情风俗》，松溪县政协文史资料委员会：《松溪文史资料合辑》第 2 辑，2016 年，第 19 页。
⑤ 黄金洪：《闽台传统人生礼仪习俗文化遗产资源调查》，厦门大学出版社，2014 年，第 94 页。

地缘关系，主要包括当事人双方是邻居或由邻居、媒婆介绍；业缘关系，主要包括当事人双方是同学、师生、同事、同行、朋友、偶识或由同学、同事、朋友等介绍。徐安琪主持的该研究，涵盖城市和农村、沿海和内地及经济文化发展水平不同的区域。其研究结果证实，从"文革"前到 1996 年间结婚的调查对象，总体上媒介呈现以亲属、邻居为主转向以同学、同事、朋友为主。[①] 从该项研究的相关数据来看，1966—1976 年间结婚的受调查者 613 人，他们的择偶社会关系网主要以亲缘关系和业缘关系为主，二者合计占 76.3%。相比之下，地缘关系的比例比四分之一稍多。同"文革"前的结婚者相比，"文革"时期结婚的受调查者中，择偶社会关系网是亲缘关系明显下降、业缘关系明显上升。相较而言，"地缘关系"的变化不明显，只是稍微有所提高。

图表 45：不同年代择偶的社会关系网（单位：%）

择偶的社会关系网	结婚年代				
	—1966	1967—1976	1977—1986	1987—1996	总计
亲缘关系	46.1	39.5	31.7	27.2	33.6
地缘关系	26.2	26.7	20.3	15.8	20.9
业缘关系	27.1	32.8	47.5	56.2	44.4
其他	0.6	0.4	0.3	0.2	0.2
合计	100	100	100	100	100
	477（人）	613（人）	1013（人）	2866（人）	6032（人）

资料来源：徐安琪主编：《世纪之交中国人的爱情和婚姻》，中国社会科学出版社，1997 年，第 43 页。

　　通常来说，亲缘关系更多是从血缘、姻亲角度发展起来的社会关系，往往与父母、家庭联系更为密切。择偶社会关系网依赖亲缘关系，意味着婚姻的中介人更多是带有血缘或姻亲关系的亲属，当然有时完全等同父母包办。1966—1976 年间，亲缘关系在择偶社会关系网中的比例下降，证实了与父母、家庭关系密切的"中介人"在此 10 年期间出现明显减少。与此同时，

[①]　徐安琪主编：《世纪之交中国人的爱情和婚姻》，中国社会科学出版社，1997 年，第 43 页。

业缘关系更多是当事人在接受教育、从事政治或其他社会活动、参加劳动生产等过程中结识的社会关系。择偶社会关系网依赖业缘关系，意味着是没有血缘或姻亲关系的"中介人"更多发挥作用，同时也部分证实了男女双方的婚姻自主性在提高。

可为补证的是，广东省汕尾市海丰县公平、联安，陆丰县西南、甲子、城东，城区的遮浪 6 个乡镇 538 个调查样本的数据证实，当地 1960—1969 年结婚的受调查者，自己认识的为 23.5%，他人介绍的为 41.7%，亲属介绍的为 13.9%，媒人介绍的为 6.9%。与此相比，1970—1979 年间结婚的，自己认识的为 37.5%，他人介绍的为 37.1%，亲属介绍的为 7.9%，媒人介绍的为 7.9%。广东汕尾农村的数据，验证了徐安琪等人的研究结论。当地农村青年婚姻自主性提高的同时，婚姻中介人中的亲缘关系在下降。汕尾数据中的他人介绍一类，应当包含一定比例的业缘关系和地缘关系。仅从数字上来看，他人介绍呈现不断下降的趋势。这是否因为受到自己认识数据上升的影响？仅从结识途径的数据组来看，目前无法得知详情。

图表 46：广东省汕尾农村不同年代的婚姻结识途径（单位:%）

结婚年代	结识途径				
	自己认识	他人介绍	亲属介绍	媒人介绍	其他
60 年代以前	23.5	58.5	—	14.7	2.9
1960—1969	37.5	41.7	13.9	6.9	—
1970—1979	46.4	37.1	7.9	7.9	0.7
1980—1992	42.6	42.3	7.9	6.6	0.7
合计	42.6	42.3	7.8	6.6	0.7

资料来源：王冰、杨宗传主编，汕尾市情调查组：《中国国情丛书——百县市经济社会调查：汕尾卷》，中国大百科书出版社，1994 年，第 452 页。

杨善华、沈崇麟对江苏省青浦县、太仓县及湖北省宜宾市进行的调查显示，这三个地区农村婚姻中介人有着较大区别。1960—1969 年间，青浦由同事、朋友等业缘关系充当中介人的比例为 18.00%。该数据在 1970—1979 年间升高到 22.22%。这与通常流行的观点接近。与此相比，太仓的该类数据在 1960—1969 年间为 20.37%，到 1970—1979 年间却大幅下降为 12.63%。青浦和太仓同属江苏省，两地同事、朋友等业缘关系充当婚姻中介人的比例一升一降。这是很值得注意的现象。令人感到意外的是，1960—1969 年间湖北省宜宾同事、朋友等业缘关系充当中介人的数据居然是 0.00%。1970—1979 年间，宜宾的该类数据为 9.84%，仍然属于比较低的数值。①

由父母、亲戚等亲缘关系充当中介人的数据，江苏青浦 1960—1969 年间为 30.00%，1970—1979 年间上升为 34.34%。考虑到上述两个时间段青浦由同事、朋友等业缘关系充当中介的比例在上升，这同样是值得注意的现象。换句话说，青浦受调查者婚姻的中介人中，亲缘关系和业缘关系都在上升。湖北省宜宾由父母、亲戚等亲缘关系充当中介人的数据出现更为明显上升，即从 1960—1969 年的 36.36% 上升为 1970—1979 年的 55.74%。与此不同的是，江苏太仓由父母、亲戚为中介人的数据，在 1970—1979 年间出现微降，即从 1960—1969 年间的 46.30% 下降为 45.26%。这组数据中，同样隶属于江苏省的太仓与青浦，二者的数据之差居然达 16.30%。媒婆主持介绍的婚姻，三地的升降趋势同样有不小的区别。江苏青浦和湖北宜宾，分别从 1960—1969 年的 44.00% 和 59.09%，下降到 1970—1979 年的 34.34% 和 31.15%。其中，江苏青浦的下降幅度为 9.66%，湖北宜宾的下降幅度为 27.94%。两者相比，湖北宜宾的下降幅度几乎是江苏青浦的 3 倍。不过，令人注意的是，江苏太仓却出现不同的趋势，当地由媒婆主持的婚姻由 1960—1969 年间的 22.22% 上升到 1970—1979 年间的 28.42%。引人注意的是，江苏太仓 1970—1979 年间较 1960—1969 年间，媒婆主持类婚姻增加 6.2% 的同时，自己认识亦有 1.52% 的增加。②

江苏省青浦、太仓和湖北宜宾的调查，显示"文革"时期及其前后农村婚姻中介人形态的复杂多样。当然，这三个地区不能代表中国东部、中部农村地区择偶形态的全部。中国是一个幅员辽阔的国家，沿海与内地、发达与落后的农村存在巨大差异，这是研究者难以概而论之的重要原因。江苏青浦

---

① 杨善华、沈崇麟：《城乡家庭：市场经济与非农化背景下的变迁》，浙江人民出版社，2000 年，第 178 页。
② 杨善华、沈崇麟：《城乡家庭：市场经济与非农化背景下的变迁》，浙江人民出版社，2000 年，第 178 页。

和太仓，一方面不能代表华东农村的情况，另一方面二者之间同样存在不小的差别。华中地区的湖北宜宾，与华东农村的情况亦有不同。可以武断下结论的是，从上述数据分析中可以看出，农村同时混杂着自由与不自由的现象。二者之间并非互为攻守，有时甚至并行不悖、同时升降。"文革"时期，中国农村普遍缺少约会的文化，这为中介人的存在留下了空间。河南潢川农村的调查显示，媒人牵线和别人介绍的比例约占81.9%，当地农村青年人很少在公开场合谈论自己的婚姻，更不可能自己上门求婚。[①] 缺少约会文化的直接后果是，通过自己认识途径结识的青年男女，多数订婚前仍须媒人出面。换句话说，受调查者反馈的结识途径是父母、亲戚介绍或媒婆主持，未必全是包办婚姻。

图表47：青浦、太仓、宜宾被调查人结婚年代
与认识途径的交互分类（单位:%）

	—1959	—1969	—1979	—1984	—1989	1990—	总计
一、青浦							
父母、亲戚	26.32	30.00	34.34	29.85	23.53	37.93	31.21
同事、朋友	10.53	18.00	22.22	16.42	17.65	20.69	18.79
媒婆	57.89	44.00	34.34	40.30	52.90	20.69	39.60
组织介绍	0.00	0.00	1.01	0.00	0.00	0.00	0.34
自己认识	5.26	8.00	8.08	13.43	5.88	20.69	10.07
个案数	19	50	99	67	34	29	298
二、太仓							
父母、亲戚	35.71	46.30	45.26	37.50	35.56	37.14	41.41
同事、朋友	28.57	20.37	12.63	23.21	28.89	28.57	21.07
媒婆	28.57	22.22	28.42	30.36	31.11	20.00	27.09
自己认识	7.14	11.11	12.63	8.93	4.44	14.29	10.37
其他	0.00	0.00	1.05	0.00	0.00	0.00	0.33
个案数	14	54	95	56	45	35	299

① 雷洁琼主编：《改革以来中国农村婚姻家庭的新变化》，北京大学出版社，1994年，第284—285页。

（续表）

	—1959	—1969	—1979	—1984	—1989	1990—	总计
三、宜宾							
父母、亲戚	41.46	36.36	55.74	45.95	46.00	44.44	45.79
同事、朋友	12.20	0.00	9.84	10.81	8.00	6.67	9.09
媒婆	35.37	59.09	31.15	40.54	42.00	42.22	39.06
自己认识	10.98	4.55	3.28	2.07	4.00	6.67	6.06
个案数	82	22	61	37	50	45	297

资料来源：杨善华、沈崇麟：《城乡家庭：市场经济与非农化背景下的变迁》，浙江人民出版社，2000 年，第 178 页。

　　上述内容涉及华东、华中农村，下面再将视线转向华南地区。如上述所及，广东陈村在"文革"时期出现村内通婚不断增加的现象。自行定情的青年人，往往须经"三关"：其一，"跟父母商量妥当"；其二，"男方转请旁人出面，安排他与中间的姑娘'约会'"；其三，"女孩子答应了中介人的请求"，"等于是接受了正式求爱，不可再有二心"。通过以上三步确定关系后，双方进入公开交往的婚前状态，男方可以经常出入女方家，女方也可回访男方家。"如果人们看见某个小伙子骑车带姑娘到公社镇上看戏，准会逗他：'昨晚上哪儿去啦？甚么时候让我们吃喜饼啊？'（如果后来见到单车后座空了）大家又会议论起来：'草篓（人名——引者注）今天看电影，怎没带美琳呀，过年时也没见他上美琳（人名——引者注）家送礼。'人们就是酷爱议论这种事。"陈佩华等人还提及，父母包办未必是主动剥夺子女的婚嫁自由，也有些青年不那么浪漫，索性放手让父母经由媒人洽谈媒事，借以避免直接求爱时可能遇到的尴尬和紧张。[1] 上述变化透露出的重要信息是，一方面通过自己认识途径的青年男女，可以借"父母之命、媒妁之言"的外在形式帮助他们完成习俗上的合法化，同时也为他们婚前的密切来往提供免受指责的保护伞；另一方面通过"父母之命、媒妁之言"途径结识的青年男女，

---

　　[1]　[澳]陈佩华、赵文词、安戈著，孙万国、杨敏如、韩建中译：《当代中国农村历沧桑：毛邓体制下的陈村》，香港牛津大学出版社，1996 年，第 177—178 页。

订婚后可以公开亲密来往，进入包办下的自由恋爱。上述两种情况，几乎难以看出包办婚姻与自由婚姻的界限。

研究者阮新邦等人发现，广东省珠江三角洲一个名为"白秀村"的地方，男青年志超与女青年陈秀珍的故事是认识当地婚姻中介人变化的窗口。

秀珍住在白秀村南面的一条〔个〕农村。志超在表姐的婚筵中认识了秀珍的大哥，及后他们成了好朋友。有一趟，志超往找秀珍的哥哥，当时他刚盖了新房子。志超见他新屋的东西还没有弄好，家具零乱不堪，于是留下来，帮他把家中的东西执拾整齐清洁。因为工作得太晚，那时是一九七七年，还未有路灯，于是秀珍借了一个手电筒给志超。由那一趟起，他们发展出感情来了。志超还清楚地记起当时接过手电筒后，向秀珍说："我这次走不知哪时才可以把手电筒还给你。"他还记起当时秀珍回答说："你再来探望我们时才拿回来不迟。"

志超说到这里，显出他那惯常的狡猾笑容向我说："任何人都应该明白啦！嘻嘻！她是想跟我见面。"

自此以后，志超常常到秀珍家里，每次都逗留到很晚才离去，结果每次将手电筒还给秀珍后，当时又借回来。经过多番借还手电筒后，他们慢慢开始谈起恋爱来。志超觉得秀珍借手电筒给他，是暗示希望他会再回来。当然志超也喜欢秀珍，觉得她人口和善，待人亲切……志超与邻村的女孩谈恋爱的事很快就给父母知道了。由于志超的父母还未见过他的新女朋友，于是他（她）们找来了亲戚朋友，托他（她）们打听自己的儿子是否真的与邻村的女孩谈恋爱；若是真的，还请他（她）们了解一下这个女孩子的背景。这种做法，是老一辈村民选择媳妇的方式，希望借此了解儿子将来配偶的家庭背景、品行及身体健康状况。结果志超父母证实了儿子正在谈恋爱，知道秀珍的父母已双〔相〕继身亡，跟兄弟姊妹住在一起。而且还知道她身材矮小，体质瘦弱，多番劝说志超放弃秀珍，并且找媒人再介绍其他女孩子。他（她）们反对志超与秀珍来往的原因是她的体质较弱，不知将来能否有好生养，尽继后香火的责任；另一方面，他（她）们觉得秀珍的体质未必能肩负起耕田及打理家中的工作……志超不理会父母的反对，在一九七九年决定跟秀珍结婚。①

阮新邦等人的研究，关注的是中国农村在不同历史时期婚姻、女性和性三个方面的比较。换言之，他们是将 1949 年前、1949—1978 年、1978 年以后三个时间段进行纵向对比，借此分析当代中国农村相关的观念与行为的变迁。从上述文字中，可以清楚地看出志超与陈秀珍属于自由恋爱。志超未经父母同意与陈秀珍交往，又不顾父母的反对而执意要与心上人结婚。这在其他农村属于比较少见的现象。值得注意的是，志超父母知道儿子谈恋爱后，第一反应是委托亲戚朋友了解女方的情况。得知女方"身材矮小、体质瘦弱"后，志超的父母直接介入，多次劝说儿子考虑女方体质瘦弱不利于生养和生产，希望儿子放弃秀珍，将来通过媒人再寻找其他适合的对象。尽管父母反对，但是最终却并未能够成功阻止他们的结婚。由此看来，农村青年通过自己认识而结合的自由婚姻，并未完全摆脱父母、亲戚朋友的介入。作为有生活经验的成年人，他们的建议更具理性色彩。儿女一味从浪漫感情出发，较少考虑生育、生产等实际生活。青年执意与意中人结婚，往往带有冲动的成分。

对于父母及亲戚朋友对青年人择偶的介入，社会学家威廉·J·古德将此称之为"社会对爱情的控制"。他认为，在爱情尚未制度化的社会，人们并不将恋爱看作是婚姻的基础。在这类社会条件下，长辈积极参与择偶决策，有权为撮合儿女婚姻而做出财政上的安排。相形之下，青年人总想与自己心爱的人结婚，但是他们没有经济上的发言权，因此爱情很有可能遭受挫折。当然，父母或亲属并非一概拒绝子女对爱情的要求。这种情况在工业化以前的欧洲农村极为普遍。② 就上述广东白秀村的案例而言，志超坚持与秀珍结婚的动机是双方之间具备的爱情，志超父母反对的出发点是对儿子婚后生活的顾虑。集体经济时期的中国农村，家庭收入普遍较低，"捆绑式的生存"在婚姻决策中往往占决定性的地位。亲戚朋友作为中介人打听女方的信

---

① 阮新邦、罗沛霖、贺玉英：《婚姻、性别与性：一个当代中国农村的考察》，台湾八方文化企业公司，1998 年，第 70—72 页。

② ［美］威廉·J·古德著，魏章玲译：《家庭》，社会科学文献出版社，1986 年，第 75—80 页。

息，目的是帮助父母对儿子实施爱情的控制。虽然志超父母的劝阻计划没有成功，但是仍然有其必要性。

从陈佩华、阮新邦等人的研究来看，媒人在华南农村婚姻市场中的影响力下降明显。值得补充的是，媒人中介功能的下降可能同集体经济时期婚姻形态的变化有关。据已有的研究，1950 年《婚姻法》颁布前，华南农村的婚姻形态有大量的"幼年婚"和"嫁娶婚"。前者主要包括"童养媳"婚、"等郎妹"婚，后者主要是大行嫁婚（嫁娶年龄大的姑娘）。此外的婚姻形态还包括续娶婚、重复婚、买卖婚。续娶婚，是指一方丧偶后续弦或再嫁，如鳏夫再娶或寡妇再醮；重复婚，是指已婚的男性纳妾；此处的买卖婚，特指从人贩子处购买女性为妻或购买抵债女性为妻。[①] 这些婚姻形态虽然是以华南为研究区域总结出来的，但是基本可以代表整个 1949 年前多数中国农村的情况。除再婚外，"幼年婚"和"嫁娶婚"，或是在一方当事人心志尚未健全的情况下达成的，或是在一方当事人受外界强迫的情况下达成的。这两种情况，或涉及钱财或涉及决断，需要媒人扮演斡旋的角色参与其中。但是，在集体经济时代，拐卖女性、童养媳、娶妾等婚姻形式发生概率较低，职业媒人参与的重要性、必要性都有不同程度的下降。[②]

下文再将视线转移到华北。就北京郊区和河南潢川的调查而言，1966—1980 年间，华北农村由媒人牵线而成的婚姻仍然占较高比重。其中，北京郊区媒人牵线的婚姻为 32.8%，河南潢川为 48.9%。同 1960—1965 年间的数据相比，1966—1980 年间的数据有小幅下降，但是下降幅度不是很明显。北京郊区为 4.1%，河南潢川为 1.7%。杨善华认为，农村的生活方式、生产方式及社会化，在客观上限制了青年男女的交往，也限制了青年男女选择如意配偶的可能性。同时，缔结婚姻必须经过中间人，仍是各地亚婚姻文化模

---

① 周大鸣：《当代华南的宗族与社会》，黑龙江人民出版社，2003 年，第 285—286 页。
② 华南婚姻习俗还有一种特殊性，是与其海外侨民较多相关的。其一，是"隔山娶"。这是指，华侨青年委托亲友或水客在祖籍娶亲，侨乡女青年凭照片相识成亲。新娘婚后仍留在家乡的，叫"屯家婆"。新娘婚后出洋成亲的，叫"过番新娘"；其二，是"娶番婆"。这是指，华侨青年在海外娶外国女性为妻，当然也有婚后出洋、在海外另娶一房妻子的（参见肖文燕：《华侨与侨乡社会变迁：清末民国时期广东梅州个案研究》，华南理工大学出版社，2012 年，第 250—252 页）。前一种婚姻，媒人的必要性和重要性是显而易见的。后一种婚姻中，国内媒人基本是无法参与的。

式中的一条重要规范，这也是媒人牵线没有在 1966—1980 年明显减少的重要原因。① 此处的媒人与介绍人是有区别的，通常情况下媒人是不包括邻居和亲朋好友在内的。如果综合媒人介绍和别人介绍两种情况，北京郊区和河南潢川的数据将会接近 81.6% 和 81.9%。② 目前缺少可以印证上述调查内容的数据。不过，《潢川县志》提到，1950 年《婚姻法》颁布后，"包办婚姻并未绝迹，由公开转入隐蔽"。1979—1980 年，"包办、买卖婚姻 61 起，曾发生因逼婚造成死亡 6 人的惨痛事件"。③ 尽管难以对《潢川县志》中的统计数据进行核实，但是 1979—1980 年虽然当地发生过因逼婚造成死亡的事件，研究者不能简单否定媒人牵线婚姻的积极意义。北京郊区距离市中心的远近程度不一，集体经济时期京郊农村的婚姻，同样体现人们依赖社会网络以便争取稀缺资源的重要性。罗梅君认为，婚姻双方的家庭利益与个人情感之间的关系未必矛盾，"情感与物质利益并不是分离的，很少直接对立；相反，相互间有一种联系"。④

东北与华南虽然分居中国南北两端，但是这两个地区农村的婚嫁情况却有相近之处。1987 年，研究者对黑龙江省依兰农场二队和佳木斯的佳南农场二队、四队的调查显示，当地由媒人牵线而结婚的比例为 6.6%，由家里人介绍认识而结婚的比例为 2.8%。与此相比，别人介绍认识（70.4%）和自己认识（20.2%）则是占主流的结识方式。⑤ 上述三地都是军垦农场，有必要考虑军垦农场的特殊生产组织形式会对当地择偶方式造成影响。

不过，在阎云翔关注的黑龙江省下岬村也存在类似现象。60 年代后期，年轻一代在择偶方面已有相当的自主权。没有儿女的同意，父母一般不会简单地逼迫他们嫁娶。"介绍式婚姻"通常有两种情况：其一，村内婚者绝大部分是男女双方在媒妁出现之前就认识，媒人往往只是两家讲条件的中间人。在有些事例中，媒人不过是请来走过场的象征，因为男女双方已经私下

---

① 杨善华：《经济体制改革和中国农村的家庭与婚姻》，北京大学出版社，1995 年，第 121—122 页。
② 雷洁琼主编：《改革以来中国农村婚姻家庭的新变化》，北京大学出版社，1994 年，第 228、285 页。
③ 潢川县志编纂委员会：《潢川县志》，生活·读书·新知三联书店，1992 年，第 631 页。
④ 罗梅君：《19 世纪末以及今日中国乡村的婚姻与家庭经济》，张国刚主编：《家庭史研究的新视野》，生活·读书·新知三联书店，2004 年，第 359—360 页。
⑤ 雷洁琼主编：《改革以来中国农村婚姻家庭的新变化》，北京大学出版社，1994 年，第 330 页。

订婚，有时甚至两家父母都已讲好彩礼条件；其二，男女双方在媒人牵线前并不相识，但是在订婚后却谈起了恋爱。这种"先订婚后恋爱"的情况，往往发生在与外村人（特别是距离较远者）订婚的情况下。① 以上两种"介绍式婚姻"，模糊了包办婚姻与自由婚姻的界限。特别是"先订婚后恋爱"的新方式，使得"包办婚姻"与低质量婚姻的距离进一步拉大。改革开放以后，"介绍式婚姻"在黑龙江农村成为主流，80%以上已婚受调查者是"自己作主，征得父母同意"或"父母作主，征得子女同意"，完全由父母作主或完全自己作主的比例都不是很高。② 这种变化不是中国国内独有的现象，在亚洲其他地区同样具有典型意义。20 世纪 70 年代以来，亚洲许多国家的包办婚姻都有程度不同的松动，基于爱情基础的婚姻有所增加，自主婚姻和半自主婚姻变得更为常见。③ 在这两种婚姻类型中，媒人长期保有的传统功能已经大大降低，包办婚姻已经不是完全意义的包办婚姻。

第三节　城乡择偶优势与劣势

择偶行为不只是个人意志的体现，也不止受家长或家庭其他成员的左右，还往往受政治制度、经济制度、社会文化、社会习俗等方面的影响。很难说，每个人的择偶标准都完全按照既定的、统一的社会规则进行。但是，多数人的择偶行为通常会呈现出某些相似或相近的特征。这种特征有时不受个人意志左右，而是随政治、经济、文化、习俗的变动而变动。换句话说，人们的择偶行为往往暗含某种规律，常常是国家及其代理人、当事人及其家

---

① 阎云翔注意到，东北农村青年在订婚后到举办婚礼前有一段特殊时期，订婚者会在婚前到县城或哈尔滨采购结婚用品、拍摄订婚照，他们可以从生产大队取得介绍信以证明他们是岬村的夫妻，这样他们便可以在城市的旅馆同居一室。［美］阎云翔，龚晓夏译：《私人生活的变革：一个中国村庄的爱情、家庭与亲密关系（1949—1999）》，上海书店，2006 年，第 67—68 页；Yunxiang Yan, *Courtship, Love and Premarital Sex in a North China Village*, the China Journal, No. 48 (Jul., 2002), pp. 45-46.

② 雷洁琼主编：《改革以来中国农村婚姻家庭的新变化》，北京大学出版社，1994 年，第 330—331 页。

③ 对印度包办婚姻的研究发现，该国 20 世纪 70 年代以降，除部分地区外，许多地方的父母包办婚姻都有明显减少的趋势，青年人的择偶自主性增加、婚约约会的机会增加。尤其令人注意的是，部分地区还出现跨越种姓婚配不断增多的现象。参见 Keera Allendorf and Roshan K. Pandian, *The Decline of Arranged Marriage? Marital Change and Continuity in India*, Population and Development Review, Vol. 42, No. 3 (Sept. 2016), pp. 457-458.

庭、社会习俗等因素合力影响的结果。人们择偶行为中的规律性倾向是如何形成的？这些规律性倾向又是如何影响人们择偶行为的？这是硬币的两个面，既相互分离又相互依存。

1966—1980 年间，全国的政治环境、经济制度、社会心理等因素，造成某些社会群体具有"天然"的择偶优势，某些社会群体却处于人所共知的择偶劣势。"一工（工人），二干（干部），三军人"，[1] "听诊器（医生），方向盘（司机），领导干部的儿子和营业员"，[2] "想攞贱，嫁农村。想米簿（粮食供应证），嫁干部（不是挨整的那种干部）。工作合理想，除非嫁厂长"。[3] 这些是许多地区出现的顺口溜，其中透露出的择偶观念和行为值得细察。细心分析不难发现，上述顺口溜或者明确提到"嫁"，或是为上口而省略"嫁"，自然多是侧重从女性角度提出的择偶标准。

中国许多地方流传的俗语，"嫁汉嫁汉，穿衣吃饭"，意思是指妻子的婚后生活往往依赖丈夫、婆家。如果男性婚后依赖妻子或岳父母家，则被称为"吃软饭"，通常会被认为是不光彩的事情。1966—1980 年间，妻子婚后多数是嫁到丈夫家生活。妻子同丈夫、公婆共同居住的"从夫居"习俗，在中国城乡社会仍是占据主流的家庭生活模式。男女两性的择偶标准，自然受到"从夫居"的影响。如前文所述，男性与女性对配偶的要求往往有不同倾向。相对来说，男性更看重女方漂亮的外貌、温柔的性格、正派的作风等，女性更看重男方的家庭财富、个人收入、生存技能、向上流动的可能性等。并且，女性的择偶标准经常随着时代变迁而不断变化，而男性的择偶标准相对来说起伏变化较小。择偶标准上的男女有别，与 1966—1980 年间存在的择偶优势/劣势群体相互交织，对当时人们的择偶观念和行为造成共同影响。

择偶优势、劣势群体的形成，既与人们的择偶标准密切相关，又与人们的择偶动机直接相关。推动人们选择配偶的动力通常是多种多样的，既可能是躲避迫害、寻求庇护，也可能是寻找经济依靠、增加生存和发展机会，当

---

① 西峡县志编纂委员会编：《西峡县志》，河南人民出版社，1990 年，第 123 页。
② 宝鸡县志编纂委员会编：《宝鸡县志》，陕西人民出版社，1996 年，第 998 页。
③ 中国人民政治协商会议北海市委员会文史资料委员会编：《北海文史》第 17 辑《沧痕桑影录》（三），2003 年，第 134 页。

然也有可能是出于情感交流、结婚生育等目的。俗语道"各花入各眼"，很难简单将择偶标准和择偶动机进行针对性的分类。下文只是通过户籍管理、政治身份、职业声望、收入与福利等角度，对中国城乡的择偶优势/劣势群体进行简单分析。

一、"居民"与"农民"通婚圈

城乡分割的户籍制度，是从 1958 年初开始实施的。1958 年 1 月 9 日，全国人民代表大会常务委员会通过《中华人民共和国户口登记条例》。该《条例》明确规定："公民由农村迁往城市，必须持有城市劳动部门的录用证明，学校的录取证明，或者城市户口登记机关的准予迁入的证明，向常住地户口登记机关申请办理迁出手续。"[①] 该《条例》设置"由农村迁入城市"的门槛，但是没有提及"由城市迁入农村"的条件。从此角度而言，该《条例》并非完全断绝中国城乡户籍之间的迁移，只是单向对"由农村迁入城市"设置制度限制。该《条例》规定，只有具备劳动部门规定的就职条件、教育部门规定的升学条件、户口登记部门规定的其他条件，农民才能"由农村迁入城市"，才有可能成为城市居民。对于该《条例》的单向限制，《人民日报》当天发表的社论解释，这是为了"制止农村人口盲目流入城市"，"从户口登记制度方面来保证全国人口的变动情况更好地适应国家统筹安排的要求，以使社会主义建设能够按照计划顺利进行"。[②]

在优先发展重工业、优先保证城市供应的前提下，国家提出限制农村人口进城的管理措施，其中包括，禁止城镇单位自主招用农村劳动力的劳动用工制度，使农民务农和居民务工成为制度化的社会分工。加强农产品统购统销的粮油供应制度，城市粮油管理部门只负责非农业户口的粮油供应，不负

---

① 《中华人民共和国户口登记条例》，《人民日报》1958 年 1 月 10 日第 4 版。

② 社论：《让户口登记工作更进一步为人民服务》，《人民日报》1958 年 1 月 10 日第 4 版。研究者注意到，户籍管理制度的出台，同 50 年代中期以降的农村进城有关。部分农民出于对农业合作化和集体化运动的不满和抵制而涌入城市，对农村和城市的经济发展和社会稳定带来巨大危机。与此同时，数量庞大的农民进入城市，对国家推动的农业集体化运动构成严重威胁，进而对国家提高农业生产率进而支持国家工业化的发展战略造成不利影响。农民离开农村涌入城市，不利于国家破除农村传统阶级关系、重塑农村社会结构，对城市的劳动就业、食品供应、住房和其他资源供应形成严重挑战。转引自黄典林：《公民权的话语建构——转型中国的新闻话语与农民工》，中国传媒大学出版社，2017 年，第 136 页。

责农业人口的粮油供应；城镇居民享有的各种社会福利制度，往往排斥农村享受；农民未经国家允许，不得以任何方式自由进城。上述系列制度安排，最终造成城乡二元结构户籍身份等级体系的形成。农村人口的农民与城镇人口的居民，成为一种社会制度下的两种基本身份群体。① 社会经济、社会地位的差异，是导致城乡二元分割、难以互相通婚的重要原因。

王海光的研究证实，中国城乡分割管理的户籍制度，从根本上讲，源于国家强调重工业优先发展战略的"强积累模式"。中国工业化的资本原始积累方式，是通过统购统销政策，利用工农业产品之间"剪刀差"实现的。国家为保证工业化战略的实施，在城市，以社会高福利制度保持城市居民低工资的充分就业；在农村，以将农民束缚在土地上的方式来保证农业生产的相对稳定。以户籍制度为中心，配合住宅制度、粮油供给制度、劳动就业制度、医疗制度、养老保险制度、劳动保护制度、婚姻生育制度等十几项制度，构成了城乡二元结构的制度壁垒。城市居民可以享受较高的生活福利和行政性划给的就业机会，农民则被束缚在农业劳动上。以户籍制度为中心，中国实际上形成享受不平等国民待遇的两种社会集团。1966—1980 年间，城乡分割管理的二元体制没有改变，知青上山下乡运动，城镇机关干部等被下放到"五七干校"，"四类分子"被遣返到农村等，无不带有"逆城市化"的色彩。② 值得注意的是，这些政治运动带有强迫性和劳动改造的性质，是否真的有利于缩小"三大差距"另当别论。

1966—1980 年间的户籍管理，有两个值得注意的基本特征。其一，全国城乡人口的农业人口和非农业户口，基本实行世袭制。即父母是农业户口的，子女亦为农业户口；父母为非农业户口的，子女亦为非农业户口。农业户口转为非农业户口（简称"农转非"）的途径，只有参军转业、招工进厂、升学分配等非常稀少的机会。不过，这种情况下，父母通常不能随子女更改为非农业户口；其二，1966—1980 年间子女的户口类型，通常随母不随父。即母亲为农业户口的，子女亦为农业户口；母亲为非农业户口的，子女

---

① 陆学艺主编：《当代中国社会结构》，社会科学文献出版社，2018 年，第 409 页。
② 参见王海光：《当代中国户籍制度形成与沿革的宏观分析》，《中共党史研究》2003 年第 4 期。

亦为非农业户口。父亲的户口类型，对子女的户口类型没有决定性的影响力。值得注意的是，国家在征调劳动力时以男性为主，却不考虑男性携带眷属的需求。农村男劳力进城务工、就职，很少是整家随迁，结果导致大量两地分居和所谓"半边户"的出现。1961—1978 年停滞甚至倒退状态的城市化，使得一方面工业占社会总产值的比重维持在 50% 到 60%，另一方面城镇人口占全国总人口的比重维持在 17% 至 18%。①

　　户籍制度将全国人口划分成农业户口和非农业户口两大社会集团的同时，形成农民与居民两大通婚圈基础上的"内婚制"（Endogamy）。一般情况下，农村青年通常只在农业户口范围内择偶，城市居民只在非农业户口范围内择偶。不过，这种情况同样有男女之别。即，非农业户口的女性通常只在居民范围内择偶，而非农业户口的男性在择偶困难时会有选择农业户口女性的可能。非农业户口的男性与农业户口的女性结婚，意味着婚后所育子女不能享有城市居民的就医、就业、住房、粮油供应等社会福利。通常而言，非农业户口的男性往往会只选择非农业户口的女性为妻，只有少数农业户口的女性能嫁给城镇居民。与此相比，非农业户口的女性通常不会同农业户口的青年结婚，放弃非农业户口转而选择农业户口被视为不理智的行为。某种程度上，农业户口的女性，理论上是非农业户口和农业户口男性都可以选为妻子的共同资源。非农业户口的女性，理论上只是非农业户口男性独占的资源。这种婚嫁流向，一方面加剧农村婚姻市场的性别失衡，增加农村男性择偶困难者（"光棍"）的人数，另一方面为部分农村女性走入城市提供了机会。总体上，特别是在城镇拥有较优越的生存环境和发展条件、城镇人口比重维持在较低水平的情况下，城乡分割、二元对立的两大通婚圈边界十分清晰。

　　1966—1980 年间，国家对于流动人口实施"三向"控制，即"流出地的控制"，"流入地的控制"，"生存资源的控制"。其一，"流出地的控制"，是指流动人员流出时必须经过本人常住地的国家机构或单位认可，由他们开具介绍信后方可外出；其二，"流入地的控制"，是指流动人员必须按时到达流

---

① 陈光金：《中国乡村现代化的回顾与前瞻》，湖南出版社，1996 年，第 356—358 页。

入地并登记注册，因而他们流入的行动又受到当地相关机构的监控；其三，"生存资源的控制"，是指流动人员不仅需要征得权威机构的批准，同时还必须获得必要的购物票据（如购粮证、粮油票），才能在外出时购买生活必需品。在国家对市场和商品交换进行严格控制的情况下，取得粮油票（证）是获得非农业户口的重要组成部分。[①] 严格的流动人口管理，使得从农业户口进入非农业户口的空间十分狭窄。

"文革"时期，公众舆论号召的女性解放是以男女平等为目标的，实际上男性往往比女性更容易获得向上流动的机会。农村女性只能通过婚姻获得非农业户口带来的益处。根据户口迁移的惯例，妻子理论上有将农业户口迁移到非农业户口丈夫家的可能性。虽然这样的可能性很低，但是农村女青年仍把嫁给城市居民视为上选。

1966年，山西省闻喜县对贯彻执行《婚姻法》情况进行专项调查时发现，当地农村女青年向往城市生活的现象较为普遍，当地有这样的说法："一工、二干、三军官，至死不嫁庄稼汉"，"嫁干部光荣体面，嫁工人零钱不断，嫁军官城市游串，嫁农民前途黑暗。"[②] 其中提及的"一工、二干、三军官"，应该不是简单将工人、干部、军官在婚姻市场上排序，而是相比较庄稼汉来说，这三种职业是非农业户口。作为机关干部的家属，政治上有地位，经济上有收入，自然光荣体面；嫁给工人，婚后小家庭有稳定的工资收入，同时还有医疗保障制度的福利；同军官结婚，一方面可以到军队驻地探亲、生活，军官转业后同样拥有干部身份，对农村女青年来说也是上选。

可为佐证的是，距离闻喜县不到200公里的吉县，在50年代讲究"一工、二干、三军人"，60年代、70年代变为"一军、二干、三工人"。[③] 与闻喜县的情况略有不同，除突显军人群体在"文革"前后拥有的特别声望外，还强调非农业户口拥有的择偶优势。在晋东南农村青年当中，除有"一军二干三工人，死也不嫁受苦人"的流行语外，还存在女性择偶"农村向往城

---

① 陆益龙：《户籍制度：控制与社会差别》，商务印书馆，2003年，第134—135页。
② 《山西省闻喜县民政志》编纂委员会编：《山西省闻喜县民政志》，中国社会出版社，2008年，第310页。
③ 吉县志编纂委员会：《吉县志》，中国科学技术出版社，1992年，第80页。

市，穷村向往富村"的现象。①

　　河北省海兴县的记载略有不同，当地的流行语为：60年代，"一工、二干、三教员"；70年代，"听诊器、方向盘、脱产干部、售货员"。② 另外，据河南省南阳地区的方志记载，六七十年代，当地"工人、干部、转业军人是女青年向往的对象"，"城市女子（择偶）不愿下乡，农村女子（择偶）向往城市"。③ 值得注意的是，"文革"时期，作为"臭老九"的教师群体，社会地位普遍不高。不过，就普通农民女青年而言，选择有固定工资收入的教师仍是上选。70年代，医生（"听诊器"）、司机（"方向盘"）、脱产干部、售货员等职业成为择偶优势群体的原因，除这些职业的收入（显性收入或隐性收入）较高外，还同他们的社会声望较高、可借工作之便占有稀少社会资源等优势有关。当然，最重要的是他们往往有非农业户口。

　　北京市1972年的内部资料显示，向往城市生活的外地（包括京郊）农村女青年中，"不愿在农村搞对象的风气比较严重"。据丰台区南苑公社1970年的统计，当地登记结婚的252对夫妻中，外地来京的女青年为111人，占其中的48%。另外，南苑公社女青年嫁给城市工人的74人，占29%。与此相比，本公社的女青年与当地社员结婚的只有67人，占23%。该资料指出，北京远郊区的女性通常都将择偶意愿指向近郊，近郊的女性将择偶意愿指向城区。在此基础上，北京市形成以城区为中心、以近郊和远郊构成外围的层层向外"衰减"的择偶优劣势变化图。④ 60年代、70年代的城乡差距及二者之间层层衰减的递变，不止存在于北京及其郊区，在中国其他地区也有类似存在。

　　广东省的内部报告显示，全省不少地区的女青年都将视线投向城镇，即便在农村择偶也提出所谓的"四看"，即"一看侨汇，二看生产队分配水平

① 晋东南地区志编纂委员会：《晋东南地区志》（评审稿）第4册，第43页。
② 杨双发主编，海兴县地方志编纂委员会编：《海兴县志》，方志出版社，2002年，第822页。
③ 南阳地区地方史志编纂委员会：《南阳地区志》，河南人民出版社，1994年，第533页。
④ 北京市检法军管会称，此种现象在北京郊区比较普遍，特别是还流传着这样一种说法："通县看朝阳，朝阳看城墙，城墙看楼房。"北京市检法军管会：《关于正确处理婚姻家庭纠纷的请示报告》（1972年5月31日），北京市档案馆藏件，卷宗号：196-3-24-2。以前多次提到这份报告。参见李秉奎：《婚介、择偶与彩礼：人民公社时期农村青年的婚姻观念及行为》，《当代中国史研究》2012年第4期；李秉奎：《狂澜与潜流——中国青年的性态与婚姻（1966—1976）》，社会科学文献出版社，2015年，第129—130页。

高低，三看房屋漂亮不漂亮，四看小姑小叔多不多"。这种单纯"从金钱财物出发"的择偶观，让家境困窘的青年很苦恼。他们甚至称，"共产党领导什么都好，就是我们贫下中农讨老婆有困难，就是这个不好"。该报告指出，有些女青年的择偶条件更为苛刻，提出所谓的"十不嫁"。即：

> 一不嫁农村青年；
>
> 二不嫁工薪三十多的；
>
> 三不嫁工薪一百多元而不带她出去的；
>
> 四不嫁住茅寮的；
>
> 五不嫁住瓦房而每人平均不到三间的；
>
> 六不嫁有三兄弟的；
>
> 七不嫁有父无母的；
>
> 八不嫁家具不全的；
>
> 九不嫁交通不便的；
>
> 十不嫁地富与贫下中农。[1]

以上的"十不嫁"，涉及收入、住房、家庭成员、家具、交通、阶级成分等方面，基本将农村青年全部排除在择偶范围之外，同时还将家庭经济状况一般的城镇青年排除在外。

城乡之间的巨大落差，吸引着农村青年将目光投向外部世界。著名作家阎连科称："在我看来，乡村和城市，永远是一种剥离。城市是乡村的向往；乡村是城市的营养。在那个年代，我的家乡很幸运是方圆几十里的一个集市中心。乡下人向往我家的那个集市；我们村人，向往着三十里外的一个县城。城里的人，向往着百里外的古都洛阳。"[2] 阎连科注意到，城市有大中小之分，郊区有远郊、近郊之别，农村也有集市和非集市的不同。这种"从大到小"优势递减的城乡差别，不止与物质生存、个人发展有关，显然已经扩

---

① 中共广东省委妇委、青委、职工委、政法小组：《关于当前婚姻问题上两条道路斗争的情况和处理意见的报告》，广东省档案馆藏件，卷宗号：233-1-0162-032001。

② 阎连科：《我的那年代》，北岛、李陀主编：《七十年代》，生活·读书·新知三联书店，2009 年，第390 页。

大到精神层面和文化层面。最根本的原因，仍然与城乡分割下的家庭财富、个人收入、福利待遇等紧密相关。

1966—1977 年，中国城市居民与农村居民平均收入的差距，分别为 2.74、2.63、2.56、2.53、2.59、2.56、2.80、2.61、2.68、2.86、2.95、2.91。[①] 中国部分年代的比值，大于亚洲、拉丁美洲部分低收入国家。如 1979 年，这一数据为 2.5。而同年，孟加拉国为 1.5，菲律宾为 2.1。缺少印度 1979 年的数据。但是，1973—1974 年间印度的数据为 1.4。整体来看，这种差距的出现，主要同中国的二元经济结构分不开。中国整个国民经济体系，明显地分为现代工业部门和传统农业部门。前者资本密集，集中在城市；后者劳动密集，分散在农村。政府运用高度集中的计划经济体制和农副产品统购统销的低价政策，让农业为工业进行原始积累，把可能积聚在乡村的农业剩余产品和资金源源不断地转入城市。[②]

农村女性嫁向城市的根本原因，自然与城乡不同的财富、收入、福利、待遇等紧密相关。北京市作为首都、直辖市、华北地区的大城市，拥有多数城市无法比拟的优质资源。如前文所及，即便是北京郊区的女性，同样存在"通县看朝阳，朝阳看城墙，城墙看楼房"的现象。面对外省女性"围堵"京城（包括郊区）的压力，北京市各区县的人民公社，"以控制人口增加为理由，对于一些群众结婚、户口迁移等订了许多章程"，"各大队也还有自己的具体规定，诸如：外省市妇女来京结婚，不准办理登记、不准入户"。限制落户的对象，自然是外来的媳妇。对于当地外嫁的闺女，北京各区县不时也有以下情况的出现："女社员找到家居郊区农村的职工结婚，婆家不准落户、生产队不准参加生产劳动。有的还规定，女社员找职工户口必须迁出娘家，不给房基地、不分自产菜、不交现款、不发口粮等等。"[③] 类似政策，实际上意味着北京市拒绝外来女性迁入、加速本地女性迁出。特别值得注意的

① Irma Adelman, David Sunding, *Economic policy and income distribution in China*, Journal of Comparative Economics Vol. 11, Issue 3, September 1987.
② 宾建成：《中国居民收入差距问题研究》，中国文联出版社，2000 年，第 20—22 页。
③ 北京市民政局：《关于正确处理群众婚姻问题进一步加强婚姻登记工作的意见》，北京市档案馆藏件，卷宗号：196－3－25－1。

是，石景山、丰台、朝阳等近郊，因拒绝为"外来的媳妇"办理户口迁移手续引发不少纠纷。

北京市的档案文件，可以找到石景山的两个典型案例。其一，石景山区革委会的材料显示，石景山地质局 102 队 H 姓司机，1969 年与延庆县某社员结婚。H 姓司机家住石景山五里陀生产队，是居民户口。妻子是延庆县的农民户口。婚后，女方要求把户口从远郊延庆迁到近郊石景山。延庆县已经声明，"不迁户口要停供口粮"。但是，H 姓司机所在的公社和大队，拒绝为女方办理落户手续，结果形成进退不得的尴尬局面。其二，石景山区某社办企业拖拉机站 C 姓司机（男，25 岁），本人居民户口。C 姓司机与河北省蓟县的女青年（24 岁），相处三年多的时间，多次要求登记结婚。但是，石景山方面（公社）以"解决不了户口"为由，不予办理登记手续。对于类似情况，石景山区革委会办事组多次与公社商量，公社才同意"实属公社社员与外省市结婚的入户分期、分批解决"。但是，同京郊半工半农结婚的女性，公社仍不同意接收他们落户。①

居民户口和农民户口结合的夫妻，通常被称为"一头沉"。这类婚姻基本上是以夫妻长期分居为特征。通常是妻子在农村、丈夫在城里，双方各自生活。单纯从家庭总收入的角度而言，"一头沉"理论上比一般农民家庭要宽裕。但是，该类型的家庭，夫妻二人往往分居两地或一方没有户口，难以平衡地共同承担养家糊口的责任。因此，该类型家庭，往往"不上不下"、功能不全，甚至有的还不如普通农民家庭。在经历者眼中，"一头沉"家庭存在不少无奈：

> 长得好看点，就心高气傲，想找个吃商品粮的。工人、干部都行。最不行，也要找个民办教师，就是个电影放映员、拖拉机驾驶员、供销社临时售货员也行，瞎好总在人面前。这就是上个世纪后半段农村姑娘找对象的标准。

> 那时的农村人，进城有两种路：当兵提干和当工人。先说当兵，等你

---

① 北京市石景山区革命委员会办事组：《关于我区公社控制农民户口迁入的一些问题》（1972 年 8 月 24 日），北京市档案馆藏件，卷宗号：196－3－24－3。档案中涉及的隐私信息，业经技术处理，下不赘述。

提干，等你混出个人模狗样来，年龄就不小了，哪个姑娘等你。再说，当兵大都在山沟，连个女人都见不上，跟谁谈对象？所以，家里早早就把媳妇给说下了。再说当工人，你个土包子进城谁认你啊，再说干的都是下苦的活，不是下窑挖炭，就是和灰搬砖盖房，都是城里人不愿干的活，在城里也不好找对象。这些人就叫"一头沉"，农村还有媳妇娃，负担重。

找个工人，名声好听，钱上也足便，但生活太苦，苦得不能给人说。夜夜空枕头，只有经过的人，才能知道其中的滋味。白天也难受，地里重活干不了，熟了庄稼收不回来，你个妇道人家咋求人，谁给你帮忙都落话把把。尤其是下雨天，吃个水真难场，跌跌绊绊担回家，就剩下半桶水了。你坐那儿，都想哭，有时只好和孩子吃干的。整天盼男人能回家多住几天。

"一头沉"的男人在城里日子也不好过，除了那些能挣死人的活外，主要是心累。他们最高的期盼就是"农转非"，把家属户口弄进城里来。他们什么人都不敢得罪，混个人缘，到时有人给你投票。关键是把领导巴结好，有好事了，领导能想到你。一切都具备了，还要看有没有机会。有些人盼了一辈子，也没有等到"农转非"指标，就这样来回跑在城市通往乡村的路上，钱都给车膏了油了。下班没事就喝酒，醉了，什么也就不想了。有时真想，这工作不要了，老婆娃娃热炕头多美，可一次次都下不了决心，就这么一辈子直到退休。[①]

理论上，通过"一头沉"式的婚姻，农村女青年可以改善自己农民户口的劣势，可以借用丈夫的居民户口及相关福利待遇让生活变得稍微宽裕些。这也是"吃商品粮"的男青年具有择偶优势的原因所在。不过，"一头沉"式的婚姻同样具有在城乡夹缝中求生存的苦处。并且，该类家庭中的子女，多数情况下仍然只能继承母亲的农民户口。即便成功通过"农转非"，"一头沉"家庭中的子女在城市没有经济根底，还需要想尽办法解决住房、粮油、择偶等难题。

---

① 张力：《关中记忆》，陕西人民出版社，2016年，第266—267页。

如前文所述，知青与农村女青年的婚姻带有部分的"一头沉"特征。知青父母通常很难接纳来自农村的儿媳，除不同的文化观念、生活习惯外，还有一个重要的原因，就是知青与农民妻子婚后生育的子女户口很难进城。已婚知青即便幸运返城，难免要面对"一头沉"的无奈。从女方父母的角度而言，他们同意女儿与知青结婚的重要原因，在于女儿有随知青丈夫返城的可能性，并且有可能根本改变女儿的未来发展之路。[①] 双方家庭对此看法不同，这也是知青与农村女青年婚姻存在不稳定的原因所在。

简单而言，户籍登记制度及与之相配套的住房、就业、福利、医疗等管理体系，使得城市的生存环境明显优于农村，大城市的生存环境明显优于中小城市，近郊明显优于远郊。与之相伴随的是，城乡两大通婚圈也呈渐次衰减的阶梯状分布。通常人们的择偶行为仍然遵照门当户对的原则，通婚范围都是限定在本通婚圈内。只有某些政治、经济、生理、容貌等方面存在缺陷的个体，才会将择偶对象下探到次一级的通婚圈。不过，这种跨越通婚圈的通婚行为同样存在风险，"一头沉"式的家庭便是典型。另外，户口性质的世袭制及随母不随父的特征，使得两大通婚圈之间更加难以沟通。

二、成分、出身与择偶行为

成分（阶级成分）和出身（家庭出身）对人们择偶行为影响的时间段，跨越了从土地革命时期到"文革"结束后的 40 多年。全国范围划分阶级成分，大致是根据 1950 年 8 月 20 日政务院公布的《关于划分农村阶级成分的决定》确定的。该文件的基础，包括 1933 年瑞金民主中央政府颁布的《怎样分析农村阶级》和《关于土地改革中一些问题的决定》两个重要文件。

按照《关于划分农村阶级成分的决定》，农村的阶级成分大致包括剥削阶级（地主、富农）、被剥削阶级（贫农、雇农）、中间阶级（中农）等。其中，地主阶级占有土地、自己不劳动或只有附带的劳动，是依靠剥削为生的。"地主剥削的方式，主要是以地租方式剥削农民，此外或兼放债、或兼

---

① Margery wolf, *Revolution postponed: women in contemporary China*, Stanford: Stanford University Press, 1985, p. 158.

雇工、或兼营工商业，但对农民剥削地租是地主剥削的主要方式。管公堂及收学租也是地租剥削一类。"值得注意的是，政务院对此进行的补充说明："革命军人、烈士家属、工人、职员、自由职业者、小贩以及因从事其他职业或因缺乏劳动力而出租小量土地者，应依其职业决定其成分，或称为小土地出租者，不得以地主论。"这一补充规定，将职业与阶级的交集进行区分。从事或支持革命事业的职业，可以按照此条款取得相对有利的阶级成分。[①] 1953年前后，土改结束时，地主大约在全国农村各阶级户数的比重约为2.4%。[②] 相对于地主阶级而言，富农阶级一般占有土地或自己占有部分土地、另租入一部分土地，另外还有自己全无土地、全部土地都是租入的。和地主阶级不同的是，富农"一般占有比较优良的生产工具及活动资本，自己参加劳动，但经常依靠剥削为其生活来源之一部或大部"。地主阶级依靠出租土地为生，富农主要依靠剥削雇佣劳动（请长工）为生，另外"兼以土地出租剥削地租、或兼放债、或兼营工商业"。政务院的补充决定中强调，富农也有"出租大量土地超过其自耕和雇人耕种的土地数量者"，这种被称为"半地主式的富农"。[③] 1953年前后，土改结束时，富农大约在全国农村各阶级户数的比重约占3.1%。[④]

与地主、富农相比，"中农许多都占有土地"，"有些中农只占有一部分土地，另租入一部分土地"，"有些中农并无土地，全部土地都是租入的"。中农既不是剥削阶级，也不是被剥削阶级，他们自己都有一定数量的劳动工具。按《关于划分农村阶级成分的决定》，"中农一般不剥削人，许多中农还要受别人小部分地租、债利等剥削"，"中农一般不出卖劳动力"，"另一部分中农（富裕中农）则对别人有轻微的剥削，但非经常的与主要的"。[⑤] 土改结束后，全国范围内的中农比例大约为39.3%，占有的土地为39.9%。[⑥] 他们

---

① 《政务院关于划分农村阶级成分的决定》，中共中央文献研究室编：《建国以来重要文献选编》第一册，中央文献出版社，1992年，第383—384页。
② 武力主编：《中华人民共和国经济史》，中国经济出版社，1999年，第116页。
③ 中共中央文献研究室编：《建国以来重要文献选编》第一册，中央文献出版社，1992年，第384—385页。
④ 武力主编：《中华人民共和国经济史》，中国经济出版社，1999年，第116页。
⑤ 中共中央文献研究室编：《建国以来重要文献选编》第一册，中央文献出版社，1992年，第385页。
⑥ 武力主编：《中华人民共和国经济史》，中国经济出版社，1999年，第116页。

是不容忽视的社会群体。相比较而言，贫农"有些占有一部分土地与不完全的工具"，"有些全无土地，只有一些不完全的工具"，"一般都须租入土地来耕，受人地租、债利与小部分雇佣劳动的剥削"。工人（雇农在内）是比贫农更贫的阶级，"一般全无土地与工具，有些工人有极小部分的土地与工具，完全地或主要地以出卖劳动力为生"。[①] 土改运动结束后，贫雇农数量的总和约占全国人口的54.5%，他们占有的土地为52.5%。[②]

城市阶级成分的划定，同农村划分阶级成分的办法有接近之处。1949年关于划分城市阶级成分的文件规定，城市的阶级成分大致分为：职员和革命职员、工人、手工业劳动者、贫民、学生、小贩商、游民、自由职业者、资本家和官僚资本家、宗教职业者等。[③] 在实际社会生活中，社会主义改造完成后，城市所谓资本家和官僚资本家等剥削阶级失去了剥削的基础，但是他们的阶级身份仍然被保留下来。1964年社会主义教育运动中，以前的阶级成分得以强化，城市人口中的封建剥削阶级、资产阶级、小资产阶级、半无产阶级、无产阶级形成鲜明的政治分层。[④]

1956年，社会主义基本经济制度在中国全面确立，通过占有生产资料支配产品生产、分配、交换、消费等环节的阶级已经消失，剥削阶级与被剥削阶级更多只是一个历史性概念。政治上通过"敌"和"我"的身份界定，是确保工农阶级国家主人翁地位的保证。在此政治环境下，失去生产资料的地主、资产阶级、小资产阶级等等在相当长的一段历史时期内（特别是1957—1977年的20年间），是监管、控制和专政的对象。与阶级成分的划定相配合，政治立场、政治观点、家庭出身等准绳将人们划分成高低不同的社会群体。

剥削阶级、被剥削阶级的阶级成分与革命忠诚度紧密相关，这是区分整个社会成员政治身份的重要标签。以此为基准形成的社会身份，是确立整个

---

① 中共中央文献研究室编：《建国以来重要文献选编》第一册，中央文献出版社，1992年，第385—386页。
② 武力主编：《中华人民共和国经济史》，中国经济出版社，1999年，第116页。
③ 《关于划分城市阶级成分的决定（未定稿）》，华东师范大学中国当代史研究中心编：《中国当代民间史料集刊》15《陈修良工作笔记（1945—1951）》，东方出版中心，2015年，第41—53页。
④ 《关于划分城市阶级成分标准（初稿）》，1964年8月，自藏品。

社会人际关系、政治境遇的政治基础。工人阶级、贫农、下中农、革命干部、革命军人等，形成政治地位较高的社会层级。地主、富农、资本家、反革命分子、坏分子、右派等，形成政治地位较低的社会层级。政治地位的区分，不是反映权力分层差异的唯一指标。贫农、下中农在农村未必都有绝对权力，他们在经济分层中的地位往往较低，但是他们的政治地位却很高。①政治身份和政治地位的差异，对人们的社会生活影响至深。

一般而言，阶级成分强调个人在生产关系中的社会阶级属性，家庭出身则强调父母对子女阶级属性的连带关系。换言之，阶级成分着重强调社会成员的政治身份，家庭出身着重强调子女对父母政治成分的继承关系。一般而言，父母在 1949 年前的阶级状况，决定了子女的阶级出身，在很大程度上又决定了他们在社会上的发展机会。以前的研究表明，从社会主义改造到"文革"结束，家庭出身的确影响着人们的进步，家庭出身好的子女往往有更多得到向上流动的机会。②阶级成分与家庭出身不仅体现在政治待遇上的差别，而且还在产品分配、医疗保障、粮油供应等方面体现出差异化。"文革"时期，这种差异化得到空前强化，自然影响或左右着人们的择偶观念与行为。

1950 年 8 月 4 日，政务院通过的《关于划分农村阶级成分的决定》，部分沿用了 1933 年瑞金中央工农民主政府公布的《关于土地改革中一些问题的决定》，同时也对其中的部分条款进行删改和补充。其中规定，"地主、富农、资本家与工人、农民、贫民相互结婚后的阶级成分，依照结婚在解放前后的分别，依照原来阶级成分的分别，并依照结婚后生活情形的分别，而决定其成分"；"凡在解放后结婚的：工、农、贫民女子嫁与地主、富农、资本家，其原来成分不变更。地主、富农、资本家女子，嫁与工人、农民、贫民，须从事劳动，依为主要生活来源满一年者，承认其为工人或农民或贫民成分。如不从事劳动，及从事劳动不满一年者，依原来成分不变更"。③按此文件的规定，阶级成分或者家庭出身是工人、农民、贫民的女性，她们与地

---

① 李强：《政治分层与经济分层》，《社会学研究》1997 年第 4 期。
② 陆学艺主编：《当代中国社会流动》，社会科学文献出版社，2018 年，第 243 页。
③ 《关于土地改革中一些问题的决定》，《农业政策学习材料》，内部资料，1977 年，第 233 页。

主、富农、资本家等剥削阶级家庭的成员结婚，可以不因婚嫁而改变政治身份。阶级成分是地主、富农、资本家的女性，只有通过与工人、农民、贫民等被剥削阶级的家庭成员结婚，并且与婆家共同劳动并依此为主要生活来源满一年，才能获得工人、农民或贫民的阶级成分。如果不从事劳动或从事劳动不满一年，则仍然按原来在娘家时的阶级成分而定。理论上，工人、农民、贫民家庭的女性不因婚嫁而改变阶级成分，地主、富农、资本家家庭的女性却只有通过嫁给成分较低的阶级才能改变自己的境遇。

子女的阶级成分、家庭出身与父母联系紧密，阶级成分、家庭出身又同政治可靠性联系紧密。1965年，中国青年出版社编辑部收到署名"刘秉义"的来信，信中提到：

> 我们村里有个青年，名叫李长泉，他家是贫农成分，父亲在外面当干部，是个共产党员。在一次学习上，大家讨论了阶级敌人同无产阶级争夺青年一代的问题。许多青年表示，一定要提高革命警惕，不断改造思想，做无产阶级可靠的接班人。但是李长泉却这样说："凭我这样的出身，任他什么样的敌人，也不能把我夺过去。思想改造不改造，对我反正一个样。"有的同志不同意他的说法，但是又没有充分的理由说服他。[1]

中国青年出版社编辑部对此信的答复，主要围绕着"自来红"不等于"自然革命化"的角度展开，强调"我们马克思主义是阶级论者，但不是'唯成分论'者"。不过，中国青年出版社编辑部又承认李长泉的言论确有其合理性，政治地位与阶级成分、家庭出身紧密相联系，从父亲身上继承的贫农成分，不会因为思想改造不改造而改变。

"文革"时期，"血统论"和"唯成分论"在部分人中流行，他们沉醉于自己"出身好"，总觉得自己"根红苗壮"，觉得"头上没有辫子，身上没有尾巴"。[2] 特别是革命干部家庭出身的部分人，一味渲染阶级成分、家庭出身

---

[1] 中国青年出版社编辑部：《青年修养通讯：谈谈阶级立场和阶级观点》，中国青年出版社，1965年，第28页。

[2] 周羽平：《是非爱憎要分明——和青年同志谈阶级分析》，上海人民出版社，1976年，第77页。

对于垂直社会流动的作用，骄傲地自称"是顶天立地的革命后代"，"是天生的造反者"。所谓的"自来红"宣称："我们是纯纯粹粹的无产阶级血统，我们受的是地地道道的革命教育"，"革命精神时时刻刻渗入我们的体内，我们从里到外都红透了。"①

1967 年 1 月 13 日，以中共中央、国务院名义发出的《关于在无产阶级文化大革命中加强公安工作的若干规定》（即"公安六条"），提出对"地、富、反、坏、右分子"实施控制，"一律不准外出串连，不许改换姓名，伪造历史，混入革命群体组织，不准背后操纵煽动，更不准他们自己建立组织。这些分子，如有破坏行为，要依法严办"。②

1970 年开始的"一打三反"运动，是"打击现行反革命破坏活动，反对贪污盗窃、投机倒把、铺张浪费"的简称。在这次运动中，地主、富农、反革命分子、右派等阶级敌人再次受到冲击，"四类分子"（或"五类分子"）及其子女在政治运动中受到打击。

1972 年，毛泽东提出"可以教育好的子女"（简称"可教子女"）的概念，重点在于改善"文革"中受冲击的干部子女的境遇。③ 理论上，被划定为"阶级敌人"的子女，只要通过努力表现、背叛家庭、同父母划清界限，可以被接纳为政治忠诚者。不过，"可教子女"的政治忠诚度明显带有随机性，在不同地区、不同单位经常受到人为因素的影响。

阶级成分与家庭出身，对人们的择偶观念与择偶行为的影响直接且明显。"阶级敌人"除经常受到批斗或惩罚性社会对待外，其子女的成长和发展还经常受到非常待遇，这是影响"黑"类阶级成分或家庭出身者择偶的重要原因。特别值得提及的是，"政治审查"是招工、征兵、升学、提干等向上的社会流动最为关键的一环。阶级成分与家庭出身有问题，是难以弥补或修正的原罪。据《四川省志·民俗志》的记载："一些'成分不好'的子女，尽管其本身条件不错，却难以找到合适的对象。当时党政机关、军警单位对

① 北大附中《红旗》战斗小组：《自来红们站起来了!》，《兵团战报》1966 年 11 月 26 日第 4 版。
② 《中共中央、国务院关于在无产阶级文化大革命中加强公安工作的若干规定》（1967 年 1 月 13 日），中国人民解放军国防大学训练部：《中共党史研究资料》第 3 册，内部资料，1986 年，第 77 页。
③ 高华：《身分和差异：1949—1965 年中国社会的政治分层》，香港亚太研究所，2000 年，第 59—60 页。

所属人员的恋爱对象要'政治审查'，'国防厂矿'、邮电部门等'要害部门'对干部、职工的恋爱对象也要'政审'，控制的多是上述对象。"①

阶级成分与家庭出身成为政治上是否被信任的门槛，进而成为影响青年人能否拥有向上流动的机会和选择心仪配偶的重要因素。以阶级成分及家庭出身为基础的不完全的"内婚制"，是1966—1980年间中国城乡婚姻习俗中最为常见的社会现象。

之所以称之为不完全"内婚制"，是因为地主、富农等"四类分子"子女之间有不少互相通婚的案例（包括"换亲"），同时"四类分子"的女儿更愿嫁入贫下中农家庭，进而改变自身的处境。

> 谁家若划入"地主"、"富农"行列，子女都受到歧视，称为"地主的狗崽子"，即便八竿子胡拉不着的亲戚，也会受到株连。出身不能选择，如一树桃花，或落厕所里，将遗臭万年；或落花园里，则芬芳永远。那些"狗崽子"们，自是厕所里的花了，无论走到哪儿，也要背着沉重的精神十字架。男大当婚，女大当嫁，"狗崽子"也是人，也有七情六欲，也要成家，根红苗正的贫下中农谁肯与"狗崽子"通婚？无奈，"狗崽子"找"狗崽子"，倒也门当户对。就有两家，都是一兄一妹，这家的妹妹嫁给那家的哥哥，那家的妹妹嫁给这家的哥哥，俗称换亲。现在想来，妹妹为成全哥哥，甘愿做了牺牲，男方中不中意，别无选择，不爱也得爱，没商量，谁让生做了"狗崽子"呢？②

地主、富农子女间的"换亲"，是"阶级敌人"家庭遭到社会排斥、挤压后被迫采取的"内婚制"。类似情况的存在由来已久。

吕思勉注意到，魏晋以降政治上扶植门阀等级的九品中正制，导致"寒门世族，在仕途上优劣悬殊；甚至婚姻不通，在社交上的礼节，亦不容相并。此等界限，直到唐代犹存"。③ 同样，陈顾远指出，中国古代向来存在良贱阶级的内婚制、士庶阶级的内婚制，因此"凡遇阶级存在之场合，彼此不

---

① 四川省地方志编纂委员会编：《四川省志·民俗志》，四川人民出版社，2001年，第67页。
② 柴福善：《往事与乡情》，作家出版社，1999年，第145页。
③ 吕思勉：《中国文化史》，新世界出版社，2016年，第61页。

能婚姻，实为其主要鸿沟之一，故从阶级之标准言，率以内婚制之采取为常也"。① 上述言论虽然着眼古代基于阶级、等级的内婚制，但是对于理解1966—1980年间的择偶观念与行为不无借鉴意义。

研究者埃德蒙·利奇（Edmund Leach）认为，婚姻具有多重的社会意义。其中值得特别提出的是：其一，它可以为某女性的子女确定法定父亲、为男性的子女确定法定的母亲；其二，赋予一方或双方配偶以对另一方进行性接触的垄断权；其三，确立一方或双方配偶以支配、利用另一方劳动力的权利；其四，赋予一方或双方配偶以支配另一方财产的权利；其五，为了孩子的利益，确立一个财产共有基金/财产共有契约；其六，确立配偶之间以及各自亲属之间的姻亲关系。② 上述这些含义在不同的婚姻中或有明显区别，理论上不存在同时注重上述含义的典型婚姻。不过，婚姻的上述意义有助于研究者理解和分析阶级成分、家庭出身对择偶行为的影响。

从埃德蒙·利奇提出的第一种社会意义而言，阶级成分的"继承性""连坐性""从夫性"是影响择偶行为最关键的因素。换言之，父母（特别是父亲）的阶级成分直接影响或决定子女的家庭出身和社会流动，青年女性（及其家庭）选择男方（包括婆家）不得不考虑婚后子女（外孙、外孙女）的政治身份。地主、富农、反革命分子、坏分子的子女被称为"狗崽子"，不是根据他们的政治表现、追求进步与否，而是根据他们的父辈1949年前的阶级成分。家庭出身的不可选择性，迫使青年女性及其家庭尽可能回避"黑"类家庭出身的男青年。并且，阶级成分的"连坐性"，造成直系亲属或近亲同样受到社会的排斥。父母如是"四类分子"，无疑会使子女受到"狗崽子"的对待。爷爷、奶奶（甚至包括外公、外婆）的阶级成分，同样也会对孙辈的择偶造成影响。

从埃德蒙·利奇提出的第二种社会意义而言，婚姻是使男女性关系合法化的制度框架，同时还为夫妻间加深情感交流并为牢固的爱情关系提供法律

---

① 陈顾远：《中国婚姻史》，商务印书馆，2017年，第27页。
② ［美］康拉德·菲利普·科塔克著，熊茜超、陈诗译：《简明文化人类学：人类之镜》，上海社会科学院出版社，2011年，第177页。

保障。一般而言，阶级成分或家庭出身相同或相近更容易产生"阶级感情"，更重要的是有更多工作交流、社会交往的机会。沈阳市铁西区的冶炼厂职工回忆，"那时候，'以厂为家'不仅仅是一句口号，厂子就是社会，厂子就几乎是你生活的全部。你把劳动贡献给它，它管你吃喝管你住，管你退休还管你儿女"。该厂职工刘建夫妇称："包括俺家所有的人都是冶炼厂的，包括亲家都是。他大嫂、他二哥、二嫂、他、我，咱家我姐、我姐夫，我爸，我三姐一家，我二嫂一家，我大嫂家也都是"。[①] 从沈阳铁西区职工的回忆中可以看出，相同工人阶级或工人职业群体之间交往频繁，他们相互通婚、相互联姻的行为与社会学界所称的"同类婚"（Homogamy）接近。中国俗语有所谓"门当户对"的说法。社会学的研究认为，种族或民族相同的个体、价值观或兴趣爱好相近的个体，更容易产生通婚现象。同样，个人的社会属性（如教育程度、社会经济地位和家庭背景）相同或相近的，更容易有相互通婚的行为。"同类婚"，不只是对婚姻现象的解释或描述，更是强调"同类"和"非同类"之间存在界限，跨越该界限往往要承受一定的社会压力和额外代价。[②] 前文提及的地主、富农子女间的"换亲"，虽然是以兄妹互换的原始方式通婚，但是同样也体现"同类婚"的性质。

不过，婚姻固然为男女性关系合法化提供制度支持，但是非感情目的或出于特殊原因结合的婚姻（特别是作为工具被利用的婚姻），往往难以为婚后夫妻情感交流提供保障。"四类分子"（或"四类分子"家庭出身）的女性，往往希望通过与"红"类男性结婚进而避免受到排挤。此类婚姻会因为夫妻双方的社会经验、社会阅历、知识背景、兴趣爱好等方面存在差距，婚姻质量可能会受到影响。轰动全国的"遇罗锦离婚案"，其根本原因在于遇罗锦"因言获罪"。劳教结束后，遇罗锦为生活所迫不得不先后同毫不相识的农民、有北京户口的工人结婚。特别是第二次婚姻，最终因双方文化差异、情调差异太大、感情破裂而离婚。这种婚姻模式是特殊情况下出现的，遇罗锦为改变自身处境而被迫与普通工人结婚。双方离婚及引发的全国讨

---

① 大力、丛笑：《笑声泪影：中国人六十年婚恋往事》，中国发展出版社，2012年，第161—162页。
② 李煜、徐安琪：《婚姻市场中的青年择偶》，上海社会科学院出版社，2004年，第26—27页。

论，又是对"以阶级斗争为纲"年代择偶标准政治化的反思。[①]

　　阶级成分、知识背景存在差异的男女双方，有时也会形成资源互补式的婚姻模式。通常情况下，人们会被某种特定的异性所吸引，这是由其所能提供的资源所决定的。男方拥有的政治身份、经济收入、可靠品质，往往可以换取女方的年轻、美貌，这通常会被认为是符合择偶规则的。著名作家许地山之女许燕吉，因"右派"和参加"反革命组织"而获刑。1971 年再婚时，许燕吉已有 38 岁。大学毕业的许燕吉明确提出："千万别找'地富反坏'，成分不能高，最好是贫下中农，而真要是贫下中农的话，那大概就都是文盲。"许燕吉因为"五类分子"问题而饱受苦难，她希望"挑一个嘴能说、贫民、不笨、不混账的老头儿，再就是家庭人口要简单，免得陷入复杂的人际关系"。这些都是与其以前生活经历有关。最终，许燕吉与陕西省不识字的放羊老汉魏振德结婚。放羊老汉 50 多岁，并且还有一个与前妻生的儿子。但是，许燕吉和魏振德对此桩婚姻都表示满意。许燕吉认为，陕西关中农村尚能解决温饱问题，魏振德老汉挺会说的，心地还挺善的，并且家庭关系相对简单，除前妻生的儿子外，没有其他家庭成员，结婚后没有婆婆管着。魏振德选择许燕吉，首要是不要（彩礼）钱，并称"好容易有个不要聘礼的"。只要未来的妻子能照顾前妻生的儿子，就心满意足了。最终，二人第一次见面就确定婚事，第二次见面时便领了结婚证。[②] 许燕吉的择偶行为与其"五类分子"的政治身份关系密切。固然，男方的阶级成分在她择偶标准中占据很重要的位置，但是个人性格、经济收入、家庭关系等并未被排除在外。

　　通常情况下，人们的择偶标准往往并非唯一，很少有人在选择配偶时"吃凉不管酸"。上文提及的许燕吉，本人是受管制的"五类分子"，并被下放到石家庄新乐县的贫穷农村。但是，她的择偶标准仍然是出于理性考虑。首先，是从政治条件上要求对方不能是"地富反坏"，其次要求对方能说、不笨、不混账。同时，她还要求对方家庭关系简单，不想受恶婆婆的家庭压

---

　　① 顾秀莲主编：《20 世纪中国妇女运动史》下，中国妇女出版社，2013 年，第 32—33 页。
　　② 《1970：羊倌魏老汉的名门媳妇》，《31 人说：我们的中国式人生 》，香港中文大学中国研究服务中心编：《民间历史》，http：//mjlsh.usc.cuhk.edu.hk/book.aspx? cid=2&-tid=2834&-pid=7246。

迫。魏振德虽然是不识字的普通农民，但是仍然对女方有要求，特别是看重对方不要（彩礼）钱。仅仅因为对方某一项条件符合要求而不顾其余，往往并非择偶过程中的理性选择。一般而言，人们在择偶时会考虑对方的年龄、性格、品行、身体、婚姻状况、教育程度、容貌、健康程度、职业、地区、处事能力、是否重感情、居住地区等条件。徐安琪的研究显示，1967—1976年间调查对象对未来配偶家庭出身、社会关系的重视程度特别高。如果再考虑对方的成分和政治面貌，二者合计约占 52.3%。不过，即便如此，1967—1976 年间人们还是更看重老实可靠、温柔体贴、聪明能干一类的人品个性。[①] 这是特别值得注意的现象。或许可以说，阶级成分和家庭出身对人们的择偶行为有很重要的影响，但是这种影响并非具有普遍意义。与人数较少的"四类分子"相比，非"四类分子"才是汪洋大海。通常情况下，除非单纯调查"四类分子"的择偶问题，才能显示阶级成分、家庭出身的重要性。否则，上述调查数据极容易引起阶级成分或家庭出身对择偶行为影响"并不重要"的误解。

跨越阶级成分或家庭出身的婚配方式存在男女有别，即"黑"类家庭出身的女青年与贫下中农子弟结婚是重新换取政治身份的重要途径。但是，"黑"类家庭出身的男青年却很难通过婚姻改变政治身份，更何况女性一般是不愿与"四类分子"家庭成员结婚的。广东省乐昌县廊田公社楼下生产大队的某家农民，不知出于何种原因，强行让自己的女儿嫁到寨头村的富农家庭。女儿出嫁前多次向父亲表述"不愿嫁到阶级敌人家里"，但最终没有拗过父母之命。结果，婚后三个月便出现精神失常现象，成为"发颠"的"废人"。[②] 楼下大队距离县城乐城镇 11 公里，是当地的粮食主产区，经济发展条件相对较好。[③] 寨头隶属于始兴县岗顿公社，距离楼下大队较远且交通不便。在农村青年婚姻自主性普遍提高的背景下，该女青年却受父亲强迫而远

---

① 徐安琪：《择偶标准：五十年变迁及其原因分析》，《社会学研究》2000 年第 6 期。

② （广东省乐昌县）后廊田公社白严大队妇女主任陈秀珍：《斩断刘少奇在婚姻问题上企图复辟资本主义的黑手》，广东省档案馆藏件，卷宗号：233−2−0324−010001。

③ 刘南威主编，中华人民共和国地名词典《广东省》编纂委员会编：《中华人民共和国地名词典·广东省》，商务印书馆，1994 年，第 98 页。

嫁到"阶级敌人"家里，无论如何都实是少见的案例。

　　埃德蒙·利奇认为婚姻的社会意义，还在于为确立配偶之间及各自亲属之间的姻亲关系。从此角度而言，与"四类分子"或"五类分子"结婚，无疑成为"黑"类社会关系网络的一部分。政治问题往往带有"连坐性"，"黑"类政治身份同样会给女方家庭带来霉运。"黑"类阶级成分或家庭出身的男青年，几乎难以在"红"类异性中找到配偶。受访者 F 和 M 曾提到："那阵子，找对象，政治条件是个突出的（因素）。找对象，多了个条件，并且是个重要的条件。那阵子，我们是×××第六队的，男青年娶媳妇的如××、×××、×××"，"其中一个，是地主出身，找了一个（对象）也是地主出身。"[①]"黑"类出身的男青年将择偶范围限定在"黑"类女青年，主要因为"黑"类女青年在择偶时亦有劣势。不过，与"黑"类男青年不同的是，"黑"类女青年有时会出于容貌、身材等原因与"红"类的男性结婚。

　　安徽省望江县出生的徐春芳（安徽诗歌学会副会长），其祖父是地主，曾任国民党保安大队的队长。其父亲因此而被迫辍学，只能依靠打家具维生。徐芳春回忆：

　　　　长大成人的父亲出落得玉树临风、仪表堂堂，还多才多艺，吹拉弹唱样样都行。就是现在他在大街上行走，也常常被人误认为是退休干部，可以想见他年轻时候的风采。当时喜欢父亲的姑娘非常多，不过到了谈婚论嫁的时候，他的地主帽子又成了大问题。在那个年代，找不到对象的地主子弟非常多，因为跟这样的人过日子，就意味着永远被人歧视，还要常常承受被批斗甚至死亡的痛苦，所以有不少地主的子孙一辈子打光棍，绝了后。

　　　　很多姑娘希望我父亲入赘到她们家，这样就不是地主身份了。但我父亲不愿入赘，这样婚事就拖了又拖。后来，他和一个同样是地主出身的姑娘好上了，并且到了谈婚论嫁的地步。不料，天有不测风云。我父亲从城里一朋友那借来一部收音机，那时候的农村，收音机是稀罕物，

---

① 笔者访谈记录（访谈对象：FDY），时间：2007 年 8 月，访谈地点：河北省唐山。

父亲喊来那姑娘的哥哥一起来摆弄收音机。我父亲他们随意换台，收到了严凤英演唱的《天仙配》，我老家本来是黄梅戏之乡，大家都好唱几句黄梅戏。这下祸事来了，由于严凤英当时已被打倒，黄梅戏也成了禁戏，他们收听的是台湾的广播，这样，就被人告发为"收听敌台"。父亲和那姑娘的哥哥就被乡里五花大绑逮了起来，要他们供认是反革命团伙。这时候，一个垂涎姑娘美貌的贫民子弟就"趁火打劫"，因为他的家庭根正苗红，家里有人在公社里当领导，他们就吓唬姑娘的父母说，如果同意姑娘和那贫民子弟结婚，就放了姑娘的哥哥和我父亲；如果不同意，估计他们两个人都要被打死。姑娘考虑了很久，只有心一横，泪眼婆娑地答应了这门亲事。我父亲和姑娘的哥哥都被放了出来，但从此他和那姑娘只能是路人了。[1]

在农民的择偶标准中，徐春芳父亲除地主的家庭出身之外，拥有许多明显的优势条件。如"玉树临风、仪表堂堂，还多才多艺，吹拉弹唱样样都行"，并且还有一门会打家具的手艺，这恐怕是"他和一个同样是地主出身的姑娘好上"的重要原因，同时也是"很多姑娘希望我父亲入赘到她们家"的背后因素。但是，徐春芳的父亲之所以不愿意"入赘"、改变自己的成分，是因为上门女婿在部分农村被视为羞辱的婚姻模式。

"文革"时期的"入赘婚"被重新赋予新的意义，提倡青年人争"做男到女家结婚落户的促进派"，并称此行为是"男女平等的革命行动"。"入赘"婚在民族区域自治县份并不少见，在经济收入较高的村寨更是如此。有资料显示，广西凌云县金保寨"入赘婚相当盛行"，并且"入赘有长期入赘与短期入赘之分，短期入赘是男子在女方家中居住几年，等女方生完孩子以后就回到男方家中；长期入赘则是男子长期居住在女方家，改为女家姓，并中止与自家人的联系"。[2] 另外，云南大理的白族，"入赘婚"亦有上千年的传统。1930—1970 年，入赘到大理县七里桥洱滨大队的汉人有 176 人。[3] 云南摩梭

---

① 徐春芳：《风从故乡来》，安徽师范大学出版社，2017 年，第 201—203 页。引文中作者提到的"父亲和那姑娘的哥哥就被乡里五花大绑逮了起来"，其中的"乡里"应是"公社"之误。
② 周大鸣、吕俊彪：《珠江流域的族群与区域文化研究》，中山大学出版社，2007 年，第 67—68 页。
③ 大理州白族文化研究院编：《白族族源新探》，云南大学出版社，2016 年，第 398 页。

人独特的"走婚"习俗，在"文革"时期受到干扰，不少人被迫放弃"走婚"改为"一夫一妻"。这种情况下，男到女家"入赘"有其特殊性。①

　　无论是农村还是城市，父母一般是不会同意儿子当上门女婿的。除少数例外，一般父母都有追求父慈子孝、儿孙绕膝的家庭理想。没有儿子的家庭，在难以实现三世同堂或四世同堂愿望的情况下，除过继、收养等渠道外，往往通过"入赘婚"来解决问题。招上门女婿，可以解决家庭"绝后"的担忧，也可以解决"黑"类青年的择偶困难。但是，传统的从夫居、以父系为主导的习俗，往往阻止男青年成为上门女婿。1966 年以后，虽然公众舆论鼓励男方到女方家落户，但是当上门女婿往往只是发生在少数经济困难的家庭或"四类分子"家庭当中。② 城乡虽然部分存在入赘婚的习俗，但是有儿子的家庭对此却普遍抵制。入赘意味着儿子同父母断绝了赡养关系，同时在岳父母家还不能完全享受儿子的权利。按许多地方的习俗，上门女婿的姓氏需要更改为岳父家的姓氏，上门女婿的未来子女也要使用岳父家的姓氏。这对传统婚姻所附带的继承香火观念形成巨大冲击。上述引文中，徐春芳父亲的家庭出身为地主，他拒绝"入赘"及改变政治身份的机会，其中一个重要原因恐怕也与难以违背社会舆论、难以继承香火相关。

　　杨懋春在对山东农村的研究中提到，中国传统社会经常将成家与立业相提并论，通常视婚姻、家庭为事业的基础。"如果男子没有结婚就死了，下葬时不举行仪式，（当地人认为）他的灵魂也不能进入祭祖祠堂。而已婚男人死了，必须举行正式的丧葬仪式。已婚男人如果没有儿子，死前可以收养一个，这样家庭就能延续下去。他的牌位将放在祭祖祠堂，受后代祭拜。"③从此角度而言，作为特殊的结婚形式，"入赘"固然也是成家的一种形式，死后却不能进入祭祖祠堂，被视为同光棍汉一样没有尽到延续香火的义务。

---

　　① 赵鹏：《湖畔异居者：从一个村庄看摩梭走婚及其变迁》，中央民族大学出版社，2014 年，第 205—207 页。

　　② 研究者伯顿·帕斯特纳克发现，天津市的入赘式婚姻有增多趋势，这种婚姻模式有利于减轻老年人对儿子的依赖，同时也加重了头胎生女孩的家庭想继续生男孩的倾向。传统势力往往阻止儿子入赘，招上门女婿的婚姻在 1966 年以后有所增加，但仍居少数。参见〔美〕伯顿·帕斯特纳克：《红天里的居民：中国城市的婚姻与生育》，《中国社会科学》1988 年第 2 期，第 11—12 页。

　　③ 〔美〕杨懋春著，张雄等译：《一个中国村庄：山东台头》，江苏人民出版社，2001 年，第 103—104 页。

因此，入赘不是代表着结婚与否，而是斩断了与祖先保持血缘相通的意义。

一般来说，儿子入赘当上门女婿，父母都会承受沉重的心理压力。只有家庭贫穷或其他原因导致择偶困难的青年才会选择"入赘"。当上门女婿，毕竟在农村被视为不光彩。并且，上门女婿到岳父母家生活，多少有寄人篱下的感觉，需要经受岳父母家类似"小媳妇"的待遇。河北省定县后营大队的资料显示，当地推动"男到女家结婚"存在不少困难。农民对此通常有"三怕"："一怕别人笑话；二怕儿子受歧视；三怕不管自己。"① "怕别人笑话"，是指父母要背负没有尽到为儿子娶亲成家的责任；"怕儿子受歧视"，是指儿子"倒插门"以后要面对岳父母及其同村人的排斥；"怕不管自己"，是指儿子入赘后将不再承担为亲生父母养老的义务。这三重"怕"，是入赘婚被视为另类的重要因素。在以从夫居为主流的社会，"四类分子"家庭出身的入赘只能属无奈之举。

对于"四类分子"出身的女青年，理论上他们可以选择嫁给"红"类男性为妻。不过，对于"红"类男性及其家庭而言，与"黑"类联姻、娶"狗崽子"为妻，仍然具有一定的社会风险。阎云翔注意到，黑龙江省的下岬村，上世纪六七十年代的男女青年都很看重家庭出身。从女方的角度来看，男方家庭经济状况是第一位的考虑。毕竟，从夫居的习俗使得婆家的经济状况直接影响到婚后小夫妻的生活质量。从男方的角度来看，女方家庭的名声要被考虑得更多，因为这是决定姑娘品德的重要因素。对于追求政治进步的人来说，"他们找对象时的政治标准就要更高"。上世纪 70 年代早期，下岬村两个最积极的年轻人没有被吸收入党、也没当上干部，原因是他们都和出身不好的姑娘结了婚。有人批评他们说，他们的老婆都是反革命、是定时炸弹。当地大约在 10 年的时间里，有政治抱负的年轻人在择偶时，都会认真考虑对方的家庭出身。② 正如前文所说，阶级成分和家庭出身在社会关系中具有"连坐性"，它不仅仅影响到当事人的政治处境、个人发展，同时也会

---

① （河北省）定县后营大队党支部：《做男到女家结婚落户的促进派》，广东省档案馆藏件，卷宗号：314—A1.5—0045—016001。

② ［美］阎云翔，龚晓夏译：《私人生活的变革：一个中国村庄里的爱情、家庭与亲密关系（1949—1999）》，上海书店，2006 年，第 88 页。

波及与当事人关系较近的亲友或眷属。姻亲和血亲，通常被视为最直接的社会关系，它们同阶级成分、家庭出身之间的"连坐"关系更为紧密。这种"连坐性"不只是体现在"四类分子"男青年的择偶行为上，同时也会体现在"四类分子"女青年的择偶行为上。部分地方甚至出现不允许地主富农子女与贫下中农通婚的现象，发现地主、富农女儿嫁给贫下中农的儿子，便批判为地富家庭利用"美人计"拉贫下中农下水。① 地富家庭出身的青年女性同男性一样，她们不少人的择偶过程同样带有浓重的悲剧色彩。基于家庭出身主要由祖父、父亲一支继承下来，四类分子女儿择偶与阶级成分、家庭出身的连带关系稍显松懈。

河北省怀来县某地主家的女儿，同其他"五类分子"一样，"文革"时期被从县城驱赶到农村。但是，她却与北京市的作家张骥良结婚，张的视力存在障碍。张骥良回忆，他们新婚之夜：

> 母亲轻轻地把门带上，我想让心情安静下来，戴之恒关上了灯，房间里顷刻间暗了下来。我感觉夜张开了血盆大口，竟然想把我一口吃进肚子里。我已经无泪可流了，自己明明知道房间里除我之外还有另一个人，我命令自己忽视她，漠视她。然而我的命令行不通，那个人毕竟切切实实存在着。我又感觉到一种来自四面八方的恐惧，又赶紧拧亮台灯，强迫自己跟着老舍先生笔尖的移动，走进二三十年代北京民俗的市景风情。一走进老舍先生的字里行间，空虚的脑海和心灵一下子被填满了。也不知读了多久，眼睛实在睁不开了，连衣服也没脱，便沉沉地进入了梦乡。②

张骥良之所以忽视、漠视自己的新婚妻子，除他与恋人被生生拆散之外，还有一个重要原因便是妻子来自地主家庭。丈夫视力存在障碍，妻子是地主家庭出身，他们未来的日子存在许多风险和未知困难，这或许是张骥良"感觉到一种来自四面八方的恐惧"的重要原因。

需要补充的是，1966—1980 年间，党员和团员作为政治身份的重要组成

---

① 欧粤：《松江风俗志》，上海文艺出版社，2007 年，第 120 页。
② 张骥良：《骥行千里（大字版）》，中国盲文出版社，2015 年，第 121—122 页。

部分，同样对于人们的择偶观念和行为造成影响。中国著名的语言学家、词典编纂专家丁声树，因为"文革"后期重新主持《现代汉语词典》编纂工作，具有较高的社会声望。其女在谈婚论嫁的年龄，丁声树的夫人为女儿择偶提出"极其苛刻的十大条件"，其中有共产党员、"红五类出身"、大学毕业、身高一米八以上等。① 且不说条件的苛刻程度，单从共产党员的政治面貌在择偶标准中位居第一，可以看出入党对社会声望、社会流动的重要性。70 年代，四川省流行着一首关于女子择偶的民谣，"政治条件是党员，身体健康运动员，风度翩翩像演员，服务周到招待员，父母早死百把元"。② 该民谣提及的择偶标准，涉及政治身份、健康程度、行为举止、温柔体贴、家庭负担、经济收入等多项，再次将党员的政治面貌列为首位。由此可见，政治运动频繁、阶级斗争不断，导致人们在择偶时首先考虑的是追求自保和避祸，其他方面又想对未来的丈夫及其家庭求全责备、样样不落。

简单来说，1966—1980 年间阶级成分和家庭出身对择偶观念及行为的影响，主要是因为国家严格控制了社会向上流动的主要渠道，同时又将政治忠诚度和政治表现同这些渠道紧密捆绑在一起。国家机构严格限制了地、富、反、坏、右等"阶级敌人"的政治参与和向上流动的机会，"五类分子"家庭出身的青年因为受到打压、排挤而在婚姻市场上被边缘化。一个 70 多岁的访谈对象总结："（当时）不管是娶媳妇，还是找婆的（家），（阶级）成分高低比啥都重要。找对象，找了'四类分子'，以后咋过？"③ 如果说阶级成分和家庭出身对择偶有显著的影响，这类观点大致符合实际。然而，值得注意的是，这种影响会随着不同政治时期出现程度不同的波动。并且，对于不同阶级和不同性别来说，阶级成分的含义也有不同。在"文革"时期，地主、富农等"阶级敌人"家庭出身的男青年，他们的择偶受到特别严苛的限制。对于"阶级敌人"的儿子，择偶困境近乎断绝他们延续后代的希望；对于"阶级敌人"的女儿，她们选择配偶的余地固然十分有限，但是总是或多或少地留有空隙。有研究者认为，地主、富农家庭婚姻中的性别差异，可能与男性因人口因素带来的婚姻

① 徐方：《干校札记》，广东人民出版社，2016 年，第 19 页。
② 四川省地方志编纂委员会编纂：《四川省志·民俗志》，四川人民出版社，2000 年，第 68 页。
③ 笔者访谈记录（访谈对象：LHY，时间：2008 年 9 月，访谈地点：河北省邯郸）。

挤压状况有关，同时也和政治身份的父系继承有关。"阶级敌人"家庭中的男性可能终身不能结婚，也可能被迫晚婚或"换亲"。这是 1966—1980 年政治环境带来的压力，同时也同被剥夺了家庭财产的地主、富农等"剥削阶级"无力支付彩礼有关。[①] 不过，家庭财产的被剥夺，本身就是当时阶级政策的一部分，将它列入政治身份对择偶的影响亦无不可。

三、职业身份与择偶偏好

同城乡户籍和政治身份相比，职业身份侧重衡量人们对特定职业的社会地位、经济收入、福利待遇等综合评价的概念。此处，"职业"不仅仅是指个人稳定付出劳动、并获取相应报酬的工作岗位，同时也是获得生存资源及实现个人价值的渠道。与此联系紧密的职业声望，是涉及综合评价的概念，它既受职业本身客观性的左右，又受到文化传统、价值观念、社会心理等主观因素的影响。与职业紧密相联系的是，城镇居民都将个人身份和行为的合法性寄托于名为单位的基层社会组织。城镇居民的工资收入、社会福利、生老病死都依赖于单位。从此角度而言，不同职业构成的单位体制，将国家行政机构、企业组织和其他经济组织合二为一，成为国家权力和国家权威下探到基层社会并推动基层社会运行的动力。可以说，1966—1980 年间的职业是与单位紧密捆绑在一起的，国家在城市主要依赖行政管理权和财产独占权实现社会治理，城镇居民的生存生活和社会流动受此影响巨大。以单位为单元、以职业条块分割的管理和生活方式，是集体主义时期城市生活区别于传统社会的独特之处，也是考虑择偶观念和行为必不可少的角度。

1966—1980 年间，同整个集体化经济时期一样，中国社会结构的经济特征表现为，单一公有制计划体制下的资源一元化占有和分配。在城市的国有经济部门中，国家是当然的资源占有者和支配者。在城乡的集体所有制部门中，国家仍然是资源的实际占有者与控制者。基于国家对城镇不同所有制的职工及农村的农民采取不同资源分配规则，社会成员之间除存在显著的城乡

① Weiguo Zhang, *Class Categories and Marriage Patterns in Rural China in the Mao Era*, Modern China, Vol. 39, No. 4 (July, 2003), pp. 462—464.

差别外，还存在全民所有制部门与非全民所有制部门之间的分配差别。影响
更为广泛的是，国家控制下的分配规则和非市场的分配体系，决定个人社会
资源分配的依据不是社会成员的能力和实际贡献，而是社会成员因其居住地
或职业而获得的身份。社会成员一旦获得某种身份，便会相应地获得与之相
对应的资源。固然，这种资源分配方式有利于缩小个人间社会经济地位的差
别，促进社会群体内部资源分配结果上的平等。但是，从全社会范围来看，
这种分配体系和身份固化，使得资源分配机会的不平等大量积累，并强化了
城乡之间、职业之间的差别及全民所有制与非全民所有制之间的差别。① 以
赶超战略为导向的社会发展轨道上，强制性积累使得整个社会严格地处于国
家权力的控制之下，单位作为"代理人"又严格地控制和照顾职员的生老病
死、衣食住行。与之相伴随的是，职员完全依赖单位组织，脱离单位几乎寸
步难行。在计划体制的主导下，国家重点扶持或政策倾向的职业或单位，会
在工资收入、医疗保障、福利待遇、向上流动机会等方面存在明显优势，从
而导致不同职业或单位成员在享有社会资源方面出现差异，基本成为主导或
影响择偶优势与劣势的关键性因素。

　　从世界婚姻发展史的角度来看，女性择偶时相对来说更看重男性（当下
或未来）的社会地位和经济状况。戴维·巴斯在其名著《进化心理学：心理
的新科学》中提出，人类男性对妻儿投入的精力之多，是在灵长目动物中绝
无仅有的。其他雄性灵长类动物都极少与配偶分享资源，雌性动物都只能依
靠自身的努力来获取食物。与此相比，人类男性肩负提供食物、寻找居所、
守护领地、保护子女的重任。他们还要注重培养子女的运动能力、生存技
能、社交技巧。男性的社会地位可能会由子女继承，在子女长大后，男性还
会帮助他们建立互惠联盟关系。② 从全世界范围来说，男性与女性择偶方面
存在明显的偏好，通常男性更喜欢年轻美貌的配偶，他们不能容忍妻子在性
方面（真实的或想象的）不忠；与男性相比，女性偏好年龄稍大的配偶，希
望配偶看上去勤奋、地位较高、经济上较宽裕。③ 择偶意愿与择偶标准上的

① 参见陈婴婴：《职业结构与流动》，东方出版社，1995 年，第 31—33 页。
② ［美］巴斯著，张勇、蒋柯译：《进化心理学：心理的新科学》，商务印书馆，2015 年，第 117 页。
③ ［美］库恩等著，郑钢等译：《心理学之旅》（第 5 版），中国轻工业出版社，2015 年，第 498—499 页。

男女之别，其核心不外乎与生育（子女）、赡养（老人）、抚育（子女）等基本功能相联系。通常男性从经济收入、社会保护上发挥的作用，这是对其难以主要承担生育子女及在抚养子女方面付出较少精力和时间的弥补。生活中常用郎才女貌来形容夫妻之间的般配，重点在于强调进入婚姻市场的男性和女性具备的基本条件。通常来说，男性结婚必须具备一定养家糊口、维护家庭基本功能运转的经济基础和个人能力，只有如此才能保证女性在怀孕和养育子女上安全投入精力。同时，男性的经济基础和个人能力，还同日后养育子女和赡养老人密切相关。与此相比，娇好的容貌和健美的身材，通常是女性身体健康和具备生育能力的重要标志。生育健康的子女并养育他们长大成人，是婚姻和家庭最基本的功能之一。女性的健康与否，直接关系到生育、养育子女的体力支出。基于女性容貌的不可选择性，研究者强调，择偶行为过程中的交换与互惠的原则，更倾向要求男性用足够的社会经济资源来换取女性的生育子女能力和抚养子女能力。追求男女平等的任何理论，都无法回避婚姻、生育中男女之间的不同和分工。男女间的不同与分工，是导致择偶与婚姻中交换存在必要性的重要前提。[1]

　　宁夏石嘴山有句谚语，"嫁好了是个汉子，嫁不好了是个乱子"。[2] 很显然，这句谚语是从女性的角度来说的。对于女性来说，婚姻某种程度上具有"第二次生命"的意义。特别是从未婚到已婚的不可逆性，使得女性的再婚充满变数或艰难。因此，人们常常认为，女性能否嫁好对于她的未来生活至关重要。如果嫁好了，丈夫足可依赖，未来便是支撑全家人生活的"汉子"。如果嫁不好，便要面对未来的艰辛，生活难免出现"乱子"。基本上，前文关于择偶的谚语多是从农村女性角度而言的：如"一军、二干、三工人，至死不嫁庄稼人"，"一干、二工、三教员，种庄稼的就不谈"，"一军、二工、三教员，嫁个农民狠要钱"，"先干部，后工人，秃子瞎子找农民"，"女儿女儿快快长，长大嫁给事务长；事务长，掌铲铲，粮食再少不饿饭"，"拿工资

---

　　① Schoen，Robert，and John Wooldredge，*Marriage Choices in North Carolina and Virginia*，1969－71 and 1979-81，Journal of Marriage and Family，vol. 51，no. 2，1989，pp. 465 - 481.

　　② 中国民间文学集成全国编辑委员会编：《中国谚语集成·宁夏卷》，中国民间文艺出版社，1990 年，第 371 页。

的试试看，拿工分的靠边站"。① 陕西宝鸡有俗语，"听诊器（医生）、方向盘（司机）、领导干部的儿子和营业员"。② 在上述谚语中，具备择偶优势的职业群体包括：军人、干部、工人、教员、医生、司机、营业员等拿工资的，甚至还包括食堂的事务长。上述流行的谚语，都说明女性农民同这些职业群体结婚具有"高攀目的性"，意味着可以脱离农村贫困生活、换取某种生活便利，甚至重新开启"第二次生命"。

事实上，这些职业群体与农民结婚的比例并不高。研究者在对北京、天津、上海、南京、成都五城市进行调查后发现，婚前夫妻家庭经济状况上两家相似的比例总体为 57.02%，远高于娘家较富的 20.17% 和婆家较富的 22.81%。两家相似意味着男女双方家庭在职业、收入、社会地位等方面接近，基本符合通常所说的门当户对原则。特别是来自北京宣武区椿树街道办事处东河沿居委会、天津尖山街红星二委的调查证实，两家相似的比例高达 76.43% 和 85.88%（参见图表 48）。这意味着，居民与农民两大通婚圈的壁垒很难打破，农村女性与大城市男性结婚的比例较低。换句话说，上述谚语更多地反映的应该是理想的择偶标准，而非现实的择偶行为。同上述谚语形成对照的是，亦有农村流行"跟上干部怕下放，跟上工人怕下矿，跟上军人怕打仗，跟上学生怕考不上，不如跟上个农民心闲睡热炕"。③ 毕竟，多数农村女青年仍然与农村男青年结婚，多数城市女青年仍然与城市男青年结婚。当然，这并不排除例外情况的出现，特别是知青与农民的婚姻、择偶困难的部分城市居民与农村青年缔结的婚姻等。上文已经讨论城乡户籍对择偶观念与行为的影响，此处不再重复居民与农民两大通婚圈的问题。

图表 48：五城市夫妻婚前家庭经济状况比较表

两家比较	东河沿	团结湖	尖山街	张家弄	长春街	双阳路	四福巷	如是庵	总体
娘家较富	9.43%	25.98%	6.71%	22.46%	25.03%	26.32%	19.90%	15.99%	20.17%

---

① 刘炳银：《顺口溜初探》，华中师范大学出版社，2011 年，第 144—145 页。
② 宝鸡县志编纂委员会：《宝鸡县志》，陕西人民出版社，1996 年，第 998 页。
③ 中国民间文学集成全国编辑委员会编：《中国谚语集成·宁夏卷》，中国民间文艺出版社，1990 年，第 371 页。

（续表）

两家比较	东河沿	团结湖	尖山街	张家弄	长春街	双阳路	四福巷	如是庵	总体
两家相似	76.43%	45.68%	85.88%	50.48%	48.78%	49.42%	56.21%	56.92%	57.02%
婆家较富	14.14%	27.34%	7.41%	27.06%	26.19%	24.26%	23.89%	27.18%	22.81

资料来源：五城市家庭研究项目组：《中国城市家庭：五城市家庭调查报告及资料汇编》，山东人民出版社，1985年，第262页。本表录入时，有部分删减。

值得继续追问的是，为什么某些职业会在婚姻市场上占据优势？换句话说，这些职业的择偶优势是如何形成的？简单来说，某些职业形成的择偶优势，是特定社会环境下政治形势、经济形势发展的晴雨表。军人、干部、工人、教员、医生、司机、营业员等职业，择偶优势是整体上受制于政治、经济、文化、社会心理等因素。人们的择偶意愿集中在某些有利于个体生存或发展的职业，原因在于这些职业在与同性竞争时更容易获得成功，他们拥有更多资源、机会，进而增加自己生存和繁殖的机会。[①] 与上述职业中的异性结婚，更能保证婚后生活无忧、子女成长环境更为优越。以下分别对主要职业的择偶优势和劣势进行分析。

革命军人

如上文所述，"一军、二干、三工人，死也不嫁老农民"，这是六七十年代许多地方都流行的民谣、谚语。[②] 1966—1980年间，军人在国家政治生活中拥有其他职业难以企及的社会声望，现役军人、复转军人成为青年女性理

---

① ［美］巴斯著，张勇、蒋柯译：《进化心理学：心理的新科学》，商务印书馆，2015年，第429页。
② 山西有许多地方有类似民谣，比如"一军、二干、三工人，没法子才嫁受苦人"（参见中国民间文学集成全国编辑委员会、《中国歌谣集成·山西卷》编纂委员会编：《中国歌谣集成·山西卷》，北京中国ISBN中心，2009年，第531页）；忻州民谣称，"一军、二干、三工人，将将就就教书人，至死也寻老农民"（参见王兴治编：《忻州地方民谣歇后语》上，山西人民出版社，2010第，110页）；左权县民谣称，"一军、二干、三工人，死也不嫁受苦人"（参见宋保明、宋雨峰：《左权民俗》，山西人民出版社，2017年，第238页）；沁水县民谣称，"一军、二干、三工人，无奈才嫁庄稼人"（参见续文琴主编，沁水县地方志编纂委员会编：《沁水县志（1986—2003）》，方志出版社，2006年，第630页）；隰县的谚语称，"一军、二干、三工人，还要看是啥成分"（参见隰县地方志编纂委员会编：《隰县志》，方志出版社，2007年，第120页）；晋城地区的民谣，"一军、二干、三工人，宁死不嫁受苦人"（秦海轩主编，晋城市地方志编纂委员会编：《晋城市志》，中华书局，1999年，第637页）。另外，河南省范县也有类似民谣，"一军、二干、三工人，坚决不寻庄稼人"（参见范县地方史志编纂委员会编：《范县志》，河南人民出版社，1993年，第115页）；内蒙古与宁夏交界的河套地区，当地也有民谣称"一军、二干、三工人，死也不找庄稼人"（马继荣编著：《河套方言集锦》，远方出版社，1999年，第80页）。北京市也有类似的民谣，"一军、二干、三工人，誓死不嫁农民汉"，"最好的嫁军人，中等的嫁干部，次等的工人，死也不嫁农民"（参见《怎样正确对待婚姻问题》［1962年5月10日］，北京市宣武区档案馆藏件，卷宗号：11—2—50）。

想的婚配对象，是与宏观政治背景分不开的。[①]

1966 年 5 月 7 日，毛泽东在写给林彪的复信中指出：

> 军队应该是一个大学校，即使在第三次世界大战的条件下，很可能也成为一个这样的大学校，除打仗以外，还可做各种工作，第二次世界大战的八年中，各个抗日根据地，我们不是这样做了吗？这个大学校，学政治、学军事、学文化。又能从事农副业生产。又能办一些中小工厂，生产自己需要的若干产品与国家等价交换的产品。又能从事群众工作，参加工厂农村的社教四清运动；四清完了，随时都有群众工作可做，使军民永远打成一片；又要随时参加批判资产阶级的文化革命工作。这样，军学、军农、军工、军民这几项都可以兼起来。[②]

毛泽东的上述指示信，被称"五七指示"。它体现毛泽东进一步发挥人民解放军职能、整个社会实行准军事化管理的想法。在"五七指示"中，军队被确立为既可以打仗、又可以做各种工作的军事组织。在某种程度上，人民解放军真正承担了毛泽东所说的"战斗队""生产队"和"工作队"的三种职能。[③]

60 年代，学习解放军、拥军优属成为全国范围的政治运动。人民解放军突出思想政治工作，树立不少解放军战士优秀典型。雷锋、欧阳海、王杰等英雄形象，成为鼓励人们学习解放军、学习毛泽东思想的榜样。"学习雷锋好榜样，忠于革命忠于党，爱憎分明不忘本，立场坚定斗志强"，成为六七

[①] 参见李秉奎：《狂澜与潜流——中国青年的性恋与婚姻（1966—1976）》，社会科学文献出版社，2015 年，第 134 页。

[②] 《中国人民解放军军史》编写组编：《中国人民解放军军史》第 4—6 卷，军事科学出版社，2011 年，第 386 页。

[③] 1949 年 3 月 5 日，在中共七届二中全会上，毛泽东指出，"人民解放军永远是一个战斗队。就是在全国胜利以后，在国内没有消灭阶级和世界上存在着帝国主义制度的历史时期内，我们的军队还是一个战斗队。对于这一点不能有任何的误解和动摇。人民解放军又是一个工作队，特别是在南方各地用北平方式或者绥远方式解决问题的时候是这样。随着战斗的逐步地减少，工作队的作用就增加了。有一种可能的情况，即在不要很久的时间之内，就要使人民解放军全部地转化为工作队，这种情况我们必须估计到。现在准备随军南下的五万三千个干部，对于不久将要被我们占领的极其广大的新地区来说，是很不够用的，我们必须准备把二百一十万野战军全部地化为工作队。这样，干部就够用了，广大地区的工作就可以展开了。我们必须把二百一十万野战军看成一个巨大的干部学校"。这是人民解放军"战斗队""生产队"和"工作队"三种职能的出处。参见毛泽东：《在中国共产党第七届中央委员会第二次全体会议上的报告》（节录），总政治部办公厅编：《中国人民解放军政治工作历史资料选编》第 10 册《解放战争时期（三）》，解放军出版社，2007 年，第 458 页。

十年代全国人民家喻户晓的革命歌曲。学习解放军、学习大庆、学习大寨，与全国范围开展的政治运动一样影响人们的思想和行动。"文革"开始以后，大量军队干部出任地方革委会的职务，出现部分军人居功自傲的情况。1971年八九月间，毛泽东在巡视期间同沿途各地负责干部谈话时指出，"工业学大庆，农业学大寨，全国学人民解放军，这不完全，还加上解放军学全国人民"。军队为贯彻毛泽东的指示，要求解放军全体干部战士牢固树立全心全意为人民服务的建军宗旨，发动干部战士对执行政策纪律的情况进行认真分析，自查自纠，找出问题和差距。同时，解放军各级单位还通过召开军民座谈会等形式征求人民群众对解放军的意见，表达向人民群众学习在社会主义建设中的经验、学习地方的好作风的真诚愿望。[1] 这些都极大地促进了解放军形象的深入人心。

随着"准战时体制"形成、国防开支增加、学习解放军运动，军队政治地位大幅提升，部分时段还出现军队"接管"政权的现象，军队的价值观与组织形态被广泛效仿，军人的思维方式与军队的评价标准成为主流价值的重要来源。国防建设优先的背景下，国家其他一切工作围绕着国防建设进行或为其让路。[2] 在准战时体制的背景下，解放军成为普遍受人尊敬、受人爱戴的职业。青少年时期的作家"老鬼"（原名马波）认为，"解放军是最光荣、最神秘、最传奇的革命武士"，"军人是世界上最崇高、最神圣、最壮烈的职业。军人生活充满传奇色彩，有大苦大难，光荣而勇武，备受人尊敬"。[3] 出生于南京的著名作家叶兆言，也有类似的记忆。"一套真正的军人制服，在那个特殊的年代，有着不同寻常的意义，它代表着一个人的身份，代表着一种地位。"[4]

在全国学习解放军的环境下，解放军代表着政治正确、政治可靠、衣食无忧，这种择偶优势是女方及其家长规避风险的基本保证。四川民谣称，

---

① 于兴卫：《全国学人民解放军运动始末》，中国青年出版社，2014年，第245—246页。
② 郝诗楠：《1949年以来中国军政关系的变迁与稳定》，复旦大学博士学位论文，2014年，第75—76页。
③ 老鬼：《血与铁》，光明日报出版社，2002年，第99—101页。
④ 叶兆言：《桃花飞尽东风起》，万卷出版公司，2016年，第186页。

"根正苗红正式工，最好是名子弟兵，历次运动表现好，家庭出身是雇农"。①
子弟兵的政治可靠性，是婚后生活稳定、避免政治运动波及的保证。作为军
人的未婚妻或军属受到处处优待，也是军人成为女性青睐对象的重要原因。
不单如此，身穿军装、头戴军帽成为光荣的象征，也为相亲增加了成功的可
能性。据回忆：

> 1967 年 10 月，（新疆生产建设兵团）农一师给全师革命职工都发了
> 一套黄军装，男式四个口袋；女工两个口袋，并隆重颁发了由总政治部
> 监制的"为人民服务"胸章。凡是开大会、搞游行，一片黄色海洋。

> 韩留春是河南巩县人，家住穷山恶水的北芒山。1973 年 8 月因父亲
> 病重被批准探亲。当他穿着一套崭新的黄军装、佩带金光闪闪的胸章、
> 头戴一顶新军帽、脚穿一双黑皮鞋出现在村头时，这座破烂不堪的小村
> 庄出现了异样的骚动。傍晚，他刚端起饭碗，家里进来三个民兵，指着
> 他说："走，到大队部去！"到了大队部，一位头头眨着眼睛问："你们
> 家成分高，你也算'黑五类'，凭什么穿这身军人服？"韩留春坦然一
> 笑，从口袋里掏出一张"通行证"，上面写着："韩留春，系我团机修连
> 职工，经批准探亲，望沿途提供方便，准予放行。"下面赫然盖着"中
> 国人民解放军新疆军区生产建设兵团农业建设第一师三团司令部"红色
> 钢印。几个人全傻眼了，慌忙赔着笑脸把他送出大队部。

> 第二天清晨，邻居赵二婶就走进家门，她是急性子，说话办事风风
> 火火。她拉着韩留春上下端祥（详），大声嚷道："大侄子，你到那个新
> 疆兵团算是去对了，这不，衣锦还乡呐……"寒暄了一阵儿，她终于面
> 露难色的（地）说到正题："明天你大兄弟要去南乡相亲，正愁没件像
> 样的衣服穿，你的这套行头能不能借给俺用一天？大侄子，不怕你笑
> 话，这都是第三茬了！"他从小和她家狗蛋一块儿光屁股长大，这还有
> 啥说的。他进屋把黄军装换下来递给她，她如获至宝，捧着衣服一阵风
> 似走了。

---

① 四川省地方志编纂委员会编纂：《四川省志·民俗志》，四川人民出版社，2000 年，第68 页。

当晚，传来喜讯，狗蛋这一次相亲成功！

从这天开始，韩留春这套黄军装再没有贴过身，黑皮鞋当然也没有闲过。有人穿着它去相亲；有人穿着它走亲戚；还有的人穿着它去赶集，就连多年不正眼瞧他们家的村支书也觍着脸借去参加公社"活学活用毛泽东思想现场会"。

直到假满归队前，一家人坐在油灯下，父亲气喘吁吁的（地）说："留春哇，你是咱家老二，你大哥、老三、老四还都是光棍。爹求你一件事，这套黄军装能不能给他们留下？"他鼻子一酸，连连点头说："中！中！中！"

韩留春永远不能忘记那个遥远的山村，那套令人难舍难忘的黄军装留在那里……①

上述回忆值得注意之处在于，仅仅是一身特殊颜色和特殊款式的服装，竟然可以让三次相亲都没有成功的邻居绝处逢生，村里人穿着它走亲戚、赶集以显示与众不同，连村支书也穿着它到公社开会。此现象透露出的，不只是军队政治权威影响下的审美取向，更显示人们效仿权威、追随权威的社会心态。心理学家阿尔伯特·班杜拉（Albert Bandura）认为，有地位、有能力、有影响力的榜样，更容易引导他人以类似方式效仿。拥有较高声望等级的社会群体，通常更容易左右或影响他人的判断力。② 黄军装，并没有改变邻居、村里人、村支书的身份。但是，军服却影响了其他人的判断，使他们产生穿军服者与权威相关联的联想。

军队干部可按照职务、资历、特长转业地方工作，这是他们脱离农村艰苦生活的机会。50年代至60年代初，转业干部在职务安排上根据中央规定"不低于军队"的原则，一般都提高一级使用。"文革"后，军队转业干部基本按复员处理，多数被置到工厂、企业工作。但是，军人在军队服役的经历，使他们带有相对较高的政治可靠性，仍然被视为具有择偶优势的社会群体。

---

① 董长安：《一套黄军装》，谷水清：《屯垦记忆：三五九旅屯垦纪念馆文物故事》，新疆生产建设兵团出版社，2009年，第166—167页。

② ［美］班杜拉著，林颖等译：《思想和行动的社会基础：社会认知论》第1卷，华东师范大学出版社，2001年，第290—291页。

陕西省合阳县的农民侯永禄，1970 年 1 月 20 日的日记中记载了在韩城矿务局电务厂工作的复员军人王俊杰与他女儿侯引玲相亲的场景。其中提到，"引玲征求我的意见，我直截了当地说：'只要你们俩人愿意就行，对方出身很清楚，贫下中农、复员军人、共产党员，没有问题。'我没有意见，她妈当然也没意见。引玲和俊杰双方便同意立即订婚。"通过侯永禄前后的日记来看，王俊杰的家里经济条件在农村并不占优势：年幼丧父、母亲以 100 石小麦的身价改嫁。随母改嫁两年后，王俊杰被送回南庄老家，由奶奶和叔叔抚养长大。1965 年，哥哥申生结婚时，兄弟二人由叔叔分家而单独生活。但是，刚嫁进门的嫂子却难以容忍王俊杰。这样的家庭情况，在普通农民看来，应被列入择偶困难的行列。但是，后来担任村副支书的侯永禄之所以同意这桩婚事，同王俊杰的复员军人身份不无关系。正如侯永禄在日记中所示，王俊杰的择偶优势主要在于政治条件，即贫下中农、复员军人、共产党员，这些条件是王俊杰政治可靠性的前提。侯引玲和王俊杰从 1 月 20 日相亲到 31 日领结婚证，中间只有 10 天的时间。男方的复员军人身份，无疑是促使女方同意这门婚事的重要因素之一。[1] 2007 年 8 月，接受访谈的一位调查对象谈起，"只要当了兵了，这个人不管咋差火（方言，意思是'差劲'或'顽劣'——引者注）、家庭咋差火，他本人条件不好，只要当上兵了，他这个媳妇就都说上了"。[2] 当上了兵与说上媳妇关系密切，同时也是向上层社会流动的重要机会，这是 1966—1980 年间农村青年争取各种渠道参军的重要原因之一。

特别值得留意的是，1970 年 8 月 10 日，侯永禄日记中提到："韩城矿务局要招收一些正式职工，但在合阳县路井公社大队只有一个名额。招工的就是我女婿王俊杰。胜天（侯永禄的儿子——引者注）一听非常高兴，心想这次一定会被招去，太好了！"[3] 不过，因为县长的侄子参与这次招工，本来信心十足的侯胜天最终落选。侯永禄的后续日记，没有再提到王俊杰为侯胜天的招工继续努力寻找机会之类。但是，从 1972 年 4 月 1 日侯胜天的家书得

① 侯永禄：《农民日记》，中国青年出版社，2007 年，第 167—168、175 页。
② 梁景和主编：《中国现当代社会文化访谈录》第四辑，首都师范大学出版社，2014 年，第 12 页。
③ 侯永禄：《农民日记》，中国青年出版社，2007 年，第 175 页。

知，他再次获得招工的机会，并最终顺利成为韩城矿务局马沟渠煤矿的正式职工。[①] 1973 年 3 月，担任路井公社供销合作社售货员的侯引玲，被调往王俊杰任职的韩城矿务局电务厂工作。[②] 姐弟二人先后通过招工进入矿务局工作，应与转业军人王俊杰的帮忙有关，同时也与他具有的政治可靠性不无关系。择偶行为与女性婚后的生活联系紧密，同时还与她原生家庭的发展息息相关。

著名社会学家威廉·J·古德认为，一切择偶制度都是讨价还价的结果，"一般说来，物以类聚，人按群分"。择偶行为是权衡自己与对方是否匹配的过程，"通过逐步筛选，就会使得选择的双方价值相当"。[③] 从侯永禄的日记及家书来看，侯引玲与王俊杰的婚姻基本符合同类匹配的原则。女方侯引玲，1963 年小学毕业，1970 年相亲时担任生产队的会计。侯引玲的父亲侯永禄，当时担任生产大队的合作医疗站负责人。男方王俊杰，从军队复员后，任职于韩城矿务局电务厂。相较而言，他的家庭经济状况不占优势。但是，贫下中农、复员军人、共产党员的政治身份为他增添了优势。或许这与侯永禄的父母当场同意孙女的婚事紧密相关。

现役军人或复转军人乃至他们的子弟在农村拥有择偶优势，这样的情况在城市也不同程度地存在。军人拥有的择偶优势，引起部分无法参军青年的羡慕，甚至有些青年对此不无怨恨，怪罪女工因为喜欢军人而冷落了他们。[④] 这种现象的存在，还同军人拥有更广泛的交际网络有关。广泛的人际网络，在交换信息、扩大互助、分享资源等方面无疑有着直接帮助。无论城乡，除血缘、姻亲、居住等原因形成的社会关系之外，人们在就学、参军过程中形成的同学和战友关系，是跨越地域和社会等级的社会网络。特别是战友和军队中的上下级关系，常常能将互助范围扩大到更广阔的地理空间。山西临县的择偶民谣不仅有"一军、二干、三工人"，而且还有"对象要把军人找，

① 《侯胜天家书》（1972 年 4 月 1 日），侯永禄：《农民家书》，人民文学出版社，2011 年，第 7—8 页。
② 侯永禄：《农民家书》，人民文学出版社，2011 年，第 2 页。
③ ［美］威廉·J·古德著，魏章玲译：《家庭》，社会科学文献出版社，1986 年，第 75—76 页。
④ 转引自 Emily Honig, *Socialist Sex：The Cultural Revolution Revisited*, Modern China, Vol. 29, No. 2. (Apr.，2003)，p167.

山南海北足其好"。① 以军人为择偶对象，不只是因为可以到山南海北的军营探亲，还因为军营的战友来自山南海北，军人的交际范围跨越地域限制。这无疑进一步扩大现役或复转军人的社会交际圈，同时也扩大战友、上下级之间相互支持和相互帮扶的范围。从数量上来看，军人退役回村务农的比例并不低。他们出过远门、见多识广、眼界开阔，因此成为姑娘择偶时的青睐对象亦在情理之中。同时，中华人民共和国成立后，长期形成的拥军优属传统为现役和复员军人在就业、享受救助等方面提供了优先权。军人家属可以较多享受政府部门提供的福利待遇和社会照顾，这对军人的择偶优势来说同样是加分项。来自农村的军人，即便遵照"从哪里来回哪里去"的原则，他们在服役期间拥有较多的入党和提干机会，这同样为给他们带来不少改变命运的机会。② 当然，择偶过程有情感因素在发挥作用，也不时充斥着精明的算计。军人的择偶优势，只是相对而言。如上文所示，在中国处于准战时状态的六七十年代，参军意味着有可能为国捐躯、牺牲于战场，因此也有人对此颇有微词，提出"找个军人怕打仗"。③

革命干部

许多地方关于择偶的谚语都提到"一军、二干、三工人"。北京市的谚语，"通县看朝阳，朝阳看城墙，城墙看楼房"。④ 其中，"城墙"自然是指生活在城区的居民，而"楼房"往往是指干部家庭。普通社会心理认为，干部是明显具有择偶优势的社会群体之一。"一军、二干、三工人"的"干"，显然是指干部，但是并非是指具体的职业而言，只是指与群众相区别、担任一定管理职务的工作人员。日常生活中使用的干部包容量很大，其所涵盖的群体范围宽泛，其中既包括农村的支部书记、革委会主任、生产队长、民兵连长、妇联主任等基层干部，同时也包括党政军群等机关的高级干部，还包括

---

① 王洪廷主编：《临县乡土文》，山西人民出版社，2009 年，第 133 页。

② 参见 Eugene T. Murphy，*Changes in Family and Marriage in a Yangzi Delta Farming community*，1930-1990，Ethnology, Vol. 40, No. 3.（Summer, 2001），p. 224.

③ 中国民间文学集成全国编辑委员会、《中国歌谣集成·辽宁卷》编辑委员会编：《中国歌谣集成·辽宁卷》，北京中国 ISBN 中心，2008 年，第 437 页。

④ 北京市检法军管会：《关于正确处理婚姻家庭纠纷的请示报告》（1972 年 5 月 31 日），北京市档案馆藏件，卷宗号：196－3－24－2。

文教卫生、企事业单位的管理人员和工作人员。根据 1955 年 8 月国家机关工作人员工资标准，全国的行政干部被区分为 30 个级别，其中包括：主席、副主席，委员长、副委员长、总理、副总理，正副省长、正副省级市长，秘书长、委员、各委员会正副主任委员、正副部长、委员会正副主任等，办公厅正副主任，国务院秘书厅正副主任、直属局正副局长、正副行长、正副社长等，各部委正副主任、司局长，正副县长、正副市长，专员级正副专员、正副市长，人大正副处长、正副组长、国务院直属局行社室会处长、直属局部委司局属科长，正副区长，科员，处属正副科长，办事员，勤杂人员等。按级不同组织，全国 30 级的行政干部工资从最高的 560 元到 18 元分布。[1]与之相配套的是，党组织、军队、群众团体、企事业等单位的干部都有明确的级别划分和对应工资标准。

　　理论上讲，干部群体工作经验丰富，社会声望、工资收入等较高，他们的社会交往机会较多、交际圈子较广，往往拥有明显的择偶优势。研究者发现，1950 年《婚姻法》颁布后，"干部群体更多地懂得婚姻自由"，他们当中自由婚姻者最多，"民众一般都有愿意与之结婚的心理"。[2]不过，仅仅从层级来看，干部群体在工资、住房、福利、医疗、交通等方面有较大差别。"文革"初期，特别是 1966 年 10 月开始批判"资产阶级反动路线"，"群众要怎么办就怎么办"，"踢开党委闹革命"成为颇有影响力的口号。大批干部"靠边站"或者被批斗，干部群体的社会声望出现明显的波动。"文革"为部分社会群体提供了宣泄不满的合法渠道，部分干部成为他们搞清算的对象。因此，干部群体及其子弟的择偶优势被掺入许多不稳定的因素。上海流行的谚语称："50 年代爱劳模，'文革'时代靠工农，70 年代'海、陆、空'，80年代找'老九'。"[3]在对于政治极其敏感的市民看来，干部是否仍具有择偶优势成为疑问，政治身份安稳、可靠的工农反而进入人们的视线。这应该与"文革"时期干部群体的社会地位、政治前途等具有不稳定因素有关。当然，

────────────────────

　　[1] 《中华人民共和国经济档案资料选编（1953—1957）·劳动和职工保险福利卷》，转引自杨奎松：《从供给制到职务等级工资制》，《历史研究》2007 年第 4 期。

　　[2] 张志永：《建国初期干部群体婚姻问题辨正》，《复旦学报（社会科学版）》2009 年第 6 期。

　　[3] 徐安琪主编：《世纪之交中国人的爱情和婚姻》，中国社会科学出版社，1997 年，第 224 页。

跨越阶层的择偶行为仍属少数，多数人还是遵守"门当户对"的基本原则。

据袁亚愚的研究，1977年以前成都市作为择偶对象的干部群体和选择干部群体的社会群体具有高度的重合性。在接受调查者的第一组（1933—1957年结婚者），属同样性质单位的人相互婚配者的比例，共占全组人数的90%左右；第二组（1958—1976年结婚者），属同样性质单位、相互婚配者的比例，共占全组的84%；第三组（1977—1987年结婚者），属同样性质单位、相互婚配者的比例，下降到75%左右。其中，干部和专业技术人员（包括教师之类的人员）职业与配偶相同者约为56%。[①] "五城市家庭调查"数据显示，丈夫为"机关企事业干部"的家庭，37.4%的妻子仍然为"机关企事业干部"，另外还有27.16%的为"办事人员"，12.03%的为各类专业人员。[②] 夫妻之间职业相同或相近的同类匹配现象，在干部群体中表现明显。上述调查是1982—1983年间举行的，从理论上推测，其中包含了1966—1980年间结婚的受调查者。很遗憾的是，因为缺乏详细数据，从中难以分析1966—1980年间干部群体配偶的职业情况。

干部群体倾向从相同或相近职业中寻求婚配对象，这或许证实了"一军、二干、三工人"只是部分人的择偶理想。相较农村而言，城市居民的粮食供应、住房、就业等都由政府包下来，干部群体有固定的工资收入，粮票、布票、油票、肉票等票证又保证了他们的基本生活。相较生产及运输工人来说，干部群体从事的管理或文字工作花费的体力较少、时间较为宽松。这些是干部占据择偶优势的原因所在。

根据研究者的调查，1978年北京郊区受调查者中，户主为国家干部或民办教师的家庭，分别占1.4%和0.4%；河南省潢川县的受调查者，户主是国家干部或民办教师的，分别为0.3%和2.4%。黑龙江农村（农场）户主是国家干部的为6.4%；四川省黔江、宜宾、金牛的受调查者，户主为国家干部和民办教师的都只有0.7%。上海郊区的受调查者，国家干部为0.4%、

---

① 袁亚愚：《中美城市现代的婚姻和家庭》，四川大学出版社，1991年，第87—89页。
② 五城市家庭研究项目组：《中国城市家庭——五城市家庭调查报告及资料汇编》，山东人民出版社，1985年，第402页。

民办教师为 0.2%；广东省的受调查者，国家干部为 1.5%、民办教师为 0.5%。[①] 国家干部和民办教师在农村人口中所占比例较低，这意味着农村女青年与干部或民办教师（包含这类家庭的子弟）结婚的可能性很低。

通常情况，品行良好、为人正派、身体健康的基层干部，在农村青年女性看来，也属上选的择偶对象。整个集体化时期，农村干部存在不少"偷偷分田到户"和"瞒产私分"等现象，他们同农民共同达成针对政府政策的"反行为"。高王凌的研究显示，为解决当地人的温饱问题，部分农村干部与农民结成"明集体暗单干"的联盟关系。[②] 这些基层干部从实际出发，不是单纯按政策办事，更多考虑到农民的生存和温饱，赢得农民的尊重和信任。他们成为部分女青年的理想婚配对象，亦在情理之中。农村女青年的择偶更加现实，多地都有"嫁给军人要打仗，嫁给干部要下放"的说法。[③] 同现役军人相比，农民不要扛枪打仗；同高级干部相比，基层干部没有"下放"的风险。

农村基层干部在当地拥有的权威和职务之便，使得他们的社会地位和经济生活相对优越。陕西扶风县六七十年代就有所谓"四怕歌"："支书的老婆贫协的娃，槽上的马驹不敢骂；还有会计他二爸，队长他娘惹不下。"[④] 无论监督严格与否，支书、贫协主任、会计和队长是国家权力在农村的代理人，他们拥有普通农民惧怕的权威，一般农民自然不敢骂或惹不下。对于有依仗权势意愿的人家看来，与他们（或其子弟）结婚无疑带有攀高枝的性质。

"新疆羊，四川猪（家庭副业好），'三转一响'红瓦屋；梧桐树，八把

①　雷洁琼主编：《改革以来中国农村婚姻家庭的新变化》，北京大学出版社，1994 年，第 206、263、313、358、412、448 页。

②　高王凌：《人民公社时期中国农民"反行为"调查》，中共党史出版社，2006 年，第 88—97 页。

③　吴林森、李德柱：《镇江风俗》，苏州大学出版社，2007 年，第 223 页。辽宁省长海县的说法是，"找个军人怕打仗，找个干部怕下放"（参见中国民间文学集成全国编辑委员会、《中国歌谣集成·辽宁卷》编辑委员会编：《中国歌谣集成·辽宁卷》，第 437 页）；山东省宁河县的说法是，"嫁个干部怕下放，找个工人怕下矿"（参见中国民间文学集成全国编辑委员会、《中国歌谣集成·山东卷》编辑委员会编：《中国歌谣集成·山东卷》，北京中国 ISBN 中心，2008 年，第 416 页）；湖北省远安县的说法是，"找个干部，又怕下放；找个解放军，又怕打仗"（参见彭善梁、吴光烈主编：《远安歌谣》，内部资料，1990 年，第 201 页）；河南省郑州的说法是，"嫁个干部怕下放，嫁个工人怕下矿，嫁个军人怕打仗，嫁个农民睡热炕"（参见中国民间文学集成全国编辑委员会、中国民间文学集成河南卷编辑委员会编：《中国谚语集成·河南卷》，北京中国 ISBN 中心，2006 年，第 516 页）。在农民眼里，"文革"时期政治运动"反复无常"和"上台/下台"频繁发生，城里的"干部"在农民女青年眼里未必是上选。

④　刘兆义主编，扶风县地方志编纂委员会编：《扶风县志》，陕西人民出版社，1993 年，第 633 页。

粗，老公公还得当支书。"① 上述条件涉及收入、住房、资产，同时也涉及"老公公"当支书的干部身份。除支书外，贫协主任、会计、队长等干部及其子弟也被列为上选。甘肃省岷县的"花儿"（民歌）称，"跟人要跟会计哩，工分不要硬记哩。跟人要跟保管哩，仓库打开只揽哩。跟人要跟队长哩，拍给一把油淌哩。跟人要跟书记哩，入党希不容易哩"。② 此处的"跟人"，即通常所说的找对象和嫁人。"花儿"中提及的会计、保管、队长、书记，都是与农民经常交往的基层干部。他们如果有意刁难或偏袒，会直接影响工分收入、生活质量、政治处境、当兵或招工的机会。这些人在农村婚姻市场中占据优势实属"情理"之中。不过，农村基层干部掌握资源的差别很大，他们受到的约束和监督也有很大差别。有人回忆称，"在那个年代，生产队长、大队干部的一举一动，时时刻刻都被隐蔽的革命群众的雪亮的眼睛盯着呢，你一有多吃多占集体的事，革命群众就会隐蔽地揭发你，举报你。公社（包括县里）一接到革命群众的举报信，就会立即派人调查，一经查实，立即处理"。③ 当然，与此截然相反的案例也有不少。有的农村干部中饱私囊、多吃多占，因而家庭经济情况较为宽裕，惹得农民嫉妒和记恨。有民谚提到，"社员吃的四两粮，拄着拐棍扶着墙；队长吃的四两粮，又打庄子又盖房；管理员吃的四两粮，一家老小白又胖……"④ 同样数量的粮食分配到家，普通社员饿得"拄着拐棍扶着墙"，队长却能"又打庄子又盖房"，管理员"一家老小白又胖"，个中原因不言自明。从此角度而言，不难理解为什么基层干部及其子弟占据择偶优势。

工人

如上文所述，"一军、二干、三工人"是流传甚广的民谚，农村青年和部分城镇青年将"工人"视为理想婚配对象的现象确实值得注意。1949 年以来，全国优先发展工业和重工业的赶超战略，使得社会地位、经济收入、劳动福利等较有保障的产业工人成为择偶优势群体之一。60 年代以来，国内强

---

① 刘炳银：《顺口溜初探》，华中师范大学出版社，2011 年，第 146 页。
② 李璘：《退耕文存》，甘肃人民出版社，2015 年，第 203 页。
③ 王荣方：《我们坐在高高的谷堆旁边》，文汇出版社，2013 年，第 233 页。
④ 周彩人：《柴门》，江苏人民出版社，2015 年，第 210 页。

调阶级和阶级斗争的政治空气，使工人阶级的社会地位和社会福利进一步得到保障。

1967 年初，"文革"初期的红卫兵运动逐渐落幕，"工人阶级领导一切"，工人造反派进驻各大中小学及部分单位，工人阶级成为继红卫兵之后占据政治舞台的新生力量。"工人阶级领导一切"和"向工人阶级学习"，成为教室和会场经常使用的标语、流行语。这个时代，工人的身份真正变成了一种时尚。"师傅"一词，本来是指师徒关系中的师傅。而 70 年代开始，城市日常用语中流行将工人尊称为"师傅"。简单说，70 年代是"中国工人阶级享有最高荣誉的时代"。[①]据观察，许多城市的工厂到处挂着"工人阶级领导一切！"和"工人阶级是领导阶级！"的大红标语和横幅。[②] 1972 年，全国各大专院校开始招收"工农兵学员"，"工宣队"和"军宣队"的代表成为大学的领导。当时甚至出现"一个外语字母也不识得"的棉纺厂的工人，竟然成为某大学法语系的领导。报纸上，"天天发表文章说外行就是领导内行"。[③]

四川的择偶民谣称，"根正苗红正式工，最好是名子弟兵，历次运动表现好，家庭出身是雇农"。[④] 将"根正苗红"的"正式工"列为第一句，或许是工人阶级在政治舞台上的走红的象征。从理论上讲，作为职业的工人和作为阶级的工人有本质的区别，但是这种问题并未成为影响"工人"职业声望鹊起的绊脚石。通常来说，全民所有制和集体所有制的正式工，工资一般都能按月发放。他们在生活上遇到困难，有工厂、工会、党团等组织上的帮助和照顾，同时还有"劳动保护品"、日常福利、公费医疗等待遇。按照全国总工会生活办公室的文件，工人或其供养的直系亲属患病时，可以在该企业的医疗所、医院、特约中西医处接受免费诊治，手术费及普通药费由企业承担。[⑤] 这意味着，工人的日常生活得到全方面保障，他们的家庭和子女遇到疾病时也有相应的救助。

---

① 陈思和：《星空遥远》，广东人民出版社，2018 年，第 304—305 页。
② 刘昌民：《静静流淌的岁月》，百花洲文艺出版社，2006 年，第 63 页。
③ 黄玉山：《梅花香自苦寒来：一位大学教授的回忆录》，旅游教育出版社，2017 年，第 103 页。
④ 四川省地方志编纂委员会编纂：《四川省志·民俗志》，四川人民出版社，2001 年，第 68 页。
⑤ 全国总工会生活办公室：《关于职工供养直系亲属享受医疗待遇的意见》（1963 年 6 月 5 日），冶金工业部劳动工资司编：《工资福利文件选编》第 2 册《劳保福利部分》，冶金工业出版社，1980 第 782 页。

根据部分省市的史志资料记载，六七十年代许多地方都有规定，"年老职工家庭生活困难，允许由其子女顶替"。^① 1962 年 12 月 4 日，上海市人民委员会批准市劳动局关于《上海市企业单位老弱职工子女顶替工作暂行办法》，其中规定，职工退休、退职后可招收其一名子女参加工作（即"退休顶替"）的政策。该《暂行办法》，将"子女顶替"的现象明确化、体制化。^② 1978 年 5 月，第五届全国人大常委会第二次会议原则批准国务院《关于工人退休、退职的暂行办法》，其中提到，"工人退休、退职后，家庭生活确实困难的，或多子女上山下乡、子女就业少的，原则上可以招收一名符合招收条件的子女参加工作。招收的子女，可以是按政策规定留城的知识青年，可以是上山下乡知识青年，也可以是城镇应届中学毕业生"。^③ 该规定进一步推动了"子女顶替"办法在全国的实施。"子女顶替"为解决工人子女就业打开渠道，同时也增加了工人职业隐形的择偶优势。

总体来说，人类的择偶标准，通常都离不开"身体"和"社会"两大特质。前者主要与两性吸引、基因质量、后代繁衍、家庭职责的履行等有关，后者主要与社会适应性、财富创造力、群体竞争力等密切相关。可以看出来，男性与女性都喜欢选择长相好看的异性为伴侣，是因为长相好看是衡量身体健康与否的重要标准。身体的骨架、脸型、肌肉、皮肤、毛发、眼睛、腰臀比等，都可以判断人类个体的健康状况、是否具备成功繁衍优质子女潜力的最直观标准。与身体特质不同，社会特质往往男女有别，通常多是单方面要求男性具有更好的社会适应性、能够获取更多或更优资源的竞争力。有研究者称，人类男性在投入照料和培育亲子方面所花精力，在最终繁衍成功上发挥着至关重要的作用。女性在择偶过程中看重男性伴侣的地位。这种地位可以分为两种，一个是社会地位，一个是经济地位。^④ 从此角度而言，本

---

① 吉林市船营区地方志编纂委员会：《船营区志（1673—1999）》，吉林大学出版社，2010 年，第 819 页。

② 上海通志编纂委员会编：《上海通志》第 9 册，上海社会科学院出版社、上海人民出版社，2005 年，第 6389、6390 页；张惠棠主编：《南汇劳动和社会保障志》编纂委员会编：《南汇劳动和社会保障志》，方志出版社，2012 年，第 134 页。

③ 《国务院关于工人退休、退职的暂时办法》（1978 年 6 月 2 日发布），国务院法制办公室编：《中华人民共和国社会管理法典》，中国法制出版社，2016 年，第 331 页。

④ 参见陈斌斌：《演化心理学视角下的亲情、友情和爱情》，复旦大学出版社，2016 年，第 243—285 页。

节所谓的择偶优势与劣势，也无非是这两方面的体现。

本章小结

在 20 世纪中国婚姻史上，1966—1980 年间是一个特殊历史阶段。在城乡婚姻自主性上，它是包办婚姻与自主婚姻的攻守进退发生根本性变化的转折时期。无论在城市还是农村，公共权力部分替代家庭或家长，成为影响婚姻自主权的重要因素。特别是计划生育政策推行后，国家对婚姻的管制达到空前地步。因为有国家相关部门的要求，父母对子女的婚姻自主权明显放松。这一时期的婚姻自由呈现出与此前和此后都不一样的特质。然而，经济收入不佳、个人生存能力不健全，又迫使子女不得不依赖家庭。所谓的婚姻自由和择偶自主，只是父母与子女之间达成的暂时妥协。在经济落后的农村，所谓的婚姻自主有时只能流于空言。对于择偶困难的男性，"选择与谁结婚"的自由，被迫让位于"能不能结上婚"的无奈。传统婚姻习俗在农村仍然普遍存在，父母不得不保有对子女婚姻形式上或实际上的主导权。

更为吊诡的是，1966—1980 年间提倡的婚姻自主，首先与城乡二元体制下的社会巨大差异形成反讽。居民与农民两大通婚圈的形成，迫使双方被迫在各自同类户籍中选择配偶。鉴于户籍制度与相应生存条件（如住房、就业、福利、医疗等）紧密结合在一起，超越通婚圈的通婚行为（如"一头沉"婚姻）难以避免遇到生活上的风险和艰辛。并且，户口属性的"世袭制"及"随母不随父"特征，使得两大通婚圈之间进一步难以沟通。其次，阶级成分、家庭出身同样阻止婚姻自主的真正贯彻，政治身份严格限制"五类分子"与"红"类阶级成分、家庭出身者的通婚机会。从理论上，"黑"类政治身份增加了"阶级敌人"繁殖后代的困难，使他们在婚姻市场上进一步受到打压和排挤。最后，政治环境为部分职业提供较好的生存环境，推动着他们在婚姻市场上成为优势群体，这实际上又为所谓的婚姻自主进一步增设障碍。

第四章 农村社会的婚姻支付与婚礼仪式

中国传统婚俗中常出现的"礼"，至少有两种不同意义指向：其一，是指财物方面的礼。即，双方父母、亲友、邻居等，在当事人正式缔结婚姻前后送给他们的礼。包括男方父母送给未来儿媳的财物（被称为彩礼），女方父母送给出嫁女儿的财物（被称为嫁妆），双方亲友送给婚姻当事人的财物（被称为礼钱或礼物）。这些财物，统称为"礼"；其二，是指与婚姻相关的仪式、礼节。通常，从开始阶段男女双方相互试探到最终姻缘达成，整个过程中充满被称为"礼"的仪式行为。按照中国传统婚俗，"礼须六礼之周，好合二姓之好"。[①] 所谓的"六礼"，应该是汉民族较有社会地位家庭中流传的婚姻习俗。[②] 在中国，其他少数民族的习俗与此有所不同，但是同样也存在后人看来极为繁琐的"礼"。这些带有明显象征性、仪式感、礼节性的社会行为，也被统称"礼"。

---

① 《幼学琼林》，金盾出版社，2008 年，第 87 页。

② 瞿同祖认为，通常所谓的"六礼"，"实是士以上的婚礼，对于不能备礼的庶人是不能不力求简便的，不要求他们遵守这些礼仪"。即通常所称的"礼不下庶人"，"庶人"因财力、物力不足不能严格按照所谓"六礼"要求行事，"有倾向于从简的趋势"。参见瞿同祖：《中国法律与中国社会》，商务印书馆，2017 年，第 203 页。

从学术角度而言，婚姻中的财物交换和财物往来被称为"婚姻支付"（Marriage Payments）。它几乎是世界各国婚姻行为中都经常出现的社会现象。从相亲到结婚（甚至包括离婚），许多的婚姻都与财物的支付和收受相伴随。即使国家通过强制、人为的方式废除和抑制财物的交换和往来，它们在适当时候仍会死灰复燃或"旧瓶装新酒"。[①] 婚姻仪式，同样是与婚姻捆绑在一起的社会行为。它通过象征性的、甚至表演性的社会行为，表达婚姻当事人与所属社会关系的分离与聚合。研究者认为，结婚是传统家庭生命周期中的重要事件，也是个人生命周期中第二个重要事件。[②] 结婚的仪式，通过象征性的社会行为宣示新婚夫妇离开原生家庭、开始新的家庭生活。因此，婚礼是一种身份转变的仪式（Rite of Passage），是向周边社会宣告当事人身份改变的一项社会机制。婚礼，以隆重的社会仪式宣告当事人正式从单身状态转变为已婚状态。几乎在所有的社会里，人们都会以多人参加的某种仪式举行结婚仪式。仪式的举办，意味着双方家庭及周边社会的支持和认可，并且同生育下一代的合法与否关系密切。[③]

1949 年以降，中国传统婚俗发生巨大的改变。特别是在 1966—1980 年间，传统的两种"礼"都受到限制和批判。首先，收受巨额彩礼被批判为变相的买卖婚姻，婚姻的缔结常常受到限制或被迫减小规模、减少财务的金额。1969 年 10 月 18 日，《人民日报》介绍黑龙江省兰西县团结公社卫兴大队时，特别提到该大队的一位女社员结婚时，"坚决破除送亲、陪送等旧习惯，坚持自己走着去"。与此同时，"妇女宣传队队员们赠给她一套红宝书、一张锄头、一把镰刀、一条扁担，并且告诉她婆家所在的生产队：'我们给

---

① 研究者对越南婚姻支付的考察证实，北越的社会主义者在经济革新前抑制"彩礼"收受方面取得一定的成功。但是，随着市场改革的推进，婚姻支付迅速恢复和飞涨。这或许可以解释为传统价值观、社会习俗的根深蒂固，同时也在彰显婚姻支付存在的必要意义。参见 Bussarawan Teerawichitchainan & John Knodel, *Tradition and Change in Marriage Payments in Vietnam*，1963-2000，Asian Population Studies，8：2 (2012)，pp. 151—172.

② 按，研究者认为传统家庭生命周期有三个连续事件，其中包括：离开家庭、结婚、第一个孩子出生。参见［加］大卫·切尔著，彭钢旋译：《家庭生活的社会学》，中华书局，2005 年，第 66 页。

③ ［美］诺曼·古德曼著，阳琪、阳琬译：《婚姻与家庭》，桂冠图书股份有限公司，1995 年，第 112—113 页。

你送来了一名毛泽东思想大学校的好学员。'"①很明显，这篇报导通过宣传结婚时队员赠送"红宝书"和生产工具，有意抬高"抓革命促生产"的重要性，试图将社会关注点转移到政治生活、集体生产上来，同时还有意压低婚姻缔结过程中交换财物的贵重程度，避免财物往来给婚姻带来的重负。

其次，1966—1980年间举办繁琐的婚礼仪式被批判为陈规陋习。1969年1月10日，《人民日报》刊登通讯报导，提倡举行简单的婚礼、反对"讲排场、比阔气的资产阶级影响"。②1975年7月3日，广东省妇联调查组的材料有同样的基调，其中特别提到"当前在婚姻问题上的阶级斗争仍然是尖锐的、复杂的"，突出表现于"结婚行旧礼，结婚时要行什么：早饭礼、背亲礼、祝神礼、上客礼、开脸礼、火支礼（原文如此——引者注）、开铺礼、拦门礼、回门礼、拉尿礼等十多种封建礼教，每行一个礼，都要给'利市'钱，少则三五元，多则十元、二十元"。③这两则资料的内容都涉及礼，不过其重点转向与财物相关的礼。换句话说，其核心要旨不只是婚姻仪式的简化，同时也在于提倡举办婚礼过程中减少花费及限制财物支出。

1966—1980年间，为什么婚姻缔结过程中的礼（财物）与礼（仪式）会受到管制，这种管制折射出什么样的社会意义？这是本章讨论的重点内容之一。1966—1980年间，是一个变动不居的时代。一方面国家公众舆论不断强调破除买卖婚姻、提倡移风易俗，另一方面仍能从档案和回忆中见到彩礼收受现象屡禁不止。有的地方已经大量出现新事新办，有的地方却依然是新事旧办。相同的时代、不同的时空环境，为什么会有迥然相异的现象存在？这是值得进一步分析的社会问题。

---

① 黑龙江省革命委员会兰西县革命委员会调查组：《农村妇女是巨大的革命力量》，《人民日报》1969年10月18日第1版。值得注意的是，从"文革"初期至1969年8月底之前，《人民日报》甚至连"彩礼"二字都很少出现。8月31日，《人民日报》才在第3版出现《大破旧风俗旧习惯，办婚事要勤俭节约》的通讯。其中提到，湖南邵阳县红石公社枚溪大队"破四旧"，"在狠抓革命大批判的同时，大队革委会还利用开讲用会、座谈会的方式，大力表扬破旧立新的好人好事，现在勤俭办婚事已蔚然成风。去年四月以来，这个队的男女青年结婚时，都破除了封、资、修的陈规旧习"。换言之，这篇通讯报导的主调在于强调，举办婚礼应该"勤俭"，而非完全杜绝财物的交换。

② 《江苏启东县大兴公社干部、贫下中农畅谈农业大丰收以后怎么办？丰收不忘节约闹革命》，《人民日报》1969年1月10日第4版。

③ 广东省妇联调查组：《发动群众反对买卖婚姻，对资产阶级实行全面专政——仁化县扶溪公社的调查》（1975年6月21日），《妇女工作》第6期，1975年7月3日。广东省档案馆藏件，卷宗号233-3-0033-06001。

第一节　婚姻支付及其意义

　　如前方所述，"婚姻支付"是研究者用来概括婚姻中的财物交换或财物往来的概念。其中包括男方彩礼（bride-price 或 bridewealth）、女方彩礼（groom-price 或 groomwealth）、嫁妆（dowry）、喜钱（dower）。其中，"男方彩礼"的英文本意是指"新娘的价格"或"新娘的钱物"。它是指新郎（或新郎家庭）支付给新娘（或新娘家庭）的财物，用于"购买"新娘这一特殊"财物"，"补偿"新娘离开给娘家造成的损失；"女方彩礼"的英文本意是指"新郎的价格"。它是指新郎为新娘家付出劳动、新娘家向新郎家支付钱物以示"报酬"。后一种现象在人类婚姻行为中是比较罕见的。"嫁妆"的英文单词"dowry"来自拉丁语"dotare"（其中的 do 是"赠送"之意）。它是指新娘家在新娘离开原生家庭后赠送给新郎（或新婚夫妇）的资助财物。通常情况下，新婚后组建的小家庭与娘家是两个相对独立的经济体，娘家提供的嫁妆旨在一次性地帮助新婚夫妻安置家业；"喜钱"的英文单词"dower"，除有"新郎家支付给新郎和新娘的财物"的含义之外，还有"寡妇从亡夫得到的产业"。[①] 中国的婚姻习俗中，新郎家固然有给新婚夫妇钱物、帮助他们安置家业的做法，但是日常语言中使用的"喜钱"与西方有不尽相同的含义。[②]

---

　　① 参见李银河：《中国人的性爱与婚姻》，河南人民出版社，1996 年，第 114 页；［美］马维·哈里斯著，许苏明编译：《人·文化·生境》，山西人民出版社，1989 年，第 132 页；黄树先：《比较词义探索》，巴蜀书社，2012 年，第 334 页。1965 年，天津人民出版社在编辑出版的宣传册中提到，"在很古很古的时候，人们结婚是没有要彩礼这回事的。只是到了原始社会末期，产生了私有财产，男子掌握了大权，妇女地位降低时，才露出了要彩礼的苗头。那时候，男子娶媳妇，得给女方亲属送一笔礼物，算是女方出让女儿的赎金"（参见何立：《该不该要"彩礼"》，天津人民出版社编辑：《破旧俗·立新风——杂谈反对旧习惯势力》，天津人民出版社，1965 年，第 11 页）。

　　② "喜钱"，在元、明、清的文献中都有出现。小说《金瓶梅》中多次提及的"喜钱"，本义是指"有喜庆之事时给人的赏钱"。目前，山西北部、四川阆中、江苏太仓、重庆璧山县等地的方言中，仍然在使用"喜钱"，其本意是指主家在喜庆之事时为讨吉利而支付的"赏钱"（参见于银如、李青松：《晋北方言所见〈金瓶梅〉词语汇释》，太白文艺出版社，2015 年，第 303 页；李志杰主编：《民间歌谣》，四川人民出版社，2016 年，第 173—174 页；江苏省太仓市浏河镇志编纂委员会编：《中国名镇志丛书·浏河镇志》，方志出版社，2017 年，第 164 页；璧山县民间文学集成编委会：《中国歌谣谚语集成·重庆市璧山县卷》，内部资料，1987 年，第 10 页）。另外，北京门头沟的部分习俗是，戏曲的演出过程中出现"红白喜事精彩处"，观众纷纷向台上演员扔香烟、糖果、水果及现金等以图喜庆，这是当地人所谓的"打喜钱"（参见刘铁梁主编：《中国民俗文化志·北京门头沟区卷》，中央编译出版社，2006 年，第 274 页）。

史家吕思勉指出，"在先史时期，游猎的阶级极为普遍。游猎之民，都是喜欢掠夺的，而其时可供掠夺之物极少，女子遂成为掠夺的目的。其后虑遭报复，往往掠夺之后，遗留物件，以为交换。此时的掠夺，实已渐成为贸易。女子亦为交换品之一。是为掠夺的变相，亦开买卖的渊源"。从此角度而言，吕思勉提出"家庭的起源，是由于女子的奴役"，他认为，"婚礼中的聘礼，即系买卖婚的遗迹，古礼称为'纳征'"。① 吕思勉的观点大概出于推测和演绎，显然所谓的"先史"和"起源"需要大量的考古研究作支撑。不过，吕思勉的观点与近代以来反对买卖婚姻的主流观点接近。1950 年《婚姻法》颁布时，反对买卖婚姻是其中最重要的原则之一。1950 年，中央人民政府法制委员会对此进行的解释称，"所谓借婚姻关系问题索取财物，系指：公开的买卖婚姻（嫁女或嫁寡妇要一定身价，以及贩卖妇女与人为妻等），或变相的买卖婚姻（以索取对方一定的财物为结婚条件者），至于父母或男女双方出于自愿的帮助或赠与，不在禁止之列"。② 这一解释首先明确界定，"公开的买卖婚姻"是以确定女性"身价"为前提进行的交易和贩卖。"变相的买卖婚姻"，则是以女性为"标的物"，以婚姻为条件向对方索取钱物。这两种行为都被界定为"借婚姻关系问题索取财物"，是《婚姻法》明文禁止的。不过，该解释也承认现实中的婚姻习俗具有合法性，即"父母或男女双方出于自愿的帮助或赠与，不在禁止之列"。在司法实践中，很难确定"自愿"这种主观性的描述语言。因此，该解释等于部分地向婚俗做出妥协和变通。从 1966—1980 年间的资料来看，这种妥协和变通明显具有随机性和波动性。

研究者韦斯特马克，对世界婚姻行为进行总结时提出："在低等民族中，人们一般都不会无偿地允诺一桩婚事。在大多数情况下，男方必须给新娘的父亲或新娘的其他亲属一些补偿。补偿形式不一，或是以亲换亲，或是服以劳役，或是赠与这样那样的财物。"③ 且不说作者此处使用"低等民族"一词存在的文化歧视，单纯从该引语的核心意旨来说，男方以补偿形式支付彩

① 吕思勉：《中国文化小史》，中国致公出版社，2018 年，第 2—3、8 页
② 《中央人民政府法制委员会解答有关婚姻法施行的若干问题》，《人民日报》1950 年 6 月 28 日第 1 版。
③ ［芬兰］E. A. 韦斯特马克著，李彬译：《人类婚姻史》第 2 卷，商务印书馆，2017 年，第 769 页。

礼，确有存在的普遍性和合理性。1950 年《婚姻法》颁布后，特别是在 1966—1980 年，为什么婚姻支付受到广泛的压制呢？这是下文要讨论的核心问题之一。

一、彩礼的支付和收受

如前文所述，"彩礼"通常是指新郎及其家庭支付给新娘家庭的财物，这是男女家庭在正式确定婚姻关系后、尚未举办婚礼前的财产转移。一方面，其功用在于"购买"或"补偿"新娘离开娘家而造成的损失；另一方面，还具有婚姻契约达成后男方付给女方的"定钱"的意义。从这两个角度来说，彩礼的支付和收受兼具财物交换和达成婚姻契约的双重意义。[①]

首先讨论的是，彩礼的第一个功用，即购买或补偿。研究者对印尼东部的调查显示：支付彩礼的婚姻，实行的父系继承制，新婚夫妇在婚后是同新郎父母共同居住的；与此相反，没有支付彩礼的婚姻，实行的则是母系继承制，新婚夫妇在婚后是同新娘父母共同居住的。[②] 发生在印尼的上述现象，透露出彩礼的往来方向与"从夫居"和"从妇居"之间的关系密切。有研究显示，世界上 60% 的地区都存在支付彩礼的现象，这些地区主要分布于亚洲、非洲及环太平洋地区。在盛行该习俗的民族中，"从夫居"的婚姻占 86%。[③] 如果这一表述没有偏差的话，彩礼的支付多是由新婚夫妇婚后居住一方完成的，彩礼的收受则多是由有子女离开的一方完成的。即，新婚夫妇婚后"从夫居"，彩礼应由新郎或其家庭支付，用于购买或补偿新娘离开娘家带来的损失。新婚夫妇婚后"从妇居"，彩礼则由新娘或其家庭支付，用于购买或补偿新郎离开原生家庭带来的损失。

《礼记·曲礼》称，"非受币不交不亲"。中国传统婚姻通常都是由男家支付礼物或金钱，女方接受这些财或物后，双方的婚约方算成立。从此角

---

① 潘允康注意到，传统婚姻中的"彩礼"，基本意义在于男方约束女方，女方接受了彩礼，表示这门亲事已经"定"下来，对女方来说是一种带有约束力的象征物。与此同时，"彩礼"还有男方给予女方父母养育女方的酬金。潘允康：《现代家庭生活方式》，天津人民出版社，1989 年，第 98 页。

② 李银河：《中国人的性爱与婚姻》，河南人民出版社，1996 年，第 117 页。

③ 卢乐山主编：《中国女性百科全书·婚姻家庭卷》，东北大学出版社，1995 年，第 139 页。

度，陈顾远称，其中"隐然含有买卖婚之遗迹"，特别明显的是"聘而为妻，买而为妾"。不过，陈顾远认为，"聘娶婚虽以买卖婚为其渊源，且留有买卖婚之痕迹甚强，然既以'聘'与'买'分，并依'礼'而成之，即不得再以买卖关系，解释聘娶婚之性质也"。[①] 换言之，彩礼支付、收受与通常的买卖确实有别，其根本原因在于婚姻依"礼"而成。婚姻的达成与否，不完全取决于彩礼的多少或有无，人们依照约定俗成的社会规则来完成婚姻的所有环节，彩礼的支付和收受只是其中的一部分。

1958 年的人民公社运动以来，中国农村家庭的消费功能降为最低，失去主要生产工具、牲畜等财产的农民主动或被动地被卷入到社队的集体组织中。一方面，农民手中掌握的资金和财物大量减少，家有达到婚龄又能轻松掏出彩礼的家庭很少见。理论上讲，男方家庭的利益最大化在于，以较低的彩礼支出为儿子解决婚姻问题，既可以延续家庭香火，又可以增加儿媳的一份工分收入。另一方面，女方家长培养长大的女儿已经成为能挣工分的劳力，女儿的出嫁无疑会减少家庭的工分收入。他们家庭的利益最大化在于，从男方家庭收获一笔可观的彩礼，从而补偿女儿出嫁的损失，同时也可为儿子未来的婚姻积累彩礼。

陈佩华等人研究的广东省陈村，农民考虑婚姻问题时都有各自的精明打算：

> 男方一家会仔细估量未来媳妇的个人能力，是不是健康强壮、吃苦耐劳，为家庭带来财富？是不是性情温和，孝敬公婆，与左右邻坊和睦相处？此外，她的一家是否受人敬重？有没有兄弟给父母养老？或者是个独生女，全依靠她一人接济？

> 女方这头，则不但要鉴定男子本身，而且对其家庭也不放过任何一点。尤其看重对方的阶级出身。因为阶级成分全由男性承袭传递，将来子女的阶级胎记，或是严重的污点，或是保护的光环，都是自然根据夫家的成分而定。女方也要鉴定男方的家庭经济状况。有没有足够的积蓄

---

① 陈顾远：《中国婚姻史》，商务印书馆，2017 年，第 71—73 页。

维持生计？他父母可还硬朗健康？退休之前还有多长时间能自食其力？
或者很快就得依靠新婚夫妇的资助？他家是否还有好几个兄弟等着结婚
（对任何一个家庭来说，这可是要命的经济负担）？

　　双方仔细盘算的最后结果是：凡是男女双方条件均合理想要求者，
无不匹配成功，不管是出于媒人的撮合还是自己的追求。而本人或家庭
有缺陷者，其配对者也必然有同等缺陷。[①]

广东陈村如此精明的男女双方，应该不是例外。在其他地区，男方或女
方关注的焦点都难以回避减轻负担和增加收益。

从男方家庭的角度而言，未来儿媳的"健康强壮、吃苦耐劳"无疑是参
加农业生产、为家庭创收的基本前提。"性情温和，孝敬公婆，与左右邻坊
和睦相处"，关系到婚后能否与婆家的成员相处融洽，同时也与丈夫和婆家
的声誉密切相关。更为重要的是，在集体劳动收入有限，全家的收入和支出
必须有长久、稳妥的全盘考虑，否则很难抵御意外风险的发生（如家庭成员
染患重病、农业生产大幅减产、突发自然灾害等）。从此角度而言，"性情温
和，孝敬公婆"关系到能否服从家庭整体安排、与家庭其他成员共渡难关，
同时也关系到能否承担赡养老人、抚养幼儿的重任。此外，"与左右邻坊和
睦相处"，是考验未来儿媳的社会交往能力，这是农村家庭维系村中、邻里
融洽关系的前提，也是关涉家庭未来发展，特别是村中联盟的重要因素。

从女方家庭的角度而言，男方阶级成分和家庭出身的重要性前文已有论
述，它对婚后生活及子女政治身份的重要意义自不待言。男方父母的健康状
况、兄弟婚否等，同样是影响婆家未来及小夫妻婚后生活的重要因素。另
外，男方的家庭经济状况如何，是否有额外经济负担，对小夫妻及其未来的
子女来说，都是特别重要的因素。

综合上述情况来看，关于彩礼的问题需要从两方面来考虑：其一，能否
轻松掏出一份可观的彩礼，是衡量男方家底及社会经济地位的直观指标。男
方支付彩礼的难易程度，与个人创造财富的能力、家庭经济实力密切相关。

---

　　① ［澳］陈佩华、赵文词、安戈著，孙万国、杨敏如、韩建中译：《当代中国农村历沧桑：毛邓体制下的陈村》，香港牛津大学出版社，1996 年，第 179 页。

能挣工分的成年劳力在家庭成员中的比例、全家有无额外负担、未成年弟弟妹妹的多少等，同彩礼的支付关系密切；其二，女方是否向男方索要彩礼及索要彩礼的贵重程度，同女方对男方的意愿倾向关系密切。象征性的索要彩礼或根本不要彩礼，往往显示女方（或其家庭）不想让财物成为阻碍婚姻缔结的绊脚石。与此相反，狮子大开口索要对方根本负担不起的彩礼，往往显示女方或其家庭对此桩婚事并不看好。当然，女方家庭的经济状况、未婚兄弟的有无或多少、抗御风险的能力等，同彩礼的索要与否及贵重程度也有直接关系。

鉴于上述因素，下文将围绕着彩礼讨论三个问题：其一，哪些地区彩礼支付和收受的现象严重？这些地区有什么共同特征？其二，什么样的男青年需要支付高额的彩礼？为什么有的婚前不用支付彩礼？其三，1966—1980年间的彩礼具有什么社会意义？

首先，哪些地区彩礼的支付和收受比较严重？这个问题可以从北京市的一份内部报告谈起。1972年9月10日，怀柔县劳动民政局、县检法军管组在一份报告中提到，距离怀柔县城70华里、地处深山的八道河公社大地大队，订婚、结婚索要或给过财物的很普遍。1970年至1972年8月底，该大队女青年嫁到外村的18人中，属于买卖婚姻的占71%；男青年结婚的14人，属于买卖婚姻的占64.2%；女青年订婚的21人，属于买卖婚姻的占74.2%；男青年订婚的9人，属于买卖婚姻的占66%。① 该报告内容如能完全反映当地全貌的话，值得进一步思考的问题是，是什么原因造成当地存在如此普遍的买卖婚姻？

怀柔县八道河公社大地大队，和北京相对偏远的远郊延庆县接壤，原属于河北省滦平县。该村地处深山，邻近的黑坨山海拔1534米，是怀柔县境内最高的山峰之一。这里地处偏远、交通不便，在1948年曾是冀热察军区

---

① 怀柔县劳动民政局、怀柔县检法军管组：《关于怀柔县八道河公社大地大队买卖婚姻情况的初步调查》（1972年9月10日），北京市档案馆藏件，卷宗号：196—3—24—1。

伤病员治病养伤之地。① 据县志记载，怀柔县从1949年以来，灾害频仍、经济生产屡遭重创。1950年发生涝灾，1951年发生旱灾、虫灾、风灾，1953年发生虫灾，1954年发生涝灾，1956年发生风灾、雹灾、水灾，1960年发生虫灾、旱灾，1964年发生风灾、雹灾、水灾，1969年发生涝灾，1972年发生旱灾、水灾，1974年发生水灾，1984年发生严重雹灾，1990年山区发生风灾、雹灾、水灾。② 大地村地处深山老林，直到2019年前后仍然是北京市级的低收入村。③ 怀柔县劳动民政局、县检法军管组在上述报告中提到，大地大队127户、702人，土地500亩。1971年，该大队社员的口粮平均定量为380斤，劳动日值0.63元。④ 仅从土地面积的角度来说，该大队人均拥有土地0.71亩，远低于全国2.54亩的水平。⑤ 换言之，单纯依赖当地的农业生产，大地大队连基本的口粮供应也难以保证。

1972年，怀柔县劳动民政局和怀柔县检法军管组在内部报告中指出：

> 该大队女孩子往往在十五六岁时，家长就包办给她们订婚。订婚后，男方对女方就要"夏管单，冬管棉，一年四季管零花钱"。基本上由男方养起来了，这已经形成习惯。订婚时彩礼（现金）据说至少在百元以上，有的是公开索要。有的是订婚时男女双方交换手绢时，男方在手绢中包上钱给女方。有的除订婚时女方索要财物外，订婚后又以其他理由（如女方看病）变相索要。也有的订婚后，男方怕女方到婚伶〔龄〕不结婚，所以女方索要，有求必应，甚至主动给钱给物。虽说有

①　王树江：《怀柔百姓救伤员》，中共北京市委党史研究室编：《在迎接解放的日子里》，中央文献出版社，2004年，第319—320页；王治安：《冀热察区党、政、军机关在怀柔》，北京市政协文史资料委员会编：《北京文史资料精选·怀柔卷》，北京出版社，2006年，第156页。

②　怀柔县地方志编纂委员会编：《怀柔县志》，北京出版社，1999年，第90、588页。

③　《丁建波——一个雁栖镇大地村村官"田园牧歌"》，http://www.cnwyl.com/detail/35208613.html。

④　怀柔县劳动民政局、怀柔县检法军管组：《关于怀柔县八道河公社大地大队买卖婚姻情况的初步调查》（1972年9月10日），北京市档案馆藏件，卷宗号：196-3-24-1。"劳动日值"，又称"劳动工分值"，是指平均每个劳动工分所值的金额。工分值的高低取决于集体经济单位收益的多少、积累与消费的比例和支出劳动工分的数量。劳动工分值是"分配总额中按劳分配部分的金额（元）"除以"参加分配的劳动工分总数"。通常，把十个劳动工分折合为一个劳动日。按劳动日计算的工分值，称为"劳动日值"。参见杨纪琬、娄尔行主编：《经济大辞典·会计卷》，上海辞书出版社，1991年，第304页。

⑤　1971年全国人均土地面积的数字来源，参见《2009中国农村住户调查年鉴》，转引自本社编：《中国特色农业现代化道路研究》，中国发展出版社，2012年，第220页。

的达到结婚目的了，但由于婚姻基础不好，婚后很快就闹纠纷，甚至离婚。有的女方已达到婚龄还是解除婚约，但由于索还彩礼、财物又发生纠纷。①

上述内容，至少透露出三个重要信息：其一，该大队男女订婚的时间通常都比较早，"女孩子往往在十五六岁时"，即由家长包办订婚；其二，订婚后，男方基本负担养育"未来儿媳"的财物开支；其三，从订婚到结婚，男方会支付给女方不菲的彩礼。

首先需要分析的是，为什么男女双方在未成年时便订婚？简单地说，男方希望通过以彩礼的形式来提前抢占结婚的机会。"夏管单，冬管棉，一年四季管零花钱"，意味着订婚时间越早、支付彩礼的时间越长，同时也意味着彩礼的总金额变相增加。显然，单从支付彩礼的角度来讲，订婚时间越提前，男方负担越重。不过，男方自然不是失去理智地自讨苦吃。从女方的角度来说，男方提供彩礼的时间越长、支付的财物越多，便越是难以承担违背婚约的责任。通常情况下，主动提出毁除婚约要求的一方，往往需要承担毁约的责任。② 如果女方中途退婚，便不得不将从订婚到结婚期间男方支付的彩礼全额退回。从订婚的 15—16 岁到晚婚的 23—25 岁，多年间"夏管单，冬管棉，一年四季管零花钱"的费用，显然很难在较短时间内轻松偿还。因此，订婚越早，男方通过彩礼将女方绑得越牢。其二，男方在订婚后承担养育未来儿媳的开支，这种类似"童养媳"的方式将大大减轻女方家庭的经济负担。正如前文所示，未来儿媳及其家庭很容易因此背负道德上的压迫感。女方如果解除婚约，无疑要承担邻里和周边社会的指责。其三，男方向女方提供援助，使得女方家庭经济困难得以缓解，更容易产生向男方家庭报恩的

---

① 怀柔县劳动民政局、怀柔县检法军管组：《关于怀柔县八道河公社大地大队买卖婚姻情况的初步调查》(1972 年 9 月 10 日)，北京市档案馆藏件，卷宗号：196—3—24—1。

② 一则有意义的材料提到，1975 年，北京通县××公社陈××与张××相互恋爱，自由订婚。但是，张的母亲觉得"养女不容易，嫁女要报酬"，于是"借女儿订婚之事大要彩礼"。订婚后，张母以给女儿做棉衣为理由，提出要布票 30 尺及"借款"的要求。陈家无法满足要求，只得退婚。提出退婚，陈家因此承担毁约的责任，而张母却借此捞到 350 元（参见巫昌祯主编，北京政法学院民法教研室编：《婚姻案例汇编》，内部资料，1980 年，第 34 页。部分印刷错误，引用时已经更正）。该案例值得特别注意之处在于，张××的母亲多次索要钱物，以至于陈××家庭不堪重负，只得"退婚"。因为陈××提出"退婚"的要求，是主动毁约的一方，因此只得承担因此造成的损失。

感激之情。换言之，男方家庭以彩礼为形式对女方家庭进行主动援助，是一种"施"的行为。众所周知，这种"施"的行为带有明显目的性、指向性，即向女方及其家庭增加道德上的压力，束缚、督促女方兑现承诺、最终完成婚约。[①] 杨美惠注意到中国人处理相互关系时，"恩义"和"回报"原则具有极其重要的意义。通常来说，"接受了礼物、宴请、好处以后，就有义务回报"，"给出的东西在关系艺术里不是纯粹金钱交易中无生命的与物化的商品，而是打上了送者和收者之间社会和道德驱动力的烙印"。[②] 从此角度而言，男方彩礼不是物与物的交换，其意义并未停留在物的层面，更重要的是确保女方以信守婚约为回报。

怀柔县劳动民政局、县检法军管组提交上述报告后不久，10月7日，北京市人民法院和市民政局，联合向北京市革命委员会起草的一份报告（草稿）中提到，"最近，我们与大兴、怀柔等区、县法院和民政部门的同志，就婚姻问题作了一些调查"，报告中的第一条内容就提到：

> 郊区农村变相买卖婚姻比较普遍。怀柔县八道河公社大地大队，从1970—1972年8月底，订婚和结婚的人数共62名，其中变相买卖婚姻44人，占70%以上。社员×××自订婚以来，已经给了女方人民币250元、衣服16身，至今还未结婚。该公社八道河大队妇女主任孙××之子和大地大队党员杨×××之女订婚，杨家问〔向〕孙家要了财物450元。群众反映，该大队没有500元以上的"彩礼"是娶不了媳妇的。有的因女方父母索要大量财物，男方欠下了大量外债，造成婚后生活严重困难。如，大兴县黄村公社海子角大队社员阮××，为了满足女方提出的要8身料子服，盖三间房的结婚条件，东挪西借，欠下1500元外债，婚后不久，女方因生活困难而与男方离了婚……[③]

① 杨联陞注意到，中国的人际交往文化及社会规则中，经常围绕着"报"而展开，"总必先有两人：我可以先施，你后报；或你施我报，其中缺一不可"（参见［美］杨联陞：《中国文化中"报"、"保"、"包"之意义》，贵州人民出版社，2009年，第3—4页）。彩礼的支付与收受，同样包含此方面的社会意义。支付彩礼的一方即"施"的一方，收受彩礼的一方无疑要承担"报"的道德压力。
② ［美］杨美惠著，赵旭东、孙珉译：《礼物、关系学与国家：中国人际关系与主体性建构》，江苏人民出版社，2009年，第128页。
③ 北京市法院、北京市民政局：《关于正确处理婚姻问题的请示报告（草稿）》（1972年10月7日），卷宗号：196-3-24-7。

不难发现，上述调查报告中提到了大兴、怀柔等区、县，其实当时大兴和怀柔都是北京市下属的郊县。前者更改为大兴区是在 2001 年 3 月 2 日，后者更改为怀柔区为 2001 年 12 月 30 日。1972 年，该报告介绍"郊区农村变相买卖婚姻比较普遍"，提到的大兴、怀柔等区、县，介绍的情况基本上以远郊的大兴、怀柔两县为主，间或也提到近郊的朝阳区和远郊的平谷县。因此，该档案文件的原件上赫然有红色笔迹的批注："只有县没有区。"虽然，这与该报告（草稿）也提到近郊朝阳区的事实略有出入，不过正如红色笔迹批注人注意到的那样，所谓的"变相买卖婚姻"主要发生在远郊，而远郊往往比近郊更为贫穷。同郊区相比，北京市区的婚姻支付几乎可以忽略不计。据李银河的研究，北京市民中，男方彩礼性质的纯粹金钱支付是微不足道的，只有 2.4%。而且，通常钱数的中位值只有 100 元。男方给新婚夫妻金钱的现象只有 13.1%，钱数中位值为 200 元。[①] 换言之，市区的彩礼更多只是象征性意义，通常不至于成为家庭的经济负担。可以推断，北京市在彩礼支付和收受方面比较严重的，主要分布在郊区、特别是远郊的贫困地区。

河北省妇联的内部材料，同样反映经济收入同彩礼支付和收受情况的直接关联性。1973 年 11 月 24 日，河北省妇联在向省委提交的内部报告中指出："当前，两个阶级、两条道路、两条路线斗争在妇女和妇女工作中的表现很尖锐，突出的表现在一小撮阶级敌人破坏婚姻制度、买卖婚姻和变相买卖婚姻有所滋长，封建式的包办婚姻、换亲、转亲、抢亲相继出现。"尤其值得留意的是，该报告总结到，"大要彩礼，一般农村比城市严重、山区比平原严重、生活条件差的村比生活条件好的村严重"。[②] 从经济收入和生活状况来看，农村比城市差、山区比平原差。这份文件进一步明确指出，在彩礼的支付和收受方面，"生活条件差的村比生活条件好的村严重"。

同年 12 月 5 日，河北省妇联党委再次向省委提交报告，其中提到"买卖婚姻和变相买卖婚姻的主要表现形式是大要彩礼"，"根据张家口、唐山、邯郸、承德、石家庄、沧州六个地区的农村重点调查，女青年结婚百分之八

---

① 李银河：《中国婚姻家庭及其变迁》，黑龙江人民出版社，1995 年，第 93—94 页。
② 《河北省妇联党委关于当前工作中几个问题向省委的请示》（1973 年 11 月 24 日），河北省档案馆藏件，卷宗号：899—4—25。

十以上的要彩礼"。不过,这种索要彩礼的风气并非始终如此。该报告特意提到"张北县单晶河大队,1953 年至 1960 年结婚的 54 对,基本上不要彩礼",但是,"1960 年以来,订婚、结婚的妇女 233 名,其中要彩礼的 227 名,占 97%"。[①] 这份报告的特别之处在于,它不仅指出彩礼支付和收受的频发地区是"农村",同时还指出彩礼支付和收受有时间波动的特性。结合 11 月 24 日河北省妇联的报告,前者出现的原因无庸多言。值得注意的是,1953—1960 年间已经基本消失的彩礼,为什么在 1960 年后却再次出现?

对于这种现象,国家内务部民政司认为,买卖婚姻等现象的卷土重来有两个重要原因:其一,"贯彻婚姻法的工作抓得不够紧";其二,"群众生活发生了暂时困难"。对于后者,国家内务部民政司的报告指出:"近几年来,不少地区连续遭受比较严重的自然灾害,群众生活发生了暂时困难,特别是重灾地区,群众口粮安排较紧,因而有的妇女外出逃荒,生活无着,为了找个依靠,便与人非法同居或者重婚,个别的甚至用骗婚的办法来维持生活。"同样的道理,"家长为了减轻负担,便把自己幼女包办早婚或者作了童养媳。有的家长为了解决家庭生活困难,乘儿女出嫁时向男方索取金钱、粮食、财物,把儿女当作商品出卖"。[②] 很显然,"群众生活发生了暂时困难"是比"贯彻婚姻法的工作抓得不够紧"更值得注意的因素。

据杨懋春的研究,山东省胶州台头村的农民在为女儿挑选婆家时,"父母首先考虑男家的经济条件:拥有多少土地,多少房屋。女孩母亲要弄清这家有几个儿子,计算每个兄弟在最后分家时可分得多少财产,因为有 20 亩地而只有一个儿子的家庭与有 30 亩地但有三个儿子的家庭有很大的差别。在经济条件满意的情况下,女孩母亲再考虑男孩的个人条件,但在这方面不

---

① 《河北省妇联党委关于当前买卖婚姻、变相买卖婚姻的情况和今后意见向省委的报告》(1973 年 12 月 5 日),河北省档案馆藏件,卷宗号:899-4-25。

② 1962 年 2 月 17 日,国家内务部民政司对此进行的调查显示,1961 年 1 月份以来,全国不少地方出现"童养媳""早婚""包办买卖婚姻""重婚纳妾、非法同居"等现象。其中包办买卖婚姻增加明显,河南省临汝县大庙公社的买卖婚姻占结婚人数的 80%;广西壮族自治区博白县英桥公社三个大队 1959 年春至 1961 年夏末的买卖婚姻占结婚人数的 86%;广东省博罗县园洲公社的 12 个大队 1960 年结婚的 57 对,均属买卖婚姻;广东省还有些地区常有三五成群的妇女外出与人重婚姘居。参见内务部民政司:《关于当前婚姻方面存在的问题的报告》(1962 年 2 月 17 日),北京市档案馆藏件,卷宗号:196-2-490-1。

会过分讲究"。① 上述观察发生在 1945 年，此时台头村农民为女儿选择婆家，主要考虑的是男方经济状况及女儿婚后财产、负担。众所周知，此后的台头村同中国其他地区一样发生了翻天覆地的变化。中华人民共和国成立后，特别是土地改革后，农民的政治生活、经济生活、家庭生活等方面都发生了巨变。1950 年《婚姻法》颁布及 1958 年人民公社成立，农民的生活产生巨大改变。据胶济方志记载："1951 年新《婚姻法》颁布后，虽无定亲之律，但民间仍有定亲之俗。"② 此段文字虽然简短，但是考虑到 1950—1953 年全国大张旗鼓地贯彻《婚姻法》运动的力度之大，可以看出当地移风易俗之难。

山东省蓬莱地方的史志记载，"文革"开始后，彩礼被视为"封资修"的产物，民间老百姓大都不理睬、依然我行我素。为避风头、躲避被扣上"四旧"或"反支"的帽子，多数人在彩礼的数量上明显减少。③ 不过，相关调查显示，山东农村的彩礼支付和收受基本没有停止，甚至有些地区较以前更加严重，部分农村的彩礼不仅有传统的"见面钱"（即相亲时，男方支付给女方的钱款）、"压束钱"（即订婚时，男方支付给女方的钱款），同时还出现了"登记钱"（即领取结婚证时，男方支付给女方的钱款）。④ 特别值得注意的是，"登记钱"是男方在订婚后支付的一种彩礼，它的出现旨在再次确认女方对该项婚事的同意。云南省的祥云县亦有此种风俗，经过前期的"相家""提亲""定婚""送彩礼"等环节后，男女双方到法定机关登记结婚，男方仍然要给女方钱款作为"登记钱"。⑤

根据相关调查，1970 以后山东农村彩礼的金额呈现不断增加的趋势。据山东省广播电台记者的调查，该省的平度县、潍县、胶南等地彩礼种类、花样繁多，诸如订婚礼、"串茧礼"（原文如此）、见面礼、看房礼、下送礼、

① ［美］杨懋春著，张雄等译：《一个中国村庄：山东台头》，江苏人民出版社，2001 年，第 106—107 页。
② 贾福明主编，胶州市志编纂委员会编：《胶州市志》，新华出版社，1992 年，第 757 页。
③ 宋耀武主编：《蓬莱民俗荟萃》上，山东大学出版社，2012 年，第 33 页。
④ 《关于对东风人民公社婚姻家庭问题的调查情况》（1974 年 8 月 28 日），参见李秉奎：《狂澜与潜流——中国青年的性恋与婚姻（1966—1976）》，社会科学文献出版社，2015 年，第 146 页。按照山东的婚俗，男女双方订婚需要"换束"（又称"换小启""换帖""下通书""过小帖"等）的环节，在该环节中男方通常用红漆礼盒或拜匣"传启"，男方要在盒内放入"押帖物"或"压束钱"。此后，男一般不能再悔婚，女方可以进一步考察（如不合意，允许悔婚），此种习俗叫"羞男不羞女"。参见朱昌正总主编：《礼仪》，山东友谊出版社，2004 年，第 86 页。
⑤ 云南省祥云县志编纂委员会编：《祥云县志》，中华书局，1996 年，第 133 页。

照相礼、认公婆礼等等。有女方提出要以下三类彩礼："一扭"（半导体收音机）、"三转"（自行车、缝纫机、座钟挂表）、"四固定"（四间房子）。平度县某女青年除大量彩礼外，还为母亲要了一口棺材。① 结合前文所述，该调查中提及的彩礼，根据未来的方向及用途大致可分为四类：其一，是女方婚前确保男方能够顺利遵守婚约，诸如见面礼、订婚礼、照相礼、认公婆礼等，防止男方中途反悔；其二，试探男方的家底薄厚，能够提供"一扭""三转""四固定"的家庭，一般应有能力免受贫困之苦；其三，为婚后生活积攒物质条件，通过向男方家庭施压为未来小家庭换来住房、家具、必要生活用品等物质保障，等于变相代替未来丈夫向男方家庭（主要是父母）索要财务；其四，补偿女儿出嫁后带来的娘家的损失，尽量从男方家庭索要更多财物（包括母亲去世后的棺材），以免娘家人财两空。山东省其他地区彩礼的支付与收受具有多大的普遍性，目前没有见到更广泛的调查。不过，山东某县东风公社 1973 年至 1974 年上半年间，接受调查的三个大队结婚或订婚的 152 对青年中，全部都有"见面钱"和"压柬钱"，当地还有"见见面 100元，握握手 99 元"说法。② 为积攒彩礼所用的花费，部分农村一度出现类似倒卖布票、贪污公款、偷盗财物等现象，甚至有人因此而被判刑、投进监狱。③ 为支付彩礼而甘愿冒违法犯罪的风险，可见彩礼给男方带来的巨大心理压力。

　　广东省邻近香港、澳门，该省的彩礼支付与收受值得特别留意。1974 年9 月 2 日，广东省的调查资料显示，"近几年来，在林彪反革命修正主义路线影响下，我省农村一些地方出现婚姻复旧，包办、买卖或变相买卖婚姻的现象相当普遍，有的地方很严重，公然把妇女当商品，以金钱物资为结婚条件，由父母强迫包办，剥夺了男女青年的婚姻自由权利"。④ 这份调查资料，

---

　　① 山东人民广播电台革委会宣传组：《关于买卖婚姻问题的调查报告》（1970 年 6 月 20 日），山东省档案馆藏件，卷宗号：A047−01−0125−005。此处的"串茧礼"，不知何意。

　　② 《关于对东风人民公社婚姻家庭问题的调查情况》（1974 年 8 月 28 日），参见李秉奎：《狂澜与潜流——中国青年的性恋与婚姻（1966—1976）》，社会科学文献出版社，2015 年，第 146 页。

　　③ 山东人民广播电台革委会宣传组：《关于买卖婚姻问题的调查报告》（1970 年 6 月 20 日），山东省档案馆藏件，卷宗号：A047−01−0125−005。

　　④ 《关于在批林批孔运动中开展反对包办、买卖婚姻的报告》，广东省档案馆藏件，卷宗号：296−A2.2−21−79。

提到"相当普遍"、"很严重"及"公然把妇女当商品"，这确实超出通常的想象。对于上述现象产生的原因，广东省委妇委、青委、职工委、政治小组认为，这是因为"青年妇女响（向）往资产阶级生活"。9 月 13 日，广东省委批转的一份文件中提到，"一些地方买卖婚姻和变相买卖婚姻抬头，是当前农村阶级斗争和两条道路斗争的尖锐反映"。① 这份文件提到的"抬头"，旨在说明此前"买卖婚姻和变相买卖婚姻"曾受到抑制，只是当前再次呈现增多的趋势。另外，这份文件同样提到，"买卖婚姻和变相买卖婚姻"主要发生在农村地区，此后的内容中也没有提及城市有类似现象的泛滥。彩礼的问题，并未因受到省委的关注而减轻。1978 年，广东省妇联党组向广东省委上报的文件又提到，"我省在婚姻方面存在的问题仍很严重，普遍存在买卖婚姻，借结婚索取大量身价艮〔银〕和礼物"。② 这份文件再次使用"很严重"和"普遍存在"，说明 1974 年以来彩礼的问题几乎没有减少或缓解的迹象。

从以上北京、河北、山东、广东等地的材料来看，彩礼的支付与收受往往出现农村地区。③ 诚如河北省妇联的档案所指出的那样，彩礼的支付与收受，农村比城市严重，山区比平原严重，生活条件差的村比生活条件好的村严重。④ 又如前文提到的那样，贫困地区的女方获得一笔不菲的彩礼，一部分可以转化成资助女家准备嫁妆的费用，另一部分可以转化成补贴女方家庭家用及补偿新娘离开娘家后造成的损失。

什么样的男方需要支付高额彩礼？为什么有的男青年不用支付彩礼便可找到心仪的妻子？从整个人民公社时期来看，农村家庭尚保有生活功能和消费功能。家庭仍然是抚养子女、赡养老人的单位，同时也是家庭成员共同居住、共同消费的场所。但是，家庭失去土地所有权及大型农具的所有权，日

---

① 广东省委：《批转〈关于在批林批孔运动中开展反对包办、买卖婚姻的报告〉》，广东省档案馆藏件，卷宗号：296－A2.2－21－79。
② 广东省妇联党组：《关于宣传用社会主义思想处理婚姻问题的计划》（1978 年 11 月 22 日），广东省档案馆藏件，卷宗号：233－3－66－99－107。
③ 当然，济南市的案例特别引人注意。一般来说，城市"彩礼"支付与收受的资料相对较少。但是，济南的情况主要出现在经济收入较低的社会群体，这种"彩礼"具有明显的"资助"意义。
④ 《河北省妇联党委关于当前工作中几个问题向省委的请示》（1973 年 11 月 24 日），河北省档案馆藏件，卷宗号：899－4－25。

常多数时间在集体所有制的土地上参加劳动，意味着长期保有的生产功能严重萎缩。[①] 生产功能的萎缩，是削弱家庭消费功能的决定性因素。在此情况下，左右农民收入的主要因素有两个：生产队收益的高低、家庭工分收入及副业收入的多少。以前者而论，人民公社、生产大队、生产队三级机构为集体农业生产的组织者和管理者，以生产队为基本核算单位、按工分和工分值进行的分配方式，造成农村家庭的主要经济收入完全受制于生产队收益和自己家庭成年劳力所挣工分。平原地区人均土地面积较多、土地相对肥沃、灌溉条件较好及拥有其他副业生产的地方，农民的人均经济收入理论上要高，这些地区的青年男女婚后更容易独立。以后者而论，需要考虑的经济因素还有，家庭拥有不能纳入"劳力"范围家庭成员的多少及赡养老人、抚育幼小的负担。从理论上说，人民公社的集体式经济体制使得农民的收入大致平均。集体所有制和按工分、工分值分配，是农民收入大致平均的前提和保证。但是，就每个家庭而言，经济收入的多少和家庭负担的大小，直接影响甚至决定每个家庭的家底。暂且排除阶级成分和家庭出身因素不谈，彩礼的支付和收受与农民家庭家底之间关系甚巨。

结合上面的内容，河北省易县凌云册公社解村大队的彩礼情况，值得给予进一步的分析。解村大队位于易水南岸。1949 年前，这里的自然环境很恶劣。据县志记载，易水两岸沙滩茫茫，树木极少，寸草难生，"每年秋冬季节来临，风沙滚滚，吞噬大量耕地"。易水南岸的解村、龙湾头、周任等地情况较其他地方更为严重。1959 年，解村国营林场建立后，在短短三年时间内造林 1.1 万亩，成活率在 90%。这不仅仅使当地的自然环境有很大改善，同时还为当地农民带来粮食生产和副业生产上的收益。据《人民日报》的报导，当地利用林间隙地种粮食作物 880 多亩，"其他副业生产也经营得很

[①] 值得注意的是，除部分特例外，许多地方的农民家庭仍保有"自留地"，农村家庭的"生产功能"萎缩到很小范围。1966 年 9 月，河北省某农业中学提出"把一切自留地、自留园田、自留树交给人民公社"，周恩来主张不可"一哄而起"，否则"就会对农业生产不利"。参见安建设：《周恩来的最后岁月：1966—1976》，贵州人民出版社，2013 年，第 31 页。

好"。① 从理论上而言，林场附带的粮食生产及其他副业生产会有助于当地经济收入的提高，嫁入此地的新娘家庭不会过分担心婚后的经济生活。不过，解村大队"妇代会"的材料却出乎意料。其中提到，解村的包办婚姻和买卖婚姻现象严重，当地"大要彩礼，把妇女当商品买卖"。该材料提到的情况让人很意外，1969 年以高额花费举办婚礼的家庭，"家家内有亏粮，外有负债"。② 换言之，尽管《人民日报》的报导称，林场有可观的经济效益，但是，国营林场的收入增加与当地社会的农民并无直接利益关系。当地生活困难、负担较重的家庭，仍需支付巨额彩礼和花费高额钱财举办婚礼。

先后任河北省衡水地委常委、河北省委组织部副部长的张秀耕，在草拟大会发言材料的过程中提到，河北省买卖婚姻和变相买卖婚姻的主要表现形式，就是大要彩礼。"根据一些地区的反映，在农村女青年结婚百分之八十以上的要彩礼。"对于这种现象，张秀耕在总结中称："一般地说，农村比城镇严重，山区比平原严重，生产、生活条件差的比生产、生活条件好的严重。"③ 这则材料与 1973 年 11 月 24 日河北省妇联向省委提交的报告很接近，即"大要彩礼，一般农村比城市严重、山区比平原严重、生活条件差的村比生活条件好的村严重"。④ 张秀耕讲话材料的草拟过程中，或许有参考河北省妇联报告的可能性。如果并未参考河北省妇联的报告，两份文字材料的草拟者有可能所见略同。如果是后者，则说明河北省彩礼的支付和收受，明显与经济状况、生活条件密切相关。相对来说，经济状况恶劣、生活条件艰苦的地区，男方及其家庭往往需要支付更高额的彩礼。

"文革"前夕，广东省妇联的材料中同样反映出类似问题，全省主要存在"借婚姻问题索取财物，造成的变相买卖婚姻"的情况。广东省妇联的资

① 陈瑞泉主编，易县地方志编纂委员会编：《易县志》，中央编译出版社，2000 年，第 532—533 页；《林业部奖励林业先进单位先进生产者，表彰他们在造林护林抚育次生林幼林等方面的成就，鼓励他们进一步带头造林护林和发展林业生产》，《人民日报》1962 年 12 月 9 日第 2 版。

② 河北省易县凌云册公社解村大队妇代会：《破旧立新，移风易俗》（1973 年），河北省邯郸市档案馆藏件，卷宗号：18—2—19。

③ 《张秀耕同志在河北省妇女工作经验交流会上的总结发言（草稿）》（1973 年 12 月），河北省邯郸市档案馆藏件，卷宗号：18—2—19。

④ 《河北省妇联党委关于当前工作中几个问题向省委的请示》（1973 年 11 月 24 日），河北省档案馆藏件，卷宗号：899—4—25。

料显示，"现在不少贫下中农就已经反映'娶亲难'"，他们说"辛辛苦苦劳动，几十岁成不了家。贫下中农要后继无人了，我们贫下中农的阶级队伍会越来越小了"。[1] "贫下中农"的政治身份，本可抵御政治运动带来的风险，应该说具有明显的择偶优势。但是，他们经济方面的"贫""下""中"，不仅冲抵了他们政治上的择偶优势，还让他们无法支付令女方满意的彩礼，无法消除女方对婚后经济困窘的担忧。从此角度来说，"一定的经济决定一定的政治"，政治上的"红"难以解决经济上的"穷"，彩礼具有试金石的作用。无法支付像样彩礼，理论上确实存在娶亲难的问题。上述材料中提及的"贫下中农要后继无人了"，确实反映出经济收入与择偶之间的关系。

从目前搜集到的材料来看，1966—1980 年间国家通过基层政团组织等对买卖婚姻或变相买卖婚姻采取明确的压制姿态。[2] 与此不同的是，70 年代以后，彩礼的支付与收受更加普遍，部分地区反映的"娶亲难"仍同难以支付彩礼密切相关。1975 年，广东省妇联调查组在仁化县扶溪公社发现，当地买卖婚姻很普遍。在调查材料中，广东省妇联调查组特意提到：

> 左龙大队富农分子邓××，一九七二年将女儿出嫁给贫农麦××，一次索取身价银四百五十元。娶回去的这个富农女，十分刻薄（地对待）老贫农。要麦××的父亲，天天上山砍柴，并把他赶至柴寮中去住，以此对贫下中农进行阶级报复……（公社）发动群众批斗了搞买卖婚姻的富农分子邓××，限其立即把卖女儿的四百五十元身价银，退给贫农麦××。[3]

首先，这则调查材料引人注意的内容是，"富农分子"向"贫农"索要

---

[1] 广东省妇联：《在婚姻家庭问题上要坚持兴无灭资的斗争！（讲话提纲试稿）》（1966 年 5 月 1 日），广东省档案馆藏件，卷宗号：233-1-127-50-73。

[2] "文革"初期，鲁南与苏北交界的临沭县，红卫兵发出"破四旧"的檄文，强制要求"禁止买卖婚姻，勤俭办喜事，不准买银器戴在头上，一定新式结婚"，"对于以说媒吃饭的媒婆，强迫她劳动，严加处理"（参见《最紧急呼吁——告全县人民书》，政协临沭县委员会文史资料委员会：《临沭文史资料》第 8 辑，1999 年，第 212 页）。红卫兵多为尚未成年或刚成年的中学生，提倡简朴婚礼、禁止媒婆"说媒"等"破四旧"的行动，明显可以减少男方在送彩礼、办婚宴、支付"谢媒钱"等方面的支出。从此角度的"破四旧"，自然可以减轻男女家庭在婚姻支付方面的负担，可以推测这样的做法应该会受到部分人的支持和欢迎。

[3] 广东省妇联调查组：《发动群众反对买卖婚姻，对资产阶级实行全面专政——仁化县扶溪公社的调查》（1975 年 6 月 21 日），《妇女工作》1975 年第 6 期，1975 年 7 月 30 日。广东省档案馆藏件，卷宗号：233-3-0033-06001。

巨额彩礼。其次，"富农女"娶进家门后对待公公十分刻薄。如上文所述，"富农"家庭出身的青年本来在择偶时存在困难，大家都知道与"阶级敌人"的子女通婚具有不小风险。固然阶级成分是以祖父、父亲、儿子这样的男性血亲"继承"和"遗传"，但是同"阶级敌人"的女儿结婚同样会陷于不利。阎云翔注意到，黑龙江省下岬村中表现最积极的两位年轻人，因为和出身不好的姑娘结婚，结果没有被发展为党员，当然也没有当上干部。在当时的政治环境中，和出身不好的姑娘结婚，意味着身边埋下了定时炸弹。因此，凡是追求进步的年轻人，通常不会不在意对方的家庭出身。[①] 与此相比，广东省的上述案例具有明显的特殊性。对于贫农麦××来说，娶富农分子邓××女儿为妻，很有可能是被迫之举。更值得注意的是，麦××还为此支付了450元的彩礼，这对于当地农民来说应属巨额。扶溪公社位于广东省仁化县的东北部，距离县城有37公里，地处粤北山区的丘陵地带，这里有"九山、半水、半分田"的说法。[②] 从广东省妇联的调查材料来看，左龙大队的当地人，除天天上山砍柴之外，从事其他副业生产的可能性很小。在这样的条件下，麦××支付450元的彩礼迎娶"富农女"，背后应该有值得进一步分析的缘故。根据居住条件来看，麦家可能存在经济困难或兄弟较多的情况。当然，不完全排除麦××由于年龄、相貌、健康、性格等原因存在择偶困难的可能性。因为缺乏更详细的资料，上述内容都属大胆假设，尚待将来研究者小心求证。有必要补充的是，"富农女"对待麦××父亲十分刻薄，"要麦××的父亲，天天上山砍柴"，其背后的原因或许是"富农女"存在性格缺陷，亦或男女双方某些方面相差过于悬殊，"富农女"借机迁怒于麦××的父亲。不过，对于农民家庭而言，勤劳是被普遍赞赏的美德。除非身体虚弱或有生理缺陷，辛勤劳作是"贫农"家庭克服经济困难的不二之选。

1966—1980年间，出现不少结婚不要彩礼或退彩礼的案例，这些案例的发生同样值得引起注意。据李银河的调查，以金钱作为彩礼的婚姻支付受到政治面貌、教育程度、结婚年代、婚后居住方式等变量的影响。李银河的调

① ［美］阎云翔，龚晓夏译：《私人生活的变革：一个中国村庄里的爱情、家庭与亲密关系（1949—1999）》，上海书店，2006年，第88页。

② 广东省仁化县地方志编纂委员会编：《仁化县志（1979—2000）》，广东人民出版社，2009年，第55页。

查显示，其一，共产党员结婚时纯粹以金钱作为婚姻支付方式的行为低于期望值，在普通群众中有这种做法的高于期望值。换言之，共产党员当中较少发生彩礼的支付与收受，而非共产党员发生的概率较高；其二，中学教育程度的人有纯粹金钱支付的高于期望值，大学以上者有这种做法的低于期望值。即受教育程度越高，越倾向不遵从彩礼支付与收受的习俗；其三，结婚年代在 1977 年以后的人，有纯粹金钱支付作法的超过期望值，1976 年以前结婚的低于期望值。这种现象体现在，1951 年以前出生的人，结婚时有纯粹金钱支付的人数明显低于期望值。其四，与父母分开另住别处的，结婚时有纯粹金钱支付做法的大大低于期望值。总结以上内容，共产党员、受教育程度较高、职业地位较高、年岁较长者及与父母分开另住者，往往比其他群体在结婚时有纯粹金钱支付的可能性较小。与此相反，非党员、教育程度较低、职业地位较低者、年龄较轻及现在仍与父母共同居住的人们，在结婚时有纯粹金钱支付作法的可能性较大。[①]

　　上述研究结论，是以北京市民为调查对象而得出的。其他地区是否同样适用，尚待进一步的考察。可以补充的是，20 个城市青年结婚消费情况的调查显示，从 1970 年 1 月至 1986 年 5 月，城市青年结婚消费开始出现不断地增长。第二阶段（1977 年 1 月至 1980 年 1 月）与第一阶段（1970 年 1 月至 1977 年 1 月）相比，每年增长了 0.9%；第三阶段（1980 年 1 月至 1982 年 10 月）与第二阶段相比，每年增长 1.3%；第四阶段（1982 年 10 月至 1984 年 10 月）比第三阶段猛增 24.5%，年增速为 9.7%；第五阶段（1984 年 10 月至 1986 年 5 月）与第四阶段相比，每年递增 6.8%。[②] 彩礼与结婚消费联系紧密。20 个城市的调查显示，青年结婚消费呈现的逐年递增（部分年份增长过速），至少是从 1970 年就开始。1970—1986 年间，国家通过党团组织、政府机关及群众团体频繁介入，希望解决此方面的问题，但是结婚消费却并未止步或退却。

　　李银河在研究中提到的观点之一，即共产党员身份与彩礼支付与收受的

① 李银河：《中国人的性爱与婚姻》，河南人民出版社，1996 年，第 123—124 页。
② 顾纪瑞：《家庭消费经济学》，中国财政经济出版社，1988 年，第 344 页。

关系，值得进一步展开分析。1970年1月《人民日报》发表的通讯报导提到，广东省龙门县龙江公社革委会副主任谭金成夫妇拒收女婿彩礼。报导中提到，谭金成老伴认为："咱女婿他哥结婚时，由于受'四旧'的影响，送礼、请客、讲排场，浪费了很多钱。后来，弄得生活很困难，影响抓革命促生产。"① 按此报导，谭金成女婿家中至少有兄弟两人，他哥结婚时送礼、请客等方面的花费，或是由谭金成的亲家承担或是由他哥在婚后承担，这是他哥婚后"生活很困难"的直接原因。谭金成夫妇拒收女婿的彩礼，将直接减轻女婿及亲家的经济支出，同时也会减轻女儿婚后小家庭的经济负担。报导并没有提到事件背后更重要的意义，谭金成是公社革委会副主任，他主动拒收女婿送来的彩礼无疑是"破四旧"的重要表现。《人民日报》报道这样的事迹，无疑会对提升他的政治声望不无益处。这篇报导透露的信息有限，不过"破四旧"和"公社革委会副主任"都是特别值得留意的文字。

1972年11月20日，《人民日报》再次以"不收彩礼"为主题刊登了一份通讯报导，树立的典型人物是山西昔阳县安坪公社白村大队的团支部书记高玉林：

> 为了破除剥削阶级的旧思想、旧文化、旧风俗、旧习惯，大立社会主义的新思想、新文化、新风俗、新习惯，我们在大队党支部领导下，积极提倡和推广新式结婚。团支部书记高玉林带头，结婚时不收彩礼，不设宴请客，由团支部主持举行结婚仪式，大讲移风易俗办婚事的政治意义；在举行结婚仪式时，家长对子女进行了忆苦思甜教育。当时正当种麦时节，队里缺人掏粪，新媳妇打破旧习惯，婚后不久就参加掏粪，带动了全队的妇女。②

就在上述报导发表前的9月23日，在国务院召开北方农业会议期间，《人民日报》在第一版发表报导，宣布"昔阳县已成为大寨式的县"，号召全

---

① 广东龙门县革委会报道组：《破旧立新》，《人民日报》1970年1月22日第2版。
② 山西昔阳县安坪公社白村大队团支部：《移风易俗办婚事》，《人民日报》1972年11月20日第2版。

国范围掀起"学大寨"的群众运动。[1] 同在 9 月 23 日，《人民日报》在第一版发表社论，提出："学大寨，就是要学习大寨大队一贯坚持政治挂帅、思想领先的原则，自力更生、艰苦奋斗的精神，爱国家、爱集体的共产主义风格。一句话，就是要象大寨大队党支部那样，用伟大的毛泽东思想教育人。这是大寨经验最根本的一条。"[2] 团支部书记高玉林不收彩礼的典型，就是在这样的背景下树立起来的。这对全国其他地区的"学大寨"和移风易俗不无影响。追求政治正确和紧跟政治形势，是党团组织对党员和团员的基本要求。在已有资料中，党员、团员不要彩礼或"退彩礼"的案例屡见不鲜。女方不要彩礼或退彩礼的做法，有许多是迫于形势的需要，但也有避免婚后生活陷于困窘的考虑。前者，主要在于获得上级及周边社会的认可、向他人展示追求进步的决心。后者，则主要是因为家庭经济收入低，高额彩礼会加重男方经济负担，给未来的婚姻埋下隐患。因此，家庭贫困的男方"利用"上级的号召和提倡，尽可能减少彩礼方面的花费。许多地区，在彩礼中出现赠送毛主席语录的现象，另外还有赠送钢笔、锄头等物，寓意"红心向党、扎根农村"。但是，这种具有政治象征的物品，时间不长就销声匿迹了。[3]

李银河的调查显示，彩礼的支付和收受，同是否与父母分开居住有关。这种情况在知青婚姻问题上表现最为明显。兰州知青冯莉莉在甘肃崇信县锦屏公社梁坡大队白家山生产队插队时，同本村回乡知青、赤脚医生关吉德建立恋爱关系。从家境来说，关吉德兄弟五人，他和父母、哥嫂、弟弟和侄儿、侄女一家十几口人，住在山上的几孔旧窑洞里。冯莉莉与关吉德结婚时，"一不要彩礼，二不要衣服、财物，三不讲排场、不搞铺张浪费，简单地举行了结婚仪式，第二天就下地参加生产队劳动"。[4] 对于冯莉莉来说，移风易俗是追求进步的表现之一。对于关吉德来说，与不要彩礼的知青结婚是求之难得的上选。前文提及刘小萌的观点，当时农村男青年通常认为娶到女

① 本报通讯员：《从大寨大队到昔阳县——山西省昔阳县学大寨的调查报告》，《人民日报》1970 年 9 月 23 日第 1 版。
② 社论：《农业学大寨》，《人民日报》1970 年 9 月 23 日第 1 版。
③ 山东蓬莱有类似记载。参见宋耀武主编：《蓬莱民俗荟萃》上，山东大学出版社，2012 年，第 33 页。
④ 《我所了解的知青冯莉莉》，张树兴：《轻雨斜晖：张树兴诗画文集》，文化艺术出版社，2014 年，第104 页。

知青是一件很合算的事情，其原因即与女知青通常不要彩礼有关。娶到城市姑娘而炫耀乡里，还不要支付大笔财物作为彩礼，婚宴规格也不必同其他农民进行攀比，这对于农民来说，应该称得上是件很合算的事情。[1] 有人对知青进行调查时发现，女知青的婚事新办和移风易俗对当地人不无影响，四川仪陇县义门公社因此出现的退彩礼事件就有 310 起。[2]

本节讨论的最后一个问题是，1966—1980 年间的彩礼具有什么特别的社会意义？前文提及，彩礼是指新郎及其家庭支付给新娘及其家庭家的财物，是男女家庭在正式确定婚姻关系后、尚未举办婚礼前的财产转移。它既有"购买"或补偿新娘离开娘家而造成的损失的意义，同时也有订婚后男方付给女方"定钱"的意义。1966—1980 年间的彩礼，自然有上述两个层次的社会意义，同时也带有时代的特殊意义。

陈佩华等人注意到，广东省陈村的农民为替儿子积攒和筹措不菲的彩礼，"不惜牺牲女儿的青春，往往推迟她的婚期，好让她留家多劳动几年，多挣些钱，帮衬她兄弟的婚款"。在普通农民家庭，成年的女儿通过参加集体劳动换取工分，同时还通过养猪、养鸡、割草卖草，在自留地和荒坡细畦上种植时鲜，换取现钱，为兄弟积攒彩礼。[3] 妇女能顶半边天，虽然年轻女性的工分收入不及男性，但是她们在娘家仍可增加工分、副业等方面的收入。女儿出嫁，势必会减少家庭的收入。这与部分女方家庭索要彩礼不无关系。

广东郁南县大方公社大秧地生产队的女青年陶××，与附近太平大队的男青年×××相爱。1973 年，他们二人准备结婚时，陶××的父母便提出男方需要支付彩礼。结果，"男方没有钱，陶的父母则不准他们结婚"，最终陶××因此被逼得精神失常。[4] 档案资料没有显示陶××的父母干涉女儿婚

① 刘小萌：《下乡知识青年婚姻剖析》，金大陆、金光耀主编：《中国知识青年上山下乡研究文集》（上），上海社会科学院出版社，2009 年，第 179 页。
② 缪珍南：《巴蜀女知青》，金大陆、金光耀主编：《中国知识青年上山下乡研究文集》（上），上海社会科学院出版社，2009 年，第 214 页。
③ ［澳］陈佩华、赵文词、安戈著，孙万国、杨敏如、韩建中译：《当代中国农村历沧桑：毛邓体制下的陈村》，香港牛津大学出版社，1996 年，第 180 页。
④ 《阶级斗争在婚姻问题上的反映》（1974 年 4 月），广东省档案馆藏件，卷宗号 233－3－0018－029001。

姻自主的主观意图。陶××与男青年的相爱，并未受到父母的干涉，这应该是他们可以走到准备结婚阶段的前提。但是，在男方无力支付彩礼时，陶××的父母开始干涉女儿的婚姻自主。从此推断，陶××的父母干涉女儿婚姻，关键在于没有收到男方的彩礼。在通常的习俗下，女儿的出嫁是女方家庭劳动力的损失，将来为儿子订婚、娶亲同样需要支付给对方彩礼。如果女儿出嫁不要彩礼，娶儿媳却需要支付彩礼，如此一来，家庭利益定会双倍受损。在此情况下，索要彩礼具有明显的"合理性"。

对于男方的家庭而言，将年轻、能干的儿媳娶进家门，无疑会增加家庭的劳动人手，有助于提高工分收入、副业收入。通过钱物去购买上述增长，同样具有一定的合理性。当然，更重要的是解决了儿子的婚姻大事，使得家庭后继有人。这是无法用钱财衡量的大事。因此，儿子长大成人的家庭，为给儿子娶上媳妇，家里需要准备庞大的开支，最大限度地掏空多年的积蓄。为积攒足够的财物，许多青年男女往往因此推迟了结婚的年龄。男青年自然是为积攒彩礼所需要的财物，而女青年则被要求为娘家多尽义务，帮助兄弟积累足够的钱物作彩礼。①

青年男女积攒彩礼钱，意味着他们的注意力更多会转移到家庭利益、个人利益，这显然与当时整体的政治环境不符。1973 年 4 月 15 日，广东省湛江地区中级法院等机关，对吴川县黄坡人民公社进行的调查显示，高额彩礼将青年的注意力都吸引到如何攒钱上了，年轻人都"不安心集体生产"，"到处搞私捞，搞投机倒把"。② 广东省委对此高度重视，要求各地提高警惕，注意婚姻领域的"阶级斗争新动向"。次年 9 月 13 日，广东省委提出的指导意见称，"一些地方买卖婚姻和变相买卖婚姻抬头，是当前农村阶级斗争和两条道路斗争的尖锐反映"。对于此类问题，"要严格区分和正确处理两类不同性质的矛盾，对煽动买卖婚姻、残害妇女的阶级敌人，对拐卖、贩卖妇女的犯罪分子，要发动群众揭露、批判，狠狠打击，分别情况，依法处理和惩

---

① ［澳］陈佩华、赵文词、安戈著，孙万国、杨敏如、韩建中译：《当代中国农村历沧桑：毛邓体制下的陈村》，香港牛津大学出版社，1996 年，第 180 页。

② 广东省湛江地区中级法院联合调查组等：《关于黄坡公社婚姻问题上阶级斗争的调查报告》，李秉奎：《狂澜与潜流——中国青年的性恋与婚姻（1966—1976）》，社会科学文献出版社，2015 年，第 150 页。

办。对媒婆、媒棍，要教育批判、严格取缔，不准再犯。对人民内部（矛盾），要做细致的思想工作"。[①] 1975 年广东省妇联调查组反映，仁化县扶溪公社左龙大队，富农分子邓××1972 年将女儿出嫁给贫农麦××，一次性索取"身价银"450 元。扶溪公社发动群众批斗了搞买卖婚姻的富农分子邓××，限其立即把"卖女儿"的"身价银"退给贫农。[②] 富农分子邓××的女儿与麦××结婚，发生在 1972 年。此事为何 1975 年才被揭发？这是值得思考的问题。表面上看来，这与广东省委 1974 年 9 月提出的打击"煽动买卖婚姻、残害妇女的阶级敌人"有关。邓××的女儿与麦××结婚，其中既有"富农分子"又有"买卖婚姻"。这两个关键因素，或许是扶溪公社以此为典型进行批斗的重要原因。从当地其他材料来看，彩礼的支付与收受基本没有中止。

综合以上内容，有必要对彩礼问题进行简单总结。围绕中国社会彩礼的研究，有两种解释框架：一种强调彩礼所具备的偿付功能。即，彩礼被解释为新郎家庭付给新娘家的费用，用来确认对新娘为新郎家庭繁衍后代和提供家务劳动的权利转移。这种解释理论被称为"婚姻偿付理论"（maggiage payment theory）；另一种解释框架强调，彩礼的功能主要在于新郎家庭资助新婚夫妇安置新家，彩礼多数情况下都被用于赎买间接嫁妆，至少并非全额留在新娘家庭。因此，该解释框架被称为"婚姻资助理论"（maggiage endowment theory）。[③] 这两种解释框架都是以中国婚姻支付为研究对象发展起来的，但是因强调重点及研究视角不同而产生了认识上的分歧。

1966—1980 年，彩礼经常是以男方主动付给女方钱物的方式实现，同时也经常出现女方家庭直接索要的现象。从此角度而言，双方家庭都认可彩礼具有补偿女方家庭损失的社会意义。当然这种补偿有时是以象征意义出现

---

① 广东省委：《批转〈关于在批林批孔运动中开展反对包办、买卖婚姻的报告〉》，广东省档案馆藏件，卷宗号：296－A2.2－21－79。

② 广东省妇联调查组：《发动群众反对买卖婚姻，对资产阶级实行全面专政——仁化县扶溪公社的调查》（1975 年 6 月 21 日），《妇女工作》第 6 期，1975 年 7 月 3 日。广东省档案馆藏件，卷宗号：233－3－0033－06001。

③ ［美］阎云翔著，李放春、刘瑜译：《礼物的流动：一个中国村庄中的互惠原则与社会网络》，上海人民出版社，2017 年，第 192—193 页。

的。彩礼有时不涉及财物的贵重与否，更重要的是通过社会仪式向周边社会宣布两家儿女婚姻的"下定"。换句话说，彩礼有时只是人们借以表达隆重程度的社会符号。部分地区称送彩礼为"下礼"，此处的"下"带有明显"确定（关系）"的含义。"下礼"，是带有象征性的仪式活动。至于"下礼"中的礼（物），有时反而并不重要。据回忆，20 世纪 60 年代，山东省青州地区"下礼"的场面如下：

> "下礼"的人是一浩浩荡荡的队伍，一般是两个人抬一副食盒，食盒上贴了"喜"字，扎了红绸。这样的食盒一溜摆开，很喜庆，也很排场。其实，排场的只是外表，里面的东西并不值钱。一般情况是：一斗米，用一个食盒；一斗面，用一个食盒；两刀肉，用一个食盒或两个食盒；两条鱼，用一个食盒或两个食盒……这些礼物女方并不全留。面是一定要留的，因为新媳妇过门要烙火烧，无论自家是否有足够的面，都需要用一些婆家的面。米却不一定留。两刀肉，一般是只留一刀。①

这段引文有多处值得分析。首先，"下礼"注重的是仪式感。从食盒重量来看，绝不至于"两个人抬"的程度。之所以如此，主要是为增加参加"下礼"仪式的人数。"下礼"队伍的浩浩荡荡，一方面可以显示男方及其家庭善于社会交往的良好形象，另一方面又可让女方家庭感受男方对此桩婚事的重视。同时，此举还有向周边社会宣示婚姻缔结的意义，其他家庭不应再产生与该女缔结婚姻的念头。其次，充当礼的物品更多具有象征意义。食盒内物品主要是米、面、肉、鱼之类，所需花费并不多。但是，上面贴红色"喜"字、扎"红绸"，以其鲜艳的颜色、夺目的字样，吸引周边社会的注意，从而显示男方家庭对此桩婚姻的祝福。红色，是中国民俗文化中经常出现的色彩。在近代中国，红色既可以象征富贵、吉祥、喜庆等社会意义，同时又可以象征革命、进步、先进等政治意义。② 最后，"下礼"既有"下"（确认）的意义，同时还有开启男女双方家庭交往的意义。比如，男方送来的米，女方未必会留。男方送来的猪肉，一般只留一半。男方的送，既有表

---

① 参见李新宇：《故园往事》第 1 集，北岳文艺出版社，2014 年，第 123—124 页。
② 参见程裕祯：《中国文化中的颜色迷信》，《山西师大学报（社会科学版）》1992 年第 2 期。

达确认婚姻的意愿，又有馈赠女方的情意。而女方的不留或只留部分，既有对婚姻的确认，又有接纳对方情意且体谅对方开支较大、愿与之共享美食的情意。通过物品的送和还、留与不留，男女双方家庭对此婚姻表达互相认可和体谅。

此外，通过上文的档案及方志史料可以看出，彩礼具有新郎家庭协助新娘家庭准备嫁妆的意义，同时也具有资助新娘的兄弟们准备婚事的意义。前者强调彩礼和嫁妆之间的相互转化，后者强调两个家庭合作资助新婚夫妇（包括新娘兄弟夫妇）奠定家庭经济生活基础的意义。离开别人（父母、姐妹的公婆）的资助，青年夫妇的婚姻缔结及婚后生活难免陷于困窘。由此看来，1966—1980 年间的彩礼，是"婚姻偿付理论"和"婚姻资助理论"双重体现，二者并无根本分歧。

二、嫁妆的实际与象征

同彩礼相比，嫁妆在 1966—1980 年间报刊上出现的频率明显要低。正如前文所及，嫁妆的来源常常是与彩礼紧密相关。通常来说，对于盼子成婚的父母来说，彩礼的支付是强制性的义务。对于女方的父母来说，嫁妆则有很大的选择余地。如果有些家庭根本不提供任何形式的嫁妆，这种决定可能会损害娘家的社会声誉，但是并不会破坏一桩婚事。阎云翔在研究中强调，彩礼的标准虽然一直不断在变，一个社会对彩礼普遍接受的标准也不断变化。与此相反，嫁妆的标准却在不同家庭之间有很大的变数，每个家庭不得不自己确定嫁妆的丰厚程度和内容。[①] 可以确定的是，嫁妆具有女方家庭为新娘筹备婚后生活用品的意义。新娘嫁妆的多少，既是娘家家底丰厚与否的象征，又是重视女儿婚姻与否的表现。对于女儿来说，嫁妆的多少不只影响婚后的物质生活，同时还涉及面子及未来在婆家的地位。[②] 与此同时，嫁妆也有娘家为女儿婚前多年辛苦劳作进行结算的意义。女儿从能帮助家庭从事

[①]［美］阎云翔著，李放春、刘瑜译：《礼物的流动：一个中国村庄中的互惠原则与社会网络》，上海人民出版社，2017 年，第 181 页。

[②] 参见刘彩清：《婚姻、家庭、生育与妇女地位：对一个侗族村寨的人类学研究》，知识产权出版社，2016 年，第 80 页。

劳动到出嫁这段时间,为家庭付出许多劳动,父母有义务对此进行结算。[①]
当然,嫁妆与彩礼往往是有直接关系的。有时,在婚礼举办的前夕,男方将
财物送到女方家庭(此时仍称为彩礼),在举办婚礼的当天再由娘家送回到
新郎家,只是此时的名称已经改为嫁妆。从此角度而言,有时很难确定作为
嫁妆的财物来源究竟应是新郎家还是新娘家。

1950 年颁布的《婚姻法》,其中第二条明确规定,"禁止任何人借婚姻关
系问题索取财物"。[②] 但是,该条款没有详细标明索取财物的具体所指。从当
时的宣传和解释来看,该条款重点在于反对买卖婚姻和变相买卖婚姻,反对
"买卖性质的聘礼、聘金"。[③] 1950 年《婚姻法》明确禁止的"索取财物"与
民间的婚姻支付行为有较大冲突。黑龙江省的读者给《人民日报》反映说:
"(当地)群众的舆论一致认为,说媳妇不花钱是不行的,提倡按婚姻法办
事,只有'城里人'可能。他说,连村干部本身,也不能依照婚姻法办
事。"[④] 单从此角度而言,1950 年《婚姻法》的条文与实际婚俗和社会心理
是相冲突的。农民强调婚姻支付的实际意义与象征意义,都被《婚姻法》简
单地废止。如果这样,会形成《婚姻法》形同空文的现象,民间习俗势必仍
按原有规则自行其是。另外,1950 年《婚姻法》只谈及彩礼的问题,并未涉
及嫁妆的问题。单纯从法律条文来看,嫁妆的有无或多少,与买卖婚姻和变
相买卖婚姻不相干。从此角度而言,嫁妆成为《婚姻法》管辖范围的空白
之一。

1950 年《婚姻法》重要的原则之一,在于"打破几千年来加在妇女身上
的封建束缚,使妇女得到解放"。对于男性来说,《婚姻法》的意义是什么

---

① 1940 年发表的《要嫁妆》,歌词即是从此角度着眼。其中提到:"尊声父母你要听,今日孩子有话讲。呀
呼嘿。要听一桩事情你别心伤,孩儿一年到头绣鸳鸯□,穿针□庄线儿好不匆忙。忙了十来个闷春夜儿丫,赚下
了雪白二三百块大洋。呀呼嘿。给爷妈还账买米做衣装……今日孩儿要嫁妆。呀呼嘿。要想一些东西你别心伤,
我要一年到头四季裳□。金著银鍊玉镯金子镶,还想那红漆一对箱儿丫。若是嫁妆好一点,女儿面上有荣光。呀
呼嘿。免得小姑妯娌背地笑话讲。"参见白虹:《要嫁妆》,《好友歌曲专刊》1940 年第 2 期,第 38 页。
② 《中华人民共和国婚姻法(中央人民政府委员会第七次会议通过)》,《人民日报》1950 年 4 月 16 日第
1 版。
③ 《政法工作简评:反对买卖婚姻》,《人民日报》1951 年 10 月 13 日第 3 版。
④ 韩景湘:《读者来信:黑龙江讷河县双泉村和五福村早婚和买卖婚姻现象严重,当地领导机关应检查纠
正》,《人民日报》1951 年 10 月 22 日第 2 版。

呢？中央贯彻《婚姻法》运动委员会在《贯彻婚姻法宣传提纲》中指出："实行婚姻法，对于男人也有极大好处。因为：旧的封建包办的婚姻制度不但束缚了妇女，同时也束缚了男子尤其是年青的男子，使他们得不到合意的配偶。婚姻法实行后，就可以打破这种束缚，他们可以自由地去选择自己合意的配偶，只要对方同意，就可以不费钱而结婚，夫妻一起劳动生产，这样，整个家庭生活也可以得到更大的改善。"① 该《宣传提纲》的逻辑在于，提倡新式婚姻可以摆脱财物的支出、脱离物质生活的束缚，即"不费钱而结婚，夫妻一起劳动生产"。实际上，男女双方没有任何物质基础和财物支持的婚姻模式，没有家庭所应有的抚育子女、赡养老人等功能，或许只能在军事共产主义式的供给制条件下才可实行。对于农民这样的小私有者来说，这种带有浪漫主义色彩的婚姻更多只是乌托邦。不言而喻，嫁妆对于女性婚后生活具有实际的经济功能。对于尚未独立生活的青年来说，嫁妆和彩礼一样，同样具有资助新婚夫妻顺利进入婚后生活的实际意义。

1966—1980 年间，相关宣传以反对买卖婚姻和变相买卖婚姻为基调，其中既涉及彩礼又涉及嫁妆。山西省昔阳县皋落大队团总支副书记赵怀娥，是树立起来的移风易俗的带头人。当时，《人民日报》和《新华社新闻稿》等报刊，都发表过关于她"勇于同旧传统观念决裂"的事迹。

1972 年 1 月 24 日，《人民日报》刊登了赵怀娥的署名文章，其中提到：

> 在社会主义社会这个历史阶段，各条战线都存在着两个阶级、两条路线的激烈斗争。在婚姻问题上，也同样存在着两条路线和两种不同婚姻观的斗争。无产阶级的婚姻观是为革命着想，找志同道合的革命伴侣，互相爱护，互相帮助，更好地为社会主义革命和社会主义建设贡献力量；资产阶级的婚姻观，则是为自己着想，单纯追求个人利益。旧社会说什么"官凭印，虎凭山，妇女凭的是男子汉"，"嫁汉嫁汉，为的是穿衣吃饭"。在叛徒、内奸、工贼刘少奇"金钱第一"、"妇女无用"等反革命修正主义黑货的毒害下，有些人见财亲，怕劳动，找对象愿意找

---

① 中央贯彻《婚姻法》运动委员会：《贯彻婚姻法宣传提纲》，《人民日报》1953 年 2 月 25 日第 1 版。

城市的，不愿找农村的，找对象一要衣服就是好几身。因而，出现了明的是自由婚姻，实际上是父母包办，明为送婚礼，实际上搞钱财买卖的坏现象。有人因找对象闹的欠债累累，有的甚至投机倒把胡折腾。这样，就严重违犯了婚姻政策，破坏了社会秩序，毒害了青年的灵魂。

摆在面前的道路有两条，究竟走哪一条，这对每个青年包括我自己，都是一个严峻的考验。

伟大导师马克思、恩格斯教导我们："要同传统的观念实行最彻底的决裂。"伟大领袖毛主席教导说："不破不立。破，就是批判，就是革命。"为了同旧的传统观念和旧的习惯势力实行彻底决裂，做移风易俗的带头人，结婚前，我就把自己的想法告诉了家里。可是，我父亲和我的想法不一致，他说："你辛辛苦苦劳动了好几年，结婚是人生最大的一件喜事，要多置些东西，讲讲排场，闹闹阔气。这也不光是咱一家。"

在这种情况下，自己如何办呢？是听毛主席的话破旧立新，还是听父亲的话闹场"阔气"呢？我想，自己是个革命青年，又是共产党员，在这个问题上，如果屈服于旧的习惯势力，还搞什么革命！于是，我下定决心，一定要按照毛主席的教导办事，冲破旧习惯势力的压力，给妇女姐妹们长脸。于是，我组织全家办了学习班。经过学习和讨论，全家人认识到，如何办理婚事，这里有两种不同婚姻观的斗争。应该破封建的资产阶级的旧风俗，立无产阶级的新风尚。这也是一场革命。我妈是个共产党员，在讨论中，她坚决支持我的意见，批评了我爹的旧思想，表示要带头给我办一个革命化的婚事。

旧的风俗是，结婚要看日期，不是三六九，便是二五八，我专门选了正月初七这一天。别人结婚要彩礼，带嫁妆，我什么也没要。结婚的那天上午，我还照样到地里劳动，下午我带着四卷《毛泽东选集》，担着箩头、镢头和铁锹，不用人叫，没要人送，自己走到了婆家。到了婆家，以前妇女结婚三天不敢出大门，几个月不参加劳动，我当天晚上就参加了会议，第二天一早就下地劳动。

婚后人们议论纷纷：好多人说我为青年姑娘做出了榜样。但也有人说我"傻气"，结婚还不向婆家要几件好穿戴?! 还有人说我"小气"，办一回喜事也不从娘家带几件值钱的东西，就知道拿扁担、镢头和铁锹。

这些话传到大队党支部副书记、妇代会主任翟桂林的耳朵里，她立即意识到，对这件事的不同态度，反映了两种思想、两条路线的斗争。她抓住时机，一连几个晚上组织全队妇女干部和青年学习毛主席著作，以我结婚的事为例，进行思想和政治路线方面的教育。通过学习，大家提高了认识，统一了思想，都说我破旧立新办婚事不是"傻气"、"小气"，而是给妇女们争了气；不要彩礼、不带嫁妆，是劳动人民的本色。青年姑娘们表示要向我学习。

通过这次路线教育，新风尚树立起来了。最近两年，我们大队结婚的几十对青年都做到了四不、三带：结婚不看日期，不要彩礼，不陪嫁妆，不要人送、人叫；带毛主席的书，带劳动工具，带劳动人民的本色。其他一些旧的恶习、封建道德，被抛到阴沟里去。在我们大队的带动下，新式结婚已在全公社蔚然成风。①

署名赵怀娥的这篇文章，核心的内容在于讲述她反对旧婚俗和旧观念，提倡实行婚姻新风俗，提倡所谓的"四不、三带"，即"结婚不看日期，不要彩礼，不陪嫁妆，不要人送、人叫；带毛主席的书，带劳动工具，带劳动人民的本色"。这里涉及的婚俗不止婚姻支付的问题，限于节次安排，此处主要讨论关于彩礼和嫁妆的问题。

上述引文提及，赵怀娥没有向男方家索要彩礼，结婚时不带嫁妆自然有其合理性。通常彩礼与嫁妆的双向存在，意味二者的交换关系。赵怀娥生活的昔阳县，属晋中地区。根据研究者的调查，这里在 80 年代之前，嫁妆大约有三分之二源于男方赠与的彩礼（货币或礼物）。此外，嫁妆还来源于父母的赠与。通常来说，疼爱女儿的父母往往愿意多赠送嫁妆，因为这涉及女儿到婆家以后的物质生活和精神生活。新娘的父母，有时在嫁妆（资金）上

---

① 赵怀娥：《革命青年要做移风易俗的带头人》，《人民日报》1970 年 1 月 24 日第 3 版。

的支付还会超出男方所赠与的彩礼，以免承担卖女儿的负面评价。此外，嫁妆还有女方近亲或姻亲的馈赠及新娘自己积攒的个人财产。这些通通被称为嫁妆的财物，是衡量新娘婚后生活是否"得日子过"和是否"能抬起头来"的重要因素。[①]"得日子过"是从新娘婚后的物质生活方面着眼，"能抬起头来"是从精神生活方面着眼，二者自然同样具有重要意义。

上述引文中，赵怀娥父亲所说："你辛辛苦苦劳动了好几年，结婚是人生最大的一件喜事，要多置些东西，讲讲排场，闹闹阔气。这也不光是咱一家。"其中，包含一层很重要的意思，即女儿在娘家"辛辛苦苦劳动了好几年"，为娘家赚取收入、积攒财物。娘家自然应将这些收入和财物的部分赠与女儿，以免女儿到婆家没有生活基础或受婆家人（丈夫、公婆、小姑子和妯娌等）的轻视、欺负。另外，娘家为女儿"多置些东西，讲讲排场，闹闹阔气"，也涉及下文将要讨论的婚姻仪式，嫁妆的多少有宣扬婚姻受到娘家重视程度的含义，同时也有借机向周边社会证实女儿勤快的社会意义。赵怀娥父亲提及的"这也不光是咱一家"，证实当地（包括昔阳县、晋中地区）当时的婚俗确实存在普遍重视嫁妆、婚礼仪式的习俗。

署名赵怀娥的文章提到："下午我带着四卷《毛泽东选集》，担着箩头、镢头和铁锹，不用人叫，没要人送，自己走到了婆家。"这些文字一方面旨在强调，赵怀娥的结婚没有按照当地风俗举行婚礼仪式（后文将专门讨论），同时所带嫁妆也非同寻常。她带的只是《毛泽东选集》和生产工具。前者象征赵怀娥的政治忠诚，后者象征着赵怀娥热爱集体劳动、热爱集体生产。如前文所示，二者组合而成的嫁妆，正好符合"抓革命、促生产"的时代主题。

不过，署名赵怀娥的上述文章，与1974年《新华社新闻稿》中的报导有不小的出入。后者的内容是：

> 结婚那天早晨，生产队长没有给赵怀娥安排劳动任务。谁也没想到，社员到地后，发现赵怀娥比他们还去得早。中午，赵怀娥身带一套

---

① 杜江涌：《家事法与家事习惯：晋中地区家事习惯调查报告》，华中科技大学出版社，2017年，第20—21页。

《毛泽东选集》，肩挑一担新扑篮，手握一把新钢镰，亲切地告诉妈妈："我走啦！"妈妈一听："妮呀，今天是你结婚的日子，你担这些到哪去？""我这就去！""那也得换身衣服呀！""不！"说完一甩辫子，大步走出了大门口。这时候，婆婆一看，中午了还没见到媳妇的影子，着急地找人询问，一抬头，赵怀娥已经站在了他们眼前。没等婆婆进厨房，赵怀娥已经自己端出了热气腾腾的饭菜。下午，当邻居们来看新过门的媳妇时，家里没有人影。赵怀娥同队里的妇女们一起去垫猪圈了。有人说："新媳妇总该有个规程。"赵怀娥说："旧社会，封建像绳索一样把妇女捆绑住；新时代，咱妇女要砸烂旧礼教，自己解放自己！"就这样，赵怀娥没要一件衣服，没请一个客人，也没误一个工，就办了自己的婚事。①

上述内容与《人民日报》发表的文章，在细节方面有诸多不同之处。其一，前者提到赵怀娥独自赴婆家的时间是在中午，后者却是在下午；其二，前者提到赵怀娥带的嫁妆是《毛泽东选集》、新扑篮、新钢镰，而后者却是《毛泽东选集》、箩头、镢头和铁锹；其三，前者提到的是，当天下午"赵怀娥同队里的妇女们一起去垫猪圈了"。而后者则强调，赵怀娥是在"第二天一早就下地劳动"。作者署名赵怀娥的文章，同新华社稿件的不一致，恐怕不是描述性语言的差异，更不是赵怀娥记忆出现的差错。1974年新华社利用四年前赵怀娥的典型，再次发起移风易俗的舆论攻势。两者的意图都是重在宣传，而非陈述事实。从1970年《人民日报》的文章与1974年《新华社新闻稿》的报导来看，国家级的重要报刊始终在提倡简朴婚礼、新事新办，或许也从侧面反映出整个社会的风气基本没有改变、甚至更严重。

同70年代国际形势的转向，中、苏、美三国关系的离合相比，彩礼、嫁妆等民间习俗只不过是细枝末节。《人民日报》和《新华社新闻稿》，即便使用大幅版面来刊登移风易俗的文章，并非证明此类事件在国家政治生活中举足轻重。各级政府主要关心的仍是政治军事机构的有效运行、政治经济秩

---

① 《通讯：大有希望的新一代》（1974年8月9日），《新华社新闻稿》1974年第1683期，第19—20页。

序的稳定与否、各种生产能否有效发展等更重要的事件。尽管国家级的报刊试图左右或干预彩礼、嫁妆之类的婚姻习俗，但是并非说明这些问题都是关系国家命运的大事件。妇联系统对此有不少文件，也未必因此派出大批干部逐门逐户去检查和纠正。同时，小额或私下的彩礼赠送，通常超出有效的管控范围之外，各级政府无力事无巨细地横加干涉或纠正。与此同时，嫁妆的有无与多少更是《婚姻法》的空白，国家只能通过报刊舆论表明反对或提倡的态度，妇联或团委有时对此不是视而不见，便是听之任之。并且，他们的干涉能否见效往往取决于婚姻当事人是否有"政治追求"或是否是"阶级敌人"。文字材料中出现的移风易俗往往充分修饰和加工，这是掌握书面书写或发表权力者的"技艺"，它与完全不依赖文字材料或书本知识的婚姻实践往往存在差距。布迪厄（Pierre Bouddieu）提到："在那些没有文字、没有学校的社会里，我们能明显地发现有许多思维方式和行动类型、经常还是些至关重要的东西，是以教授者和学习者间直接的、长期稳定的接触为基础的，通过总体全面、实践可行的传递方式，从实践到实践地传递，这些技艺被传承下来（'照我的样子做！'）。"[①] 质而言之，在实践层面上，赠与嫁妆的习俗是以世代相传的方式传递下来的，而不是妇女解放理论或国家法律事先规划好的。黄宗智在研究中强调，在民事领域里，清代法律的官方表达和具体实践之间的背离表现得特别明显。清代的民法，更强调道德化的人治而非严苛的法治。[②] 不过，这与钱穆所持中国传统政治偏重于法治（制度化）、西方近代政治偏重于人治的观点有明显不同。[③] 研究者可以不赞同上述任何一方面观点，但是其中涉及人治与法治比较的角度，却是认识中国法律与中国政治的绝佳角度。基于此，下文讨论的是，1966—1980 年，国家在处理彩礼与嫁妆上是如何掌握人治与法治界限的。

　　从"文革"前夕，普通农民赠送女儿的嫁妆，在金额上已经呈现日益萎缩的趋势。这种趋势不仅仅是国家管理收紧或舆论宣传的结果，主要是同集

---

　　① ［法］布迪厄、［美］华康德著，李猛、李康译：《实践与反思：反思社会学导引》，中央编译出版社，1998 年，第 343—344 页。
　　② 黄宗智：《清代的法律、社会与文化：民法的表达与实践》，上海书店出版社，2007 年，第 2 页。
　　③ 参见钱穆：《中国历代政治得失》，生活·读书·新知三联书店，2001 年，第 174 页。

体经济时期农民能够掌控的家庭收入明显减少有关。经历 1959—1961 年间的经济困难，全国提出"调整、巩固、充实、提高"的方针，农村经济逐步得到恢复和发展。但是，1964 年开展四清运动后，合作商店、合作小组受到严格限制。1965 年，对合作商店、合作小组提出更加严厉的限制，明确提出"七不准"的政策，即不准经营批发业务，不准超过规定的经营范围，不准超过规定的活动地区，不准任意增加网点，不准任意增加人员，不准违犯国家的价格政策，非经批准不准在集市上和到外地采购。与此同时，有关部门强调，小商小贩"自发的资本主义倾向"和"两条道路斗争"的严重性，对小商小贩的管理教育"要以阶级斗争为纲，以两条道路斗争为纲"，农民通过家庭副业生产增加收入的做法受到严格控制。[①] "文革"开始后，自留地、家庭副业、集市贸易等，同样受到严格管制，有些地区被当作"资本主义尾巴"割掉。农民很难通过集体生产以外的方式增加收入，这是嫁妆贵重程度急速下滑的重要因素。甘肃省漳县的县志记载，"文革"开始后，自留地、自留畜、家庭副业都不复存在，农民完全靠人民公社分配为生，公社以"人七劳三"或"人六劳四"的比例分派口粮。按劳动日值以现金平衡，每个工值仅二三角钱，农民人均分配收入（加粮食折金）仅四五十元。多数家庭所分的口粮不够食用，只能维持半年左右，还得超支欠款，负债累累。[②] 漳县所属的甘肃省，是西北相对贫困的地区。这里的农民收入低下或许有其特殊性。据统计，1956—1978 年，全国农民收入每年递增 2.9%。1954—1978 年间，农民人均储蓄存款额由 0.3 元提高到 7.1 元。另外，部分年度的农村居民纯收入，1965 年为 107.2 元、1976 年为 113.1 元、1977 年为 117.1 元、1978 年为 133.6 元。其中家庭经营纯收入，1965 年为 33.3 元、1976 年为 26.2 元、1977 年为 32.8 元、1978 年为 35.8 元。与此同时，1958—1978 年间的农民消费指数年均增长 1.38%。1954—1978 年间的农村恩格尔系数从 68.69% 下降到 67.71%，24 年间仅下降 0.88%。[③] 联合国粮农组织提出的标准，恩格尔系数在 59% 以上为贫困，50—59% 为温饱，40—50% 为小康，

---

① 商业部商业经济研究所：《新中国商业史稿》，中国财政经济出版社，1986 年，第 209 页。
② 张守礼主编，漳县志编纂委员会编：《漳县志》，甘肃文化出版社，2005 年，第 110 页。
③ 杨小玲：《中国农村金融改革的制度变迁》，中国金融出版社，2011 年，第 77—79 页。

30—40% 为富裕，低于 30% 为最富裕。① 按此标准计算，1954—1978 年中国农村基本处于贫困线以下，农民的生活不得不将维持温饱放在重要位置。

从此角度而言，1966—1980 年间，农民赠与女儿的嫁妆是以生活必需品为主，其基本目的在于帮助女儿婚后维持生存和基本生活。嫁妆是娘家为女儿准备的蓄水池，是开启婚后生活的重要经济来源。如前文所述，新娘嫁妆的多少，不仅体现娘家的家底是否丰厚，更重要的是娘家对女儿婚事的重视程度。对于女儿而言，嫁妆的多少及贵重程度涉及向婆家、邻居展示的荣誉，同时也与在婆家的社会地位直接相关。这是部分父母尽力给予女儿丰厚嫁妆的重要原因。

贵州绥阳县水利局的吴仲华，是 1969 年国庆节结婚的。据他回忆：

> 我家在农村，与妻子家坎上坎下，相距 20 米。她家世代忠厚农民，靠生产队挣工分钱分米分钱，当时一个劳动日分 0.2 元人民币。我岳父在全生产队每年挣的工分是最多的，一年也只能分 300 多斤粮食和 100 多元钱，在给女儿置办嫁妆上费尽心思，伤透脑筋，还和我岳母吵了不少架，找亲戚找朋友，东拼西凑才将女儿的嫁妆办齐，按照乡俗置办了大木桌 1 张，小木桌 1 张，三抽木桌 1 张，长木凳 2 根，木柜子 2 个，洗脸架 1 个，棉被 4 床，棉毯 4 床，纱布蚊帐 1 笼，洗脸盆 1 个，竹篾篓壳温水瓶 1 个，其中有个木柜子是伯岳父送的，木制品全用油漆涂红，当时的价格总计不到 1000 元……置办的嫁妆，看似寒酸，但岳父家已经是尽心尽力尽情了，让我感到十分的过意不去。②

上文吴仲华提到的嫁妆，"当时的价格总计不到 1000 元"，但是对于收入不高的农民家庭来说，已经达到超支或透支的程度。目前缺乏 1969 年绥阳县农民户均的储蓄金额，因此无法计算上述嫁妆在吴仲华岳父全家积蓄中的比例。不过，绥阳的资料显示，1984 年 10 月底，绥阳县农民平均每户储

---

① 张维迎：《经济学原理》，西北大学出版社，2015，第 106 页。
② 吴仲华：《回忆嫁妆》，政协遵义市委员会：《遵义政协》2011 年第 1 期（总第 19 期），第 53 页。

蓄为 57.6 元。[①] "当时的价格总计不到 1000 元"的嫁妆，对于普通农民家庭来说，差不多需要 20 家才能凑得起来，这无疑是一笔巨额的开销。吴仲华岳父"费尽心思，伤透脑筋"，筹办如此丰厚的嫁妆，其用意是否在于抬高女儿婚后在婆家的地位？该桩婚姻中是否存在男高女低的现象？上述引文透露的信息有限，自然无法揣测。不过，从文中详细列举的物品来看，所谓的嫁妆基本都属于生活必需品，只是相比普通的嫁妆来说数量稍多、品类较齐全而已。与此相比，前文提及赵怀娥的嫁妆只有《毛泽东选集》和生产工具，那么她婚后的日常生活是如何维持的？全凭与公婆分享婆家原有的旧家具、旧被褥？赵怀娥的嫁入，已经为婆家增加了人口，将来新婚夫妻生育子女，不能不考虑增添日常生活用品的问题。如果只有如此简朴的嫁妆，是否会因此产生家庭矛盾？显然，这是很值得留意的问题。

与吴仲华岳父的事例不同，有许多农民由衷支持移风易俗、反对买卖婚姻，其真实意图之一就是难以为女儿筹办丰厚的嫁妆。1975 年，广东省揭西县下洞大队有一女青年结婚，"她的父母只送给一部毛主席著作和一把锄头"，"教育他们要认真读毛主席的书，积极参加集体生产劳动"。[②] 文中提及的下洞大队，隶属于揭西县五云公社。这里是丘陵、山林地区，原属陆丰县。1965 年 10 月，划归揭西县管辖。[③] 该女青年的家庭收入、父母职业等情况，也无从得知。但是，可以肯定地说，"一部毛主席著作和一把锄头"更多是象征性的嫁妆。日常生活用品即便不是通过嫁妆的形式置办，也需要通过其他方式来购买。研究者华若碧（Watson Rubie）强调，广东农村女性十分重视自己的嫁妆，这是显示自己作为法定妻子地位的象征，同时也有助于确立妻子在婚后家庭中的地位。[④] 当然，这种情况在其他地区来说亦有相似或相近的存在。杨懋春注意到，山东台头的情况也是如此。当地女方父母如果不想让自己

---

① 政协绥阳县文史资料研究委员会：《绥阳县文史资料选辑》第 6 辑，政协贵州省绥阳县委员会宣教文史委员会，1988 年，第 150 页。

② 广东省汕头地委群众工作办公室：《批转揭西县妇联〈关于反击封建买卖婚姻，实行婚事新办的情况报告〉》（1975 年 1 月 22 日），广东省档案馆藏件，卷宗号：233－3－0035－59－32。

③ 陆丰县地方志编纂委员会编：《陆丰县志》，广东人民出版社，2007 年，第 619 页。

④ 转见杜靖：《九族与乡土——一个汉人世界里的喷泉社会》，知识产权出版社，2012 年，第 243 页。

和女儿"蒙羞"的话，他们必须竭尽全力准备嫁妆。[①] 换言之，嫁妆不只对女儿婚后生活具有资助的意义，同时也与娘家的社会声望关系密切。1966—1980年间，这些观念是否会在短期之内发生转变，这是值得怀疑的问题。

很明显，女方赠与的嫁妆在金额上往往比男方支付的彩礼低得多。杨善华认为，这种以男方为主体的婚姻消费行为，体现了男方"购买能传宗接代的媳妇的无言代价"，是男方为增加劳力而投入的机会成本。女方支付嫁妆的消费，通常与男方支付彩礼的消费无法相比，"这种无法匹配的消费也就为女方进入男家的地位做了铺垫，决定了她对丈夫及男家的依附与服从"。[②]父母有时被迫赠送女儿过于丰厚的嫁妆，以图改变或提升女儿婚后的家庭地位。同此前、此后相比，1966—1980年间嫁妆的开支明显减少，这是受到当时经济收入、政治因素的双重影响。研究者发现，面对双重压力，农民仍然将被褥等生活基本必需品保留在嫁妆里面，再搞运动日子也得照样过，被褥作为嫁妆的合法性一直没有受到挑战。[③] 婚后小家庭需要借助资助来启动其基本功能，生活必需品是维持夫妻婚后生活及抚育子女无法离开的条件。被褥被顽强地保留在嫁妆里面，证实了人们在面对经济、政治双重压力时，嫁妆仍然有存在的必要性。

第二节　婚礼仪式及其变化

上一节主要是从财物角度讨论婚俗中的"礼"。本节着重讨论另一个被称为"礼"的仪式和礼节。[④] 在通常的婚姻习俗中，婚礼仪式往往是开启一桩婚姻的必要环节。在形式、内容、规模上，这些仪式活动可能会存在较大

---

① ［美］杨懋春著，张雄等译：《一个中国村庄：山东台头》，江苏人民出版社，2001年，第108页。

② 杨善华：《经济体制改革和中国农村的家庭与婚姻》，北京大学出版社，1995年，第149—150页。

③ 翟一达：《传承与嬗变：洽村的嫁妆变迁》，黄宗智主编：《中国乡村研究》第5辑，福建教育出版社，2007年，第260页。

④ 本节使用的"婚礼仪式"，与日常所用的婚礼稍有不同。前者包括了从订婚到结婚的全部过程，即包含婚姻意向的达成、双方的沟通、确定婚约、迎娶新娘、婚筵庆典、夫妻"回门"等过程。后者，往往只是"婚礼仪式"的一部分，即迎娶新娘上门及婚筵庆典。

差别。但是，这种差别不影响婚礼具有的象征意义。中国传统文化中，家道殷实、有社会地位的家庭多重视婚礼仪式。《礼记·昏义》称："昏礼者，将合二姓之好，上以事宗庙，而下以继后世也，故君子重之。是以昏礼纳采，问名，纳吉，纳征，请期，亲迎，皆主人筵几于庙，而拜迎于门外，入，揖让而升，听命于庙，所以敬慎重正昏礼也。"① 可以看出，中国传统婚俗文化，通过将婚礼仪式规范化、隆重化，以显示其社会意义之重要。"六礼备，谓之聘；六礼不备，谓之奔。"隆重的婚礼在中国传统婚姻文化是必不可少的环节，它是婚姻被家庭或周边社会接纳的重要仪式。有研究者认为，婚礼仪式的功能主要在于，强调婚姻的庄严、宣告当事人身份的转变（从单身到已婚）、显示婚姻的合法化、证实婚姻得到家庭与社会的支持和认可，同时还有加强男女双方家族之间联系及共同向新婚夫妇提供必要援助等功能。②

通常所谓的中国传统婚俗，其实是随着改朝换代、汉化与胡化的交互影响而不断流变的。简单来说，汉民族对周边少数民族的婚俗产生汉化的影响。少数民族的社会文化同样也推动汉民族婚姻习俗的胡化。举例而言，元代蒙古族的抢亲风俗，对中国北方许多民族的婚姻习俗产生影响。明代朱姓政权有意消除胡化的影响，特别是禁止或限制各种形式的"收继婚"（"烝母报嫂"）。明清时期，传统的六礼，在有的地区只剩下四礼，北方婚礼习俗更是受到满蒙等民族婚俗的影响。当然，在其他地方，同样存在汉族与少数民族婚俗相互影响的情况，只是在不同地区、不同时段有时表现不尽相同而已。因此，很难说中国传统婚俗存在全国统一的典范。

1950年《婚姻法》颁布时，没有将婚礼仪式列入婚姻的必需要件。某桩婚姻是否合乎《婚姻法》，不在于举办仪式与否，只规定"结婚应男女双方亲到所在地（区、乡）人民政府登记。凡合于本法规定的结婚，所在地人民

---

① 崔高维校点：《礼记》，辽宁教育出版社，1997年，第227页。其中的"六礼"，包括纳采、问名、纳吉、纳征、请期、亲迎等。"纳采"，是指男方欲与女方结亲，须通过媒人前往女方家提亲；"问名"，是指男方正式请媒人到女家询问女方的姓名、生辰八字，取回庚帖后，占卜吉凶、合八字；"纳吉"，是指男方问名、合八字后，将卜婚的吉兆通知女方，并送礼表示欲与女方订婚的礼仪；"纳征"，是指男方在获得女方的允婚后，向女方赠送聘礼；"请期"，是指男方卜得吉日，派人到女家通知成亲娶要的日期，征求女方的意见；"亲迎"，是指新郎亲自到女方家迎娶新娘，二人返回新郎家结拜成亲。参见秦永洲：《中国社会风俗史》，武汉大学出版社，2015年，第290—291页。

② ［美］诺曼·古德曼著，阳琪、阳琬译：《婚姻与家庭》，桂冠图书股份有限公司，1995年，第113页。

政府应即发给结婚证"。① 从此角度来说，1950 年《婚姻法》实施后，婚姻的合法与否不再以婚礼仪式和社会承认为标准，而是以政府承认并颁发证书的登记制度为替代。日本学者岩间一弘称，1950 年《婚姻法》颁布后，"结婚的法律依据不是由民间的仪式与证人，而是由向政府登记得到担保"，婚姻习俗发生从仪式结婚向登记结婚的转型。② 考虑到结婚登记率的变动，该结论或许有些过于简单化。但是，政府的认可确是婚姻得到法律保障的必要条件。通常而言，只有获得结婚介绍信与结婚登记证这两张纸质文件的婚姻，才是严格意义的合法婚姻。这意味着婚姻、家庭不再是完全的私生活领域，而是国家管理下的公共生活与私人生活的交集。由此而言，纳采、问名、纳吉、纳征、请期、亲迎等"六礼"，不再是婚姻合法与否的必要条件。以往坐花轿、拜天地、摆婚筵等仪式，被批判为封建。反对铺张浪费、提倡俭朴办婚礼，在 1966—1980 年间是经常见到的宣传语。那么，它同事实上的婚姻习俗有无距离？如果与通常的社会习俗相距甚远，这样的宣传语意义何在？这些问题进一步细化，大致包括婚礼仪式的参与者、参与者的身份、婚礼仪式上的用具、婚礼仪式的花费等。这些问题看起来有些琐碎甚至微不足道，但是谁又能完全否认见微知著的可能性呢？

一、婚礼仪式上的参与者

1. 婚姻"中介人"

首先，1966—1980 年间，城乡婚礼仪式最突出的变化，是"纳采"（提亲）仪式大大简化乃至取消。由前文可以看出，传统职业媒人的消失或退隐，使得婚姻中介人的构成出现明显多元化、随机化的现象。因此，有的研究者，将别人介绍和家里人介绍渠道缔结的婚姻，称为"中介婚"。他们认为，"中介婚"是从传统向现代过渡的中间环节，是介于职业媒人牵线搭桥

---

① 《中华人民共和国婚姻法（中央人民政府委员会第七次会议通过）》，《人民日报》1950 年 4 月 16 日第 1 版。

② ［日］岩间一弘著，葛涛、甘慧杰译：《上海大众的诞生与变貌：近代新兴中产阶级的消费、动员和活动》，上海辞书出版社，2016 年，第 213 页。

式的婚姻与完全自己认识而结合的婚姻之间的婚姻模式。① 这就意味着，职业媒人在婚礼仪式中退出或消失，而接下牵线搭桥责任的往往是邻居、同学、朋友、同事及家人。大致说来，职业媒人的退出主要发生在 60 年代以后，其原因应来源于国家反对包办婚姻、封建婚姻的压力，同时可能也与自由恋爱在城乡之间普遍增多有关。

按以往通常习俗，经由"三媒六证"才是合乎礼教道德的合法婚姻。男方聘请媒人向女家提亲，是婚礼仪式迈出的第一步，当然也是关键的一步。媒人代表男方传递缔结婚约的意愿，征求女方家长及女方本人的同意，然后再将女方的意见传递给男方。媒人负责的传话功能至关重要，一方面试探双方对此桩婚姻的意愿，另一方面尽量弥合双方的分歧、消除相互的误解。杨懋春注意到，40 年代的山东农村，如果家庭中有即将进入婚龄的男孩，他人与男孩母亲聊天的话题会经常围绕着男孩的订婚与否展开。与男孩母亲商讨女方信息的媒人，是参与婚礼仪式必不可少的人选。此外，媒人还负责互通男孩与女孩的生辰八字，如果双方母亲都认可，才算正式开始安排婚事。② 这种由媒人介绍双方家庭情况和个人情况，在男女双方之间穿针引线的情况，在许多其他地区同样很常见。以往人们常说的明媒正娶，在某种程度上显示婚事经过媒人介绍，是得到双方家长认可和合法程序的婚姻。不过，也有媒人为获得"谢媒款"（有的地方称为"媒钱"或"媒礼"），有意掩饰一方或双方的缺陷而撮合双方成亲，反而惹出不少纠纷。③

1950 年《婚姻法》颁布后，由媒人从中说合的婚姻经常被贴上包办婚姻的标签。1950—1953 年贯彻《婚姻法》运动结束后，媒人虽仍或明或暗地存

---

① 雷洁琼主编：《改革以来中国农村婚姻家庭的新变化：转型期中国农村婚姻家庭的变迁》，北京大学出版社，1994 年，第 174 页。

② ［美］杨懋春著，张雄等译：《一个中国村庄：山东台头》，江苏人民出版社，2001 年，第 105—106 页。

③ 重庆地区的"歌堂赛歌"有"骂媒"环节，据称旨在提醒媒人要遵守"职业"道德，不可为钱财"乱点鸳鸯谱"，同时也可借机去掉歌者身上的晦气。"骂媒"歌中提到："四季豆开白花，背时媒婆夸婆家。一夸婆家大田大，三棵秧子栽不下。四季豆开白花，背时媒婆夸婆家。二夸婆家地坝大，晒萝谷子晒不下。四季豆开白花，背时媒婆夸婆家。三夸婆家街檐大，登个板凳登不下。四季豆开白花，背时媒婆夸婆家。四夸婆婆堂屋大，一张桌子安不下。四季豆开白花，背时媒婆夸婆家。五夸婆婆房子大，不如别人丝瓜架。四季豆开白花，背时媒婆夸婆家。六夸婆家猪圈大，喂个猪儿喂不下。"参见重庆市合川区政协文史编辑委员会编：《合川非物质文化遗产概览》，重庆出版集团，2016 年，第 236 页。

在，但是"保媒拉纤"明显出现污名化。张思等人注意到，冀东侯家营的侯××曾是村中有名的媒人，给本村年轻人成功介绍了很多对婚事，结果被指控为"违犯婚姻法，复实〔腐蚀〕青年妇女"。[①] 指控媒人"复实〔腐蚀〕青年妇女"，恐怕意在提倡晚婚、自主婚。不过，50 年代末到 80 年代初的农村，政治活动增加、实行集体生产，青年男女交往较此前频繁，青年人增加了相互结识的机会。与此相比，单纯依赖媒人牵线搭桥，往往使得男女双方交流、沟通不充分，男女双方及家庭满意度下降，这些与职业媒人减少相关。

有研究者注意到，60 年代媒人在婚姻仪式中的角色发生了明显变化。媒人出现的契机，不再是男女双方互相了解、试探前，而是双方已经确定关系才象征性地出现。往往是"情投意合的青年男女一般到谈婚论嫁时，再请一名能说会道的亲戚或朋友充当现成的媒人，转达双方的意愿"。[②] 前文引用过的侯永禄日记显示，1970 年其女侯引玲事先已经"瞅上"复员军人王俊杰，当然王俊杰也对此事满意。二人在正式见面时，王俊杰仍要委托他的七叔当媒人。[③] 双方同意此桩婚事，王俊杰的七叔出现只是"无媒不婚"习俗的遗迹，或者说更多是象征性的仪式符号。值得注意的是，在此桩婚姻中，王俊杰的七叔只出现过一次。侯永禄此后关于女儿婚事的日记，再未提及这位媒人。

媒人的式微不仅与民间自发有关，同时与公共权力间接或直接干预相关。1966—1980 年的《人民日报》，除特殊情况（如刊登京剧《沙家浜》刁德一做媒情节、批判文艺时提到《花为媒》）外，14 年间居然难以查阅到提及"媒人"或"媒婆"的文章。[④] 《人民日报》提及"新事新办"或"移风易俗"的文章有不少，却都有意无意地对媒人视而不见。事实上，内部文件中经常出现对媒人的否定和批判。1972 年，北京市民政局在写给北京市革命委

---

① 张思等：《侯家营：一个华北村庄的现代历程》，天津古籍出版社，2010 年，第 338—339 页。
② 余光弘、冯莎、杨洁琼主编：《闽南蔡坂人的社会与文化》，厦门大学出版社，2016 年，第 214 页。
③ 侯永禄：《农民日记》，中国青年出版社，2007 年，第 167 页。
④ 《沙家浜》剧本提到刁德一"保媒"的内容，刊登在《人民日报》1967 年 5 月 31 日第 5 版；批判"文艺黑线"中提到《花为媒》的文章，刊登在《人民日报》1968 年 5 月 28 日第 4 版，文章名为《"美得很"与"丑得很"——斥中国赫鲁晓夫反动的文艺批评标准》。

员会的报告中提到："对于强迫包办，借婚姻关系索取大量财物，干涉婚姻自由的人和进行非法活动的媒人，要进行批评教育，情节严重并有民愤的应交由人民法院依法惩处。"① 很明显，文件将媒人视为"干涉婚姻自由的人"，是指有非法活动的一类人。对于这类人，北京市民政局认为，应该批评教育或依法惩处。报告中没有提及，是否有从事合法活动的媒人，当然也没有涉及应该如何处置的问题。

广东省委妇委等在向广东省委的报告中提到，最近几年间"媒婆媒棍又重操旧业"，他们"不仅以介绍爱人从中索取财物，更恶劣的是有不少的破坏别人的婚姻家庭，挑拨已婚夫妇再娶再嫁，以达到从中捞取油水的目的"。② 显然，此处使用的"媒婆"和"媒棍"充满贬义或否定。人们在口语里使用这样的语言，通常是带有侮辱或谩骂用意的。上述罗列的媒人罪状主要在于索取财物和捞取油水、破坏他人婚姻、挑拨再婚等。至于婚姻当事人是否自愿，报告中并未涉及。其他省市的情况如何，尚待将来进一步研究。但是，从北方到南方，北京市和广东省都出现媒人重操旧业的现象，似乎不是偶然因素导致的局部现象。

值得注意的是，许多人不再愿意听到媒人或媒婆之类的称呼，而是喜欢称为介绍人。从全国范围来说，很难确定"媒人"改称"介绍人"的大致时间。据四川省威远县县志的记载，媒人改称介绍人是在1950年《婚姻法》颁布后。③ 眉山距离成都较近，根据此地人们的回忆，"文革"时期人们通常都不再使用媒人的称呼，而改称介绍人。④ 介绍人比媒人更新颖，它同以往"无媒不婚"或"包办婚姻"听起来距离更远。并且，"介绍人"是个特别的词汇，除在婚姻介绍时使用外，中国共产党的组织发展、党员入党时也在使用，这是指专门负责联系和培养非党员积极分子、介绍他（她）入党的正式

① 《关于当前婚姻方面存在的问题的报告》（1972年），北京市档案馆藏件，卷宗号196－3－24－6。
② 中共广东省委妇委、青委、职工委、政法小组：《关于当前婚姻问题上两条道路斗争的情况和处理意见的报告》，广东省档案馆藏件，卷宗号：233－1－0162－032001。
③ 四川省威远县志编纂委员会编：《威远县志》，巴蜀书社，1994年，第781页。
④ 原任眉山市政协副主席的张忠全回忆，"文化大革命"期间不能称媒人或媒婆，统统叫介绍人。张忠全：《"文化大革命"时期婚俗变奏曲》，四川省政协文史资料和学习委员会：《眉山市井闲谭》，四川人民出版社，2017年，第209页。

党员。入党介绍人不会收取积极分子的费用，不会令人产生与买卖、捞油水相关的联想。"介绍人"使用起来，甚至让人产生追求政治进步的错觉。无论是媒人还是介绍人，名称的更换改变不了该类角色存在的必要性。婚姻自主是 1950 年《婚姻法》提倡的重点内容之一，但是媒人说媒与介绍人的出现，仍然是判断婚姻社会合法性的重要标准之一。

传统的媒人说媒和算命先生看"八字"，是婚姻得到社会承认的特殊形式。不同的算命先生，对于同一桩婚事常常说法不一。法国传教士禄是道（Henri Doré）认为，在中国婚姻习俗中，算命先生看"八字"长期存在的原因在于，新郎、新娘家庭都希望男女双方婚后幸福，却又没有办法预测未来。于是，他们便将写上两个人出生年份、月份、日期、出生时辰的干支（总共八个字）的帖子互换，分别交给算命先生，以便确定新郎与新娘的命是否相合，从而推测他们将来的婚姻是否幸福。[①] 这种说法未必确实。但是，男女双方家庭都希望儿女婚后幸福、却又无法预测未来，这是确实存在的事实。并且，人们未必完全相信媒人天花乱坠的说辞，通常还会通过其他渠道了解对方的情况。但是，媒人在双方之间传话、斡旋、讨价还价，其作用不可缺少。并且，男女双方在婚后出现纠纷，媒人是可以从中调解的绝佳人选。人们未必真正相信算命测字的结果，只是将来可以把婚姻失败的责任推到不满意的算命先生身上。有媒人和算命先生参与，婚姻披上被社会承认的外衣，否则容易被认为是私订终身。[②]

1949 年以后，算命先生及其宣扬的阴阳五行、神魔鬼怪等内容被当作迷信。这让算命测字的做法迅速减少乃至消失。1950 年《婚姻法》颁布后，政府认为的合法婚姻须以基层单位的介绍信和民政部门的结婚证为前提。与此同时，民间社会认为的合法婚姻，仍然需要得到双方家庭、亲属、邻居等周边社会的承认，这种承认又难以避免媒人或介绍人的存在。

1966—1980 年间，介绍人的中介功能是否比 1950 年前更弱？这是值得

---

① ［法］禄是道著，高洪兴译：《中国民间崇拜·婚丧习俗》，上海科学技术文献出版社，2009 年，第 19—20 页。
② ［美］许烺光著，王芃、徐隆德译：《祖荫下：中国乡村的亲属、人格与社会流动》，台北南天书局有限公司，2001 年，第 72—73 页。

研究的问题。与此相关的另一个问题是，集体化时期农民的通婚圈是否比以前进一步扩大？理论上讲，如果通婚圈扩大，介绍人在不熟悉的家庭之间有发挥中介功能的必要。如果通婚圈较小（特别是村内婚），男女当事人及其家长相互熟识，介绍人更多只是象征性人物，其中介功能自然减弱。通过对冀东昌黎县侯家营的研究，张思等人认为，农民在集体化时期的通婚圈并无明显变化，仍然是以集市为中心的乡村之间进行通婚，共同集市形成的通婚范围得到延续。离侯家营最近的集市是"泥井"，1949 年以前这是村民常去的地方。集体化时期，泥井是公社的所在地，公社的管辖范围大致与集市覆盖的范围重叠，侯家营与同属泥井公社的周边村庄发生通婚的情况很多。[①]如果按此推断，共同集市形成的通婚范围仍沿旧例，媒人或介绍人在农村婚姻的中介功能应无明显变化。不过，王跃生对冀南农村的分析却与此略有区别。他对河北省磁县西大庄村、双寺村、庆有庄村和上寨村的通婚距离进行分析后发现，1957—1970 年间县内婚、村内婚的比例都有较明显的提高。并且，工值和口粮标准比较高的村庄往往是县内通婚比例较高，自然环境较差的丘陵地区通婚距离较远。这些情况在 1971—1980 年间有更为明显的变化，即村内婚增加、通婚距离缩短。[②]关于通婚距离方面，冀东、冀南是否确实存在明显的差异？恐怕需要考虑是否同姓村、经济发达程度、地理状况、交通便利与否等因素。

研究者对上海郊区、河南潢川的调查发现，1966—1980 年间前者别人介绍的婚姻占比为 72.7%，后者为 33.0%。媒人牵线的婚姻，前者占 2.5%、后者占 48.9%。研究者认为，这是两类地区的经济发展水平所致。很明显，上海郊区的经济较为发达，已经实现由媒人牵线向别人介绍的过渡；河南潢川的经济较为落后，目前仍然停留在媒人牵线的阶段。他们认为，最终这两类地区都走向自己结识为主的阶段，这是结识方式由传统向现代过渡的规

---

① 张思等：《侯家营：一个华北村庄的现代历程》，天津古籍出版社，2010 年，第 337 页。不过，张思等人的看法与该书提供的 1965 年统计似乎不尽一致。书中未见到其结论的依据。

② 王跃生：《社会变革与婚姻家庭变动：20 世纪 30—90 年代的冀南农村》，生活·读书·新知三联书店，2006 年，第 109—111 页。

律。^① 值得进一步分析的是，媒人牵线与别人介绍之间是否存在明显差别？换句话说，媒人往往都带有职业性、经常性的色彩，那么别人都是由哪些人构成？媒人牵线与别人介绍之间的差别，恐怕有时未必与经济发展水平之间存在固定的因果联系。山西省运城地区的方志记载，改革开放以后绛县的"嫁娶虽无媒公媒婆，实行自由恋爱，自由择妻选婿，但在农村介绍人亦无可少"。^② 这基本突破了以往对结识方式与婚姻是否自主之间关系的认识。

同媒人相比，介绍人相对来说具有更多的随机性，往往是由社会交际较广、接触人较多的人员来担任。张思等人发现，冀东部分公社女干部逐渐取代媒人的功能。她们经常参与村庄的事务，见多识广、有较多的外出机会，比普通农村女性有更大的交往范围。特别是妇联系统的女干部，经常接触农村女青年，对未婚青年了解较多，她们充当中间人的机会自然要多。^③ 与此同时，人民公社时期民兵训练、文艺演出、党团活动等，为青年男女之间的接触增加了机会。通常情况下，接受委托任务的介绍人，或者是男方或女方的亲友，他们往往对双方家庭情况较为熟悉且有较高的威信（威信同财富、权力、声望等因素紧密相关）。这样既可以方便沟通两家，又较容易获得他们的信任。适合的介绍人，往往对于一桩婚事的成功至关重要。

介绍人出现的最重要环节是"相亲"（有时还有"相家"）。相亲主要是由介绍人将双方的信息进行简单交待，创造条件让男女当事人有初步接触的机会。男女双方看看对方是否"顺眼"或"有眼缘"、能否接受对方的长相。如果相亲顺利通过，女方还要到男方家了解宅基地、房屋、院落、家具等与生活相关的家底，从婚后生活的角度来考虑应否同意。在男女双方根本不认识或了解不多的情况下，介绍人察言观色及时推动"剧情"发展极为重要。如果一方用挑剔眼光来看待对方，发现对方在经济收入、家庭情况、个人长相等方面存在不足时，介绍人的解释或说明尤显必要，有时甚至可将"形势"转危为安。四川眉山的张忠全，在回忆中称：

---

① 雷洁琼主编：《改革以来中国农村婚姻家庭的新变化》，北京大学出版社，1994年，第175页。
② 山西省运城地区地方志编纂委员会办公室编：《运城地区简志》，内部资料，1986年，第476页。
③ 张思等：《侯家营：一个华北村庄的现代历程》，天津古籍出版社，2010年，第339页。

我与妻结婚是在 1969 年底的农历腊月下旬，用公历算应该是 1970 年的 1 月底了。我的婚姻也走过一定的程式。那就是：

相亲。相亲即看人。在媒人的撮合下男女之间相互见面。注意"文化大革命"期间不能称媒人或媒婆，统统叫介绍人。我们的介绍人是妻子的二姨妈。她给我们安排的见面地点是离我家十多里远的万胜场上，看人不光是我们两个人互相看，是双方的大人和亲属也要审视对方。我的母亲已经去世几年了，父亲不太关心我的事，我只好叫我的妹妹先到万胜，帮我看一看。其时我高中毕业回乡在大队小学当民办老师，我不得不先上两节课，然后再往万胜赶。这事不知能否成功，故既未让同事们有所觉察，更不能让学生知道，一切都在秘密进行中。到了万胜，按介绍人约定的地点，我走了进去，介绍人招呼了我，并把我向未来的妻子及其父母做了介绍。我则一一点头致敬。当我的目光与未来妻子的目光相遇时，我心中一震：呀！这女娃儿面容姣好，聪明伶俐，浑身透着一股机灵劲儿。看来我是一见钟情了。介绍人要我们各自商量一下，我问妹妹觉得怎样，妹妹说长得很乖，就是稍微矮了点。我小声说，我也很矮，妹妹知道我有意了，笑了笑，没再说啥。介绍人要我们表态，还说男方先说。我说我没意见，大家相互了解了解吧。这样，一位从未与我谋面的姑娘成了我的女朋友。

看人户。几天后，适逢秦家场期，介绍人带女朋友及其母亲来秦家看人户。看人户只看男家，看房屋及周围环境。我家房舍不宽且破旧不堪，自然难入老人家的法眼，但我家处于秦家坝上，比较平坦，做活不用爬坡上坎，比妻子的老家还好一些。我的一位堂兄则在旁一路神吹，说我人好、心好、勤快、书读得多。确实，我是我们生产队唯一的一位高中毕业生。老人家则对房舍环境竭力贬低，这恐怕是看人户的通病，好像不这样不行。我则躲在屋内留心听，静候佳音。当介绍人征求女朋友的意见时，女朋友说没意见，丈母娘则说你看他家这么穷，将来咋个办？女朋友则小声对母亲说，不要说人家穷，这很伤人。他读了那么多年书，啥都卖光了，只要人好就对。看来这女娃儿还有点眼光，硬是看中了我这只绩优股。

接下来该咋办，我真不知道。幸好我的一位高中同学的母亲那天也来赶秦家，可能见我家人多，顺便走了进来。听女朋友说没意见，她立即招呼我说，快点烧火煮饭。她灶前灶后地忙了起来，又悄悄问我，买得有肉没有？她还告诉我，只要女方说没有意见，就是同意了。男方就要煮饭，就算是订婚宴。吃了饭就算订婚了，那女娃儿就是你的未婚妻了。她一边操作，一边悄悄给我说着。她还问我，你准备钱没有？我问要多少，她说一般4到6元就够了，意思意思就行了，让她自己去买个东西作为订婚礼物。（惭愧啊惭愧啊）还说，等吃完饭，你悄悄递给女娃儿就行了。可怜啊，我妈过世早，要不是有这位好心的伯母在，我真不知道该如何处置了。等她把该给我交代的话说完，介绍人就招呼我到外面说事。等说完事回到厨房，见饭菜已做好，可伯母却悄悄地离去了，连水都没喝一口，我至今十分内疚。①

该引文中的介绍人，是女方的亲戚（即妻子的二姨妈），自然对女方的情况更加了解。介绍人扮演的角色，首先是为男女双方安排见面的地点，即"万胜场"（集市名）。如前文所述，集市贸易大幅萎缩以前，集市是人们进行货币交易的场所，同时也是各类信息交流的场所。集市繁华、人多，在众声喧哗的遮掩下，足可避免双方初次见面时的尴尬。通过相看，男方是当地的民办老师，相对来说比普通农民更具声望。女方则"面容姣好，聪明伶俐，浑身透着一股机灵劲"。虽然二人身高都稍微矮了点，但从条件来看，男女双方基本般配。这通常也是介绍人在安排双方见面前思虑再三的问题。其次，介绍人带女青年及其母亲"看人户"，帮助女方家长评判男方家境状况、确认女儿婚后能否过上安稳日子。在此过程中，"堂兄"和"高中同学的母亲"扮演的角色十分重要。很显然，他们明显偏向男方并极力想促成此桩婚事，一方面向女方介绍时放大男方的优点和特长，另一方面及时将本来是"看人户"的环节引向"订婚宴"的环节，这是推动着婚礼仪式向前迈进

① 张忠全：《"文化大革命"时期婚俗变奏曲》，四川省政协文史资料和学习委员会：《眉山市井闲谭》，四川人民出版社，2017年，第209—212页。

的关键一步。从男方的角度而言，"堂兄"和"高中同学的母亲"既扮演男方家人的角色，同时还发挥着介绍人的功能。

　　前文提及，有"骂媒歌"的同时，许多地方都有"谢媒歌""谢媒（酒）席"，充分说明民间对媒人中介功能的认可。青海省乐都县、平安县流传的《哭嫁歌（乌厚尼）》，其中提到："赤脚踏翻了岩的喂尔瓦，光脚蹚干了河水的喂尔瓦。喂尔瓦是蹲在墙头上的黑乌鸦，赶着出去他又跳回家。喂尔瓦是开门的铁钥匙，再牢的金锁银锁他能开下。"① 此处提及的"喂尔瓦"，在藏语中是媒人的意思。这首歌反复咏唱的是，"喂尔瓦"为他人的婚姻跋山涉水，既有耐心又有勇气。同样，介绍人同"喂尔瓦"一样在双方之间辛苦奔走。除非贪财、文过饰非，"喂尔瓦"的善行理应得到感谢和酬劳。并且，"喂尔瓦"同样是理性的人，他们为维护自己的口碑，通常不会有意倒行逆施。上文提及的"堂兄"、"高中同学的母亲"，虽然不是"喂尔瓦"，但是他们在促成婚姻中起到的作用不可缺少，极力"捧场子"和"撑面子"，帮助男方向女方展示实力和献殷勤，以示男方具备养家糊口能力、必要的社交能力，同时也让女方意识到男方对此桩婚姻的重视。

　　介绍人或媒人是参与婚礼仪式的重要社会角色。他们是否参加男女双方的订婚仪式及结婚典礼，与他们同婚姻当事人关系的密切程度相关，同时也与当事人是否坚持介绍人的参与有关。前述引用的张忠全的回忆，介绍人娘家的"二姨妈"参与了娶亲和拜堂的仪式，具有婚姻见证者或证婚人的意义。② 有的公职人员在结婚时，往往会邀请介绍人参加婚宴并设"介绍恋爱经过"环节。其用意旨在邀请婚姻见证人、参加婚宴的亲友共同见证婚姻的社会合法性。③ 当然，邀请公职人员参与婚宴，还有借用其背后的影响力，进而提升婚礼档次、满足当事人对面子的追求的用意。各地区、各民族之间的婚俗和仪式存在明显差异，但是"文革"时期多数已明显被改变和简化。

　　① 中国民间文学集成全国编辑委员会《中国歌谣集成·青海卷》编辑委员会编：《中国歌谣集成·青海卷》，北京中国 ISBN 中心，2008 年，第 241 页。
　　② 张忠全：《"文化大革命"时期婚俗变奏曲》，四川省政协文史资料和学习委员会：《眉山市井闲谭》，四川人民出版社，2017 年，第 213 页。
　　③ 湖南省冷水江市地方志编纂委员会编：《冷水江市志》，中国城市出版社，1994 年，第 615 页。

特别是"文革"初期，婚礼仪式的简化更为明显，许多地方提倡举办"革命化"的婚礼，不请客、不收礼、不大操大办。有研究者认为，控制婚礼仪式上的花费，显示国家旨在理性避免铺张浪费行为加重生活资源的短缺。控制婚礼仪式的规模，还有限制家庭展示权力和权威的用意，同时避免地方血缘集团对国家权威构成挑战。[①] 据回忆，北京市牛街（原属宣武区，这里是北京少数民族聚集的地区）的新郎和新娘，有的"也买不着新衣裳，一家人围桌吃喜面，冲毛主席（像）鞠三个躬就完成了婚礼"。[②] 牛街，给人的印象是，这里的少数民族（特别是回族）注重生活的仪式。但是，"文革"时期牛街的婚礼也得到明显简化，全家围坐在桌前共同"吃喜面"，是显示婚礼仍是家庭行为的一部分。而"冲毛主席（像）鞠三个躬"，则显示新事新办、服从国家权威。不过，农村的婚礼仪式仍有介绍人在场或主持的事例，介绍人往往和男女双方熟识。另外，介绍人参与婚礼仪式，可显示婚姻全程有见证人，具有庄严和合法的意义，同时也正式宣告婚姻当事人身份完成从单身向已婚的转变。

2. 家人

1966—1980 年，国家提倡婚事新办、反对铺张浪费，其核心用意在于简化婚礼仪式、降低结婚消费，推动社会关注重点转移到"抓革命、促生产"上来。婚礼仪式的参与者人数众多、规模较大，通常会在较短时间内引发周边社会的热议。更为重要的是，主要依靠参加集体劳动挣工分的农民，家庭经济收入普遍处于贫困线以下，财力用于婚礼势必导致节衣缩食或"投机倒把"，从而进一步降低生活标准和生产投入。从个人的角度而言，婚姻是人生具有标志性意义的一件大事，它不只是当事人告别单身生活的开始，同时还是进一步融入更为复杂的社会关系网络的开始。除部分特殊事例外，多数人的婚礼仪式都离不开家人、亲友与乡邻的参与。婚姻是与家庭紧密相联的

---

① 限制婚礼仪式的规模，还有限制家庭展示权力和权威的用意，同时避免地方血缘集团对国家权威构成挑战。参见 Eugene T. Murphy, *Changes in Family and Marriage in a Yangzi Delta Farming Community*，1930-1990, Ethnology, Vol. 40, No. 3（Summer, 2001），pp. 227-228. 不过，该研究者并没有使用有力的证据来证实自己的观点，特别是第二个结论很难经得起推敲。

② 良警字：《牛街：一个城市回族社区的变迁》，中央民族大学出版社，2006 年，第 223 页。

概念，得到家人的认可并接受家人的支持和祝福，是婚姻缔结过程中的常见现象。青年男女从受父母抚养的子女转为承担抚养子女责任的父母，婚姻在这个过程中扮演着关键性的一步。另外，家庭是通过姻亲、血缘与地缘等社会关系构建社会网络的，婚姻获得亲友、乡邻的接受和认可同样重要，它是青年男女进一步融入整个社会关系的重要一步。

从上文可以看出，围绕应否举办简朴婚礼，"国"与"家"的观点既有相同之处，也有分歧之处。仅从报纸的报导来看，山西省昔阳县皋落大队团总支副书记赵怀娥的家庭，围绕着婚礼仪式的规模就有两派观点。他的父亲主张，婚姻应该注重婚礼的仪式，并提出："结婚是人生最大的一件喜事，要多置些东西，讲讲排场，闹闹阔气。这也不光是咱一家。"① 从报导来看，赵怀娥父亲是以负面形象出现的，他的观点与当时国家大力提倡的婚事新办舆论是背道而驰的。不可否认的是，婚礼仪式常常具有强化婚姻受到重视的社会意义。"六礼备，谓之聘；六礼不备，谓之奔。"中国传统婚姻习俗的"六礼"，通常受到较高社会地位家庭的重视。"六礼备"，意味双方家庭反复围绕着礼节、仪式进行商讨和交流。这样复杂又耗时的礼节或仪式，一来折射出双方对此桩婚姻的重视程度，二来给彼此留出更多观察、熟识对方家庭（包含新郎、新娘）的时间。

1949 年以前，婚礼仪式的规模和档次是区分家庭社会地位和富裕程度的重要标准。阎云翔注意到，1949 年以前，不是每一个人都有能力操办一个"精致的仪式"。只有富裕的家庭才请得起职业"吹手"并提供一个大规模的、奢华的酒宴。对于普通村民来说，家庭庆典局限于十分重要的仪式（比如婚礼或葬礼），而且礼物交换的社会范围要小得多。东北下岬村普通村民家庭，仪式上客人的数量通常在 30—50 人之间，只有地主或地方名流才能请得起 100 多个客人。能否举办规模较大、参加者众多的婚礼，是家庭实力和社会地位的体现。因此，土改后，"即使是最穷的村民也想举行隆重的仪式，礼物交换的社会范围很快扩大到一个大得多的圈子"。其根本原因在于，土改及后来的政治运动改变了以前的社会等级体系，农村社会的贫富差距大

---

① 赵怀娥：《革命青年要做移风易俗的带头人》，《人民日报》1972 年 1 月 24 日第 3 版。

幅缩小了，所谓精英和普通人之间生活方式的差异也被明显削弱。[①]

如前文所及，进入人民公社时期以后，全国农民收入较低且每年递增速度只有 2.9%。中国农村整体处于贫困线以下，农民的生活不得不以维持温饱为主要目标。一方面举办规模较大、档次高、参加者众多的婚礼仍是许多农民的理想，另一方面家庭经济收入和勉强维持温饱的现状又导致农民不得不面对现实。赵怀娥的父亲所说："结婚是人生最大的一件喜事，要多置些东西，讲讲排场，闹闹阔气。"这是农民家庭对儿女婚礼寄托的希望。只是，现实的经济收入和全国性的商品短缺，直接限制了婚礼规模和婚礼档次。按照署名赵怀娥的文章所说，山西省昔阳县皋落大队"结婚的几十对青年都做到了四不、三带：结婚不看日期，不要彩礼，不陪嫁妆，不要人送、人叫；带毛主席的书，带劳动工具，带劳动人民的本色"。[②] 以"四不"和"三带"的说法，婚礼仪式没有家人、亲友、乡邻有参与，男女双方家庭没有财物交换和婚礼消费，根本取消了婚礼仪式和婚姻支付。这样的婚礼仪式与多数农民观念差距有多大，能在多大范围内被人接受，这是值得注意的问题。

与"四不"和"三带"很不一样的是，部分地区举办婚礼出现复旧风潮，婚礼规模甚至超过以前。前文提到的河北省易县凌云册公社解村大队的情况，1969 年共有 7 户人家娶媳妇进门，"全都是按着旧风俗，举行旧式婚礼"。该村妇代会的材料显示：

> （解村大队）许××为给孙子许××办喜事，讲阔气，闹排场，请厨子和帮忙的就有六十多人，杀猪宰羊磨豆腐，动了五十七桌酒席，前后三天。占用劳力一百八十多个工，浪费粮食一千斤，花款三百四十元，把积攒几年的东西挥霍一空，不但影响了集体生产，而且给家庭生活造成很大困难。[③]

解村大队的情况，前文已有交代。该村自从 1959 年建立国营林场后，

---

① ［美］阎云翔著，李放春、刘瑜译：《礼物的流动：一个中国村庄中的互惠原则与社会网络》，上海人民出版社，2017 年，第 227—228 页。

② 赵怀娥：《革命青年要做移风易俗的带头人》，《人民日报》1972 年 1 月 24 日第 3 版。

③ 河北省易县凌云册公社解村大队妇代会：《破旧立新，移风易俗》（1973 年），河北省邯郸市档案馆藏件，卷宗号 18－2－19。

当地的粮食生产和副业生产有明显改善。相对来说，当地农民的经济收入应高于周边其他生产大队。① 但是，该村 1969 年办喜事的七户家庭不仅生活不富裕，而且还是"家家内有亏粮，外有负债"。② 一方面口粮供应不能满足家庭需要、还背负着外债，另一方面他们为办喜事还不惜"大搞铺张浪费""杀猪宰羊磨豆腐"。为办喜事，该村举办婚宴的七户农民家庭近乎不可理喻。不过，正是这种看似不可理喻的行为，更显示出农民在举办婚礼仪式时不得不如此的压力。

相较而言，城市居民的收入要高些。但是，办一次相当规模的婚宴，同样也要花费不少。大连技术熟练的焊工邓刚（原名马全理），结婚时为办一桌像样的酒席，几乎葬身海底。他回忆：

> 一个好心的老人语重心长地对我说，小伙子，你要是想为自己争口气，那就在结婚那天办一桌像样的酒席，让邻居们大吃大喝一顿，保证从此会瞧得起你了。一桌酒菜就能使一个人有了尊严，当今的年轻人听到这儿绝对会笑掉大牙。可是在物质极度匮乏的年代里，人往往变得比动物还可悲可笑……在婚宴的餐桌上摆满海味，对我这个堂堂的海碰子（从事潜海捕捞的渔民——引者注）来说，绝对是小菜一碟，不费吹灰之力！我充满自豪地对厨师说，我结婚那天，你一定要大显身手，需要什么海味，你尽管开单。厨师说，要有海参、鲍鱼、海螺、扇贝和梭子蟹，总之，海味越多越好。但这些海味必须新鲜，必须是才从海水里捞出来的。我愣住了，因为当时中国老百姓家里还没有冰箱，也就是说只能在结婚前一天，我这个新郎官要亲自潜进海里拼命。而且必须潜进当时被"军管"了的海港里，才能保证有收获。那时，为了获取营养，每天退潮之时，我们城市至少有成百上千个海碰子，有成千上万的男女老少下海，城市周围所有海湾已经被捕捞得空空如也了。问题是没有人敢到被"军管"的海港去扎猛子，因为一些被镇压的"地富反坏"分子，

---

① 陈瑞泉主编，易县地方志编纂委员会编：《易县志》，中央编译出版社，2000 年，第 532—533 页；《林业部奖励林业先进单位先进生产者》，《人民日报》1962 年 12 月 9 日第 2 版。

② 河北省易县凌云册公社解村大队妇代会：《破旧立新，移风易俗》（1973 年），河北省邯郸市档案馆藏件，卷宗号 18—2—19。

经常"冒天下之大不韪",偷偷下水游向停泊在港湾里的外国货船上。这些妄想投敌叛国分子,不是被逮捕,就是被打死在海里,有一个已经爬到外国货轮的缆绳上,军警和民兵全面出击,轰动整个城市。为此,海港就变成了军事要地,被军警把守得铁桶一样严密。在这谁也进不去的"禁区"下水,海参鲍鱼等海珍品又多又肥……为了爱我的姑娘,为了我的人格和尊严,我热血沸腾,钢牙咬得铮铮响,就是上天入地地拼死拼活,也要把新鲜的海味摆到我的结婚餐桌上。所以,在还差一天就要结婚的下午,我终于"狗胆包天",像个特务似的偷偷地从港湾远处一个隐蔽的礁石丛下水,人不知鬼不觉地潜进港湾附近的海底。[①]

邓刚潜海捕捞的过程中,湍急的洋流几乎令他丧命,巡逻的快艇差点让他被捕。幸运的是,他最终带着捕捞的海参、鲍鱼平安上岸。一个"海碰子",为什么即便冒如此大的风险也要办一场像样婚宴?上述引文中提及办婚宴关乎"尊严",这又有什么学术意义?

首先,婚宴是召集亲友、邻居、同事等亲近关系团聚的集会,又是共同见证相应社会关系因一桩婚姻发生改变的群体行为。昔日没有血缘关系的两人达成婚姻,新郎与新娘的社会关系被重新界定。与新郎或新娘亲近的部分社会关系,也因此发生调整和改变。本来不相干的两家人成为姻亲,本来不熟识的社会关系建立起日后人情往来的基础。通常情况下,婚宴中往往安排敬酒环节,新郎与新娘在长者带领下,分别以婚后的称谓来称呼来宾("改口"),完成来宾与新婚夫妻关系的重新界定。从此角度而言,婚宴有维持旧的社会关系、拓展新的社会关系的双重功能。婚宴,是新郎、新娘结识更多社会关系的机会,是新郎、新娘给双方亲近关系的答谢。

通常情况下,男女双方与受邀来宾,都在彼此的人情往来关系网络中。参加"红白喜事"的社会关系,多出于姻亲、血缘、地缘、业缘等因素构成的网络,彼此都认可这种人情往来。俗语称,"你敬我一尺,我敬你一丈"。甲方家庭有婚丧嫁娶,乙方会来参加。乙方家庭有婚丧嫁娶,甲方同样会来

---

① 邓刚:《我曾经是山狼海贼》,北岛、李陀主编:《七十年代》,生活·读书·新知三联书店,2009年,第377—378页。

参加。按照默认规则，很少有人希望自己家里办"红白喜事"时冷冷清清。为避免这种情况出现，通常都需要主动参与亲近关系的人情往来，并在人情往来过程中积极投入，才能期望在未来有相应的回报。举办相当规模、档次的婚宴款待来宾，既是合乎礼尚往来的表现，也是展示主人经济实力、社会地位的重要表现。这也是邓刚冒险捕捞的重要原因。

其次，婚宴既是款待娘家人的"礼"，又是回馈娘家人的"物"。按中国民间社会的交往规范，感情的传递或态度的表达，往往是通过"礼"和"物"来实现。通过繁简不一的"礼"（参与者身份、人数、场地、用品等不同的仪式），表示纪念、尊重、结交等意愿；通过贵贱不同、样式各异的"物"（食物、酒水、衣物、器皿等用品），传递感激、悲喜、好客等情感。"持家要俭，待客要丰"，中国民间宴请宾客，本来就有注重饭菜质量、数量、品类的习俗。新娘的娘家人，是新郎家刚刚结交的社会关系。款待娘家人，更要讲究花费、排场、规格。只有如此，才能让娘家人感到"瞧得起"和"有面子"。男方不遗余力地准备珍稀菜品、上等酒水的婚宴，正是出于"瞧得起"女方、给女方"面子"。前述引文中，在"城市周围所有海湾已经被捕捞得空空如也"的情况下，邓刚冒险捕捞海味款待娘家人，显示足够的诚意和好客。这是他认为值得、可以争口气的举动。

婚宴，是婚姻仪式的一部分。它是亲友、邻居、同事等社会关系共同见证当事人从未婚到已婚转变的一种形式。婚礼，还含有婚姻当事人"成人礼"的意义。在中国民间，部分地区有使用"出门"和"成人"来称呼结婚典礼的现象。前者，当然是指新娘离开娘家、嫁到婆家。后者，则是指新郎、新娘此后完全告别青少年，完全成为成年人，从此开始承担完全的社会责任、享有完全的社会权利。无论是男方还是女方，联姻家庭都希望举办隆重的仪式给予纪念，显示对这桩婚事的重视程度。婚宴的参与者有较高社会威望、人数众多、讲究的场所、上档次的酒水和食物等，可以提高结婚仪式的隆重程度，宣扬家庭及当事人的声誉、地位、社会影响力，展示家庭的经济实力，扩大社会交往的范围。这让婚宴规格与面子产生直接的联系。①

---

① 丁文：《家庭学》，山东人民出版社，1997 年，第 118—119 页。

按照上海县的风俗，在贯彻 1950 年《婚姻法》运动以前，经济条件较好的家庭往往在婚前宴请媒人，近亲则要安排"预告夜饭"和"待媒酒"。结婚典礼当天，要吃"发轿酒"，同时还要雇佣规模庞大的"开道锣""硬牌""马队""伴新女宾轿""小堂明""吹打""轿前盘"等迎娶队伍。新郎拜见未来的岳父母及诸亲友，入席要用茶点，吃水滚蛋和小糖圆，然后开酒席。婚礼当晚的席间，除酒菜外，还要置两碗"旗杆饭"。^① 雇佣人力、款待饮食都需要耗费钱财，经济贫困的家庭往往难以承受庞大规模、较高档次的婚礼仪式。即使家底殷实的富贵人家，如果准备参加者众多的高规格婚宴，同样需要从长计议，须对所需花费和自家积蓄进行总体考虑。同等条件下，通常对子嗣婚姻越重视的家庭，越会早早就开始谋划为娶亲而积累财富。反过来，早早为子嗣的结婚花费考虑更加突显家长对延续香火的重视程度。

贯彻《婚姻法》运动以后，特别是 1966—1980 年间，婚宴的花费和规模受到公社和生产大队的严格控制。但是，农民仍觉得如果没有举行婚宴和仪式，是男家对婚姻的重视程度不够，亲友和乡邻也会认为该家失礼。通常的观念认为，婚礼仪式是必不可少的环节，只有如此才能弥补女方离开原生家庭的损失。上文提及的张忠全，是 1969—1970 年间结婚的，他在回忆中特别提到，他结婚典礼的当天没有举行"拜堂仪式"。因为，"这是'文化大革命'中的规定，在公社扯结婚证时，公社秘书很严肃地告诉我们，只能举行革命化的婚礼。既不能拜天地，也不能拜祖宗，拜高堂也就免了"。张忠全几十年后，仍然"总觉得对不起"妻子及其岳父母家。这是因为，当年没有举行大规模的婚姻仪式，没有锣鼓和音乐。^② 因此，尽管婚宴的花费和规模受到控制，农民还是想办法宴请亲友和乡邻，借机维持和发展自己的社会关系网络，同女方的亲友结识、发展联络，同时也显示对这桩婚姻的重视。毕竟，在"红白喜事"时有无来往，姻亲、血亲、朋友、同乡等社会关系，才能显示出来远近亲疏。

杨善华对北京郊区、上海郊区、河南潢川的研究发现，1966—1980 年间

---

① 上海县志编纂委员会：《上海县志》，上海人民出版社，1993 年，第 1081—1082 页。
② 张忠全：《"文化大革命"时期婚俗变奏曲》，四川省政协文史资料和学习委员会：《眉山市井闲谭》，四川人民出版社，2017 年，第 213 页。

结婚的男户主及其配偶有结婚费用者，北京郊区男户主 122 人，有结婚费用者为 81.1%、配偶有结婚费用者为 47.7%；上海郊区男户主 121 人，有结婚费用者为 97.2%、配偶有结婚费用者为 85.9%；河南潢川男户主 191 人，男户主有结婚费用者为 70.2%、配偶有结婚费用者为 59.6%。① 此处使用的结婚费用，主要包含结婚盖房、买家具、买耐用消费品等费用，同时也包括婚姻支付彩礼和举行婚宴的费用。这三个地区并未将各类数据及其在总数中的占比详细列出，很难从中推测婚宴花费在"结婚费用"中的比重大小。不过，大致可以推测北京郊区、上海郊区、河南潢川男方举行婚宴的比例不会太低。

面对经济压力和政治压力，婚礼仪式仍然会用低限度的花费来招待亲友和乡邻。1971 年结婚的张立功回忆，当年他结婚时根本没有酒水，亲友也没有"喝喜酒"，"所有来宾吃是由苕粉条、大白菜、丸子、猪肉放到一个锅里炖成的大锅烩菜和白馒头"。② 即使如此，"大锅烩菜加白馒头"式的婚宴仍算是对前来贺喜的亲友表示欢迎和答谢，同样也是维持和发展亲友关系的一种手段。如上文所述，解村大队许××"内有亏粮，外有负债"的情况下，却花费 340 元为孙子举行婚宴，他们未必没有想到这样会"给家庭生活造成很大困难"。但是，如果不举办婚宴，是否能取得女方的同意恐怕是个问题。同时，双方亲友、近邻等缺少见面和认识的机会，亦会因此影响维持旧有社会关系。许××家以往同亲友和乡邻之间的部分来往恐怕会至此中断，有的亲友和乡邻有"红白喜事"也难与许家继续保持来往。许××家在当地的社会影响力会因此受到影响。从此角度而言，许××家面对经济压力和社队压力，仍然坚持铺张浪费。应该说，这是权衡利弊、不得不如此的理性举动。

国家提倡的"婚事新办"和"简朴婚礼"，显然与民间希望通过隆重仪式庆祝新婚的愿望相违背。特别是在"结婚登记"成为强制性的法律环节后，人们不满足于民政部门过于简单的"开介绍信""盖章""颁证"的"公

---

① 杨善华：《经济体制改革和中国农村的家庭与婚姻》，北京大学出版社，1995 年，第 152—153 页。
② 张立功：《洹河梦》，长江文艺出版社，2016 年，第 111 页。

事公办"。领到结婚证的新婚夫妻，往往还要补办有家人、亲友、乡邻等人参加的婚礼。前者是对《婚姻法》的服从和妥协，后者则表示婚姻仪式是同家庭相关的社会行为，同时也是向亲友、乡邻宣告家庭成员婚姻状况变动的社会行为。① 与此相比，公社或生产大队举行的集体婚礼，亦有隆重的仪式感，但是参加者往往是以党团组织、行政机构的公职人员为主。集体婚礼常常借用民间的喜庆符号，比如新人胸佩大红花，燃放鞭炮，发放"喜烟"和"喜糖"。有的地方，新婚夫妻还在亲朋好友的陪同下参加。② 但是，集体婚礼是多位新郎、新娘共同参加的集体仪式，它的主持者、参与者往往需要考虑政治正确方面的问题，这样会打破婚姻同家庭之间的紧密联系，同时破坏婚姻本身具有的家庭间私密联络的特性。与婚礼仪式具有的被家庭成员认可与见证的意义有所不同，集体婚礼缺少将男女双方家庭亲友团聚在一起的仪式感和隆重性，因而常常难以取代以家庭为基础的婚礼仪式。

二、婚礼仪式上的象征

仪式，往往被界定为具有象征性、表演性的社会行为，它通常是由文化传统所规定的一整套行为方式。③ 作为仪式的一种，婚礼仪式自然同样具有象征性和表演性。婚礼仪式的特殊意义，既可以通过个体或某些群体的出席、行为、举止等特殊形式来表达，同时又可以通过某些代表性物品的摆放、悬挂、张贴、移动等特殊形式来表达。在研究者看来，美式婚礼上出现的许多物品都具有象征意义。如罩在新娘头上的面纱，被视为阻挡恶魔侵扰的象征，同样又代表着新婚的纯洁；穿在新娘身上的白色婚纱，象征着处女的贞操；新婚夫妻的结婚戒指，代表信任与对方的承诺；参加婚礼者切分蛋

---

① 徐惟诚据此指出，婚姻登记制度的"简陋"和"杂乱"，在实践上无法满足人们对于仪式的要求。参见，徐惟诚：《徐惟诚文集》第 12 卷《杂文（下）》，商务印书馆，2015 年，第 215 页。

② 类似的例子很多。据记载，福建"1972 年 5 月 1 日国际劳动节，是日上午 10 点左右，新店公社的会议室里，准备举行一场革命化集体婚礼。来自垵厝、东园、吕塘、欧厝、彭厝、埰山等 10 个大队的 22 对新人胸佩大红花，欢聚一堂，在亲朋好友的陪同下，列坐在主席台上。婚礼开始后，鞭炮齐鸣，公社书记陈某兴为这些新人证婚，并致贺词，然后向参加婚礼的干部、职工分发喜烟喜糖。婚礼持续一个多小时结束，各对新人分别坐上自行车或手扶拖拉机回家"。厦门市翔安区志编纂委员会编：《福建省厦门市翔安区志》下，方志出版社，2011 年，第 793 页。

③ 参见郭于华：《导论：仪式——社会生活及其变迁的文化人类学视角》，郭于华主编：《仪式与社会变迁》，社会科学文献出版社，2000 年，第 1 页。

糕及儿童的出席，表示对新人生育的鼓励。①

具有象征性的物质符号，同样大量出现在中国的婚礼仪式上。中国传统婚礼的"纳采"，有"使者玄端至"的说法。举行婚礼事关重大，男家使者须身穿玄端服来到女家大门外以示庄重。另外，"纳吉用雁，如纳采礼。纳征：玄纁束帛，俪皮。如纳吉礼。请期，用雁……告期，如纳征礼"。简单地说，有地位的富贵之家，往往以特定礼仪规范为准则，用特殊物品代表象征用意，以显示婚礼仪式的隆重意义。② 虽然受外来社会生活方式的影响，中国近代以来的婚姻习俗有显著改变。但是，仍有许多地方婚俗中，新娘身着红色服饰以示喜庆、跨火盆和射箭以示驱邪、吃汤圆以示团圆。婚礼中经常出现的红枣、花生、桂圆、栗子等干果，取其谐音"早生贵子"。这些物品的出现都指向一个共同的象征，即盼望成年儿子能够顺利娶妻生子，以便组织起一个新的生产、生活单位。冯友兰指出："夫妇是人伦之始，就是因为它是个体农民的一家一户，是社会生产的最基层单位，是生产关系中最先有的生产关系。所以也是社会关系中最先有的社会关系。其他的生产关系和社会关系都以它为先决条件。"③ 婚姻与家庭关系密切，婚姻同样与人们的生存和生活关系密切，婚礼仪式出现寄托祈祝性质的物品是婚姻习俗中常见的现象。

1966—1980 年间，农村的婚礼仪式经常出现的象征性仪式，最常见的就是向毛主席像鞠躬。婚礼仪式上悬挂、张贴毛主席像，是从 50 年代以后增多的。原因应该与以下两个因素有关：其一，1949 年中华人民共和国成立以后，毛泽东长期担任中人民政府主席和中共中央委员会主席。从中国共产党诞生到中华人民共和国成立，毛泽东被长期视为是具有超凡政治影响力的领袖。其二，50 年代贯彻《婚姻法》的过程中，部分机关干部悬挂、张贴毛主席像的行为对农村造成影响。1966—1980 年间，以他个人形象出现的画像、雕塑、像章等，在政治生活、日常生活中被大量使用，象征着对领袖的崇拜

---

① ［美］诺曼·古德曼著，阳琪、阳琬译：《婚姻与家庭》，桂冠图书股份有限公司，1995 年，第 113—114 页。

② 雷铭：《〈仪礼·士昏礼〉的文化学研究》，九州出版社，2017 年，第 169—173 页。

③ 冯友兰：《关于冠礼和婚礼的"义"》，冯友兰：《三松堂全集》第 9 卷，河南人民出版社，2000 年，第 92 页。

和敬仰，同时也是追求进步、具有政治觉悟的标识。

据四川方志记载，1950 年《婚姻法》贯彻以后到 70 年代，城市机关单位的婚礼仪式，是以向毛主席敬礼代替传统拜堂习俗的。[①] 传统的拜堂，是将"天地"、"高堂"视为敬仰的对象。向"天地"拜、向"高堂"拜，带有明显感恩、宣誓的象征。取而代之的向毛主席敬礼，同样也有此两方面的象征，即向毛泽东为代表的中国共产党表示感恩，向毛主席像宣誓、努力搞好革命和生产。可以印证的是，根据 1949 年以来的《人民日报》报导来看，毛主席像在婚礼仪式上悬挂和张贴，是从 1950 年《婚姻法》贯彻运动以后出现的。查阅 1950—1966 年间（截至"文革"前）的《人民日报》，明显提及婚礼仪式中现场出现毛主席像的有四次报导。这四次报导的情况大致如下：

图表 49：《人民日报》刊文出现毛主席像的婚礼仪式

（1953 年至"文革"前夕）

时间	地点	形式	出处
1953 年	河北省交河县二区倪官屯村	当天中午，干部和群众便帮助他俩布置好了礼堂，挂上了毛主席像，小学生们在举行婚礼时还唱歌庆贺，几乎全村的人都跑去参观婚礼。	林洪：《倪官屯村的"儿女亲事"》，《人民日报》1953 年 2 月 17 日第 2 版。
1958 年	湖北省红安县杏花乡	人群中间坐着一对新人……前来贺喜的男女老少有本村的，也有外村的；还有在这个乡工作的干部，县委农村工作部长也赶来了。会场中央挂了一张毛主席像，简单、朴素。	田庄：《只花了十五元钱的婚礼》，《人民日报》1958 年 1 月 24 日第 4 版。
1960 年	四川省武胜县礼安公社	公社文工团的小伙子和姑娘们，带上胡琴、笛子，也赶了来……客人们一来就动手帮忙：在墙上端端正正挂张毛主席像，再把饭桌往后边一顺，照上雪亮的煤气灯，集体食堂就变成了礼堂。婚礼开始，公社党委张书记上台讲话……	满山青：《嘉陵江边的新歌》，《人民日报》1960 年 7 月 29 日第 8 版。

[①]　四川省地方志编纂委员会编纂：《四川省志·民俗志》，四川人民出版社，2000 年，第 86—87 页。

（续表）

时间	地点	形式	出处
1963 年	广西贵县相思寨	这天下午，莫自清最先来到。他叫会计草拟了一套婚礼程序表，又指点人们做好布置。大厅正面挂了毛主席像。桌椅两面排开，上摆糖果烟茶。司仪由莫自清指定益琪的大哥担任。下午，人们盛装而来。几乎全寨人都参加了这个盛会。乡长罗献帮等也应邀出席。婚礼开始，新郎新娘向毛主席像鞠躬。然后向乡长、队长和来宾敬礼；向双方父母、亲友和叔伯们致敬。	连云山：《战士的婚礼》，《人民日报》1963 年 4 月 14 日第 2 版。

《人民日报》上述报导中，毛主席像都是有干部在场的情况下出现的。1953 年的报导，悬挂毛主席像、布置婚礼现场的是干部和群众；1958 年的报导，是在这个乡工作的干部和县委农村工作部长在场的情况下，会场中央出现毛主席像；1960 年的报导，婚礼现场悬挂毛主席像是在公社文工团的帮忙下完成的；1963 年的报导对象，是服役期满军人的结婚典礼，悬挂毛主席像的婚礼现场是由复员军人进行指点布置的，同时也有乡长和队长等人的出席。简单而言，《人民日报》报导的四次悬挂毛主席像的婚礼仪式，都是在有干部在场、出席、指点下完成的。

令人意外的是，"文革"时期至 1978 年间，《人民日报》不仅没有更多出现婚礼现场悬挂毛主席像的报导，反而基本很少提及结婚和婚礼等字眼。这种现象的出现，主要同恋爱、结婚、婚礼等内容容易转移视线及干扰运动大方向有关。[①] 与此明显不同的是，在经历者的回忆中，毛主席像大量地出现在婚礼仪式中。

（60 年代）城里的人们结婚大都在晚上进行，因为白天得用来干革

---

① 韩启澜在研究"文革"时期的"性"与"性别"时，使用了"国家的沉默"和"讨论的消音"，以示当时的公共舆论是通过"不表态"的形式来"表态"的特殊状况。参见 Emily Honig, *Socialist Sex：The Cultural Revolution Revisited*，Modern China，Vol. 29，No. 2（Apr.，2003），p. 145.

命工作。基本程序是：新郎、新娘共唱《东方红》或《大海航行靠舵手》；学两段毛主席的"最高指示"；向毛主席像三鞠躬；向家长三鞠躬；新郎、新娘互相鞠躬，也是三次；向来宾敬礼；分发喜糖（当时的硬水果糖是 0.96 元 1 斤）；婚宴基本上是没有的，大多是请帮忙的吃碗面条，面条里须放鸡蛋两个。

在农村，情况稍有不同。

唱《东方红》、学语录、向主席像三鞠躬这些程序基本上相同，不同的是，农村是讲究"做席"的。那时候的"席"很简单，买点猪头、猪下水，用圆白菜炖，熬白菜、萝卜时加些肥肉和肉皮，这两样菜往桌上一端，再打上 2 斤散装白酒，就算是一"席"了，这样的"席"在那时被称作"半荤素酒席"……人们的贺礼还有毛主席像章和石膏像。石膏像是毛主席去安源的那种。未婚夫妻的定情物也带有浓烈的革命色彩：双方互送毛主席像章和《毛主席语录》（俗称"红宝书"）。[1]

上述回忆提及的婚礼仪式中，毛主席的形象是以画像、像章、石膏像、《毛主席语录》等形式出现。这些进入婚礼仪式的象征性物品，通常都较容易获得、花费相对较少。根据甘肃省文物考古工作者张鲁章的工作笔记记载，1969 年 3 月 11 日西安出售的毛主席像单价如下：

图表 50：毛主席像单价表（1969 年 3 月）

时间	毛主席像名称	单价
1969 年 3 月	永远忠于毛主席（天安门）	0.16 元
1969 年 3 月	敬祝毛主席万寿无疆（韶山）	0.14 元
1969 年 3 月	毛主席主像（半身，手后面）	0.14 元
1969 年 3 月	毛主席头像（两个侧面）	0.14 元

---

[1] 陈煜编著：《中国生活记忆——追梦进程中的百姓民生》，中国轻工业出版社，2016 年，第 66—67 页。

（续表）

时间	毛主席像名称	单价
1969 年 3 月	毛主席头像（年青时代）	0.04 元
1969 年 3 月	毛主席头像（忠字带花，顶五角星）	0.04 元
1969 年 3 月	毛泽东思想照全球	0.04 元
1969 年 3 月	毛主席像（葵花忠字）	0.04 元
1969 年 3 月	毛主席像（周围红心）	0.02 元

资料出处：甘肃北石窟寺、文物保护研究所编：《铁痕石印：张鲁章文物工作笔记》，甘肃人民出版社，2016 年，第 277 页。

张鲁章工作笔记的时间，是在中共"九大"召开的前夕。一方面，全国范围内的毛主席像需求在不断增长。另一方面，毛主席像印制量同样应有增加。目前没有更多资料显示，毛主席像单价是否受到上述两个因素的影响。不过，从张鲁章的工作笔记来看，毛主席像的单价最高的是《永远忠于毛主席（天安门）》（单价 0.16 元），最低的是《毛主席像（周围红心）》（单价 0.02 元）。价格最高与最低的两类差距并不是很大，其他类别的毛主席像整体价格较低。因此，公社、生产大队、家庭等，在购买、张贴、赠送时不会因为价格过高而担忧支付困难。这对毛主席像在日常生活中的大量出现有特别意义。正是因为毛主席像的大量张贴，"向毛主席像三鞠躬"才有可能成为婚礼仪式上特别常见的环节。此外，婚礼仪式经常出现的合唱《东方红》《大海航行靠舵手》等颂歌，是人们在城乡生活中经常受到的训练和表演，当然这是既不涉及财物交换、又受到鼓励且具有自保性质的仪式。

如前文所述，婚礼仪式往往是家人、亲友与邻里聚集在一起的集体仪式，是有人情来往的社会关系见证新郎和新娘从未婚到已婚的象征性活动，它意味着新郎家庭成员的增加和新娘家庭成员的减少。同政治性仪式明显不同的是，婚礼仪式更加紧密地同个人、家庭及相关社会关系网络联系在一起。婚礼仪式是相对具有排他性和封闭性的社会行为，它往往只是血缘、姻亲、近交之间相互分享的仪式活动。婚礼仪式的参加者，往往是同新郎、新娘家庭有人情来往的社会关系。同样，这些社会关系中的每个家庭如遇红白喜事，通常也会通知新郎或新娘的家庭成员参加。从此角度而言，有人情来往的社会关系，是与某个家庭直接相联系的特定社会群体，它往往与血缘、姻亲、近交相关。

"向毛主席像三鞠躬"及合唱颂歌等仪式行为，打破了婚礼仪式在社会关系方面的排他性和封闭性。毛主席像是打破血缘、姻亲、私交等社会关系的崇拜对象，它象征着婚礼仪式转向公开、服从、效忠等"破私立公"特征。一般而言，在新婚夫妻向新郎父母表示感恩的"拜高堂"之前，先进行"向毛主席像三鞠躬"仪式。[1] 这意味着婚礼仪式中的"拜天地"仪式被取消，取而代之的是向领袖表达忠诚。

没有准确的资料显示，"向毛主席像三鞠躬"及合唱颂歌等行为在婚礼仪式上是如何减少甚至消失的。但是，从上文提及的赵怀娥事例来看，《人民日报》报导该类事例基本没有提及婚礼仪式的问题。这篇报导刊登的时间，是 1972 年 1 月 24 日。对有限的回忆资料进行简单梳理，发现部分地区取消了"向毛主席像三鞠躬"及合唱颂歌的仪式，但是仍有地方还保留着类似的仪式。

图表 51：部分回忆录中的婚礼仪式（1962—1975）

时间	地点	仪式行为	出处
1962 年 8 月 4 日	××文化馆阅览室	（新郎、新娘）站在台阶上向毛主席像敬礼，向来宾致谢。	孙钊：《学习与怀念》，内部资料，2003 年，第 19 页。
1964 年	河南孟津县长华村	一挂鞭炮燃放，向婚礼桌前高挂的毛主席像一鞠躬，向贺喜乡亲来宾二鞠躬，夫妻对拜三鞠躬，婚礼即成"	《孟津文史资料》第 27 辑，中国人民政治协商会议孟津县委员会学习和文史资料委员会，2015 年，第 130—131 页。

[1] 1967 年初，农村婚礼仪式上有停止"拜高堂"、只向毛主席像三鞠躬的现象。难以考证这是上级的命令还是新婚夫妻的自发行为。参见孙朝栋：《我学雷锋五十年》，河北美术出版社，2015 年，第 190 页。

（续表）

时间	地点	仪式行为	出处
1965年 12月30日	湖南省邵阳市职工医院会议室	结婚仪式开始，我俩分别向毛主席像行了礼，接着向领导和同志们鞠了躬。陈局长宣读了我俩婚姻登记证并发表了既热情又诙谐的讲话……	伍柏林：《淡墨写人生》，湖南大学出版社，2015年，第179页。
1969年 3月15日		新郎、新娘穿着新衣，没有婚纱，没有花轿，也没有锣鼓乐器，连一个花炮也没有放；没有拜天，没有拜地，没有拜双方父母，也没有夫妻对拜，只是携手向毛主席像三鞠躬，就成了一对夫妻。	王树棕等：《中国工程院院士传记·杨凤田传》，航空工业出版社，2014年，第290页。
1972年 5月1日	福建翔安县新店公社	22对新人胸佩大红花，欢聚一堂，在亲朋好友的陪同下，列坐在主席台上。婚礼开始后，鞭炮齐鸣，公社书记陈某兴为这些新人证婚，并致贺词，然后向参加婚礼的干部、职工分发喜烟喜糖。	厦门市翔安区志编纂委员会编：《福建省厦门市翔安区志》下，方志出版社，2011年，第793页。
1974年 2月	河南周口	按照当时的礼节，放了炮，向毛主席像鞠了躬，就算是举行了婚礼。	郭学魁：《激情在军营里燃烧》，中国言实出版社，2018年，第71页。
1975年 2月8日	云南省华坪县革命委员会大会议室	中共华坪县委宣传部的部长老张，他首先读一段"最高指示"（毛主席语录）："我们都是来自五湖四海，为了一个共同的革命目标，走到一起来了"……（讲话后，新人）首先向毛泽东像敬礼，然后向广大革命群众敬礼，然后是主婚人讲话，两边单位向我们赠送《毛泽东选集》、《毛泽东语录》和锄头镰刀，接着大家闹着要我们介绍恋爱经过，表演节目等等……	和家修：《抢婚、逃婚、跑婚、殉情：金沙江畔一户纳西人家的奇异婚俗故事》，云南人民出版社，2006年，第199—200页。

通过以上的梳理可见，婚礼仪式中的"向毛主席像三鞠躬"及合唱颂歌等行为，在1972年以后确实发生了变化。福建省厦门市翔安区的地方志，对1972年5月1日新店公社举行的集体婚礼有详细记载，但是却没有提及"向毛主席像三鞠躬"及合唱颂歌等仪式。这或许是文字遗漏的原因，但是

也有可能是因为婚礼仪式上没有类似环节的原因。随着"文革"拐点的到来，人们的观念开始发生变化。1973 年 4 月，来自广东湛江的内部报告反映，青年受到资产阶级思想等影响和毒害，"有的办理结婚手续就发生两性关系，以至怀孕"。该报告反映，这种情况主要有两方面的原因：一是男女双方感情很好，因父母阻挠而不能结婚，于是他们不顾反对而私订终身；二是男女双方担心父母干涉，希望通过"生米做成熟饭"的方式，"故意造成事实，强迫父母同意"。① 这种情况的出现，当然不限于广东一地。70 年代初期以降，全国其他地区都出现未婚先孕的案例，这些案例中的女性以文盲和小学文化程度者居多。② 换句话说，农村青年在其中占据很大的比重。农村青年以事实婚姻的方式，强迫父母接受恋爱和恋爱对象。事实上将婚礼仪式完全取消，形同"六礼不备，谓之奔"。根据部分地方志的记载，婚礼仪式在 70 年代末出现明显的复旧或回潮。其表现为，索要彩礼、大摆酒宴、媒婆再现。③ 广东佛山市妇联的报告显示，当地的婚礼仪式出现明显的复旧迹象：媒婆要从男方礼金中抽取 10% 的"媒婆钱"，男女双方举行婚礼要择吉日，订婚前双方要讲礼金，男方向女方家送礼饼，其他仪式还有搬嫁妆、贴喜字、接送新娘、拜天地、新娘入门后"升堂"（向亲属斟茶）等。④ 佛山市妇联的报告完成于 1979 年 1 月 8 日，反映的应当是 1978 年或此前的情况。换句话说，改革开放的前沿省份，婚礼仪式出现明显的复旧和回潮。"文革"以独特方式冲击着人们的婚礼仪式，而人们又以独特方式回敬着"文革"的冲击。

---

① 广东省湛江地区中级法院联合调查组、民政局：《关于黄坡公社婚姻问题上阶级斗争的调查报告》，广东省档案馆藏件，卷宗号：233－3－0012－027021。

② 根据研究，1970 年初婚女性中的 6.9％ 有"未婚先孕"的现象，1980 年该数字上升到 17.6％。并且，70 年代初期生育第一孩的未婚先孕者，以文盲和小学文化程度者居多，1972 年的比例为 86.67％，1973 年为 89.58％，1975 年为 63.24％。参见葛建军：《当代中国妇女生育间隔研究：基于分层线性模型 HLM 的分析》，贵州教育出版社，2005 年，第 90—92 页。

③ 田如芬主编，南皮县教育文化体育局编：《南皮县文化艺术志》，内部资料，2009 年，第 467 页；资中县志编纂委员会：《资中县志》，巴蜀书社，1997 年，第 695 页；云南省陇川县志编纂委员会编纂：《陇川县志》，云南民族出版社，2005 年，第 804 页；清水河县志编纂委员会编：《清水河县志》，内蒙古文化出版社，2001 年，第 795—796 页。

④ 广东省佛山市妇女联合会：《关于婚姻问题调查报告》（1979 年 1 月 8 日），广东省档案馆藏件，卷宗号：233－3－84－150－152。

本章小结

　　1966—1980 年间的婚姻支付和婚礼仪式，是这个时代婚姻习俗最富有戏剧性的变化。其间，国家反对买卖婚姻和变相买卖婚姻、反对大操大办和铺张浪费的态度鲜明。为此，国家甚至不惜采用直接介入、制作舆论、塑造典型等手段，希望达到移风易俗的目的。从表面上看，特别是从"文革"前半期来看，外力干涉部分改变了人们的婚姻支付和婚礼仪式，彩礼的支付和收受得到抑制，婚礼仪式大量出现毛主席像等政治符号。这显示出婚姻习俗具有"可塑性"和"随风倒"的特点。舆论压力、组织压力，在短时间内足可改变部分人的行为和习惯。但是，婚姻习俗本身又具有弹性和韧性。在舆论压力、组织压力出现松动的时候，部分具有合理性的婚姻习俗又以新瓶装旧酒或旧瓶装新酒的形式复苏和再起。

　　从婚姻支付的角度而言，彩礼有男方补偿女方因嫁女而造成损失的意义，还有男方代为女方兄弟垫付彩礼的意义。更为重要的是，彩礼部分被以嫁妆的形式转移到男方家庭，因此具备从父母向儿子转移财产的意义。从此角度而言，彩礼的社会意义不应仅仅停留在新郎负担加重的层面上，同时还应考虑其他不常提及的意义。值得注意的是，国家舆论反对买卖婚姻，单纯强调彩礼与娶新娘进门之间存在的买卖关系，却忽略了嫁妆的存在。通常而言，除经济困难、兄弟较多的情况外，一般人家不会在赠与嫁妆方面亏待女儿。女儿同儿子一样，与父母之间存在浓厚的亲情。女儿外嫁后见面机会减少，又让这份亲情显得更加值得珍惜。这也是许多地方存在"哭嫁"习俗的重要原因。[①] 从此角度而言，作为彩礼的财物部分（有时会是全部）以嫁妆的形式带回男方家庭。同样，以嫁妆名义赠送的财物往往可供新娘长期支配，可以让新娘在婆

---

　　① 四川重庆的方志显示，当地习俗是在"迎亲"前一晚开始"哭嫁"，参与陪哭的有邻里和亲戚。这种集体"哭嫁"的行为一直延续到深夜，有的甚至通宵"哭"，直到第二天新娘上轿。这种行为是历代相传的习俗，"如果不会哭，别人就会笑话没家教"。为何有此习俗？据称，一是取其吉利，一是新娘舍不得父母。参见周成伟主编：《来凤街道志》，方志出版社，2018 年，第 140 页。

家的婚后生活得到部分经济保障。

国家强力介入婚姻支付的原因之一，在于担心人们过多将精力投入到准备彩礼和嫁妆方面，因此会忽略集体、国家的利益，甚至投机倒把、假公济私。这也是国家与社会不同的立场。1978 年，全国妇联恢复工作不久，接到许多群众来信和群众来访。据全国妇联原宣教部副部长袁式一回忆，当时地方妇联的汇报及全国妇联工作组的调研，都集中反映出"封建主义的思想观念死灰复燃，强迫包办，买卖婚姻，索要大量彩礼，干涉青年男女婚姻等现象相当严重"。① 因何这一时期相当严重？简单地将这些习俗归因为"文革"和"四人帮"的破坏，或许略显武断或草率。婚姻与家庭本为互相联系的一体两面，婚姻支付同样有其本身运转的内在规律。经济关系、伦理关系是与婚姻行为直接相关的两个方面，婚后家庭生活、家庭关系与婚姻习俗紧密缠绕在一起。不根本解决家庭生存、赡养或抚养问题，往往难以根本解决与婚姻支付相联系的习俗和惯性。

1966—1980 年间，婚礼仪式的主导者应该是谁，实际又是谁？这是判断婚礼仪式的形式和内容的重要指标。在婚姻具体实践中，一方面媒人受到管制并被排斥在婚礼仪式之外，另一方面民间仍然坚持"无媒不婚"习俗，只是从名称上以介绍人替换了媒人。媒人或介绍人，是否应该出现在婚礼仪式中，国家与社会争夺的核心在于婚姻是私事还是公事的问题。媒人为谋取"谢媒钱"，代表父母操纵婚礼仪式，无疑是将婚姻限定在家长主持下的家庭范畴内，这必将对国家塑造社会主义新人埋下隐患。此外，婚礼仪式是家人、亲友、乡邻之间的私人来往和团聚，还是新郎、新娘向领袖宣誓效忠的公开表达，这也涉及国与家的争夺。受到国家组织介入的影响，民间以向领袖像三鞠躬和传统婚宴相混杂的妥协形式，缓冲来自国家和习俗的双重压力。70 年代以后，前者的减少和消失，在某种程度上呈现出婚礼仪式更多退回到以家庭为主导的旧样态。

1966—1980 年间，判断一桩婚姻的合法或合规，主要依靠两个层次的标

① 袁式一：《有关修改〈婚姻法〉工作的回忆》，全国妇联老干部局编：《巾帼辉煌：纪念中华全国妇女联合会成立五十周年》，中国妇女出版社，1999 年，第 69 页。

准：其一，是否符合《婚姻法》的要求，是否经过婚姻登记并取得结婚证书；其二，是否经过双方家长同意，是否举行由亲友参与的婚礼仪式。前者是国家对婚姻合法与否的认定，后者是社会对婚姻合规与否的认定。固然，不举行婚礼仪式的婚姻却经过结婚登记，在国家看来仍然是合法的；未经过结婚登记的婚姻却举办婚礼仪式，在社会上仍然是合规的。既合法又合规，是当事人对国家和社会的双重妥协。与此相反，既不合法又不合规，则是当事人对国家和社会的双重反叛。国家和社会从不同角度对同一桩婚姻认定上的攻守进退，催生了 1966—1980 年间婚礼仪式的复杂与多变。

第五章　离婚率及离婚类型

离婚，即婚姻关系的解除，主要是指当事人通过诉讼、协议等方式中止婚姻关系。此外，还包括当事人因死亡、出走、失踪等原因造成的婚姻关系失效。以上两种情况，都造成夫妻之间权利、义务关系的消失。不同的是，前者涉及夫妻共同财产的分割、子女抚养权的归属等，后者涉及遗产继承和生存一方同死亡（或出走、或失踪）一方亲属的姻亲关系是否存续。从此角度来看，婚姻关系的解除同婚姻关系的缔结相似，它不仅是男女当事人之间的事情，同时还有子女、亲属等其他社会关系卷入其中。相较而言，通过诉讼、协议中止婚姻关系的"离婚"，往往是当事人（家庭成员或其他社会关系常常参与其中）出于主观意愿做出的婚姻行为，更能体现时代特征。死亡、失踪等因素造成的婚姻关系失去效力，往往是客观、不可抗力造成的结果。这是本章将"离婚"列为重点讨论的原因。

波兰作家维斯瓦娃·希姆博尔斯卡（Wislawa Szymborska）在一首题为《离婚》的诗中写道：

对孩子来说，这是人生第一个世界末日。

> 对猫来说，是新的男主人，
>
> 对狗来说，是新的女主人。
>
> 对家具来说，是楼梯、响声、大车和运输。
>
> 对墙壁来说，是画取下之后留下的方形。
>
> 对楼下邻居来说，是中断无聊的话题。
>
> 对小汽车来说，最好是拥有两部。
>
> 对小说、诗歌来说，同意，你要的都拿走。①

作家在描绘离婚场景时，注意到"孩子""新的男主人""新的女主人""猫""狗""家具""邻居"等具有象征性的内容，并且掺入丰富的艺术想象。离婚是当事人婚姻关系的解除，双方恢复自由身及可以同他人进行结婚的可能性。与此同时，夫妻双方原来共同拥有的"猫""狗""家具""小汽车"等家庭财产关系随之发生变化，双方共同拥有的孩子、亲友等家庭关系及邻居等其他社会关系也随之发生变化。

研究者将导致离婚的因素区分为宏观和微观两类。前者主要包括：女性经济地位的独立、家庭功能及结构的改变、道德约束和信仰约束的减少、周边离婚案例的示范、流动性和匿名性的增强等；后者主要包括：双方感情破裂、互相的负面感觉增多、一方或双方婚外情、彼此缺乏解决冲突的技能、价值观的改变、对婚姻生活的厌腻等。② 这种分类清晰传递出以下信息：离婚既是外部经济环境、道德舆论、社会变迁等多重影响的结果，同时还是夫妻之间情感、价值观、婚姻观、容忍程度等动态变化的结果。

中国有句俗语称，"嫁鸡随鸡，嫁狗随狗，嫁个扁担抱着走"。在多数人传统的观念中，维持婚姻的稳定性、从一而终是夫妻双方美德的体现。另

---

① ［波兰］维斯瓦娃·希姆博尔斯卡著，林洪亮译：《希姆博尔斯卡诗集》Ⅱ，东方出版中心，2019 年，第226 页。

② 朱强：《家庭社会学》，华中科技大学出版社，2012 年，第 87—88 页。值得说明的是，女性经济地位的独立，是导致女性解除依附或部分依附男性婚姻类型的重要原因。1950 年《婚姻法》颁布后，部分地区出现的"妇女招待所"或"婚姻问题招待所"，就是用以解决女性因婚姻问题无处安身的临时食宿问题。此类"招待所"的出现，提醒研究者注意，女性的婚姻自主权与经济独立权密切相联系。参见李秉奎：《"北京市婚姻问题招待所"史实一则》，《当代中国史研究》2009 年第 1 期。

外，还有句俗语称，"宁拆十座庙，不拆一桩婚"。[①] 汉语常用"闹"离婚或
"打"离婚来形容离婚与矛盾、冲突常相伴随。离婚不仅会导致夫妻双方反
目，而且会牵涉未成年子女的成长、年迈老人的赡养、家庭财产的分割等。
这些都是容易招致矛盾和冲突的事件。因此，尽量调和他人婚姻中的矛盾或
冲突、降低解除婚姻关系的可能性，同样被人们视为是善行。与此同时，社
会舆论对人们的离婚持否定、非议的态度，是中国离婚水平长期维持较低水
平的重要原因。

　　研究者认为，1950 年以降，中国先后出现过三次离婚高峰：第一次发生
在 1951—1953 年；第二次发生在 1959—1961 年；第三次发生在 1980 年《婚姻
法》颁布之后。[②] 尽管上述描述可以找到部分资料作为支撑，但是该结论依据
的统计资料难以找到具体出处。并且，部分研究呈现上述观点时，论证过程中
使用的概念较为杂乱。比如，常将离婚率（每千人中的离婚人数）和离结率
（某年内离婚人数除以结婚人数）混乱使用。按上述结论来看，1966—1980 年
处于第二次与第三次离婚高峰之间，该时期离婚行为的特征或有值得梳理之
处。由于资料的严重缺乏，这些领域是以前学者较少触及的。本章内容的写
作，同样面临无米下锅的困难，因此下文只是挂一漏万、点到为止。

第一节　离婚率的变动

　　1950 年《婚姻法》颁布后，全国各地在贯彻《婚姻法》运动中，明确提
倡男女平等拥有婚姻自由。即，"男女双方自愿离婚的，准予离婚。男女一
方坚决要求离婚的，经区人民政府和司法机关调解无效时，亦准予离婚"。
按《婚姻法》的要求，双方自愿离婚的需要两个条件：其一，政府"登记"，

---

　　① 不同的地方俗语称法略有不同，如"宁拆十座庙，不毁一门亲"或"宁拆十座庙，不破一门婚"等。
"庙"是人们贡奉神灵或圣贤、祈祷美好生活、承载精神寄托的场所，它同民间信仰紧密相连。"拆庙"，无疑会引
发信众的公愤和仇恨，是"冒天下之大不韪"的忤逆行为。将"破婚"的后果，视为与"拆庙"类似，甚至比
"拆庙"还严重，一方面透露出中国民间有重视婚姻、重视家庭的倾向，另一方面透露出中国传统文化看重婚姻稳
定、家庭和谐的倾向。
　　② 何雪松：《社会学视野下的中国社会》，华东理工大学出版社，2002 年，第 143 页。

其二，"适当处理"子女和财产问题。男女一方要求离婚的，需要经过两个阶段才能完成，即人民政府（通常为民政部门）的"调解"和法院的"处理"。其中，所谓的法院处理同样包含调解优先的原则。① 另外，根据《婚姻法》的要求，无论是夫妻双方自愿离婚，还是男女一方要求离婚，都需要基层政府的介入（"登记""解调"或"处理"）。1949 年以前，大量存在登报离婚的现象，即男女一方未征得配偶同意，即单方面登报声明解除夫妻关系。新《婚姻法》颁布后，因未经人民政府的调解或处理、未达到夫妻双方自愿这两个条件，登报离婚被视为不合法的无效行为。这为草结草离式的轻率离婚提高了门槛。

然而，在中国传统社会对离婚长期持有否定态度的背景下，1950 年《婚姻法》的原则与传统观念仍有冲突。离婚自由的提出，无疑会使感情不睦、基础不牢的婚姻产生动摇，有些地方干部故意隐瞒登载《婚姻法》的报纸，并称《婚姻法》为"离婚法"。处于择偶劣势的社会群体，对此亦不无微词："提倡离婚（自由），贫雇农翻身把老婆都翻跑啦。贫雇农这回垮台啦，一辈子也找不到对象了。"② 1950 年《婚姻法》在制定过程中，起草小组确实出现离婚自由条款可能不利于社会稳定的担心。反对者认为，离婚自由的提出，一方面"必定要触动一部分农民的切身利益，他们必然将成为反对派"，另一方面会为进城干部抛弃"农村的原配"提供法律依据。③ 主持起草工作的邓颖超认为，"实行婚姻自由，是包括结婚自由和离婚自由两个方面的"。她列举晋、察、冀等省农村的材料及京、津、沪、哈等城市的材料后指出，"提出离婚的主要是女方，占百分之五十八到百分之九十二"。"不能只从少数干部中离婚事件多由男方提出的局部现象，即认为男女一方坚决要求离婚即准予离婚的规定对妇女不利，因为发生怀疑以至不赞成，这是由于只从个人出发，忽视了广大妇女群众的利益。"邓颖超指出，实行男女婚姻自由不

① 《中华人民共和国婚姻法》，《人民日报》1950 年 4 月 16 日第 1 版。
② 《辽东、辽西、松江省各村农民群众干部对婚姻法的反映》，《内部参考》1950 年 7 月 20 日。
③ 柳勉之：《梅香松劲仰高风：从帅孟奇大姐领导我们筹备"一大"说起》，全国妇联老干部局编：《巾帼辉煌：纪念中华全国妇女联合会成立五十周年》，中国妇女出版社，1999 年，第 17—18 页；黄传会：《共和国第一部〈婚姻法〉诞生纪事》，《档案春秋》2006 年第 12 期；汤兆云：《邓颖超和我国第一部〈婚姻法〉的起草》，《钟山风雨》2006 年第 2 期。

会引起"草率离婚和社会的混乱"。《婚姻法》"规定了对于夫妻、子女间应有的权利义务必须采取负责的严肃的态度",同时"贯穿在整个婚姻法中的原则精神,也就是要求建立严肃负责的婚姻生活","只要我们正确地执行婚姻法,我们就能够逐渐地克服婚姻的混乱现象,就能够使男女双方和子女的生活走上幸福的道路"。[①]

1950年《婚姻法》颁布后,特别是1953年前后,全国的离婚案例增加。当然,这同贯彻《婚姻法》运动有直接联系。显然,人民政府注意到二者之间的关联。北京市从事民政工作的人员在内部文件中指出,离婚案件的增加,"说明妇女们已不干〔甘〕于压迫虐待的痛苦生活,而更加勇敢起来,争取自己的自由幸福了"。同时,这份内部文件的执笔人相信,"这种离婚增多的现象是从旧的封建婚姻制度到新的婚姻制度过渡期中必须现象,将来一定会减少"。[②] 自然,无法研判该文件提出的"从旧的封建婚姻制度到新的婚姻制度过渡期"的具体时间。但是,可以肯定的是,离婚或家庭破裂不利于家庭生产、不利于全国经济形势的好转。1951年的劳动节前夕,全国妇联向各地发出指示,通知各级妇联"尽可能地解决妇女参加生产中的困难与满足妇女的合理而又可能实现的要求"。指示要求,除"解决妇女受家庭虐待,婚姻不满"等问题外,更要"进一步提倡建立民主和睦的家庭"。[③] 全国妇联的指示,意味着不再单纯强调婚姻自由或离婚自由,而是既要解决女性的婚姻不满,又要提倡家庭的民主和睦。广东省的内部材料指出,粤中区社会舆论原本认为《婚姻法》是"离婚法""妇女法"的观点,因此贯彻《婚姻法》运动有宣传"妇女提出离婚要坚决支持,男人提出离婚只作参考"等内容。随着提倡家庭民主和睦等宣传重点的转移,社会舆论开始出现宣传《婚姻法》不在于拆散家庭而在于"建立民主和睦新家庭、开展生产"的内容。[④]这是以前研究贯彻《婚姻法》运动时未被充分注意的问题。

---

① 邓颖超:《关于中华人民共和国婚姻法的报告》,中共中央文献研究室编:《邓颖超文集》,人民出版社,1994年,第80—81页。
② 北京市第一区人民政府民政科:"无名档"(1952年7月18日),卷宗号:196-2-472-?。(未标顺序号)。
③ 《全国妇联指示各级妇联发动农村妇女参加生产运动》,《人民日报》1951年4月15日第2版。
④ 《粤中区巡视组工作情况报告》(1953年4月7日),广东省档案馆藏件,卷宗号:237-1-2-027~050。

由于社会习俗、社会心理的变动具有迟滞性特征，建立民主和睦家庭倡议并未起到立竿见影的作用。据研究者称，1953 年法院受理的离婚案件高达117 万件。这一年，是 1949 年至 80 年代之间法院受理离婚案件最多的年份。① 自然，该年离婚率的猛增，与女性普遍取得经济独立、婚姻自由的提倡等背景有关。随着贯彻《婚姻法》运动的结束，全国性的离婚率开始下降。1954 年的离婚现象明显减少，全国各地民政部门和法院批准的离婚数为75.6 万对。1955 年，该数据为 89.9 万对。② 该数据虽然仍处高位，但是明显低于贯彻《婚姻法》运动的 1953 年的水平。

1959—1961 年，经济状况的恶化使很多地区难以解决温饱问题，恶劣的经济形势严重影响家庭和婚姻的稳定，全国再次出现离婚高峰。③ 据最高人民法院的资料，1960 年全国诉讼离婚案件数为 15.9 万对，1962 年达 36.1万对。此外，还有数量不低于诉讼离婚的协议离婚者。总体看来，60 年代初的离婚案件数量相当可观。④ 1962 年 2 月 17 日，内务部民政司的报告，指出"离婚纠纷，近年来有所增多"。离婚纠纷的案件中，很大一部分是因为"家庭经济生活困难引起争吵而提出离婚的"，特别是"不少地区连续遭受比较严重的自然灾害，群众生活发生了暂时困难"，"有的妇女外出逃荒，生活无着，为了找个依靠，便与人非法同居或者重婚"。这样的离婚现象和离婚纠纷，明显受到经济形势的影响。对于婚姻领域出现的这一特殊问题，全国妇联邀请最高人民法院、内务部、共青团中央、全国总工会、中国人民大学、中国社会科学院法学研究所等单位召开座谈会。与会人员最后一致的结论为，"有必要结合社会主义教育加强婚姻法的宣传教育工作"。⑤ 3 月 6 日，内务部转发民政司的报告，指出有必要配合妇联、共青团、法院等部门重新进

---

① 巫昌祯：《离婚新探》，巫昌祯：《我与婚姻法》，法律出版社，2001 年，第 209 页。该文原载《中国法学》1989 年第 2 期。许多著述在引用 1953 年的离婚数据时，并未标明出处。该数据是否准确，值得进一步考察。

② 徐安琪：《中国离婚现状、特点及其趋势》，《上海社会科学院学术季刊》1994 年第 2 期。

③ 许传新等编：《社会问题概论》，华中科技大学出版社，2018 年，第 135 页。

④ 徐安琪：《中国离婚现状、特点及其趋势》，《上海社会科学院学术季刊》1994 年第 2 期。

⑤ 内务部民政司：《关于当前婚姻方面存在的问题的报告》（1962 年 2 月 17 日），北京市档案馆藏件，卷宗号：196-2-490-1。

行《婚姻法》的宣传，同时建议把婚姻登记工作由原来的生产大队收回到公社办理。[①] 从现有山东省、江苏省的数据来看，山东省"每万人离婚案收案（件）数"，1962 年为 6.77 件，1963 年为 5.76 件，1964 年为 4.74 件；江苏省"每万人离婚案收案（件）数"，1962 年 3.15 件，1963 年为 3.10 件，1964 年为 2.66 件。[②] 上述数据，是两个省份法院系统收到离婚案件数量的变化。当然，在缺乏协议离婚数据的情况下，单纯诉讼离婚数据的说服力有限。不过，总体离婚案例的数量至少不低于诉讼离婚的数据。

1966—1980 年间，处于 60 年代初和 80 年代初两个离婚高峰期的中间阶段。[③] 期间全国离婚率有什么新的变化？这是特别重要的问题。不过，令人遗憾的是，目前缺乏全国性、连续性的统计数据。下文仅依靠部分残缺资料，对十四年间部分省市、部分时段的离婚率进行简单梳理。

一、北京离婚率掠影

1966—1980 年间北京市的离婚登记，目前只有部分地区的数据。因此，很难对全市的离婚率变化进行概括性的梳理。其中，宣武区内的离婚登记大致如下：

图表 52：北京市宣武区离婚登记（1966—1978）（单位：对）

年度	离婚登记	年度	离婚登记
1966	220	1973	71
1967	188	1974	60
1968	88	1975	133
1969	206	1976	54
1970	139	1977	75

① 内务部：《内务部转发民政司"关于当前婚姻方面存在的问题的报告"》（1962 年 3 月 6 日），北京市档案馆藏件，卷宗号：196－2－490－1。
② 路遇主编：《新中国人口五十年》上，中国人口出版社，2004 年，第 665 页。
③ 1980 年修订《婚姻法》后，全国再次出现离婚率猛增的现象。据称，1980—1990 年间，全国离婚率增长了 1 倍多。其中上升幅度较大的 1985—1989 年，离婚率由 0.44‰上升到 0.68‰。参见顾秀莲主编：《20 世纪中国妇女运动史》下，中国妇女出版社，2013 年，第 32 页。

（续表）

年度	离婚登记	年度	离婚登记
1971	108	1978	71
1972	84		

资料来源：林福临等主编，北京市宣武区地方志编纂委员会编：《北京市宣武区志》，北京出版社，2004年，第334页。

　　因缺少宣武区精确的人口统计，无法计算上述年份的离婚率。可以借鉴的是，研究者顾鉴塘根据宣武区民政部门和法院提供的数据，大致计算该区1953—1982年间部分年份的离婚率，其大致变化如下所示：

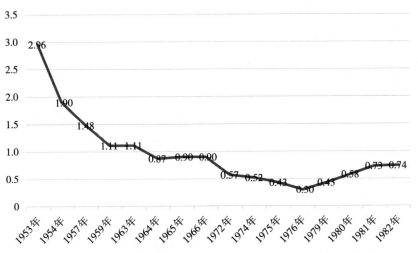

图表53：北京市宣武区部分年份的离婚率（单位:‰）

资料来源：顾鉴塘：《北京市建国以来结婚、离婚与再婚的考察分析》，中国社会科学院人口研究中心、《中国人口年鉴》编辑部编：《中国人口年鉴（1986）》，社会科学文献出版社，1987年，第506页。其中，1953年、1954年的离婚率分别约为2.96‰、1.90‰。

　　从上述数据来看，宣武区1966—1980年间的离婚率，最高点为1966年的0.90‰，最低点为1976年的0.30‰。巧合的是，离婚率最高点与最低点发生的年份，分别为"文革"的开始之年和结束之年。为什么会有这样的巧合？或许不得不从政治运动带给夫妻双方的心理压力着眼。前文提及，北京市宣武区位于天安门广场的西南方向，紧邻全国的政治中心。该地区有国家商业部、教育部、全国总工会、北京电信局等单位的职工宿舍，同时还居住着大量在企业、事业单位工作的居民。他们的婚姻、家庭，很难不受到政治运动的影响。不过，这些只是粗略的推测，因为资料匮乏使得研究者很难判断这种影响的程度及久暂。

1982 年"中国婚姻家庭研究会调查组"的统计数据中，"文革"时期北京东城区仅有 1976 年的情况。该年，全东城区的离婚夫妻共计 175 对。"文革"结束后的 1979 年，北京东城区离婚的夫妻为 346 对（通过法院诉讼的计 247 对、通过民政局处理的计 99 对），比 1978 年提高 20%。由此大致可以推测，1978 年东城区离婚者约为 277 对。[①] 根据北京市统计局、国家统计局北京调查总队的数据，该年东城区的户籍人口为 59.0 万。[②] 由以上数据可知，1978 年北京东城区的粗离婚率约为 0.47‰。[③] 很难说这些残缺的数据能有多少说服力。不过，以调解和好为主的处理办法，应该是北京市离婚率较低的主要原因之一。

《北京志·政务卷·民政志》记载有部分年份的全市数据："1974 年，全市办理离婚登记 507 对，调解和好 276 对，转法院处理 125 对。1976 年，全市办理离婚登记 606 对，调解和好 237 对，调解无效转法院处理者 114 对。1977 年准予离婚 1174 对，调解和好 610 对，转法院处理 286 对。1978 年办理离婚登记 1032 对，调解和好 740 对，转法院处理 324 对。"[④] 在上述表述中，"办理离婚登记""调解和好""转法院处理"，可分别代表离婚"成功"、离婚"未遂"、转入离婚"诉讼"三个阶段。在上述四个年份中，"解调和好"分别约占 30.4%、24.8%、29.5%、35.3%，这或许与北京离婚率较低有直接关系。

①　中国婚姻家庭研究会调查组：《北京市区婚姻家庭情况调查》，中国婚姻家庭研究会编：《当代中国婚姻家庭》，中国妇女出版社，1986 年，第 88—89 页。

②　北京市统计局、国家统计局北京调查总队编：《数说北京：改革开放 40 年》，中国统计出版社，2018 年，第 283 页。

③　此处使用的"粗离婚率"，是指一年内每 1000 人口中的离婚事件数，计算公式为 d＝D/P×1000‰，其中 D 为该年离婚事件数，P 为年平均人口数，d 为粗离婚率。参考翟振武等编：《常用人口统计公式手册》，中国人口出版社，1993 年，第 187 页。

④　北京市地方志编纂委员会：《北京志·政务卷·民政志》，北京出版社，2003 年，第 388 页。

二、上海离婚率的变化

上海"文革"时期市区离婚情况有较详细的统计。金大陆利用地方志对上海的数据进行详细分析。他指出，"文革"时期上海的离婚登记数量极低。在缺乏徐汇区及普陀区部分数据的情况下，10 年间上海市区的总离婚数只有 6489 对（参见下列图表）。

图表 54：上海市各区离婚数据一览表（1966—1976）

年份	长宁	虹口	黄浦	静安	卢湾	南市	普陀	徐汇	杨浦	闸北	总计
1966	10	103	50	25	111	40	88		61	27	515
1967	18	96	169	93	92	96	35		149	61	809
1968	23	106	121	85	112	109	55		153	92	856
1969	42	96	101	76	91	84	72		85	90	737
1970	36	102	88	65	116	60			54	52	573
1971	31	78	57	76	65	70			57	15	449
1972	31	106	83	73	61	78			77	0	509
1973	8	75	89	59	71	78	46		98	69	593
1974	8	78	69	58	34	64	38		65	67	481
1975	19	59	60	33	25	54	35		39	38	362
1976				13	3					2	18
总计	226	899	887	656	781	733	369	587	838	513	6489

资料来源：金大陆：《非常与正常：上海"文革"时期的社会生活》上，上海辞书出版社，2011 年，第 31—32 页。作者在该表附带的说明如下：徐汇区离婚数为 1967—1976 年的统计。总计 6489 对中包括徐汇区的统计。各年份的统计缺徐汇区和部分普陀区的数据。

整个上海市区，在"文革"十年只有 6489 对夫妻离婚。金大陆认为，这是因为整个社会在道德层面上对离婚持有强烈负面评价，并且父母顾虑到子女的前途故在面对离婚时裹足不前。这些都是导致上海"文革"时期离婚夫妻极少的重要原因。① 略有遗憾的是，上述的统计数据有部分年份、部分

① 金大陆：《非常与正常：上海"文革"时期的社会生活》上，上海辞书出版社，2011 年，第 32—33 页。

行政区的残缺。另外，上述统计数据没有涉及嘉定、宝山、上海、川沙、青浦、南汇、松江、奉贤、金山、崇明等郊县。这些地区虽然是"农业区"，人口密集程度远不如市区，但是部分地区设有机电工业、化学工业、钢铁工业等劳动密集型工厂。郊县地区的离婚案例，对上海市整体的粗离婚率统计不会没有影响。

　　黄宗智对松江县的研究发现，"文革"时期离婚诉讼案在全部民事案件中的比例并不低。1966 年离婚案为 76 件，占全部民事案件的 91.6%；1970、1971、1972 年的离婚案分别为 20、29、22 件，占全部民事案件的 100%；1973 年离婚案 18 件，占全部民事案件的 58.1%；1974 年离婚案 36 件，占全部民事案件的 32.1%；随后的 1975、1976、1977、1978 年，离婚案分别为 24、41、33、61 件，分别占全部民事案件的 75.0%、93.2%、94.3%、88.4%。[①] 仅从数量上来看，松江县 1966—1976 年的诉讼离婚案共计 266 件（缺少 1967、1968、1969 年的数字）。如果再加上民政系统处理的离婚案，松江县的离婚案例应该接近或超过普陀区或者长宁区。此外，还有其他 9 个郊县的数据缺少统计。换言之，如果嘉定、宝山、上海、川沙、青浦、南汇、奉贤、金山、崇明等郊县的离婚案件数，接近或超过松江县的数据，则上海市区和郊县的离婚案例应该远不止 6489 件。

　　值得特别注意的是，1958—1977 年间是上海市城镇化放缓的时期。1958 年，上海市的城镇化率为 73.5%。1977 年，该数据却下降到 55.5%。在此期间，全国的城镇化率基本处于停滞不前或略有下降，而上海则是下降趋势明显。与此相伴随的是，上海市区人口比例和密度下降明显，郊区尤其是远郊地区的人口比例趋于上升。[②] 上海市区与郊区人口比例的变化，意味着不可小视郊区人口在上海市人口总量中的比例，同样应该重视郊区离婚案例对上海总体离婚率的影响。当然，市区的人口密度远高于郊区、郊县，市区的离婚案例数和离婚人数同样应高于郊区、郊县。从 1982 年的离婚率统计来看，市区离婚人数 4.37 万人，占离婚总人数的

───────────────

　　① 黄宗智：《离婚法实践——当代中国民事法律制度的起源、虚构和现实》，黄宗智主编：《中国乡村研究》第 4 辑，社会科学文献出版社，2006 年，第 43—44 页。
　　② 谢玲丽主编：《上海人口发展 60 年》，上海人民出版社，2010 年，第 123—124 页。

72.10%。郊县离婚人数为 1.69 万人，占离婚总人数的 27.91%。[①] 上海市区离婚案例在总体上占明显较高的比重。此处提及郊区、郊县的离婚案例，旨在强调上海虽然是华东地区规模最大的城市，但是分析离婚率不应只是将眼界局限于市区，而是应该充分考虑到其人口构成上的复杂性和多样性。

三、天津离婚率的变化

天津，作为华北重要的直辖市，同样具有重要的分析价值。1966—1980 年间，天津市的离婚率变动同上海的数据具有相似性。从徐安琪的研究来看，1949—1992 年间，天津的离婚率出现三个明显波峰：第一个是在 1953 年前后最显著的波峰阶段；第二个是 1962 年前后三年经济困难带来的离婚高峰期；第三个是 1980 年《婚姻法》修改后带来的缓慢爬升阶段。在第二个与第三个波峰之间，1965 年即开始下降的离婚率，几乎一直"压制"着离婚率变动的趋势图，使它在十多年的时间内难以抬升。[②] 该分析主要着眼于天津离婚率阶段性的特点，并未分析市区和郊区离婚率变化的异同之处。以 1961、1962 年来看，郊区离婚率变化十分明显，不仅高于 1954—1960 年的水平，而且还高于 1963—1978 年的水平。但是，从整个天津市来看，1961、1962 年的离婚率变化并不十分显著。

图表 55：天津市离婚率统计表（1952—1978）（单位:‰）

年份	全市离婚率	市区离婚率	郊区离婚率
1952 年	4.17	4.67	1.24
1953 年	6.23	6.83	3.04
1954 年	3.81	4.12	2.12
1955 年	2.67	2.84	1.78
1956 年	1.91	2.92	1.35

---

① 胡焕庸主编：《中国人口（上海分册）》，中国财政经济出版社，1987 年，第 285 页。
② 徐安琪：《中国离婚现状、特点及其趋势》，《上海社会科学院学术季刊》1994 年第 2 期。

（续表）

年份	全市离婚率	市区离婚率	郊区离婚率
1957 年	1.35	1.42	1.02
1959 年	1.28	1.31	1.22
1960 年	1.31	1.22	1.70
1961 年	1.70	1.53	2.42
1962 年	1.89	1.74	2.45
1963 年	1.29	1.28	1.34
1964 年	1.07	1.18	0.67
1965 年	0.87	0.88	0.80
1966 年	0.73	0.75	0.64
1967 年	0.61	0.57	0.73
1968 年	0.65	0.56	0.94
1973 年	0.42	0.47	0.30
1974 年	0.47	0.57	0.39
1975 年	0.42	0.47	0.38
1976 年	0.41	0.47	0.36
1977 年	0.46	0.56	0.38
1978 年	0.44	0.51	0.39

资料来源：李竞能主编：《中国人口（天津分册）》，中国财政经济出版社，1987年，第 309 页。

通过前图表与下图表的综合对比可以看出，1966—1980 年间，天津全市离婚率的最低点为 1976 年的 0.41‰，1973 年和 1975 年的 0.42‰也是明显的低点。相比较而言，"文革"前期的 1966—1968 年，反而在离婚率变化趋势图中占据高点位。需要补充的是，1973 年 7 月 7 日，国务院将河北省的蓟县、宝坻、武清、静海、宁河五县，划归天津市辖区。[①] 上述五个郊县以农业户口者居多，农民较低的离婚率自然会影响到天津市总体的离婚率变化。

---

① 中华人民共和国民政部编：《中华人民共和国县级以上行政区划沿革》第 1 卷，测绘出版社，1986 年，第116 页。

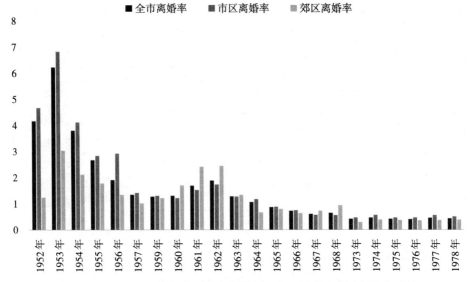

图表 56：天津市离婚率变化趋势图（1952—1978）（单位:‰）

资料来源：李竞能主编：《中国人口（天津分册）》，中国财政经济出版社，
1987 年，第 309 页。

　　伯顿·帕斯特纳克在研究中指出，1969 年以降居住房屋的紧张，使得一般迁居更加困难。他注意到，天津河西区的楼房，多是 50 年代建造的。后来很长一段时间，住房建设一般被认为是不重要的项目。到 1981 年 12 月，天津红天里的人均住房面积只有 5.06 平方米。1976 年地震发生后，天津的住房毁坏严重，人们开始在街上自己搭建防震棚居住。[①] 人均住房面积低下，使得离婚后的当事人难以解决分居的困难。住房管理部门往往是按家庭为单位分配房屋的，离婚后的男女重新回到父母家居住的可能性减小。这或许提示研究者注意，人均住房面积较少对离婚率的低水平不无影响。

四、山东、江苏的离婚率

　　目前所见，1966—1980 年的离婚统计，基本很少有专门涉及农村地区的数据。从现有数据来看，1974—1978 年山东省、江苏省法院系统初审离婚案件收结情况的数据，仅仅涉及农村地区。其情况大致如下：山东省的诉讼离

---

① ［美］伯顿·帕斯特纳克：《红天里的居民：中国城市的婚姻与生育》，《中国社会科学》1988 年第 2 期。

婚率，1974、1975 年相对较高，都是 0.149‰。"文革"结束时的 1976 年，山东省的诉讼离婚率为 0.131‰。随后的 1977、1978 年，分别为 0.108‰、0.12‰。据山东省人民法院民事法庭的统计，1966—1980 年间，该省的初审离婚案件的收结情况，相较"文革"前和 1979 年以后而言，11 年间（缺少 1969 年的统计数据）的每万人离婚案收案件数明显较低。其中，1968 年、1977 年、1978 年分别为 1.21 件、1.08 件、1.20 件。这三年的数据，是 1950—1999 年间最低的。[①] 江苏省的数据比山东省更低，最高年份 1976 年仅为 0.064‰，其余的年份大致在 0.05% 上下浮动。

通常的离婚，主要是通过诉讼离婚、协议离婚两种方式达成的。很难估计诉讼渠道在总离婚案例中所占比例。不过，山东、江苏两省协议离婚者的多少，是对粗离婚率形成直接影响的另一重要因素。另外，山东、江苏的"每万人离婚案收案（件）数"，因缺少全国性的统计，无法得知其高低如何。仅从"每万人离婚案收案（件）数"来看，山东省粗离婚率明显高于江苏省。考虑到山东和江苏两省的人口对比，山东的粗离婚更显得突出。

图表 57：山东省、江苏省法院系统初审离婚案件收结情况（1973—1978）

年份	山东省		江苏省	
	收案数（件）	每万人离婚案收案（件）数	离婚案（件）	每万人离婚案收案（件）数
1974	10244	1.49	2982	0.54
1975	10415	1.49	2754	0.49
1976	9212	1.31	3643	0.64
1977	7679	1.08	2776	0.48
1978	8609	1.20	3097	0.53

资料来源：路遇主编：《新中国人口五十年》上，中国人口出版社，2004 年，第 665 页。本表录入时，有部分内容被删减。

---

① 1966—1978 年间的收案数和每万人离婚案收案数分别为：1966 年为 15233 件，2.60 件；1967 年为 14712 件，2.47 件；1968 年为 7360 件，1.21 件；1970 年为 9881 件，1.53 件；1971 年为 10486 件，1.60 件；1972 年为 10622 件，1.59 件；1973 年为 10985 件，1.62 件；1974 年为 10244 件，1.49 件；1975 年为 10415 件，1.49 件；1976 年为 9212 件，1.31 件；1977 年为 7679 件，1.08 件；1978 年为 8609 件，1.20 件。路遇主编：《新中国人口五十年》上，中国人口出版社，2004 年，第 665 页。

　　遗憾的是，因缺乏民政系统处理的部分，山东、江苏两省的离婚率变得难以判断。自然，也无法将这组数据与前面北京、上海、天津的数据相提并论。值得注意的是，民政部门处理部分和经法院诉讼部分有重复的可能性。一般而言，提出离婚申请的当事人首先需要通过各自单位（农村通常为生产大队）的同意，双方确认在子女、财产等问题上不存在纠纷后，签订离婚协议书。离婚协议经民政系统审查，如有纠纷则转送法院进一步审理。江苏常州戚墅堰区（"文革"时期）地方志提供的信息显示，申请离婚者按有无纠纷分为两类：其一，无纠纷者，经民政局审查同意颁发给离婚证书，其二，有纠纷者，则转送法院判决，根据判决结果颁布离婚证书。江苏常州"卫东区"，这两种情况合计后的离婚案例数大致如下：1965 年 1 件、1966 年 6 件、1967 年 3 件、1968 年 5 件、1969 年 3 件、1970 年 5 件、1971 年 4 件、1972 年 1 件、1973 年 6 件、1974 年 3 件、1975 年 2 件、1976 年 2 件、1977 年 6 件、1978 年 5 件。[①] 对几万人的行政区域来说，离婚案件长期保持个位数、甚至有的年份只有 1 件，在其他历史时期确实少见。

　　不过，同一城市（甚至包括郊区、郊县），农村的离婚率通常更低。据李飞龙的研究，苏北、浙北等地农村离婚率通常很低，有的则在整个六七十年代也没有发生过一桩离婚案。河南开封的西村在 1950 年后的 50 年间，仅有 20 多件离婚案例。[②]

　　如前文所述，1966—1980 年间，维持婚姻的稳定性、女性从一而终仍被视为重要的道德原则。报刊、电台等公众舆论对"离婚"持否定和非议的态度，是十四年间离婚率长期保持相对较低水平的重要原因。[③] 当时的社会舆论认为，追求物质生活上的舒适、精神生活上的舒畅是一种奢侈行为，这种

---

　　① 江苏省常州市戚墅堰区志编纂委员会编：《戚墅堰区志》，方志出版社，2006 年，第 545—546 页。

　　② 李飞龙：《社会变迁中的中国农村婚姻与家庭研究（1950—1985）》，中共中央党校博士学位论文，2010 年，第 90 页。

　　③ 值得关注的是，政治环境的变化与离婚率起伏之间似乎存在着特定的关系。从辽宁省抚顺市新抚区法院提供的数据来看，当地的起诉离婚、调解（判决）离婚都有明显的阶段性特征。其中，起诉离婚的夫妻 1966—1970 年间为 613 对、1971—1975 年间为 698 对、1976—1980 年为 1165 对；三个阶段的平均每年起诉离婚的夫妻，分别为 122.6、139.6、233 对。与此相似，上述三个阶段"调解（判决）离婚"的夫妻分别为 216、347、298 对，平均每年"调解（判决）离婚"的夫妻为 43.2、69.4、79.6 对（参见张烔：《社会学研究文论年鉴》，中国建材工业出版社，1997 年，第 176 页）。这种逐阶段增加的离婚案件是否具有普遍意义，值得以后的学者进一步研究。

"重理想轻享受、重精神轻物欲、克己利他、不计报酬的精神"，使得整个社会风气充满理想色彩和献身精神。固然，它为克服经济困难提供安定和活力，但是却把穷和革命、把富和"变修"联系起来。[①] 与此紧密相联系的是，单纯因为"感情破裂"、性生活不和谐等原因提出离婚，往往会被贴上"资产阶级思想作祟"的标签。报纸、电台等公众舆论，在对美帝、苏修的批判中，经常提到两国的高离婚率，以证实它们的腐朽和没落。1968 年 4 月 15 日，《人民日报》刊文批判"苏修集团"，说他们"千方百计地用资产阶级生活方式腐蚀苏联青年"。其中的证据之一，是《莫斯科晚报》允许刊登离婚声明等五花八门的广告。[②]

　　1950 年《婚姻法》的条文规定，"男女双方自愿离婚的准予离婚，男女一方坚决要求离婚的，经区人民政府和司法机关调解无效时，亦准予离婚"。不过，离婚申请能否得到单位（或生产大队）的同意或支持，是一方或双方申请者必须面临的问题。法院在审理离婚纠纷案件时，很难摆脱对当事人政治表现的审查而只通过解读法律条文来决断。黄宗智在阅读上海 A 县和河北东北部 B 县的档案后发现，离婚调解或判决往往都离不开到单位或生产队进行调查的环节，当事人的人品、在工作和政治上的表现会对法院的判断发挥直接影响。[③] 强调调查环节的重要性，一方面增加了离婚过程中的困难度和复杂性，另一方面使得离婚成为单位深度参与的事件。

　　实际离婚的过程中，夫妻任何一方提出离婚都要面临程度不同的压力。首先，单纯从家庭内部而言，父母、子女及其他近亲是否同意或支持，是他们（或其中一方）提出离婚必须跨过的第一道门槛。父母担心已婚儿子能否再娶到合适的妻子，当然更担心已婚女儿能否成功再嫁。同未婚相比，离异选择合适配偶的难度大幅增加。离婚无疑会造成家庭分裂，子女此后的成长和生活难免卷入其中。婚后育有子女的夫妻，提出离婚时面临的困难更大。

---

　　① 郑谦：《空想与理想之间——对建国后一种禁欲主义的考察与思考》，萧延中编：《晚年毛泽东》，春秋出版社，1989 年，第 230—231 页。
　　② 《苏修叛徒集团复辟资本主义的形形色色》，《人民日报》1968 年 4 月 15 日第 6 版。
　　③ 黄宗智：《离婚法实践——当代中国民事法律制度的起源、虚构和现实》，黄宗智主编：《中国乡村研究》第 4 辑，社会科学文献出版社，2006 年，第 8—9 页。

通常情况下，携带与前夫（或前妻）共同生育的子女，明显增加再婚的难度。毕竟，人们结婚时都会尽量避免成为后妈或后爸，更不愿面临同父异母（或同母异父）子女在同一家庭中成长的棘手问题。

其次，长期实行高积累、低消费的发展模式，导致国家物资供应匮乏、日常生活用品短缺，多数家庭未完全摆脱温饱问题的困扰。彩礼、嫁妆、婚礼、家具、住房等所需花费不菲，整个结婚的过程所需支出更高，仅靠工资或工分收入很难再次结婚。从经济支出的角度而言，结婚、离婚、再婚的成本过高。这是人们不敢轻易谈及离婚的重要原因。从家庭关系调整方面来看，结婚、离婚、再婚，需要应对婚姻关系的缔结和解除带来的周边社会关系的变动。这些都成为阻止人们将离婚付诸行动的理性因素。

第二节　离婚的类型及成因

离婚，常常是观察社会环境、世态人心变幻的风向标。研究者注意到，"凡是涉及整个社会制度的大规模解体，几乎都会导致更多的婚姻解体"。战争、饥荒、瘟疫等，往往会对婚姻和家庭带来直接影响。[①] 1950 年《婚姻法》颁布后出现的高离婚率，固然同贯彻《婚姻法》运动有关，同时也与新制度在全国巩固、新风气在全国推行密切相关。从目前的方志或回忆来看，1966—1980 年间的离婚行为通常多以零发、散发的形式出现。十四年间的离婚案例，较引人注目的至少有以下三类：遗弃式离婚、保护式离婚、感情不和（合）式离婚。

一、遗弃式离婚

遗弃，是具有道德评价、法律定罪意味的称谓。刑法上的遗弃罪，是指拒绝承担本应承担的扶养义务，造成老人、儿童、患者或其他没有独立生活能力的人，得不到照顾、帮助和慰藉。遗弃罪涉及经济、生活、精神等方面

---

① ［美］威廉·J·古德著，魏章玲译：《家庭》，社会科学文献出版社，1986 年，第 206 页。

的扶养义务，不仅用于夫妻之间，也可以用于父母对子女、子女对父母等代际家庭关系之间。此处的遗弃式离婚，单指夫妻一方在配偶遇到困难时拒绝承担义务，并借助有利环境向配偶提出离婚要求的行为。很显然，遗弃式离婚的表述，带有先入为主式的"有过推定"。在陈述事实前，该表述已经判断遗弃者应负道德指责、被遗弃者是离婚事件的受害者。不过，"遗弃"式离婚的表述，并非完全由他人虚拟或追加，在当事人的陈述或回忆中经常见到。从此角度而言，遭到配偶遗弃是该类型离婚者的真实感受，该表述应有其存在的价值。

对于提出离婚的一方来说，遗弃式离婚的意义在于，主动提出中止婚姻关系，切断夫妇之间基本的政治关系、经济关系及同属一个家庭的连带关系，从离婚事件中获得止损收益。对于被迫接受离婚的一方来说，"遗弃"式离婚或明或暗地意味着自己具有某种缺陷或不足，并承受这种"过错"带来的巨大精神压力。已经生育的女性在向丈夫提出离婚时，一般不仅有免受歧视、免受连累、追求进步的意图，同时往往会顾虑丈夫的遭遇对子女可能的影响。这是遗弃式离婚与下文重点讨论的保护式离婚不能截然分开之处。

1955 年，北京市开展打击现行反革命分子和其他刑事犯罪分子的运动。随后，有些罪犯的家属纷纷提出离婚。1957—1958 年，又开展整风反右运动，再次造成离婚案例的增长。据宣武区法院统计，1955—1958 年间，因各种政治原因提出离婚的 570 件，占全部提出离婚总数的 24.26%。其中，1955 年为 195 件，占 28.8%；1958 年为 180 件，占近 30%。[①] 受打击者的配偶，他们提出离婚的原因，存在诸多可能。很难讲，因此而提出离婚的都是遗弃式离婚，但是不能排除其中确有见风使舵、落井下石现象的存在。

遗弃式离婚的解决，往往并非局限于夫妻之间，单位（或生产大队）、邻里的意见往往起关键作用。1957 年以后，武汉市洪山区法院解决离婚纠纷的方针为，"面向群众、调查研究、调解为主、就地解决"。[②] 这一方针，可以视为六七十年代离婚判决过程中的通行规律。一般来说，人民政府、法院

---

① 顾鉴塘：《北京市建国以来结婚、离婚与再婚的考察分析》，中国社会科学院人口研究中心、《中国人口年鉴》编辑部编：《中国人口年鉴（1986）》，社会科学文献出版社，1987 年，第 506 页。
② 武汉市洪山区地方志编纂委员会编：《洪山区志》，武汉出版社，2009 年，第 553 页。

对夫妻一方提出离婚的案例，往往会更多依据当事人单位（或生产大队）的意见。当事人的领导、同事、邻居等社会关系，往往会直接影响最后结果。金大陆梳理上海"文革"十年间的离婚登记后发现，1966—1969 年是当地离婚的高峰期，分别为 809 对、856 对、737 对，日均离婚夫妻超过 2 对。此后，离婚案例数则平缓走低，低于日均 2 对。"文革"前三年的动荡期与上海离婚高峰期的重合，证实政治运动的起伏同离婚案例增多之间的关系。[1]此后的政治运动有趋缓迹象，但是受"文革"迫害者并未绝迹。

曾在湖北任小学教师的唐世彦，1957 年被划为"右派"，此后成为政治运动的"老运动员"。1970 年在"清理阶级队伍"时被停职，并移交镇政府食堂"挑水队"改造，等待处理。正当此时，他的妻子提出离婚。据他回忆：

> （当时）我陷入了"双斧伐孤树"的悲惨处境：一斧停职，一斧离婚，砍伐着我这棵伤痕累累的孤树。我怎么经受得了？妻怎么这么做？怎么乘我之危而落井下石？
>
> 这个时候我又想死，也死不得。母亲没有安置，年已 70 余岁的老母无以为养，4 岁的长子、1 岁的次子（虽不在我身边），无以为抚。我要活着，上有老母，下有幼儿，都需要我，我是养老抚幼的人，我决不能不尽责任而死。我问苍天，结婚真是"万恶之源"，悔不该结婚生子，如果是光棍一条，死也罢，逃也罢，遁入空门也罢，都是出路，现在是无路可走了，死不得，逃不得，遁不得，我真是一个众叛亲离的罪人……[2]

"清理阶级队伍"，是以各种名义、各种形式揪出来地主、富农、反革命、特务、走资派、漏网右派、国民党残渣余孽，对这一小撮"阶级敌人"给予狠狠的打击。唐世彦作为"右派"被揪出来，面临的是离职、遣返原籍、接受批斗。他的妻子提出离婚，是避免她（和他们的儿子）进一步受牵

---

① 金大陆：《非常与正常：上海"文革"时期的社会生活》，上海辞书出版社，2011 年，第 36 页。
② 唐世彦：《生命之河》，中国文联出版社，2003 年，第 124 页。

连。① 需要妻子慰藉的唐世彦，却不得不面临妻子要求离婚的再次打击，因此感到众叛亲离。可以看出来，遗弃式离婚，带给被迫接受离婚者的伤害具有放大效应。唐世彦在回忆中没有交代，他与妻子最终并未离婚的原因。但是，从他的回忆可以清晰看到遗弃式离婚带来的创伤。李银河、冯小双 90 年代初的调查显示，认为离婚不是好事但需要面对、别无选择的占 36.3%，离婚后产生孤独感的占 69.1%，感觉自己处于猜疑、言论和讥讽之中的占 76.1%。② 上述调查结果未必适合 1966—1980 年间的情况，但是遗弃式离婚的受伤害者，在主观感受上应该有相似或相近之处。

描述遗弃式离婚，是"伤痕"文学控诉"文革"破坏婚姻家庭领域的重要修辞方法。丛维熙的文学作品《第十个弹孔》，提到 50 年代颇有名声的作家高廉的经历。丛维熙写道："高廉，是开国大典礼炮声中诞生的第一代作家，曾以许多文笔清新的小说散文，享有一点名声。"他的妻子陆霞，"是个芭蕾舞演员，人长得像带着露珠的玉兰花，算得上一个具有东方特点的秀丽妇女。""文革"初期，高廉遭到妻子陆霞的遗弃。"文革"结束后，高廉见到姐姐高雅琴、姐夫鲁泓时，向他们道出自己离婚的经历：

> 鲁泓那双像 X 光一样深邃的眼睛，还看到一个使他心酸的细节：高廉上衣的五个扣子，丢了两个。不用问，那个在舞台上装扮过《睡美人》的"天使"，一定是早已攀高枝飞了，高廉早就变成了一个不称职的家庭"主妇"了。
>
> 高雅琴似乎也看出了这一点，怜悯正取代着她的激愤。她问："你那位宝贝老婆呢？"
>
> 高廉平静地回答说："黑潮把她卷走了。我们虽然没有正式办离婚手续，可也分居好几年了！这回，和那些丧尽天良的新暴发户一起覆灭，到他们应当去的那个'天堂'了！"③

丛维熙的小说，将陆霞设计为一心"向高处飞的小天鹅"。她不仅利用

---

① 唐世彦妻子提出离婚，有保护孩子免除牵连的意图。该行为同下面的保护式离婚有相近之处。详见后文。
② 李银河、冯小双：《对北京市部分离婚者的调查》，《社会学研究》1991 年第 5 期。
③ 公安部宣传局编：《公安文学六十年作品精选 1949—2009（2）小说卷》，群众出版社，2009 年，第31 页。

高廉的外甥鲁小帆作为自己获得政治收益的垫脚石，同时还见异思迁地抛弃丈夫，与文化局新暴发户（造反派）领导同居。陆霞的人物设计，带有明显的脸谱化特征。首先，她因为"立志献身于舞蹈艺术，一直避免生儿育女"。没有共同子女的牵挂，陆霞在抛弃丈夫时，不会因为担心子女失去父亲而有所顾忌。其次，她利用高廉的外甥鲁小帆来换取政治起家的筹码，不用担心鲁泓父子反目、家庭破裂带给自己的伤害。第三，"文革"涨潮期，陆霞与造反起家的新领导姘居；"文革"落幕期，她离开造反派情夫，希望重新回到丈夫身边，结果却遭到丈夫的拒绝。此类情节的设计，暗示借助政治运动起家、希望从中渔利者的企图毫无例外都会破灭。

从维熙在《第十个弹孔》中对陆霞的人物设计，虽然谈不上是丧尽天良，却也可称得上是助纣为虐。她遗弃自己的丈夫，是为感情上讨好情夫、政治上攀高枝。趋利避害，是人的生物属性使然，还是人的社会属性使然？实际生活中，确实有"夫妻本是同林鸟，大难当头各自飞"的现象。特别是在政治运动的冲击下，确有为证实自己政治清白而揭发配偶的现象发生。金大陆采集到的口述史资料，便有类似案例：

> 在大学家属院里，老一辈教授的夫人多为家庭妇女。秦妈妈家则是两个知识分子。他们家庭和睦，待人亲切，一对双胞胎子女成绩优秀，真正是令人称羡的好家庭。谁知"文革"中，秦伯伯揭发了秦妈妈历史上的一件什么事，秦妈妈决绝地搬出了这个家，住在学校宿舍里，再也没有回过家。当时，一对子女插队去了，一家人天各一方。"文革"后期，时常看见秦伯伯去找秦妈妈，但听说秦妈妈不回头。当然，他们与子女都是来往的。"文革"结束以后，秦妈妈直接去了国外，两个子女也随即去留学。前些年仍可见到秦伯伯孤单的身影，现在他已经去世了。这对夫妇没有离婚。①

严格说来，同从维熙小说中的案例一样，金大陆著作中提及的上述案例，并非完全意义上的遗弃式离婚。《第十个弹孔》中的陆霞，在与情夫

---

① 金大陆：《非常与正常：上海"文革"时期的社会生活》，上海辞书出版社，2011 年，第 34 页。

姘居的同时，却并未与丈夫离婚。秦伯伯告发妻子之后，两人同样没有离婚。然而，这两桩婚姻事实上基本等同死亡。高廉拒绝妻子回归家庭的要求，自己也要奔赴北大荒开始新生活。秦妈妈搬出家庭、住在学校宿舍，从此夫妻分居、再无来往。最终，秦妈妈移居国外，二人的婚姻从此失去效力。

提出遗弃式离婚者，事后难免道德的指责或非难。当然，这仍是从家庭和婚姻的稳定性着眼的。"文革"时期的当事人，受到政治运动的裹挟，在"国"与"家"产生冲突时，他们的政治判断力难免受左右或影响。从家庭情感的角度，夫妻之间自然应在配偶受到政治压力时给予照顾和帮助。但是，从顺应政治运动的角度来看，他们的行为却是特殊状态下的理性选择。同后文的保护式离婚相比，借助有利环境遗弃配偶，说明有的婚姻在面临政治压力时具有脆弱的一面。

与上述情况相反，即便面对压力，许多夫妻仍将维持婚姻稳定性、从一而终视为首要原则。在配偶陷入困境时，一方或双方坚决拒绝离婚，想方设法维系婚姻的存续。先后在山西省右玉县、左云县担任领导职务的卢功勋，1967 年初作为"走资派"和"反革命"被关押起来。"造反派"要求他的妻子"划清界线"，却遭到拒绝。他在回忆中称：

> 1967 年初，志敏（卢功勋的妻子——引者注）正在大同住院，当听到我被关押的消息时，她无论如何也不相信我是走资派，忍着被脉管炎折磨的痛苦，多次找领导进行申辩，进而独自带病到北京中央文革上访，为我申诉不平。很快，造反派就不让她住院看病，并把她强行安排到金家园村接受劳动改造。不久，造反派连续三次胁迫我爱人与我"划清界线"，并且要她离婚。他们认为，只有离婚才是和我划清界线的标志。无论造反派用什么强硬口气喊叫，她都毫不畏惧，最后她斩钉截铁地说："老卢即便有错误，也绝对不是反革命。你们可以批判他的错误，但要我和他划清界线离婚，这个办不到。而且，孩子们都姓卢，我是孩子的妈，孩子们都和他拉不倒，我和他这界线怎能划得清。"他们见劝说不动，就威胁说："将来卢功勋可能要回农村，还有可能判刑。"我爱

人回敬他们说："他回农村我跟他一起回，他判刑，我等他。"①

卢功勋妻子面对政治压力时，拒绝同丈夫划清界线，无疑会给丈夫提供渡过难关的动力。这种行为又进一步增进夫妻间患难与共的情感。"婚姻团结性"（marriage solidarity）是衡量婚姻质量的重要指标之一。它是指夫妻双方面对外来压力而产生的内部凝聚力和向心力。同遗弃配偶的行为相反，"婚姻团结性"较高的夫妻，往往在配偶陷入困境时积极协助对方克服危机，并从中获得彼此信任感、依赖感的提升。反过来，这种相互信任和依赖又会进一步增强"婚姻团结性"。

二、保护式离婚

通常来说，以婚姻为基础构成的家庭，其功能可以从生育、生活、心理、价值等方面进行描述。夫妻结婚后往往都有生育行为，而家庭为子女提供基本生存、养育、成长的条件，从而使人类再生产得以实现。以婚姻为基础构成的家庭，同时还为家庭成员的日常生活提供支持，使家庭成员在彼此分工的基础上，共同解决面临的困难和挑战。上述功能主要是从物质生存的角度着眼的。此外，婚姻及家庭往往从精神上给配偶双方、家庭成员提供保护和安全感，满足家庭成员不同的心理需求。同时，夫妻养育子女、赡养老人，家庭内部共同树立相同或相近的价值观，从而形成社会道德生活的一个单元。②

保护式离婚，既是夫妻一方为保证配偶安全而主动采取解除婚姻关系的行为，同时它还是为子女免受牵连而采取的家庭自保策略。同遗弃式的离婚相比，1966—1980 年间的离婚案例，更多是以该类型的离婚而存在的。表面看起来，这种类型的离婚同样是以婚姻解散、家庭破裂为外部特征。但是，它与遗弃式离婚的不同之处在于，在外部压力减弱或消除后，它往往又以复婚的形式显示婚姻的韧性。简单将这类离婚概括为断臂求生自然不准确，但是它确能以"短痛"换取家庭少受损害、进而为配偶或其他成员提供相对安

---

① 卢功勋：《回顾与思考》，中央文献出版社，2014 年，第 149—150 页。
② 有研究者将此区分为：生物意义上的功能、经济功能、扶养功能、教育功能、娱乐功能、感情交流的功能。参见尹保华：《社会学概论》，知识产权出版社，2018 年，第 177—178 页。

全的保障。

金大陆著作中的一则访谈资料，特别值得注意。其中提到：

> 我父母是在"文革"时期办理离婚的。其实父亲在"文革"前就因历史问题关押了，他是个有发明的工程师。母亲很重情，每年都去探视他。我们姐弟很争气，均以高分考取重点中学，没有受家庭的影响。"文革"开始后，因血统论的关系，我们姐弟非但不能参加红卫兵，连外出宣传毛泽东思想的资格都没有。有一次，弟弟不服，被班上红五类打得眼睛肿起来。在上海一家大医院做护士的母亲又气愤又痛心，前思后想决心同父亲办离婚。母亲是个很执着的人，她到处跑，到处问，用了一年多的时间把事情办成了，还给我们改了姓。不久，父亲死在关押处，母亲很伤心，经常背着我们祭奠父亲。①

上述访谈透露，有发明的工程师因为自己的历史问题，令子女不能参加红卫兵组织、不能参加宣传毛泽东思想的活动。被"革命"组织排斥、孤立，继而可能会影响未来进步、发展的前途。并且，儿子受到"红五类"殴打，给母亲造成巨大的心理压力。母亲向丈夫提出离婚、让子女更改姓氏，目的是为减轻子女受到排挤、非难的压力，减少父亲对子女进步的影响。得到离婚消息后，丈夫必定受到极大伤害。保父亲还是保孩子？母亲之所以在离婚前"前思后想"，是因为她在反复估量离婚带给家庭的影响。

中国传统的治国理念，长期坚持以家庭、家族为本位。特别是在宗法社会中，君主兼具国家主人和最高家长的两重角色。皇后或王后（君主的正妻），不仅是王室家庭事务的主管，同时还以女性身份母仪天下。通常的立法和司法注重家庭连带责任，以家庭为民事活动的主要法律主体。1949年以后，妻子与丈夫的婚姻关系、子女与父母的血亲关系，仍然被视为最重要的亲属关系。家庭成员的政治身份、政治表现，直接对直系亲属造成影响。"妻以夫荣，母以子贵"，家庭成员之间连带受责，仍然是处理家庭连带荣誉

---

① 金大陆：《非常与正常：上海"文革"时期的社会生活》，上海辞书出版社，2011年，第35页。

或惩罚时的习惯作法。"文革"时期的血统论，基本延续了长期以血缘继承、家庭连带制为基础的世袭制。父母、祖父母、外祖父母等长辈的身份，往往决定后代的政治前途和成长空间。即便"有成分、不唯成分论"和"可教育好的子女"的提法出现后，父母对子女、夫妻之间的影响仍至深至重。在此情况下，所谓吊诡的保护式离婚，即以家庭破裂的形式来保护家庭成员的安全。

保护式离婚的形式，不止取决于当事人的主观意愿，而且还取决于夫妻之间的协商与互动。山东省××公社革委会常委×××，是中学毕业的返乡知青。他因为特别能吃苦、会管理，用不到10年的时间，带领乡亲们将家乡建设为"农业学大寨先进单位"。他历任生产队长、大队党支部副书记、公社革委会常委，公社、县党委委员。自从与某未婚女青年发生婚外性关系后，为免受纪律处分，他便动员妻子离婚以便与该未婚女青年结婚。他的妻子在接受组织调查时谈道：

> 离婚头一开始，我是不愿意的。×××说他走错了路，不离婚得受处分。离婚后，我也后悔，给我两个孩子，我咋着养他？他经常说这说那的，说长了，我就同意了他的意见。俺两个以前很好，没生过气，自他到公社这一年多来才不好的……他甩不掉她（指未婚女青年——引者注），不离婚就得受处分，离了婚就不受处分，他叫我（照）顾他一步，给我说好话劝我，还说这次离婚先办个手续，能甩掉她就甩掉她，甩不掉她就这样……不办手续怕受处分，当时我也不想愿意，也哭过多次，怕他哄我，也是没法的事。那会他也哭，我也哭，就同意和他离婚……他说离婚也不成真离婚，俺两（人）说好，他叫我去大队写的离婚证明信……主要还是为的顾连他，和他也过十来多年啦，也没打过架生过气，老是想（照）顾他，怕他受处分，就是这一年多来才疙疙别别的。当时办离婚手续时，觉着不是真的，办吧（罢）以后，也有些后悔。离婚后，一看这班子孩子就难受，我领着这班子孩子，要饭也找不着门，俺咋着过法……他怕不离婚，领导知道了，受处分，他说：他如果受了处分，他不能活，我害怕死喽，因此才同意的离婚。如果不同意离婚，

他死了，不是我逼死的他？我不能坏这个良心……我要求组织上把过去那个离婚手续不算数。①

这则访谈的特别之处在于，×××的妻子自结婚 10 多年来，与丈夫感情始终很好，没打过架生过气。自从×××到公社工作后，妻子在农村抚养几个孩子，承担了许多生产和家务劳动。丈夫与未婚女青年产生婚外感情后，为丈夫免受纪律处理、保全他的政治生命，竟然答应他提出的离婚要求。在接受上级调查时，妻子反复表达自己不愿意、后悔、难受等。从表面上看，妻子同意×××离婚的原因主要有两方面：其一，丈夫许诺"离婚也不成真离婚"，只是"先办个手续"，以免丈夫受到处分；其二，自己内心纠结"如果不同意离婚，他死了，不是我逼死的他？我不能坏这个良心"。不过，妻子没有提及的是，丈夫×××担任公社革委会常委，对子女未来的发展无疑是良好条件。如果丈夫受到处分、被撤职，一则子女的声誉受到损害，二则失去本来保有的优质资源。换句话说，×××妻子主观上尽管存在不愿意、后悔、难受，理性上还是同意离婚以便保护子女潜在的发展前景。从该县的县志记载，×××此后调离到他处，任××公社革委会副职，或可视为这桩离婚案被低调处理的证据。

通常而言，维持婚姻的存续需要不断付出精力、情感和服务。维持夫妻关系的重要动力，在于彼此分担义务、支持对方能够顺利扮演丈夫或妻子的角色。从此角度来说，研究者将婚姻解体概括为，"家里有一个或多个成员未能承担好他们的角色义务"，其中包括生私生子，婚姻无效、分居、离婚、遗弃，家庭成员对角色定义的看法出现严重分歧，家庭成员不得不停止履行角色义务，家庭成员不在感情上相互支持，家庭成员丧失承担角色的能力等。② 上述案例，特别值得注意的一点，×××到公社工作以后，"几个月不回家来一次""孩子头发多长他不管，有一次小孩病去公社找他，不叫（孩子）在那里，当时就把俺（孩子）撵回来"。×××放弃父亲与丈夫的责任，婚姻基本处于名存实亡的阶段。妻子决定提出保护式离婚，更多只是对婚姻

---

① 《×××离婚的证明材料》，山东省档案馆藏件，卷宗号：A174-04-0048-023。
② [美]威廉·J·古德著，魏章玲译：《家庭》，社会科学文献出版社，1986 年，第 207—208 页。

已经处于解体状态的确认。

三、感情破裂式离婚

同前两种类型相比，感情破裂是夫妻原本拥有感情基础，但是经过一段时间的共同生活后却出现感情不和或感情不合。因为感情引起的纠纷，是1966—1980年间更常见的离婚案例。从字面来理解，"感情不和"是指夫妻双方感情不和谐，一方对另一方或双方之间缺少爱情，同时还可能因为兴趣相异、爱好不同等原因难以融洽相处。"感情不合"则是指夫妻双方在爱情观、家庭观等方面不合拍，双方对婚姻、家庭等事物的看法相距甚远，并因此经常产生冲突和矛盾。不过，夫妻日常使用的口语表达或主观感受中，经常将二者混为一谈，旁观者自然难以区分。相比而言，感情破裂暗示夫妻感情存在恶化的过程。

在具体的法律实践中，民政部门和司法部门特别看重感情与婚姻的关系。1950年《婚姻法》强调结婚必须是以"男女双方本人完全自愿"为前提。用"双方""本人""完全"词汇反复强化当事人主观意愿的重要性，借此树立婚姻是基于感情或爱情为基础的新风尚。同样，1950年《婚姻法》关于离婚的规定，同样强调只有双方自愿才能顺利得到批准。如果一方坚决要求离婚，则须经人民政府和司法机关的调解、判决才能生效。换句话说，双方有感情基础是结婚的前提，双方无感情或感情破裂是离婚不可缺少的条件。

1966—1980年间的离婚判决中，夫妻因感情破裂而提出的离婚申请，往往需要接受民政或司法部门的调查和调解。离婚申请最终能否获得批准，主要取决于民政、司法部门对感情是否破裂的判断。单纯以感情不和（合）为理由提出离婚，一般难以得到民政、司法机关的批准。仅考虑夫妻感情而提出离婚，当时称这种现象是受"资产阶级思想"的影响，是"资产阶级个人享乐主义"支配下的行为。1971年，北京朝阳区法院统计，该年法院审理的148件离婚案中，属于这类现象的占一半以上。上级批评了部分婚姻登记机关的"无政府主义思想"，"自立规章，滥作离婚决定"是违背《婚姻法》精神的行为。① 从严把控离婚的条件，意味着单凭感情破裂这一原因很难获得离婚批准。

北京××学院教师×××，1970 年随学校外迁工作，户口仍在北京。他的妻子，是朝阳区某公社卫生院的医生。他们二人由于感情破裂提出离婚申请，却屡次被驳回。×××在写给北京市民政局的上访信中提到：

> "文化大革命"后，办理离婚要通过双方单位组织表态，开具介绍信。我理解这是责成双方组织进行了解和调解，去作（做）工作，同时也把个人的家庭生活与革命工作联系起来。这和资产阶级的婚姻自由有了原则的区别……第一次提出离婚，经交谈无效，陪同她到东城区民政科，双方同意，但因无正当理由驳回。不久女方表示无意见，希男方经济上作一些让步。(19) 68 年夏，女方怀孕期间，因事争执又提出离婚，男方陪同两次到东城区民政科，未解决……(19) 70 年春节我回京，因"流产"和"小孩"一些争吵又提出离婚。除了 (19) 70 年，我系革委会负责同志曾来京找过她们单位和她本人，今年 3 月和这次（9 月份）我两次回京也是为解决这个问题的……几年来的反复，给精神上造成很大负担。我认为感情变了，无法勉强，因此每次我态度是明确的。她要提出我就同意，更主要每次回京，她给你平常无法相信的作弄和刁难，未达到她要求。这件事拖下去，对工作也造成很大的影响。因此，我们要求处理这问题的心情很迫切。②

从该信件中可以看出，第一次提出离婚，是在夫妻双方同意、共同自愿的。但是，却因离婚的理由不正当被驳回。第二次提出离婚，女方已经提出做好离婚后的安排和经济财产的划分，却再次被民政部门拒绝。第三次提出离婚，学院派人到北京调解夫妻二人的关系，最终仍然离婚未果。北京××学院教师×××，感到此事"给精神上造成很大负担"，夫妻双方的关系已

---

① 北京市法院、北京市民政局：《关于正确处理婚姻问题的请示报告（草稿）》（1972 年 10 月 7 日），北京市档案馆藏件，卷宗号：196－3－24－7。

② 《北京××学院机械系教师×××给民政局的信》，北京市档案馆藏件，卷宗号：196－3－24－?（文件号佚失）。

经破裂到覆水难收的程度。从该信件可以看出，妻子多次陪丈夫到民政部门申请，对离婚并无异议。然而，民政部门却责成单位调查、做工作，目的在于批评、教育这对夫妻，希望他们将家庭生活和革命工作联系在一起，拒绝他们因私人感情变化而提出的离婚要求。北京××学院教师反映的离婚难，具有特殊的时代特征，在其他地方仍可见到。

据天津市地方志记载，1970 年起，天津市法院系统的民事审判开始贯彻"依靠群众、调查研究、调解为主、就地审判"的十六字方针。对感情上见异思迁或喜新厌旧式的离婚，主要进行组织上批评教育和党内纪律处分，离婚诉讼通常被驳回。天津市刘某与妻子盛某离婚案，即属于这类典型案例。刘某与盛某结婚 30 年，并育有子女二人。但是，刘某在军队结识一女性后，刘某向部队提出与盛某离婚，结果受到组织的批评教育。同时，刘某因虐待妻子盛某，受到党纪处分，从此夫妻分居。1964 年，退役后的刘某，向塘沽区人民法院提出起诉离婚，结果被驳回。事后，刘某向各级人民法院写申诉信 60 余封。1972 年，刘某再次起诉要求与盛某离婚，最终仍被驳回。据记载，刘某 17 次向塘沽区人民法院申辩，要求与妻子离婚。塘沽区人民法院，取得刘某单位党组织和刘某战友等人的支持，多次对刘某做工作，最终迫使刘某撤回离婚起诉。① 仅从字面上来看，刘某是该离婚案明显的过错方，不仅见异思迁、虐待妻子，而且拒绝党组织的批评教育和法院的判决结果。不过，同 1950 年《婚姻法》条文略有不同的是，塘沽区人民法院坚持刘某提出离婚要求的不正当性，认为他道德品质存在问题，多次拒绝他的离婚请求。此外，该离婚案还证示，单位、组织在协助人民法院调解离婚方面发挥不可替代的作用。同结婚一样，离婚同样不只是夫妻双方的私事，单位、组织作为国家代理者发挥着或隐或显的作用。

对于这种现象，中国婚姻家庭研究会指出，"当时处理离婚的机关掌握过严，致使许多'感情确已破裂'的夫妻，由于所谓'无正当理由'而不准离婚，矛盾被掩盖起来。所以在"文革"期间离婚数量表现为解放后的低

---

① 天津市地方志编修委员会：《天津通志·审判志》，天津社会科学院出版社，1999 年，第 593 页。

潮"。^① 这种情况不仅存在于城市，在农村地区同样如此。曾毅等人对上海、陕西、河北的研究证实，1966—1975 年间三地的离婚率都呈现明显减少的趋势。十年间，结婚满 5 年、10 年、15 年、20 年的夫妻，离婚的数值分别为 0.80‰、1.40‰、1.50‰、1.80‰。而 1966 年以前此四组数值分别为 2.00‰、3.10‰、3.10‰、3.10‰。1976—1985 年间，四组数值分别为 0.80‰、1.30‰、1.60‰、1.90‰。相比较而言，1966 年以前的离婚水平，是 1966—1975 年、1976—1985 年的 1.7 倍、1.6 倍。曾毅等人认为，"文革"时期之所以如此低的离婚率，是因为政治运动"几乎冲垮了各级政府职能机构"，"人们既使想离婚也无处申诉"。^② 冲垮各级政府职能机构，主要是发生在"文革"前期。这种情况自然会对离婚造成影响，只是很难对此形成数量上的判断。值得注意的是，曾毅等人开展的研究，基于国家统计局对三省市 9300 万人进行的随机抽样调查，其中既包含城市人口也包含农村人口，应能部分反映"文革"时期城乡低离婚率的实际。

重在调解，是造成该时期低离婚率的突出原因。1970 年，内蒙古林西县提出离婚申请者 328 对，最终判决离婚者 27 对，调解后不离婚者 104 对；1976 年提出离婚者 46 对，判决离婚者 2 对，调解后不离婚者 18 对；1978 年提出离婚者 49 对，判决离婚者 1 对，调解不离婚者 17 对。^③ 提出离婚与最终判决离婚数量的悬殊，再次说明 1966—1980 年间"感情破裂"很难成为离婚的唯一凭据。

本章小结

1966—1980 年间，中国的离婚率大致处于较低的水平。据统计，60 年代的全国人口平均离婚为 1.46‰，70 年代为 0.50‰。与此相比，50 年代

① 中国婚姻家庭研究会编：《当代中国婚姻家庭》，中国妇女出版社，1986 年，第 89 页。
② 曾毅、舒尔茨、王德明：《上海、陕西、河北三省市的离婚分析》，《人口研究》1993 年第 5 期。
③ 林西县志编纂委员会编：《林西县志》，内蒙古人民出版社，1999 年，第 589 页。

全国人口平均离婚率为 3.00‰，80 年代为 0.95‰，90 年代为 1.69‰。从 1950 年《婚姻法》实施到 1999 年为止，全国人口平均离婚率呈现"两头高、中间低"的趋势。即 50 年代较高、90 年代较高，而变动曲线的波谷位于 1966—1980 年间。① 1966—1980 年间的全国人口平均离婚率，基本处于 1.50‰或以下。② 这种现象，不仅存在于国家管理较为严密的城市，而且同样存在于国家管理较为宽松的农村。在缺乏全国连续性统计的条件下，研究者可以看到部分省市的离婚率远低于此前的 60 年代与此后的 80 年代。

较低的离婚率，是婚姻当事人面临高度压力而不得不为之的结果。一方面要顾及社会舆论对离婚的负面评价，同时还要顾及离婚带给家庭特别是子女的创伤。有研究证实，离婚引发的冲突，往往使子女的适应能力明显降低。父母离婚，有可能会给子女带来一生的伤害。如果离婚后的一方不得不返回父母家居住，还会影响父母的生活。③ 另一方面，结婚、离婚、再婚带来的高额成本，使得当事人不得不慎重考虑。在生存、生活尚且存在困难的情况，人们不敢轻易谈及离婚。研究者认为，离婚率与经济繁荣还是萧条密切相关，在经济繁荣时期，离婚率上升；在经济萧条时期，离婚率下降。离婚与繁荣相关，显然并不意味着家庭在繁荣时期反而缺少幸福，在萧条时期反而更容易满足。其背后的重要因素是，"离婚本身的费用很大，而建立新家庭的开销更大，这就阻止人们在困难时期离婚"。④

尽管离婚需要面对诸多压力，1966—1980 年间，仍然有人提出离婚并最终得以实现。这些人的离婚行为，部分是受到政治运动的影响，或遗弃配偶、或保护家人，他们的离婚行为不应单纯地被看作是感情用事，更多还是一种理性的选择。与此同时，真正感情破裂的夫妻，在提出离婚请求后，却受到调查和调解的羁绊。最终，多数人仍是只能将离婚意愿让步于婚姻家庭的稳定。

---

① 路遇主编：《新中国人口五十年》上，中国人口出版社，2004 年，第 663 页。

② 该数据主要根据研究者对 1950—2000 年间中国人口离婚率的统计估算而得。参见路遇主编：《新中国人口五十年》上，中国人口出版社，2004 年，第 663 页。

③ ［美］默里·莱文等著，杨莉萍译：《社区心理学原理：观点与应用》，上海教育出版社，2018 年，第 29 页。

④ ［美］威廉·J·古德著，魏章玲译：《家庭》，社会科学文献出版社，1986 年，第 214 页。

结　语

本书涉及的 1966—1980 年，同此前的 50 年代、此后的 80 年代相比，从婚姻法制史角度看来好似是没有转折的年代。但是十四年间，国家仍在不断宣传和推动婚姻习俗的破旧和立新。与婚姻相关的思想、文化、风俗、习惯，在破和立之间发生着或隐或显、或急或缓的变化。国家通过破旧立新强化 1950 年以来婚姻变革的成果，民间的婚姻行为却并非单纯退让和妥协。可以说，1966—1980 年，是婚姻观念、婚姻习俗、婚姻关系受到国家规范和治理的十四年，同时也是民间对此不断调适、不断变化的十四年。

一、1966—1980 年间婚姻变迁的特征

20 世纪六七十年代，是世界格局进入急剧调整的历史时期，也是中国国内形势发生急剧变化的历史时期。国内外形势的大调整、大转圜之际，男婚女嫁难以占据舞台中心的位置。当时的广播、报刊、样板戏等宣传机器，都是遇到问题绕着走。特别是"文革"前半期，报刊、电台、文艺演出等，对

恋爱婚姻等问题往往视而不见或避而不谈。[①] 不过，在日常生活中，婚姻、家庭几乎是所有人都无法回避的领域。一方面，"反对资产阶级腐朽思想"和计划生育政策的双重影响下，城市的恋爱受到严格的约束和管制；另一方面，日益增多的人口进入适婚年龄或晚婚年龄，青年人渴望爱情、希望结婚的现象难以阻遏。70 年代中期以降，再以革命的"生死之大"来压制男女的"私情之小"，日益显得力不从心。

1968 年底，毛泽东关于"知识青年到农村去"的号召发表后，大批城市青年被送到农村或边疆落户、插队。上山下乡运动，不止是城市青年到农村去生活的简单过程，还兼具恢复秩序、解决城市就业、巩固国防、重塑新人等多重社会意义。引人注意的是，知青群体在农村结婚者较少，这既是响应国家晚婚政策的号召，同时也与部分知青具有理想主义色彩有关。城乡存在较大差异，不少知青因担心影响回城而拒绝在乡下恋爱和结婚。问题复杂的是，部分知青为响应扎根号召，或屈从现实生活、或受爱情推动，最终选择在农村或边疆结婚。上山下乡期间的恋爱与婚姻，既折射出部分知青的艰苦与无奈，同时折射出他们受到晚婚政策和扎根号召的深深影响。内外两股潮流的冲刷，使得知青群体的恋爱与婚姻异常复杂。70 年代末，大批未婚知青回到城市，大龄青年又成为 80 年代城市急需解决的问题之一。为响应扎根号召而结婚，为解决生活困难而结婚，这两种动机看似明显不同，但是恐怕很难判断哪种婚姻更能体现当事人的自主性。

恩格斯在《家庭、私有制和国家的起源》中指出：

> 我们现在关于资本主义生产行将消灭以后的两性关系的秩序所能推想的，主要是否定性质的，大都限于将要消失的东西。但是，取而代之的将是什么呢？这要在新的一代成长起来的时候才能确定：这一代男子一生中将永远不会用金钱或其他社会权力手段去买得妇女的献身；而妇

[①] 或许这与对当时周边国际环境的判断有关，同时也与党内革命者长期生活在战争、准战争环境中有关。据江青的秘书杨银禄回忆，江青不止一次地跟工作人员说："共产党员只有工作、工作，不应该生孩子，生孩子是党外人士的事。我生下李讷就是一个失误。我怀她的时候就不想要她，可是主席喜欢小孩子，我也只好生下她了。"这样的语言虽然出自江青之口，但是内心有类似观念者应该不止江青一人。参见杨银禄：《庭院深深钓鱼台：我给江青当秘书》（大字本），当代中国出版社，2015 年，第 337 页。

女除了真正的爱情以外，也永远不会再出于其他某种考虑而委身于男子，或者由于担心经济后果而拒绝委身于她所爱的男子。这样的人们一经出现，对于今日人们认为他们应该做的一切，他们都将不去理会，他们自己将做出他们自己的实践，并且造成他们据此来衡量关于各人行为的社会舆论——如此而已。①

恩格斯以上论述，是以批判私有制对婚姻制度的束缚为前提的。他认为，结婚的充分自由，必须以消灭资本主义生产及其所造成的财产关系为前提。这意味着，打破婚姻上"男子的统治"，必须首先打破经济上的"男子的统治"，前者只是后者造成的简单的后果。打破经济上的"男子的统治"，才能打破婚姻上"男子的统治"，进而才能打破"婚姻的不可解除性"。

1966—1980年，是以社会主义集体所有制和全民所有制占绝对主体的历史时期。在"私有"和"家庭"受到极度挤压的时代，子女的择偶权部分摆脱父母的约束和控制，但是，生活的贫困又迫使子女不得不依赖父母和家庭。以从夫居为主要生活方式的社会，经济不能独立的青年男性，结婚成家都难以脱离家庭而自为。所谓的婚姻自由和择偶自主，在经济落后、交通不便的地区，在生活极度困难或"黑五类"家庭，只能是一纸空文、无从谈起。对于择偶困难的青年来说，能否找到愿嫁的姑娘往往比"自由"更为重要。通常情况下，父母不得不想方设法挖掘各种资源自抬身价，以免儿子在婚姻市场上被淘汰。从此角度而言，所谓的婚姻自由，是以当事人的生存和发展得到足够、有效保障为前提的。正如恩格斯所说，"只有能够自由地支配自己的人身、行动和财产并且彼此权利平等的人们才能缔结契约"。② 换句话说，政治权利、经济权利、人身安全等方面实现全面保障，是婚姻自由真正落地的基本条件。利用组织手段和舆论手段改变农村婚姻支付、婚礼仪式，固然可以在短时间内取得成效。但是，忽视婚姻支付和婚礼仪式的实际意义和象征意义，往往导致农民阳奉阴违或自行其是。70年代中后期，随着

① 恩格斯著，中共中央马克思恩格斯列宁斯大林著作编译局译：《家庭、私有制和国家的起源》，人民出版社，1999年，第85页。
② 恩格斯著，中共中央马克思恩格斯列宁斯大林著作编译局译：《家庭、私有制和国家的起源》，人民出版社，1999年，第82页。

国际形势和国内形势的改变，农村的婚姻支付和婚礼仪式借机回潮，以此显示习俗本身具有的弹性和韧性。值得反思的是，在经济落后的农村社会，贴上封建和落后标签的婚姻习俗，有些可能本身不无存在的合理性。

二、1966—1980 年间的婚姻质量

1966—1980 年间，中国人的婚姻质量如何？这是研究者无法回避的问题。简单来说，该问题或许应该主要从客观和主观两个角度来综合评判。这意味着既包含统计测量、解释分析等客观认识，同时也应包含当事人的满意度、幸福感等主观认识。换句话说，婚姻质量涉及夫妻沟通、婚姻整合、双方内聚力有关的婚姻调适，又涉及对婚姻当事人的客观描述和主观评价，同时还可以概括为夫妻的感情生活、物质生活、余暇生活、性生活及双方凝聚力在某一时期的综合状况。[1]

首先，判定婚姻质量的高低，前提是夫妻关系必须是"在婚"状态。夫妻双方除一方或双方死亡、失踪等原因外，已经解除婚姻关系或婚姻关系已经事实中断等现象通常在讨论婚姻质量时不再提及。整体而言，1966—1980 年间的全国人口平均离婚率较低。这同世界主要发达国家的高离婚率相比，特别悬殊、特别引人注目。1966—1980 年间徘徊在 1.50‰ 及以下的低离婚率，很难推断出十四年间中国大陆婚姻质量维持在正常水平的结论。与此相反，离婚有时反映当事人对自我婚姻质量的追求，是对失去（或缺乏）爱情的婚姻进行的主动否定。当然，不满意婚姻质量者，有时不会主动提出离婚要求，主要是出于家庭责任，特别是顾虑离婚对女方和子女的影响。另外，离婚前人们往往对再婚代价、赡养老人、抚育子女、他人评价等忧心忡忡，这是许多夫妻维持"在婚"状态而不选择离婚的重要原因。1966—1980 年间，类似的夫妻究竟在其中占多大比例？目前仍未见到具有充分说服力的统计。值得借鉴的是，1995 年前后徐安琪等人进行的调查研究发现，中国夫妻保持凑合着过式的婚姻占有很大的比重。[2]

①　徐安琪、叶文振：《中国婚姻质量研究》，中国社会科学出版社，1999 年，第 97—101 页。
②　徐安琪主编：《世纪之交中国人的爱情和婚姻》，中国社会科学出版社，1997 年，第 58 页。

时任全国妇联副主席的罗琼提到，1980 年修改《婚姻法》前夕，内部围绕着离婚问题存在不同意见。"对一方坚持离婚，是否准离，有同志（认为应该）把批准权交给法院；有些同志不同意，认为这是家庭包办发展为国家包办。"① 1980 年修改《婚姻法》时的分歧，反映出此前国家通过法律制度、管理手段、社会舆论等渠道对离婚设置障碍和限制。同时，"（从）家庭包办发展为国家包办"，折射出 1966—1980 年间国家在婚姻领域扮演的角色。从此角度而言，1966—1980 年间较低的离婚率，反映出十四年间中国婚姻质量比此后时代低的事实。

其次，判定 1966—1980 年间的婚姻质量，不能不考虑这一时期的经济背景。简单来说，1966—1980 年间基本以高度集中的计划经济体制占主导。在全面压制市场关系的前提下，计划经济体制"把整个国民经济作为一个超级国家公司来处理"。② 按照"五七指示"，国家又试图消灭分工、消灭商品、平均需求，进而将城乡体制分别建成高积累、低消费的准军事共产主义式的社会。在宗法社会，婚姻的主要目的是：合二姓之好、繁衍子嗣，规范两性关系。③ 在计划经济体制下，婚姻的主要意义则在于"人口再生产"，并且是按照国家计划的"晚、稀、少"进行生产。婚姻对于家庭的意义而言，除"男大当婚、女大当嫁"之外，还与为儿女未来寻找更适宜的生存发展环境紧密相关。"国"与"家"从不同的目的出发，围绕着恋爱、择偶、婚龄、财物、仪式等产生不少的冲突和妥协。这也是 1966—1980 年间婚姻形态复杂多变的原因所在。

三、"超越"初级社会关系的婚姻

如前文所述，婚姻关系作为初级社会关系的一种，它同次级社会关系之间具有紧密联系。首先，婚姻关系通常是被次级社会关系构成的关系网络认

---

① 《罗琼同志在宣教长座谈会上的话（摘要）》（1980 年 5 月），中国妇女管理干部学院：《中国妇女运动文献资料汇编》第 2 册，中国妇女出版社，1988 年，第 536 页。

② 周其仁：《为什么中国的体制改起来特别难》，赵志刚编：《法律读库》2013 年第 1 辑，中国检察出版社，2013 年，第 100 页。

③ 陶希圣：《中国社会之史的分析（外一种：婚姻与家族）》，商务印书馆，2017 年，第 204—205 页。

可、被某种特定社会制度确认的社会关系。婚姻关系的缔结往往以社会认可为前提，亲邻友朋通过婚礼这种仪式来见证新婚夫妻的终身大事，这是婚姻合法性的重要来源之一，也是婚礼铺张浪费现象屡禁不止的原因之一。1950年《婚姻法》颁布后，婚姻登记、领取结婚证成为政府认可某桩婚姻的重要渠道。1966—1980年间的初期，婚姻登记机构受到政治运动的冲击，但是单位开具介绍信、政府颁发结婚证书仍是婚姻关系得到政府认可的重要渠道。有资料显示，广州市1966—1976年间的城市婚姻登记率达到空前绝后的水平。换言之，这十年间的婚姻登记率，比1950—1953年、1954—1957年、1958—1965年、1977—1979年都高。① 当然，交通不便、经济相对落后的地区，往往结婚登记率比较低。贵州安顺地区，"文革"时期农村的婚姻登记率尚不到50%。② 傅高义（Ezra Feivel Vogel）注意到，"文革"前夕，中国共产党在广东建立起庞大的政治组织，数量众多的生产大队或生产队干部、近百万人的共产党员。数量迅猛增长的政治组织，不可避免地将管理范围扩展至以前属于私人的领域。③ 全国其他地区的婚姻登记率，目前没有精准的统计数据。但是，从事管理社会职能的政治组织，基本同广州或广东有类似之处。可以推断的是，随着计划生育政策的广泛推行，婚姻登记进一步成为婚姻关系合法性的重要前提。

可以肯定的是，"文革"时期的国家政权，形式上存在从破裂到重整的过程，但是，即便在破裂时期，国家的碎片仍通过党政组织、企事业单位、群众组织、街道或居委会、生产大队或生产队等代理人，监督和管理着整个社会。通过各种权力组织的协同和努力，国家的政治制度、法律条款不断规范着人们的婚姻观念、婚姻习俗和婚姻关系。城市居民的恋爱、知青群体的婚姻、城乡社会的婚姻自主及择偶行为、农村社会的婚姻支付与婚礼仪式等，都体现出上层建筑对社会生活的左右或影响。同时，部分婚姻关系因所

---

① 李秉奎：《狂澜与潜流——中国青年的性态与婚姻（1966—1976）》，社会科学文献出版社，2015年，第155—156页。

② 安顺市地方志（年鉴）编纂委员会编：《安顺地区志》第2卷，贵州人民出版社，2018年，第214页。

③ ［美］傅高义著，高申鹏译：《共产主义下的广州：一个省会的规划与政治（1949—1968）》，广东人民出版社，2009年，第332—333页。

谓政治因素而分崩离析，同样可视为上层建筑对婚姻关系的直接影响。不过，婚姻习俗、婚姻观念等社会意识有其独立性，并非完全随着政治制度、法律条款的指挥而亦步亦趋。彩礼和婚礼，便是最显著的例证。从此角度来说，关注国家对婚姻生活进行的管理和控制，不可忽视社会习俗、社会观念存在努力挣脱管控的倾向。

参 引 文 献

一 未刊档案

B

北京市朝阳区档案馆馆藏档案

北京市档案馆馆藏档案

北京市西城区档案馆馆藏档案

北京市宣武区档案馆馆藏档案

G

广东省档案馆馆藏档案

H

河北省档案馆馆藏档案

河北省邯郸市档案馆馆藏档案

S

上海市档案馆馆藏档案

上海市徐汇区档案馆馆藏档案

上海市杨浦区档案馆馆藏档案

二 报刊资料

B

《北京日报》

H

《河北日报》

《红旗》

J

《解放日报》

N

《南方日报》

《内部参考》

R

《人民日报》

三　资料汇编、工具书

A

《工人日报》思想教育部编：《爱情·婚姻·道德》，工人出版社，1983年

C

翟振武等编：《常用人口统计公式手册》，中国人口出版社，1993年

D

熊忠武主编：《当代中国流行语辞典》，吉林文史出版社，1982年

于真、许德琦主编：《调查研究知识手册》，工人出版社，1986年

E

王彬彬主编：《二十一世纪中国文学大系：2001—2010·随笔卷》，南京师范
　　大学出版社，2014年

F

上海人民出版社编：《发扬反潮流的革命精神》，上海人民出版社，1974年

G

湖北省供销合作社编：《供销合作社财务文件选编》，1976年

农业部农村经济研究中心当代农业史研究室编：《共和国农业史料征集与研
　　究报告》第4集，2000年

《广阔天地，大有作为——同知识青年谈前途和理想》，广西人民出版社，
　　1972年

《广州市志·家庭志》编写组：《广州市居民婚姻家庭状况调查报告》（修订
　　稿），1991年

全国人民代表大会民族委员会办公室编：《贵州省清水江流域部分地区苗族

的婚姻：贵州、湖南少数民族社会历史调查组调查资料之三》，1958 年

H

《民主与法制》编辑部编：《婚姻案件 100 例（增订本）》，《民主与法制》杂志社，1981 年

王贞韶、吴慧：《婚姻案例分析》，山西人民出版社，1983 年

金铧、严雯编：《婚姻家庭问题法律顾问》，群众出版社，1982 年

任国钧、巫昌祯等编著：《婚姻家庭问题解答》，天津人民出版社，1980 年

《农民法律之友》编辑部编：《婚姻与家庭》，中国展望出版社，1985 年

J

中共中央文献研究室编：《建国以来重要文献选编》第一册，中央文献出版社，1992 年

L

中央人民广播电台理论组编：《恋爱·婚姻·家庭》，广东人民出版社，1979 年

共青团中央宣传部编：《恋爱婚姻道德风尚曲艺选》，中国青年出版社，1980 年

中国妇女杂志社：《论社会主义社会的爱情、婚姻和家庭》，中国妇女杂志社，1957 年

M

《毛主席论无产阶级专政下继续革命》，无出版社信息，1970 年

N

中国人民大学农业经济系资料室：《农村政策文件选编（三）一九六六——一九七九年》，中国人民大学农业经济系资料室，1979 年

农垦部政策研究室、农垦部国营农业经济研究所、中国社会科学院农经所农场研究室编：《农垦工作文件资料选编》，农业出版社，1983 年

《农业政策学习材料》，内部资料，1977 年

Q

中国青年出版社编：《青年的榜样》，中国青年出版社，1961 年

中国青年出版社编辑部：《青年修养通讯：谈谈阶级立场和阶级观点》，中国青年出版社，1965 年

梁济民、陈胜利主编：《全国生育节育抽样调查分析数据卷（二）婚姻》，中国人口出版社，1993 年

S

陕西省妇联：《陕甘宁边区妇女运动文献资料续集》，陕西省妇联，1985 年

W

中国人民解放军国防大学党史党建政工教研室编：《中共党史教学参考资料》第 26 辑《"文化大革命"研究资料》，北京党史出版社，1988 年

X

王彦坤：《现代汉语三字词典》，汕头大学出版社，1999 年

Z

刘南威主编，中华人民共和国地名词典《广东省》编纂委员会编：《中华人民共和国地名词典·广东省》，商务印书馆，1994 年

中国人民解放军国防大学训练部：《中共党史研究资料》内部资料，第 3 册，1986 年

朱铁臻、张载伦主编：《中国城市手册》，经济科学出版社，1987 年

华东师范大学中国当代史研究中心编：《中国当代民间史料集刊》15《陈修良工作笔记（1945—1951）》，东方出版中心，2015 年

二十一院校编写组：《中国当代文学参阅作品选》第 11 册，海峡文艺出版社，1990 年

胡雅各主编：《中国革命史参考资料》，西北工业大学出版社，1990 年

杨学为总主编：《中国考试史文献集成》第 8 卷，高等教育出版社，2003 年

邹启宇、苗文俊主编：《中国人口（云南分册）》，中国财政经济出版社，1989 年

中国社会科学院人口研究所、《中国人口年鉴》编辑部编：《中国人口年鉴（1987）》，经济管理出版社，1989 年

总政治部办公厅编：《中国人民解放军政治工作历史资料选编》第 10 册，解

放军出版社，2007年

《中国卫生年鉴》编辑委员会编：《中国卫生年鉴1999》，人民卫生出版社，
　　1999年

《中国文化大革命文库》，香港中文大学中国研究服务中心，2002年

鄂基瑞等：《中国现代文学词典》，上海辞书出版社，1990年

金光耀、金大陆主编：《中国新方志·知识青年上山下乡史料辑录》，上海人
　　民出版社、上海书店出版社，2014年

中国民间文学集成全国编辑委员会编：《中国谚语集成·宁夏卷》，中国民间
　　文艺出版社，1990年

吴洵主编：《中国知青总纪实》，中国物资出版社，1998年

顾洪章主编：《中国知识青年上山下乡大事记》，中国检察出版社，1997年

顾洪章主编：《中国知识青年上山下乡大事记》，人民日报出版社，2009年

杨瑞庆：《中华流行歌曲精选》，西南师范大学出版社，2016年

第五届全国人民代表大会第五次会议秘书处：《中华人民共和国第五届全国
　　人民代表大会第五次会议提案及审查意见》（一），1982年

徐棣华等：《中华人民共和国国民经济和社会发展计划大事辑要（1949—
　　1985）》，红旗出版社，1987年

全国人大常委会办公厅研究室编：《中华人民共和国人民代表大会文献资料
　　汇编（1949—1990）》，中国民主法制出版社，1991年

何东昌主编：《中华人民共和国重要教育文献（1949—1997）》，海南出版
　　社，1998年

育委主编、宋向东副主编：《中华人民共和国最新劳动政策法规和疑难解答》
　　上，民族出版社，2003年

四　经典文集

D

《邓小平文选（1975—1982）》，人民出版社，1983年

《邓颖超文集》，人民出版社，1994年

J

恩格斯著，中共中央马克思恩格斯列宁斯大林著作编译局译：《家庭、私有
　　制和国家的起源》，人民出版社，1999 年

中共中央文献研究室、中国人民解放军军事科学院编：《建国以来毛泽东军
　　事文稿》下卷，中央文献出版社，2010 年

中央文献研究室编：《建国以来毛泽东文稿》第 12 册，中央文献出版社，
　　1998 年

五　文集

D

王人殷主编：《东边光影独好：黄蜀芹研究文集》，中国电影出版社，2002 年

F

丁东：《反思历史不宜迟》，上海三联书店，1999 年

傅敏编：《傅雷书信选》，生活·读书·新知三联书店 ，2014 年

G

高立士：《高立士学术文选》，云南人民出版社、云南大学出版社，2016 年

L

弘虫：《老家》，北京燕山出版社，2014 年

冯克力主编：《老照片》第 100 辑，山东画报出版社，2015 年

崔千行：《离当年梦想有多远》，南方日报出版社，2015 年

M

何岚、史卫民：《漠南情——内蒙古生产建设兵团写真》，法律出版社，
　　1994 年

N

容非：《那一年的冬至》，广东教育出版社，2017 年

Q

北岛、李陀主编：《七十年代》，生活·读书·新知三联书店，2009 年

吕书奎主编：《亲历兵团》，中国青年出版社，2008 年

程青松主编：《青春电影手册：影史 100 佳青春电影》，中国友谊出版公司，
　　2017 年

冰戈：《青春流浪》，中国言实出版社，2018 年

冯其庸：《秋风集》，青岛出版社，2014 年

R

薄一波：《若干重大决策与事件的回顾》下，中共党史出版社，2008 年

S

陈向东：《山野上那些木棉花》，花城出版社，2013 年

渭水编：《陕西知青纪实录》，太白文艺出版社，2017 年

畸笔叟：《上海穿堂风》，上海文化出版社，2015 年

方国平：《生命记忆》，作家出版社，2014 年

陶洛诵：《生之舞》，香港星辉图书有限公司，2005 年

崔积宝、李桂茹：《十年》，百花文艺出版社，2008 年

王学泰：《书话文存：坎坷半生唯嗜书》，商务印书馆，2011 年

李爽：《爽：七十年代私人札记》，新星出版社，2013 年

T

全体原赴内蒙古天津知青编：《天津知青赴内蒙古三十周年纪实》，1999 年

凡草主编：《天涯忆旧时——海外知青文集》，九州出版社，2013 年

W

畅大成、薛勇勤主编：《万荣记忆》，山西人民出版社，2015 年

金凤、丁东编：《王申酉文集》，香港高文出版社，2002 年

王学泰：《王学泰自选集·岁月留声》，中国华侨出版社，2012 年

柴福善：《往事与乡情》，作家出版社，1999 年

曾兆群：《为往事干杯——献给生活在那个年代的兄弟姐妹》，吉林大学出版
　　社，2014 年

董宏猷主编：《我们曾经年轻：武汉知青回忆录》，武汉出版社，1996 年

吕伟雄：《我生命中的夏天——中山改革腾飞亲历口述回忆》，广东人民出版
　　社，2015 年

X

韦国忠、瞿鸿生：《乡野韶乐》，云南民族出版社，2006 年

王凤麟：《相约有你的日子一醉方休》，东方出版社，2016 年

李小东：《小东淖：放不下的亲情》，中国国际广播出版社，2017 年

王丽丽主编：《星光满天的青春》上，上海人民出版社，2012 年

老鬼：《血与铁》，光明日报出版社，2002 年

Y

崔济哲：《又到界桥，又到界桥》，陕西师范大学出版社，2011 年

铁生：《原罪·宿命》，上海文艺出版社，2015 年

广东省作家协会：《粤海听涛》，花城出版社，2016 年

Z

《臧克家全集》第 12 卷，时代文艺出版社，2002 年

史卫民主编，知青日记书信选编编委会编：《知青日记选编》，中国社会科学
　出版社，1996 年

黄利群：《中国近现代教育史研究文集》，白山出版社，2000 年

陈煜编著：《中国生活记忆：追梦进程中的百姓民生》，中国轻工业出版社，
　2016 年

刘小萌：《中国知青口述史》，中国社会科学出版社，2004 年

六　回忆、传记、日记、书信

B

上海影像工作室著：《百姓生活记忆——上海故事》，学林出版社，2012 年

滕生庚：《半生往事》，安徽师范大学出版社，2018 年

北岛、曹一凡、维一编：《暴风雨的记忆：1965—1970 年的北京四中》，生活·
　读书·新知三联书店，2012 年

C

本书编委会编：《草原启示录》，中国工人出版社，1991 年

林鸣：《刺》，中国青年出版社，2008 年

朱大建：《从故乡到远方》，文汇出版社，2018 年

D

刘建：《大野躬耕》，海峡文艺出版社，1998 年

叶维丽、马笑冬口述，叶维丽撰写：《动荡的青春：红色大院的女儿们》，新华出版社，2008 年

F

孙志远：《凡人往事》，上海三联书店，2017 年

徐春芳：《风从故乡来》，安徽师范大学出版社，2017 年

张颖：《风雨往事——维特克采访江青实录》，河南人民出版社，1997 年

G

徐方：《干校札记》，广东人民出版社，2016 年

张力：《关中记忆》，陕西人民出版社，2016 年

钱茸、宋庆光主编：《歌声中的岁月》，中央广播电视大学出版社，2000 年

H

刘一达：《胡同根儿》上，北京联合出版公司，2014 年

赵国春：《荒野灵音》，北方文艺出版社，2000 年

史铁生：《回首黄土地》，武汉大学出版社，2012 年

张爱萍、阎秀峰主编：《回忆青春：承德知青写真集》，中国戏剧出版社，2000 年

陈光中：《惠家河纪事》，当代中国出版社，2018 年

J

张骥良：《骥行千里（大字版）》，中国盲文出版社，2015 年

K

张传生：《苦涩人生》，中国文联出版公司，1993 年

L

《李先念传》编写组编：《李先念传（1949—1992）》，中央文献出版社，2009 年

黄峥：《刘少奇冤案始末》，九州出版社，2012 年

祝勇主编：《六十年代记忆》，中国文联出版社，2002 年

M

中共中央文献研究室编：《毛泽东传（1949—1976）》，中央文献出版社，
　2003 年

新凤霞：《美在天真：新凤霞自述》，山东画报出版社，2018 年

徐晓主编：《民间书信》，安徽文艺出版社，2000 年

徐友渔：《蓦然回首》，河南人民出版社，1999 年

N

谢爱临主编：《难忘的知青岁月》，贵州省遵义市政协文史与学习委员会，
　2013 年

S

朱学夫：《陕北往事》，陕西师范大学出版总社，2018 年

叶辛：《上海传：叶辛眼中的上海》，新星出版社，2018 年

张道诚：《生活的浪花》，中国文史出版社，2007 年

朱维毅：《生命的兵团》，世界图书出版社公司北京公司，2015 年

张礼士：《市民底层笔记》，上海社会科学院出版社，2013 年

周羽平：《是非爱憎要分明——和青年同志谈阶级分析》，上海人民出版社，
　1976 年

郑克强、李谦、回莎莉：《岁月的河》，江西人民出版社，2018 年

于志文：《岁月如歌：我走过的 60 年》，河北人民出版社，2015 年

T

杨银禄：《庭院深深钓鱼台：我给江青当秘书》（大字本），当代中国出版社，
　2015 年

W

许道明：《挽歌的节拍：复旦纪事（1964—1970）》，南方日报出版社，2002 年

熊向晖：《我的情报与外交生涯》，中共党史出版社，1999 年

周佩红：《我的乡村记忆》，上海远东出版社，2008 年

遇罗文：《我家：我的哥哥遇罗克》，世界华语出版社，2016 年

邢小群：《我们曾历经沧桑》，浙江人民出版社，2012 年

詹向阳：《我们那一代人的追求：我的兵团生活片段》，中国金融出版社，2017 年

Y

杨成武：《杨成武自述》，辽宁人民出版社，1997 年

Z

杨惠雨：《在那遥远的小山庄》，内部交流资料，2010 年

薛炎文、张雪杉主编：《知青老照片》（珍藏本），百花文艺出版社，2002 年

朱云成主编：《中国城市人口》，中山大学出版社，1998 年

中共中央文献研究室编：《周恩来年谱（1949—1976）》（中），中央文献出
　　版社，2007 年

七　地方史志

B

宝鸡县志编纂委员会编：《宝鸡县志》，陕西人民出版社 ，1996 年

中国人民政治协商会议北海市委员会文史资料委员会编：《北海文史》第 17
　　辑《沧痕桑影录》（三），2003 年

北京市崇文区地方志编纂委员会编：《北京市崇文区志》（终审稿），2001 年

北京市妇女联合会编：《北京市妇女工作五十年》下册，北京师范大学出版
　　社，1999 年

北京市宣武区广安门外街道志编纂委员会：《北京市宣武区广安门外街道
　　志》，北京出版社，2006 年

C

沧县地方志编纂委员会：《沧县志》，中国和平出版社，1995 年

吉林市船营区地方志编纂委员会：《船营区志（1673—1999）》，吉林大学出
　　版社，2010 年

D

定西市安定区教育体育局：《定西市安定区教育志》，河北教育出版社，2016 年

G

东营市广北农场编：《广北农场志》，山东省地图出版社，2006 年

南方日报编：《广东商道》，南方日报出版社，2014 年

广西机电职业技术学院志编纂委员会编：《广西机电职业技术学院志（1958—2010）》，广西人民出版社，2015 年

广西医科大学校志办公室：《广西医科大学志》，广西人民出版社，2004 年

广州市地方志编纂委员会编：《广州市志》第 10 卷《政权政务》，广州出版社，2000 年

H

杨双发主编，海兴县地方志编纂委员会编：《海兴县志》，方志出版社，2002 年

冯景长主编：《邯郸市大事记（1945—1985）》，河北人民出版社，1994 年

曹桂方、张玉钟主编：《河北师范大学志（1906—1995）》，河北人民出版社，1996 年

河南省地方史志编纂委员会：《河南省大事记（1949.3—2009.9）》，文心出版社，2009 年

王全书：《河南省经济大事记（1948.10—1985.12）》，河南人民出版社，1988 年

中共北京市委党史研究室、中共怀柔区委党史资料征集办公室：《怀柔建设史》，北京出版社，2007 年

山东省档案局编：《怀望遥远的青春：山东知青档案实述》，山东人民出版社，2009 年

潢川县志编纂委员会：《潢川县志》，生活·读书·新知三联书店，1992 年

J

吉县志编纂委员会：《吉县志》，中国科学技术出版社，1992 年

中国人民政治协商会议山西省稷山县委员会文史资料研究委员会编：《稷山文史资料》第八辑、第九辑，山西省稷山县政协文史资料研究委员会，1994 年

L

政协陵川县委员会文史资料研究委员会：《陵川文史资料》第 4 辑，时间未详

六盘水市志编纂委员会:《六盘水市志·教育志》,贵州人民出版社,2000 年

M

卢品通主编:《孟津文史资料》(合订本)第 16—20 辑,中国人民政治协商
　　会议孟津县第八届委员会,2012 年

N

南阳地区地方史志编纂委员会:《南阳地区志》,河南人民出版社,1994 年

宁强县志编纂委员会:《宁强县志》,陕西师范大学出版社,1995 年

P

中共平远县委党史研究室等:《平远知识青年上山下乡运动》,内部资料,
　　2014 年

Q

钱乃荣:《钱乃荣细说上海话·上海话的岁月寻踪》,上海书店出版社,2017 年

政协成都市青白江区委员会编:《青白江文史》第 14 辑《上山下乡的印记》,
　　2008 年

S

山东省劳动局地方志办公室:《山东省劳动志稿》(二),1988 年

《山西省闻喜县民政志》编纂委员会编:《山西省闻喜县民政志》,中国社会
　　出版社,2008 年

上海社会科学院《上海经济》编辑部编:《上海经济 (1949—1982)》,上海
　　社会科学院出版社,1984 年

上海县县志编纂委员会:《上海县志》,上海人民出版社,1993 年

绍兴市劳动局、劳动学会编:《绍兴市劳动志》,广州出版社,1993 年

石家庄市教育志编纂委员会办公室编:《石家庄市教育大事记 (1902—
　　1988)》,出版信息不详

山东省枣庄市市中区地方史志编纂委员会:《市中区志》,中华书局,1998 年

四川省地方志编纂委员会编纂:《四川省志·民俗志》,四川人民出版社,
　　2000 年

孙成民:《四川知青史》,四川人民出版社,2015 年

欧粤：《松江风俗志》，上海文艺出版社，2007 年

T

本书编写组：《铜山三十年发展史（1949—1979）》（初稿），内部资料，1983 年

威信县政协文史办公室：《威信文史资料选辑》第 12 辑，1992 年

乐山市市中区政协学习宣传文史资料委员会：《文史资料》（精编版）第 30 辑，出版信息不详，2016 年

武汉市教育委员会成人教育处、武汉市成人教育协会编：《武汉成人教育大事记（1949—1999）》，出版信息不详

X

西安市地方志编纂委员会：《西安市志》第七卷《社会·人物》，西安出版社，2006 年

西峡县志编纂委员会编：《西峡县志》，河南人民出版社，1990 年

咸丰县志编纂委员会：《咸丰县志》，武汉大学出版社，1990 年

Y

政协延边朝鲜族自治州委员会文史资料与学习宣传委员会编：《延边文史资料》第 13 辑，《难忘的岁月：上海儿女在延边》，辽宁民族出版社，2007 年

Z

郑州市政协文史资料委员会编：《郑州市文史资料》第 28 辑《知青岁月》下册，2007 年

盘锦市政协学习和文史委员会编：《知青在盘锦》，辽宁人民出版社，2018 年

中共厦门市委党史研究室：《中共厦门地方史专题研究：社会主义时期》IV，中共党史出版社，2007 年

中共卫辉市委党史研究室：《中共卫辉历史》第 2 卷，中共卫辉市委党史研究室，2012 年

中共从化市委党史研究室、从化市国家档案馆：《中国共产党从化县历史》第二卷，广东人民出版社，2014 年

中共沧县县委组织部编：《中国共产党河北省沧县组织史资料（1926—

1987）》，河北人民出版社，1991 年

中共宁乡县委党史联络组、宁乡县史志档案局：《中国共产党宁乡历史
　　（1921—2009）》，中共党史出版社，2011 年

中共清远县历史编委会：《中国共产党清远县历史（1949—1988）》，广东人
　　民出版社，2012 年

深圳市史志办公室：《中国共产党深圳历史》第 2 卷，中共党史出版社，2012 年

华钟甫、梁峻编著：《中国中医研究院院史（1955—1995）》，中医古籍出版
　　社，1995 年

八　中文著作

B

刘福春、贺嘉钰编：《白洋淀诗歌群落研究资料》，中华文学史料学学会、北
　　京师范大学国际写作中心，2014 年

大理州白族文化研究院编：《白族族源新探》，云南大学出版社，2016 年

冯立天等主编：《北京婚姻·家庭与妇女地位研究》，北京经济学院出版社，
　　1994 年

C

朱建江：《城市学概论》，上海社会科学院出版社，2018 年

杨善华、沈崇麟：《城乡家庭：市场经济与非农化背景下的变迁》，浙江人民
　　出版社，2000 年

徐京波：《从集市透视农村消费空间变迁：以胶东 P 市为例》，上海三联书
　　店，2017 年

崔嵬：《崔嵬的艺术世界》，中国电影出版社，1982 年

D

柯小卫：《当代北京教育史话》，当代中国出版社，2013 年

贾方舟主编，水中天等撰：《当代美术批评视野：批评与我》，人民美术出版
　　社，2009 年

沈崇麟、杨善华主编：《当代中国城市家庭研究——七城市调查报告和资料

汇编》，中国社会科学出版社，1995 年

《当代中国的人口》编辑委员会编：《当代中国的人口》，当代中国出版社，香港祖国出版社，2009 年

中国婚姻家庭研究会编：《当代中国婚姻家庭》，中国妇女出版社，1986 年

巫昌祯、王德意、杨大文主编：《当代中国婚姻家庭问题》，人民出版社，1990 年

李相久等主编：《当代中国青年运动史》，吉林文史出版社，1990 年

王宇中：《当代中国人幸福婚姻结构探微》，河南人民出版社，2013 年

陆学艺主编：《当代中国社会结构》，社会科学文献出版社，2018 年

陆学艺主编：《当代中国社会流动》，社会科学文献出版社，2018 年

曹晔等：《当代中国中等职业教育》，南开大学出版社，2016 年

F

金大陆：《非常与正常：上海"文革"时期的社会生活》，上海辞书出版社，2011 年

G

涂肇庆、林益民主编：《改革开放与中国社会——西方社会学文献述评》，香港牛津大学出版社，1999 年

雷洁琼主编：《改革以来中国农村婚姻家庭的新变化：转型期中国农村婚姻家庭的变迁》，北京大学出版社，1994 年

薛范：《歌曲翻译探索与实践》，湖北教育出版社，2002 年

黄典林：《公民权的话语建构——转型中国的新闻话语与农民工》，中国传媒大学出版社，2017 年

曲新久主编：《共和国六十年法学论争实录·刑法卷》，厦门大学出版社，2009 年

于立波主编：《共和国知青》，辽宁人民出版社，2008 年

林国栋主编：《国际共产主义运动史常识问答》，广西人民出版社，1986 年

H

张志逊、刘相如主编：《河北省人口和计划生育史编年：1949—2013》，河北

教育出版社，2015年

江沛：《红卫兵狂飙》，河南人民出版社，1994年

赵鹏：《湖畔异居者：从一个村庄看摩梭走婚及其变迁》，中央民族大学出版社，2014年

陆益龙：《户籍制度：控制与社会差别》，商务印书馆，2003年

臧美华编：《回眸：北京城市住宅和房地产发展60年（1949—2009）》，当代中国出版社，2010年

阮新邦、罗沛霖、贺玉英：《婚姻、性别与性：一个当代中国农村的考察》，台湾八方文化企业公司，1998年

马侠编著：《婚姻·家庭·人口》，辽宁人民出版社，1987年

辜胜阻主编：《婚姻·家庭·生育》，武汉大学出版社，1988年

辽宁省婚姻法学研究会编：《婚姻法学论文选集（违法婚姻专辑）》，1989年

杨大文等：《婚姻法与婚姻家庭问题讲话》，人民出版社，1979年

刘利鸽、靳小怡、[美]费尔德曼：《婚姻挤压下的中国农村男性》，社会科学文献出版社，2014年

中国婚姻家庭研究会编：《婚姻家庭文集》，法律出版社，1984年

李煜、徐安琪：《婚姻市场中的青年择偶》，上海社会科学院出版社，2004年

J

张国刚主编：《家庭史研究的新视野》，生活·读书·新知三联书店，2004年

杨善华：《经济体制改革和中国农村的家庭与婚姻》，北京大学出版社，1995年

K

金大陆主编：《苦难与风流：老三届人的道路》（修订版），上海社会科学院出版社，2008年

《跨世纪的中国人口》（上海卷）编委会：《跨世纪的中国人口》（上海卷），中国统计出版社，1994年

李秉奎：《狂澜与潜流——中国青年的性恋与婚姻（1966—1976）》，社会科

学文献出版社，2015 年

L

高华：《历史笔记》第 1 册，香港牛津大学出版社，2014 年

中共中央党校理论研究室编：《历史的丰碑——中华人民共和国国史全鉴·
　文化卷》，中央文献出版社，2005 年

刘晋英：《历史如是说：山西省知识青年上山下乡史录》，当代中国出版社，
　2016 年

刘心武等：《恋爱·婚姻·家庭》，中国青年出版社，1979 年

章欣：《恋爱·婚姻·家庭》，河南人民出版社，1980 年

王纯山主编：《辽宁省高等教育四十年》下册，辽宁大学出版社，1989 年

M

蒋元明等：《漫谈婚姻家庭道德》，河北人民出版社，1982 年

Q

萧冬连、谢春涛、朱地、乔继宁：《求索中国："文革"前十年史》（下），中
　共党史出版社，2011 年

于兴卫：《全国学人民解放军运动始末》，中国青年出版社，2014 年

S

刘炳福：《上海当代婚姻家庭》，上海三联书店，1996 年

桂世勋、黄黎若莲主编：《上海与香港社会政策比较研究》，华东师范大学出
　版社，2003 年

金大陆、林升宝：《上海知识青年上山下乡运动纪事录》，上海书店出版社，
　2014 年

王跃生：《社会变革与婚姻家庭变动：20 世纪 30—90 年代的冀南农村》，生
　活·读书·新知三联书店，2006 年

梁景和主编：《社会生活探索》第 6 辑，首都师范大学出版社，2015 年

北京大学社会系编：《社会学论文选》，北京大学社会学系，1988 年

高华：《身分和差异：1949—1965 年中国社会的政治分层》，香港亚太研究
　所，2000 年

刘炳银：《顺口溜初探》，华中师范大学出版社，2011 年

T

张树军：《图文共和国年轮》第 2 册，河北人民出版社，2009 年

刘咸忻：《推十书·增补全本·己辑》，上海科学技术文献出版社，2009 年

X

马戎：《西藏的人口与社会》，同心出版社，1996 年

缪清鑫、郭虹：《系统科学与婚姻研究》，四川大学出版社，1993 年

费孝通：《乡土中国　生育制度》，北京大学出版社，1998 年

大力、丛笑：《笑声泪影：中国人六十年婚恋往事》，中国发展出版社，2012 年

路遇主编：《新中国人口五十年》上，中国人口出版社，2004 年

陶飞亚编：《性别与历史：近代中国妇女与基督教》，上海人民出版社，
　2006 年

周湘斌编著：《性的生理、心理与文化》，冶金工业出版社，2012 年

邱鸿钟：《性心理学》，广东高等教育出版社，2014 年

Y

沈关宝：《一场静悄悄的革命》，上海大学出版社，2007 年

中国人类学学会编：《医学人类学论文集》，重庆出版社，1986 年

中共云南省委党史研究室编：《云南知识青年上山下乡运动》，云南大学出版
　社，2011 年

Z

卜伟华：《"砸烂旧世界"——文化大革命的动乱与浩劫（1966—1968）》，
　香港中文大学当代中国文化研究中心，2008 年

王汎森：《执拗的低音：一些历史思考方式的反思》，生活·读书·新知三联
　书店，2014 年

陈婴婴：《职业结构与流动》，东方出版社，1995 年

《中共中央文献研究室个人课题成果集（2012 年）》，中共中央文献研究室科
　研管理部，2012 年

潘允康主编：《中国城市婚姻与家庭》，山东人民出版社，1987 年

五城市家庭研究项目组编：《中国城市家庭：五城市家庭调查报告及资料汇编》，山东人民出版社，1985 年

刘阳：《中国电影业的演进路径与话语建构：1949—1992》，浙江工业大学出版社，2014 年

刘荣刚主编：《中国共产党口述史料丛书》第 1 卷，中共党史出版社，2013 年

中共中央党史研究室：《中国共产党历史》第二卷（1949—1978）下册，中共党史出版社，2011 年

中共中央党史研究室第二研究部：《〈中国共产党历史〉第二卷注释集》，中共党史出版社，2012 年

中共中央党校党史教研部编：《中国共产党重大历史问题评价》第三册，内蒙古人民出版社，2001 年

樊静：《中国婚姻的历史与现状》，中国国际广播出版社，1990 年

李银河：《中国婚姻家庭及其变迁》，黑龙江人民出版社，1995 年

刘英、薛素珍主编：《中国婚姻家庭研究》，社会科学文献出版社，1987 年

陈顾远：《中国婚姻史》，商务印书馆，2017 年

徐安琪、叶文振：《中国婚姻质量研究》，中国社会科学出版社，1999 年

梁中堂：《中国计划生育政策史论》，中国发展出版社，2014 年

国家卫生计生委家庭司：《中国家庭发展报告·2016》，中国人口出版社，2016 年

宾建成：《中国居民收入差距问题研究》，中国文联出版社，2000 年

唐云岐主编：《中国劳动管理概览》，中国城市出版社，1990 年

沉石、米有录主编：《中国农村家庭的变迁》，农村读物出版社，1989 年

王立胜：《中国农村现代化社会基础研究（修订版）》，济南出版社，2018 年

袁永熙主编：《中国人口·总论》，中国财政经济出版社，1991 年

《中国人民解放军军史》编写组编：《中国人民解放军军史》第 4—6 卷，军事科学出版社，2011 年

吴意云：《中国商品交易市场发展：理论与实证》，浙江大学出版社，2014 年

邹小钢主编：《中国社会保障创新与发展》下卷，经济日报出版社，2014 年

陆学艺、李培林主编：《中国社会发展报告》，辽宁人民出版社，1991 年

孟宪范等主编：《中国社会科学文丛·社会学卷》，中国政法大学出版社，
　2003 年

吕思勉：《中国文化史》，新世界出版社，2016 年

陈光金：《中国乡村现代化的回顾与前瞻》，湖南出版社，1996 年

谭慧：《中国译制电影史》，中国电影出版社，2014 年

定宜庄：《中国知青史·初澜（1953—1968）》，中国社会科学出版社，1998 年

刘小萌：《中国知青史·大潮（1966—1980）》，当代中国出版社，2009 年

金大陆、金光耀主编：《中国知识青年上山下乡研究文集》，上海社会科学院
　出版社，2009 年

本书编委会：《中华人民共和国国史全鉴》第 4 卷，团结出版社，1996 年

武力主编：《中华人民共和国经济史》，中国经济出版社，1999 年

李文主编：《中华人民共和国社会史（1949—2012）》，当代中国出版社，
　2016 年

中华医学会卫生学会儿少卫生学组等编：《中华医学会第一届全国儿少卫生
　学术会议论文汇编》，1982 年

周大鸣、吕俊彪：《珠江流域的族群与区域文化研究》，中山大学出版社，2007 年

九　中文论文

C

周贵华：《重建后的中国社会学的研究选题倾向分析》，《社会学研究》1989
　年第 2 期

D

王海光：《当代中国户籍制度形成与沿革的宏观分析》，《中共党史研究》
　2003 年第 4 期

F

金大陆：《非常与正常："文革"社会生活史研究的理论范式》，《史林》2011

年第 5 期

G

孙立平、王汉生、王思斌、林彬、杨善华：《改革以来中国社会结构的变
迁》，《中国社会科学》1994 年第 2 期

H

孔庆东：《〈红色娘子军〉的版本》，《学术界》2014 年第 5 期

李秉奎：《婚介、择偶与彩礼：人民公社时期农村青年的婚姻观念及行为》，
《当代中国史研究》2012 年第 4 期

金大陆：《婚姻之门——上海 1966—1976 年社会生活史研究》，《社会科学》
2005 年第 11 期

徐安琪、叶文振：《婚姻质量：度量指标及其影响因素》，《中国社会科学》
1998 年第 1 期

J

苏双碧：《纪要：江青文革中的"碑石"》，《炎黄春秋》2004 年第 7 期

K

肖慧：《〈狂澜与潜流〉："文革"时期的婚恋》，《新京报》2016 年 2 月 26 日

L

梁景和：《论清末的"家庭革命"》，《史学月刊》1994 年第 1 期

M

安建设：《毛泽东与"批林批孔"若干问题考述》，《党的文献》2000 年第 4 期

P

李煜、徐安琪：《普通人的爱情观研究——兼开放式问题的量化尝试》，《社
会科学》2007 年第 7 期

Q

祝宪民：《青海生产建设兵团的兴衰——对青海农建师的调查》，《柴达木开
发研究》1988 年第 2 期

S

刘小萌：《上山下乡知识青年的婚姻问题》，《青年研究》1994 年第 8 期

王跃生：《社会变革与当代农村婚姻家庭变动研究的回顾和思考》，《当代中国史研究》2002 年第 5 期

唐士其：《"市民社会"、现代国家以及中国的国家与社会的关系》，《北京大学学报》（哲学社会科学版）1996 年第 6 期

T

侯杰、胡伟：《剃发·蓄发·剪发——清代辫发的身体政治史研究》，《学术月刊》2005 年第 10 期

W

魏光奇：《"文革"时期读书生活漫忆》，《首都师范大学学报》（社会科学版），2003 年第 S1 期

王宇英：《"无言谁会凭阑意"——读〈狂澜与潜流——中国青年的性恋与婚姻（1966—1976）〉》，《中国图书评论》2017 年第 1 期

X

韩朝华：《新中国国营农场的缘起及其制度特点》，《中国经济史研究》2016 年第 1 期

Y

卓人政：《云南知识青年回城事件与全国知青问题的解决》，《中共党史资料》2009 年第 1 期

Z

李强：《政治分层与经济分层》，《社会学研究》1997 年第 4 期

十　译著、外文研究

A

［日］佐伯顺子著，韩秋韵译：《爱欲日本》，新星出版社，2016 年

B

［美］马克·赫特尔著，宋践、李茹等编译：《变动中的家庭——跨文化的透视》，浙江人民出版社，1988 年

D

［澳］陈佩华、赵文词、安戈著，孙万国、杨敏如、韩建中译：《当代中国农村历沧桑：毛邓体制下的陈村》，香港牛津大学出版社，1996 年

［美］A·H·马斯洛著，许金声、程朝翔译：《动机与人格》，华夏出版社，1987 年

G

［美］刘剑梅著，郭冰茹译：《革命与情爱：二十世纪中国小说史中的女性身体与主题重述》，上海三联书店，2009 年

H

［日］植村邦彦著，赵平等译：《何谓"市民社会"——基本概念的变迁史》，南京大学出版社，2014 年

［美］伯顿·帕斯特纳克：《红天里的居民：中国城市的婚姻与生育》，《中国社会科学》1988 年第 2 期

［美］黄宗智著：《华北的小农经济与社会变迁》，中华书局，1985 年

J

［美］威廉·J·古德著，魏章玲译：《家庭》，社会科学文献出版社，1986 年

［美］康拉德·菲利普·科塔克著，熊茜超、陈诗译：《简明文化人类学：人类之镜》，上海社会科学院出版社，2011 年

［美］巴斯著，张勇、蒋柯译：《进化心理学：心理的新科学》，商务印书馆，2015 年

L

［日］上子武次、增田光吉编，庞鸣、严立贤译：《理想家庭探索：日本和世界诸国家的比较研究》，国际文化出版公司，1987 年

M

［波兰］莱泽克·科拉科夫斯基著，唐少杰译：《马克思主义的主要流派》第 2 卷，黑龙江大学出版社，2015 年

［美］许烺光著，沈彩艺译：《美国人与中国人》，浙江人民出版社，2017 年

Q

［英］德斯蒙德·莫里斯著，刘文荣译：《亲密行为》，文汇出版社，2002 年

R

［芬兰］E. A. 韦斯特马克著，李彬译：《人类婚姻史》第 2 卷，商务印书馆，
　　2017 年

S

［美］托马斯·伯恩斯坦著，李枫等译，夏潮校：《上山下乡：一个美国人眼
　　中的中国知青运动》，警官教育出版社，1993 年

［法］潘鸣啸：《上山下乡运动再评价》，《社会学研究》2005 年第 5 期

［美］阎云翔著，龚晓夏译：《私人生活的变革：一个中国村庄里的爱情、家
　　庭与亲密关系（1949—1999）》，上海书店，2006 年

W

［美］杜赞奇著，孙立译：《文化、权力和国家》，江苏人民出版社，1996 年

［英］马林诺夫斯基著，孙云利译：《未开化人的恋爱与婚姻》，上海文艺出
　　版社，1990 年

X

［美］埃德加·斯诺著，董乐山译：《西行漫记》，生活·读书·新知三联书
　　店，1979 年

［美］库恩等著，郑钢等译：《心理学之旅》（第 5 版），中国轻工业出版社，
　　2015 年

Y

［美］杨懋春著，张雄等译：《一个中国村庄：山东台头》，江苏人民出版社，
　　2001 年

Z

［美］施坚雅著，史建云、徐秀丽译：《中国农村的市场和社会结构》，中国
　　社会科学出版社，1998 年

C

Aline Kan Wong, *Changes in the marriage and family in China*, 1949-
　　1969, in Steve S. K. Chin & Frank H. H. King ed., *Selected Seminar*
　　Papers on Contemporary China, I, Center of Asian Studies, University of

Hong Kong, 1971.

Anita Chan, *Children of Mao: Personality Development and Political Activism in the Red Guard Generation*, "introduction", pp. 8-12, Seattle: University of Washington Press, 1985.

Weiguo Zhang, *Class Categories and Marriage Patterns in Rural China in the Mao Era*, Modern China, Vol. 39, No. 4 (July, 2003)

Yunxiang Yan, *Courtship, Love and Premarital Sex in a North China Village*, the China Journal, No. 48 (Jul. , 2002)

G

Mobo C. F. Gao, *Gao village: rural life in modern China*, Honolulu, University of Hawaii Press, 1999

LiBingkui, *Gender, Romance and Marriage of Chinese Youth During the Cultural Revolution* (1966 — 1976) , Beijing: Social Sciences Academic Press, 2015. Reviewed by Liu Zhao, https: //harvard-yenching. org/features/gender-romance-and-marriage-chinese-youth-during-cultural-revolution, 1966-1976

L

XuXiaohe, Martin King Whyte, *Love Matches and Arranged Marriages: A Chinese Replication*, Journal of Marriage and Family, Vol. 52, No. 3 (Aug. , 1990)

M

GailHershatter, *Making a Friend: Changing Patterns of Courtship in Urban China*, Pacific Affairs, Vol. 57, No. 2 (Summer, 1984)

Schoen, Robert, and John Wooldredge, *Marriage Choices in North Carolina and Virginia*, 1969-71 *and* 1979-81, Journal of Marriage and Family, vol. 51, No. 2, 1989

YangSu, *Mass Killings in the Cultural Revolution: A Study of Thress Provinces*, ed. By in Joseph W. Esherick, Paul G. Pickowicz and Andrew

G. Walder, The Chinese Cultural Revolution as History, Stanford: Stanford University Press, 2006

P

Beverley Fehr, *Prototype Analysis of the Concepts of Love and Commitment*, Journal of Personality and Social Psychology, 1988, Vol. 55, No. 4.

R

Margery wolf, *Revolution postponed: women in contemporary China*, Stanford: Stanford University Press, 1985

Jigisha Gala, Shagufa Kapadia, *Romantic Love, Commitment and Marriage in Emerging Adulthood in an Indian Context: Views of Emerging Adults and Middle Adults*, Psychology and Developing Societies, vol. 26, no. 1 (2014)

S

Emily Honig, *Socialist sex: The Cultural Revolution revisited*, Modern China, Vol. 29, No. 2 (Apr., 2003)

Rae Yang, *Spider Eaters*, Berkeley: University of California Press, 1997.

T

Keera Allendorf and Roshan K. Pandian, *The Decline of Arranged Marriage? Marital Change and Continuity in India*, Population and Development Review, Vol. 42, No. 3 (Sept. 2016)

Steven W. Gangestad and Randy Thornhill, *The Evolutionary Psychology of Extrapair Sex: The Role of Fluctuating Asymmetry*, Evolution and Human Behavior, Novl. 18 (1997)

Shun Wang & Weina Zhou, *The Unintended Long-term Consequences of Mao's Mass Send-Down Movement: Marriage, Social Network, and Happiness*, World Development

た行

肖紅燕：『中国四川省東部農村の家族と婚姻：長江上流域豊都県の事例研究』，日本東洋大学博士論文，平成八（1996）年

十一　文学、影视、 纪录片

F

《枫》（导演：张一，主演：徐枫、王尔利、涂中如等），峨眉电影制片厂，1980 年

《芙蓉镇》（导演：谢晋，主演：刘晓庆、姜文等），上海电影制片厂，1987 年

H

萧红：《呼兰河传》，四川人民出版社，2017 年

J

巴金：《家》，人民文学出版社，2001 年

L

张贤亮：《绿化树》，贵州人民出版社，2013 年

M

"*Morning Sun*", produced and directed by Carma Hinton, Geremie R. Barme Richard Gordon, Written by Geremie R. Barme, Carma Hinton, Edited by David Carnochan, Long Bow Group, Inc. 2003.

N

中国作家协会创作研究部选编：《男人的一半是女人》，时代文艺出版社，1986 年

Q

《千万不要忘记》（导演：谢铁骊，主演：罗玉甫、彭玉等），北京电影制片厂，1964 年

Z

云溪主编：《朱自清散文经典》，中国华侨出版社，2015 年

后 记

本书从着手写到完稿，已有九年。如从资料搜集算起，已有十七年。

十七年以来，得到恩师梁景和教授的指导、帮助、提携和包容。

此稿的完成，得到"20世纪中国婚姻史研究"项目组其他成员的帮助，特别是得到王歌雅教授、张志永教授的帮助。

此稿的完成，得到陈婴婴、杨善华、沈崇麟、吾妻重二、山本真、郑浩澜、彭文峰等学者的帮助。同时，得到北京（含东城区、西城区、原宣武区等）、上海（含黄浦区、徐汇区等）、广东、山东、河北（含邯郸市）等地档案馆的帮助。此外，得到香港中文大学中国研究服务中心，日本国会图书馆、东洋文库、法政大学图书馆、关西大学图书馆等机构的帮助。

从小学读书到获得博士学位，得到良师的指导和益友的帮助。自入职以来，得到北京大学医学部、医学人文学院等机构领导和同事的帮助。

对于上述人士和机构，致以深深谢意。

书稿中的不足，概由作者一人负责。

2024 年 6 月 16 日